Les réseaux du fer

ETUDES LUXEMBURGEOISES
LUXEMBURG-STUDIEN
Herausgegeben von
Peter Gilles, Markus Hesse,
Michel Pauly und Christian Schulz

Band 9

Zu Qualitätssicherung und Peer Review der vorliegenden Publikation

Die Qualität der in dieser Reihe erscheinenden Arbeiten wird vor der Publikation durch einen Herausgeber der Reihe sowie durch einen externen, von der Herausgeberschaft benannten Gutachter im Blind-Verfahren geprüft. Dabei ist der Autor der Arbeit dem Gutachter während der Prüfung namentlich nicht bekannt.

Notes on the quality assurance and peer review of this publication

Prior to publication, the quality of the work published in this series is reviewed by one of the editors of the series and blind reviewed by an external referee appointed by the editorship. The referee is not aware of the author's name when performing the review.

Gérald Arboit

Les réseaux du fer

Information, renseignement économique et sidérurgie luxembourgeoise entre France, Belgique et Allemagne 1911-1940

PETER LANG
EDITION

Information bibliographique de la Deutsche Nationalbibliothek
La Deutsche Nationalbibliothek a répertorié cette publication dans la Deutsche Nationalbibliographie; les données bibliographiques détaillées peuvent être consultées sur Internet à l'adresse http://dnb.d-nb.de

L'image de couverture :
Globe terrestre en cuivre (1922) du sculpteur René Rozet, ornant un muret entourant les espaces verts de l'administration centrale de l'Arbed à Luxembourg-Ville et symbolisant l'ambition mondiale de l'entreprise

ISSN 2193-0104
ISBN 978-3-631-66733-0 (Print)
E-ISBN 978-3-653-06314-1 (E-Book)
DOI 10.3726/978-3-653-06314-1

Peter Lang Edition est une marque d'éditeur de Peter Lang GmbH.
Peter Lang – Frankfurt am Main · Bern · Bruxelles · New York · Oxford · Warszawa · Wien

Cette publication a fait l'objet d'une évaluation par les pairs.

www.peterlang.com

Table des matières

Remerciements

Cette étude s'inscrit dans le cadre d'une Bourse de recherche et de formation du ministère luxembourgeois de la Culture, de l'Enseignement supérieur et de la Recherche, n° BFR07/125. Elle s'intègre dans le projet de recherche « Terres Rouges. Histoire de la sidérurgie du Luxembourg », dirigé par Charles Barthel, directeur du Centre d'études et de recherches européennes Robert Schuman, de Luxembourg, qui voudra bien trouver ici nos plus chaleureux remerciements pour son soutien, ses conseils et sa disponibilité. Nous tenons également à remercier les Professeurs René Leboutte et Michel Pauly, de l'Université de Luxembourg, Philippe Mioche, de l'Université de Provence (Aix-Marseille I), ainsi qu'Eric Denécé, directeur du Centre français de recherche sur le renseignement (Paris).

Notre gratitude va également aux personnels des fonds d'archives visités, aussi bien en France (Archives nationales, ministère des Affaires étrangères et de la Défense — visités tous deux à la veille de leurs déménagements respectifs —, François Bourdon, Arcelor Real Estate, Banque nationale de Paris, Société générale, Bibliothèques nationale et universitaire de Strasbourg et de la Fondation des Treilles), en Belgique (Archives générales du Royaume, service public fédéral des Affaires étrangères, Musée royal de l'armée et d'histoire militaire, de l'université catholique de Louvain) et naturellement luxembourgeoises (Archives nationales, Administration centrale de l'Arbed, Bibliothèque nationale), mais aussi britanniques (National Archives) et privées. Nous pensons particulièrement à Mmes Valérie Dubec, Maryvonne Véjux, Françoise Peemans, Emmanuelle Braud, Michèle Conchon, Corinne Schroeder, Nathalie Legrand, Irma Cecconi, et à MM. Pierre de Longuemar, Ivan Kharaba, Gilles Regener, Patrick Seyler, Xavier Breuil, Robert Bievert, Jeannot Nies, Albert Schaack, Etienne Verhoeyen. Nos remerciements vont encore à Josée Kirps, Paul Dostert, Hubert Bonin et à Luc Vandeweyer pour leur accueil et les conseils qu'ils ont bien voulu nous donner.

Enfin, nous tenons à remercier Laurence et les enfants Morgane, Lucas et Mathilde qui ont dû supporter pendant ces longues années nos préoccupations et nos absences trop longues.

Introduction

Le 27 janvier 2006, devant la presse internationale réunie à Londres, Lakshmi Niwas Mittal, aciériste indien plutôt spécialisé dans le rachat d'entreprises sidérurgiques en état de quasi-faillite, annonçait son intention de lancer une offre publique d'achat sur Arcelor, premier producteur d'acier européen. Ce dernier groupe était né cinq ans plus tôt, le 18 février 2002, de la fusion de la luxembourgeoise Arbed, de l'espagnole Aceralia et de la française Usinor. Son objectif était de coordonner les synergies techniques, industrielles et commerciales des trois firmes autour d'un projet commun. Derrière l'objectif affirmé de fonder un leader mondial de l'industrie de l'acier, cette mise en synergie fut aussi le résultat de la double décennie de crises qui frappèrent ce secteur et du mouvement de concentration, marqué par le nombre de fusions-acquisitions, qui en résulta. Au passage, les Etats respectifs et la Commission européenne appuyèrent cette opération afin de garantir l'emploi au niveau national et la concurrence au niveau continental. Cette démarche reposa pourtant sur une lecture classique des marchés internationaux. En effet, deux ans après cette fusion d'actifs, un nouvel opérateur, inconnu jusque-là, fit son apparition, directement à la première place des producteurs mondiaux, Mittal Steel Company. Après une première vague d'acquisitions dans les années 1980 et 1990, cette entreprise créée en 1976 annonça le 24 octobre 2004 acheter l'américaine International Steel Group.

La différence entre les stratégies respectives d'Arcelor et de Mittal Steel Co, entièrement médiatisées de part et d'autre, tenait dans une prise en compte différente de l'information. Alors que la première se limita à une gestion de l'information et de la communication, la seconde en fit la nouvelle matière première de son activité économique. En outre, les deux structures furent certes économiquement proches, mais les approches managériales étaient radicalement différentes. A la logique de crise qui anima Arcelor, Mittal Steel Co lui imposa ses règles du jeu, sa propre coordination du marché. L'aveuglement de la première dans son offensive sur le canadien Dofasco et contre ThyssenKrupp la fragilisa, temporairement certes, financièrement. L'intelligence du second lui fit comprendre l'opportunité de cette information. Il s'en suivit donc six mois d'offensive financière, boursière et communicationnelle pour laquelle Arcelor était tout, sauf préparée. Si Mittal Steel Co présenta une concentration de son actionnariat ne permettant pas de contre-attaque sur ce terrain, Arcelor vit 85 % de ses titres sur le marché boursier. Il ne resta plus à la première qu'à bâtir une stratégie de séduction dans cette direction, mobilisant au passage les fonds spéculatifs, contraignant la seconde à s'épuiser un peu plus financièrement[1]. Dès novembre 2005, 20 % des actions Arcelor changèrent de main[2]. La protection des pouvoirs publics, sans réelle stratégie économique, puis le rachat d'actions par le chevalier blanc russe Severstal que rechercha Arcelor ne purent compenser l'asymétrie informationnelle dans laquelle elle était. D'autant que Mittal Steel Co disposait en permanence d'un coup d'avance, grâce à l'appui d'une taupe au sein de la direction générale adverse. Il fallut l'action des services de renseignement extérieur français pour l'identifier[3].

Il ne fut pas simple d'étudier l'évolution de cette fonction renseignement dans la gestion des rapports de force économiques. La faible quantité d'écrits sur la question n'expliqua pas tout. Depuis les années 1940, quelques économistes analysèrent le rôle de l'information dans le processus économique. Ils cherchèrent à valider la théorie classique selon laquelle chaque agent dispose d'une information pure et parfaite, à tout moment, sur l'état des marchés. Abordée comme grandeur statistique abstraite, l'information ne fut qu'un moyen de réduire les incertitudes[4]. Rapportée au domaine des communications, elle devient un processus itératif de collecte d'une véritable matière première sur laquelle la société va s'organiser[5]. D'autres montrèrent son imperfection[6] et son asymétrie[7]. S'ajouta une conception organisationnelle, où l'information concourt au

1 Cf. la très bonne analyse de Virginie Allaire, Laurence Balmayer, Hervé Basset, François Desfournaux, Silvio Lo Niglio, José Nangis, « OPA de Mittal sur Arcelor. La sidérurgie européenne dans le chaudron de la globalisation financière », *La Lettre Sentinel. Analyse & solutions*, 39, juillet-août 2006.

2 Selon Alain Juillet, haut responsable français en charge de l'intelligence économique auprès du Secrétaire général de la Défense nationale, lors d'une conférence devant le Cercle Nation & République, le 26 mars 2009, http://www.nationetrepublique.fr/098-l-intelligence-economique-par-alain-juillet.html?artpage=2-2 [consulté le 2 mai 2010].

3 Pascal Galinier et Virginie Malingre, « Arcelor-Mittal, OPA médiatique », *Le Monde* du 4 juin ; Jacques Follorou, « Les espions d'entreprises », *Le Monde* du 19 décembre 2006. Il ne semble pas y avoir eu de suites juridiques ; l'intéressé ayant été invité à quitter le groupe.

4 Claude E. Shannon, *The Mathematical Theory of Communication*, Urbana, University of Illinois Press, 1949.

5 Norbert Wiener, *Cybernétique et société*, Paris, Ed. des Deux Rives, 1952.

6 Friedrich Von Hayek, *Droit, législation et liberté, III, L'ordre politique d'un peuple libre*, Paris, PUF, 1983.

7 Michael A. Spence, « An economist's view of information », *Annual review of Information Science and Technology*, 1974, 9, p. 57–58. Voir aussi Thierry Granger (ed.), *Kenneth Arrow : Théorie de l'information et des organisations*, Paris, Dunod, 2000.

processus décisionnel. Ainsi élaborée, elle devint activité de renseignement, puisqu'elle permit d'*« explorer l'environnement pour identifier les situations appelant la décision »*[8]. Son champ d'intérêt dépassa le simple acte économique pour embrasser la politique industrielle, les mouvements et échanges de biens et de services, les investissements... Ne se définissant pas par son utilité, mais par les problèmes qui lui donnèrent son contenu, elle agit sur la coordination du marché[9].

Cette relation de l'économie et des relations internationales, vue sous l'angle de l'information, ne préoccupa guère jusqu'à présent l'historien. Son analyse dut pourtant s'affirmer de nouveau pour contribuer à la définition de cette notion qui résumait le mieux l'interaction des acteurs et des phénomènes de communication et d'information au sein des organisations, de création récente de surcroît, que l'on nommait improprement *« intelligence économique »*. Seul le regard de l'historien put lui offrir une périodisation. L'organisation et la coordination, au niveau national, des comportements d'échange d'informations de l'ensemble des acteurs concernés par le développement économique préoccupèrent toujours les Etats tant elles représentaient un enjeu stratégique. L'Etat se présenta comme un médiateur entre *« la stratégie des entreprises, souvent perçues comme une menace, et la cohésion de son propre territoire »*[10]. Il était étonnant que les entreprises restassent à l'écart de ce mouvement, bien des réseaux d'entrepreneurs furent identifiés[11]. D'autant qu'appliquée à l'action économique

8 Herbert A. Simon,*The New Science of Management Decision*, New York, Harper & Row Pub., 1960.

9 Christian Schmidt, « L'*Homo bellicus* et la coordination économique », *Revue économique*, 43, 3, 1993, p. 529–550 ; Nicholas Bayne, Stephen Woolcock, *The New Economic Diplomacy.Decision-Making and Negociation in International Economic Relations*, Aldershot, Ashgate, 2003.

10 Christian Chouraqueux, « La diplomatie économique : pas seulement une affaire d'Etats », *Pouvoirs*, janvier 1999, 88, p. 37.

11 Cf. les travaux de Françoise Berger sur « Les relations entre les sidérurgies française et allemande de 1870 à la CECA », *Revue d'Allemagne et des Pays de langue allemande*, avril-juin 2007, p. 163–199, « Les milieux économiques et les Etats vis-à-vis des tentatives d'organisation des marchés européens dans les années trente », Eric Bussière, Michel Dumoulin, Sylvain Schirmann (dir.), *Europe organisée, Europe du Libre échange. Fin XIXe siècle-années 1960*, Bruxelles, Peter Lang, 2006, p. 71–105 ; *Ibid.*, « Les transferts technologiques venus d'Amérique dans la sidérurgie française et allemande au cours de l'entre-deux-guerres. Etude comparée », Chantal Metzger, Hartmut Kaelble (dir.), *Deutschland-Frankreich-Nordamerika : Transfers, Imaginationen, Beziehungen*, Stuttgart, F. Steiner Verlag, 2006, p. 171–188.

extérieure, qui dépassa évidemment la seule « *diplomatie économique* »[12], l'information élaborée devint un élément de la puissance nationale. Elle concourut à sa « *capacité de faire, de produire et de détruire* »[13].

On put donc définir l'intelligence économique, comme

> « *La maîtrise de l'information, le but étant de connaître son environnement extérieur et par conséquent d'adapter par avance sa conduite. Elle permet d'identifier les opportunités et les déterminants du succès, d'anticiper les menaces, de prévenir les risques, de se sécuriser, d'agir et d'influencer son monde extérieur dans une optique de compétitivité internationale. L'intelligence économique se compose de trois volets. Le premier concerne le traitement de l'information. Cela consiste à recueillir les informations nécessaires, à les trier et à les valider. En d'autres termes, ce premier volet consiste à avoir l'information pertinente sur ses concurrents, sur les règles et les normes et d'une manière générale sur tout son environnement extérieur international. Le deuxième volet consiste à se sécuriser au niveau matériel mais surtout au niveau immatériel, c'est-à-dire à avoir la capacité d'anticiper les risques et les problèmes qui se rattachent notamment à la propriété intellectuelle, aux attaques sur son image ou sur son capital. Ce deuxième volet accorde une grande importance à la sécurisation des actifs immatériels. Le troisième volet consiste à savoir influencer et argumenter, convaincre, négocier, faire du lobbying professionnel mais également à savoir exercer l'influence normative en anticipant les règles et les normes internationales et en participant éventuellement à leur élaboration. L'intelligence économique permet de mieux connaître ses concurrents, les donneurs d'ordre, les règles et les normes qui peuvent influencer son activité et donc d'agir sur son environnement au lieu de le subir. Reste à noter que l'intelligence économique doit être déontologique et loin des pratiques d'espionnage, de vol et de trafic d'influence*[14]. »

Le Grand-duché de Luxembourg et le développement de la sidérurgie

A la veille de la Première Guerre mondiale, la sidérurgie avait déjà atteint une dimension stratégique qui poussa Etats et industriels à s'intéresser aux développements des pays voisins. Après la « grande peur » de l'été 1911, l'intégration industrielle luxembourgeoise apparut d'une lumière différente aux yeux de la France et de la Belgique. En adoptant le modèle allemand de concentration verticale, avec la

12 Laurence Badel, « Pour une histoire de la diplomatie économique de la France », *XX*e *siècle*, avril–juin 2006, 90, p. 169–185.

13 Raymond Aron, *Paix et guerre entre les nations*, Paris, Calmann-Lévy, 1962, p. 58.

14 Claude Revel, « L'intelligence économique permet aux entreprises d'agir sur leur environnement au lieu de le subir », *L'Economiste maghrébin* (Tunis), 30 septembre–14 octobre 2009.

création, en octobre, des Aciéries Réunies de Burbach-Eich-Dudelange (ARBED), précédée en juin de la communauté d'intérêt entre la Deutsche-Luxemburgische Bergwerks-und Hütten A.-G. et la Rümelinger-St. Ingberter Hochöfen- und Stahlwerk Aktiengesellschaft[15], la sidérurgie luxembourgeoise atteignit une dimension sans précédent en France et en Belgique. La participation du Grand-Duché de Luxembourg au *Zollverein*, cette union économique conclue en 1842 et renouvelée par anticipation en novembre 1902[16], en fit un enjeu du conflit qui s'annonçait. D'autant que les perspectives de démantèlement des propriétés allemandes dans la sidérurgie lorraine en fit un sérieux concurrent des groupes français Wendel et Schneider. Quant aux capitaux belges, investis dans les entreprises germano-luxembourgeoises, ils représentèrent un levier politique certain pour régler à son avantage la question luxembourgeoise, ouverte en 1839.

Trente-neuf ans plus tard, une nouvelle étape de la longue « guerre civile européenne »[17] se profilait. Les crises économiques des années 1920 renforcèrent la nécessité de conquérir des marchés extérieurs. Encore une fois, la sidérurgie luxembourgeoise se retrouva au centre des préoccupations. A commencer par celles des maîtres de forges locaux de l'Arbed, qui lancèrent deux initiatives destinées à acquérir de l'information, véritables agences privées à vocation économique pour l'une, le Comptoir métallurgique luxembourgeois (Columeta), véritable politique étrangère particulière pour l'autre, le Comité franco-allemand d'information et de documentation[18], dans le but d'établir une coordination européenne, sinon mondiale, des marchés au travers d'une Entente internationale de l'acier[19]. Cette activité informationnelle au bénéfice de l'entreprise ne put être menée sans connexion avec les services officiels et privés de France et de Belgique, mais aussi de Grande-Bretagne et d'Allemagne, dans une moindre mesure toutefois. « *De plus en plus, on vo*[yait] *des non-diplomates se lancer dans la diplomatie économique. A la différence de*

15 André de Muyser, *L'industrie sidérurgique luxembourgeoise. Histoire de sa concentration*, Bruxelles, 1926, p. 26–30.

16 *Mémorial du Grand-Duché de Luxembourg*, 28, 16 avril 1903.

17 Sur cette notion, cf. Enzo Traverso, *A feu et à sang. De la guerre civile européenne 1914–1945*, Paris, Stock, 2007.

18 Jacques Bariéty, « Le rôle d'Emile Mayrisch entre les sidérurgies allemande et française après la Première Guerre mondiale », *Relations internationales*, 1974, 1, p. 123–134.

19 Ulrich Nocken, « International Cartels and Foreign Policy: the Formation of the International Steel Cartel, 1924–1926 », Clemens A. Wurm (dir.), *Internationale Kartelle und Außenpolitik*, Stuttgart, Franz Steiner Verlag, 1989, p. 32–82.

l'avant-guerre [1914], *il s'agi*[ssait] *là d'agents de l'Etat (fonctionnaires, contractuels, chargés de mission, etc.)*[20]. »

Se fondant sur le double arrière-plan de la mutation des relations internationales dans la première moitié du XXe siècle et du développement de la sidérurgie luxembourgeoise, notre démarche visa à mettre à jour le jeu de l'information élaborée, ou « *intelligence économique* », des différents acteurs français, belges et luxembourgeois. Elle reposa sur un cadre et une démarche d'analyse spécifique à partir des sources et de la littérature existantes.

De l'intelligence économique appliquée aux prémisses de l'industrie luxembourgeoise

Cette étude s'inscrit dans une réflexion initiée par nos recherches antérieures sur l'histoire de la sidérurgie luxembourgeoise, les questions de renseignement et l'utilisation de l'information. Elle ouvre autant sur la question du rôle des médias dans un usage économique que celui de la médiatisation des relations internationales. En effet, le recueil de l'information économique se confond largement avec l'activité diplomatique. Aussi, les fonds des ministères des Affaires étrangères des trois pays figureront au premier rang de nos sources. L'évolution induite par la Première Guerre mondiale fait apparaître deux nouvelles séries d'agents non-diplomates, les fonctionnaires des ministères techniques et les agents des services de renseignement. Dans le cas de la sidérurgie luxembourgeoise, les premiers dépendirent essentiellement du ministère du Commerce et de l'Industrie. Les seconds furent des militaires qui eurent à gérer les affaires économiques à des fins militaires, pendant la Première Guerre mondiale, puis administratives, lors de la reprise en main des territoires libérés d'Alsace-Moselle et la liquidation des propriétés allemandes dans l'industrie[21]. L'entre-deux-guerres vit également les capacités de renseignement de services privés se renforcer. En Belgique, le rôle de la Société générale de Belgique ne fut pas à négliger. En France, le Comité des forges fut un acteur important, et un interlocuteur privilégié de l'Arbed, qui n'hésita pas à s'en jouer[22]. En Allemagne, contre toute attente, le parti national-socialiste des

---

20 Jean-Baptiste Duroselle, *Tout empire périra : une vision théorique des relations internationales*, Paris, Publications de la Sorbonne, 1981, p. 71.

21 Association minière d'Alsace et de Lorraine, *L'industrie minière en Alsace et en Lorraine depuis l'armistice (rapport annuel 1919)*, Strasbourg, 1920, p. 11.

22 Charles Barthel, « Entre la Belgique, la France et l'Allemagne. Emile Mayrisch et la question du contingent lorrain-luxembourgeois (1925) », *Galerie. Revue culturelle et pédagogique*, 2003, 21/2, p. 211–256.

travailleurs (Nationalsozialistische Deutsche Arbeiterpartei, NSDAP) développa un outil de renseignement nécessairement idéologique, visant à définir les ennemis de la cause nazie et à préparer l'action révolutionnaire nationaliste, mais offrant des données économiques essentielles à mesure que le pays s'orientait vers la guerre. Se posa ainsi la question de l'information entre partenaires et leurs relations aux médias. La presse apparut ainsi comme un troisième acteur, aux côtés des ressources publiques et industrielles, de l'élaboration d'une information économique relative à la sidérurgie luxembourgeoise.

Comment l'information sidérurgique fut-elle recueillie par la France et la Belgique, et plus marginalement en Allemagne ? Il s'agissait d'établir une définition historienne d'une démarche que l'on peut qualifier d'« *intelligence économique* ». Cette conception plus large que la seule « *diplomatie économique* » semblait devoir s'imposer par l'intervention de spécialistes de l'information, publics et privés, dans l'objectif de réaliser une politique. A ce jeu, l'Arbed sembla avoir là encore été la plus habile. Pour cela, il convient de mettre en évidence les moyens d'information d'une partie des acteurs européens de la sidérurgie. Le cadre chronologique retenu permit de saisir les enjeux que représentât cette activité économique dans un contexte de reconstruction des économies sinistrées par la Première Guerre mondiale et la crise économique.

Pour mener à bien ce travail, nous nous fondâmes sur deux types de démarches. Dans une approche compréhensive des situations de renseignement économique, une première étape consista à reconstituer lexicalement les pratiques sociales propres à cette activité, visant à l'occulter, consciemment ou non. Une seconde étape permit de rendre intelligibles ces activités d'information sur la sidérurgie luxembourgeoise pour en décrire les mécanismes et ressorts. Cette étape reposa sur l'analyse des fonds d'archives luxembourgeois, français et belges relatifs à ces questions, tant civils que militaires. Des sources archivistiques allemandes, le plus souvent imprimées, furent également recherchées lorsque la compréhension des événements l'imposait ; il en fut de même pour des fonds américains et britanniques. La collecte de données de la presse, des publications industrielles, des rapports publics disponibles, des mémoires d'acteurs et des études d'historiens offrit de retracer les véritables enjeux de ce recueil de l'information sidérurgique par la France et la Belgique, ainsi que l'Allemagne, comme de sa protection par l'Arbed et le gouvernement luxembourgeois.

En fonction de la compréhension donnée à l'intelligence économique, furent élaborées trois grandes parties. La première portait sur les acteurs, forcément multiples puisqu'ils brassèrent toutes les conceptions de l'information sur la sidérurgie luxembourgeoise. Après avoir vu le paysage médiatique luxembourgeois et sa sidérurgie, les intérêts qui se mélangèrent et le rendu informationnel, il convint de voir comment les Etats et les entreprises françaises et belges se positionnèrent dans un climat de concurrence exacerbée et de mobilisation industrielle. Enfin, fut signalé le passage de l'arme financière, symbole de la symbiose d'intérêts publiques et privés affirmé au XIXe siècle, à l'intelligence économique, reposant sur les marchés financiers et leurs interpénétrations d'intérêts privés internationaux. Dans un deuxième temps, nous vîmes comment l'intelligence économique s'avéra un outil de décision. L'information sidérurgique fut alors perçue selon ses acceptions statistique, financière et technologique. La Première Guerre mondiale devint un moyen de percevoir l'intelligence de l'avenir que purent en tirer Gaston Barbanson et Emile Mayrisch, les deux seuls dirigeants de l'industrie luxembourgeoise à être présents avant et après le conflit. Ces conceptions puisées au contact des techniques militaires et des projets allemands se retrouvèrent dans ce comptoir de vente particulier que fut la Columeta, à la fois service de documentation de la sidérurgie luxembourgeoise, service d'information économique et ouverture du Grand-Duché sur le monde. Ces considérations permirent d'ouvrir sur la réorganisation de l'entre-deux-guerres, faisant apparaître l'intelligence économique comme un outil d'action. Le grand réseautage de 1919 témoignait de la maîtrise des réseaux d'Emile Mayrisch, mais laissa entrevoir un déséquilibre informationnel des acteurs, tant publics que privés, à l'exception du jeu de Jean Jadot. Au service de l'expansion, ces réseaux permirent d'assurer l'approvisionnement et les débouchés de la sidérurgie luxembourgeoise, dans une asymétrie réelle comme le montra la technique de Gabriel Maugas adoptée face à la Belgique, alors que la direction qui s'imposait fut de s'assurer un pont sur la Moselle. Face aux crises économiques de l'entre-deux-guerres, la puissance informationnelle de l'Arbed s'imposa, tant dans un après-guerre peu favorable que face à une précision difficile. La coordination de marché sembla la seule solution possible.

Chapitre 1 L'information sur la sidérurgie luxembourgeoise

Le premier XXe siècle (jusqu'en 1940) se caractérisa par une transformation majeure de l'information européenne. Les évolutions techniques autour de l'image, avec le développement de l'affiche commerciale, l'arrivée de la photographie et le développement du cinéma, furent nombreuses. Conjuguées à un bouleversement économique lié à l'expansion des quotidiens populaires à « un sou », elles entraînèrent une mutation des contenus, en même temps qu'une démocratisation de la nouvelle et du journalisme. « *D'éducateurs, les journaux deviennent informateurs* », notait à la veille de la deuxième « guerre civile européenne »[1], Auguste de Chambure, dans l'ouvrage qu'il consacrât à la presse[2].

Ce basculement dans une première « société de l'information »[3], fondée sur un accès à la connaissance par l'entremise des médias, se traduisit d'abord par une accélération de la segmentation du marché de la presse écrite. Alors que la presse d'opinion accusait un sérieux recul, les journaux affichèrent une plus grande diversité, voyant apparaître aux côtés des magazines une presse technique et professionnelle. S'il était encore impropre de parler de journaux économiques, tant les questions abordées ne s'éloignèrent guère des questions politiques, comme les débats budgétaires nationaux, et financières, une certaine presse commençait à parler d'économie de façon autonome et spécialisée. Son histoire restait à faire et l'aborder fut ardu. « *Le recensement des centaines de ces feuilles n'a pas été fait ; leurs collections sont le plus souvent*

1 Sur cette notion, cf. Enzo Traverso, *A feu et à sang. De la guerre civile européenne 1914–1945*, Paris, Stock, 2007.

2 *A travers la presse*, Paris, Fert, Albuy & Cie, 1914, p. 551.

3 Cette expression trouve ses origines dans les travaux de deux avocats belges, Paul Otlet et Henri La Fontaine, autour d'un système de classement bibliographique universel. Dès 1895, ils commencent une tâche colossale de collecte et de traitement de l'information, dont d'aucuns disent qu'il s'agissait des prémices d'Internet et de Wikipedia [Françoise Levie, *L'homme qui voulait classer le monde. Paul Otlet et le Mundaneum*, Bruxelles, Les Impressions Nouvelles, 2006].

lacunaires et aucune n'a donné lieu à une monographie »[4], ni à aucune comparaison internationale.

Toutefois, il était possible d'en repérer les traces et la question de la sidérurgie luxembourgeoise entre 1911 et 1940 s'y prêtait assez bien. Le développement de cette industrie dans le sud du pays, comme l'affirmation d'Etat moderne, ainsi que les premières législations sociales concourant à une bipolarisation politique, entre catholiques et libéraux, avant 1914, puis entre catholiques et socialistes, encouragèrent la presse existante. Elle entraîna également la création de nouveaux journaux, d'orientation politique ouvrière ou spécialisée (culturels, professionnels, pour enfants, de divertissement, régionaux ou locaux). Les différents acteurs politiques et économiques en profitèrent pour adapter leur communication à cette évolution. La sidérurgie luxembourgeoise devint même un élément important de médiatisation du pays à l'international, notamment en France et en Belgique.

Le paysage médiatique luxembourgeois et sa sidérurgie

Depuis qu'un bourgeois de Metz et un libraire valençays décidèrent d'exploiter la « niche de souveraineté » que représentait le Luxembourg sur le marché européen de la presse, les journaux luxembourgeois semblèrent disposer d'une audience supérieure à celle qu'ils occupèrent réellement. Avec *La Clef du cabinet des princes*, André Chevalier, imprimeur de son état, et Claude Jordan publia un journal français protégé contre la reproduction par un privilège royal et jouissant d'un tarif à bon marché grâce à une adresse lorraine. Aux mêmes maux, les mêmes conséquences semblèrent appliquées plus de deux siècles plus tard, avec l'introduction de la radio au Grand-Duché. Certes, à la différence de Chevalier et Jordan, les frères Anen, Marcel et François, agents de la compagnie hollandaise Philips, furent deux sans-filistes luxembourgeois. A l'hiver 1924, ils installèrent un émetteur dans un grenier de la capitale. Ainsi eurent-ils posé les prémices de Radio-Luxembourg. Il fallut toutefois attendre la constitution, le 11 mai 1929, de la Société luxembourgeoise d'études radiophoniques, transformée le 8 juin 1931 en Compagnie luxembourgeoise de radiodiffusion, pour retrouver la « niche de souveraineté ». Si François Anen figura bien au capital de la

4 Claude Bellanger, Fernand Terrou, Jacques Godechot, Pierre Guiral, *Histoire générale de la presse*, III, *1870–1940*, Paris, Presses universitaires de France, 1972, p. 261. Ce jugement est repris pour le Luxembourg par Romain Hilgert, *Les journaux au Luxembourg 1704–2004*, Luxembourg, Service information et presse du gouvernement luxembourgeois, 2004, p. 7.

première, il en disparut de la seconde[5]. Le projet radiophonique fut entièrement français et notamment destiné à tourner le monopole différé que s'arrogea le gouvernement de la république par le décret-loi du 28 décembre 1926.

Cette position de niche expliqua peut-être les particularités du modèle médiatique luxembourgeois. Le multilinguisme s'y imposa de manière naturelle. Entre autres, les deux principaux journaux du pays, le *Luxemburger Wort für Wahrheit und Recht* (La voix du Luxembourg pour la Vérité et la Justice), créé en 1848, et la libérale *Luxemburger Zeitung* (Journal du Luxembourg), vingt ans plus tard, choisirent de paraître en allemand, laissant quelques articles en français, et plus rarement en luxembourgeois. Cette préférence pour la langue de Goethe releva de la « niche de souveraineté ». Membre de la Confédération germanique et adhérent du *Zollverein*, cette union douanière initiée par la Prusse comme première étape à l'unité allemande, le Grand-Duché de Luxembourg perdit en 1839 ses provinces francophones au profit de la Belgique. Cette influence, consciente ou non, marqua longtemps le paysage politico-culturel luxembourgeois. Ainsi, le journal des libéraux radicaux luxembourgeois, publié dans une édition bilingue entre 1911 et 1914, emprunta-t-il son nom, *Die Neue Zeit. Les Temps nouveaux*, au principal organe théorique de la sociale démocratie allemande, imprimé à Stuttgart de 1883 à 1923. D'autres pourtant, comme le troisième quotidien du pays, *L'Indépendance luxembourgeoise politique et littéraire*, fondé en 1871 sur les décombres d'autres journaux fomentés par le vice-consul de France, Eugène Mahon de Monaghan, firent le choix de rester purement francophones. Ce caractère mixte de la presse luxembourgeoise, particulier sans être unique en son genre, contribua à une autre spécificité : les journaux les plus influents furent ceux qui se présentèrent à la fois comme nationaux, locaux et partisans. Les trois principaux journaux du Grand-Duché furent aussi les quotidiens de la capitale et soutinrent chacun un parti, le premier, fondé par le vicaire apostolique Jean-Théodore Laurent[6] avant son éloignement disciplinaire par le Saint-Siège, fut d'obédience catholique, le second, libéral, et le dernier se voulut gouvernemental et pro-fonctionnaire. De fait,

---

5 Cf. René Duval, *Histoire de la radio en France*, Paris, Alain Moreau, 1979, p. 257, Denis Maréchal, *Radio Luxembourg, 1933–1993. Un média au cœur de l'Europe*, Nancy, Presses universitaires de Nancy, 1994, p. 19–21 ; David Dominguez Muller, *Radio-Luxembourg. Histoire d'un média privé d'envergure européenne*, Paris, L'Harmattan, 2007, p. 23–29.

6 Karl Möller, *Leben und Briefe von Johannes Theodor Laurent*, II, *1840–1856*, Trèves, Saint-Paul, 1888, p. 482 ; Joseph Goedert, « Jean-Théodore Laurent », *in* Jules Mersch, *Biographie nationale du Pays de Luxembourg depuis ses origines jusqu'à nos jours*, 8, Luxembourg, Victor Buck, 1957, p. 573.

les éditoriaux, les rapports parlementaires et les comptes rendus des Conseils des ministres occupèrent dans leurs colonnes une place bien plus importante que dans les journaux des pays voisins. De même, les commentaires furent fréquents, alors que les reportages et les enquêtes plutôt rares.

Pour le reste, malgré retards et particularités, le développement de la presse luxembourgeoise fut semblable à celui des autres pays. Jusqu'en 1940, les journaux furent de quatre à six pages et de format moyen. Leur parution fut quotidienne depuis près d'un demi-siècle en 1911. D'abord destinés à une bourgeoisie lettrée, ils s'adressèrent aussi aux paysans du nord du pays, avant de s'ouvrir, à la veille de la Première Guerre mondiale aux ouvriers du sud. A la même époque, les journaux de partis marquèrent le pas face au développement des journaux d'informations locales, d'abord dans les régions du nord et de l'est, avant de s'étendre au sud. Dans l'entre-deux-guerres, le nombre de titres diminua alors que celui des pages augmenta[7]. L'adoption d'une mise en page horizontale et, surtout, des dépêches d'agences de presse internationales et de la photographie fit entrer le Luxembourg, à l'instar des grands pays industrialisés, dans la « société de l'information ». Ici, le journalisme de mission, éducateur des masses, prit cependant un sens différent qu'en France. Il ne s'agissait pas d'implanter dans les cœurs et les âmes la république — encore que certains y songèrent, comme le 11 janvier 1919, lorsque la feuille socialiste d'Esch-sur-Alzette, *Die Schmiede* (La forge), choisit de titrer « Vive la République ! » —, mais de défendre l'indépendance luxembourgeoise par un débat d'idées éclairant une opinion publique en formation. Ainsi s'expliqua l'extraordinaire vitalité des journaux locaux, comme les *Limpertsberger, Rümelinger, Düdelinger* et *Hollericher Zeitungen* (Journaux de Limpertsberg, Rumelange, Dudelange et Hollerich), qui privilégièrent souvent plus les annonces que l'information. Paraissant pour la plupart une ou deux fois par semaine, ils recherchèrent un lectorat qui voulut être informé sans s'acheter de quotidien. Ces journaux offrirent donc des nouvelles de leur environnement proche et essayèrent de défendre leurs intérêts locaux au moment où la révolution industrielle aggrava les antagonismes entre villes et campagnes en déplaçant le centre de gravité du pays du nord et de l'est ruraux vers le sud.

7 Romain Hilgert, *op. cit.*, p. 74–195.

Les principaux journaux luxembourgeois (1911–1940)[8]

Journal	Tendance	Période	Premier numéro	Dernier numéro
Luxemburger Wort	catholique	quotidien	23 mars 1848	
Luxemburger Zeitung	Libéral	quotidien	9 mars 1868	30 septembre 1941
Luxemburger Sonntags-Blättchen für Stadt und Land	catholique	dominical	8 décembre 1869	24 décembre 2001
L'Indépendance luxembourgeoise	conservateur	quotidien	1 octobre 1871	31 décembre 1934
Der Landwirth	Libéral	tri-hebdo	3 janvier 1877	30 septembre 1940
Obermosel-Zeitung	grand public	tri-hebdo	2 juillet 1881	3 avril 1948
Ardenner Zeitung	antilibéral	bi-hebdo	23 septembre 1885	29 décembre 1939
Ardenner Bauer	corporatiste	bi-hebdo	décembre 1898	28 décembre 1912
Der Volksbote	démocrate	hebdomadaire	2 avril 1899	5 juillet 1914
Bulletin mensuel de l'Association des ingénieurs luxembourgeois	corporatiste	mensuel	1901	1906
Escher Journal	soc.-démocrate	hebdomadaire	4 janvier 1902	28 juin 1913
Der arme Teufel	socialiste	bimensuel	29 novembre 1903	septembre 1929
Das Luxemburger Volk	chrétien-social	hebdomadaire	10 décembre 1903	5 mai 1940
Revue technique luxembourgeoise	corporatiste	mensuel	1908	
Die neue Zeit les Temps nouveaux	soc.-démocrate	mensuel	16 mars 1911	9 août 1914
Luxemburger Nachrichten	conservateur	quotidien	5 décembre 1912	31 décembre 1914
Escher Tageblatt	soc.-démocrate	quotidien	30 juin 1913	
Die Volkstribüne	démocrate	quotidien	?	31 décembre 1919
Jung-Luxemburg	catholique	bi-hebdo	5 avril 1914	27 avril 1940
D'Natio'n	nationaliste	bimensuel	1915	?
Die Schmiede	socialiste	hebdomadaire	2 décembre 1916	?
Die Laterne	syndicaliste	hebdomadaire	13 janvier 1917	5 mai 1917
Die Volksstimme	syndicaliste	hebdomadaire	8 septembre 1917	28 juin 1919
Der Gewerkschaftler	syndicaliste	hebdomadaire	? 1917	28 juin 1919
Der Proletarier	syndicaliste	hebdomadaire	5 juillet 1919	
Soziale Republik	socialiste	quotidien	1er janvier 1920	1927
Sozialer Fortschritt	syndicaliste	hebdomadaire	novembre 1920	
Der Kampf	communiste	hebdomadaire	18 novembre 1920	janvier 1923
L'Echo de l'industrie	patronal	hebdomadaire	14 octobre 1920	
De Gukuk	satirique	hebdomadaire	12 août 1922	31 mars 1934
Luxemburger Illustrierte	conservateur	bimensuel	1924	?
L'Action féminine	féminin	mensuel	15 octobre 1927	8 janvier 1940
La forge	communiste	?	1928	1928
Das freie Wort	libre penseur	mensuel	1er septembre 1929	septembre 1936
Arbeiter-Stimme [Volksstimme]	communiste	hebdomadaire	1930	mars 1940
A-Z Luxemburger Illustrierte Wochenschrift	soc.-démocrate	hebdomadaire	décembre 1933	1940
Luxemburger Volksblatt	Rexiste	quotidien	27 mai 1933	30 octobre 1941
Die neue Zeit	antifasciste	mensuel	1er octobre 1936	1er mai 1940
De Mitock	satirique	hebdomadaire	15 octobre 1937	10 mai 1940

8 D'après Evy Friedrich, *Zeitung in Luxemburg*, Luxembourg, Bourg-Bourger, 1975, p. 20–25, Romain Hilgert, *op. cit.*, p. 255–259 ; Camille Aschman, « Daten aus den Luxemburgische Eisenindustrie », *A-Z : Luxemburger illustrierte Wochenschrift*, 17 et 18, 26 avril et 10 mai 1936, p. 12–13 et 7–9.

L'information sidérurgique n'en profita pour autant pas. Elle fut reléguée à un genre journalistique populaire, le fait divers. Récit de la banalité de l'ordinaire, il n'appartenait à aucune actualité : il ne fut ni politique, ni social, ni économique, ni culturel. Alimenté par les accidents, les actes héroïques, les crimes ou les suicides, il décrivit simplement, mais non sans arrière-pensées, la vie quotidienne de la mine et de l'usine de ces villes champignons du sud du pays. D'un point de vue de la pratique journalistique, il révéla la contradiction entre la satisfaction des attentes des lecteurs de plus en plus nombreux et la morale professionnelle. Du point de vue des entreprises, longtemps rétives à la communication, elles peinèrent à toucher la population autrement que par les pages promotionnelles qui se développèrent dans tous les journaux. Il fallut attendre la création des premiers syndicats ouvriers et la naissance d'une presse syndicale, dans le contexte de la Première Guerre mondiale, pour que le patronat décidât de faire de même. Créée deux ans auparavant, la Fédération des industriels luxembourgeois (Fedil), lança le 14 août 1920, le premier numéro de *L'Echo de l'industrie*. Se proclamant le « *premier journal autonome* » du pays, il s'agissait d'un hebdomadaire bilingue, dont le principal rédacteur était le directeur de la Fedil, Emile Etienne, qui fut choisi par Mayrisch[9]. Signant l'éditorial, il expliqua vouloir ainsi répondre aux attaques de ses adversaires, estimant que les intérêts vitaux de l'industrie furent systématiquement négligés. Dans les faits, le journal devint le porte-parole officiel des Aciéries réunies de Burbach-Eich-Dudelange (Arbed). Pour autant, la sidérurgie n'attendit pas cette initiative pour se faire entendre lorsque l'actualité le nécessita.

Le long débat sur l'attribution de la dernière concession minière, achevé par la loi du 29 novembre 1913, concernant l'approbation des conventions conclues avec des sociétés métallurgiques luxembourgeoises entre le 4 et le 24 juin[10], en

9 Paul Margue, Georges Als, Gilbert Trausch, *FEDIL: 1918–1993 : plaquette éditée à l'occasion du 75e anniversaire de la Fédération des industriels luxembourgeois*, Luxembourg, Fédération des industriels luxembourgeois, [1993], p. 13.

10 La Gelsenkirchener Bergwerks Aktien-Gesellschaft, Abteilung Aachener Hütten-Verein Esch à Esch-sur-Alzette, concession de 39 hectares dans les communes d'Esch et de Rumelange, convention du 4 juin 1913 (p. 1258–1263) ; la Société anonyme des Hauts-fourneaux et Aciéries de Steinfort à Steinfort, concession de 125 hectares dans les communes d'Esch, de Rumelange, de Kayl et de Differdange, convention du 21 juin 1913 (p. 1263–1268) ; la Société anonyme d'Ougrée-Marihaye, Division de Rodange à Rodange, concession de 94 hectares dans les communes de Petange et de Differdange, convention du 21 juin 1913 (p. 1268–1273) ; la Deutsche-Luxemburgische Bergwerks und Hütten-Aktiengesellschaft, Abteilung Differdingen à Differdange, concession de 324 hectares dans les communes de Differdange, Petange,

fut un exemple. L'affaire débuta le 13 novembre 1911 par les attaques d'un député clérico-agrarien, Emile Prüm[11] ; il était furieux qu'aucune ligne de chemin de fer ne desservît sa région des hautes Ardennes dans la loi votée le 30 mars précédent. Il utilisa les ressources de la presse nationale, le *Luxemburger Wort*, mais aussi celles des quotidiens belges ardennais, *L'Avenir du Luxembourg* et *L'Avenir d'Arlon*. Ce dernier publia un article du parlementaire et bourgmestre de Clervaux, estimant que « *des scories de nos hauts-fourneaux ont fabriqué un excellent ciment et il n'est pas douteux que le ciment qui unit le bloc libéral-socialiste provient également du minerai de fer* ». Il continua à déverser sa bile dans le quotidien clérical, inspirant, sinon les écrivant lui-même, les deux articles sur les « *Minenkozessionen* » des 9 et 11 juillet 1912 et pour lesquels il fut condamné le 25 avril 1913[12]. Dans le premier, il insinua la collusion de certains députés avec la jeune société Arbed[13] ; dans le second, il accusa cette entreprise d'user de prête-nom.

Face à ce climat délétère qui s'installait, déjà envenimé par les combats autour de la loi scolaire, finalement votée le 25 juin précédent, l'Arbed opta pour une réponse en deux temps. Le 7 juillet, elle annonça son désistement dans la demande de concession, la confirmant trois jours plus tard devant la représentation nationale par la voix d'un de ses administrateurs, le député libéral de Luxembourg-canton, Adolphe Schmit. L'avocat s'éleva brillamment contre ces insinuations de collusion[14], conduisant à une baisse de l'intensité des attaques. Mais la stratégie de la jeune entreprise luxembourgeoise — elle n'existait formellement que depuis le 30 octobre 1911 — engloba-également une action en direction de la presse. Par l'entregent de son directeur général technique, Emile

---

Esch, Kayl et Rumelange, convention du 24 juin 1913 (p. 1274–1279) [*Mémorial du Grand-Duché de Luxembourg*, 77 du 29 novembre 1913. Cf. aussi Jacques Maas, « August Thyssen und die luxemburgische Minenkonzessionsaffäre von 1912 », *Hémecht*, 1994/2, p. 353–387].

11 Sur cette question, cf. Christian Calmes, *Au fil de l'histoire*, Luxembourg, Saint-Paul, 1977, p. 169–261 ; Jules Mersch, « Le docteur Michel Welter et son journal », *in Ibid.*, *Biographie nationale du Pays de Luxembourg, op. cit.*, 14, 1966, p. 245–257.

12 Audience de la Cour supérieure de justice, *in Compte-rendu de la Chambre des Députés 1917–1918*, 3, Luxembourg, Victor Buck, 1918, p. 1472.

13 La même affirmation fut reprise dans « Die Vertretung unserer Schwerindustrie in der Kammer », *Luxemburger Zeitung* du 20 avril 1916. A cette époque, six députés étaient directeur général d'usine, industriels ou ingénieurs, dont quatre appartenaient au conseil d'administration de l'Arbed (Norbert Le Gallais, Léon Metz, Adolphe Schmit et Auguste Laval, décédé six mois plus tôt, le 28 octobre 1915).

14 *Compte-rendu…, op. cit., 1911–1912*, 3, p. 2930–2945.

Mayrisch, dont le frère aîné, Paul, fut également le député libéral de Luxembourg-campagne et le bourgmestre d'Eich, elle disposa de trois journaux de poids. Le premier fut bien entendu l'organe des libéraux, la *Luxemburger Zeitung*, dirigé par l'écrivain germanophone Batty Weber[15]. Le second fut l'*Escher Journal* du député social-démocrate de la Métropole du Sud, Michel Welter ; ce dernier reçut le directeur Mayrisch le 18 juillet 1912 et les deux évoquèrent incidemment cette question. Ne manquant pas de sens politique, l'industriel informa du fond de l'affaire le député, désireux d'ouvrir la question sociale (partage du produit de la vente aux ouvriers, emploi d'un personnel luxembourgeois plutôt qu'étranger...). L'ancien Directeur général de l'Intérieur, Henri Kirpach, souhaita que les entreprises sidérurgiques s'entendissent sur le lotissement des 582 hectares ; son successeur depuis le 9 janvier 1910, Pierre Braun, également à l'origine de la loi scolaire, n'y trouva rien à redire. Le député proposa que Batty Weber rédigeât une « *brochure populaire sur la question* »[16]. La même entente ne fut plus possible dès lors que l'*Escher Journal* cessa sa parution au profit de l'*Escher Tageblatt*, le 30 juin 1913. Cette tribune libre populaire déplut au sidérurgiste, d'autant plus après le départ de Frantz Clément[17], qui songea à se donner un organe de presse sur lequel il pût compter.

Anticipant cette mutation du paysage médiatique luxembourgeois, Mayrisch compléta son dispositif de réponse par un troisième journal, le sien, enfin celui qu'il finançait[18]. Depuis le 16 mars 1911, il soutint un jeune hebdomadaire libéral et anticlérical *Die Neue Zeit. Les Temps nouveaux*[19]. Le 31 mars 1912, parut l'article non-signé « Einige Randglossen zur Offerte Thyssen [Quelques notes

15 Cf. Carlo Hury, « Bibliographie sommaire par ordre chronologique de l'œuvre de Jean-Baptiste Weber dit Batty », *Cahiers luxembourgeois : revue libre des lettres, des sciences et des arts*, « Der 100. Geburtstag von Batty Weber », 31, 1959/1960, p. 31–40, Claude Meintz, *Batty Weber. Bibliographie 1882–2002*, [Luxembourg], Archives nationales, [2003], Gaby Reitz-Faber, « Batty Weber : 1860–1940 Schrëftsteller, Journlaist, Feuilletonist... », Romain Kirsch (dir.), *Honnert Joer Stad Rëmeleng : 1907–2007*, Rumelange, Collège échevinal de la ville, [2008], p. 648–649.

16 Jules Mersch, *op. cit.*, p. 250.

17 Robert Thill, « Chefredakteur und Feuilletonist: Frantz Clément (1882–1942). Ein engagierter Schriftsteller und Journalist im "Tageblatt" », Denis Scuto, Paul Lesch, Yves Steichen (dir.), *Le siècle du Tageblatt*, 1, *Radioscopie d'un journal*, Esch-sur-Alzette, Le Phare, 2013, p. 218–224.

18 Jules Mersch, « *Les Metz... Emile Mayrisch* », *Ibid.*, *op. cit.*, 12, 1963, p. 466.

19 Cf. Jacques Mass, « *Die Neue Zeit* (1911–1914) Journal de combat pour la laïcité et le libéralisme radical au début du XXe siècle », *Galerie. Revue culturelle et pédagogique*, 1991/2, p. 251–286.

marginales sur l'offre Thyssen] ». Ces quelques commentaires firent référence à l'offre du principal capitaine d'industrie de Mühlein, dans la Ruhr, par voie de lettre du 7 décembre 1911. Le ton sarcastique de l'article, « *Thyssen invite carrément à l'expropriation des propriétaires fonciers* », et favorable aux « *usines métallurgiques sous le régime actuel paient une indemnité raisonnable* », ne cacha pas l'utilité, ni l'origine des informations du journal. Il pensa légitime que l'informateur de la *Kölnische Zeitung* du 10 juillet 1912, identifié par le quotidien libéral allemand comme un fonctionnaire gouvernemental, fût un proche de Mayrisch. Ne présenta-t-il pas Emile Prüm « *en pleine séance de la Chambre, se pos*[ant] *en commissionnaire d'August Thyssen* » ?

Les intérêts sidérurgiques dans l'information luxembourgeoise

La gestion de la crise minière, qui amena l'Arbed à laisser la place à ses quatre concurrentes luxembourgeoises tout en triomphant « *de l'intrus teuton* »[20], démontra un certain goût de Mayrisch pour la manœuvre politicienne. Le maître de forges de Dudelange ne manquait cependant pas de connaissance du jeu de la presse. Dès 1906, il assura la bonne publicité de son œuvre sociale à Dudelange par un ouvrage, *Das Düdelinger Economat und seine Berechtigung* (Diekirch, Schroell) ; cette publication s'inscrivit dans le débat autour la question ouvrière ouverte par la pénurie de logements et la loi du 29 mai sur les habitations à bon marché qui essayait d'y remédier en accordant des aides fiscales à l'acquisition et à la construction de la petite propriété immobilière. Régulièrement, il s'adressa à ses employés par voie d'affiches, comme le 25 octobre 1913, pour leur annoncer la création d'un fond de pension, fin juillet 1914, pour leur demander d'observer la plus grande neutralité suite aux déclarations de guerre en Europe, ou le 8 novembre 1918, pour leur signifier l'arrêt des hauts-fourneaux jusqu'à nouvel ordre… En bon « *homme d'imagination* »[21], il fut un observateur éclairé de la mutation des médias dans la société. Peut-être tira-t-il la justesse de ses réflexions d'un modèle familial, en la personne de son grand-oncle maternel, Norbert Metz ? Ce maître de forges diplômé de l'Ecole centrale de Paris, chef de file du mouvement libéral post-quarante-huitard et ministre du gouvernement Willmar (1848–1853), créa le *Courrier du Grand-Duché de Luxembourg* (1844–1868), organe du capital industriel en plein essor, qu'il rédigeât avec son frère, l'avocat Charles Metz, jusqu'en septembre 1864. Plus d'un demi-siècle plus tard,

20 *Die Neue Zeit*, 31 mars 1912.

21 Gilbert Trausch, *Le maître de forges Emile Mayrisch et son épouse Aline. Puissance et influence au service d'une vision*, Luxembourg, Banque de Luxembourg, 1999, p. 2.

Emile Mayrisch renoua avec cette tradition. Pendant trois ans, du 1er juillet 1911 au 9 août 1914, il fut actionnaire fondateur et administrateur de la Société anonyme d'édition populaire ayant

> « *pour objet l'édition et l'exploitation commerciale de journaux, revues, publications et livres de tout genre, ainsi que toute opération se rattachant directement ou indirectement à la confection, l'édition et la vente des dits articles* »[22].

Cette entreprise n'eut en fait qu'une seule fonction, permettre la publication d'un nouvel organe libéral, moins conservateur que la *Luxemburger Zeitung*, l'hebdomadaire *Die Neue Zeit. Les Temps nouveaux*[23].

L'ironie voulut que, après avoir vainement cherché à faire émerger un nouveau journal libéral dans l'entre-deux-guerres[24], le directeur général de l'Arbed racheta « *un peu plus de la moitié de* [l]*a participation* » d'Emile Schroell dans la *Luxemburger Zeitung*. L'opération se fit sous le couvert du groupe d'amis du « cercle du vendredi », qui se réunissait autour d'Emile Schroell à une date rapprochée de la constitution en société anonyme de l'Imprimerie Th. Schroell, le 23 juin 1922[25]. En effet, dès le 6 septembre suivant, Aline Mayrisch put inviter Jacques Rivière à rejoindre, non seulement la « *zone Mayrisch* »[26], mais aussi la *Luxemburger Zeitung*. La collaboration avec le directeur de la *Nouvelle revue française* dura deux ans, le dernier éditorial étant signé le 24 décembre 1924[27].

---

22 *Mémorial du Grand-Duché de Luxembourg*, 74, 11 novembre 1911, p. 1342–1348. Le Fonds social était de 12 000 francs, dont 11 000 francs avait déjà été libérés, et divisé en 480 actions de 25 francs.

23 Cf. Jacques Mass, « *Die Neue Zeit* (1911–1914) Journal de combat d'Emile Mayrisch et des libéraux radicaux », *Galerie. Revue culturelle et pédagogique*, 1987/3, p. 331–350; *Ibid.*, « Emile Mayrisch und das Deutschland-Bild der "*Neuen Zeit*" (1911–1914) », *Galerie. Revue culturelle et pédagogique*, 4, 1992, p. 533–544.

24 Jules Mersch note qu'en 1928, il tenta « *en vain de fonder un nouveau journal du soir à tendances libérales-radicales* », il avait été encouragé par des personnalités « *occupant les plus hautes positions dans la société* ». Il ne pouvait s'agir que de Mayrisch, décédé peu de temps après les démarches de Mersch et de Meyer [« Les imprimeurs Schroell », *Biographie nationale… op. cit.*, 16, 1968, p. 511].

25 *Ibid.*, p. 510 ; inscription au registre des sociétés, 8 juillet 1922, *Mémorial du Grand-Duché de Luxembourg*, 33, 18 août 1922, p. 878.

26 Selon l'expression de Cordel Meder, « Colpach et les Mayrisch : le cadre historique », *Bulletin des amis de Jacques Rivière et d'Alain-Fournier*, « Jacques Rivière l'Européen. Actes du colloque international organisé le 21 mars 1997 », 87–88, 1998, p. 62.

27 Ses vingt-deux éditoriaux dans la Luxemburger Zeitung (juin 1922-décembre 1924) ont été publiés, avec ses autres textes européistes de la Nouvelle revue française, dans Jacques Rivière, *Une conscience européenne 1916–1924*, Paris, Gallimard,

Mayrisch voulut-il vraiment faire de ce quotidien moribond, au tirage en chute libre depuis la lettre pastorale de l'évêque Jean-Joseph Koppes du 19 janvier 1913, interdisant aux croyants de le lire, cette « *tribune européenne d'où émaneraient les opinions de personnalités étrangères soucieuse de trouver une solution à l'épineuse question des rapports franco-allemands* »[28] ? Ou souhaita-t-il seulement empêcher l'étiolement inexorable de son lectorat, conséquence de l'affaiblissement du parti libéral depuis l'introduction du suffrage universel[29], en « *relev*[ant] *le niveau de la* Luxemburger Zeitung *et par là celui des lecteurs* », comme il le nota dans sa lettre du 6 novembre 1922 à Rivière[30] ? Rivière resta deux ans, puis fut remplacé par le jeune et prometteur Jacques Viénot. Là où le premier tonna pour l'idée européiste, le second ouvrit l'espace luxembourgeois — sans se départir de l'esprit de son prédécesseur et ami, puisqu'il publiât dans ce journal la plate-forme du Comité franco-allemand d'information et de documentation le 1er juin 1926 — vers l'exotisme marocain[31]. En fait, l'affiliation du quotidien au groupe sidérurgique, puis la brutale disparition de Mayrisch dans un accident de voiture, le 5 mars 1928, acheva de le perdre aux yeux de ses lecteurs[32].

Le successeur du « *Grand Chef* », comme l'appela André Gide[33], partageait aussi cette passion pour la presse. Mais Aloyse Meyer, ingénieur à Dudelange lorsque Mayrisch le désigna comme « héritier », ne semblait pas goûter le même attrait pour la politique en général, et luxembourgeoise en particulier, que son mentor. Pourtant, il le suivit dans ses équipées journalistiques. Dès la constitution de la

---

1992, p. 203–241. Leur analyse a été réalisée par Lionel Richard, « Les éditoriaux de Rivière dans la Luxemburger Zeitung », *Bulletin des amis de Jacques Rivière et d'Alain-Fournier, op. cit.*, p. 83–96. Cf. aussi Marcel Engel, « Jacques Rivière au Luxembourg », *Colpach*, 1978, p. 137–175.

28 C'est du moins l'avis de Jules Mersch, *op. cit.*

29 Cf. Anne Mores, *Le libéralisme : la crise du parti radical-libéral dans l'entre-deux-guerres au Grand-Duché de Luxembourg (1919–1939/40)*, Mémoire de maîtrise, histoire, Metz, 1985.

30 Jules Mersch, *op. cit.*

31 Cf. Cornel Meder (éd.), *Pierre Viénot. Articles dans la Luxemburger Zeitung 1925* et *Questions de paix. Articles publiés à Luxembourg en 1925*, Luxembourg, Archives nationales, 1997.

32 Archives du service public fédéral des Affaires étrangères, Bruxelles (ASPFAE), B1, 1922–1924, lettre d'Humbert Mouchet de Battefort de Laubespin à Henri Jaspar, 22 novembre 1922. Le 30 septembre 1941, le quotidien fusionnait tout aussi ironiquement avec le *Luxemburger Wort* [Romain Hilgert, *op. cit.*, p. 199].

33 Lettre de Gide à Aline Mayrisch, 7 novembre 1919, André Gide, Aline Mayrisch, *Correspondance (1903–1946)*, Paris, Gallimard, 2003, p. 163.

Société anonyme d'édition populaire, le 4 juillet 1911, en l'étude de Me Georges Metzler, notaire à Mondorf-les-Bains, il fut présent,

> *« agissant tant en son nom personnel qu'en sa qualité de mandataire de M. Emile Mayrisch, directeur d'usine, demeurant à Dudelange, aux termes d'une procuration sous seing privé, délivrée à Dudelange le 1er juillet 1911; la dite procuration paraphée "ne varietur" par le mandataire restera annexée aux présentes avant lesquelles elle sera soumise à la formalité de l'enregistrement »*[34].

Trois mois après le décès de Mayrisch, Meyer apparut au rang des souscripteurs de la troisième augmentation de capital de *L'Europe nouvelle*[35] ; acte de piété patronale ou non, l'hebdomadaire de Louise Weiss, intéressé aux questions extérieures, économiques et littéraires, fut particulièrement bien disposé envers Emile Mayrisch[36], depuis qu'il y publiât son « opinion luxembourgeoise sur un projet d'"union douanière européenne" », dans le numéro 427 du 24 avril 1926.

Sans être un homme de presse comme le fut Mayrisch, Gaston Barbanson n'en dédaigna pas la communication. A la différence de Meyer, dont l'action sur la place de Luxembourg remplaça aisément celle de Mayrisch — il fut président de la Chambre de commerce de Luxembourg depuis 1926, du conseil d'administration de la bourse de Luxembourg à compter de 1928, et du manufacturier de tabac de Hollerich, Heintz van Landewyck[37], en 1931, en plus de celui de l'Arbed depuis le décès de Mayrisch —, Barbanson suivit les affaires de son pays natal, la Belgique. Pendant la Première guerre mondiale, il rencontra, dans l'entourage du chef du gouvernement royal en exil, le rédacteur en chef du journal catholique *Vingtième siècle*, Fernand Neuray[38]. L'anticlérical Barbanson finit par s'attacher à ce journaliste dont il partagea l'idéologie nationaliste « grand belge ». Ainsi trouva-t-on sa signature, camouflée sous le nom d'Ajax, au bas de deux articles

---

34 *Mémorial du Grand-Duché de Luxembourg*, 74, 11 novembre 1911, p. 1342–1348.

35 *Les documents politiques, diplomatiques et financiers*, 9/6, juin 1928, p. 344.

36 Il était un familier du « *petit atelier* » qu'animait Louise Weiss à Auteuil [Michel Loetscher, *Louise Weiss. Une Alsacienne au cœur de l'Europe*, Nancy, Place Stanislas, 2009, p. 134].

37 Il avait épousé en 1911 Marie Barbe Eugénie Heintz, fille aînée de Joseph Heintz, et reçu en dot cinq actions de la nouvelle société anonyme, ainsi que la fonction d'administrateur [*Mémorial du Grand-Duché de Luxembourg*, 55, 23 août 1911, p. 986–998. Cf. aussi Paul Weber, Heinz Weber, Alphonse Sprunck, Nicolas Ries, Georges Schmitt, Putty Stein, *Manufacture de tabacs Heintz Van Landewyck, 1847–1957*, Luxembourg, Bourg-Bourger, 1957)].

38 Sur cette question, cf. Eric Defoort, « *L'Action française* dans le nationalisme belge, 1914–1918 », *Revue belge d'Histoire contemporaine*, 7, 1976, 1–2, p. 113–152.

du quotidien bruxellois *La Nation belge*, les 29 janvier et 4 février 1926[39]. Le premier loua la mutation de l'Arbed depuis la fin du conflit, tandis que le second plus politique fut une réponse à la mise en cause par le journal socialiste bruxellois *Le Peuple*. Délaissant le héros de la guerre de Troie, le président du conseil d'administration de l'Arbed se fit moins polémique, six ans plus tard, lorsqu'il présentât ses « Considérations sur la crise », dans *L'Echo de la Bourse* du 18 février 1932[40] ; les propos de sa conférence sur « Le chômage : ses causes, ses conséquences et les remèdes qu'on peut y apporter » furent également repris dans le journal boursier bruxellois du 29 novembre 1933 et publiés sous forme de petit livre.

Côté français, Barbanson délaissa volontiers la controverse. Le 17 mars 1928, le journal parisien *Le Soir* attaqua le Grand-Duché et l'Arbed sur une question judiciaire. Il préféra ne pas « *commencer une polémique* », estimant que « *ce serait (...) plutôt aux autorités luxembourgeoises à le faire, celles-ci étant surtout l'objet des critiques contenues dans l'article* »[41]. Dix ans plus tard, il laissa à son administrateur, Léon Laval, vice-président de la chambre de Commerce, la charge de commissaire général de l'Exposition universelle de Paris (25 mai-25 novembre 1937) et la couverture médiatique qui en découla. Mais l'Arbed ne fut pour autant pas absente du pavillon luxembourgeois, trônant en son centre autour d'une « *maquette de vingt mètres sur quatre mètres (...) soulign*[ant] *la puissance des exploitations minières et des usines métallurgiques dont la production, égale au tiers de la France,* [avait] *pour débouché le monde entier* »[42]. Elle ne fut pas plus absente de la publication du Commissariat général[43]. Introduit par Laval, *Le Grand-Duché de Luxembourg à l'Exposition internationale de Paris 1937* s'ouvrit sur une vaste étude économique de Paul Weber, secrétaire général du Commissariat et secrétaire de la Chambre de commerce de Luxembourg[44].

---

39 Ajax, « Un grand trust métallurgique va se constituer dans le Grand-Duché de Luxembourg » et « Marx n'avait pas raison », *La Nation belge*, 29 janvier et 4 février ; *Ibid.*, « Karl Marx avait raison », *Le Peuple*, 30 janvier 1926 ; cf. Archives nationales du Luxembourg, Luxembourg (ANLux), Arbed, Pr 29, brouillon de « Marx avait tort », s.d., et lettre de Fernand Neuray à Gaston Barbanson, 30 janvier 1926.

40 Elle fut publiée dans l'année à Bruxelles par l'Imprimerie industrielle et financière.

41 ANLux, AC-J-4, lettre de Gaston Barbanson à André Vicaire, 2 avril 1928.

42 Interview de Léon Laval à André Nède *in Le Figaro*, 14 juin 1937.

43 Cf. l'arrêté du 10 mai 1936 portant institution du commissariat général de la Section Luxembourgeoise à l'Exposition Internationale de Paris de 1937 *in Mémorial du Grand-Duché de Luxembourg*, 47, 20 juin 1936, p. 595.

44 [Luxembourg], Commissariat général du gouvernement luxembourgeois, 1937. Cf. aussi le catalogue officiel *Exposition internationale Paris 1937 : La participation du Grand-Duché de Luxembourg*, Luxembourg, Fr. Bourg-Bourger, 1937.

Aloyse Meyer, certes en temps que président de la chambre de Commerce, signa quant à lui un article, avec d'autres personnalités luxembourgeoises, dans le « *luxueux supplément illustré* » du journal parisien *Le Luxembourg*[45].

Avec Barbanson se tourna une page de l'histoire entre les maîtres de forges luxembourgeois et l'information. L'entre-deux-guerres ne vit pas d'autre initiative industrialo-médiatique. Seule l'Arbed, et le fait que la reprise de *L'Indépendance luxembourgeoise* lui fut proposée le souligna bien, disposa de la masse critique suffisante, tant nationale qu'économique, pour être un acteur des médias. A l'été 1934, l'administrateur Léon Laval, cousin germain de Mayrisch, mais surtout président de l'Alliance française, voulut sauver le quotidien francophone d'une inéluctable faillite au 1er janvier suivant. Léon Metzler, chef du contentieux de l'entreprise sidérurgique, fut chargé de réfléchir à la structure juridique à adopter et d'en préparer les statuts[46]. Aloyse Meyer, qui suivit le dossier[47], jugea préférable de ne pas donner suite[48]. Par cette décision, la société passa à l'âge de la communication. Plutôt que de se lier avec un média, elle préféra en utiliser les différentes possibilités selon ses objectifs. L'article 67, alinéa 4, de la loi luxembourgeoise du 10 août 1915[49] sur le régime des sociétés commerciales lui imposait de convoquer ses assemblées générales, dans les formes statutaires, par des annonces insérées trois fois, à dix jours d'intervalle au moins et dix jours avant la réunion, dans le *Mémorial* et dans un journal de Luxembourg. La pratique fit que la publication eut lieu dans deux quotidiens nationaux luxembourgeois, l'un de langue française, l'autre de langue allemande ; la particularité du capital de l'Arbed lui imposa de faire de même dans des journaux belges[50]. Pour

---

45 *Le Journal des Débats*, 30 juin 1937.

46 ANLux, AC-J-13, lettres de Léon Metzler à Léon Laval, 20, 21 août et 10 septembre 1934.

47 La lettre du 10 septembre lui fut remise directement par Metzler [*Ibid.*].

48 Léon Laval avait trouvé l'appui de Marie Anne de Gargan, mais le décès inopiné de son époux, Norbert Le Gallais, député et administrateur de l'Arbed, le 5 mars 1934, l'amena à se désister, condamnant le journal à disparaître [ASPFAE, B1, 1928–1934, lettre d'Adrien Nieuwenhuys à Paul Hymans, 20 décembre 1934]. Les difficultés financières de l'*Indépendance luxembourgeoise* préexistaient de la période précédant la Première Guerre mondiale ; déjà le 10 août 1912, son rédacteur en chef, Nicolas Liez, avait demandé le secours de la France [Archives du ministère des Affaires étrangères, Paris (AMAE), Nouvelle Série, Luxembourg, 3, lettre de Pierre Ganderax à Raymond Poincaré, 10 août 1912, f. 99], qui s'était exécutée.

49 *Mémorial du Grand-Duché de Luxembourg*, 90, 30 octobre 1915, p. 946–947.

50 *La Nation Belge*, *L'Indépendance Belge*, *L'Echo de la Bourse*, le *Moniteur des Intérêts Matériels*, *La Cote Libre* et *L'Etoile Belge* en général.

le reste, c'est-à-dire l'essentiel, la *Luxemburger Zeitung* et *L'Echo de l'industrie*, édité par la Fedil, suffirent pour diffuser les messages de l'Arbed, dans la mesure où ses dirigeants furent moins tentés d'agir dans la vie politique nationale. L'entreprise fut ainsi derrière le texte de la conférence d'Eric Conrot, secrétaire d'Hector Dieudonné à l'Entente internationale de l'Acier, devant l'Association luxembourgeoise des ingénieurs et industriels, le 19 novembre 1938[51] et publié dans la *Revue technique luxembourgeoise*[52].

Pour assurer une bonne résonance au niveau continental, les bonnes volontés ne manquèrent pas. A commencer en interne, poursuivant l'exemple d'Aloyse Meyer[53] et de son administrateur Léon Laval[54] écrivant, avant guerre, au *Luxemburger Wort* pour batailler contre les lois scolaire et minière (1912–1913), Gaston Barbanson et Hector Dieudonné[55], directeur-gérant du comptoir de vente Columeta, intervinrent dans la presse belge. Le contexte de l'Union économique belgo-luxembourgeoise offrit de régulières « crises » autour des différents tarifs qui dégénérèrent souvent en campagne de presse ; aussi les sidérurgistes luxembourgeois s'assurèrent des entrées dans certains médias, généralement économiques comme *L'Echo de la Bourse* (Bruxelles) et *Neptune* (Anvers). De même en Allemagne, où l'Arbed disposa d'intérêts à défendre et des amis pour la conseiller, la catholique et influente *Kölnische Volkszeitung* sembla avoir été préférée. En France, il ne sembla pas que les sidérurgistes luxembourgeois privilégièrent des supports particuliers, Mayrisch ayant donné sa préférence à *L'Europe nouvelle* par solidarité paneuropéenne et libérale. Mais il sut pouvoir compter sur *Le Temps*, devenu la propriété de François de Wendel dès 1929[56], avant de passer au Comité des forges de France en 1934.

---

51 ANLux, Arbed, Pr20, texte de la conférence.

52 Eric Conrot, « Les ententes industrielles internationales », *Revue technique luxembourgeoise*, 1, 1939, p. 1–19.

53 « Katholische Volksversammlungen. Zu Düdelingen », *Luxemburger Wort*, 26 novembre 1912.

54 « Katholische Volksversammlungen. Zu Esch a.d. Alzette », *Luxemburger Wort*, 27 novembre 1912.

55 Interview « L'union économique belgo-luxembourgeoise », supplément industriel de *L'Echo de la Bourse*, 3 février 1921.

56 Jean-Noël Jeanneney, *François de Wendel en République. L'argent et le pouvoir, 1914–1940*, Paris, Seuil, 1976, p. 45–46, 149. L'affaire fut dévoilée par René Mennevée dans *Les documents politiques, diplomatiques et financiers*, mars 1930, p. 101 qui y était revenu en octobre 1932, p. 671.

Cette entrée dans la communication fut imposée après la Première guerre mondiale par le retrait du Grand-Duché de Luxembourg du *Zollverein*, le 19 décembre 1918, et la nécessité d'écouler 90 % de la production nationale sur le marché mondial[57]. Les stratégies d'autopromotion imposèrent un recours plus systématique aux médias, autant qu'un renforcement de la politique commerciale. Aussi ne fut-il pas étonnant de voir gérer publicité et vente par les comptoirs commerciaux de la sidérurgie luxembourgeoise de l'entre-deux-guerres, la Société générale pour le commerce de produits industriels (Sogeco), pour les Hauts-fourneaux de Differdange, St-Ingbert et Rumelange (Hadir), et le Comptoir métallurgique luxembourgeois (Columeta), pour Arbed, fondés respectivement les 1er août 1919[58] et 19 juin 1920[59]. Vendre des produits sidérurgiques imposa de créer pour les nouvelles sociétés opérant dans le Grand-Duché — dont participa Arbed, comme vaisseau amiral d'un groupe englobant les usines issues de l'association de 1911 et celles reprises par les Terres Rouges — de nouveaux comportements de consommation. Les comptoirs commerciaux étaient les seuls à disposer de fichiers d'anciens clients et à pouvoir les enrichir grâce au repérage dans les annuaires spécialisés et les documents officiels. Dépliants, lettres-formules, brochures, circulaires et surtout catalogues devinrent des instruments de communication à destination d'une clientèle supposée. Parce que chaque marché disposait de ses propres particularités, il convint d'y adapter la publicité. Columeta diffusa des historiques de ses usines sous forme d'opuscules illustres, comme la *Notice sur l'usine d'Audun-le-Tiche appartenant à la Société minière d'Audun-le-Tiche*. Editée en 1927 par la Société minière des Terres-Rouges, appendice français de la Société métallurgique éponyme sise au Grand-Duché, et publiée à Paris par l'éditeur Emile Sève, ce document prolongea l'effort publicitaire vers la France de l'entreprise, prise en main par le bureau français de Columeta.

En fait, seule Columeta disposa vraiment de la culture et de la capacité de faire de la publicité. En effet, elle était l'émanation d'une entreprise qui choisît une raison sociale marquant aussi bien le secteur d'activité (aciéries) et ses lieux de production (Burbach, Eich, Dudelange). En cela, elle prolongeait l'usage du premier XXe siècle, mais se prêtait déjà à la réduction (Aciéries réunies) et à l'acronymie

---

57 Cf. Archives de l'administration centrale de l'Arbed, Luxembourg (AACA), AC-4802, Note de la Commission consultative de la métallurgie à Antoine Pescatore, 4 et 5 mai 1920.

58 *Mémorial du Grand-Duché de Luxembourg*, 49, 19 juillet 1920, p. 751–752.

59 *Ibid.*, 14, 4 mars 1921, p. 202. Le 28 février 1919, l'Arbed se dota d'un service commercial [AACA, *Ibid.*].

télégraphique (Arbed)[60], qui n'intervint que trente ans plus tard dans le monde entrepreneurial. La raison sociale même du Comptoir fut choisie, le 2 mars 1920, pour son acronymie[61]. Dans les deux cas, il s'agissait d'une stratégie délibérée de générer un « effet de marque »[62] autour d'un nom aisément remarquable dans une stratégie de distinction sur un marché fortement concurrentiel.

Hadir délaissa les actions de communication qui visaient à promouvoir l'image de l'entreprise vis à vis de ses clients et différents partenaires. La société franco-belge préféra se retrancher derrière ses marques déposées « Grey »[63] et « Din »[64], la première étant héritée de la Deustche-Luxemburgische[65]. Cette orientation fut déterminante dans la résistance de l'entreprise aux effets de la grande crise des années 1930. Le 4 avril 1930, Hector Dieudonné, patron de Columeta, le souligna devant les membres de son réseau de vente : « *Hadir a fait pour ses poutrelles Grey une publicité extrêmement adroite et efficace et il est nécessaire que nos comptoirs recherchent également pour nos poutrelles des*

60 La manufacture de tabac Cahen ne s'y était pas trompée lorsqu'elle fit déposer les 22 octobre 1912 (2327) et 27 novembre 1922 (4730), pour dix ans à chaque fois, le nom Arbed en croix, le B au centre et les autres lettres formant les quatre branches, pour ses cigares, cigarillos, cigarettes et tabac [*Ibid.*, annexe 2, 31 décembre 1912, p. 14 ; *Ibid.*, annexe 1, 1923, p. 40]. Bien que l'on ne trouve pas trace du dépôt du même nom par l'entreprise sidérurgique, l'absence de renouvellement de dépôt par la manufacture de tabac en 1932 plaiderait pour une meilleure protection de son nom par Arbed au lendemain de la Première Guerre mondiale. Toutefois, ce nom était couramment employé dans l'entreprise, comme le montre ce lapsus de novembre 1924, dans la table mensuelle du *Bulletin* Columeta : au lieu de noter « Argentine », une secrétaire tapa sur sa machine à écrire « Arbentine »...

61 Charles Barthel, *Bras de fer. 1918–1929,* Luxembourg, Saint-Paul, 2006, p. 134–135.

62 Sur cette exception à la loi de la demande, également appelée « effet Akerlof », amplifiant l'asymétrie d'information entre vendeurs et acheteurs, cf. George A. Akerlof, « The Market for Lemons: Quality Uncertainty and the Market Mechanism », *The Quarterly Journal of Economics*, 84/3, août 1970, p. 488–500.

63 *Mémorial du Grand-Duché de Luxembourg*, annexe 5, 16 juillet 1926. La déclaration de l'Hadir était antidatée au 28 août [p. 211], entendant rappeler ses droits sur la Sogeco qui s'était arrogée, le 12 juillet, le droit de vendre des « *poutrelles Grey* » [p. 208].

64 *Ibid.*, annexe 2, 31 décembre 1906 et annexe 1, 18 janvier 1917, p. 3. A noter que la Deustch-Luxemburgische détenait ce brevet de la Société anonyme des Hauts-fourneaux de Differdange, acquis par Paul Wurth en 1898, et qu'elle s'en garda l'exclusivité pour l'Allemagne lors de la vente de son emprise luxembourgeoise [Charles Barthel, *op. cit.*, p. 83 n. 20 et 116].

65 *Ibid.*, annexe 1, 25 janvier 1923, p. 4.

affaires analogues et étudient les moyens de propagande propres à en intensifier l'emploi et la vente[66]. » Et d'inciter son équipe de commerciaux en chef à vendre des palplanches fabriquées à l'usine Terres-Rouges de Belval, des poutrelles à larges ailes, des tôles fines et moyennes ainsi que des feuillards à froid. Il insista notamment sur les poutrelles à larges ailes qui étaient de plus en plus utilisées comme pylônes électriques, c'est-à-dire représentant un marché porteur.

Le véritable effort de promotion de la première entreprise sidérurgique luxembourgeoise semblait avoir débuté en janvier 1921[67]. Mais, il semblait que les dirigeants de l'entreprise, autant Mayrisch que Barbanson furent sensibilisés à cette question dès avant la Première Guerre mondiale. Ainsi, les premières publicités industrielles dans la presse luxembourgeoise apparurent dès octobre 1846 dans le *Courrier du Grand-Duché de Luxembourg* du grand-oncle maternel du premier. De même, issu d'une famille ayant une tradition dans la banque belge[68], le second dut immanquablement entendre parler de Paul Mosselmans, « inventeur » belge de la publicité[69]. Peut-être l'eut-il même lu :

> *« De nos jours, vouloir vendre sans faire de la publicité, c'est vouloir vivre sans cerveau dans une époque où la concurrence exige, pour vaincre, la plus grande intelligence. Certes, la Belgique est la plus grande nation commerciale du monde, mais cette situation économique puissante oscille par la création de nouveaux centres de production qui déplacent et dispersent notre production industrielle. (…) La concurrence est là, implacable. Elle force l'Europe à réorganiser ses méthodes commerciales de ventes, trop vieilles pour résister à l'assaut des organisations modernes et puissantes de ces concurrents nouveaux. Voilà pourquoi nous entendons partout, en Angleterre, en Allemagne, en France, la voix puissante de la publicité qui crie : Faites vous connaître ! »*[70]

---

66 ANLux, Arbed-02-0321, Conférence des directeurs commerciaux Arbed/TR, 4 avril 1930.

67 Cf. AACA, AC-617, contenant des éléments incomplets de promotion commerciale (« *photos, clichés, dessins, maquettes et publications* ») du 4 janvier 1921 au 31 décembre 1929.

68 Il appartenait à la branche banquière de « la Tescherie », réseau familial d'influence économique initié par Victor Tesch (1812–1892) [Ginette Kurgan-van Hentenryk, *Gouverner la Générale de Belgique. Essai de biographie collective*, Bruxelles, De Boek, 1996, p. 75].

69 Cf. Véronique Pouillard, « L'école belge de publicité au début du XXe siècle », *Market Management*, 3, 2003, p. 18–41.

70 Paul Mosselmans, « Notre raison d'être », *La Réclame. Revue mensuelle traitant de la Publicité sous toutes ses formes*, Bruxelles, 1, janvier 1911, p. 1.

Les marques Sogeco et Columeta

N° 4453. — 13 avril 1922. — *Société générale pour le Commerce de produits industriels, société anonyme* à Luxembourg. — Cette marque représente un écusson portant dans le haut l'inscription : « Sogeco » et représentant un ouvrier métallurgiste assis sur le globe terrestre et s'appuyant sur un marteau de forgeron[93].

N° 4297. — 17 octobre 1921. — *Comptoir Métallurgique Luxembourgeois,* société anonyme à Luxembourg. — Cette marque représente une gerbe de blé liée ; au milieu le mot « Columeta » ; à la base de la gerbe, le mot : « Luxembourg ».

Entre « Columeta » et « Luxembourg » une faucille sur deux marteaux. Tout au-dessus les mots : « Scories Thomas gar. pur »[94].

Si les conceptions « modernes » de la publicité étaient connues dès avant 1914[73], elles ne furent appliquées par l'Arbed qu'après la Première Guerre mondiale. Le boom économique des années folles, au niveau international, ainsi que le retrait du *Zollverein* et la conclusion d'une union économique avec la Belgique, au niveau national, imposèrent à la société luxembourgeoise « *de se faire connaître* ». L'acronyme fut définitivement adopté dans l'entre-deux-guerres[74], décliné en

---

71 *Ibid.*, annexe 3, 29 août 1922, p. 7.

72 *Ibid.*, annexe 1, 30 janvier 1922, p. 4.

73 Cf. Paul Mosselmans, *La Publicité. Comment s'en servir*, Bruxelles, Impr. V. Verteneuil et I. Desmet, 1908, *La Publicité en Allemagne. Simple exposé de l'histoire, de l'évolution, de l'intensité et de la valeur de la Publicité allemande*, Bruxelles, Editions commerciales et industrielles P.M., 1910, *Des conseils pour votre Publicité*, Bruxelles-Paris-Lausanne, Polmoss, [1913] ; Jules Arren, *La publicité lucrative et raisonnée. Son rôle dans les affaires*, Paris, Bibliothèque des ouvrages pratiques, 1909, *Comment il faut faire de la publicité*, Paris, 1912, *Sa majesté la publicité*, Tours, Mame et fils, 1914.

74 Déjà pendant le conflit, les médias « *par abréviation* (…) *désign*[aient] *sous le nom d'Arbed* » l'entreprise luxembourgeoise [cf. *Le Correspondant*, 10 juin 1917, 267, p. 865].

monogramme dans un but commercial. De son côté, après avoir déposé son nom et emblème, la Columeta fut chargée de publier des présentations, trilingues (français, allemand et anglais)[75] et abondamment illustrés, du groupe Arbed-Terres Rouges, de ses *Usines et installations* (1926, 139 pages), sans oublier son *Développement, Situation actuelle, Œuvres sociales, Produits spéciaux des différentes usines* (1924, 20 pages). Ce matériel promotionnel s'ajouta aux éditions du bureau français pour les emprises d'Audun-le-Tiche (1927) et aux catalogues annuels de profilés des aciers fins (Dommeldange) et des palplanches (Belval), publiés annuellement. Le choix arrêté par les dirigeants du comptoir luxembourgeois afficha clairement une préférence pour l'action hors-média[76]. Néanmoins, l'Arbed sut habilement exploiter l'opportunité de communiquer vers la France, par *L'Illustration économique et financière* au printemps 1921, ce qui lui permit d'occuper six des quatorze pages du magazine publié le 30 août 1921, dont une consacrée entièrement à la Columeta, en plus de larges mentions favorables dans l'article d'ouverture.

En avril 1921, puis en mai 1922, l'Arbed fit tourner deux films pour soutenir son activité publicitaire. Le premier fut décidé après un démarchage du directeur de *L'art cinématographique* parisien, Gustave Labruyère afin « *de donner une idée de l'importance de la société et de populariser le nom de "Columeta"* »[77]. Les conditions de tournage (trois opérateurs différents, cinq mois au lieu d'une semaine) et de développement des pellicules (retard[78], « *incident* » chez Labruyère[79] et mauvaise qualité à la Rheinische Film-Gesellschaft, qui prit le relais en mai 1921[80]), sans parler du coût, du premier laissa un goût amer à Arbed. Mais la perspective de l'Exposition universelle de Rio de Janeiro[81] et le signalement par le directeur de la division de Burbach, Léon Kugener, des capacités de

75 L'espagnol ne tarda pas à se rajouter à ces langues.

76 Forcément anachronique, cette expression regroupe l'ensemble des techniques de communication marketing n'utilisant pas les médias traditionnels (presse, affichage, radio, cinéma). Pour l'époque, il s'agirait notamment des actions de marketing direct, comme les publications, et les actions de promotions des ventes.

77 AACA, *op. cit.*, lettre de Gustave Labruyère à Emile Mayrisch, 4 janvier 1921. Cf. aussi Charles Barthel, « "Columeta" "Vu Feier an Eisen". L'aventure du premier film publicitaire de l'Arbed », *Hémecht*, 1998/2, p. 177–206.

78 *Ibid.*, lettres de Pouthy Stein à Gustave Labruyère, 25 avril 1921, de la Rheinische Film-Gesellschaft à Arthur Kipgen, 16 septembre et 5 octobre 1921.

79 *Ibid.*, lettres de Gustave Labruyère à Emile Mayrisch, 30 avril et 14 mai 1921.

80 *Ibid.*, lettre de la Rheinische Film-Gesellschaft à Arthur Kipgen, 26 septembre 1921.

81 *Ibid.*, lettre d'Arthur Kipgen à Hector Dieudonné, 8 mars 1922.

Pathé-Revue[82] la décidèrent « *de commander de nouveaux films* » et « *de traiter avec cette maison* »[83]. Mais il fallut encore faire face à nouveaux déboires avec des scènes ratées[84]. Pour parer à toute nouvelle complication, échaudée, la Columeta contacta en 1929 le cinéaste français Albert Mourlan, spécialisé dans les films techniques, scientifiques et de propagande souvent composés de parties animées. La crise et la guerre tinrent le groupe luxembourgeois loin de l'audiovisuel pour longtemps[85].

Sans qu'il y eût de relation de cause à effet avec ces mésaventures cinématographiques, alors que l'entreprise sidérurgique fut de presque toutes les nouvelles industries, de la communication ou non, à implanter dans le pays, l'Arbed se tint à l'écart de l'aventure de Radio-Luxembourg. Certes, en mai 1922, elle apporta, comme l'Hadir et la Fedil entre autres, son soutien à l'initiative de son ancien administrateur passionné de média, Léon Laval, bien décidée à profiter de l'opportunité de l'installation d'une radio dans le pays[86]. Pourtant, dix ans plus tard, elle ne se trouva, pas plus que les autres sidérurgistes luxembourgeois d'ailleurs, parmi les actionnaires fondateurs de Radio-Luxembourg. Fallut-il y voir la conséquence des prétendus mauvais rapports entre Emile Reuter, ancien Ministre d'Etat (1918–1925) devenu président du conseil d'administration de la jeune Compagnie luxembourgeoise de radiodiffusion[87], et d'Emile Mayrisch, durant le mandat ministériel du premier ? La véritable raison fut plutôt à chercher du côté de la décision de l'entreprise sidérurgique, affirmée plus certainement à l'été 1934, de ne plus intervenir dans le domaine des médias, uniquement dans celui de la communication.

La sidérurgie luxembourgeoise dans l'information

Cette décision de l'Arbed s'expliqua par une volonté de s'assurer une meilleure visibilité internationale, là où se trouvaient les marchés, plutôt que de continuer un combat politique qu'elle sut vain ; son poids dans le Grand-Duché lui permit

82 *Ibid.*, lettre à Aloyse Meyer, 10 décembre 1921.

83 *Ibid.*, lettre d'Arthur Kipgen à Hector Dieudonné, 20 février 1922.

84 *Ibid.*, lettre d'Arthur Kipgen à Etienne Soubre, 27 juillet 1922.

85 Le 8 mars 1928, un film des funérailles d'Emile Mayrisch fut réalisé. L'entreprise sidérurgique avait donné son accord à Gustave Nickels, un exploitant de cinéma et distributeur à Grevenmacher [*Le film luxembourgeois*, 15, mars 1928].

86 ANLux, Fi 547, lettre de Léon Laval au Directeur général des Finances, Alphonse Neyens, 17 mai 1922.

87 Elle a été créée le 30 mai 1930 [cf. Pascal Lefebvre, *Havas et l'audiovisuel, 1920–1986*, Paris, L'Harmattan, 1998, p. 50–51, David Dominguez Muller, *op. cit.*, p. 76].

en effet de s'adresser directement au chef du gouvernement pour faire valoir son opinion. Le pari fut cependant risqué. Sa production, comme celle d'ailleurs de ses concurrents Hadir, Rodange et Steinfort, ne fut pas de celle dont les médias étrangers parlèrent volontiers. Qui plus est, les sidérurgistes luxembourgeois ne furent pas des annonceurs, leur effort publicitaire s'adressant de préférence pour une clientèle hors-média. Autrement dit, ils n'eurent pas besoin, contrairement à leurs homologues russes d'avant-guerre[88], de l'intercession de la presse d'un pays particulier pour écouler leurs produits ou placer leurs emprunts. Ce désintérêt de la presse internationale ne fut pas propre aux acteurs économiques luxembourgeois, mais toucha plus largement le pays dans son entier.

Naturellement, vu de France, de Belgique ou d'Allemagne, la question de la lisibilité luxembourgeoise dans les médias nationaux fut différente. Emile Mayrisch put en faire l'expérience amère dès le printemps 1919, profitant de la présence d'André Gide à Dudelange[89]. Ses entretiens avec le « *Grand Chef* » le persuadèrent d'user de son entregent dans la presse parisienne. Il possédait trois amis, les écrivains Edmond Jaloux et François Durand (Francis de Miomandre), ainsi que le peintre Auguste Bréal. Tous trois furent affectés pour la durée de la guerre à la Maison de la Presse, à Paris. Derrière cette appellation se cachait un service d'analyse et de contrôle de la presse[90]. Bréal créa la section de Propagande et Jaloux en fut maintenant le sous-chef ; la section devint, dès le 30 mai 1918, le Commissariat général de la Propagande. Dans le contexte du référendum économique prévu pour le 19 avril et annulé sur l'insistance de la Belgique[91], Mayrisch eut

88 Cf. Artur Germanovič Rafalovič, *L'abominable vénalité de la presse... D'après les documents des Archives russes (1897–1917)*, Paris, Libr. du travail, 1931 ; la relativisation de Marc Martin, « Retour sur "l'abominable vénalité de la presse française" », *Le Temps des médias*, 6, 2006/1, p. 22–33. Cf. aussi Patrick Eveno, « L'Argent de la presse française des années 1820 à nos jours », Paris, CTHS, 2003 ; Francis Ronsin, *La guerre et l'oseille. Une lecture de la presse financière française, 1938–1945*, Paris, Syllepse, 2003.

89 Daniel Durosay, « Diplomatie gidienne : au service du Luxembourg en 1919 et des Mayrisch », *Bulletin des amis d'André Gide*, 1985, 13, 66, p. 235–252. Cf. aussi André Gide, Aline Mayrisch, *Correspondance (1903–1946)*, Paris, Gallimard, 2003, p. 140 n1.

90 Jean Baillou, Charles Lucet, Jacques Vimont, *Les Affaires étrangères et le corps diplomatique français*, 2, Paris, Ed. du CNRS, 1984, p. 337–338.

91 En ouverture du conseil des ministres mensuel du 22 avril 1919, le Premier ministre belge, Léon Delacroix, annonçait le succès de sa démarche, accompagné de ses collègues de la Justice, Emile Vandervelde, et des Affaires étrangères, Paul Hymans, pour annuler cette consultation qu'il savait défavorable à la Belgique auprès du Premier

aimé que la presse française s'en étonnât et s'en ouvrît à Gide. L'écrivain choisit alors de contacter Bréal, le 21 avril, pour qu'il incitât *Le Temps*, quotidien français faisant autorité dans le pays, mais aussi auprès des chancelleries, à soutenir le rattachement économique du Grand-Duché à la France. Conscient du peu de succès qu'eût cet « *exposé précis de la situation qui* [était] *assez délicate* », il récidiva deux jours plus tard auprès de Jaloux, pour qu'il fît de même auprès de la « *Maison de la Propagande* »[92]. Naturellement, la presse française n'y accorda aucun intérêt majeur. Le 30 avril, *Le Temps* profita du retour de la délégation luxembourgeoise, chargée de négocier avec la Belgique le futur statut économique et politique, pour mentionner la manifestation unitaire, trois jours plus tôt à Luxembourg, en une trentaine de lignes ; il ne fut pas possible de dire si le quotidien parisien fut inspiré par la Maison de la Presse ou simplement par les journaux luxembourgeois unanimes. Toujours fut-il, les relations franco-belges, l'importance de l'actualité internationale, l'absence de véritable actualité luxembourgeoise firent que l'information passât presque sous silence.

La sidérurgie luxembourgeoise dans la presse française (1911–1940)[93]

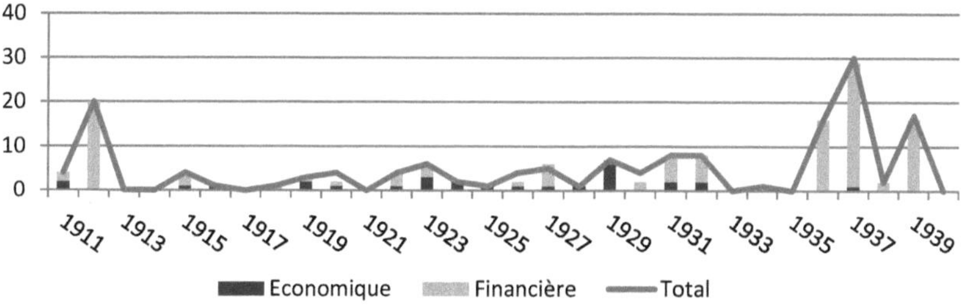

Cet exemple rappela combien la réception des nouvelles internationales fut conditionnée par la construction de l'information nationale. Le Pr. Henry Laufenburger, spécialiste des questions économiques franco-allemandes et collaborateur de la *Revue d'économie politique*, le reconnut implicitement. Commentant le livre de Claude Nattan-Larrier sur *La production sidérurgique de l'Europe continentale et*

ministre britannique, David Lloyd George, et de son secrétaire d'Etat aux Foreign Affairs, Arthur Balfour [AGR, Mi 4609, Conseil des ministre, 22 avril 1919, f. 115].

92 André Gide, Edmond Jaloux, *Correspondance 1896–1956*, Lyon, Presses universitaires, 2004, p. 244–246.

93 D'après *Le Temps*, *Le Figaro* et *Le Journal des finances*.

l'EIA, ce membre du Comité franco-allemand de documentation et d'information souligna son intérêt car il venait[94]

> *« compléter les renseignements que nous publions dans la Revue année par année sur la situation des industries métallurgiques et mécaniques, où nous concentrons nécessairement notre attention sur la sidérurgie française. »*

Hormis quelques chroniques engagées pendant la Première Guerre mondiale et un intérêt relatif pendant la « *question du Luxembourg* » de 1919, la presse « parisienne »[95], au rang desquels l'on trouvait *Le Temps*, *Le Figaro*, mais aussi une revue comme *L'Européen*, ne se préoccupa guère du Grand-Duché ; là où Emile Mayrisch faisait parler de lui pour son action de rapprochement franco-allemand, Gaston Barbanson rejoignait la Grande-Duchesse Charlotte, comme lors de l'Exposition universelle de 1937, dans les carnets mondains pour ses participations à des cocktails, des mariages et des chasses… A une époque où le télégraphe permettait aux médias de toucher le monde entier, l'attrait pour l'actualité internationale, notamment proche, resta néanmoins minoritaire. Le national, et de plus en plus le local, passèrent forcément au premier plan ; en France, de 1911 à 1940, l'étranger fut d'abord perçu à travers le prisme de l'anti-germanisme primaire et du pacifisme exacerbé[96]. Et les grands quotidiens ne remirent jamais en question la politique étrangère des cabinets de la IIIe république, qui elle-même ignora largement le Grand-Duché. Pourtant, il arriva, comme le 24 octobre 1920, qu'une nouvelle économique venant du Luxembourg fut « *placée en pleine lumière* » en France ; *Le Temps* se faisait l'écho de la mise en place, depuis l'armistice, d'une législation hostile à l'industrie sidérurgique et il ne fut pas difficile de voir l'origine de cet article, rédigé par son « *correspondant particulier* », Joseph Hansen, professeur francophile des gymnases de Diekirch et Luxembourg, dans les milieux de la Fedil. En plus d'avoir collaboré au service britannique de surveillance des trains pendant la Première Guerre mondiale[97], ce dernier fut un pivot de l'Alliance française, de l'*Indépendance luxembourgeoise* et du *Landwirth*, ce qui l'installa aux meilleures places pour

94 *Revue d'économie politique*, 3, mai-juin 1930, p. 1033.

95 Comme au Grand-Duché, mais contrairement à la Belgique et à l'Allemagne, les journaux nationaux français ont toujours été des quotidiens édités dans la capitale, au plus prêt des sources d'informations, diplomatiques et économiques, mais surtout politiques.

96 Cf. le *Tableau des partis en France* que dressait André Siegfried, Paris, Grasset, 1930, p. 96–120.

97 Cf. Janet Morgan, *The Secret of* Rue *St Roch. Hope and Heroism Behind Enemy Lines in the First World*, Londres, Penguin, 2005.

se procurer de l'information journalistique sur la sidérurgie luxembourgeoise. On le retrouva ainsi parmi les auteurs francophiles, comme Marcel Noppeney et Antoine Funck[98], du numéro spécial des *Marches de l'Est*, revue parisienne bimensuelle illustrée, du 10 mars 1913, consacré au Grand-Duché[99].

En Belgique, les questions luxembourgeoises et sidérurgiques retenaient toute l'attention de la presse[100], toutes tendances confondues, comme *L'Indépendance belge*, *L'Etoile belge* ou *Le Matin* d'Anvers ; ce dernier disposa d'un correspondant à Luxembourg, puisé aux mêmes sources que *Le Temps*, Oscar Thiry[101], rédacteur en chef de l'*Indépendance luxembourgeoise*. L'importance des capitaux de ce pays dans l'industrie grand-ducale, les crises régulières entre les deux pays (annexionnisme, 1918–1919 ; chemins de fer, 1919–1926 ; Union économique, 1920–1921, 1925–1926, 1934–1935)[102] plaidèrent pour une « localisation » belge de l'actualité grand-ducale. Si l'on ajouta les visites croisées des souverains respectifs et de personnalités politiques et économiques, tant à Bruxelles qu'à Luxembourg, l'essentiel du traitement de la presse belge consacré au Grand-Duché fut atteint. En outre, après avoir dépendu de l'agence Wolff (Continental Telegraphen Compagnie), l'actualité luxembourgeoise fut une compétence, dans le partage de l'information réalisé par les alliés vainqueurs de l'Allemagne, de l'Agence télégraphique belge de presse (Agence Belga). Fondée tout exprès le 20 août 1920 par *« un groupe de banques comprenant la Banque nationale, la Société générale, la Banque de*

---

98 Il republiait son article sur « Le journalisme au Luxembourg : pages rétrospectives », qui était paru dans *Der Landwirt: Informationsblatt für den Norden des luxemburger Landes, Diekirch, Jubiläums-Nummer*, 2, 1912, p. 1–2.

99 22, 10 mars 1913, p. 926–999.

100 Cf. Pierre Van den Dungen, *Milieux de presse et journalistes en Belgique. 1828–1914*, Classe des Lettres, Académie royale de Belgique, 2005. Il manque une étude similaire sur la période de l'entre-deux-guerres.

101 ASPFAE, B1, 1916–1918, note anonyme et sans date [26 octobre 1917] et Auguste de Chambure, *op. cit.*, p. 18. Affecté au Corps expéditionnaire belge en Russie pendant la Première Guerre mondiale, il fut recruté à l'automne 1917 par Gaston Barbanson pour collaborer à la rédaction du *Bulletin de l'Union des Luxembourgeois de l'Armée belge* de façon à donner peu à peu à ce journal une plus grande extension [ASPFAE, *op. cit.*, lettres de Pierre Nothomb à Paul Hymans, 7 mai et 7 juin 1918 ; Jacques Willequet, « Gaston Barbanson promoteur d'une "Grand-Belgique" en 1914–1918 », *Revue belge de philologie et d'histoire*, 2, 1970, p. 1187–1191].

102 Cf. Gilbert Trausch, « A hue et à dia : les relations belgo-luxembourgeoises dans l'entre-deux-guerres », Gilbert Trausch (dir.), *Belgique-Luxembourg. Les relations belgo-luxembourgeoises et la Banque générale du Luxembourg. 1919–1994*, Luxembourg, Impr. centrale, 1995, p. 109–136.

Bruxelles et la Banque d'Outremer »[103], elle obtint des financements de la sidérurgie luxembourgeoise ; le 1er janvier suivant, elle diffusa ses premières dépêches[104]. Elle dut toutefois affronter la concurrence des grandes agences de presse qui irriguèrent le Grand-Duché durant l'entre-deux-guerres, en informations générales, comme l'Agence télégraphique suisse, Havas (France), United Press International (Etats-Unis), mais surtout en données économiques, comme l'Agence Fournier (France). Enfin, il ne fallut pas négliger la présence d'informateurs de choix dans la haute administration sidérurgique luxembourgeoise. La mise en lumière de Gaston Barbanson, après la mort de Mayrisch, qui sembla amuser la presse française, se traduisit côté belge par une offre d'information sous couvert de confidentialité ; d'une certaine façon, le président du Conseil d'administration de l'Arbed poursuivit avec la presse la collaboration qu'il menât dans les lendemains de la Première Guerre mondiale avec l'appareil diplomatique belge[105].

En Allemagne, la question sidérurgique apparut comme une question d'intérêt local, notamment dans la presse sarroise. Depuis que le Grand-Duché avait quitté le *Zollverein*, le Luxembourg devint un pays étranger qui ne fût suivi par la presse allemande qu'en raison de l'actualité ou, surtout après 1933, à l'occasion des critiques à l'encontre du *Reich* formulées par la presse internationale et reprises dans les journaux luxembourgeois, particulièrement dans l'*Escher Tageblatt*. Plus généralement, la fragmentation de l'espace public allemand rendit assez hermétique les informations d'un *Land* à un autre. Par ailleurs, le reflux de la position financière allemande dans le Grand-Duché renforça la relative ignorance dans laquelle le grand public allemand resta vis-à-vis de son petit voisin. Seule la diffusion des trois grands quotidiens de Cologne, la très catholique *Kölnische Volkszeitung und Handelsblatt* et la nationale-libérale *Kölnische Zeitung*, et de Francfort, la libérale *Frankfurter Zeitung*, rythmèrent les classes économique et politique luxembourgeoises aux cheminements de l'ancien *Zollverein*, alors que l'Allemagne s'enfonça dans un provincialisme à mesure que les effets

103 ANLux, Arbed-01-2157, lettre de la Société générale de Belgique à Hadir, 2 juin 1920, bulletin de souscription et note financière « Agence télégraphique belge d'information ». La Société métallurgique des Terres Rouges s'était engagée à hauteur de cinquante actions de mille francs.

104 Archives Nationales, Paris, 5 AR 428, lettre de son directeur, Pierre-Marie Olivier, à l'agence Havas, 1er juillet 1931.

105 Cf. la copie de sa lettre à Achille Fournier du 26 février 1919 faisait état des avancées des relations avec Schneider & Cie et avec le gouvernement français ou ses lettres à Pierre Orts, 17 avril et 26 juin 1919, ou Léon Memry, 29 septembre 1920 [ASPFAE, B12].

de la crise la disloquait[106]. Dès le 2 février 1927, la légation allemande de Luxembourg s'interrogea sur les moyens de « *importer à Luxembourg le plus régulièrement possible un volume de publication et des matières pour la presse* ». Avec l'instrumentalisation gouvernementale du nationalisme par les nazis, la question changea de nature, passant d'un problème d'information, générale et spécialisée, à un enjeu idéologique. Dès lors, un bras de fer opposa, dès mai 1933, les deux pays portant sur les interdictions respectives de diffusion de journaux[107]. La Chambre luxembourgeoise des députés fut la première à s'émouvoir de la situation. Périodiquement, pendant quatre ans, elle étudia le problème du statut des écrits politiques touchant à la paix, à la guerre et au statut de l'Etat. Puis, à l'automne 1937, elle s'effraya des interférences que purent à nouveau jouer les diverses considérations philosophiques et politiques qui conduisirent à l'échec de la *Maulkuerfgesetz* (loi muselière) six mois plus tôt. Aussi, elle s'orienta vers une prohibition de l'introduction dans le pays de publications étrangères obscènes. La loi du 29 décembre 1937 régla le contentieux germano-luxembourgeois[108]. La réponse de la diplomatie allemande et de l'Auslandsorganisation Luxemburg du NSDAP, surtout après 1935, consista en une amélioration de leurs outils de propagande au Grand-Duché (délégation de l'attaché de presse de l'ambassade de La Haye à compter de septembre 1934 — Karl Otto Faber, puis Heinrich Hushahn — et utilisation des bureaux allemands de voyage du Grand-Duché — Georg Wilhelm Kappler-Kiewitsch[109] et Frédéric Zetta —, moyen plus « pratique » que le filtre des rédactions des différents journaux luxembourgeois)[110]. Cette recherche à améliorer l'image au Luxembourg plutôt qu'à informer le public en Allemagne participa aussi bien de l'action diplomatique classique que de la nature révolutionnaire du régime allemand instauré en janvier 1933. Cette constante se retrouva dans le désir d'ouvrir à Luxembourg une succursale du Deutsches Nachrichtenbüro (DNB), qui succéda en janvier 1934 à la Continental

106 Cf. Gerald D. Feldman, *The Great Disorder Politics, Economics, and Society in the German Inflation, 1914-1924*, New York, Oxford University Press, 1996.

107 Emile Krier, *Deutsche Kultur-und Volkstumspolitik von 1933–1940 in Luxemburg*, Bonn, Rheinischen Friedrich-Wilhelms-Universität, 1978, p. 461–513.

108 *Mémorial du Grand-Duché de Luxembourg*, 12, 19 février 1938 ; Emile Krier, *op. cit.*, p. 505–507 ; Henri Wehenkel, « Loi-muselière (1937) », *in* Sonja Kmec, Pit Péporté (dir.), *Lieux de mémoire au Luxembourg II. Jeux d'échelles. Erinnerungsorte in Luxemburg II. Perspektivenwechsel*, Luxembourg, Saint-Paul, 2012, p. 31–36.

109 ANLux, Police des étrangers, 301014.

110 Emile Krier, *op. cit.*, p. 545.

Telegraphen Compagnie. Parmi les missions suggérées par le ministre allemand au Grand-Duché, Otto von Radowitz, le 1er décembre 1939, cette création permit de fournir « *à la presse locale, aux banques, aux entreprises industrielles, etc, ainsi qu'aux personnalités publiques un matériel fidèle d'informations allemandes* » et « *à la presse allemande, en particulier les journaux de l'arrondissement de Trèves, des nouvelles concernant le Luxembourg* ». Le 20 février 1940, l'*Auswärtiges Amt* estima qu'il convenait « *d'envoyer le plus tôt possible un représentant* ». Le 16 mars suivant, venant de Londres, le journaliste du DNB, Willy Konnertz s'installait à l'hôtel Cravat[111].

L'intérêt des personnalités économiques luxembourgeoises aussi bien que des appareils diplomatiques français, belges et allemand fut de nature d'abord politique. Seule cette question sembla intéresser vraiment les médias de masse, qui touchèrent un public large. Il en alla différemment avec la presse économique ; cette dernière se caractérisait déjà par un contenu centré sur des

> « *sujets économiques et des événements connexes (économie, affaires, finances) le plus souvent destinés à des personnes ayant des responsabilités ou des intérêts dans la prise de décision dans environnements telles que les politiques économiques, les finances, le commerce et les entreprises* »[112].

De par son objet, elle s'adressa encore invariablement soit aux décideurs (cadres d'entreprise) à la recherche d'une information microéconomique, soit à des gestionnaires de portefeuille (agents de change), travaillant sur une information boursière. « *En dehors de la publication de communiqués, rarissimes* [étaient] *les études objectives* » publiées[113].

Dans la première moitié du XXe siècle, cette définition concernait encore peu de supports, tant en France qu'en Belgique. Et la majorité des publications ne furent que des intermédiaires d'entreprises dont l'activité principale consista dans le négoce de titres. Qu'elles s'appelassent *Le Journal des finances*, le *Moniteur du commerce et de l'industrie* ou *L'Information*, à Paris, *L'Echo de la Bourse*, le *Moniteur des Intérêts Matériels* ou *La Cote Libre* à Bruxelles, leur but ne fut autre que de renseigner les clients privilégiés de ces officines financières sur les valeurs et d'en drainer l'épargne non encore sollicitée. En outre, cette

---

111 *Ibid.*, p. 513–515 ; FOIA CIA, GERMAN INTELLIGENCE SERVICE (WWII), VOL. 1_0006, X-2 (OSS), German Section, The Sicherheitsdienst in Luxemburg, 1937–1940, mars 1945: lettre de Nosek à RHSA du 21 mars 1940.

112 Angel Arrese, *Prensa económica. De la Lloyd's List al wsj.com*, Pamplune, Eunsa, 2002, p. 17.

113 *Le Moniteur des intérêts matériels*, 14 septembre 1927.

presse essentiellement financière se dût de soutenir les valeurs qu'elle recommandât, trouvant parfois un intérêt à provoquer des fluctuations boursières[114]. Les banques qui servirent d'intermédiaires entre les entreprises cherchant à placer leurs titres sur le marché et la bourse en surent quelque chose. Aussi, tirant les conséquences des mauvais placements de l'Arbed depuis la fin de la guerre, la Banque de Bruxelles avertit-elle l'entreprise que « *pour demander à la presse des articles bien documentés, il* [fallait] *augmenter sensiblement leur rémunération* »[115].

Le 30 mai 1921, alors que le Grand-Duché entendait placer en France un emprunt de cent soixante-quinze millions de francs, en vertu de la convention d'Union économique avec la Belgique, *L'Illustration économique et financière*, supplément de l'hebdomadaire éponyme fondé en 1919, souhaita réaliser un reportage sur le pays. Le soutien des Affaires étrangères fut sollicité par le fondé de pouvoir de l'organe de presse, et obtenu[116]. A Luxembourg, le consul Hippolyte Julliard ranima les réseaux de son successeur, Armand Mollard, et proposa comme « journaliste » d'un jour l'avocat stagiaire Tony Pemmers. A partir de 1916, ce jeune docteur en droit contribua au « Service de renseignements sur les réfugiés et les rapatriés » animé, pendant la Première Guerre mondiale, à Paris, par l'officier interprète Charles-Julien Jubert, homme de confiance de Mollard ; ainsi disposa-t-il d'un passeport diplomatique français[117].

Il publia au début de 1918, sous le nom d'emprunt de Jean Lassûre — un hommage de ce jeune libéral de Diekirch à la rivière frontalière avec l'Allemagne —, *Le Luxembourg de demain : les bases d'une politique nationale, l'union douanière*

---

114 Cf. Bertrand Gille, « Etat de la presse économique et financière en France », *Histoire des entreprises*, 4, novembre 1959, p. 58–78 et Jean-Noël Jeanneney, *op. cit.*

115 ANLux, Arbed, Pr-30, lettre de la Banque de Bruxelles à Emile Mayrisch, 30 septembre 1925.

116 AMAE, Z, Europe 1918–1940, Luxembourg, 421, lettre de la Direction Europe à Hippolyte Julliard, 30 mai 1921.

117 Jules Mersch, « Paul Schroell », Jules Mersch, *op. cit.*, 14, 1968, p. 488. Cf. aussi Albert Calmes, *Histoire contemporaine du Grand-Duché de Luxembourg.* 10, *Le Luxembourg au centre de l'annexionisme belge*, Luxembourg, Saint-Paul, 1971, p. 271. Sur Jubert et son service de renseignement ouvert, cf. Service historique de la Défense, Département de l'armée de Terre, Vincennes (SHD/DAT), 6 Ye 5275 ; AN, LH/1385/26 ; Gérald Arboit, « Itinéraire d'un agent luxembourgeois pendant la Première Guerre mondiale », et « Espionner le Grand-duché de Luxembourg. Une guerre secrète méconnue pendant la Première Guerre mondiale (2e partie) », *Hémecht*, 2009/2, p. 223–224, et 2015/2, p. 138–140, 147.

avec la France (Paris, Ed. du *Luxembourgeois*, [avril 1918])[118]. Cet engagement pour la France lui permit d'être chargé du cours de droit luxembourgeois à l'université de Strasbourg dès la rentrée de 1919. Derrière cette nomination, il fallut y voir la protection de l'ancien responsable de l'antenne de Réchezy du service de renseignement de Belfort, le docteur Pierre Bucher[119]. Ce dernier lui assura la subvention de la Société des Amis de l'Université, dont il devint le secrétaire général en 1920, et lui permit de publier des articles pour *La Revue politique et parlementaire* en juillet 1920[120], où il avait ses entrées, et *L'Alsace française*[121], qu'il fonda, un mois avant sa mort, en janvier 1921. Cette francophilie de Tony Pemmers lui valut d'être nommé secrétaire de légation du Grand-Duché à Paris au printemps 1926[122]. Pour *L'Illustration*, il redevint la plume de la propagande française, mais aussi de la sidérurgie luxembourgeoise. En effet, il amena le fondé de pouvoir de l'hebdomadaire parisien, Schultz, à l'Arbed, où l'on se fit un plaisir de fournir toute l'information utile pour une publicité bienvenue. Le résultat fut à la hauteur des attentes du sidérurgiste luxembourgeois, qui monopolisa la moitié des pages consacrées au Grand-Duché. D'Hadir et Steinfort, il n'en fut pas question hors de l'article d'introduction de Pemmers ; et puisqu'il s'agissait d'un emprunt, seule la Banque générale de Luxembourg eut droit de citer. Le numéro publié le 30 août 1921 n'oublia pas plus Pemmers, directeur de la « revue économique, politique et littéraire » *France-Luxembourg*, qui figura en premier des trois références de la « presse du Luxembourg », avec *L'Indépendance luxembourgeoise* et *L'Echo de l'industrie*.

Quand elle s'éloignait de la Bourse, la presse économique se faisait corporatiste, privilégiant le petit commerce international, comme *Les Echos*, les *Exportateur*[s] *français* et *belge*, ou l'industrie[123], comme *L'Usine* française ou belge, la *Revue industrielle* de Charleroi ; le Luxembourg ne fut pas en reste avec *La*

118 Cf. la recension de Jacques Jary, dans *La Renaissance*, 27 avril 1918, p. 3307.

119 Il y dirigeait un service chargé de dépouiller la presse allemande, auquel collaborèrent des hommes de lettres comme l'ami d'Aline Mayrisch, Jean Schlumberger, et des universitaires [Gisèle Hantz Loth, *Un rêve de France. Pierre Bucher, une passion française au cœur de l'Alsace allemande, 1869–1921*, Strasbourg, Nuée bleue, 2000].

120 « L'Union douanière belgo-luxembourgeoise », 10 juillet 1920, p. 105–108.

121 « L'orientation nouvelle de notre industrie », 1 (1921), 31, p. 491–493.

122 *Le Temps*, 4 juin 1926. Huit mois plus tard, il était admis comme « membre associé » à la Société d'études législatives [*Bulletin*..., 23, Paris, Rousseau & Cie, 1927, p. 273].

123 Cf. Luc Marco, « Les premières revues consacrées à l'Economie Industrielle en France (1898–1940) : essai prématuré ou reflet d'une tradition ? », *Revue d'économie industrielle*, 54, 1990, p. 113–129.

Revue technique luxembourgeoise, créée en 1908[124] à la suite du *Bulletin mensuel* de l'Association des ingénieurs luxembourgeois. Cette presse se partagea entre « *l'empirisme, le technicisme, l'économisme ou l'affairisme. Des positions mixtes sont possibles* »[125]. La dernière tendance fut même particulièrement marquée dans l'immédiat après-guerre. Ainsi ne fut-il pas étonnant de voir des prises de positions politiques s'affirmer au milieu de réflexions plus sociales comme l'approvisionnement en eau[126] ou l'aérodrome de Luxembourg[127]. Les développements ne furent toutefois pas de ceux qui se lurent dans la presse ouvrière, qui se développa au Grand-Duché à compter de la fin de la Première Guerre mondiale. Ils eurent essentiellement trait à la formation des ingénieurs, comme cette série signée d'Emile Lavandier, ingénieur en chef de l'Hadir, en 1923 à propos de la réforme de l'enseignement supérieur en Allemagne[128]. Avec la pérennisation de la crise entre 1930 et 1936, une scission intervint au sein de l'Association luxembourgeoise des ingénieurs et industriels, emmenée par le fils du directeur général de l'Arbed, Frank Meyer. Le 15 décembre 1935, ce dernier emmena les plus jeunes adhérents, la plupart au chômage ou en stage trimestriel chez Arbed et Hadir, pour fonder l'Association luxembourgeoise des jeunes ingénieurs diplômés. Jusqu'à la Seconde Guerre mondiale, il chercha à mobiliser l'opinion publique luxembourgeoise à leur situation et faire plier le gouvernement, dont il attendit des emplois dans l'administration. Pour cela, il emmena la presse luxembourgeoise à la rencontre de ses adhérents dans les usines de Differdange et de Dommeldange[129].

De ce point de vue, la presse industrielle se distinguait mal de son homologue financière. Mais la grande majorité des titres resta dominée par des ingénieurs et

124 Sur les publications d'ingénieurs luxembourgeois dans cette revue et chez des éditeurs locaux, cf. Camille Aschman, *op. cit.*,

125 Luc Marco, *op. cit.*, p. 119.

126 Michel Lucius, « Les distributions d'eau du Grand-Duché de Luxembourg. Le bassin hydrogéologique du Gutland », *Revue technique luxembourgeoise*, 6, 1939, p. 133–143.

127 Alfred Welter, « L'aérodrome de Luxembourg : considérations sur son aménagement et son exploitation », *Revue technique luxembourgeoise*, 3, 1939, p. 57–69.

128 « Die ingenieurbewegung und die Hochschulreform in Deutschland », *Revue technique luxembourgeoise*, 3–6, 1923, p. 31–36, 51–56, 70–74, 89–90. Sur le même débat en 1903, cf. Benoît Majerus, « Les bâtisseurs de la modernité ou the invisible men ? », *in* Paul Thomes (dir), « *Rohstoffbasis und Absatzmarkt : die Schwerindustrie des Grossherzogtums Luxemburg und das Aachener Revier* », 2, Aix-la-Chapelle, Shaker, 2005, p. 42–43.

129 Benoît Majerus, *op. cit.*, p. 47.

versa dans un technicisme à outrance. Aussi ne fut-il pas étonnant de voir des ingénieurs de la sidérurgie luxembourgeoise y publier. La *Revue de métallurgie* de Paris accueillit ainsi le directeur de l'usine de Dudelange, Norbert Metz (1919), le chef chimiste de l'Arbed, Jean-Pierre Arend (1924–1935)[130] et un ingénieur de Dommeldange, Joseph Wagner (1914–1929)[131]. Elle fut un moyen d'information tellement fiable qu'elle circulât dans les différents services de l'Arbed[132]. Quant aux *Annales de la Société géologique de Belgique*, elles reçurent des contributions du chef de laboratoire de l'usine d'Esch-sur-Alzette, Louis Blum (notamment en 1911). La liberté de publication des ingénieurs ne fut pour autant pas totale. Elle passait par l'approbation préalable de la direction de l'entreprise pour laquelle ils travaillaient. Cette mesure ne semblait être formelle, bien qu'implicite[133]. Cette précaution s'expliqua par les propos que des ingénieurs portèrent sur les processus de fabrication en cours, comme l'« installation pour la récupération du fer métallique contenu dans le laitier obtenu par la désulfuration de la fonte Thomas par le carbonate de soude »[134] après « les corrosions du fer », celle « des conduites d'eau et de gaz dans l'argile gypseuse » (1921) ou « l'acidité » (1922). Parfois, les colonnes de la *Revue technique luxembourgeoise* s'ouvrirent à des étrangères,

130 « La nature, la formation et l'entraînement des poussières de gueulard, étudiées en fonction de la constitution des minerais oolithiques », *Revue de métallurgie*, février 1935 p. 363–392 (avec Auguste Jungblut et Camille Aschman) ; « Les particularités génétiques du bassin de Briey et leurs rapports avec la répartition, la constitution et les propriétés métallurgiques des minerais oolithiques », *Ibid.*, février 1933, p. 43–53 ; avril 1933, p. 142–151 ; mai 1933, p. 188–199 ; juin 1933, p. 227–237 ; « La réactivité du coke : communication du Laboratoire des recherches des "Aciéries Réunies de Burbach-Eich-Dudelange" » *Ibid.*, octobre 1924, p. 585–599.

131 Joseph Wagner, « Etude comparative des phénomènes d'oxydation et de désoxydation dans la fabrication des rails par les procédés Thomas et Martin. Conférence faite au Congrès international des essais à Zurich, le 23 mars 1929 », *Revue de métallurgie*, juin 1929, p. 287–296 ; « La sidérurgie luxembourgeoise avant la découverte du gisement des minettes », *Ibid.*, mars 1926, p. 121–125 ; « Etude sur le goudron d'aciérie employé à la confection des revêtements basiques », *Ibid.*, février 1914, p. 151–160 ; « Die praktische Prüfung des Stahlwerksteers », *Stahl u. Eisen*, 51, 1915, p. 1510–1517.

132 ANLux, Arbed-04-0116, réunion des directeurs techniques, division d'Esch-Schifflange, 162, du 8 mars 1929.

133 Il se peut que l'on cherchât à la rendre systématique à la veille de la Seconde Guerre mondiale, comme le laisserait supposer la présence du projet de convention collective des ingénieurs des industries sidérurgiques et des mines de fer de Lorraine de 1937 dans les dossiers de l'Hadir [*Ibid.*, Arbed-01-1700].

134 Alphonse Wagener, *Revue technique luxembourgeoise*, 1939, 3, p. 92–96.

comme les professeurs Georges Hugel (Strasbourg)[135] et Albert Portavin (personnalités Ecole centrale, Paris)[136].

La majorité des articles de Louis Blum (1911–1918)[137], comme de nombreux autres ingénieurs luxembourgeois, fut destinée à des revues allemandes. Il fallut certes y voir une facilité linguistique pour beaucoup, mais également une conséquence logique de leur formation universitaire à Aix-la-Chapelle ou Berlin[138]. Mais la raison majeure de ces publications tint plus simplement au fait que la plus importante revue incontournable de leur milieu professionnel était l'hebdomadaire *Stahl u. Eisen Zeitschrift für des deutsche Eisenhüttenwesen* de Düsseldorf. Directeur de l'usine d'Esch-sur-Alzette de 1912 à 1919, avant de devenir en 1923 professeur ordinaire de la *Technische Hochschule Aachen*, le westphalien Hubert Hoff[139], y collabora deux fois (1914 et 1922). Chimiste de l'Arbed et zoologiste patenté, Robert Stumper[140] y publia une fois (1929). Quoi qu'il en fût, cette préférence des ingénieurs luxembourgeois, et à travers de la majorité des Luxembourgeois, pour la presse allemande ne fut pas sans provoquer quelque

---

135 « Le pétrole synthétique et ses dérivés », *Revue technique luxembourgeoise*, 1936, 4, p. 70–82.

136 « Evolution dans le processus de raffinage de l'acier », *Revue technique luxembourgeoise*, 1933, 4, p. 38–46. Cet article fut ensuite repris par la revue française *Génie Civil*, 103, 15 juillet 1933, p. 59–62.

137 « Das Verhalten des Schwefels in der Thomasbirne », *Stahl u. Eisen*, 1918, 28, 5 p. ; « Theorie der Entschwefelungsvorgänge im Roheisenmischer », *Ibid.*, 1916, 47, 8 p. ; « Bestimmung des Eisens in Thomasschlacken », *Ibid.*, 1915, 15, 5 p. ; « Bestimmung des Kalkes und der Magnesia in Erzen und Schlacken », *Ibid.*, 1914, 12, 5 p. ; « Einfluss des Kalk-Kiesetsäureverhältnisses der Schlacken auf die Betriebsergebnisse des Hochofens », *Ferrum*, 1914/15, 3, p. 33–40 ; « Mineralogische Zusammensetzung einiger Minetten », *Ibid.*, 1911, 23, 3 p. ; « Note sur quelques corps secondaires des minettes » et « La composition minéralogique de quelques minettes », *Annales de la Société géologique de Belgique*, 38, 1911, p. 333–337, 338–345 ; Eugène Bisenius, « L'œuvre scientifique de Louis Blum (1858–1920) », *Société des Naturalistes Luxembourgeois*, 53, 1948, p. 54–67.].

138 Cf. Benoît Majerus, *op. cit.*, p. 21–50.

139 « Stand des deutschen Ausbaues der lothringischen und luxemburgischen Eisenindustrie bis zum Jahre 1918 : Die Stahl-und Walzwerksanlagen der Vereinigten Hüttenwerke Burbach-Eich-Düdelingen in Esch a.d. Alzette », *Stahl u. Eisen*, 27 et 28, 1922, p. 1041–1050, 1089–1097 ; « Die neue Hochofenanlage der Vereinigten Hüttenwerke Burbach-Eich-Düdelingen in Esch a.d. Alzette », *Ibid.*, 1914, 29, p. 1201–1207.

140 « Untersuchungen über den Einfluss der Walztemperatur auf die Eigenschaften der Schienen », *Stahl u. Eisen*, 1929, p. 1–11.€

inquiétude dans les chancelleries française et, dans une moindre mesure, belge. Le ministère français des Affaires étrangères, par nature germanocentré, craignait de longue date l'emprise culturelle allemande sur le Grand-Duché. Régulièrement, ses représentants à Luxembourg s'alarmèrent de telle ou telle initiative allemande dans ce domaine. Ils trouvèrent notamment déloyal, en même temps qu'incompréhensible, que la presse allemande fût trouvée dans le pays pour un prix moins cher, non seulement que sa concurrente parisienne, mais surtout de celle qui se vendait sur le territoire du Reich ; et de citer à l'appui de ces arguments une liste de trente-cinq journaux aisément achetables sur la place de Luxembourg, avec leurs prix de vente en Allemagne et au Grand-Duché[141]. Du côté de Bruxelles, la crainte concernant plus l'influence française qu'allemande, les Affaires étrangères regrettèrent la différence des méthodes de ventes choisies par les entreprises médiatiques des deux alliés. Alors que la presse belge se vendait au Grand-Duché par abonnement, la française le fut au numéro. La première se trouva de fait défavorisée, mais seulement en valeur absolue, les abonnés étant plus fidèles que les lecteurs au numéro. Toutefois la seconde bénéficia du même régime que sa concurrente allemande : les prix de vente furent fictivement réduits, afin d'intégrer la surtaxe luxembourgeoise liée aux frais de transport[142]...

L'information sidérurgique luxembourgeoise, en termes de contenus économiques ou de supports spécialisés, participa d'un paradigme communicationnel caractérisé par une relation entre décideurs (communication dite d'élite à élite). De fait, elle se différencia d'une information traditionnelle, qui ne releva que d'une communication médiatique des décideurs vers les masses (communication *one to many*). Ce modèle se caractérise généralement par cinq critères[143] :

1) « *Les sources des élites dominaient la production de nouvelles* ». De ce point de vue, l'Arbed fut la mieux disposée, tant par l'accès aux médias dont disposèrent ses dirigeants (Mayrisch et la presse libérale luxembourgeoise, mais aussi Louise Weiss, éditrice de *L'Européen* ; Barbanson et la presse belge) que par l'action publicitaire de Columeta et la mainmise sur la Fedil ; une telle organisation imposa forcément une sorte de monopole de l'information vers l'intérieur du pays comme vers l'extérieur.

141 AMAE, Z, Luxembourg 1918–1940, Luxembourg, 412–1, annexe à la lettre d'Hippolyte Julliard à Aristide Briand, 18 juin 1925.

142 ASPFAE, B1^{B}, 1928–1934, lettre d'Adrien Nieuwenhuys à Paul Hymans, 16 mars 1932.

143 Aeron Davis, « Whither Mass Media and Power? Evidence for a Critical Elite Theory Alternative », *Media, Culture & Society*, 25, 2003, p. 672–673.

2) « *Les élites étaient systématiquement en négociation et en conflit publiques les unes avec les autres (elles utilisaient les médias pour promouvoir leurs objectifs politiques et économiques conflictuels)* ». Appliqué au Luxembourg de l'après-Première-Guerre-mondiale, cela donna les nombreuses campagnes de presse catégorielles, tant belges[144] que luxembourgeoises[145], déclenchées par la sidérurgie des deux pays pendant les négociations de l'Union économique ou contre le ministre d'Etat Pierre Prüm[146].
3) « *Les élites sont elles-mêmes très sensibles à l'influence des médias et des "idéologies dominantes"* ». Emile Mayrisch le fut évidemment, étant donné son implication dans la vie politique luxembourgeoise. Ses successeurs, Aloyse Meyer et Gaston Barbanson, eurent une approche plus distante vis-à-vis des médias. Il en alla de même pour Gabriel Maugas puis Henri Roger, à l'Hadir, ou Gustave Loosé, à Steinfort, qui cultivèrent la plus grande discrétion, sinon circonspection.
4) « *Des activités de promotion des élites visent non pas la masse des consommateurs-citoyens, mais plutôt d'autres élites rivales* ». Les interventions de la sidérurgie dans les médias comme dans le hors-médias visèrent avant tout les décideurs politiques — en cas de menace contre ses intérêts —, que les décideurs financiers — de ce point de vue, ayant recouru au marché de l'argent par huit fois entre 1912 et 1930[147], l'Arbed dut être plus visible — et commerciaux —

144 Cf. *La Dernière heure* du 19 janvier, *L'Echo de l'Industrie* des 29 janvier et 3 février ; *Demain* du 31 janvier 1921 ; AACA, AC-6712, lettre de Hector Dieudonné à Emile Mayrisch du 31 janvier 1921 et brouillon de lettre au directeur de la rédaction de Demain, s.d. ; Charles Barthel, *op. cit.*, p. 231–238. Cf. *Le Temps* du 6 février 1922 ; ANLux, AE 469^{A}, Note remise par Emile Reuter à Laubespin le 14 février 1922 à l'attention d'Henri Jaspar…

145 Cf. Joseph Dontenville, *La vérité sans ambages sur l'Union belgo-luxembourgeoise*, Paris, La Garde au Rhin, s.d [1924], *passim* [16 p.] ; Hubert Charles Barthel, *op. cit.*, p. 261–266. Il n'est pas possible de dire qui était à l'origine de cette campagne médiatisée (« dans » la presse) plutôt que médiatique, mais il est étrange de voir les anciens compagnons luxembourgeois, résidant encore dans la capitale parisienne, d'Armand Mollard à la manœuvre…

146 ASPFAE, B1^{A}, 1925–1928, lettre d'Adrien Nieuwenhuys à Emile Vandervelde du 27 février 1926.

147 Elle recourut à l'emprunt deux fois avant la Première Guerre mondiale (1912, 1914) et quatre fois dans l'entre-deux-guerres (1920, 1926 et 1930). En outre, elle émit des bons de caisse en 1913 et 1936 pour rembourser ses emprunts de 1920, 1926 et 1930. A noter, les emprunts d'avant-guerre, y compris ceux des Hauts-fourneaux et forges de Dudelange (1898 et 1906), furent remboursés en anticipation par une émission

après tout, la raison principale de toute activité économique est de générer du profit par ses ventes…

5) De fait, dans cette économie des médias que représenta l'information économique, « *les élites sont à la fois les principales sources, les principales cibles et parmi les plus principaux bénéficiaires de l'influence des informations* ».

Ainsi, ce type de communication présentait inévitablement un « cercle vicieux », non sans poser des problèmes en regard à l'exercice d'un journalisme de qualité porté à l'intérêt public et considéré comme d'intérêt général pour la société.

Dans le cas particulier de la presse économique, ce « cercle vicieux » supposa que nombre de personnes et d'entreprises fussent bien à la fois objet de la couverture journalistique, sources d'information, annonceurs importants, fournisseurs de ressources matérielles et financières, spécialement de lecteurs et, dans certains cas, les propriétaires ou les actionnaires importants. Dans le cas luxembourgeois, il n'y eut que l'Arbed qui pouvait se le permettre. Sans que cela ne changea fondamentalement rien à l'information sidérurgique luxembourgeoise, le Comité des forges français, celui des houillères et le Consortium des assurances contrôlaient, dès 1929, *Le Temps*, d'abord par l'intermédiaire de son directeur, l'ancien député Louis Mill, puis à sa mort, deux ans plus tard, par Emile Mireaux, secrétaire général de la Société d'études et d'informations économiques, rédacteur en chef des pages économiques du quotidien, et Jacques Chastenet, ancien diplomate et rédacteur diplomatique à *L'Opinion* et à la *Revue politique et parlementaire*. La rubrique financière du *Temps* fut affermée à l'*Agence économique et financière*, dont l'intermédiaire était l'essayiste du quotidien Edouard Julia ; ce dernier fut aussi le délégué général pour l'Association nationale des sociétés par actions, que contrôlait Théodore Laurent, vice-président du Comité des Forges. En décembre 1933, le Comité des Forges devint l'actionnaire principal du journal. Il domina aussi *L'Etoile belge*, *L'Indépendance belge*, le *Neptune*, le *Moniteur des intérêts matériels*[148]…

de parts sociales, l'emprunt Dudelange de 1895, les bons de caisses de 1930 et le second emprunt de 1926 furent remboursés avant 1940. La multiplicité des opérations amenait systématiquement la société à utiliser la presse pour informer créanciers.

148 Service historique de la Défense/Département de l'armée de Terre (Vincennes), 7 N 2729, rapport de l'attaché militaire français, le général Emile Riedinger, à Philippe Pétain du 9 octobre 1934. Cf. aussi Danièle Fraboulet, *Quand les patrons s'organisent. Stratégies et pratiques de l'Union des industries métallurgiques et minières, 1901–1950*, Lille, Presses universitaires du Septentrion, 2007, p. 119 ; Jean Vanwelkenhuyzen, *Le gâchis des années 30*, 1, *1933–1937*, Tielt, Lannoo Uitgeverij, 2008, p. 216.

Chapitre 2 De l'information au renseignement économique

Si les Comités des forges français, des houillères et le Consortium des assurances s'intéressèrent à la presse en France et en Belgique alors même que l'Arbed repoussait une dernière opportunité de le faire, ce ne fut pas tant pour être mieux informés que pour disposer de moyens de pression sur les opinions publiques de ces pays dans un climat social difficile depuis la fin de la Première Guerre mondiale. Pourtant, la relative impénétrabilité de la sidérurgie luxembourgeoise, comme de toute activité économique d'ailleurs, par la presse d'information, économique ou généraliste, ne signifia pas que son actualité restait inconnue en France et en Belgique. Depuis la fin du XIXe siècle, et surtout au lendemain de la Première Guerre mondiale, deux phénomènes plaidèrent pour une meilleure connaissance internationale. Le premier tenait à l'interconnexion de plus en plus serrée des économies, comme en témoignait depuis 1900 l'implantation de succursales et de filiales allemandes, anglaises, françaises, belges et déjà américaines dans toute l'Europe et même au-delà (Russie, Chine, Amérique latine...) ; ce mouvement ne concerna pas uniquement la sidérurgie, sur laquelle la presse française, comme luxembourgeoise d'ailleurs, se montra irritable, mais bien toute l'activité économique. Le second phénomène tenait à l'interventionnisme croissant des Etats en matière économique, qui ne fit que s'accentuer pendant la Première Guerre mondiale avec la mise en place d'une économie de guerre chez tous les belligérants[1] ; le corollaire logique de cet intérêt fut une plus grande collusion du monde économique avec le monde politique[2].

En termes de relations (économiques) internationales, cette interpénétration des intérêts politiques avec les intérêts privés se traduisit par une coopération accrue des instruments traditionnels de politique extérieure, des organisations

---

1 Evoquant ceux qu'il nomme les « *industrialistes européens* » (Schneider, Wendel, mais aussi Renault, Citroën...), René Girault notait qu'« *au fond, c'est un même esprit qui habite tous ces hommes à l'issue même de la guerre : sans en être véritablement gênés, ils admettent la collusion des intérêts politiques avec les intérêts privés, puisqu'il s'agit de fournir à la France les moyens d'agir à l'extérieur* » [Jean Bouvier, René Girault, Jacques Thobie, *L'impérialisme à la française (1914–1960)*, Paris, La découverte, 1986, p. 163].

2 René Girault, « Economie et politique internationale. Diplomatie et banque pendant l'entre-deux-guerres », *Relations internationales*, 21, printemps 1980, p. 7–22.

patronales — le Comité des forges de France et le Groupement des hauts-fourneaux et aciéries belges dans le domaine métallurgique — et des associations de promotion du commerce extérieur. Cette évolution s'accompagna également d'une meilleure imbrication des intérêts économiques internationaux. Particulièrement dans la sidérurgie, le mouvement était déjà séculaire pour ces trois pays, dont les bassins lorrain, liégeois et luxembourgeois furent liés géographiquement ; l'implantation d'entreprises de taille conséquente, l'Arbed comme l'Hadir, côté luxembourgeois, mais aussi Schneider & Cie, les Petits fils de Wendel, les Forges et aciéries de la Marine et d'Homécourt, côté français, Ougrée-Marihaye, Cockerill et Angleur, côté belge, impliqua des stratégies entrepreneuriales dépassant la simple frontière des Etats. Il résulta de cette évolution un souci commun des différents acteurs de « *puiser* [leurs] *informations aux sources publiques, …* [et] *de se rejeter sur l'espionnage et l'information secrète* »[3] quand ils ne le purent plus.

Un enjeu économique pour les Etats

L'information économique publique fut traditionnellement du domaine des départements des Affaires étrangères et dépendait largement des impératifs de politique générale des Etats. Rapporté au Luxembourg et aux intérêts français, belges et allemands entre 1911 et 1940, il ne put qu'en résulter, comme pour la presse, un décalage entre Paris, Bruxelles et Berlin. Le pays n'occupa pas une place stratégique dans les affaires de l'Europe, aussi France, Belgique et Allemagne n'entretinrent au Grand-Duché que des ministres plénipotentiaires, témoignage diplomatique accordé aux « *puissances secondaires* » que ne contrebalança qu'incomplètement le caractère d'envoyé extraordinaire[4]. Il s'agissait,

3 John Alfred Spender, *The Press and International Affairs*, Yale Review, 17, avril 1928, p. 485–498.

4 Toutes les nations européennes agissaient de même. La Grande-Bretagne ne faisait pas exception, à la différence notable que la Couronne britannique ne nommait pas de ministre résident, accréditant son ambassadeur à La Haye (jusqu'en octobre 1922 [cf. National Archives, Kew (NA), BT 61/14/1], puis à Bruxelles comme plénipotentiaire à Luxembourg et laissant sa représentation à un consul honoraire, Norbert Le Gallais, jusqu'à son décès le 5 mars 1934, puis Paul List, jusqu'à la seconde invasion allemande le 10 mai 1940 [Archives nationales du Luxembourg, Luxembourg (ANLux), AE 449, *Mémorial du Grand-Duché de Luxembourg*, 3 du 16 janvier 1909, p. 21, et 9 du 9 février 1935 p. 162 ; *London Gazette* des 29 décembre 1908, p. 9940, et 12 février 1935, p. 1016]. Si le premier était britannique par son père, originaire de l'île anglo-normande de Jersey, le second avait émigré en 1899 et dirigea la Camerton

le plus souvent, soit de diplomates sans véritable expérience étrangère, soit d'agents proches de la retraite, soit de personnes indésirables momentanément dans leur capitale. De fait, entre 1911 et 1940, le poste ne compta guère de figures importantes parmi les huit Français, les six Belges et autant d'Allemands. Comment l'auraient-ils pu en ne restant à Luxembourg, pour la plupart, moins de deux ans ? Seuls neuf diplomates (quatre Belges, trois Français et deux Allemands) y passèrent plus de trois ans et trois s'imposèrent vraiment sur la scène locale : le Français Armand Mollard, le Belge Adrien Nieuwenhuys et l'Allemand Otto von Radowitz. Les deux premiers eurent en commun, et se fut bien la seule chose, d'être passés, à un moment de leur carrière, par la direction du service du Protocole de leur Département[5] ; le troisième, plutôt falot, marqua les esprits par son fanatisme, peu propre à un diplomate mais conforme à son adhésion au NSDAP en 1931.

Ces diplomates ne rapportèrent le plus souvent qu'une information de routine, à l'exception toutefois en 1919 où se posa réellement la « question du Luxembourg » et de son avenir politique et économique. Parut à cette occasion le décalage entre la Belgique et la France, tandis que l'Allemagne conserva un profil bas, devenue indésirable pour longtemps. Dès le 19 novembre 1918, l'attaché de délégation belge Ernest Kervyn de Meerendré, qui occupa déjà le poste avant-guerre, revint. Il dut préparer l'arrivée du prince Albert de Ligne, nommé quatre jours auparavant « chargé d'affaires »[6] dans un pays dont les Alliés contestèrent la souveraineté de la grande-duchesse Marie-Adélaïde. Cette dernière fut accusée par les uns de sympathie pour l'Allemagne, par les autres de trop forte implication dans la politique intérieure, elle fut surtout un obstacle à l'union personnelle que soutînt le parti « grand belge » représenté

Coal & Firebrick Co. Ltd (1918–1931) [*Colliery Year Book and Coal Trades Directory*, Londres, The Louis Cassier Co. Ltd., 1923 ; *London Gazette* du 24 mars 1931, p. 2011]. Régulièrement, comme en 1924 et en 1926, l'ambassadeur venait recueillir des « *renseignements généraux* » sur le Grand-Duché [ANLux, AE 449, lettre de Gaston d'Ansembourg à Emile Reuter du 16 octobre 1924] ; en 1926, il se fit même accompagner « *d'un attaché commercial* » [*Ibid.*, lettre d'Emile Reuter à Gaston d'Ansembourg du 1er juin 1926].

5 Ils partageaient aussi cette origine avec leur homologue allemand, Ferdinand von Gülich [Archives du service public fédéral des Affaires étrangères, Bruxelles (ASPFAE), B1, 1925–1934, A, 1925–1928, lettre de Robert Everts à Emile Vandervelde du 6 juin 1925].

6 ASPFAE, B1, 1918–1925, lettre de Paul Hymans au baron Fallon du 15 novembre 1918 et télégramme du Grand-Quartier-Général belge à Paul Hymans du 17 novembre 1918 ; *Luxemburger Zeitung* des 16 et 22 novembre 1918.

par le nouveau diplomate. Le prince de Ligne arriva le 20 novembre 1918, accompagné d'un consul, Léon Nemry ; devait les rejoindre un attaché militaire, le lieutenant-colonel luxembourgeois Camille Brassel[7]. Quant au ministre de France, Armand Mollard, il ne fut autorisé à revenir par son gouvernement, qui boycottait lui-aussi la grande-duchesse[8], que le 14 février 1920[9]. A vrai dire, dans l'intervalle, il y eut suffisamment de Français à Luxembourg, affectés à l'état-major du généralissime Ferdinand Foch pour contrebalancer cette influence « grand belge »...

Léon Nemry fut tout spécialement chargé de surveiller l'évolution économique du Grand-Duché après la guerre. Le jour de son arrivée à Luxembourg, le notaire arlonais Charles Humbert nota à l'attention des Affaires étrangères *« que la guerre* [avait] *détruit tous les avantages que le pays pouvait retirer d'une union douanière avec l'Allemagne »*[10]. L'enjeu fut de taille dans une perspective annexionniste et l'ancien consul à Cologne fut la personne idoine. Sous l'autorité du prince de Ligne, il dut lancer une « opération d'information », dans le cadre d'une stratégie d'influence destinée à soutenir le point de vue annexionniste. Son cadre se limita à un journal, *Le Luxembourgeois*, qui parut à Luxembourg du 22 janvier au début d'octobre 1919[11], après avoir été lancé en décembre à Paris. Mais l'importance de levier économique incita l'opération belge à intégrer ce

7 *Ibid.*, lettre de Paul Hymans à Fulgence Masson du 23 novembre 1918. Sur la mission américaine auprès de la communauté luxembourgeoise, en septembre-octobre 1918, du major Brassel, né luxembourgeois à Rambrouch le 19 juillet 1869, et mis à disposition des Affaires étrangères belges depuis le 15 août 1918, cf. Michael Amara, « La propagande belge et l'image de la Belgique aux Etats-Unis pendant la Première Guerre mondiale », *Revue belge d'histoire contemporaine*, 2000, 30, 1–2, p. 202–204.

8 Cf. la déclaration de Stephen Pichon, ministre français des Affaires étrangères, à Emile Reuter du 23 décembre 1918 [Archives du ministère des Affaires étrangères, Paris (AMAE), Z, Europe 1918–1940, Belgique, 117–1, Note de Stephen Pichon aux ambassadeurs de France à Bruxelles, Londres et Washington].

9 AMAE, Personnel, 2e série, 1088.

10 ASPFAE, B1, 1918–1925.

11 Il était imprimé chez Emile Schroell et confectionné par Victor Buck, les articles étant écrit par Nemry et Bernard Buchler, directeur de la publication. Concouraient également à sa rédaction Charles Bernard, Louis Piérard et Nicolas Barthélémy, futur directeur de *L'Etoile belge* [« Les imprimeurs Schroell », Jules Mersch, *Biographie nationale du Pays de Luxembourg depuis ses origines jusqu'à nos jours*, 16, Luxembourg, Victor Buck, 1968, p. 509 ; Jacques Willequet, « Gaston Barbanson promoteur d'une "Grand-Belgique" en 1914–1918 », *Revue belge de philologie et d'histoire*, 1970, 4, p. 1191 n4.].

nouveau volet à mesure que les échos venant de la Commission d'étude des problèmes économiques posés par la guerre et ses conséquences éventuelles se montrèrent de plus en plus défavorables à la Belgique. Rédigé par Paul Wurth et voté le 2 janvier, le rapport n'avait pas encore été publié, mais *L'Indépendance luxembourgeoise* du 7 janvier laissa déjà entendre qu'il serait favorable à la France[12], ce que tendirent à confirmer les extraits publiés par le *Luxemburger Zeitung* des 18, 19 21 et 25 février. Le Prince de Ligne informa alors que la nomination de Nemry à l'Office interallié de Cologne devait servir aux « *personnes qui auront des intérêts commerciaux ou industriels à défendre en Allemagne* »[13].

Le piège ne prit pas et, le 10 mars, au lendemain de la publication du rapport, fin février, Nemry publia une brochure à charge[14], mais la contre-offensive, signée du chef du service de statistique de l'Arbed, attaché à la Commission, André Widung[15], en détruisit les arguments. Le combat informationnel eut lieu, avec un léger décalage, en français et en allemand, afin de toucher l'opinion luxembourgeoise dans sa totalité. Mais, lorsque le 31 mai 1919 *Le Luxembourg* évoqua la rédaction d'un nouveau rapport, favorable à la Belgique cette fois, le président Joseph Steichen se contenta d'une simple dénégation en séance. Le référendum prévu le 19 avril annulé à cause de son issue défavorable démentit amplement les arguments de l'« opération d'information ». Le double référendum du 28 septembre suivant n'ayant pas été couronné de succès pour la Belgique, le prince de Ligne et son équipe furent rappelés, laissant la mission au chevalier Etienne Ruzette. L'« opération d'information » ayant échoué, l'« arme économique »[16] put être fourbie : les négociations commerciales entre les deux pays furent rompues[17]. Finalement, le 22 mai 1920, un nouveau ministre fut

12 ASPFAE, B1, 1918–1925, lettre du prince de Ligne à Paul Hymans du 5 janvier 1919.

13 ANLux, AE 644, lettre d'Emile Reuter à Albert de Ligne du 11 février 1919. Cf. aussi ASPFAE, B12, lettres de Paul Hymans au prince de Ligne des 18 janvier et 11 février 1919 et du prince de Ligne à Paul Hymans du 19 févier 1919.

14 *L'avenir économique du Grand-Duché de Luxembourg : critique des travaux de la « Commission d'étude des problèmes économiques posés par la guerre et ses conséquences éventuelles »*, Luxembourg, Saint-Paul, 1919.

15 *L'orientation économique du Grand-Duché de Luxembourg : réponse à la « critique » de M. L. Nemry*, Luxembourg, Soupert, 1919.

16 Reprenant un article de *The New Europe*, *Le Temps* du 1er octobre 1917 en avait évoqué les principes qu'appliquaient les Alliés contre l'Allemagne.

17 ASPFAE, B21, télégramme de Paul Hymans au prince de Ligne du 2 octobre 1919, Archives générales du Royaume, Anderlecht, Société générale (AGR/SG, papiers Jadot, Correspondance, 5, lettre de Jean Jadot à Henri Jaspar du 25 avril 1919 ; ANLux, AE 644, lettres d'Amaury d'Ansembourg et d'Ernest Kervyn de Meerendré à Paul

annoncé, Jules Le Jeune de Munsbach, et les négociations commerciales pour une union économique belgo-luxembourgeoise commencèrent le 23 juillet. L'élément qui fit changer de position la Belgique fut le désistement français du 10 mai précédent[18].

La diplomatie belge intégra volontiers, à la manière de son homologue britannique, une conception globale des relations internationales, traitant sur un pied d'égalité les questions politiques et économiques. Même si la direction générale des Affaires commerciales du ministère belge des Affaires étrangères ne fut pas la plus écoutée, les diplomates belges montrèrent un constant souci pour les questions qui l'intéressèrent. En Belgique, la promotion des exportations eut même un rôle central dans la définition de la politique du Département[19], qui travailla volontiers avec la Chambre de commerce de la cité portuaire d'Anvers. En 1912, le ministère ouvrit dans une annexe de la rue des Augustins, à Bruxelles, un bureau officiel de renseignement économique, sous la forme d'un Musée commercial[20]. Il connut aussi de nombreuses mutations internes afin de s'adapter aux nécessités d'une diplomatie économique et commerciale. A la veille de la guerre, la plus importante des quatre directions fut celle du Commerce extérieur et des consulats, où se pressèrent quinze agents, tandis que la direction Politique n'en occupa que trois[21]. Il n'empêche que les diplomates belges virent d'un très

---

Hymans du 3 octobre et de Paul Hymans à Emile Reuter du 4 octobre 1919 ; *Le Temps* du 5 octobre 1919.

18 AMAE, Z, Europe 1918–1940, Belgique, 126-1, note de Pierre de Margerie à Paul Hymans du 2 mai et lettre d'Alexandre Millerand à Pierre de Margerie du 10 mai 1920 [copies dans ASPFAE, B21] ; *Ibid.*, Luxembourg, 27, copie d'une note anonyme et historique du renoncement français au Grand-Duché du 14 octobre 1919.

19 ASPFAE, B12, lettre de Paul de Favereau à Maurice Michotte de Welle du 10 août 1900 l'informant que son rapport sur le « Grand-Duché de Luxembourg. Industrie minière et métallurgique en 1901. Bassin minier lorrain-luxembourgeois ; gisement de la Lorraine française ; canaux de la Moselle et de la Chiers » aurait été inséré au *Recueil consulaire belge*, 1902, t. 107. Cf. aussi Jules d'Anethan, *Exposé analytique des règlements consulaires de Belgique*, Namur, Ad. Wesmael-Charlier, 1889, p. 32 ; Désirée Garcia de la Vega, *Guide pratique des agents politiques du Ministère des affaires étrangères de Belgique*, Paris, A. Fontemoing, 1899, p. 296.

20 Félix Bertyn, *Le service des renseignements commerciaux*, Bruxelles, Impr. Avondstond, 1921, p. 66 ; Commission centrale de statistique, *Statistique générale de la Belgique*, 3, « *Exposé de la situation du royaume de 1876 à 1900, rédigé sous la direction de la Commission centrale de statistique* », Bruxelles, 1914, p. 486.

21 Cf. Rik Coolsaet, *België en zijn buitenlandse politiek 1830–2000*, Louvain, Van Halewyck, 2001. La traduction française, *La politique extérieure de la Belgique. Au cœur de l'Europe, le poids d'une petite puissance*, Bruxelles, De Boeck, 2002, ne

mauvais œil les empiètements des ministères techniques sur leur domaine. Ainsi, les Affaires économiques[22] ne furent-elles informées des pourparlers avancés entre l'Arbed et la Gelsenkirchener que le 24 avril 1919[23] ; les Affaires étrangères furent officiellement au courant depuis le 4 mars précédent, lorsque Gaston Barbanson eut rencontré son ami Pierre Orts, directeur des affaires politiques, sinon officieusement depuis la publication de l'article « *ennuyeux* »[24] de *L'Echo de la Bourse*, le 26 février.

En France, les diplomates montrèrent toujours quelques réticences à s'occuper de ce domaine, dont les consuls étaient pourtant chargés depuis leur rattachement aux Affaires étrangères en 1793. Toutefois, le relatif cloisonnement des carrières fit que les personnels sur des postes d'ambassades montrèrent un intérêt limité pour les questions économiques. Aussi, lorsque l'Arbed demanda, en juin 1920[25], à régler son problème douanier avec la France, ouvrant malgré elle la voie à une opération de renseignement économique, la légation française l'éloigna avec dédain. Ce genre d'information fut considéré comme de routine pour les diplomates. Le 31 août, elle fit savoir que « *l'envoi d'un agent technique dans le Grand-Duché ne saurait répondre aux intentions exprimées par les métallurgistes luxembourgeois* », la valeur des importations en France étant fonction « *du marché intérieur français* ». Le rédacteur anonyme ajouta, inconscient de l'opportunité offerte d'opérer une recherche proactive d'information, ne pouvoir

---

reprend que la partie postérieure à 1945. Cf. aussi Maria De Waele, « De geest van Münster. De botsende economische en commerciële belangen van België en Nederland en de invloed op de wederzijdse beeldvorming (L'esprit de Münster. Les intérêts contradictoires économiques et commerciaux de la Belgique et des Pays-Bas et l'impact sur leur perception) (1830–1940) », « *Bijdragen en Mededelingen betreffende de geschiedenis van Nederland* », 2000, CXV, 1, p. 33–59.

22 Cf. Michel Guinand, « Le premier ministère des Affaires économiques (1917–1926), et les ministères de l'Intendance (1917–1918) et de la Reconstitution nationale », 1. « Etude de la structure de l'administration centrale, et répertoire des commissions et parastataux qui en dépendent », 2. « Etude des compétences », « *Miscellanea archivistica studia* », 27 et 46, Bruxelles, Archives générales du Royaume, 1992 et 1993, 127 p. et 37 p..

23 ASPFAE, B12, lettre de Paul Hymans à Henri Jaspar du 24 avril 1919.

24 L'expression est de Gaston Barbanson dans une lettre à Fournier du même jour [Archives de l'administration centrale de l'Arbed, Luxembourg (AACA), AC-0407]. Copie dans ASPFAE, B12.

25 ANLux, AE 3588, lettres d'Arbed à Emile Reuter (Ministre d'Etat) du 23 juin 1920 et d'Emile Reuter (Directeur général des Affaires étrangères) à Ernest Leclère ainsi qu'à Armand Mollard du 26 juin 1920.

admettre qu'un agent technique put « *sortir de ce rôle de certification d'origine pour s'immiscer dans les détails d'une fabrication aussi délicate et aussi complexe que celle des aciers* »[26]. La nature du conflit porta sur la qualification d'« *acier fin* » que l'Arbed vendait en France, supportant des droits de douanes importants. Une tentative de règlement via la Section économique française de Luxembourg[27] avait précédemment échoué...

Depuis le début du XXe siècle, le Département français prit conscience de la nécessité de spécialiser économiquement ses agents et d'accueillir les demandes d'information des commerçants[28]. Il fallut cependant attendre mai 1919 pour que Philippe Berthelot, artisan de la réforme de 1907 et nouveau directeur des Affaires politiques et commerciales, put montrer, comme il l'écrivit douze ans plus tôt, que « *commerce et politique vont aujourd'hui de pair et réagissent l'un sur l'autre* »[29] ; les Relations commerciales, issues de l'ancien sous-secrétariat du Blocus, devinrent une sous-direction, confiée à Jacques Seydoux[30]. Ce dernier

---

26 *Ibid.* lettre du ministère français à Ernest Leclère du 18 août, transmise le 21 août à Emile Reuter et expédiée à l'Arbed par Nicolas Welter (Directeur général de l'Instruction publique) [*Ibid.*].

27 Sur sa création le 13 juin 1919, cf. AMAE, Relations commerciales, C, Luxembourg, 34, rapport d'activité du directeur Gueuning pour le mois d'octobre 1919, f. 1.

28 Cf. Amédée Outrey, « Histoire et principes de l'administration française des Affaires étrangères », *Revue française de science politique*, 3, 4, 1953, p. 716–719, Maurice Vaïsse, « L'adaptation du Quai d'Orsay aux nouvelles conditions diplomatiques (1919–1939) », *Revue d'histoire moderne et contemporaine*, janvier-mars 1985, p. 145–162 ; Bruno Ricard, *L'Etat et l'expansion commerciale de la France. L'information économique extérieure, des consuls aux attachés commerciaux (1681–1939)*, Doctorat, Ecole des Chartes, 1992.

29 Cf. son « Rapport au Président de la république », *Journal officiel* du 3 mai 1907, p. 3265. Dans ses interventions à la tribune du Reichstag, Gustav Stresemann estima que le recrutement de nobles pour servir dans l'Auswärtiges Amt n'était pas satisfaisant pour informer l'Etat des questions industrielles et commerciales. Aussi demandait-il le recrutement de journalistes expérimentés. Cette réforme fut mise en œuvre après la chute du *Reich* wilhelminien en 1919–1920. [Jacques Bariéty, « Les appareils diplomatiques de la France et de l'Allemagne dans les années 1920 », Ilja Mieck, Pierre Guillen (éd.), *Nachkriegsgesellschaften in Deutschland und Frankreich im 20. Jahrhundert/Sociétés d'après-guerre en France et en Allemagne au 20e siècle*, Munich, Oldenbourg, 1998, p. 223–232].

30 *Journal officiel* du 4 mai 1919. Cf. aussi Stanislas Jeannesson, *La sous-direction des relations commerciales du Quai d'Orsay et la reconstruction économique de l'Europe*, Laurence Badel, Stanislas Jeannesson, N. Piers Ludlow (dirs.), *Les administrations nationales et la construction européenne. Une approche historique (1919–1975)*, Bruxelles, Peter Lang, 2005, p. 37–56.

décida deux ans plus tard de « *demander aux Chefs de mission diplomatique de lui faire parvenir périodiquement un rapport d'ensemble sur la situation économique du pays de leur résidence* »[31]. Mollard se limita à faire parvenir au Quai d'Orsay, « *dans l'intérêt du ministère du Commerce (…) les statistiques commerciales publiées par le soin du Gouvernement Grand-Ducal depuis l'année 1914* » jusqu'à 1919[32]. Il retourna ensuite à son désintérêt pour la chose économique, se reposant sur les rapports de la section idoine française à Luxembourg[33]. Grand fut donc son étonnement lorsque la sous-direction commerciale lui fit savoir qu'il devait également adresser de l'information économique[34]. Toutefois, le comportement de ce diplomate ne fut pas seul en cause. En juin 1934, une nouvelle réforme du ministère emporta l'Office commercial, qui avait pris la suite de la économique française, de Luxembourg au profit de l'attaché commercial près l'ambassade de Bruxelles[35]. De son côté, la diplomatie belge montra moins d'atermoiements, profitant de chaque occasion, comme la nomination d'un des attachés à la légation de Luxembourg à une fonction économique (comme Léon Nemry en 1919) ou exotique (le secrétaire de Légation François Joly, affecté à Tokyo en 1924[36]) pour se proposer d'intercéder en faveur des intérêts luxembourgeois… A la différence de la diplomatie française, il s'agissait bien là d'une conversion du Département au recueil de l'information économique, dont témoigna en 1934 sa nouvelle appellation en ministère des Affaires étrangères et du commerce extérieur.

Comparé à ses confrères français et belge, l'Auswärtiges Amt fut celui qui accepta le mieux de prendre en charge les questions économiques. Dès 1879, fut créé un département de politique commerciale (Handelspolitischen Abteilung) dans son administration centrale, au 76 de la Wilhelmstraße de Berlin, qui centra ses activités sur les grandes villes des ressorts des ambassades. Jusqu'en 1918, le Luxembourg appartenant au Zollverein, ce pays n'entra pas dans les responsabilités l'Auswärtiges Amt, du moins dans ses spécificités économiques. La diplomatie

---

31 AMAE, Relations commerciales, C, Luxembourg, 34, lettre d'Armand Mollard à Raymond Poincaré du 15 mai 1923.

32 *Ibid.*, lettre d'Armand Mollard à Aristide Briand du 18 février 1921.

33 *Ibid.*, lettre d'Armand Mollard à Georges Leygues du 26 novembre 1920.

34 *Ibid.*, lettre d'Armand Mollard à Raymond Poincaré du 15 mai 1923.

35 ANLux, AE 459, lettres de Rivaud et de Jacques Labouret à Joseph Bech du 13 août 1934 et du 11 juin 1936.

36 *Ibid.*, lettre d'Humbert de Laubespin à Emile Reuter du 29 janvier 1924. La proposition fut transmise au Directeur général de l'Agriculture, de l'Industrie et de la Prévoyance sociale, Raymond De Waha, et acceptée le 7 février suivant [*Ibid.*].

économique allemande connut ensuite une conversion progressive, aux termes de trois réformes d'importance de l'entre-deux-guerres. La première intervint en plein dans les désordres de l'avènement d'un nouvel ordre intérieur et de la définition de la nouvelle place de l'Allemagne vaincue dans le monde. Initiée par le *Ministerialdirektor* (sous-secrétaire adjoint) Edmund Schüler (1919–1921), elle entendit convertir les agents de l'Auswärtiges Amt aux nouvelles méthodes et fonctions, notamment dans le domaine économique. Un *Staatssekretäre* (sous-secrétaire) se vit particulièrement confier cette question. Mais les négociations de Versailles conduisirent également le Département à recourir à des consultants extérieurs, organe consultatif créé pour accompagner la nouvelle politique, comme le Vorläufige Reichswirtschaftsrat (Conseil national économique temporaire, 4 mai 1920–31 mars 1934), compétent notamment pour tout ce qui concernait les pratiques commerciales, ou simplement spécialistes des spécificités économiques et financières internationales de l'entre-deux-guerres. Manquant de sens politique autant que d'expérience diplomatique, la réforme Schüler engendra, par un excès de sens pratique, un large mécontentement au sein de la carrière diplomatique, qui vit mal l'arrivée du personnel consulaire en son sein, et une désorganisation interne de l'administration centrale, par une augmentation du personnel. Dès 1922, le *Staatssekretäre* économique fut supprimé, relégué au rang de *Ministerialdirektor*, dévolu à Karl Ritter, qui trouva là un havre depuis que les conséquences de la défaite le fît passer de ministère en ministère, depuis les Colonies jusqu'aux Finances. A partir de 1924, profitant des effets de la pratique plus conservatrice de son collègue Carl von Schubert, promu secrétaire d'Etat aux Affaires étrangères, il définit progressivement le périmètre de l'ancien Handelspolitischen Abteilung, sur lequel prit pied la réforme de mai 1936[37].

Les effets de la crise économique, engendrant une pression budgétaire touchant toutes les administrations par une réduction drastique de leur personnel, Ritter encouragea les initiatives des groupes de pression, pour récolter l'information économique dans leur domaine de compétence, et l'extension de la coopération internationale privée. Ainsi, le 22 novembre 1933, lorsque le ministre français Emile Rivaud annonça à son homologue belge Adrien Nieuwenhuys que

37 Peter Krüger, « Changing Stuctures of the German Foreign Office between the World Wars », *Opinion publique et politique extérieure en Europe. II. 1915–1940. Actes du Colloque de Rome (16–20 février 1981)*, Rome, Ecole française de Rome, 1984, p. 139–156 ; William Young, *German Diplomatic Relations 1871–1945. The Wilhelmstrasse And The Formulation of Foreign Policy*, Lincoln, iUniverse, 2006, p. 155.

la filiale de l'AEG à Luxembourg, la Société luxembourgeoise pour entreprises électriques (Solpee), « *serait* » le centre de l'espionnage allemand[38], il ne se trompa qu'à moitié. Cette entreprise, constituée le 2 mars 1921, remplit tout à fait les missions d'information laissées par l'Handelspolitischen Abteilung au secteur privé, sans pour autant se livrer à de l'espionnage. Une partie importante de son effectif luxembourgeois fut employé à la lecture des journaux et des rapports accessibles ouvertement sur la place de Luxembourg, mais également en Lorraine. Cette « *mission de renseignement* [fut] *prise en main par les "Nazis" du Grand-Duché sous la direction du Dr. Diehl, Directeur de la Deustche Wirtschaftsstelle à Luxembourg* ». Cette note du 30 janvier 1936, émanant du Bureau régional d'études militaires, antenne messine du service de renseignement français, intervint au moment où la société fut restructurée, réduisant drastiquement son personnel et vendant son siège social. En fait, elle se recréa sous le nom de Société luxembourgeoise AEG pour entreprises électriques, c'est-à-dire qu'elle se recentra sur son activité principale[39].

La note française évoqua également les effets au Grand-Duché de la réforme induite depuis le printemps 1935 au sein de l'Auswärtiges Amt[40]. En matière de politique économique, elle concrétisa les efforts de Ritter depuis onze ans à la tête de l'Handelspolitischen Abteilung. Ainsi eut-il encadré l'action de renseignement privé par une meilleure coopération interministérielle, inaugurant en mars 1925 un comité interne réunissant des représentants des ministères techniques (économie, finances, agriculture). Si le nouveau chancelier Hitler confisqua bien la direction de la politique générale, il laissa à ses Affaires étrangères la spécialisation de ces moyens d'information. Ainsi, la division de Ritter devint une véritable Wirtschaftsabteilung (département économique), disposant de missions à l'étranger, baptisées Deustchen Wirtschaftsstellen (agences allemandes économiques), gérées en commun avec la Reichsstelle für den Außenhandel (agence du Reich pour le commerce extérieur), installée au Reichswirtschaftsministerium (ministère du Reich de l'économie). Il en découla un sentiment de cohérence de la politique économique. Pourtant, la nomination d'Heinrich Diehl, quand bien même eut-il été le représentant depuis 1929 du Röhren-Verband (syndicat des tubes) auprès du Cartel international de

38 ASPFAE, B1, lettre d'Adrien Nieuwenhuys à Paul Hymans.

39 SHD/DAT, 7 N² 2429.

40 Heinz G. Sasse, Ekkehard Eickhoff, *100 Jahre Auswärtiges Amt. 1870–1970*, Bonn, Auswärtiges Amt, 1970, p. 44.

l'acier, cacha mal la politisation poussée de la fonction diplomatique. En mars 1935, Diehl devint Landesgruppenleiter du Nationalsozialistische Deutsche Arbeiterpartei (Parti national-socialiste des travailleurs allemands, NSDAP), sa nomination comme handelsattaché n'étant qu'une couverture destinée à lui éviter une expulsion en raison de son action politique. Pourtant, il accomplit sa tâche avec assiduité et compétence, utilisant pour transmettre ses informations économiques aussi bien le canal diplomatique de la Wirtschaftsabteilung que celui politique de l'Auslandsorganisation du NSDAP. Ainsi, envoya-t-il des données relatives aux exportations vers l'Allemagne de l'Arbed, le 13 octobre 1935, dans une dépêche politique, tant et si bien que la direction berlinoise du parti dût les transmettre, le 28 octobre suivant, à l'Auswärtiges Amt[41].

La création de la Wirtschaftsabteilung ne changea pas la nature marginale que le Luxembourg représenta dans la politique commerciale de l'Allemagne. Depuis 1920, les stratégies de relèvement de l'Allemagne devinrent un important élément de révisionnisme politique, induisant une relation entre l'action extérieure de ce pays et ses capacités d'absorber ses propres matières premières, ainsi que les produits de son agriculture. Pour cette raison, mais aussi parce que son économie fut trop en désordre[42], le Grand-Duché n'apparut pas comme une priorité commerciale, au contraire de la jeune Tchécoslovaquie (1920), où le commerce allemand fut mieux implanté, mais aussi des Etats-Unis (1923), de la Grande-Bretagne (1924), de la France (1927)[43]. Aussi, lorsque se diffusa les postes de référent pour les questions économiques de défense (Referent für Wehrwirtschaftsfragen) au sein de vingt-et-une missions diplomatiques allemandes à travers le monde, le Luxembourg ne fut pourvu qu'en septembre 1938 seulement, alors que les plus importants postes le furent trois mois plus tôt[44]. L'action diplomatique du Reich ne se préoccupa guère plus que pendant la République de Weimar de la question sidérurgique, notamment parce que les industriels sarrois et de la Ruhr

---

41 Un parfait exemple se trouve dans Emil Krier, *op. cit.*, p. 148–149 et 651n533.

42 Gérald Arboit, « Transition ou asphyxie ? L'économie luxembourgeoise à l'épreuve de la Première Guerre mondiale », Benoît Majerus, Charles Roemer et Gianna Thommes (dir.), *Guerre(s) au Luxembourg. Krieg(e) in Luxemburg. 1914–1918* », Luxembourg, Capybarabooks, 2014, p. 81–89.

43 Hans-Jürgen Schröder, « Zur politischen Bedeutung der deutschen Handelspolitik nach dem Ersten Weltkrieg », *in* Gerald D. Feldman (dir), *Die deutsche Inflation. Eine Zwischenbilanz/The German Inflation reconsidered. A preliminary balance*, Berlin/New York, de Gruyter, 1982,p. 235–251.

44 Hans-Erich Volkmann, *Luxemburg im Zeichen des Hakenkreuzes. Eine politische Wirtschaftsgeschichte 1933–1944*, Paderborn, Ferdinand Schöningh, 2010, p. 60–61.

disposèrent des données nécessaires pour mener leur propre politique, aussi bien dans le repli de leurs activités au Grand-Duché après guerre que dans l'édification de prétentions à cet égard après l'invasion du 10 mai 1940[45]. Indirectement, cela expliqua que le Nationalsozialistische Deutsche Arbeiterpartei (Parti national-socialiste des travailleurs allemands, NSDAP) fixât à son service de renseignement interne, le Sicherheitsdienst (Service de sécurité, SD), de se documenter sur la situation économique des pays où des sections partisanes furent implantées. De fait, lorsque monta en puissance la Wirtschaftabteilung, le recours aux données du SD devint une habitude, au moins au niveau des représentations diplomatiques, comme en attesta la pratique des Referenten.

Sorties victorieuses de la Première Guerre mondiale, les diplomaties économiques française et belge suivirent une évolution contraire de l'allemande, qui cacha mal une érosion commune du monopole des Affaires étrangères sur l'action extérieure. Au lendemain de 1918, « *certaines administrations* »[46], en raison des circonstances comme les ministères de la Guerre, avec qui nombre de sidérurgistes avaient été en rapport économique avant le conflit, ou de leurs compétences, comme les ministères du Commerce et de l'Industrie ou de la Reconstitution industrielle en France, des Affaires économiques en Belgique, s'occupèrent de l'information économique. Ce mouvement, qui témoigna d'une spécialisation des affaires internationales et gouvernementales, commença dans les dernières années du XIXe siècle. Et si la Belgique intégra ses attachés commerciaux à son service consulaire dès les années 1880[47], la France constitua à son habitude un empilement de strates administratives qui plaça ces « diplomates » économiques sous la double tutelle des Affaires étrangères et du Commerce et de l'Industrie. Ainsi de l'Office national du commerce extérieur, créé par la loi du 4 mars 1898, ou l'Association nationale d'expansion économique, fondée en décembre 1915[48]. Le 10 mars 1920, le décret d'application de la loi du

---

45 Françoise Berger, *La France, l'Allemagne et l'acier (1932–1952). De la stratégie des cartels à l'élaboration de la CECA*, Doctorat, Histoire, Paris I, 2000, p. 559.

46 René Girault, « Avant-propos », *Relations internationales*, 13, printemps 1978, p. 3–4 ; *Ibid.*, « Le difficile mariage de deux histoire. Economie et relations internationales dans le monde contemporain », *Ibid.*, 41, printemps 1985, p. 13–28.

47 Cf. Alphonse Heyking, « La théorie et la pratique des services consulaires », *Recueil des cours de l'Académie de droit international de La Haye*, 34, Leyde, Martinus Nijhoff Pub., 1930, p. 883.

48 Sur cette association peu connue, cf. Guillaume Kérouredan, *Un aspect de l'organisation patronale au XXe siècle : l'Association nationale d'expansion économique (décembre 1915-mars 1951)*, Doctorat, Histoire, Paris I-Panthéon-Sorbonne, 1986.

25 août 1919, portant création des services de l'Expansion commerciale rattacha finalement ces agents au Commerce et à l'Industrie[49].

Un enjeu stratégique pour les entreprises

L'entre-deux-guerres fut une période où la politique commerciale des nations échappa aux diplomates pour intéresser également de « *groupes péri-décisionnels* »[50], mêlant les capitaines d'industrie aux associations de promotion des échanges. La constitution d'un réseau d'attachés commerciaux vit les industriels s'intéresser aux affaires internationales. Avant 1914, le Grand-Duché n'avait pas été vu depuis Paris comme un espace de pénétration des provinces rhénanes et de l'Alsace-Lorraine, en contournant les tracasseries douanières allemandes[51]. Les ministres de France à Luxembourg, Philippe Crozier, puis Armand Mollard[52], échouèrent ainsi à créer un entrepôt d'articles français. Ce désintérêt les servit toutefois pour le choix des attachés commerciaux qui commencèrent à être créés à partir de 1907[53] : deux industriels luxembourgeois, Edouard Brezol (1907–1912), puis Charles-Jules Jubert (1912–1914)[54]. Pourtant, le 12 janvier 1919, le Comité économique interallié qui s'installa à Luxembourg fut présidé par le chef du Service économique du Grand quartier-général de l'Armée française, l'ingénieur-général Gabriel Maugas[55]. Bien

49 Pierre Gousset, « Evolution historique de l'administration centrale du Commerce et de l'Industrie », *Revue administrative*, mars-avril 1961, p. 132–137.

50 Jean-Claude Allain, « Le groupe dirigeant dans la conduite des relations internationales », *Relations internationales*, 41, printemps 1985, p. 79–92.

51 Cf. les oppositions des Chambres de commerce de Lille, le 6 décembre 1894, et de Paris, le 4 mars 1895, jugeant l'opération inutile [Archives nationales, Paris (AN), F^{12} 9129].

52 Cf. la lettre d'Armand Mollard à Paul Doumergue du 28 mai 1914 [*Ibid.*].

53 Laurence Badel, « Les acteurs de la diplomatie économique en France au XXe siècle : les mutations du corps des attachés commerciaux (1919–1959) », *Relations internationales*, 114, 2003, p. 189–211.

54 En mai 1911, le frère du baron Auguste Jacquinot, Fernand, avait sollicité de prendre la place de Brezol, mais avait été écarté par les autorités françaises. Ces dernières lui préférèrent, assurément sur l'insistance de leur ministre à Luxembourg, le fils Jubert, sans apparemment en avertir le titulaire [AN, F^{12} 9755, lettre d'Edouard Brezol à Etienne Mercier du 31 janvier 1912 ; préssentant l'entourloupe, il joignit une enveloppe affranchie pour la réponse qui, semble-t-il, ne vint pas].

55 Cette activité n'a pas laissé de trace au SHD/DM, hormis dans l'*Annuaire de la Marine*, Paris, Ministère de la Marine, 1901–1921). Camarade de promotion de Théodore Laurent à l'Ecole polytechnique (1884), cet ingénieur du Génie maritime (1901–1916)

que tourné vers les territoires rhénans, ses compétences couvrirent aussi le Grand-Duché. Aussi, le 21 mars suivant, discuta-t-il spécifiquement « *de la création d'un service spécial pour le Luxembourg* » dans le but de « *favoriser la reprise des relations commerciales* »[56] avec la France ; le 13 juin 1919, le lieutenant Jean Gueuning, ingénieur de son état, se vit confier le soin d'ouvrir une Section économique[57], structure initiale du poste d'expansion économique qu'il dirigea, redevenu civil, de 1923 à 1927. Emile Vanheeghe lui succéda, le temps de liquider l'Office commercial, et d'être ensuite « *désigné pour remplir les fonctions de secrétaire général à Luxembourg de M. l'Attaché Commercial de France* » à Bruxelles[58] jusqu'en 1949.

A Paris, ce réseau fut complété par le Comité national des conseillers du commerce extérieur de la France, né du décret du 21 mai 1898 et réorganisé par

---

réalisa sa carrière dans les arsenaux de Brest, Rochefort, Cherbourg, Brest et Toulon, gravissant tous les grades jusqu'à celui d'ingénieur-général de 2e classe, le 25 mai 1916. Auteur de trois livres tirés de son cours de construction navale, secteur auquel il fut affecté jusqu'en 1911, professeur à l'Ecole supérieure de maistrance de la marine (1897–1898), puis à l'école de Génie maritime (1898–1907), il se distingua par ses plans des sous-marins des classes Farfadet (Q 008 et 010, 1899–1910), Z (1904–1910) et Emeraude (Q 044, 1903), équipés d'une d'hélice à aile orientable de sa conception [Paul E. Fontenoy, « *Submarines* ». *An Illustrated History of their Impact*, Santa Barbara, Abc-Clio, 2007, p. 77, 79, 80]. Après un passage au sous-secrétariat d'Etat à la Marine d'Henry Chéron (1909–1910), il fut affecté à la section des constructions neuves en 1914 et prit la direction de l'arsenal de Brest. Membre de la commission des ponts métalliques du ministère de la Guerre, il fut nommé directeur des constructions navales du 5e arrondissement maritime (Toulon) deux ans plus tard. En décembre 1918, il était choisi par Paul Tirard, maître de requêtes au Conseil d'Etat, chargé de constituer l'état-major administratif du généralissime français, le maréchal Foch. Nommé chef des services économiques, il prenait, le 8 janvier 1919, la présidence du Comité économique interallié installé à Luxembourg [« Note de service, 2809 CR, Instruction du maréchal commandant en chef les armées d'occupation, du 8 janvier 1919 », *Bulletin de l'Armée d'occupation du Palatinat* du 2 février 1919, p. 79]. Le 29 avril, le Comité tenait sa dernière séance [Paul Tirard, *La France sur le Rhin*, Paris, Plon, 1930, p. 101] et Maugas, démobilisé et mis en retraite, passait au service de son ami Laurent, en train de reprendre les biens de la *Deutsche-Luxemburgische…*

56 *Ibid.*, Comité économique interallié, compte rendu de la séance du 21 mars 1919, p. 1–2.

57 AMAE, Relations commerciales, C, Luxembourg, 34, rapport d'activité du directeur Gueuning pour le mois d'octobre 1919, f. 1.

58 ANLux, AE 459, lettre de Rivaud à Joseph Bech du 13 août 1934.

celui du 6 mars 1921[59]. Gueuning y retrouva Maugas qui, passé au privé, occupa la position, entre autre, de président du comité directeur de l'Office commercial français[60]. Ces deux « Luxembourgeois » retrouvèrent aussi les ténors de la sidérurgie française, comme Humbert de Wendel ou Théodore Laurent, mais aussi des membres de l'Arbed, André Vicaire (directeur général adjoint depuis 1926, mais également directeur français de la Columeta depuis 1922), Jean Reiser (directeur de la Société minière des Terres Rouges depuis 1923), ou ayant travaillé pour elle, comme Charles Charbaud (prédécesseur du précédent de 1919 à 1923). Correspondants du ministère du Commerce et de l'Industrie pour cinq ans, ils furent au service de l'expansion économique de la France. Mais ils n'en restèrent pas moins au service de leurs entreprises et puisèrent, grâce à leurs fonctions, une mine d'informations utiles.

Les groupes de pression sidérurgistes français, belges et allemands

Organisme	Création	Dirigeants (1911-1940)	Pays
Comité des forges	1864	Robert Pinot (1904-1926), Henri de Peyerimhoff (1926-1940)	France
Verein deutscher Eisen und Stahlindustrieller	1874	Wilhelm Meyer (1909-1930), Ernst Poensgen) (1930-1935)	Allemagne
Centralverband Deutscher Industrieller	1876	Max Roetger (1909-1919)	Allemagne
Comité central industriel	1895	Auguste Greiner (1910-1915), Jules Carlier (1915-1927), Gustave-Léo Gérard (1927-1949)	Belgique
Association des ingénieurs luxembourgeois	1897	Jean-Pierre Hardt (1909-1910), Léon Metz (1910-1916), Léon Laval (1916-1919), Antoine Pescatore (1920-1924), Emile Lavandier (1925-1926), Arthur Kipgen (1926-1929), Jules Neuberg (1930-1932), Gustave Metzler (1933-1935), Alphonse Weber (1936-1938), Charles Wurth (1939-1945)	Luxembourg

59 Laurence Badel, *Un milieu libéral et européen. Le grand commerce français 1925-1948*, Paris, Comité pour l'histoire économique et financière de la France, 1999, p. 120.

60 *L'expansion commerciale de la France*, décembre 1930, 12, p. 41 et mars-avril 1932, 3, p. 146.

Organisme	Création	Dirigeants (1911-1940)	Pays
Union des industries métallurgiques et minières	1901	Robert Pinot (1904–1926), Alfred Lambert-Rébot (1926–1940)	France
Groupement des hauts-fourneaux et aciéries belges	1919	Gustave Trasenster (1919–1924), Jacques van Hoegaerden (1924–1929), Léon Greiner (1929–1934), Louis Chabeau (1934–1939), Léon Greiner (1939–1944)	Belgique
Reichsverband der Deutschen Industrie	1919	Kurt Sorge (1919–1925), Carl Duisberg (1925–1931), Gustav Krupp von Bohlen und Halbach (1931–1933)	Allemagne
Fédération des industriels luxembourgeois	1920	Paul Wurth (1920–1926), Louis Ackermann (1926–1939), Paul Duchscher (1939–1956)	Luxembourg
Groupement des industries sidérurgiques luxembourgeoises	1927	Maurice Godchaux (1927–1935), Guy Noesen (1935–1940)	Luxembourg
Reichsstand der Deutschen Industrie	1933	Gustav Krupp von Bohlen und Halbach (1933–1945)	Allemagne
Wirtschaftsgruppe EisenSchaffende Industrie	1935	Ernst Poensgen) (1935–1945)	Allemagne

Les connexions du monde industriel avec les sphères gouvernementales, aussi bien au Commerce, qu'aux Affaires étrangères ou, en Belgique, aux Affaires économiques, furent causées par le double besoin de s'informer et de se défendre. Eugène Schneider apprit par le journal *Le Temps* du 24 octobre 1920 l'existence de la législation grand-ducale sur les conseils d'usine. Craignant une déviance bolchevique comme en Allemagne, il s'en alarma auprès de Georges Leygues, ministre des Affaires étrangères[61], par l'intermédiaire de son beau-frère Armand de Saint-Sauveur ; ce dernier représenta le Creusot dans la Russie tsariste et collaboré avec l'ambassadeur Maurice Paléologue, devenu secrétaire général du Quai d'Orsay de janvier et septembre 1920, avec lequel le maître du Creusot fut en affaire au printemps précédent en Hongrie[62]. De même, Théodore Laurent nourrit « *des*

61 AMAE, Z, Europe, 1918–1940, Luxembourg, 29, lettre de Georges Leygues à Armand Mollard du 3 novembre 1920.

62 Georges-Henri Soutou, « L'impérialisme du pauvre : la politique économique du gouvernement français en Europe centrale et orientale de 1918 à 1929 », *Relations internationales*, 7, automne 1976, p. 235–236.

relations personnelles » avec Aristide Briand, maintes fois Président du conseil et ministre des Affaires étrangères (1915–1932)[63] et Alexandre Millerand (20 janvier au 20 septembre 1920), qui lui permit de participer au programme de fabrication du grand état-major pendant la Première Guerre mondiale et dont il finança la Fédération républicaine[64]. Gustave Trasenster ne fut pas mieux introduit auprès d'Henri Jaspar. Le ministre belge des Affaires économiques (1918–1920) ne manqua pas de s'opposer aux projets de l'Arbed, tant dans la reprise du domaine de la Gelsenkirchener Bergwerks A.-G.[65] que dans les faveurs dont il couvrit sa concurrente d'Ougrée-Marihaye, notamment à travers sa filiale de Rodange[66], et s'impliqua dans les négociations autour de celle de la Deutsche-Luxemburgische Bergwerks-und Hütten-A.-G.[67]. Il se montra également annexionniste dans les négociations commerciales devant mener à l'Union économique belgo-luxembourgeoise[68]. Mais, dans ce cas, le chargé d'affaires luxembourgeois à Bruxelles laissa entendre que Jaspar ne fut peut-être pas à l'origine de cette attitude. Pour Amaury de Marchand d'Ansembourg, il put être influencé par certains courants de l'opinion publique belge[69].

La structure décentralisée de l'Etat allemand pendant la République de Weimar et, dans une certaine mesure, le IIIe Reich, ainsi que le rôle politique assigné à la politique commerciale n'offrit pas une réorganisation similaire aux efforts d'implantation français et belges. Au contraire, dans ce nouveau Grand-Duché de Luxembourg issu de la Première Guerre mondiale, le changement d'alliance commerciale imposa que Français et Belges remplaçassent les Allemands. Cette particularité durant jusqu'en 1935 fit que les sidérurgistes allemands intéressés par le Grand-Duché s'informèrent par leurs contacts luxembourgeois, noués au temps du *Zollverein*. Ce petit jeu avantagea inévitablement l'Arbed. Ainsi Albert

---

63 AMAE, Papiers d'agent (PA) Seydoux, lettre de Jacques Seydoux à Philippe Berthelot du 3 février 1926. Entre 1915 et 1932 (dix-sept ans), il est plus aisé de dire quand Briand ne fut pas aux Affaires étrangères, soit du 21 mars 1917 au 15 janvier 1921 (trois ans et neuf mois, puis du 16 janvier 1922 au 16 avril 1925 (trois ans et trois mois) et du 19 au 23 juillet 1926 (quatre jours), soit sept ans et quatre jours.

64 Gilles Richard, « Industries et partis de droite en France : essai d'approche globale », Dominique Barjot, *Industrie et politique en Europe occidentale et aux Etats-Unis. XIXe et XXe siècles*, Paris, Sorbonne, 2006, p. 181.

65 ASPFAE, B12, lettre d'Henri Jaspar à Paul Hymans du 2 mai 1919.

66 AACA, AC-6712, lettres d'Emile Mayrisch et de Gaston Barbanson à Hector Dieudonné des 13 et 14 février 1920.

67 *Ibid.*, AC-1731, lettre d'Henri Jaspar à Jean Jadot du 14 août 1919.

68 Cf. Charles Barthel, *Bras de fer 1918–1929,* Luxembourg, Saint-Paul, 2006, p. 150–160.

69 ANLux, AE 3668, lettre à Emile Reuter du 27 mai 1920.

Vögler (Deustch-Luxemburgische), Heinrich Vehling (Gelsenkirchener), Georg Zapf (Felten & Guilleaume) ou Ernst Poensgen (Stahlwerksverband) cultivèrent ainsi leurs relations avec Emile Mayrisch et Aloyse Meyer à l'Industrie-Club de Düsseldorf, plutôt que dans les antichambres de la Wilhelmstrasse, siège de l'Auswärtiges Amt.

Par contre, en France comme en Belgique, des associations privées agirent en coulisses de la définition de la politique de ces Etats. Au Luxembourg, les intérêts en jeux furent trop importants pour être laissés aux seuls politiques. Pour la plupart, ces associations arrangèrent un canal d'information vers les services publics de longue date. Dès 1842 pour les belges, 1864 pour les français et 1874 pour les allemands, les patronats sidérurgistes des trois pays prirent conscience de la nécessité de compléter les données dont disposèrent leurs gouvernements par une information corporatiste ; la même démarche anima Paul Wurth, dans les jours qui suivirent la fin de la Première Guerre mondiale, lorsqu'il entreprit d'organiser la Fédération des industriels luxembourgeois (Fedil)[70]. De tels groupes de pression ne cessèrent de prendre de l'influence en Europe depuis le milieu du XIXe siècle et le mouvement s'accéléra même après 1918, en raison de l'ascendant acquis par certaines personnalités du monde des affaires ; quelques-uns furent ainsi appelés à remplir des responsabilités gouvernementales. Ce poids sur la politique étrangère de la France, de la Belgique et de l'Allemagne dépendit néanmoins de deux autres facteurs en plus de leur entregent au niveau politique : leur cohérence interne et leurs moyens d'information[71]. Deux éléments qui manquèrent aux sidérurgistes allemands.

En France et en Belgique, ces groupes de pression furent les acteurs de la politique sidérurgique, sinon industrielle, des quatre pays entre 1911 et 1940. Plus précisément, ils commandèrent aux choix de reconstruction des économies sinistrées par quatre années de guerre et à l'accélération de la mondialisation de l'économie, alors que se posèrent les questions du statut international du Luxembourg (1919), de la reconstruction de la Belgique et de l'intégration de la Lorraine au territoire national français (1918–1926), du retour de l'Allemagne dans le concert métallurgique européen (1918–1926), de la montée du protectionnisme suite à la crise (1930–1935)... On ne put vraiment comprendre la vigueur des attaques du Groupement des hauts-fourneaux et aciéries

70 Sur cette histoire, cf. Paul Margue, Georges Als, Gilbert Trausch, *FEDIL: 1918–1993 : plaquette éditée à l'occasion du 75e anniversaire de la Fédération des industriels luxembourgeois*, Luxembourg, Fédération des industriels luxembourgeois, [1993].

71 William James Millard Mackenzie, « Pressure Group : The Conceptual Framework », *Political Studies*, 3, 3, octobre 1955, p. 247–255.

belges contre la sidérurgie luxembourgeoise, dès la rentrée du Comité central industriel du 20 novembre 1918[72], sans la replacer dans le triple contexte d'une Belgique qui, « *"Nation-Martyre de la Barbarie teutonne", (...) se représent*[ait] *bientôt comme la victime des appétits alliés* »[73] et, dans le même temps, imagina recouvrer le Luxembourg, détaché de la « patrie » en 1839, tout en menant une reconstruction de son industrie nationale sinistrée. Cette incohérence politique du patronat sidérurgique belge, à laquelle se rajouta l'antagonisme entre les bassins de Liège et Charleroi, expliqua le choix d'une position chicanière dans les négociations commerciales avec le Luxembourg, mais surtout condamna à l'impossibilité le projet de trust sidérurgique défendu par Gustave Trasenster et Jean Jadot[74] ; les aciéristes belges s'opposèrent pareillement à l'Union économique belgo-luxembourgeoise, arguant qu'elle mît en péril une des industries « *les plus vitales et les plus indispensables du pays* »[75]. De même, on ne put imaginer les raisons du retrait français dès le 9 juin 1917 sans y lire les oppositions du Comité des forges, déjà effrayé par la perspective de devoir intégrer les capacités de production mosellane sans être en mesure de la transformer[76]. Celui-ci ne fut pas plus uni que ses homologues belges. Ainsi, la traditionnelle mésentente entre Eugène Schneider et François de Wendel, autour du contrôle de Joeuf et des charbonnages belges, amplifié de divergences politiques, ou entre ce dernier et Léon Lévy[77], conduisirent simplement au retrait des Wendel du capital des

72 AACA, P-XXIX (29), Notes et rapports, 1, 1914–1940, Déclaration, sans lieu ni date [certainement novembre 1919].

73 Axel Tixhon, Laurence van Ypersele, « Célébrations de novembre 1918 dans le royaume de Belgique », *Vingtième Siècle. Revue d'histoire*, 2000, 67, 67, p. 64.

74 AGR/SG, Secrétariat général, Portefeuille (Sg-P), 478, Projet de trust des aciéries belges, s.d. Contrairement à l'opinion admise [cf. *Ibid.*, note d'Eugène Wittmeur à Jean Jadot du 16 octobre 1917], Jean Jadot n'aurait fait qu'apporter son soutien et s'en serait fait l'ardent promoteur auprès des autorités belges [cf. *L'Echo de la Bourse* du 13 juillet 1919], mais l'initiateur réel de ce projet était bel et bien Gustave Trasenster [René Brion, Jean-Louis Moreau, *La Société Générale de Belgique. 1822–1997*, Anvers, Fonds Mercator, 1998, p. 500 n. 40].

75 *Ibid.*, Portefeuille, 476, lettre à Henri Carton de Wiart du 23 septembre 1921.

76 Archives François Bourdon, Le Creusot (AFB), SS 0110-02, 1. Notes préliminaires, Commission du traité de paix du Comité des forges, lettre du Comité des forges à ses adhérents des 18 septembre et 4 novembre 1915, réponses d'Humbert de Wendel (21 octobre), d'Alexandre Dreux (septembre et décembre 1915). Cf. aussi Georges-Henri Soutou, *L'Or et le Sang. Les buts de guerre économiques de la Première Guerre mondiale*, Paris, Fayard, 1985, p. 180–188.

77 Cf. Jean-Noël Jeanneney, *François de Wendel en République. L'argent et le pouvoir. 1914–1940*, Paris, Seuil, 1976, p. 143.

Sociétés métallurgique et minière des Terres Rouges à l'été 1925[78]. Cette intrusion des milieux d'affaires français et belges dans les relations internationales passa aussi par des actions plus mesquines, comme demander le déplacement d'un diplomate gênant[79] ou faire nommer un collaborateur à une mission officielle pour mener une mission de renseignement commercial[80].

En plus de leur accès aux sources d'information gouvernementales, ces instances patronales eurent également pour mission d'en tirer la substance utile, technologique et commerciale, au profit de leurs adhérents. Toutes ne furent pas en mesure, pour des raisons de masse critique ou d'entregent, comme Schneider ou Wendel dans la sidérurgie française, ou Ougrée et Cockerill en Belgique, d'assurer cette mission. Ces groupes seuls eurent la possibilité, essentiellement financière, de nouer des contacts avec des entreprises alliées, au besoin en y dépêchant des ingénieurs en visite, et de recouper les informations qui leur parvinrent de différents canaux ; fabricants du matériel militaire, ils disposèrent en outre des moyens de renseignement du ministère de la Guerre. Ainsi, le 12 février 1919, le capitaine David Henri Wolkowitsch fut-il « *mis à la disposition de la Compagnie des Forges et Aciéries de la Marine à Homécourt* ». Théodore Laurent réussit pourtant à le faire affecter à la Section économique d'Aix-la-Chapelle alors qu'il le mît en congé illimité le 15 février et démobilisé le 8 avril suivant[81]. En fait, l'officier servit d'agent de renseignement de Théodore Laurent auprès d'Hugo Stinnes et d'Heinrich Vehling dans son opération, conjointe avec Jean Jadot, de reprise des biens de la Deutsche-Luxemburgische Bergwerks-und Hütten A.-G. Sa présence en Allemagne ne put qu'être due à une ultime décision de Gabriel Maugas, juste avant d'être lui-même démobilisé après le 29 avril 1919. La mission

78 Cf. ANLux, Arbed-09-Pr.21/2, lettre de Gaston Barbanson à Jules Aubrun du 13 juin 1925.

79 Cf. les tentatives de Wendel « *de faire sauter M. Mollard qu'ils détestent* » [ASPFAE, B1, 1918–1925, lettre d'Humbert de Laubespin à Henri Jaspar du 12 avril 1923].

80 Cf. en décembre 1918 les projets de mission en Lorraine et au Luxembourg de Schneider & Cie. L'ingénieur Edouard Divary avait été proposé par le directeur de la métallurgie de l'entreprise, le lieutenant Henri Coqueugnot, en raison de ses « *bonnes relations personnelles* » avec le commandant Georges Hausser, de la mission française à Londres ; les deux hommes avaient travaillé sur une mission d'expertise commune peu avant. Coqueugnot avait aussi suggéré que Divary fût nommé, si la première solution ne portait pas ses fruits, « *conseiller technique du ministère de la Reconstitution nationale* » [AFB, 01G005-B-01, Note du département de la métallurgie pour la direction générale du 16 décembre 1918, f. 1–2].

81 SHD/DAT, 6 Ye 35665. Cette affectation ne figurait pas au dossier de cet officier.

fut à ce point cachée aux autorités militaires françaises que Wolkowitsch utilisât les ressources télégraphiques de l'armée d'occupation belge[82].

Le circuit de l'information chez Schneider & Cie (1914–1940)

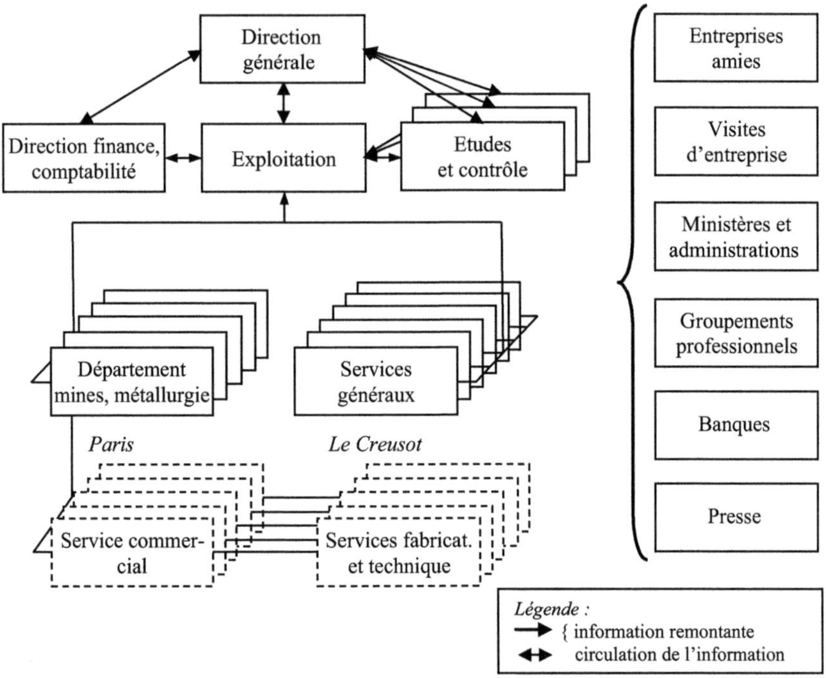

Si Schneider & Cie disposa des mêmes avantages, elle ne sembla pas en avoir eu besoin, les réseaux de l'Arbed en Allemagne s'avérant plus complets que ceux de la Société générale de Belgique ou de la Marine à Homécourt. Ainsi le Creusot découvrit-il, presque par hasard, au printemps 1914 seulement, l'Arbed. S'occupant de la transformation des industries personnelles de « *MM. Coppée, Père et fils* » en société en commandite simple, dans le cadre de leur observation de la Banque de Bruxelles, sa direction déléguée financière l'évoqua pour la première fois[83] ; l'arrivée à Paris, un an plus tard, du sous-lieutenant auxiliaire d'administration Barbanson fit la suite… D'autres directions déléguées, dont celles de l'exploitation, qui couvrit les cinq départements productifs (comme celui des mines

82 Cf. son télégramme à Théodore Laurent du 25 mai 1919 [ANLux, Arbed-01-2162].

83 *Ibid.*, 187 AQ 072/09, note confidentielle du 6 avril 1914.

et de la métallurgie), et d'études et de contrôle, véritable cellule de renseignement faisant de la comptabilité industrielle et analytique, suivirent, entre autres, l'actualité sidérurgique luxembourgeoise[84]. Les données journalistiques furent les principales, résultat d'une veille informelle. A partir du moment où la direction générale, c'est-à-dire Eugène Schneider, commença à s'intéresser aux domaines allemands en Luxembourg, pas avant la fin décembre 1918, d'autres sources, humaines celles-là, furent activées. Le processus décisionnaire de la firme du Creusot se composa hebdomadairement d'une réunion des six directeurs délégués, auxquels purent se joindre les responsables de départements concernés par les débats. Toute décision se prit sur la base d'une étude préalable[85].

Mais ces capacités de renseignement des industries furent encore rares. André François-Poncet, directeur du service de documentation de l'Union des industries métallurgiques et minières dans l'entre-deux-guerres, rappela que « *même les plus grosses industries n'avaient pas de bureau d'information. Elles avaient peu de contact avec le monde extérieur* ». Aussi, leur analyse, même à partir de sources ouvertes, comme la presse, prit une valeur économique certaine et des sociétés d'études se proposèrent « *de suppléer leur carence et de leur procurer des moyens d'y remédier* »[86]. Celles développées par les associations patronales publièrent leurs résultats dans des bulletins distribués aux seuls adhérents, dès 1898 pour celui du Comité central industriel belge, en 1904 pour le Comité des forges français ; celui de la Fedil, sous forme d'un journal hebdomadaire accessible à tous, parut immédiatement après la constitution de l'organisation.

A la même époque que les associations patronales se développèrent des agences de renseignements commerciaux, comme la Sûreté commerciale à Paris (1857), Wys-Müller & Cie à Amsterdam (1862) ou l'Auskunftei W. Schimmelpfeng à Berlin (1872). Parmi les plus sérieuses, ces deux dernières s'internationalisèrent avant la Première Guerre mondiale, tandis que d'autres naquirent et disparurent tout aussi rapidement dans toute l'Europe. La Schimmelpfeng conclut un accord de représentation avec la firme américaine Bradstreet dès 1897[87]. Ces agences de renseignements commerciaux furent liées à l'activité de crédit des banques, mais

84 D'après Fujimura Daijiro, « Schneider et Cie et son plan d'organisation administrative de 1913 : analyse et interprétation », *Histoire, économie et société*, 10/2, 1991, p. 269–276.

85 Règlement général du 24 juillet 1913, *Ibid.*, p. 273.

86 André François-Poncet, « Emile Mireaux (1885–1969) », *Annuaire de l'Association amicale des anciens élèves de l'ENS*, 1971, p. 32–41.

87 SHD/DAT, 7 NN 2175, note de la Section de contrôle du renseignement aux Affaires étrangères du 10 février 1921.

elles profitèrent également de l'internationalisation des échanges commerciaux pour s'occuper de renseignement à destination des entreprises. Les banques étant peu développées au Grand-Duché avant l'entre-deux-guerres, il ne fut pas étonnant de ne pas voir de telles sociétés y opérer. On nota néanmoins trois entreprises de la sorte, dont il fut impossible de connaître l'activité et les intentions réelles, mais dont la localisation montra qu'elles travaillèrent pour l'industrie sidérurgique ; notons simplement que les deux premières furent Allemandes[88]...

Le 10 novembre 1911, un Allemand installé à Esch-sur-Alzette, Wilhelm Werré, déclara la création d'un bureau de commerce, de recouvrement de crédit et de crédit international à Rumelange[89]. La liaison avec les emprises de la Deutsche-Luxemburgische Bergwerks-und Hütten A.-G. et de la Rümelinger-St. Ingberter Hochöfen- und Stahlwerk Aktiengesellschaft qui nouèrent une communauté d'intérêt cinq mois plus tôt[90], sembla avérée puisque le 30 juillet 1919, Werré transféra ses activités à Luxembourg-Gare, où il ouvrit une banque de change[91]. Même chose avec le bureau de renseignement industriel, d'assurance et économique de Pierre Schmit, domicilié au Café du Commerce de Dudelange le 29 janvier 1910[92] ; peut-être eut-il entendu parler en ville des projets de fusion autour des forges du clan Metz ? Enfin, le 31 décembre 1912, Anne Hilbert, veuve de Mathias Thill, professeur à l'école industrielle et commerciale de Luxembourg, ouvrit un bureau de renseignements commerciaux à Merl ; son activité fut reprise le 7 juillet 1916 par son fils, Jean Thill[93]. Ces emplois ne semblèrent pas avoir survécu à la Première Guerre mondiale, mais firent encore des émules dans l'entre-deux-guerres, comme le 15 février 1930 la banque et bureau de voyages de Georg Wilhelm Kappler-Kiewitsch[94] ; toutefois, cette entreprise devint, entre 1935 et 1940, un outil de la légation allemande au service de la propagande

---

88 Sur les ressorts de l'espionnage économique allemands avant-guerre, cf. les travaux de Henri Hauser, *Les méthodes allemandes d'expansion économique*, Paris, Armand Colin, 1915 ; de Léon Daudet, *L'avant-guerre. Etudes et documents sur l'espionnage juif-allemand en France depuis l'affaire Dreyfus*, Paris, Nouvelle librairie nationale, 1915.

89 *Mémorial du Grand-Duché de Luxembourg*, 80, 9 décembre 1911.

90 André de Muyser, *L'industrie sidérurgique luxembourgeoise. Histoire de sa concentration*, Bruxelles, 1926, p. 26–30.

91 *Mémorial du Grand-Duché de Luxembourg*, 49, 19 juillet 1920.

92 *Ibid.*, 14, 26 mars 1910.

93 *Ibid.*, 3, 12 janvier 1912, et 63 du 21 août 1916.

94 *Ibid.*, 8, 22 février 1930.

culturelle du *Reich*, au moyen de voyages organisés, plutôt que d'échange d'information sur la sidérurgie, et encore moins sur l'économie luxembourgeoise.

Un autre métier se développa à la même époque que ces agences de renseignements commerciaux : l'ingénieur consultant ou conseil. Institution typiquement britannique, il apparut sur le continent dans la deuxième moitié du XIXe siècle, mais ce fut dans l'entre-deux-guerres que « *l'évolution de l'industrie rend*[it] *plus en plus nécessaire et indispensable* » son emploi[95]. Il s'agissait d'un technicien « *qui fut enclin à concevoir tout projet comme si l'industriel fut un tailleur sur mesure travaillant dans le métal* »[96]. Dans le domaine de la sidérurgie, il s'agissait souvent d'ingénieurs civils et militaires, le passage entre les deux statuts semblant assez aisé. Joseph-Emile Petitjean en fut l'illustration. Après un passage à l'état-major de la Marine (1906–1911), il entra comme employé supérieur, comme le laisse entendre la mention « *+ 6000* » francs annuels en regard de son nom et ses fonctions au sein du service commercial du département des constructions navales (1911–1913) ; comme ingénieur, il en fut le chef jusqu'à sa démission le 16 mars 1913[97]. Mobilisé comme ingénieur de réserve et affecté à Toulon à la déclaration de guerre, il retourna chez Schneider en mai 1915 sur une fonction indéterminée au département des mines et métallurgie[98]. Dès le printemps 1919, il fut nommé fondé de pouvoir du « Syndicat de l'Alzette », structure montée par Schneider & Cie pour prendre possession des emprises françaises de la Gelsenkirchener[99]. Nommé directeur de la Société métallurgique des Terres Rouges[100], il fut chargé par la Société minière éponyme de « *poursuivre* (…) *la fusion* (…) *des concessions de minerais de fer, situées en Lorraine désannexée, en tenant compte du contrat passé par Gelsenkirchener avec Angleur* »[101].

95 Société des ingénieurs civils de France, *Mémoires de la Société des ingénieurs civils de France*, Paris, Hôtel de la Société, 1936, p. 690.

96 David Landes, *L'Europe technicienne*, Paris, Gallimard, 1975, p. 433.

97 AFB, 64 Z 3525. La carrière de ce polytechnicien, passé par l'Ecole d'application du Génie maritime, recèle toujours nombre de zones d'ombre. Le département de la Marine (DM) du Service historique de la Défense, à Vincennes, ne conserve pas la trace de ses fonctions à l'arsenal de Toulon (1900–1906). Pareillement, les AFB ne peuvent fournir que des données incomplètes et, étrangement, pas de dossier personnel malgré la côte affectée (3967) par le Registre des employés.

98 *Ibid.*, A 36, conférence d'exploitation du 24 mai 1915.

99 *Le Lorrain* du 17 avril 1919.

100 *Mémorial du Grand-Duché de Luxembourg*, 51, 19 juillet 1920.

101 Archives privées, *op. cit.*, délibération du conseil d'administration de la Société minière des Terres Rouges du 6 décembre 1919, f. 3.

Cette poursuite l'amena à quitter la Société métallurgique des Terres Rouges, à prendre le prénom de Paul. Sur la proposition d'Ernest Mercier, camarade de promotion de Polytechnique et des arsenaux de Toulon, spécialisé en électricité, représentant Louis Loucheur dans les entreprises allemandes dépendant du contrôle militaire, il passa au service de la Société alsacienne et lorraine d'électricité (Salec). L'objectif de Mercier fut de permettre l'implantation en Sarre de cette entreprise française. Le 15 juillet 1921, soit un an et demi après avoir quitté définitivement l'influence de l'Arbed et de Schneider & Cie, il permit à la Salec de remplacer l'AEG au sein du capital de la Vereinigte Saar-Elektrizitäts A.-G. Peu après, il laissa la direction de l'entreprise à Alexandre Laucagne, directeur de la centrale électrique de la Houve, S.A. des mines et de l'électricité de Creutzwald[102]. En janvier 1927, Petitjean succéda à Louis Mercier, décédé, à la présidence de la Société des aciéries de France, dont il accompagna l'absorption par la Compagnie des forges de Chatillon-Commentry et Neuves-Maisons deux ans plus tard[103]. Il prit ensuite la direction des Ateliers et chantiers de la Saint-Nazaire, où il resta jusqu'en 1955[104]. Proche de René Fould, qui appartenait à l'orbite d'Alexandre Dreux, il fut aussi administrateur de nombreuses sociétés, dont la Société anonyme pour tous appareillages mécaniques (Satam) ou l'Omnium pétrolifère du Nord et de l'Est[105].

Quatre Luxembourgeois présentèrent le même profil. Deux firent une carrière internationale avant la guerre, Auguste Michaëlis, comme directeur du Lothringisch-Luxemburgisches Kontor für den Verkauf von Roheisen (Comptoir de vente de fonte brute de Lorraine-Luxembourg), dissous en 1909, et Bernard Clasen, directeur de la représentation du Stahlwerksverband à Londres jusqu'à la déclaration de guerre. Tous deux retournèrent ensuite au Grand-Duché, et connurent un destin différent. Si son occupation des années 1910–1915 restèrent inconnues, Michaëlis fut employé en juin 1915 par le ministre d'Etat Paul Eyschen afin d'organiser « *les exportations de fonte de fer que* [le Luxembourg] *fais*[ait] *dans les*

---

102 Thomas Herzig, *Geschichte der Elektrizitätsversorgung des Saarlandes unter besonderer Berücksichtigung der Vereinigten Saar-Elektrizitäts-AG: ein Beitrag zur Wirtschaftsgeschichte des Saarlandes*, Sarrebruck, Saarbrücker Druckerei u. Verl., 1987, p. 173.

103 Centre des archives du monde du travail (Roubaix), 175 AQ 193.

104 Jacques Fiérain, « La construction navale », *Enquêtes et documents du Centre de recherches sur l'histoire du monde atlantique*, 8, 1984, p. 71–76.

105 *Le Journal des finances*, 1920–1940, *passim*. Il est décédé en mai 1980, à l'âge de 104 ans [Archives départementales de la Saône-et-Loire, 5 E 270, Mâcon, 256, acte de naissance 349 du 28 septembre 1876].

pays neutres tels que la Hollande, la Suisse, le Danemark, etc. »[106], avant de profiter d'un séjour en Suisse pour gagner Paris et un emploi chez Schneider & Cie, où il attendit d'être « *réclamé par un des Comptoirs, pour une situation importante à l'étranger* »[107]. Clasen eut une existence moins chaotique, puisqu'il fût juge-suppléant du tribunal d'arrondissement de Luxembourg[108]. Ces deux hommes furent intégrés à la fin de la guerre aux effectifs de l'Arbed, où ils mirent en place le service commercial. Clasen repartit ensuite vers la Grande-Bretagne, obtenant l'exequatur de consul général honoraire du Grand-Duché le 30 août 1929[109]. Michaëlis attendit, lui, à la direction générale l'automne 1926 et la mise en œuvre de l'Entente internationale de l'acier. Les deux autres « ingénieurs conseil » n'eurent rien à voir avec la sidérurgie, l'un étant l'ancien secrétaire de la Commission permanente de statistique du Grand-Duché (1908–1914)[110], André Widung, expulsé fin 1917-début 1918 de Rome où il dirigea le service statistique de l'Institut international d'agriculture[111], et l'autre un ancien professeur des Handelsakademien (académies commerciales — établissement d'enseignement supérieur spécialisé) de Saint-Gall, Berlin, Mannheim et Francfort, Albert Calmes ; accompagnant Emile Mayrisch dans ses activités internationales, il fut chargé par le Comité

---

106 Lettre d'Auguste Michaëlis à « [s]*on cher ami* » Philippe Berthelot du 20 septembre 1915, *in* Jean-Claude Montant, *Documents diplomatiques français. 1914–1919*, 3/2, Bruxelles, PIE-P. Lang, 2003, p. 281–282. Envoyé en Suisse par le ministre d'Etat Paul Eyschen, il devait contacter Norbert Le Gallais, consul de Grande-Bretagne à Luxembourg, réfugié à Lausanne-Ouchy depuis février 1915 et lui demander de s'entremettre avec Londres [Gilbert Trausch, « La stratégie du faible. Le Luxembourg pendant la Première guerre mondiale », Gilbert Trausch (dir.), *Le rôle et la place des petits pays en Europe au XXe siècle*, Baden-Baden/Bruxelles, Nomos/Bruylant, p. 85]. Parti le 2 septembre de Luxembourg, Michaëlis s'acquitta de sa mission six jours plus tard et retourna à ses occupations au moins jusqu'en octobre 1915. En septembre 1916, il était mêlé à une opération belge de déstabilisation de la Grande-Duchesse Marie-Adélaïde [Archives générale du Royaume, Bruxelles (AGR), Fonds Broqueville, 43, lettre de Gaston Barbanson à Charles de Broqueville du 20 juin 1916].

107 AFB, 01G005-B-01, Note du département de la métallurgie pour la direction générale du 16 décembre 1918, f. 1.

108 *Mémorial du Grand-Duché de Luxembourg*, 75 du 16 décembre 1909, p. 1093. Il ne démissionna que le 2 juin 1919 [*Ibid.*, 39 du 6 juin 1919, p. 616].

109 *Ibid.* 52 du 12 octobre 1929, p. 921 ; *London Gazette* du 25 octobre 1929, p. 6764.

110 Georges Als, *op. cit.*, p. 38.

111 *International Institute of Agriculture. Its organization, its work, its result*, Rome, 1914, p. 26 ; National Archief, La Haye, 2.05.26, 1208, médiation de la légation hollandaise à Rome de 1920–1921.

financier de la Société des Nations d'une étude sur la candidature albanaise[112], qui lui valut d'être nommé consul général *ad honorum* de ce pays à Luxembourg[113].

Les ingénieurs furent aussi les acteurs de ces voyages d'affaire qui offraient aussi une occasion de s'instruire des méthodes des autres, tant sur le plan industriel que commercial. Ils permirent également d'élargir son réseau professionnel, mais également de recruter des ingénieurs « correspondants », qui furent autant des agents commerciaux rémunérés au pourcentage que des informateurs privilégiés sur les évolutions techniques éventuelles. Ce qui pouvait apparaître comme une modernité, voire une course au progrès, ne fut en fait qu'une réponse à la dépression économique, à la contraction des marchés. La modernisation des hauts-fourneaux de Dudelange fut un exemple de l'utilité de ces voyages. L'initiative de cette transformation résultât du voyage de l'ingénieur Léopold Bouvier, du directeur de l'usine de Dudelange, Arthur Kipgen, et d'Heinrich Vehling, directeur technique de la Gelsenkirchener reconverti en ingénieur-conseil du groupe Arbed-Terres Rouges, aux Etats-Unis en mars et avril 1923, puis en juillet et août 1924[114]. Mais elle devint ensuite l'occasion de visites des partenaires économiques comme des concurrents. Les équipes du Creusot, dirigées par Ernest Mercier, vinrent en 1924[115], 1925[116], 1926[117], 1929[118] et 1931[119]. Pont-à-Mousson y dépêcha, le 28 avril 1929, Marcel Paul-Cavallier, son directeur général et président, qui se déclara « *bien ébranlé et je crois que la formule de Dudelange est finalement plus intéressante que celle de Hadir et Rombas*[120]. » Combien même il jugea « *l'expérience faite par Dudelange (…) un peu audacieuse* », il estima que

---

112 Albert Calmes, *La Société des nations et l'Albanie. Rapport adressé à la Société des nations sur la situation économique et financière de l'Albanie à la fin de 1922, précédé d'une introduction par M. d'Estournelles de Constant*, Genève, Centre européen de la Dotation Carnegie, 1922) et *The Economic and Financial Situation of Albania. Annex to the Report presented to the Council by the Financial Commission of the Provisional Economic and Financial Committee on its Eight Session*, Genève, Impr. A. Kundig, 1922.

113 *Mémorial du Grand-Duché de Luxembourg*, 55 du 26 octobre 1923, p. 617.

114 ANLux, AC-CI-78/1et 2 et 79 ; AN, 01G0022-10.

115 Archives François Bourdon, Le Creusot (AFB), 01G0075-B-490.

116 *Ibid.*, 01G0078-B-701bis.

117 *Ibid.*, 01G0076-B-587 et 01G0077-B-627.

118 *Ibid.*, 01G0082-B-846.

119 *Ibid.*, 01G0087-A-1171 et 01G0087-A-1173.

120 Archives Saint-Gobain/Pont-à-Mousson (PAM), Blois, 41661, lettre à Colas, 29 avril 1929.

cette solution devait être tentée à Rombas[121]. Le 23 décembre 1929, une équipe d'ingénieurs menée par le directeur de Hayange, Ferdinand Daussy, visite à son tour l'usine de Dudelange[122].

D'autres emprises de l'Arbed reçurent en cette année 1929, la dernière avant l'enchaînement des crises, des visites d'affaire. Le 7 juillet, un article de *L'Alsace française* attira l'attention sur l'usine de Belval, l'« *une des plus remarquables d'Europe* »[123]. Puis, le 22 novembre 1930, une étude de Pont-à-Mousson vit dans « *l'Arbed (...) une très belle affaire, très puissante et qui inspire beaucoup de confiance. Dans la balance, les facteurs favorables l'emportent très nettement sur les autres*[124]. » Quatre ans plus tard, de retour d'une nouvelle visite dans les domaines de l'Arbed, Marcel Paul-Cavallier revint émerveillé de son effort pour « *rationaliser, coordonner, harmoniser les fabrications de produits finis* »[125].

Guerre économique et mobilisation industrielle

L'après-guerre ouvrit une nouvelle ère dans la recherche d'information des Etats et des entreprises. Le blocus, auquel les Alliés soumirent, non seulement l'Allemagne, mais l'Europe entière, imposa une reconstruction des circuits commerciaux internationaux et des économies nationales. Tous les moyens disponibles furent orientés dans cette direction dès les premiers mois du conflit. A partir de 1915, des intérêts privés — le Belge Emile Waxweiler, directeur de l'Institut de sociologie Solvay réfugié à Londres, et auquel fut affecté le sous-lieutenant auxiliaire d'administration Gaston Barbanson, comme le Français Charles Laurent pour le Comité des forges[126] ou Walther Rathenau et l'ingénieur et essayiste économique Wichard von Moellendorff du côté allemand — cherchèrent à coordonner les efforts de « *relèvement économique et financier* »[127] à venir. La puissance publique accompagna ces initiatives de deux façons. Dans un premier temps, elle tenta d'adapter empiriquement les structures de production pour répondre à l'urgence opérationnelle, avant de rationaliser progressivement l'organisation et les

---

121 *Ibid*, lettre à Théodore Laurent, 2 mai 1929.

122 AN, 189 AQ 133, Visite Dudelange.

123 Marcel Koch, « La métallurgie luxembourgeoise », *L'Alsace française*, 7 juillet 1929, p. 592–593.

124 PAM, 41664, Etude réalisée par R. Godala, 22 novembre 1930.

125 *Ibid.*, lettre à Henri Cavallier, 1er décembre 1934, avec copies à Jean Cavallier, A. Grandpierre, Roger, Walewski et Didier.

126 Cf. AN, F^{12} 8029, Association centrale pour la reprise de l'activité industrielle dans les régions envahies.

127 *L'Etoile*, 3 août 1916.

moyens. Les Allemands en furent les précurseurs, établissant, dès le 13 août 1914, un KriegsRohstoffAbteilung, au Preußisches Kriegsministerium ; cet organisme fut d'abord confié à Rathenau puis, le 1er avril 1915, au *Major* Joseph Koeth[128]. Côté allié, en France, une section de Contrôle fut créée près le cabinet du ministre de la Guerre le 10 janvier 1915[129], avant d'être rebaptisée section économique du Deuxième bureau de l'état-major général des Armées à l'occasion de changement d'organigramme[130], où fut affecté le capitaine de réserve Frédéric François-Marsal ; cette dernière dut naturellement faire face à la froide hostilité des Affaires étrangères[131]. Un Comité d'étude, installé par la présidence du Conseil[132], fut établi en février 1917. Côté belge, un Comité d'enquête économique du gouvernement belge fut plus simplement lancé en juin 1915, sous la direction de Waxweiler, et un Bureau d'études économiques annexé à la Sûreté militaire belge[133]. Au niveau interallié, une Commission économique compléta cet édifice économique.

La libération du Grand-Duché de Luxembourg fut précédée d'une poussée d'intérêt des services de renseignement dès le printemps 1917. Jusque-là, ils se limitèrent à des analyses des résultats des bombardements[134]. Le 25 mai, la section économique publia une « note sur les bassins ferrifères lorrains et luxembourgeois ». Elle fut suivie le 19 novembre par la présentation devant le Comité d'étude[135] des travaux du Pr. Lucien Gallois sur l'*Industrie métallurgique du*

---

128 Gerald D. Feldman, *Army, Industry and Labour in Germany, 1914–1918*, Princeton University Press, 1966, p. 45–51.

129 Emmanuelle Braud, « Le renseignement économique militaire en France à partir de 1916. Impératifs stratégiques et économie de guerre », *Revue historique des armées*, 242, 2006, p. 84–93.

130 SHD/DAT, 7 N 884, note, 7 février 1917.

131 *Ibid.*, note du bureau des théâtres extérieurs, « La question du Blocus » du 26 février 1917.

132 Sur cet organe de réflexion scientifique, cf. Olivier Lowczyk, « Le général Bourgeois, un militaire imposé ? L'influence de l'état-major français sur le Comité d'études en 1917 », *Guerres mondiales et conflits contemporains*, 229, 2008/1, p. 5–19.

133 Hans Vanden Bosch, Michaël Amara, Vanessa D'Hoogue, *Guide des sources de la Première Guerre Mondiale en Belgique*, Bruxelles, Archives générales du Royaume, 2010, p. 142. Ce fond n'est pas ouvert à la recherche.

134 Cf. Gérald Arboit, « Dans les soubresauts de la Grande Guerre : Bombardements, renseignement et affairisme au Luxembourg », Charles Barthel/Josée Kirps, *Terres Rouges. Histoire de la sidérurgie luxembourgeoise*, 1, 2009, p. 96–123.

135 Sur cet organe de réflexion scientifique, cf. Olivier Lowczyk, « Le général Bourgeois, un militaire imposé ? L'influence de l'état-major français sur le Comité d'études en 1917 », *Guerres mondiales et conflits contemporains*, 229, 2008/1, p. 5–19.

Luxembourg, éditée début 1918[136]. Enfin, le Service géographique de l'état-major publia confidentiellement les notices particulières des mines et usines luxembourgeoises dans *Les richesses minières et métallurgiques de la région entre Meuse et Rhin*[137]. Par l'entremise de François-Marsal, qu'il ne quittait plus, Barbanson apprit l'existence de ce volume. Le 26 avril 1918, il écrivit une lettre personnelle à son ami Orts, au ministère belge des Affaires étrangères, pour qu'il en fît une demande officielle pour deux exemplaires, dont l'un « *pour* [s]*on usage personnel* »[138].

Avec la fin des hostilités, le 11 novembre 1918, l'intérêt économique pour le Grand-Duché et son industrie se fit plus fort. Le Grand quartier-général du maréchal Foch qui s'installa onze jours plus tard à Luxembourg se dota d'une section économique, confiée à l'ingénieur général de la marine, Gabriel Maugas. Sa mission fut étroitement liée avec l'information économique, puisqu'elle dût contrôler les industries liées à l'armement et, au passage, saisir les secrets de fabrication allemands, qui jouissaient dans les imaginaires communs d'une grande valeur. Le service fut activé par des polytechniciens, des ingénieurs des arsenaux, des administrations de l'Etat ou d'entreprises privées, tous officiers de réserve non-encore démobilisés. Ce réseau d'information, d'action et de coopération économique fut le pendant de celui, politique, développé par l'ancien grand administrateur du territoire de Haute-Alsace libérée, le maître de requêtes au Conseil d'Etat, Paul Tirard. Il se décomposa en deux bureaux, l'un industriel et l'autre commercial ; ils furent respectivement confiés aux capitaines Ernest Edouard Beltremieux[139], ingénieur des Ponts et Chaussées dans le civil, puis Gustave Paul Clermont[140], et au lieutenant Jean Gueuning. Leur champ de compétence s'inscrivit dans les limites du Grand-Duché, une section économique parallèle couvrit l'espace rhénan occupé. Dès août 1919, avec la dissolution de la section économique de l'état-major[141], ce personnel économique du Grand quartier-général de Luxembourg fut placé en congé sans solde et affecté au ministère du Commerce et de

---

136 SHD/DAT, 7 N 3587 ; AMAE, Z, Europe, 1918–1940, Luxembourg, 29. A noter qu'il n'en fût remis qu'un exemplaire par le Service de renseignement aux Armées à la 4e division de cavalerie, sous couvert de la Xe Armée, qui opérait dans la région que le 21 janvier 1919 [SHD/DAT, 16 N 1215]…

137 AN, AJ^{30} 214.

138 ASPFAE, B1, 1916–1918.

139 SHD/DAT, 6 Ye 60447.

140 *Ibid.*, 6 Ye 30568.

141 *Ibid.*, 7 N 2485, note de la Section économique au sujet de sa transformation pour le temps de paix, non signée [22 août 1919].

l'Industrie[142]. Il poursuivit sa mission en liaison avec le Contrôle général de l'administration des territoires rhénans, confié à Tirard le 22 décembre 1918, qui lui fournit du renseignement sur l'Allemagne[143]. Au niveau interallié, un Comité économique fonctionna jusqu'au 11 avril 1919. Il fut présidé par Maugas[144] ; le 21 mars 1919, ce dernier accueillit Paul Wurth, qui venait *« d'être désigné par le Gouvernement luxembourgeois comme délégué »*[145].

Son objet ne fut pas de faire une enquête de la situation dans l'espace lotharingien et rhénan, mais de coordonner sa remise en route après les dysfonctionnements induits par le conflit. Bien que son information vînt du Deuxième bureau français, notamment cette nomenclature par villes et usines métallurgiques des pays de la rive gauche de Rhin[146] que Barbanson fit demander par son service diplomatique, les militaires français, britanniques et belges jouèrent de leurs appareils de renseignement. Les Belges coordonnèrent ainsi leur propagande en faveur du rattachement du Grand-Duché au Royaume. D'une façon plus générale, comme il s'agissait de remettre en route les économies de la Prusse rhénane, du Palatinat bavarois et du Luxembourg, les données que recherchèrent les militaires touchèrent plutôt les chemins de fer (état, connexions, circulation) et les moyens de nouer des relations économiques entre ces différentes zones et, au-delà, avec leurs propres pays[147]. Cette question ferroviaire préoccupa encore

142 Cf. le cas du capitaine de réserve du Génie David Wolkowitsch, ingénieur dans le civil, réclamé le 27 janvier 1919 par le ministère de la Reconstitution nationale, pour son Service industriel de l'Alsace et Lorraine et des Pays Rhénans, mais mis à la disposition de la Compagnie des Forges et Aciéries de la Marine à Homécourt [SHD/DAT, 6 Ye 35665].

143 Cf. la lettre d'offre de service du lieutenant Jacques Ladreit de Lacharrière au directeur de l'Office national du commerce extérieur du 14 novembre 1919 [AN, F^{12} 9755]. Cf. aussi *Ibid.*, AJ^{9} 2930, 5909/2, 5954/6 et 5973.

144 AN, AJ^{9} 2889.

145 *Ibid.* ; F^{12} 9755, Compte-rendu de la réunion du Comité économique interallié du 21 mars 1919, f. 1. Cf. aussi la lettre de Joseph Steichen à Emile Reuter du 11 mars 1919, proposant de choisir entre Emile Mayrisch et Paul Wurth ou à défaut « *un ingénieur qui soit en même temps un chef d'industrie important* » ; le second semblait le mieux placé, ayant rédigé une note sur la composition du Comité [ANLux, AE 466/2, f. 1253 ; la note de Wurth manque au dossier]. Michel Buchler, professeur à l'Ecole d'artisans de Luxembourg était son adjoint [*Mémorial du Grand-Duché de Luxembourg*, 48 du 19 juillet 1919, p. 770]. La section luxembourgeoise était dotée d'un budget de 30 000 francs sans conditions de période [*Ibid.*, 57 du 14 août 1920, p. 912 et 63 du 23 décembre 1924, p. 878].

146 AN, AJ^{9} 2894.

147 *Ibid.*, AJ^{9} 2930.

la section économique française de Coblence jusqu'en 1924[148]. Il s'agissait aussi pour eux d'éviter la prédation que le nouvel ordre qui se mettait en œuvre permettait.

Lors de la séance suivante du 25 mars 1919, le capitaine Lyndall Urwick[149], délégué britannique, s'alarma du « *grand nombre de visiteurs* » circulant dans le Grand-Duché, « *dont beaucoup ne s'y trouvent pas pour des raisons d'affaires* »[150]. Des employés des emprises sidérurgiques allemandes, à Differdange et à Esch-sur-Alzette, comme Karl Heimann-Kreuser, de la direction commerciale de la Deutsche-Luxemburgische Bergwerks-und Hütten A.-G.[151], furent approchés par les émissaires de groupes sidérurgiques européens ou américains soucieux de reprendre ces actifs. Mais le Britannique se fit surtout l'écho d'une crainte belge formulée dès Noël 1918. Contrairement aux Belges, les Français n'avaient pas encore rouvert leur légation, mais « *avaient envoyé des émissaires officieux dans les usines de Luxembourg dès le lendemain de l'armistice* »[152] ; fut particulièrement visée l'équipe de Schneider & Cie, guidée par l'ingénieur Edouard Divary et l'agent commercial luxembourgeois Auguste Michaëlis, qui arrivèrent à Luxembourg pour négocier une entente avec l'Arbed et se renseigner sur les affaires à prendre.

Les militaires français des contingents opérant dans la région s'occupèrent aussi d'affaires, au point que le général Mangin, commandant la Xe armée, dût prendre un ordre le leur interdisant[153]. Ils furent certainement alléchés par les promesses de fortunes contenues dans l'édition du 12 décembre du *Luxembourgeois*, quotidien de propagande belge, qui fit l'article sur les possessions métallurgiques luxembourgeoises, pointant les possessions allemandes et leurs « *rentes (...) très appréciables* ». De plus, la situation avançait vite : sept jours plus tard, Emile Reuter annonça le retrait de son pays du *Zollverein* pour la saint Etienne. Il fallut donc faire vite, d'autant que des bruits annonçaient déjà

---

148 *Ibid.*, AJ^9 6000.

149 NA, WO 339/9203. Cf. aussi John Trinkaus, « Urwick on the Business Academy. Management Consultant Lyndall Urwick », *Business Horizons*, 35, 5, septembre-octobre 1992, p. 25–29.

150 AN, *Ibid.*, Compte-rendu de la réunion du Comité économique interallié du 25 mars 1919, f. 7.

151 Cf. Charles Barthel, *Bras de fer*, *op. cit.*, p. 98.

152 ASPFAE, B1, lettre d'Albert de Bassompierre à Jules Brunet du 25 décembre 1918. Il tenait ses informations d'une note « urgente » de Gaston Barbasson du même jour [*Ibid.*, B12].

153 SHD/DAT, 16 N 1215, ordre 25138 du 13 février 1919.

qu'« *une convention, certainement une communauté d'intérêt* », sans pouvoir préciser s'il s'agissait « *d'une véritable association* », avait été conclue entre Schneider & Cie et l'Arbed[154]. Chaque fois, l'informateur belge fut le lieutenant Gaston Barbanson, dont la pauvreté des renseignements témoigna à la fois de son tiraillement entre ses tendances « grand belge » et ses fonctions au sein du groupe sidérurgique luxembourgeois. Son implication fut révélée par son absence de Luxembourg jusqu'en septembre 1919[155]. En outre, il disposait de ces relations au sein du département belge des Affaires étrangères qui lui permirent d'offrir des copies de documents et des informations confidentielles régulièrement, sûrement jusqu'au milieu des années 1920[156], mais très certainement également jusqu'à la déclaration de guerre[157]. Du 9 au 11 janvier[158], Achille Fournier, directeur général de Schneider & Cie, accompagné du capitaine de réserve d'Artillerie Jules Aubrun[159] et du lieutenant de réserve du Génie Henri Coqueugnot[160], tous deux affectés au Creusot par une note de service du ministre de

154 ASPFAE, B12, note de Pierre Orts du 8 janvier 1919.

155 Musée royal de l'armée et d'histoire militaire, Bruxelles (MRAHM), dossier personnel de Gaston Emile Jean Marie Victor Barbanson, 13736, Extrait de matricule du 1er avril 1924. Dans un courrier à son ministre du 26 février 1919, le prince de Ligne notait que « *le président du conseil d'administration s'établi*[ssait] *définitivement dans le Grand-Duché et bien des personnes* [lui avaient] *demandé comment il se faisait qu'il port*[ât] *encore l'uniforme belge* » [ASPFAE, B12]. Pourtant, le mardi 4 mars, puis de nouveau le dimanche 13 avril, Barbanson rencontrait à Bruxelles son ami Pierre Orts, secrétaire général du ministère belge des Affaires étrangères [*Ibid.*, Note de L. de Moreau et de Joseph de Ruelle du 9 avril 1919 ; AACA, AC-01722, note de Gaston Barbanson sur son entretien avec Pierre Orts du 4 mars 1919]. Le 6 août suivant, il écrivait à son ministre une lettre et portait comme adresse de réponse le domicile de sa mère, 1 rue Defacqz. Le ministère de la Défense nationale lui écrivait encore à cette adresse en août 1921 [MRAHM, *op. cit.*]...

156 Cf. la copie de sa lettre à Achille Fournier du 26 février 1919 faisait état des avancées des relations avec Schneider & Cie et avec le gouvernement français ou ses lettres à Pierre Orts des 17 avril et 26 juin 1919 ou Léon Nemry du 29 septembre 1920 [ASPFAE, B12].

157 Cf. la note de Fernand Van Langenhove, secrétaire général du ministère belge des Affaires étrangères, « sur l'approvisionnement de l'industrie sidérurgique belge en minerais français » du 7 mai 1930, se fondant pour partie « *d'après Barbanson* » [*Ibid.*].

158 AFB, 01G002-B-04, Voyage en Lorraine et Luxembourg, 23 janvier 1919.

159 SHD/DAT, 6 Ye 32226.

160 *Ibid.*, 6 Ye 15773 ; AN, LH/587/3.

la Guerre, vinrent rajouter de l'angoisse aux Belges. D'autant que ces Français revinrent jusqu'en août[161].

Aussi, pour se rassurer, les Belges cherchèrent-ils un soutien côté britannique, où l'on vit d'un tout aussi mauvais œil les avancées de Paris à Luxembourg. Après la dissolution du comité interallié, les militaires français restèrent en place, montant un bureau de propagande industrielle et commerciale, qui fonctionna d'avril à mai 1920[162]. Un contact fut donc aisément trouvé auprès de la légation de La Haye, où l'attaché commercial, sir Henry Oppenheimer[163], suivit aussi les questions grand-ducales et allemandes. Ce dernier identifia un ingénieur luxembourgeois, François Cox, recruté par le gouvernement néerlandais pour diriger les Koninklijke Nederlandsche Hoogovens en Staalfabriek à Ijmuiden à la veille de la guerre. Les Britanniques suivirent sa mission au Grand-Duché, mais le firent traiter par les Belges[164]. Comme le ministre des Affaires économiques, auquel il resta attaché jusqu'au 1er septembre 1919[165], le lieutenant Barbanson fut informé de la mission de renseignement et d'influence de Cox. Parmi ses contacts se trouva Eugène Ruppert, un ingénieur civil qui dirigea jusqu'en 1913 les aciéries de Hanyang en Chine et fit partie depuis le 1er décembre 1917 de la Commission d'étude des problèmes économiques posés par la guerre et ses conséquences éventuelles. Son « Aperçu sommaire de l'industrie métallurgique du Luxembourg » du 9 janvier 1919, conforme aux espoirs « grands belges »[166] fut transmis à Oppenheimer, qui y apporta son commentaire en le transmettant au Foreign Office de Londres[167]. Cette mission valut à Cox d'être frappé d'ostracisme par l'administration luxembourgeoise pendant tout l'entre-deux-guerres. De retour dans son pays dans les mois qui suivirent, associé à Ruppert, dans un bureau d'études techniques, son nom ne fut pas agréé par le Ministre d'Etat, bien qu'il fût présenté par le groupe informel des

161 AN, AJ^9 2911, rapports de visite de la Gelsenkirchener, de l'ARBED de janvier à août 1919.

162 *Ibid.*, AJ^9 2930.

163 Sur son activité, cf. Thomas Otte, « "Between Hammer and Anvil": Sir Francis Oppenheimer, the Netherlands Overseas Trust and Allied Economic Warfare, 1914–1918», Christopher Baxter, Andrew Stewart (dir.), *Diplomats at war: British and Commonwealth diplomacy in wartime*, Leiden, Martinus Nijhoff, 2008, p. 85–108.

164 ASPFAE, B12, note de Pierre Nothomb à Paul Hymans du 12 novembre 1918.

165 Musée royal de l'armée et d'histoire militaire, Bruxelles (MRAHM), 13736, Etat des services au 31 janvier 1919, s.d. [mars 1927].

166 ASPFAE, B12.

167 NA, FO 608/223. Cox précisait que sa note avait été remise *« à la légation anglaise de La Haye (et Luxembourg) sur la demande de celle-ci »*.

industries sidérurgiques luxembourgeoises, pour représenter le Luxembourg dans l'arbitrage qui devait clore le litige tarifaire belgo-luxembourgeois[168].

Ragaillardies, les autorités belges décidèrent d'envoyer une nouvelle mission de renseignement. Paul Hymans en fit la proposition à Henry Jaspar dès le 27 décembre. Son accord permit de charger, début janvier, le Comité central industriel de trouver les trois personnes qui la composeraient. L'objectif fut « *d'examiner dans quelles mesures l'industrie belge* [pouvait] venir en aide à l'industrie luxembourgeoise »[169], mais dans l'esprit « grand belge » qui animait la diplomatie belge il fallut, bien entendu, entendre l'inverse. L'ingénieur Pierre Ries, un Luxembourgeois devenu directeur technique d'Angleur, mais représentant déjà Ougrée-Marihaye[170], et le directeur du charbonnage de Cockerill, Paul Habets, tous deux officiers de réserve, furent placés sous l'autorité du commandant d'artillerie Arthur Bemelmans, directeur du charroi automobile du ministère de la Guerre[171] et ami personnel de Barbanson. Au 16 janvier, ils avaient « *déjà parcouru le Luxembourg* »[172]. Onze jours plus tard, après avoir rencontré les principales personnalités économiques luxembourgeoises, à l'exception de Paul Wurth en déplacement à Paris, la mission remit son rapport à Paul Hymans. Hormis le ton favorable à la Belgique, elle nota la nécessité de créer à Luxembourg un « *office d'importation et d'exportation, organisme purement commercial chargé de mettre en rapport consommateurs belges et fournisseurs luxembourgeois, et vice-versa* ». Seul Mayrisch ne s'y montrât pas favorable, au moins pour la grande industrie[173].

Les Britanniques dépêchèrent également un agent pour confirmer les observations de Cox. En février 1919, ils mirent en place une commission du ministère des Munitions pour visiter les emprises industrielles allemandes de Lorraine. Deux hommes furent désignés, le Dr. Frederick H. Hatch, ingénieur consultant

---

168 Charles Barthel, *op. cit.*, p. 610.

169 ASPFAE, B12, lettre de Henry Jaspar à Paul Hymans du 16 janvier 1919.

170 Les deux sociétés ne fusionnèrent qu'en 1927, soit deux ans après sa retraite comme directeur de l'usine de Differdange, où il avait été nommé, sur la part des aciéries d'Angleur lors de la constitution de l'Hadir [*Mémorial du Grand-Duché de Luxembourg*, 51 du 19 juillet 1920, p. 759]. Lorsque Ries rencontra Fritz Sellge, seul à seul le 26 avril, puis en compagnie du directeur-gérant d'Angleur le 2 mai, le directeur général de la division de Differdange de la Deutsche-Luxemburgische suspecta d'emblée que ses interlocuteurs n'agissaient pas uniquement pour son compte et celui de la Société générale de Belgique [Charles Barthel, *op. cit.*, p. 105].

171 MRAHM, D000096.

172 ASPFAE, *Ibid.*

173 *Ibid.*

des mines au ministère[174], et le lieutenant-colonel Stewart Roddie[175], du Directorate of Military Intelligence. Dans les derniers jours d'avril, ils se joignirent à une visite de l'usine de Differdange de trois sidérurgistes du nord de l'Angleterre. Alors que les Français cherchaient des entreprises à racheter, les Belges un pays à annexer, les Britanniques s'intéressèrent simplement à déchiffrer les secrets financiers et de fabrication de l'Allemagne vaincue[176]. Ces derniers furent dans une démarche de renseignement économique, alors que les deux autres, tout comme la section économique américaine du colonel James Ronayne[177] et du lieutenant-colonel Samuel T. Mackall, de la Military Intelligence section, qui utilisa sa zone d'occupation luxembourgeoise comme un terrain de prospection[178], adoptèrent la même optique d'intelligence économique territoriale.

Ces deux tendances alimentèrent les efforts de renseignement après la dissolution des structures militaires, aussi bien de Grand quartier-général que de renseignement économique à l'été 1919, puis le Haut-commissariat rhénan à l'été 1930. La pression étatique s'estompa, faute de doctrine de renseignement économique. Dans les années 1920, la France et la Belgique avaient bien cherché à coordonner leurs efforts de « *mobilisation économique* », mais les « *renseignements d'ordre économique* [intéressaient] *la préparation de la satisfaction, en temps de guerre, de tous les besoins de la Nation armée* »[179]. Les structures

174 Sur le Ministry of Munitions, cf. l'historique semi-officiel qu'en a dressé Hatch, *The iron and steel industry of the United Kingdom under war conditions: A record of the work of the Iron and Steel Production Department of the Ministry of Munitions*, Londres, Harrison, 1919. Sa relation s'arrête à 1918.

175 Dans la relation de ses activités en Allemagne, *Peace Patrol*, Londres, Christophers Publishers, 1932, Stewart Roddie ne mentionnait pas son passage à Differdange et se bornait à relater une anecdote sur 1914 pour évoquer « *ce pittoresque duché* » [p. 34–35]. Il n'a pas été trouvé de rapport pour cette mission aux National Archives (NA) de Kew.

176 Sur les inspections d'usines, cf. NA, FO 608/280, British Delegation Archives, Supreme Economic Council (Sir P. Waterlow's Private Papers, 2 vol., 1919.

177 Il était arrivé le 11 février 1919 à Luxembourg et appartenait aux services du Civil Affairs Officer de l'Advance General Headquarters de l'American Expeditionary Forces, installé à Trêves, sous les ordres du Brigadier General Harry A. Smith [ANLux, AE 647 et 647].

178 Cf. *Ibid.*, AC-Ci-246/I, lettre de Léon Greiner à Fritsz Fischer du 15 mars 1919 à propos de la découverte par les troupes américaines, dans l'usine Gelsenkirschen d'Esch-sur-Alzette, de matériels appartenant à Cockerill.

179 SHD/DAT, 7 N 2720, lettre du général Augustin Sérot Alméras Latour au 2e Bureau de l'état-major de l'Armée du 5 mai 1922. Cf. aussi *Ibid.*, 2 N 16–1, circulaire 997/

mises en place, notamment au sein du Conseil supérieur de la Défense nationale, en France[180], et de la Commission interministérielle de mobilisation de la Nation en cas d'hostilité, en Belgique[181], se bornèrent simplement à un travail statistique et purement tactique, délaissant la recherche de renseignement économique stratégique, c'est-à-dire opérationnel pour les industries. Par ailleurs, une doctrine précisant les tenants et les aboutissants du renseignement économique, fit défaut pendant tout l'entre-deux-guerres ; tout juste le décret du 15 mai et l'instruction interministérielle du 14 septembre 1939 tentèrent de s'y substituer en France[182]. Ces textes réglementaires apportèrent une définition en creux du renseignement économique puisqu'ils délimitèrent les types d'informations à protéger et couverts par le secret, complétant la loi du 20 janvier 1934. Il ne s'agissait, en fait, que de prendre acte de l'accroissement des cas d'espionnage allemand et soviétique en tout genre, et non seulement économique, depuis la fin des années 1920.

Cela transparut bien des surveillances opérées par les commissaires spéciaux de la Sûreté de Longwy, de Thionville et du Haut-commissariat rhénan, compétents pour le Grand-Duché, et par les hommes du Bureau régional d'études militaires (BREM) de Metz, qui n'immergea qu'un officier à Luxembourg, le capitaine Fernand Archen, qu'en mai 1936 sous la couverture de marchand de vin[183] ; il ne

DN4 du général Bernard Serrigny du 1er décembre 1924 et « Instruction provisoire sur la mobilisation industrielle ».

180 Cf. Talbot Imlay « Preparing for Total War : The Conseil Supérieur de la Défense Nationale and France's Industrial and Economic Preparations for War after 1918 », *War in History*, 15, 1, 2008, p. 43–71, Olivier Forcarde, *La république secrète. Histoire des services spéciaux français de 1918 à 1939*, Paris, Nouveau monde, 2008, p. 436–445 ; Rémy Porte, *La mobilisation industrielle, « premier front » de la Grande Guerre ?*, Paris, Ed. 14–18, 2006.

181 *Moniteur belge* du 15 juin 1921, p. 1875–1876.

182 Ils étaient le résultat de trois réunions des 13 décembre 1938, 8 et 22 février 1939 [SHD/DAT, 2 N 51, note secrète du colonel Batier du 25 février 1939 et « Protection contre les tentatives d'espionnage économique. Décret du 15 mai 1939 et instruction ministérielle du 14 septembre 1939 »].

183 *Missions spéciales au Luxembourg*, Paris, France Empire, 1969, p. 158–162. Il s'installa d'abord au 5 de la rue du Maréchal Foch à Luxembourg et ses voisins (7) n'étaient autres que l'ancien directeur commercial de Dudelange (1896–1912, Albert Van Gogh, et (3)… des rexistes belges qui se rendaient nuitamment à Trèves chercher le financement de leurs activités au siège de l'*Abwehr IIIf*. Ironie de l'histoire, l'homologue allemand d'Archen, qui s'était installé à Trèves deux mois auparavant, le capitaine Oskar Reille, avait lui-aussi opté de se camoufler sous une couverture commerciale…

sembla pas que la Sûreté de l'Etat et les Renseignements généraux de la Direction de la Sûreté militaire belges entretinrent une veille particulière. Pourtant, il apparut

> « *que le Grand-Duché de Luxembourg, de par sa situation topographique,* [avait] *toujours été un centre d'espionnage très important et le refuge de toutes les catégories* »[184].

L'attention policière porta aussi bien sur les menées nationalistes et autonomistes allemandes[185] qu'aux menées communistes, identifiant au passage, mais sans en informer les autorités luxembourgeoises, une opération soviétique de renseignement économique. Le commissaire spécial adjoint Robert Gassiot, attaché à la Sûreté de l'Armée française du Rhin et couvrant le secteur de Luxembourg, mit au jour, à la fin de l'hiver 1928, la première affaire des Rabcors, acronyme de Rabotchi Korrespondent (correspondant ouvrier)[186]. L'information semblait venir d'une source particulière plutôt que d'une enquête et ne donna lieu qu'à deux rapports, les 11 février et 20 mars 1928. Le secrétaire du parti communiste luxembourgeois[187], Jean Zénon Bernard, fut

> « *pressenti directement par Moscou (...) pour fournir un rapport aussi détaillé que possible sur la production industrielle dans le Grand-duché de Luxembourg pendant l'année 1927* »[188].

Un mois et demi après avoir été signalé par les autorités françaises, le rapport de trois pages dactylographiées fut à Moscou[189]. Pour le rédiger, Bernard eut recours à des informations fournies par des militants et des sympathisants

---

184 AN, F^7 13467, lettre du commissaire spécial de la gare de l'Est au directeur de la Sûreté du 23 mars 1924.

185 *Ibid.*, AJ^9 3866, rapports sur le Reichdeutsch Grenzverbände opérant dans les chemins de fer ou gravitant parmi les ouvriers allemands travaillant sur le barrage de l'Our (1926–1929).

186 Pour le cas français, postérieur de quatre ans pour sa révélation, mais contemporain dans sa mise en place, cf. Alexandre Courban, « Une autre façon d'être lecteur de *L'Humanité* durant l'Entre-deux-Guerres : "Rabcors" et "CDH" au service du quotidien communiste », *Le Temps des médias*, 7, hiver 2006–2007, p. 205–217.

187 Sur le mouvement communiste au Grand-Duché, cf. Denis Scuto, *Sous le signe de la grande grève de mars 1921. Les années sans pareilles du mouvement ouvrier luxembourgeois. 1918–1923*, Luxembourg, Editpress, 1990.

188 AN, F^7 14985, rapport de Robert Gassiot du 11 février 1928.

189 *Ibid.*, rapport de Robert Gassiot du 20 mars 1928.

communistes, à la faveur de leurs activités professionnelles[190]. Même si le rapport de Gassiot resta évasif quant à leurs noms, il ne fut pas interdit de penser que Pierre (Jean) Bukovac, « *conseiller communal* » d'Esch-sur-Alzette, Vittorio Bervini, « *il nipote di Christo* » (« Le neveu du Christ »), comme il signait ses articles dans *L'Araldo*, journal de l'émigration italienne publié à Paris[191], et l'avocat stagiaire Paul Michels[192] furent ses Rabcors.

Le caractère incertain du rapport du commissaire spécial témoigna aussi de l'état d'esprit germanocentré, plutôt qu'anticommuniste, dans lequel baignât le monde du renseignement français de l'entre-deux-guerres. Gassiot l'avoua à demi-mot lorsqu'il notait que le NKVD, « *S.R. russe* [préparait] *un travail dont il n'*[avait] *pas été possible d'en connaître la nature, ni les buts* »[193]. Ce fut une note du contre-espionnage allemand, interceptée par les Français, qui en donna finalement la réponse, quatre ans plus tard, alors que l'affaire des Rabcors occupait la Sûreté parisienne : les Soviétiques suivirent minutieusement les procédés de fabrication et les nouveautés technologiques, pillant le « capital connaissances »[194] de la sidérurgie européenne[195]. Une autre de ces opérations à destination du Luxembourg se cachait certainement, bien que la Sûreté et les Affaires étrangères n'en relèvent pas le moindre indice, derrière le questionnaire de renseignements commerciaux, du type universel mis au point avant-guerre par la Schimmelpfeng, qu'une société parisienne, Pétrométal, adressa à Mollard le 4 octobre 1923. L'enquête se voulut générale, même si elle sembla s'intéresser spécifiquement à Hadir. Ne connaissant pas cette société, le ministre de France répondit à la demande et transmit le tout à son Département, à charge pour lui de trancher ; ce dernier se borna à l'expédier au ministère des Travaux publics[196]... Derrière Pétrométal se trouvèrent Léon Cotnareanu, ancien consul de

190 Cf. SHD/DAT, 7 NN 2750, note de la Section de contrôle des renseignements sur l'affaire d'espionnage Fantomas et consorts, 13 avril 1932. Il s'agit de l'affaire des *Rabcors* français.

191 AN, F7 14985, Historique succinct du mouvement communiste dans le Grand-Duché de Luxembourg, 15 janvier 1924, p. 20.

192 *Ibid.*, p. 21. Cf. aussi *Mémorial du Grand-Duché de Luxembourg*, 3, 30 janvier 1926, p. 91.

193 AN, F7 14985, rapport de Robert Gassiot du 11 février 1928.

194 Sophie Boutillier, Dimitri Uzunidis, *La légende de l'entrepreneur*, Paris, Economica, 1995, p. 133.

195 SHD/DAT, 7 NN 2276, Bulletin du contre-espionnage 37, 7 novembre 1932.

196 AMAE, lettres de Pétrométal à Armand Mollard, 4 octobre, d'Armand Mollard à Georges Leygues, 15 octobre, de Georges Leygues à Yves Le Trocquer, 17 octobre 1923.

Roumanie à Paris, et son frère Philip, dont la rumeur publique en fit des agents « bolcheviques »[197].

Les Allemands ne furent pas en reste, même s'il était plus difficile d'y voir la main des services officiels. Belges et Français n'en identifièrent aucun, alors qu'ils relevèrent l'implication de firmes de ce pays dans des opérations d'espionnage économique. L'identification fut certes ambiguë, du fait du caractère particulier des relations de certaines grandes entreprises allemandes avec l'Auswärtiges Amt, rendant difficile de caractériser ce renseignement. Lors de sa mission en Luxembourg de 1923, le commissaire de la Sûreté, détaché au Centre de liaison français d'Aix-la-Chapelle, Charles Marchetti, révéla cette accusation contre la succursale luxembourgeoise de Siemens & Schuckert[198]. Pas plus que celle concernant la Solpee, elle ne fut étayée par aucune preuve patente. D'une manière plus générale, les Français virent depuis 1921 dans tous les bureaux ouverts par les grosses industries et les principales compagnies allemandes et confiés à la direction de neutres ou de Luxembourgeois des annexes des services de renseignement du Reich en pleine restructuration, alors qu'il ne s'agissait que de supplétifs de la diplomatie économique de l'Allemagne. A chaque fois, une enquête fut diligentée par le contre-espionnage sur les actionnaires, mobilisant au besoin les services diplomatiques. Le plus souvent, « *aucun renseignement défavorable* » ne fut trouvé, mais surtout aucun lien avec les services allemands[199]. D'autant que ces derniers n'existèrent pas véritablement avant l'arrivée d'Hitler au pouvoir et ne furent pas réellement opérant au Grand-Duché avant 1934.

Moins l'affaire de l'Abwehr ou de la Gestapo, plutôt intéressées par des informations strictement militaires[200], comme en attestèrent les interceptions britanniques de mars 1940[201], que des organisations nationales-socialistes, leur activité

---

197 Cf. *Le Figaro*, 2 septembre 1932, citant *L'éveil de la Corse*. A cette époque, Léon Cotnareanu tentait de déposséder de son journal le parfumeur François Coty, à qui il avait déjà volé sa femme.

198 SHD/DAT, 7 NN 2137, note de la Section de contrôle du renseignement, 30 janvier 1924. Une « bonne source » voyait dans un agent de la société, Rudolf Waelke, un espion allemand.

199 *Ibid.*, 7 NN 2856/7-8, lettres de Fernand Couget (Prague) et Armand Mollard à Edouard Herriot, 29 septembre et 3 octobre 1924.

200 Albert Schaack, Etienne Verhoeyen, « L'espionnage allemand au Luxembourg avant la Deuxième Guerre mondiale (1936–1940) », *Hémecht*, 64, 2012, p. 73–116.

201 Francis Harry Hinsley, C. A. G. Simkins, *British Intelligence in the Second World War. Security and counter-intelligence*, 4, Cambridge, Cambridge University Press, 1990, p. 44 ; Gilbert Guillaume, *Mes missions face à l'Abwehr: Contre-espionnage, 1938–1945*, Paris, Plon, 1971, p. 145.

porta essentiellement sur une information sociale et économique. Parce que le Nationalsozialistische Deutsche Arbeiterpartei (Parti national-socialiste des travailleurs allemands, NSDAP) fut d'essence révolutionnaire autant que totalitaire, son service de renseignement, le Sicherheitsdienst (Service de sécurité, SD), comporta les caractéristiques que les services de renseignement français et belges ne surent se donner pour le temps de paix. L'objectif allemand ne visa à mettre en place qu'une mobilisation économique, comme imaginée à Paris et Bruxelles au cours des années 1920. Outre qu'il comblât un manque de la diplomatie, il entendit préparer les conditions de la révolution nationale-socialiste qu'Hitler pensât mettre en marche en Europe. L'organisation allemande reposa sur l'interaction de deux structures différentes, la section luxembourgeoise de la SD-Oberabschnitt Fulda-Werra, à Francfort-sur-le-Main, fonctionnant de juillet 1937 à septembre 1939, puis l'Inspektor der Sicherheitspolizein de Wiesbaden, jusqu'à l'été 1940, et l'Auslandsorganisation Luxemburg du NSDAP, mise en place chaotiquement à partir de l'automne 1933.

Le démarrage manqué de cette dernière résulta du choix de personnalités allemandes contestées, sinon contestables. Le *Major* en retraite Arthur Reinhold Witte, chargé du développement de l'Auslandsorganisation au Grand-Duché et en Hollande, fut invité à quitter ce dernier pays le 22 avril 1935. Le Kommissarischer Landesleiter für Luxemburg qu'il déléguât, l'ancien policier révoqué Karl Albert Hildebrand, fut relevé de ses fonctions sur insistance de la légation allemande dans le Grand-Duché le 16 novembre 1933. Dès le 18 novembre 1933, son successeur, le lieutenant en retraite Eckhard Schöler, putschiste et assassin (1923–1925), ne réussit pas à faire mieux que son prédécesseur, devançant seulement l'arrêté d'expulsion fixée au 15 mai 1935 en disparaissant fin avril, comme Witte. A chaque fois, l'activisme politique fut sanctionné par les autorités locales, mais pour les Landesleiteren furent aussi prises en compte des pratiques commerciales et financières délictueuses[202].

---

202 ANLux, F0005, ET Melchers, 4-V, rapport Jean Bredemus, 7 août 1946 ; SHD/DAT, 7 N^2 2429, notes du Bureau régional d'études militaires (Metz), 14 août 1933 et 31 mai 1934, circulaire de la Sécurité générale (Paris), 15 janvier 1934, ; *Escher Tageblatt*, 20 mai 1935, 9 et 29 août 1933, 2 mai 1935 ; Emile Krier, *Deutsche Kultur-und Volkstumspolitik von 1933–1940 in Luxemburg*, Bonn, Rheinischen Friedrich-Wilhelms-Universität, 1978, p. 75–137 ; Helmut Heiber, *Akten der Partei-Kanzlei der NSDAP: Rekonstruktion eines verlorengegangenen Bestandes : Regesten*, I-1, Munich, Oldenbourg Verlag, 1983, p. 17 ; Paul Dostert, *Luxemburg zwischen Selbstbehauptung und nationaler Selbstaufgabe: die deutsche Besatzungspolitik und die Volksdeutsche Bewegung 1940–1945*, Luxembourg, Saint-Paul, 1984, p. 24 ; *Ibid.*,

Ces tribulations empêchèrent toute activité de renseignement de prendre pied au Grand-Duché. Cela expliqua que le *SD-Hauptsturmführer* Friedrich Giess conçût, en mars 1937, sa section luxembourgeoise, au sein de la SD-Oberabschnitt Fulda-Werra, pour travailler essentiellement sur des sources ouvertes, journaux luxembourgeois (*Luxemburger Wort, Escher Tageblatt, L'indépendance luxembourgeoise, Luxemburger Zeitung, Luxemburger Volksblatt*) et rapports officiels (Chambre de commerce de Luxembourg, principales sociétés industrielles, annuaires) que lui fournît le SD-Unterabschnitt de Trèves. Opérationnelle en juillet 1937, elle monta en puissance jusqu'en septembre 1938[203]. L'analyse des sources ouvertes fut confiée au *SD-Hauptscharführer* Schmitz. Au printemps 1938, le *SD-Sachbearbeiter* Roland Nosek (1521/0) prit à la tête de cette structure de renseignement. Il n'en modifia pas cette façon de travailler[204], pas plus que la création de la Reichssicherheitshauptamt (Office central de la sécurité du Reich), le 27 septembre 1939, se contentant d'une transformation toute administrative : transférée à Wiesbaden, la section III/I, en charge du Luxembourg (1521), devint la section VI-D, puis en février 1940, VI-801-1521. Si Nosek fut promu *SS-Oberscharführer* et conserva la direction de la nouvelle unité, Schmitz fut remplacé par l'Allemand Adalbert Muller et le jeune Luxembourgeois Adolph M. Winandy.

Ce dernier, étudiant en philosophie de l'Université de Hambourg, avait été employé depuis novembre 1935 par l'Institut für geschichtliche Landeskunde der Rheinlande, avant d'entrer au service du SD-Unterabschnitt de Trèves en janvier 1938. Il traita avec les jeunes luxembourgeois qu'il détectait au cours des voyages organisés dans sa précédente activité ; la liaison Winandy et ses sources fut assurée par une boîte aux lettres « morte », c'est-à-dire sans intermédiaire, sise Am Birnbaum à Trêves[205]. Au printemps 1937, Nosek chercha à installer

---

p. 30–37 ; Bernhard Sauer, *Schwarze Reichswehr und Fememorde. Eine Milieustudie zum Rechtsradikalismus in der Weimarer Republik*, Berlin, Metropol-Verlag, 2004, p. 204.

203 FOIA CIA, GERMAN INTELLIGENCE SERVICE (WWII), VOL. 1_0006, X-2 (OSS), German Section, The Sicherheitsdienst in Luxemburg, 1937–1940, mars 1945: lettre de *SD-Oberabschnitt Fulda-Werra* à *Stapostelle Frankfurt Abt. 1. P*, 22 septembre 1938.

204 SHD/DAT, 28 P7 68 et Olivier Pigoreau, *Un espion nazi à Paris. Interrogatoire du SS-Hauptsturmführer Roland Nosek*, Paris, Histoire et Collections, 2014, p. 40–42.

205 Bernard Thomas, *Le Luxembourg dans la ligne de mire de la Westforschung. 1931–1940*, Luxembourg, d'Lëtzebuerger Land, 2011, p. 154 ; FOIA CIA, GERMAN INTELLIGENCE SERVICE (WWII), VOL. 1_0006, *op. cit.* ; dans leur analyse rapide des documents depuis Londres, les agents américains de l'OSS notèrent « A. Birnbaum » comme un courrier humain !

une nouvelle boîte aux lettres, « vivante » cette fois, confiée à une personne résidant à Luxembourg même. Dans un courrier du 14 mars, la SD-Unterabschnitt de Trêves proposa à nouveau de la mettre *« en place dans une des bureaux allemands de voyage »* de cette ville[206]. A vrai dire, il n'y eut que celle de Georg Wilhelm Kappler-Kiewitsch, qui fût encore libre.

En effet, le second responsable d'origine Reichsdeutschen, c'est-à-dire ethniquement allemand selon l'idéologie nationale-socialiste, l'Autrichien Frédéric Zetta, était déjà employé à d'autres missions de renseignement. Et il peaufinait déjà sa couverture d'étranger parfaitement intégré, optant pour la nationalité en juin 1937, participant à la souscription (14e liste) du Comité des étrangers pour l'érection d'un Mémorial de reconnaissance à offrir au Grand-Duché à l'occasion des fêtes du Centenaire de l'indépendance du pays. Ce comportement le signala au renseignement français comme « un agent des services spéciaux de la légation d'Allemagne », par un « informateur sincère » le 24 septembre 1939[207]. De plus, le SD-Unterabschnitt de Trêves disposait, depuis peu, d'un agent dans le bureau de Kappler-Kiewitsch. Employé modèle depuis 1932, Josef Otto Kleesattel, originaire de Cologne, avait été détecté au sein du NSDAP. Il fut donc invité à se mettre en relation avec son employeur. Mais, au grand dam de toute la hiérarchie du parti nazi et de l'Auswärtiges Amt, de Luxembourg à Berlin, et jusqu'au ministère de la Propagande, Kappler-Kiewitsh s'y refusa catégoriquement. Les pressions auxquelles il était soumis, allant jusqu'à lui retirer la rémunératrice franchise de la Hamburg-Amerika Linie, n'aboutirent qu'à faire renvoyer Kleesattel en août 1937.

Menacé d'expulsion en vertu de la loi luxembourgeoise qui liait le séjour à l'exercice d'un emploi, il trouva un emploi de chef de service à la légation allemande, où sa sœur, Margot, était la secrétaire du département commercial[208]... Le 18 décembre 1939, Nosek demanda qu'une succursale du Deutsches Nachrichtenbüro fût ouverte à Luxembourg, afin d'offrir *« un bon point d'appui pour les opérations du SD, qui en manque depuis que le plan d'utiliser un bureau de voyage a échoué »*. Cinq jours après l'arrivée du journaliste demandé, Willy

---

206 Emile Krier, *op. cit.*, p. 211.

207 *Mémoire du Grand-Duché de Luxembourg*, 24, 9 avril 1938 ; *Luxemburger Wort*, 24 juin 1939 ; SHD/DAT, 7 N2 2429, note Centre d'études du renseignement, 2 octobre 1939.

208 ANLux, Police des étrangers, 345239 ; Albert Schaack, « La Comtesse du SD ou l'Aventurière de Clervaux », *Hémecht*, 63, 2011, p. 500–501.

Konnertz, à Luxembourg, l'officier demanda une enquête de sécurité, préalable aux travaux d'approche en vue de son recrutement[209].

Parmi les agents traités par Winandy se trouvait le jeune Gustave Wilhelmy (FW 40)[210], fils de l'ancien bourgmestre de Mersch qui lui permit, le 21 novembre 1931, d'intégrer le conseil d'administration de la Compagnie luxembourgeoise de radiodiffusion, aux côtés de personnalités de l'économie (Max Arendt, Jules Neuberg) et de la politique luxembourgeoise (Gaston Diderich, Emile Reuter, Nicolas Margue)[211] ; deux germanophiles se trouvèrent ainsi au conseil d'administration de ce média moderne, Max Arendt, qui dirigea de 1926 à 1936 la Solpee[212], et Gustave Wilhelmy, mais un seul fut véritablement un agent du SD.

Le réseau nazi d'information économique sur le Luxembourg (1938–1940)

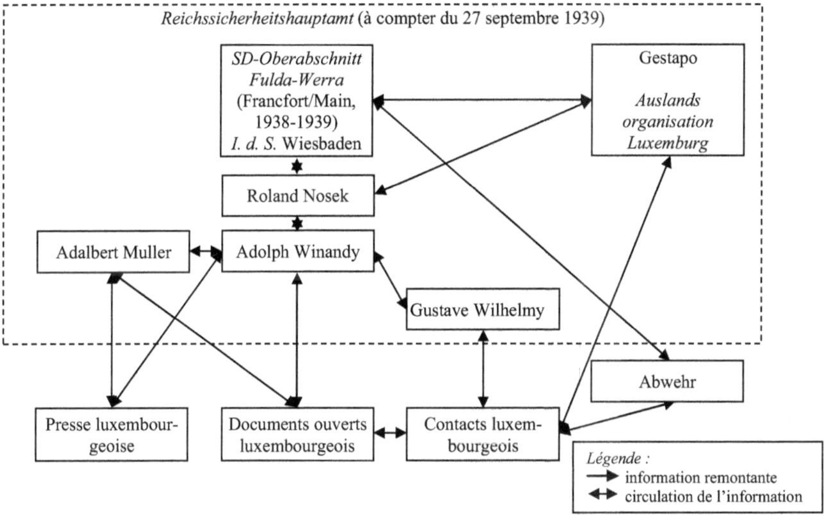

209 FOIA CIA, GERMAN INTELLIGENCE SERVICE (WWII), VOL. 1_0006, *op. cit.*, p. 15.

210 ANLux, F0005, ET Melchers, 4-V, rapport de Joseph Majerus, 3 juillet 1946.

211 Denis Maréchal, *Radio Luxembourg*, *op. cit.*, p. 41–43 ; David Domingiez-Muller, *Radio-Luxembourg*, *op. cit.*, p. 56–57.

212 Jules Mersch, « Famille A. Wurth-Collart », *Ibid.*, *Biographie nationale de Luxembourg*, 1967, p. 223 ; SHD/SAT, 7 N² 2429, note du Bureau régional d'études militaires (Metz), 30 janvier 1936.

Cette évolution fut permise par la reprise en main *de* l'Auslandsorganisation Luxemburg par le Dr. Heinrich Diehl, nommé, en mai 1935, Landesgruppenleiter, montrant l'autonomie du Luxembourg dans l'organisation extérieure du NSDAP. Six mois plus tard, au terme d'un bras de fer entre la direction berlinoise du parti et l'Auswärtiges Amt, il fut placé sous protection diplomatique, nommé à une position-clé pour l'effort d'information de Nosek, celle d'handelsattaché (attaché commercial)[213]. Ainsi permit-elle d'utiliser les ressources de quelques agents luxembourgeois bien placés. Après l'arrivée de Konnertz, les relations entre Nosek et Diehl se distendirent, le journaliste ayant dès son premier entretien avec ses recruteurs du SD de Trêves jugés les hommes du Deutsche Landesgruppe in Luxemburg « insignifiants et inutiles pour son travail »[214]. Il fut établi qu'une trentaine de ressortissants de ce pays informèrent le SD, mais seule une poignée eut réellement une activité économique. Outre Winandy, Wilhelmy et Konnertz, des rapports du SD citèrent *« un homme de l'art »* et *« un informateur qui* [fut] *employé à l'administration de l'Arbed »* ; ces deux *Vertrauensleute* (personnes de confiance, VM), preuve que le service de renseignement nazi ne fut pas entièrement certain, furent infiltrés à la Columeta, respectivement sous les numéros VM 533 et VM W ; ce dernier sembla être un des fondés de pouvoir du comptoir de vente[215]. En témoignèrent des rapports faisant régulièrement état des chiffres de la production journalière et de rapports au conseil d'administration.

Le sous-agent ainsi concerné fut recruté par Diehl, relativisant quelque peu les propos du journaliste. Hans Baud infiltra l'Entente internationale de l'acier[216] et l'on fut en droit de supposer que Charles Hansen fît de même avec la Columeta, pour laquelle il opéra une mission au Congo, au retour de laquelle il fût compromis dans une affaire d'espionnage impliquant un policier[217]. Les deux

---

213 ANLux, Police des étrangers, 335042 ; Emile Krier, *Deutsche Kultur-und Volkstumspolitik von 1933–1940 in Luxemburg*, Bonn, Rheinischen Friedrich-Wilhelms-Universität, 1978, p. 648n487 ; Donald M. McKale, *The Swastika outside Germany*, Kent, Kent State University Press, 1977, p. 101 ; Fernand Archen, *op. cit.*, p. 174–175.

214 FOIA CIA, GERMAN INTELLIGENCE SERVICE (WWII), VOL. 1_0006, *op. cit.*, p. 13.

215 ANLux, Jt 211, note, 17 janvier 1941.

216 SHD, Département des archives définitives, Défense, Vincennes, P 204 354, Rapport de M. Kremmer…, p. 8 ; Emile Krier, *op. cit.*, p. 149 ; Henri Koch-Kent, *Vu et entendu. Souvenirs d'une époque controversée, 1912–1940*, 1, Luxembourg, Hermann, 1983, p. 74.

217 *Luxemburger Wort*, 12 avril 1939.

hommes furent chacun impliqués dans une affaire de trafic de devises entre le *Reich* et le Grand-Duché. Cette activité lucrative se jouant des différences du reichsmark, induites par le contrôle des changes instauré en Allemagne, fut aussi un moyen de pression mis en œuvre par les services allemands pour recruter des agents d'information. S'ajoutèrent encore trois ingénieurs, l'un travaillant à l'usine de Dommeldange, un dénommé Bohler, représentant du mouvement nationaliste allemand Stahlhelm[218], l'autre, Jules-Henri Schaack, opérant comme chef de fabrication à l'usine d'Esch-sur-Alzette, le dernier, Joseph Reuter-Reding (Franz-Joseph Reuter), étant installé depuis le 20 août 1936 comme négociant en « matériel électrique et radio-électrique » à Luxembourg[219] ; cachant vraisemblablement un de ces émetteurs-récepteurs intercepté en mars 1940 par la Government Code and Cypher School de Londres, ce dernier travaillait avec la Gestapo, ce qui expliqua son affectation ultérieure à la gestion des terrains et des habitations juives fin septembre 1940[220].

Cette sempiternelle suspicion envers ces capitaux allemands qui se déversèrent sur le Grand-Duché rendit encore plus étrange le silence relatif à la seule affaire réellement avérée d'espionnage économique, entreprise par un employé d'un de ces bureaux luxembourgeois à capitaux allemands. Aucun des observateurs français et belges, diplomates, policiers et militaires, ne relevèrent ces « arrestations sensationnelles » du 3 juin 1926[221]. Ils ne commencèrent à se mobiliser qu'au moment où la presse luxembourgeoise couvrit le procès et, sur cette base, entreprirent de se renseigner. Le commissaire spécial adjoint Robert Gassiot se mit alors à la recherche d'informateur. Il en trouva un, « *bénévole, sérieux et compétent* »[222], qui lui révéla les dessous de l'affaire ; compte-tenu de la confidentialité des faits, celui-ci pouvait aussi bien être le policier chargé de l'enquête, le brigadier-chef de gendarmerie Jacques Koenig, appartenant à la brigade criminelle, ou « *le chasseur Breyer* », un employé de la Columeta impliqué malgré

---

218 SHD/DAT, 7 N[2] 2429, note du Bureau régional d'études militaires, 15 févier 1932.

219 *Mémorial du Grand-Duché de Luxembourg*, annexe n° 3, 28 mars 1938, p. 99.

220 Daniel Bousser, Paul Dostert, Marc Gloden, *La spoliation des biens juifs au Luxembourg 1940-1945. Rapport final*, Commission spéciale pour l'étude des spoliations des biens juifs au Luxembourg pendant les années de guerre 1940–1945, Luxembourg, 2009, p. 22, 24, 50–51, 67–69 ; Vincent Artuso, *La collaboration au Luxembourg durant la Seconde Guerre Mondiale (1940–1945): Accommodation, Adaptation, Assimilation*, Pieterlen, Peter Lang, 2013, p. 120.

221 *Luxemburger Wort*, 4 juin 1926.

222 SHD/Dat, *op. cit.*, note de la Section de contrôle du renseignement, 15 mai 1928.

lui dans l'affaire[223]. Toutefois, Gassiot précisa le 16 juillet que son « informateur sérieux » avait surpris les prévenus, identifiant ainsi le second.

Cette affaire d'espionnage économique impliqua Henri Dismer, un cadre d'origine allemande de la Columeta, comptoir de vente particulier, dans la mesure où il était le « *bureau central de renseignement commercial et industriel*[224] » de l'Arbed. Affecté au service statistique, il fut abordé fin 1923 par un compatriote, Eric Struhl ; d'abord administrateur de la firme de Cologne, Carl Spaeter Luxembourg GmbH, puis de la S.A. Montana[225], toutes deux spécialisées dans le commerce de produits sidérurgiques, Struhl fut aussi le contact pour le Grand-Duché des foires de Leipzig et de Francfort[226]. L'origine de la liaison sembla être liée à la recherche d'un meilleur logement du chef de la statistique de la Columeta : Struhl lui procura un appartement. Ainsi devenu redevable envers son bienfaiteur, Dismer se vit proposer de l'informer sur les mouvements du marché des scories Thomas.

Du 31 mars 1924, bien que Dismer ait dû commencer avant, au 27 mai 1926, trois sortes de documents confidentiels furent prélevés et copiés des archives de la Columeta : des bulletins quotidiens, des lettres exposant la politique générale de vente et de tableaux de changes. Les informations furent ensuite adressées aux clients de Struhl, directement ou par l'intermédiaire de la société luxembourgeoise Prometal S.A., à Sarrebruck, à Londres et à Prague. Dès juin 1924, puis à la fin de l'année, Columeta s'aperçut et fut avertie de fuites ; une première enquête ne déboucha sur rien. Il fallut que Breyer surprît les deux hommes dans l'appartement de Dismer, le 27 mai 1928, pour qu'une seconde enquête débouchât sur une condamnation. Le chasseur apportait au chef de service de la Columeta, malade, le bulletin du jour, mettant involontairement à jour l'origine des fuites. Cette nouvelle investigation, non plus interne mais officiellement confiée à la brigade criminelle de la gendarmerie grand-ducale, permit de confondre Struhl et d'arrêter deux des complices, le 4 juin 1926, puis un troisième, Nicolas de Bourcy, ancien fondé de pouvoir de la Columeta et collègue de Dismer[227].

---

223 ANLux, AC-J-4, Note pour Robert Brasseur, 4 décembre 1926.

224 *Ibid.*, AE 466/8, procès-verbal de la réunion de la Commission d'étude des problèmes économiques posés par la guerre et ses conséquences éventuelles, 12 octobre 1918, f. 130.

225 *Mémorial du Grand-Duché de Luxembourg*, 84, 8 novembre 1920, p. 1300, et 61, 12 décembre 1924, p. 845.

226 *Luxemburger illustrierte*, 34, 19 août 1925, p. 256 ; *Luxemburger Wort*, 9 février 1926 ; *Escher Tageblatt*, 5 juin 1926.

227 ANLux, AC-J-4, Note de Fernand Turk pour Robert Brasseur dans l'affaire Dismer, 13 avril 1926.

Son implication résulta d'une première enquête interne de juin 1923, qui n'avait pu porter ses fruits, faute de preuve[228].

Presse luxembourgeoise et renseignement français dans l'affaire Dismer[229]

	Escher Tageblatt	*Luxemburger Wort*	*Commissaire Gassiot*
11 février 1928		✓	
16 février 1928		✓	
2 mars 1928			✓
27 avril 1928			✓
25 mai 1928		✓	
29 mai 1928	✓		
4 juin 1928		✓	
7 juin 1928		✓	
11 juin 1928	✓	✓	
12 juin 1928		✓	
14 juin 1928		✓	✓
15 juin 1928		✓	
22 juin 1928			✓
12 juillet 1928		✓	
13 juillet 1928	✓		
16 juillet 1928			✓
19 juillet 1928	✓		

Face à cette affaire, la justice luxembourgeoise sembla dépourvue. La faiblesse des condamnations (trois mois pour Dismer, un pour Struhl et de Bourcy) et leur motivation (vol domestique pour le premier, complicité pour les deux autres) en fut la preuve. Il s'agissait là du « *seul moyen de réprimer des actes ayant porté préjudice à l'industrie la plus puissante du pays* »[230], puisque le délit informationnel n'existait dans aucune législation européenne. De la même façon qu'en France dix ans plus tard, au moment des débats préparatoires de la loi du 20 janvier 1934, la notion d'espionnage économique n'apparut pas dans le droit grand-ducal et la réponse juridique fut forcément inadaptée. L'Allemagne ne fut guère plus préparée contre

228 *Ibid.*, Note pour Robert Brasseur, 4 décembre 1926.

229 D'après le *Handbuch der Deutschen Aktien-Gesellschaften 1910–1911*, Berlin/Leipzig/Hambourg, Verlag für Börsen und Finanzlitteratur A.-G., 1911, *passim*.

230 ANLux, AC-J-4, lettre de Robert Brasseur à Léon Metzler, 11 février 1928 ; SHD/DAT, 7 NN 2856/7-8, rapport de Gassiot du 16 juillet 1928.

ce type de délit, ainsi que dût en faire amèrement la constatation, en janvier 1943, Walter Schellenberg, promu chef du contre-espionnage (Reichssicherheitshauptamt, Amt VI)[231].

L'affaire Dismer montra ce que les accusations contre Siemens & Schuckert et la Solpee n'avaient pas réussi à faire : l'espionnage économique toucha tous les secteurs de l'industrie, non seulement celui de la défense, mais surtout n'impliqua pas forcément les Etats. Car Struhl ne travaillait pas pour l'Auswärtiges Amt et les données recueillies servirent uniquement les stratégies commerciales des concurrents de l'Arbed sur de petits marchés. Les secrets industriels de la sidérurgie, comme ceux des fours électriques de l'usine de Dommeldange, attisèrent aussi l'intérêt des concurrents, plus importants que ceux des scories Thomas, disposant d'autres ressources. Ainsi, au cours de l'été 1939, un stagiaire allemand se rendit coupable d'« *indiscrétions frisant l'espionnage économique* »[232].

L'information devenait une arme dans le contexte des rivalités économiques. Pour cela, la France définit enfin, dans le décret-loi du 29 juillet 1939, l'infraction d'« *acquisition d'informations industrielles* » touchant au « *secret de la Défense nationale* »[233]. Jusque-là, les agences se livrant à leur recueil prirent certes le risque d'être confondues avec des officines d'espionnage étranger, mais les administrations chargées de les réprimer d'agir ne purent le faire. L'émergence d'une information économique dépassant le simple rapport des journaux, pour embrasser l'ensemble des activités entrepreneuriales, commerciales, technologiques et financières, souligna combien les appareils d'Etat se montrèrent autistes. Au lendemain de l'affaire Dismer, la Chambre de commerce de Luxembourg, présidée par le directeur général de l'Arbed, Aloyse Meyer, tenta vainement de faire bouger la législation luxembourgeoise en matière d'espionnage. Elle demanda que des mesures fussent prises contre la « *divulgation du secret des affaires* » et la corruption des agents de commerce et de l'industrie. Elle proposa même au Directeur général du Commerce et de l'Industrie, Albert Clemang, une alternative innovante, soit la création du délit d'espionnage commercial, soit l'extension du secret professionnel aux professions commerciales et industrielles[234].

231 FOIA CIA, SCHELLENBERG, WALTER VOL. 2_0003, Schellenberg Autiobiography, p. 2.

232 SHD/DAT, 7 N² 2429, note du commissaire spécial de Thionville, 27 septembre 1939.

233 Bertrand Warusfeld, *Contre-espionnage et protection du secret. Histoire, droit et organisation de la sécurité nationale en France,* Panazol, Lavauzelle, 2000, p. 152–154.

234 ANLux, AC-J-4, brouillon de lettre, s.d.

Chapitre 3 De l'arme financière à l'intelligence économique

Il n'est pas certain que la proposition de la Chambre de commerce de Luxembourg, consécutive à la conclusion de l'affaire Dismer, fut adressée au Directeur général Clemang. Mais, l'article 4 de la loi du 5 juillet 1929 introduisit bien en droit luxembourgeois les notions de « *secrets d'affaires ou de fabrication* ». Cette mesure s'appliquait bien à tout « *employé, ouvrier ou apprenti d'une entreprise commerciale, ou industrielle* » et son délai de gestation put laisser croire à une relation évidente[1]. Il était plus probable d'y voir l'impulsion gouvernementale de faire de Luxembourg une place financière sûre. La loi du 30 décembre 1927 créa une bourse de commerce dans la capitale[2] et il fallait assurer à son développement une sécurité informationnelle évidente. Le gouvernement luxembourgeois fut sensibilisé à cette question depuis la discussion de la réforme fiscale et financière de l'automne 1920. Mais la question « *du secret professionnel des banques* », qu'il fût alors question d'abolir, ne fut pas vue sous son angle informationnel, seulement sous celui fiscal. Le gouvernement brandit le risque d'un « *exode de tous les capitaux* », qui aurait profité « *tout au plus* [au] *fisc étranger* », mais aucunement aux impôts luxembourgeois. La Chambre se rangea à cet argument[3].

L'après-guerre fut l'époque où s'ouvrit pour le Grand-Duché une période d'innovation financière dont les dividendes ne furent perçus qu'après la Seconde Guerre mondiale. Il s'agissait d'une époque où l'arme financière, qui caractérisait jusque-là les relations économiques, se détachait petit à petit de son rapport avec la politique pour ne plus être qu'un instrument entre entrepreneurs et banquiers. La principale bénéficiaire de cette évolution, parce qu'elle figurait parmi ses initiateurs, fut évidemment la sidérurgie luxembourgeoise. Les circonstances

1 *Mémorial du Grand-Duché de Luxembourg*, 36, 13 juillet 1929, p. 844.

2 *Ibid.*, 1, 7 janvier 1928, p. 5. Cf. aussi l'arrêté grand-ducal, 22 mars 1928 portant règlement d'exécution de la loi du 30 décembre 1927, concernant la création d'une bourse de commerce [*Mémorial du Grand-Duché de Luxembourg*, 15, 31 mars 1928, p. 350–354]. Le 28 février 1929, un nouvel arrêté autorisant la Caisse d'épargne à se charger des opérations de liquidation de la Chambre de compensation et du règlement des soldes de la Chambre de liquidation de la Bourse de Luxembourg complétait le processus financier de création [*Mémorial du Grand-Duché de Luxembourg*, 10, 9 mars 1929, p. 150–151].

3 *Mémorial du Grand-Duché de Luxembourg*, 38, 28 mai 1921, p. 13.

entourant le règlement de la reprise des actifs allemands expliquèrent évidemment cette mutation. Au plan local, elle permit l'affirmation d'une réalité qui marqua pendant longtemps la vie politique et sociale luxembourgeoise, celle de l'« Etat Arbed ». En effet, la Grande-Guerre amena ses principaux promoteurs, Gaston Barbanson et Emile Mayrisch, à adopter des comportements nouveaux, mais largement en cours chez leurs partenaires et concurrents français, belges, mais aussi allemands. La fortune des Schneider fut autorisée par des partenariats bancaires, qui lui permirent de financer leur expansion sans remettre en cause le contrôle familial de l'entreprise. Gustave Trasenster n'agissait-il pas de la même façon avec la Société générale de Belgique ? Et que serait l'Allgemeine Elektricitäts-Gesellschaft (AEG) de Walther Rathenau sans la Berliner Handels-Gesellschaft ? Les entrées de Barbanson dans la sphère Schneider et de la Banque de Bruxelles, comme celles de Mayrisch dans un gouvernement luxembourgeois entravé temporairement par la double question de la Grande-duchesse Marie-Adélaïde et de l'orientation commerciale permirent de constituer un pôle financier à la mesure de leurs ambitions. Mais ce changement d'orientation financière ne fut qu'apparent. La sidérurgie luxembourgeoise resta un enjeu des intérêts belges et français. Seulement, comme en attestèrent les appels à la finance internationale par le biais d'emprunts, les capitaines d'industrie luxembourgeois conservèrent la maîtrise de l'information.

Le marché financier luxembourgeois

Avec l'ingénieur, le notaire fit partie de la mythologie sociale luxembourgeoise. Jusqu'au milieu du XIXe siècle, il s'occupa de gérer les crédits des premiers entrepreneurs industriels[4]. Il fallut attendre l'arrivée, dans les années 1850, de banquiers d'outre-Moselle comme Auguste Charles, Joseph-Henri Werling ou Nicolas-Auguste Lambert pour que se développassent les premières banques. Le développement de l'industrie nécessita d'importants fonds de roulement et les fonds nationaux n'y suffirent plus. Cette évolution accompagna également la formation de l'Etat luxembourgeois. Ainsi, l'année 1856 vit-elle la formation de la Caisse d'épargne[5] et de la Banque internationale[6], la première se vouant au

---

4 Jérôme Anders, *Le marché financier luxembourgeois. Etude historique et économique*, Paris/Luxembourg/Bruxelles, Office des éditions internationales, 1932, p. 17.

5 *Mémorial du Grand-Duché de Luxembourg*, 6, 10 mars 1856, p. 33–34. Cf. aussi *Images d'une banque: 1856–1996. Banque et Caisse d'épargne de l'Etat*, Luxembourg, BCEE/V. Buck, 1995.

6 *Mémorial du Grand-Duché de Luxembourg*, 9, 17 avril 1856, p. 69–92. Cf. aussi Christian Calmes, *Une banque raconte son histoire : histoire de la Banque Internationale :*

financement des établissements publics, la seconde, première société anonyme du pays, se présentant comme un institut de crédit et d'émission. Cependant, cette double apparition ne bouleversa guère l'évolution économique du pays[7]. L'on put même voir dans la fusion de la Société anonyme des hauts-fourneaux et forges de Dudelange, de la Société en commandite Le Gallais, Metz & Cie et de la Société anonyme des mines du Luxembourg et des forges de Sarrebruck, le 30 octobre 1911, le passage d'un développement des entreprises sidérurgiques sur fonds propres à une expansion capitalistique, et pour ainsi dire nationale. En effet, profitant du *Zollverein*, la finance allemande fut installée dans le Grand-Duché et accompagna l'industrialisation du pays par les grands groupes rhéno-westphaliens (Deutsche-Luxemburgische Bergwerks- und Hütten-Aktien-Gesellschaft et Gelsenkirchener Bergwerks-Aktien-Gesellschaft). Jusqu'en 1919, à l'exclusion d'Arbed et d'Ougrée-Rodange, les emprises de Differdange, d'Esch-sur-Alzette, de Rumelange et de Steinfort reposèrent sur le crédit de banques allemandes de la mouvance des concessionnaires. Même la Banque internationale était liée depuis son origine à la banque privée de Cologne, Salomon Oppenheim Jr. & Cie., intégrée par ses participations à une des *Berliner Grossbanken*, la Dresdner Bank de Francfort[8], et finit par développer ses réseaux en Allemagne, comme pour mieux compenser son insuccès dans son pays ; en 1891, elle fit son entrée dans le capital de la berlinoise Delbrück Leo & Cie[9], la banque de Siemens et Krupp.

Ce passage à une échelle plus importante changea inévitablement le rapport de cette banque luxembourgeoise à l'information. Certes, il dépendait toujours du degré de prise de risque[10]. Il fut présent à chaque étape de son activité, depuis l'octroi d'un crédit (gagé ou non) au choix d'un engagement à long terme auprès

---

1856–1981, Luxembourg, Saint-Paul, 1981. Malgré nos demandes, directe et par l'entremise des services d'ArcelorMittal, nous n'avons pu accéder aux archives de cette banque, aujourd'hui Dexia-BIL.

7 Sur la préhistoire de la banque luxembourgeoise, cf. Jean-Paul Lehnens, « Histoire des banques au Luxembourg », Manfred Pohl, Sabine Freitag, *Handbook on the History of European Banks,* Cheltenham, Edward Elgar Pub., 1994, p. 703–716.

8 Cf. la définition de Gerd Hardach, « Banques régionales et banques locales en Allemagne. Un système bancaire polarisé », Michel Lescure, Alain Plessis (dir.), *Banques locales et banques régionales en Europe au XXe siècle,* Paris, Albin Michel, 2004, p. 17.

9 Richard Tilly, « Histoire bancaire de l'Allemagne », Manfred Pohl, Sabine Freitag, *op. cit.*, p. 380–381.

10 Cf. Alain Morizet, « Risque bancaire et renseignement économique et financier », Pierre Lacoste (dir.), *Le renseignement à la française,* Paris, Economica, 1998, p. 546–558.

d'une entreprise ou d'une institution, par une prise de participation au capital (directe ou indirecte, par le biais du courtage d'actions auprès des clients), par la souscription d'obligations ou par la prise en charge de la responsabilité d'une émission de titres boursiers. Cette capacité d'anticipation sur le devenir du risque fut à la base du travail bancaire, même si elle se limitait encore, jusque dans les années 1950, à des moyens empiriques. Les banquiers en furent souvent réduits à déduire l'évolution financière d'un client à partir de données disponibles nécessairement insuffisantes. L'accès à l'information constituait donc l'un des enjeux clés de leur métier. Manquant d'outil macro-économique suffisamment fiable, ils durent se rebattre sur des outils micro-économiques asymétriques, car dépendant de la volonté du client de délivrer, en qualité et en quantité, des données qu'il jugeait couvertes par le secret des affaires. A cela s'ajouta l'absence de règles communes pour évaluer l'actif et le passif d'une entreprise, ce qui accrût encore l'incertitude du banquier. La codification particulière de la comptabilité de l'Arbed de cette époque conserve toujours ses mystères et, à l'automne 1922, Gustave Trasenster fit savoir à Gabriel Maugas que la comptabilité d'Ougrée-Marihaye fut plus rapide que celle d'Hadir, l'invitant à venir s'en rendre compte « *tout à fait confidentiel*[lement] »[11]. Il en résulta une appréciation souple du risque propre à l'*industrial banking*[12].

La pratique notariale des débuts de la banque luxembourgeoise influença pendant longtemps son fonctionnement. Malgré son appellation trompeuse de « banque relationnelle », ce procédé revenait à glaner les informations en nouant un rapport direct avec son client (entretiens, repas, vie sociale, visites des usines et entrepôts) ; le banquier mesura les capacités personnelles du capitaine d'industrie à conduire ses affaires, mesurant par là même sa moralité et son honorabilité. L'histoire de ces « banques locales et régionales »[13] correspondait bien au cas luxembourgeois d'avant la Première Guerre mondiale. Dans ce petit pays, toute la vie sociale se réglait « en ville », c'est-à-dire dans la capitale. Depuis le début des 1880, le Grand-Duché comptait seulement « *deux banques importantes : l'une, la Banque internationale ; l'autre, la banque Werling, Lambert &*

11 Archives nationales du Luxembourg (ANLux), Arbed-01-1644, lettres de Gabriel Maugas à Gustave Trasenster, 21 octobre et 7 novembre 1922, ainsi que lettre de Gustave Trasenster à Gabriel Maugas, 23 octobre 1922.

12 Cf. la définition dans Hubert Bonin, « Un modèle ? La Sogenal, une banque régionale européenne (1881–2001) », Michel Lescure, Alain Plessis (dir.), *op. cit.*, p. 392–393.

13 Selon l'expression d'Hubert Bonin, *op. cit.*

Cie »[14], qui succéda en janvier 1856 à la première véritable maison de banque luxembourgeoise Wagner et Schömann[15]. Et encore, seule la première disposa de capacités d'intervention dans l'économie, après avoir créé, le 26 février 1907, la Luxemburger Unionbank. Cette véritable banque d'affaires fut dédiée essentiellement à l'acquisition, à l'administration et à la vente d'actions, d'obligations et de parts de sociétés industrielles et de banques et de toutes autres espèces de valeurs ; holding avant l'heure[16], elle fut chargée des participations de la Banque internationale dans des sociétés de toute nature, industrielles, de constructions ou d'exploitation de chemins de fer, et même des propriétés immobilières[17]. Par ce biais, la Banque internationale se réserva une présence dans les conseils d'administration de la Deutsche-Luxemburgische et d'Arbed, mais en plus put participer directement aux souscriptions et recevoir les souscriptions en numéraire des entreprises. A cela s'ajouta l'appartenance de responsables industriels, comme Léon Metz jusqu'en 1925, et du directeur de la Banque internationale, jusqu'en août 1923, à la tête de la Chambre de commerce de Luxembourg. Par cette étroite association, Charles Simons, président de la direction de la Banque Internationale jusqu'à son décès en juin 1912, puis les directeurs Joseph Würth-Weiler, jusqu'en août 1923, et Max Lambert s'assurèrent d'une information des plus complètes sur l'activité industrielle du pays.

La Première Guerre mondiale bouleversa sensiblement cet équilibre. Non seulement le départ de la finance allemande fragilisa l'équilibre interne des entreprises où elle avait pris pied, mais il accrût l'incertitude des banquiers résidents. A cela s'ajouta la perspective de l'effondrement du « district industriel »[18], les Belges faisant pression sur les autorités luxembourgeoises pour qu'elles missent les industries rhéno-westphaliennes sous séquestre[19]. La prise d'une telle décision en France, par la circulaire ministérielle du 11 décembre 1918, conduisit

14 Archives historiques de BNP-Paribas, Paris (AHBP), 416 Lux 1B, lettre de Henry Urban à Horace Finaly, 24 avril 1919.

15 *Journal de l'enregistrement et des domaines du grand-duché de Luxembourg*, Luxembourg, Victor Bück, 1854, p. 47.

16 Elle le devint effectivement le 30 juillet 1930.

17 *Mémorial du Grand-Duché de Luxembourg*, 11, 4 mars 1907, p. 85–92.

18 Michel Lescure, « Entre ville et campagne, l'organisation bancaire des districts industriels : l'exemple du Choletais, 1900–1950 », Jean-François Eck, Michel Lescure (dir.), *Villes et districts industriels en Europe (XVIIe–XXe siècles)*, Tours, Presses de l'Université de Tours, 2002, p. 81–104.

19 Archives du service public fédéral des Affaires étrangères, Bruxelles (ASPFAE), B21, Clause relative aux usines allemandes du Grand-Duché, [printemps 1919].

à une situation « *incertaine* »[20] qui se prolongea tout le premier semestre 1919. Au Grand-Duché, la Chambre se saisit de la question. Le 13 mars 1919, le Ministre d'Etat Emile Reuter fit connaître son intention de placer les propriétés allemandes du Grand-Duché sous séquestre[21]. Heureusement, l'« Etat Arbed » disposait des moyens de réagir : il avait suffit qu'Emile Mayrisch se rendît à Paris.

> « *L'arrêté gouvernemental fut sous presse. Mr. Prum en corrigeait les épreuves, lorsque Mr. Mayrisch se présenta chez Mr. Reuter et l'informa de ce qu'il avait vu MM. Clemenceau et Pichon. Ceux-ci l'avaient chargé de dire au Gouvernement grand-ducal qu'ils considéreraient comme un acte inamical la mise sous séquestre des biens allemands* »[22].

Le premier à avoir été mis au courant de la fin de non-recevoir française fut un administrateur de l'Arbed, Tony Dutreux. Apparemment, il fut bien choisi, puisqu'il siégeait aussi au conseil de la Banque internationale[23].

Cette dernière fut particulièrement touchée. A l'inflation de crédits des années de guerre qui l'avait amenée à investir dans des « effets à recevoir » (+ 91 % 1911–1917 ; + 65 % 1911–1922) plutôt que dans des titres (– 46 % 1911–1917 ; – 33 % 1911–1922), essentiellement belges, lorrains, allemands et luxembourgeois, elle dut faire face au retrait de la monnaie allemande et amortir ses pertes. Au printemps 1919, force lui fut d'annoncer qu'elle était incapable de présenter un bilan, faute de pouvoir fixer la parité des monnaies luxembourgeoise et allemande[24]. Le 12 avril 1920, la Chambre des Députés adopta fort opportunément une loi présentée par un de ses membres, Norbert Le Gallais ; cet agent de l'« Etat Arbed » siégeait comme Tony Dutreux au conseil des deux entreprises. Cette loi eut pour objet de remédier aux conséquences des dépréciations de change pour les sociétés industrielles et commerciales[25], leur permettant « *d'introduire dans* [leur] *bilan (…) un compte spécial porté à l'actif et représentant, au moment de la clôture de chaque exercice, la différence entre le montant* [en] *marks anciens*

20 Archives de l'administration centrale de l'Arbed, Luxembourg (AACA), AC-01722, Copie d'un courrier de Schneider & Cie à Arbed, 25 avril 1919.

21 Emile Mayrich était le premier destinataire de cette information. Cf. son rapport, 13 mars 1919 [*Ibid.*].

22 ASPFAE, B12, Note de Léon Nemry, 9 avril 1919.

23 AACA, AC-01722, lettre d'Emile Mayrisch à Tony Dutreux, 16 mars 1919.

24 *Mémorial du Grand-Duché de Luxembourg*, 34, 18 mai 1919, p. 548.

25 *Ibid.*, 28, 14 avril 1920, (article 3), p. 435–439.

au taux fixe de 1,25 et leur valeur réelle »[26]. Pour la Banque internationale, il s'agissait évidemment d'une bouffé d'oxygène bienvenue. L'entrée d'Emile Mayrisch et de Gaston Barbanson dans son conseil d'administration contribua à permettre le rétablissement de la Banque. Au fond, ne furent-ils pas ses « *appuis personnels luxembourgeois les plus forts* » et ses « *meilleurs clients* »[27] ? Alors que les grandes banques européennes se muèrent en « banques transactionnelles », la Banque internationale à Luxembourg sembla se renforcer dans son rôle de « banque relationnelle ».

La première banque à développer au Grand-Duché un programme d'ingénierie de l'information économique, coordonnant[28] ses flux par secteur, région et pays, rationalisant le renouvellement des données, pour construire un véritable système d'information, fut la Société générale alsacienne de banque (Sogenal). Elle s'installa dès 1893 dans le pays, où elle fut plus connue sous le nom de Banque alsacienne[29] et impliquée avec quelques industries de petites dimensions, dont la Société métallurgique de Bissen. A partir d'août 1921, elle entreprit de publier un bulletin trimestriel contenant « *des renseignements sur les entreprises dans lesquelles* [sa] *clientèle possède encore des intérêts* » au Luxembourg, mais aussi en Sarre[30] ; annuelle jusqu'en 1931, puis biennale, cette publication fut rassemblée dans un imposant annuaire. La seule limite à laquelle se heurta cette publication fut celle du budget alloué à la recherche d'information. Pourtant limitées, ses sources ne furent pas recoupées. Ainsi, Erich Struhl, l'agent traitant d'Henri Dismer dans l'affaire d'espionnage de la Columeta, figura-t-il toujours en 1939 comme administrateur-délégué de la société Montana, alors qu'il en avait démissionné le 1er février 1926, avant d'être révoqué le 16 mars suivant[31]... De plus,

---

26 Archives historiques de la Société générale (AHSG), 14411, note des directeurs de la Banque internationale à Adam Loesch, 3 janvier 1922. Les directeurs estimaient le compte spécial pour 64 millions de marks, soit 34 453 893,99 LUF au 31 décembre 1921. Il était encore de 39 139 684, 43 LUF au 31 décembre 1922 [*Mémorial du Grand-Duché de Luxembourg*, 28, 28 mai 1921, p. 61, et 43, 3 juin 1922, p. 61].

27 AHSG, rapport de Maurice Desprets, 18 janvier 1922.

28 Cf. Naomi R. Lamoreux, Daniel Raff (dirs.), *Coordination and information: Historical Perspectives on the Organization of Enterprise*, Chicago, University of Chicago Press, 1995.

29 Alain Plessis, « Société générale alsacienne de banque », Manfred Pohl, Sabine Freitag, *op. cit.*, p. 290–293.

30 Hors-texte de l'*Annuaire des sociétés par actions en Alsace et Lorraine, Luxembourg, Sarre*, Strasbourg, Sogenal, 1921.

31 ANLux, AC-J-4, Note de Fernand Turk pour Robert Brasseur sur l'affaire Dismer, 4 décembre 1926.

aucune analyse de ratios ne fut réalisée afin d'homogénéiser l'analyse des risques, au moins pays par pays, branche par branche. Elle n'en constitua pas moins l'un des leviers de l'« organisation de firme » caractérisant la deuxième révolution bancaire[32].

Les intérêts belges et français dans la sidérurgie luxembourgeoise

La même dose d'ignorance put être observée du côté des opérateurs financiers étrangers intervenant au Grand-Duché. Avec la reprise économique de 1879–1880 et la découverte du procédé Thomas, Allemands, mais aussi Belges et Français parcoururent cette « *nouvelle Ecosse* »[33] à la recherche de la bonne affaire. L'idée fut de rééditer le coup du financement des chemins de fer, quarante ans plus tôt, pour la sidérurgie. Deux différences fondamentales s'opposèrent à une telle réédition. Cette fois, les banques existaient dans le pays, mais le circuit de financement de l'industrie nouvelle ne passa que marginalement par elles, surtout pour les entreprises purement luxembourgeoises. Quant aux grands groupes belges ou allemands qui lorgnaient sur les richesses minérales et usinières du pays, ils arrivèrent avec leurs propres institutions financières. Ainsi, le 27 mars 1888, la Banque de Bruxelles et ses filiales régionales, le Crédit général liégeois et la Banque liégeoise, entrèrent au capital de l'usine de Rumelange, accaparant du même coup les minières de Differdange. Dix-sept ans plus tard, elles figuraient encore au conseil d'administration de la Société des hauts-fourneaux et aciéries de St-Ingbert, aux côtés d'une maison de banque bruxelloise Paul Mayer et Cie. La finance belge était implantée de longue date au Grand-Duché. En avril 1838, elle avait déjà brièvement commandité, c'est-à-dire avancé les deux tiers du capital, à Auguste Metz & Cie. En 1856, en créant la Société anonyme des mines du Luxembourg et des forges de Sarrebruck, Victor Tesch s'associa avec la banque arlonnaise Berger, appartenant à la famille de sa belle-sœur, Annette, épouse Adolphe Tesch. A partir de 1868, suite à l'entrée en banque de cet ancêtre commun d'Emile Mayrisch et de Gaston Barbanson, la Société générale de Belgique appuya Metz & Cie, mais aussi la Société Anonyme des Hauts-Fourneaux de Dudelange (1882), d'où sortit plus tard Arbed ; la banque appuya

32 Hubert Bonin, « Peut-on parler de "révolution bancaire" (XIXe–XXe siècles) ? », Eric Bonhomme (dir.), *Les révolutions industrielles et scientifiques à l'époque contemporaine*, Bordeaux, SCEREN-CRDP Aquitaine, 2007, p. 13–29.

33 Selon l'expression d'Eusèbe Greau, *Le fer en Lorraine*, Paris, Berger-Levrault, 1908, p. 10.

encore l'installation d'Ougrée-Marihaye au Grand-Duché, qui absorba par fusion la Société Anonyme des Hauts-Fourneaux de Rodange (1905)[34].

Les mandats des banques allemandes dans la sidérurgie luxembourgeoise[35]

Banques	**Banque internationale à Luxembourg (BIL)**	**Arbed**	**Deutsch-Luxemburg. Bergwerks- und Hütten-A.-G.**	**Gelsenkirchener. Bergwerks- A.-G.**	**Felten & Guilleaume Lahmeyerwerk-A.-G**
Deutsch Bank			1	1	
Dresdner Bank				1	1
Disconto-Gesell.		1	3		
Bank für Handel u. Ind.					2
A. Schaaffhausen'schen Bankv.				1	1
Bankh. A. Levy		1		1	1
Sal. Oppenheim	2	1			1
Banques privées	1		6	1	1
BIL		1			

La sidérurgie luxembourgeoise accueillit encore, avant la Première Guerre mondiale, trois principaux groupes allemands, la Deutsche-Luxemburgische Bergwerks- und Hütten-A.-G., la Gelsenkirchener Bergwerks-A.-G. et la Felten & Guilleaume Lahmeyerwerk-A.-G. Ces trois *Konzerns* rhéno-westphaliens présentèrent, tous, le même profil de consortium financier, alliant *Berliner Grossbanken*, banques régionales et locales plus ou moins liées aux premières. Seule la Deutsche-Luxemburgische compta comme second vice-président de son conseil d'administration un « *banquier* » luxembourgeois, l'avocat et ancien président de la Chambre des députés (1896–1905), Charles Simons, par ailleurs président de la direction de la Banque internationale. Alliée de cette dernière, la Dresdner Bank siégeait aussi au capital de Felten & Guilleaume, tandis que la Deutsche Bank fut

34 Archives générales du Royaume, Anderlecht, Société générale (AGR/SG), Secrétariat général, Rapport annuel 1919, p. 23. Cf Ginette Kurgan-van Hentenryk, *Gouverner la Générale de Belgique. Essai de biographie collective*, Bruxelles, De Boek, 1996, p. 59–75 et 99.

35 D'après le *Handbuch der Deutschen Aktien-Gesellschaften 1910–1911*, Berlin/Leipzig/Hambourg, Verlag für Börsen und Finanzlitteratur A.-G., 1911, *passim*.

présente dans les deux autres groupes sidérurgiques[36]. A compter du 7 avril 1913, l'Arbed n'échappa pas à cette entrisme bancaire allemand. Il ne devait pas durer car la sortie du Grand-Duché de Luxembourg du Zollverein, le 19 décembre 1918, se conjugua, le 25 mars 1919, avec le renvoi des six administrateurs et des commissaires allemands arrivés suite à la communauté d'intérêt avec l'Eschweiler Bergwerks-Verein-A.-G. ; quatre étaient des banquiers : Louis Hagen, Alfred von Oppenheim, parmi les premiers, Eduard Mosler (Disconto-Gesellschaft) et Albert Heimann (Schaaffhausen'scher Bankverein) pour les seconds[37]. Les deux administrateurs siégèrent en compagnie, en plus d'Eschweiler et d'Arbed, chez Felten & Guilleaume et chez l'aciériste Pheonix ; Oppenheim fut en outre le président du conseil d'administration de la Banque internationale à Luxembourg. Plus généralement, Hagen et Oppenheim cumulèrent sur leur seul nom respectivement quatorze et huit fonctions d'administrateurs de sociétés en Allemagne de 1900 à 1933[38]. Ensuite, les processus d'aryanisation des entreprises allemandes, dont les banques juives de Cologne, fit entrer, non directement au conseil d'Arbed, mais dans celui de Felten & Guilleaume, devenue en 1920 une participation de la firme luxembourgeoise (1920), le banquier Kurt von Schröder, associé depuis 1921 de la Bankhaus J.-H. Stein, membre de la coterie de Friedrich Flick mais surtout bien introduit dans les cercles nationaux-socialistes allemands depuis 1924. En 1934, par le biais de l'aryanisation, il accéda à la présidence du conseil de la filiale colonaise d'Arbed[39]. Bien que les titulaires des mandats ne fussent jamais les mêmes, il ressortit de cette interpénétration des conseils d'administration, une réelle interconnexion entre la finance allemande, son industrie et, après 1919, celle de l'Europe entière.

Œuvrant hors de leurs frontières, ces banquiers belges et allemands s'appuyèrent inévitablement sur la « banque relationnelle », car ils ne disposèrent pas de bureaux au Grand-Duché. Pour la Société générale de Belgique, il était même permis de la qualifier de « banque familiale », tant l'information parvenait au siège par le biais d'un réseau familial d'influence économique aux multiples

---

36 *Ibid.*, p. 289, 337 et 2140 ; *Mémorial du Grand-Duché de Luxembourg*, 44, 1er juin 1917, p. 570.

37 *Mémorial du Grand-Duché de Luxembourg*, 43, 9 juillet 1913, p. 624.

38 Harald Wixforth, « Banquiers privés et industrie allemande de 1900 à 1933 », *Histoire, économie et société*, 13, 1994, 4, p. 677–696.

39 Cornell Law Library, Nuremberg Trials Collection, The Donovan Archive, vol. XVII, Section 53.073, Office of Strategic Services, Research and Analysis Branch, Biographical Report, « Schroder Kurt (Freiherr von) », 30 mars 1945.

ramifications au Luxembourg. En effet, la « *Tescherie* »[40] (Victor Tesch, puis Léon Barbanson), par les investissements croisés qu'elle proposa à ses trois entreprises familiales favorisèrent la fusion de 1911. Par contre, pour la Banque de Bruxelles et la finance allemande, la supervision des prises de risque dépendait des informations collectées par la participation aux conseils d'administration et des courriers échangés avec des correspondants bancaires sur place (notamment pour le crédit documentaire ou les opérations de change), en l'occurrence la Banque internationale à Luxembourg. On fit reposer sur ce mode de renseignement la décision de la Berliner Handels-Gesellschaft, impliquée avec Felten & Guilleaume dans l'aciérie de Steinfort depuis fin 1911, de se défaire de Brohltal A.-G. für Stein- und Tonindustrie, fin 1917, au profit d'Arbed[41].

La Banque internationale, qui constitua l'autre centre de l'information économique, au profit de l'Allemagne cette fois, sur la sidérurgie luxembourgeoise, devint le théâtre d'affrontement de la finance belge et allemande de l'après-Première mondiale. La première manche sembla être gagnée par la Banque de Bruxelles, grâce à l'entregent de Gaston Barbanson. Ambitieux pour « sa » société des Aciéries réunies comme pour lui-même, il était animé par la volonté de lui adjoindre une banque. Justement, la Banque internationale était à celui qui saurait la prendre. Et il était le mieux placé pour le faire. Depuis qu'il se sépara de la Société générale de Belgique, au printemps 1914, il mûrissait son projet. La rupture entre l'entreprise luxembourgeoise et la banque, qui « *assurait depuis très longtemps le service financier* » de la première, était intervenue après que la seconde eût « *exigé des conditions absolument exorbitantes pour s'*[y] *intéresser* »[42]. « *Avec sa violence et son insolence habituelle* »[43], Barbanson s'associa au groupe Coppée pour non seulement placer son emprunt décidé par l'Assemblée générale extraordinaire du 9 février 1914[44] auprès de la Banque de Bruxelles, mais également pour prendre le

40 L'expression est de Ginette Kurgan-van Hentenryk, *op. cit.*, p. 75.

41 Félix Chomé, *Un demi-siècle d'histoire industrielle 1911–1964,* Luxembourg, Arbed, 1964, p. 65.

42 Archives François Bourdon, Le Creusot (AFB), 187 AQ 072, dos. 9, Note du service des affaires financières [Achille Fournier] à Monsieur Schneider, 6 avril 1914. Cf. aussi Monique Kieffer, « La reprise du potentiel industriel de la société Gelsenkirchener et la constitution du groupe ARBED-Terres Rouges (1919–1926) », Michel Polfer (dir.), *Les Années Trente. Base de l'évolution économique, politique et sociale du Luxembourg d'après-guerre ?*, Luxembourg, Saint-Paul, 1996, p. 80–81.

43 AHSG, 14411, Interprétation du contrat Felten & Guilleaume, s.d. [janvier 1922].

44 AACA, AC-Pr-8, Assemblée générale extraordinaire, 9 février 1914 ; Félix Chomé, *op. cit.*, p. 317.

contrôle de cette dernière[45] ; Coppée voulut en faire une concurrence de la Générale, nantie d'« *un portefeuille important de valeurs industrielles* »[46]. Quatre mois plus tard, la Première Guerre mondiale mit fin temporairement à cette entreprise.

A l'été 1919, Barbanson saisit l'offre que lui fit Jean Jadot, gouverneur de la Société générale de Belgique, de devenir administrateur de la Banque internationale à Luxembourg. Il était encore à Bruxelles, affecté au ministère des Affaires économiques où il attendait sa démobilisation ; elle n'intervint, avec effet le 1er, que le 30 septembre suivant[47]. Lors de son séjour à Paris, il put lire le rapport de Robert Pinot devant la commission sénatoriale pour l'expansion économique française après la guerre, du 28 octobre 1915 ; le secrétaire général du Comité des forges de France estima que « *le développement considérable de l'industrie métallurgique allemande* [était] *dû aux banques* »[48]. Peut-être pensa-t-il que procéder à l'inverse des Allemands, c'est-à-dire introduire les directeurs d'une industrie dans le conseil d'une banque, produirait-il le même effet ? Or, depuis trois mois, la Banque internationale à Luxembourg était en relation avec les autorités françaises pour assurer sa reprise. Le 4 juin 1919, le ministère français des Affaires étrangères répondit favorablement aux avances de l'institut financier. Le directeur de l'escompte de la Banque de France, Georges Robineau, conseilla même

45 Cf. *L'Indépendance belge* des 16 et 17 mars 1914.

46 AFB, *op. cit.* Sur la rivalité entre la Banque de Bruxelles et la Société générale de Belgique, cf. Ginette Kurgan-van Hentenryk, « Finance and Financiers in Belgium 1880–1940 », Youssef Cassis, *Finance and Financiers in European History, 1880–1960*, Paris/Cambridge, Ed.de la Maison des sciences de l'homme/Cambridge University Press, 1992, p. 317–335.

47 Musée royal de l'armée et d'histoire militaire, Bruxelles (MRAHM), dossier personnel de Gaston Emile Jean Marie Victor Barbanson, 13736, Extrait de matricule, 1er avril 1924. Dans un courrier à son ministre, 26 février 1919, le prince de Ligne notait que « *le président du conseil d'administration s'établi*[ssait] *définitivement dans le Grand-Duché et bien des personnes* [lui avaient] *demandé comment il se faisait qu'il port*[ât] *encore l'uniforme belge* » [ASPFAE, B12]. Pourtant, le mardi 4 mars, puis de nouveau le dimanche 13 avril, Barbanson rencontrait à Bruxelles son ami Pierre Orts, secrétaire général du ministère belge des Affaires étrangères [*Ibid.*, Note de L. de Moreau et de Joseph de Ruelle, 9 avril 1919 ; AACA, AC-01722, note de Gaston Barbanson sur son entretien avec Pierre Orts, 4 mars 1919]. Le 6 août suivant, il écrivait à son ministre une lettre et portait comme adresse de réponse le domicile de sa mère, 1 rue Defacqz. Le ministère de la Défense nationale lui écrivait encore à cette adresse en août 1921 [MRAHM, *op. cit.*]…

48 AFB, SS0 110-02, p. 48.

de s'adresser à la Banque de l'union parisienne[49]. Cette institution fut en contact avec la Société générale de Belgique depuis que cette dernière était entrée à son capital en 1890. La banque belge souhaitait de longue date s'installer sur le marché financier parisien et s'assurer de ses réserves de fonds mobilisables. Elle en fit profiter, entre 1893 et 1913, à sa filiale française, dont elle disposait de la moitié du capital, de son déploiement international. La Banque de l'union parisienne finit par s'imposer sur la place parisienne comme un institut financier d'importance grâce à son rapprochement avec la Haute Banque (les six banques Heine, Hottinguer, Mallet, Mirabaud, de Neufilze et Vernes) avant 1914[50].

Concernant la Banque internationale à Luxembourg, qui s'adressa à son homologue parisienne le 24 juin 1919, la décision institutionnelle française revint à l'offrir à la Société générale de Belgique. Et ce fut à Bruxelles, dans les bureaux de Jean Jadot, le 16 août suivant, que fut acceptée la demande luxembourgeoise de secours. La combinaison proposée par le gouverneur belge fut de confier la participation belge à sa concurrente la Banque de Bruxelles, avec une position inférieure à celle de la Banque de l'union parisienne, et un siège d'administrateur au conseil de l'institut financier luxembourgeois à *« un industriel, de préférence M. Barbanson »*. En outre, la Banque internationale n'ouvrit pas de succursale en Belgique. L'abstention de Jadot s'expliqua par un engagement de son établissement dans un projet concurrent[51], avec Werling, Lambert & Cie[52] ; la Banque générale de Luxembourg ouvrit ses bureaux à Arlon et au Grand-Duché le 29 septembre suivant[53]. Le pari ne fut donc pas de privilégier son concurrent, mais plutôt de l'encadrer solidement. Administrateur de la Banque de Bruxelles, Barbanson eut là un rôle important à jouer. De ces rencontres avec lui, Jadot

49 Archives du ministère des Affaires étrangères, Paris (AMAE), Z, Europe 1918–1940, Luxembourg, 415-2, lettre de la sous-direction commerciale à la Banque internationale à Luxembourg, 4 juin 1919 ; AHSG, 14416, dos. 28, Note s.n., s.d. (juin 1919) « Banque internationale à Luxembourg ».

50 Hubert Bonin, *La Banque de l'union parisienne (1874/1904–1974). Histoire de la deuxième grande banque d'affaires française,* Paris, Plage, 2001, p. 7–81.

51 AHSG, 14409, dos. 30, lettre de Jean Jadot à Lucien Villars, 27 juin 1919, et 14416, dos. 28, procès-verbal du comité de direction de la Banque de l'union parisienne, 19 août 1919.

52 Max Lambert travaillait avant-guerre avec la Banque de Bruxelles, *« mais (...) il n'en était pas content »* [Archives historiques de BNP-Paribas, Paris (AHBP), 416 Lux 1B, note de Chabaud, 16 juin 1919].

53 Cf. Trausch Gilbert (dir.), *Belgique-Luxembourg. Les relations belgo-luxembourgeoises et la Banque générale du Luxembourg. 1919–1994*, Luxembourg, Impr. Centrale, 1995.

crut encore, à la veille du référendum du 28 septembre 1919, en son engagement « grand belge ». Le gouverneur ne lui avait-il pas rappelé, le 25 avril précédent, que « *tous les efforts belges* [devaient] *tendre à amener une union économique du Grand-Duché et de la Belgique. Comme je l'ai fait remarquer à Mr. Barbanson, c'était une occasion unique de faire un grand pas* » ? Malgré leur opposition quant aux projets de l'Arbed relatifs à la reprise des actifs de la Gelsenkirchener Bergwerks-A.-G., Jadot reconnut aussi que « *l'administrateur de la banque de Bruxelles et président de l'Arbed*[54] (...) *avait défendu les intérêts belges dans ce dossier* »[55].

Le 26 septembre 1919, la Banque de Bruxelles accepta les conditions fixées par la Banque de l'union parisienne[56]. Six jours plus tôt, Frédéric François-Marsal, administrateur de l'institution française, avait rencontré Gaston Barbanson[57]. Les deux hommes s'étaient connus lors de l'affectation parisienne du Belge pendant le conflit ; chargé de traiter des questions économiques au cabinet du ministre de la Guerre, le Français fut son homologue officiel[58]. Le durcissement des relations belgo-luxembourgeoises autour de la question de l'approvisionnement en charbon, pendant l'hiver et le printemps 1919–1920[59], amena les autorités luxembourgeoises, gouvernementales comme législatives, à retarder l'entente autour de la Banque internationale jusqu'au 3 avril 1920. L'opération ressembla néanmoins à un jeu de dupe, fondé sur une information que chaque partenaire voulut entendre à sa façon. Le gouvernement français espéra, par la voix de son président de la commission des changes, René Chasseriau, « *l'élimination*

---

54 Il avait succédé à Léon Metz lors de l'assemblée générale, 25 décembre 1918. Ce dernier n'avait exercé qu'un intérim après le décès du premier président du conseil d'administration de l'Arbed, Hubert Muller-Tesch, le 24 février 1917 ; Félix Chomé expliqua plus tard que ce court mandat avait été déterminé par une « *raison d'âge* » [*op. cit.*, p. 52].

55 AGR/SG, Papiers Jadot, Correspondance, 5, lettre de Jean Jadot à Henri Jaspar, 25 avril 1919.

56 AHSG, 14409, dos. 30, lettre de Maurice Despret à Lucien Villars, 26 septembre 1919.

57 *Ibid.*, lettre de Lucien Villars à Maurice Despret, 30 septembre 1919.

58 Sur cette relation « spéciale », cf. Arboit Gérald, « Dans les soubresauts de la Grande Guerre: Bombardements, renseignement et affairisme au Luxembourg », Charles Barthel/Josée Kirps, *Terres Rouges. Histoire de la sidérurgie luxembourgeoise*, 1, Luxembourg, Centre d'études et de recherches européennes Robert Schuman/Archives nationales de Luxembourg, 2009, p. 96–123.

59 Cf. Charles Barthel, *Bras de fer 1918–1929*, Luxembourg, Saint-Paul, 2004, p. 150–167.

complète et définitive [du Grand-Duché] *de ses anciennes attaches allemandes auxquelles une forte représentation française de*[vait] *être substituée* »[60]. Las, la combinaison retenue n'empêcha pas la vente, six ans plus tard, de 30 % des actions de la Banque internationale à la Dresdner Bank et à ses anciens partenaires[61]. Mieux, la Luxemburger Unionbank, filiale à 100 % de la Banque internationale, ne fut pas touchée par l'épuration de ses administrateurs allemands. De juin 1923 à janvier 1924, Emile Mayrisch eut l'occasion de demander une intervention de la finance française à Paul Tirard, contrôleur général de l'administration des territoires rhénans à Trêves[62]. Cette inquiétude de l'industriel luxembourgeois déclencha, à l'hiver 1923, une mission de renseignement à Luxembourg du commissaire de la Sûreté, détaché au Centre de liaison français d'Aix-la-Chapelle, Charles Marchetti ; il découvrit qu'il en allait de même pour la Banque commerciale, ouverte le 2 juin 1921 par la maison de banque Albert Dreher[63] de Francfort[64]. Quant à la francisation attendue, elle était rendue impossible dès l'origine par l'asymétrie de l'association entre la Banque de l'union parisienne et la Banque de Bruxelles. L'information avait manqué aux autorités françaises ! Dès sa première année de fonctionnement, l'institution financière luxembourgeoise émit

> *« le vœu unanime (...) de voir aboutir au plus tôt les négociations en cours avec la Belgique, pour mettre fin à un isolement économique et financier qui risque de compromettre l'avenir même du pays*[65]. »

---

60 AHSG, lettre de René Chasseriau à Lucien Villars, 19 août 1919.

61 AMAE, Relations commerciales, 35, lettre de François de Carbonnel à Aristide Briand, 28 octobre, note de la direction politique pour la sous-direction commerciale, 8 novembre et « Note pour Monsieur Seydoux », 20 novembre 1926 ; Hubert Bonin, *op. cit.*, p. 258.

62 AN, AJ^9 4283/1.

63 Le 25 janvier 1937, Albert Anton Dreher, soixante-quatorze ans, et son épouse Minni Löwenstein quittèrent l'Allemagne en proie aux persécutions antisémites pour les Pays-Bas. Ils se lièrent à la famille d'Otto Frank ; la fille Anne, dans son journal, décrit Dreher comme un vieillard, malentendant et malvoyant. Les Dreher furent déportés vers Westerbork, le 30 décembre 1942, où Minni décéda le 10 janvier 1943. Albert fut transféré à Auschwitz où il fut immédiatement éliminé, le 26 janvier [http://www.joodsmonument.nl/page/405124].

64 Service historique de la Défense/Département de l'armée de Terre, 7 NN 2351/2, note de Charles Marchetti, 23 décembre 1923 [cf. aussi Fernand Archen, *Missions spéciales au Luxembourg*, Paris, France Empire, 1969, p. 47].

65 *Mémorial du Grand-Duché de Luxembourg*, 38, 28 mai 1921, p. 61.

Du côté de la finance belge, l'intérêt de disposer d'un moyen privilégié d'information par le biais d'une « banque relationnelle » s'émoussa rapidement. La diversification des moyens d'information économique dans l'immédiat après-guerre (sociétés fiduciaires ou de renseignements commerciaux, experts comptables), l'affiliation au fil d'information Belga qu'elle avait contribué à créer, l'internationalisation de ses activités au-delà de l'Union économique belgo-luxembourgeoise et de l'espace colonial plaidèrent rapidement pour une analyse des risques plus distanciée quant à la sidérurgie luxembourgeoise. Les industriels grand-ducaux ne tardèrent pas à s'en rendre compte. Dès le printemps 1927, Emile Mayrisch en tira les conséquences devant le comité économique de la Société des Nations. Il évoqua la spécificité du marché financier luxembourgeois, où les établissements de crédits ne purent se garantir des risques inhérents à l'octroi « *d'emprunts à la condition de commandes pour l'industrie indigène* » compte tenu des marges étroites de ses débouchés potentiels[66]. L'internationalisation de ce constat fut un moyen pour l'« Etat Arbed » d'appeler le gouvernement Bech à faire enfin de Luxembourg la place financière dont avait besoin la première entreprise sidérurgique du pays pour son expansion[67].

La première étape consista en une stabilisation monétaire. Mayrisch songea au Franc belge, mais le gouvernement dépassa ses espoirs en envisageant d'établir un Franc luxembourgeois « *basé sur l'or et indépendant* » des monnaies de ses deux voisins. Cette solution révéla encore une fois l'état des relations du Grand-Duché avec la Belgique plutôt qu'une alternative économiquement viable. Les informations qui parvinrent aux diplomates belges, d'origine journalistique essentiellement[68], laissèrent entendre que l'Arbed fut « *disposée à "gager" un nouveau franc luxembourgeois au moyen des devises que lui procurent ses exportations* »[69]. Emile Vandervelde, ministre belge des affaires étrangères, fit savoir, par l'entremise d'Arthur Bemelmans, un ami de Gaston Barbanson, qu'il désirait rencontrer Emile Mayrisch[70]. Le 14 juin 1926, ce dernier fut à

66 AMAE, B, Négociations commerciales, 9 ; *Luxemburger Zeitung*, « Luxemburg auf der Internationalen Wirtschaftskonferenz », 2 mai 1927.

67 Raymond Kirsch, « Naissance et essor d'une place financière », Gilbert Trausch (dir.), *La ville de Luxembourg. Du château des comtes à la métropole européenne,* Anvers, Fonds Mercator, 1994, p. 285–295.

68 ASPFAE, B17, 1922–1925, lettre d'Adrien Nieuwenhuys à Emile Vandervelde, 26 mai 1926.

69 *Ibid.*, B1, 1925–1934, A, 1925–1928, note « *Pour E.M.* », 14 juin 1926.

70 *Ibid.*, lettres d'Emile Mayrisch à Arthur Bemelmans, 10 juin, et d'Arthur Bemelmans à Henri Rolin, 12 juin 1926.

Bruxelles, où il considéra la position luxembourgeoise d'« *hasardeuse* »[71]. Cinq mois plus tard, le 24 novembre, face à Jacques Seydoux, au Quai d'Orsay, il la qualifia même de « *dangereuse* »[72]. Le jeu de l'« Etat Arbed », calmant la Belgique et activant la pression diplomatique de la France, permit de ramener, le 4 janvier 1927, Joseph Bech à la table de négociation. Depuis octobre, la stabilisation du Franc belge était en cours ; la parité entre les deux Francs de l'Union économique belgo-luxembourgeoise intervint quant à elle en décembre 1929[73].

Le financement de l'expansion sidérurgique luxembourgeoise[74]

La seconde étape fut plus à la portée de l'« Etat Arbed ». Elle dépendit en effet des changements intervenus dans l'information des actionnaires de la sidérurgie luxembourgeoise dans les dernières années précédant la Première Guerre mondiale. Ces entreprises, encore familiales, commencèrent à ouvrir leur actionnariat, comme quelque soixante ans auparavant les grandes compagnies européennes de chemins de fer. Cette mutation s'expliqua par l'accroissement de la taille optimale des entreprises dans ce secteur, augmentant les besoins financiers et provoquant un recours plus fréquent à l'émission de titres sur le marché, sinon à voir l'entreprise absorbée par un groupe plus important. Jusqu'en 1919, seule l'Arbed conserva sa structure familiale grâce à la fusion des sociétés de Dudelange, d'Eich et de Sarrebruck. Differdange, Steinfort et Rumelange connurent en revanche des faillites successives faute de solidité du marché financier belge et d'existence d'un tel marché luxembourgeois. Entre 1874 et 1911, les hauts-fourneaux de Rumelange virent ainsi passer quatre propriétaires différents. Les fondateurs initiaux, Nicolas Gonner-Nau, Jules Munier[75] et Charles Helson, furent certes de brillants ingénieurs, mais ils se

71 *Ibid.*, Emile Vandervelde, « Visite de Mr. Mayrisch, le 14 juin », 16 juin 1926.

72 AMAE, Europe, Z, Luxembourg, 20, Note, 24 novembre 1926. Cf. aussi la lettre de François de Carbonnel à Aristide Briand, 30 décembre 1926, suite à sa conversation avec Emile Mayrisch.

73 *Mémorial du Grand-Duché de Luxembourg*, 66, 24 décembre 1929, p. 1108–1110.

74 Cf. Gérald Arboit, « Le financement de la sidérurgie luxembourgeoise (1911–1940) », *in* Charles Barthel/Josée Kirps, *Terres rouges. Histoire de la sidérurgie luxembourgeoise*, 4, Luxembourg, Centre d'études et de recherches européennes Robert Schuman/Archives nationales de Luxembourg, 2014, p. 168–180.

75 En 1900, il créait à Nancy la société Jules Munier & Cie, pour gérer ses usines de Frouard et de Longwy, puis ouvrait en 1912 une agence parisienne. En 1917, l'entreprise était rachetée par la Société de fabrication des cylindres de laminoirs [cf. Centre des archives du monde du travail (Roubaix), 65 AQ M 863].

révélèrent de piètres gestionnaires. Sept ans plus tard, Gonner dut trouver de nouveaux partenaires, des négociants, Armand Bouvier et Florentin-Nicolas Mersch-Adam, un notaire François-Louis Gras et un ingénieur de Cologne, Michel Cahen. L'association ne dura pas et, en 1882, Antoine Pescatore, Louis Zoude & Cie, forts de leur alliance avec la banque bruxelloise de l'Union des Deux-Luxembourg, reprirent l'affaire. Cinq ans plus tard, la faillite de cette institution financière entraîna celle des hauts-fourneaux. Encore une fois, le secours vint en 1888 de la finance belge, la Banque de Bruxelles, le Crédit général liégeois et la Banque liégeoise cette fois, qui venait d'entrer au capital de Differdange. Treize ans plus tard, l'arrivée de la Deutsche-Luxemburgische Bergwerks- und Hütten-A.-G. aux termes d'une *Interessengemeinschaft* (communauté d'intérêt) permit d'apporter une stabilité à l'entreprise. Mais il fallut lui adjoindre le domaine de Differdange pour lui accorder une rentabilité financière[76].

La loi luxembourgeoise sur les sociétés commerciales du 10 août 1915 imposa peu d'obligations d'information aux entreprises[77] et leur laissa toute liberté pour établir les bilans, de sorte que leur intérêt resta limité, tandis que l'inventaire des actifs ne fut en fait pas communiqué. Les inégalités dans l'accès aux renseignements furent donc considérables. A cela s'ajouta le fait que les commissaires aux comptes ne garantissaient aucunement la sincérité des bilans qui leur étaient présentés, car aucune condition de capacité ou d'indépendance ne fut imposée pour leur nomination. La jurisprudence européenne de l'époque les soupçonna plutôt de contribuer à masquer les détournements qui purent se produire. Les banques ne furent pas les dernières à retoucher leurs bilans. A partir de février 1932, afin

> « *que l'actionnaire ne puisse comparer l'évolution comptable des valeurs dépréciées avec leur cours de bourse, les rapports annuels de la Générale* [de Belgique] *ne mentionnèrent plus la valeur d'inventaire des différents postes du portefeuille*[78]. »

Cette manipulation des bilans constitua une crainte autant pour les actionnaires que pour les créanciers. Elle se nourrit de la liberté existant dans l'estimation des immobilisations et des amortissements. Une des formes les plus aisées de

76 Archives nationales du Luxembourg, Luxembourg (ANLux), Arbed-01-2162, contrat principal signé à Düsseldorf, 25 juin 1911 ; *Mémorial du Grand-Duché de Luxembourg*, 34, 11 mai 1912, p. 24.

77 *Mémorial du Grand-Duché de Luxembourg*, 90, 30 octobre 1915, p. 925–981.

78 René Brion, Jean-Louis Moreau, *La Société Générale de Belgique. 1822–1997*, Anvers, Fonds Mercator, 1998, p. 278.

manipulation des bilans fut la constitution de réserves occultes grâce à des amortissements considérables[79]. Les actionnaires — à tout le moins ceux qui n'eurent pas accès au Conseil d'administration — se trouvèrent en général dans l'impossibilité d'évaluer la valeur des sociétés, et donc celle des titres qu'ils possédaient.

Alors que les besoins financiers des entreprises et la liberté de contracter semblèrent suffire à la même époque aux Etats-Unis et en Angleterre à faire naître des cabinets d'audit indépendants et à inciter les entreprises à y avoir recours[80], la principale source d'information des petits actionnaires et des détenteurs d'obligations de la sidérurgie luxembourgeoise resta la presse financière française ou belge. Son importance au cours du premier après-guerre, malgré les manipulations dont elle put faire l'objet pour d'autres affaires plus lointaines, ne firent que confirmer l'insuffisance de l'information disponible. Concernant les affaires luxembourgeoises, à l'instar du représentant bruxellois de la Banque de Paris et des Pays-Bas, les banques considérèrent qu'« *avancer une grosse somme d'argent* [...] *serait, ultérieurement, d'un bon placement* »[81]. Pourtant, les marchés français et belge, mais également américain et hollandais, se montrèrent peu réceptifs aux émissions de produits sidérurgiques luxembourgeois, qu'il s'agisse d'actions, d'obligations ou de bons de caisse. En juin 1920, l'emprunt de la Société métallurgique des Terres Rouges ne fut souscrit qu'à hauteur de 30 %[82]. Trois ans plus tard, Gaston Barbanson demanda à Oscar Guastella, directeur de la Banque de Bruxelles, de sonder « *discrètement des personnes compétentes de la Bourse sur la question de l'accueil que recevrait une émission éventuelle d'obligations libellées soit en francs-or, soit en dollars* ». Bien que son résultat fût « *assez divers* (...), *tout le monde a fait des objections* »[83]. Mais le président du conseil d'administration de l'Arbed s'entêta. Certainement sur le conseil de Fritz Thyssen, il contacta la

79 Cf. Alain Baudant, *Pont-à-Mousson (1918–1939). Stratégies industrielles d'une dynastie lorraine*, Paris, Pub. de la Sorbonne, 1980, p. 439–469 ; Jean-Paul Daviet, *La compagnie de Saint-Gobain de 1830 à 1930*, Doctorat, Histoire, Paris-I, 1983, p. 1456–1493 et 1640–1669, Paris, Ed. des Archives contemporaines, 1988.

80 Cf. Ross L. Watts, Jerold Zimmerman, « Agency Problems, Auditing and the Theory of the Firm: some evidence », *Journal of Law and Economics*, 26, 3, octobre 1983, p. 613–634.

81 AHBP, 416 Lux 1B, note de Chabaud, 16 juin 1919.

82 ANLux, Arbed-01-2162, compte-rendu de l'entrevue, 10 juin 1920 entre des représentants de l'Hadir et de la Deutsche-Luxemburgische Bergwerks-und Hütten-A.-G.

83 AACA, P-XLIV (44), « Note pour Monsieur Barbanson » d'Oscar Guastella, 11 juin 1923. Cf. aussi, la note anonyme pour Emile Mayrisch, relative à la devise de l'emprunt, 25 juin 1923.

Guaranty Trust Company de New York, avec qui le magnat allemand était en relation au travers de la firme Harriman Brothers & Co. Au printemps 1926, la banque américaine mandata le cabinet d'audit britannique Price & Waterhouse, qui disposait depuis 1924 d'un bureau à Francfort, pour étudier la question. Le résultat de ses analyses fut une telle surprise pour les marchés qu'il alimenta à l'été une spéculation autour du titre Arbed[84].

D'Eugène Schneider, il obtint une solution. Pourquoi ne pas lever des fonds, non plus traditionnellement au nom de la société-mère, mais depuis sa filiale de droit américain. La firme du Creusot le réalisa en janvier 1922 au travers de la Framerican Industrial Development Corporation, sa société commerciale créée en 1917 initiallement pour faciliter son commerce aux Etats-Unis ; l'émission de dix millions de dollars-or de bons 7,5 %, à vingt ans fut couverte huit fois. « *Ce type de financement [fut] en ligne avec un modèle émergent par lequel une société américaine sous contrôle étranger pouvait amasser de l'argent aux Etats-Unis pour faire des affaires à l'étranger*[85] ». Comme Arbed disposait depuis le printemps 1925 d'une filiale commerciale, l'Amerlux Steel Products Corporation, Barbanson adopta cette solution. Avec le concours de la Guaranty Trust Company et de la banque d'investissement Kuhn, Loeb & Co, Barbanson plaça sur le marché du New York Stock Exchange, en avril 1927, dix millions de dollar-or de bons 7 % à vingt-cinq ans[86]. Les conditions moins bonnes qu'il obtînt par rapport à Schneider & Cie reflétèrent simplement, aux yeux des investisseurs d'outre-Atlantique, un différentiel de notoriété entre les entreprises du Creusot et du Grand-Duché.

Mais il ne s'agissait là que d'exceptions, comme le fut en 1926 le retour de la Société générale de Belgique. En effet, la relative distance des marchés avec les titres Arbed, et plus largement luxembourgeois, tint « *à ce qu'il y* [avait] *encore trop de titres flottants* »[87] dans le capital de ces entreprises. Il y eut lieu toutefois de s'interroger sur la réalité de cette information des marchés, tant cette part flottante fut limitée. La caractéristique du capital des entreprises sidérurgiques

---

84 Propos d'Emile Mayrisch à François de Carbonnel [AMAE, Relation commerciale, 35, lettre à Aristide Briand, 5 août 1926].

85 Mira Wilkins, *The History of Foreign Investment in the United States, 1914–1945*, Cambridge, Harvard University Press, 2009, p. 157.

86 *Listing Statements of the New York Stock Exchange*, 44, New York, F. E. Fitch, Incorporated, 1927, doc. A-7465, 13 pages.

87 ANLux, Arbed, Pr-30, lettre de la Banque de Bruxelles à Emile Mayrisch, 30 septembre 1925. Cf. aussi AMAE, B, Travail et Industrie, 4, lettre de François de Carbonnel, 16 mai 1928.

luxembourgeoises reposa justement sur une mainmise de gros actionnaires. Il n'y eut « *réellement comme actionnaires permanents* » de l'Arbed que deux ou trois groupes[88] : Barbanson avec quelque dix-sept mille actions, Schneider, qui en contrôlait, depuis l'augmentation de capital du 29 avril 1922, près de seize mille, et enfin Ziane avec environ dix mille actions, soit 28 % des titres enregistrés en 1922. « *En dehors de ces actionnaires vraiment sédentaires*[89]*, il y a une seconde catégorie qui se proclame tels parce que leurs parents l'étaient et dont le principal souci est de gagner de l'argent sur la vente et l'achat des Arbed.* » Cette situation fut inquiétante pour les marchés, mais elle le fut aussi pour les dirigeants de l'entreprise sidérurgique. D'autant qu'elle fit écho aux doutes de certains actionnaires de longue date, principalement lorsqu'il s'agissait d'Adolphe Ziane, sur la stratégie retenue. En maintes occasion, il montra en comité de direction qu'il « *ne partage*[ait] *pas cette manière de voir* »[90]. A la veille d'une nouvelle émission de titres de participation, Emile Mayrisch reçut « *depuis un certain temps des renseignements très édifiants* »[91]. Ces informations lui laissèrent le sentiment amer que « *la qualité de* [ses] *actionnaires ne fut pas en partie du moins ce qu'elle devait être et que* [son rôle était de] *tâcher de l'améliorer* ». Une solution « *préférable* » à ses yeux fut « *que nos titres disparaissent un peu du marché* ».

La solution vers laquelle il pencha, et que Gaston Barbanson devait mettre en application avec sa roublardise habituelle[92], fut de faire entrer un nouveau

88 AACA, P-3/A, lettre d'Emile Mayrisch à William Thys, 28 mai 1924 ; AMAE, Relations commerciales, 35, lettre de François de Carbonnel à Aristide Briand, 5 août 1926.

89 AACA, *Ibid.* C'est Mayrisch qui souligne.

90 *Ibid.*, AC-Pr-6/6, Comptes-rendus des conseils d'administration des 27 janvier et 24 février 1922 ; AC-Pr-5/3, Compte de rendu du comité de direction, 14 janvier 1922.

91 *Ibid.*, cf. la lettre de l'agent de change bruxellois, Georges Scheys à Emile Mayrisch, 15 mai 1924.

92 Cf. le tour de passe-passe des actions Arbed dans le portefeuille de la Société générale de Belgique, en mai 1928 [AGR/SG, Secrétariat général, Portefeuille, 508, Arbed, télégrammes de Jean Jadot et de Georges Theunis à Gaston Barbanson, 4 mai et réponse de Gaston Barbanson, 5 mai 1928 ; Charles Barthel, *op. cit.*, p. 593–606]. Barbanson était familier de ce genre d'opérations. Ainsi, pour verser les quatre millions que l'Arbed devait pour acquérir sa part de capital de la Société métallurgique des Terres Rouges [cf. *Ibid.*, p. 40–41], il les emprunta sur les fonds destinés par la Banque de l'union parisienne et la Banque de Bruxelles à la Banque internationale à Luxembourg, en attente d'agrément gouvernemental luxembourgeois, contre un intérêt de 5 % [AHSG, lettres de Gaston Barbanson à Frédéric François-Marsal, 3 février 1920 et d'Henri Coquegnot à la Banque de l'union parisienne, 26 janvier 1920]...

groupe, constitué de la Banque de Bruxelles ou, à défaut, de la Société générale de Belgique, voire d'Ougrée-Marihaye[93]. L'alternative se justifia par les difficultés croissantes que rencontrât l'Arbed avec son institut de crédit. Depuis le conseil d'administration de la Société métallurgique des Terres Rouges du 17 novembre 1921, son « *point de vue bancaire* » quant à la reprise des charbonnages du Winterslag et de Droitaumont indisposa l'Arbed au-delà de la seule saute d'humeur de Barbanson. Pourtant, la situation financière de l'entreprise était des plus délicates. Comme le reste de la sidérurgie luxembourgeoise à la même époque, elle souffrit de « *perturbations graves dans sa trésorerie* » et la raréfaction des liquidités à travers le monde laissa entendre « *que la grande difficulté dans l'avenir pour le placement des produits sera*[it] *la question des crédits* »[94]. Ces informations étaient connues des marchés, et les dirigeants de l'Arbed estimèrent que la Banque de Bruxelles leur appliquait en termes de taux d'intérêt pour ses emprunts « *des conditions plus désavantageuses que les autres banquiers belges et français* (...). *La façon cavalière avec laquelle la Banque de Bruxelles trait*[ait] *l'Arbed* »[95] intervint au plus mauvais moment pour les deux protagonistes. La première vécut dans un état de concurrence acharnée avec la Société générale de Belgique, la seconde eut un impérieux besoin de trésorerie. La bascule réalisée au printemps 1914 put se faire dans l'autre sens...

Voilà l'information que souhaitât faire passer Emile Mayrisch dans sa missive à William Thys au printemps 1924 en évoquant l'entrée au capital de sa société de sa concurrente, directement ou par le biais d'Ougrée-Marihaye. L'une comme l'autre eurent « *d'autres préoccupations que celles* [d']*embêter* » l'Arbed. La première prit

> « *sur interpellation de l'assemblée générale, l'engagement formel d'employer son nouveau capital en Belgique, à l'exclusion du Luxembourg. La Société Générale ou un autre groupe financier ne* [l]'*effra*[yaient] *pas d'avantage.* [Il] *leur suppos*[ait] *assez de souci des intérêts qui leur sont confiés pour ne pas immobiliser une centaine de millions, ce qu'ils devraient faire au minimum s'ils veulent exercer une action quelconque dans le seul but de nous être désagréables*[96]. »

93 AACA, lettre d'Emile P-3/A, *op. cit.*

94 *Ibid.*, AC-Pr-5/3, Comité de direction, 9 septembre 1921.

95 *Ibid.*, FinArbed, Banque de Bruxelles, lettre de Léopold Harté à Léon Massaux, 29 octobre 1923.

96 *Ibid.*, P-3/A, lettre d'Emile Mayrisch à William Thys, 28 mai 1924.

La rupture entre les deux partenaires intervint en mai 1928, avec le retour de la Société générale de Belgique au capital de l'Arbed[97].

Une autre raison de la désaffection des marchés pour les titres sidérurgiques luxembourgeois concernait les cours d'introduction jugés parfois trop élevés, surtout lorsque l'état des marchés financiers fut encore plus tributaire de la conjoncture économique internationale qu'avant 1914[98]. Néanmoins, entre 1911 et 1940, cette société émit huit emprunts — Dudelange en plaça trois en 1895, 1898 et 1906 — et procéda à cinq augmentations de capital. Ils trouvèrent un accueil favorable au Grand-Duché, où ces émissions rythmèrent l'épargne nationale. Ce qui ne fut pas sans compliquer la tâche des banques locales. Ainsi, lors de

> *« la conversion de l'emprunt grand-ducal 4½% de 1934 en un emprunt 3¾ %, et les remboursements anticipés de l'emprunt 4 % de 120 millions des A.R.B.E.D., et de l'emprunt obligataire 5 % de la Métallurgique des Terres Rouges. Dans ces conditions, il a été de plus en plus difficile pour les banques de donner à leur clientèle des conseils au point de vue placement. Souvent il a été nécessaire d'orienter les intéressés vers les placements à l'extérieur où il a fallu faire, dans les circonstances données, une discrimination très sévère[99]. »*

Pour sa part, l'Hadir dut se contenter d'un seul emprunt, en plus de l'émission initiale d'actions. Il fut bien question d'émettre de nouvelles obligations en 1923[100], mais la fragilité financière, qui s'ajoutait à « *la situation du marché* »[101], poussa la société franco-belge à ne pas poursuivre son endettement qui l'avait déjà amenée à réduire son capital de 27 % l'année précédente. En outre, Hadir fut obligée de recourir à l'entremise des services de la Compagnie des Forges et aciéries de la Marine et d'Homécourt pour traiter ces questions sur la place de Paris[102], tandis que la Société générale de Belgique s'occupait de tout sur celle de Bruxelles. De son côté, le premier repreneur des Hauts-fourneaux et aciéries de Steinfort, la Société

97 AMAE, B, Travail et Industrie, 4, lettre de François de Carbonnel à Aristide Briand, 19 mai 1928.

98 AHBP, 416 Lux 1B, note, 31 juillet 1930.

99 *Mémorial du Grand-Duché de Luxembourg*, Annexe 5, 31 mai 1938, p. 246.

100 Dans une lettre à Gustave Trasenster, 23 septembre 1923, Gabriel Maugas fit état d'une rencontre à Bruxelles, la veille, avec Auguste Callens (Société générale de Belgique) et des représentants de la Sogenal et de la Société luxembourgeoise de crédit et de dépôts pour parler d'un emprunt de dix millions de francs [*Ibid.*, Arbed-01-1644] qui ne se réalisa pas.

101 ANLux, Arbed-01-1608, lettre d'Edmond Carton de Wiart à Gustave Lemaire, 26 avril 1921.

102 *Ibid.*, lettres de Gabriel Maugas à Théodore Laurent, 22 juillet et de Théodore Laurent au syndic de la Compagnie des agents de change de Paris, 12 août 1921.

des mines de la Loire utilisa les services de la Banque nationale de crédit, à Paris, même si elle dut recourir également aux services de la Banque internationale à Luxembourg pour compléter son capital à l'automne 1919. Ce qui donna lieu à une demande de la fiduciaire grand-ducale, dans un premier temps, à l'Arbed, puis à la Banque de l'union parisienne, ses actionnaires principaux[103].

Lors de ces émissions ou des introductions en Bourse, l'information des marchés se fit en effet à travers les banques qui, organisant presque toujours ces opérations, purent garantir implicitement la qualité des titres proposés. Elles contactèrent les journalistes pour la publicité, qui fut facturée dans les coûts généraux de l'emprunt, et les agents de change, dont l'opinion fut « *du plus grand poids auprès de la clientèle et* [pouvait] *l'influer en faveur ou non* » des produits proposés[104]. Les plus importantes, comme la Société générale de Belgique, la Banque de Bruxelles ou la Banque de l'union parisienne, eurent assez le souci de leur réputation pour éviter les manipulations trop nuisibles aux souscripteurs. Toutefois, il put arriver qu'elles lâchassent des informations au gré de leurs relations de clientèle. Ainsi, alors que ses obligations, dont l'émission était prévue contractuellement dans le contrat de vente des biens de la Deutsche-Luxemburgische Bergwerks-und Hütten-A.-G., souffrait d'un retour d'inscription à Bruxelles, la Société générale de Belgique laissa filtrer vers l'Hadir le montage des arrangements entre l'entreprise allemande et la holding de Schaffhouse, l'Oberrhein Aktiengesellschaft für Industriewerte, qu'Hugo Stinnes et Herman Thomas avaient organisé pour déposer tous les avoirs étrangers du konzern rhénan[105]. Si elle ne précipita pas un changement d'attitude des Allemands, pas plus qu'elle ne provoquât l'intérêt du marché français, elle offrit plus de latitude à la société franco-belge.

Dans un souci de partager leurs risques tout en s'assurant le maximum d'information, les établissements de crédit français et belges ne s'intéressèrent à la sidérurgie luxembourgeoise, comme d'ailleurs aux autres affaires industrielles mondiales, qu'à travers des syndicats. Ces derniers firent ainsi intervenir un grand nombre de banquiers d'occasion à la recherche d'un enrichissement facile, et qui purent suffire au placement de petites émissions. Mais les places étaient peu nombreuses et rares furent les élus. Ainsi, pour l'augmentation du

103 AHSG, 14416 d. 29, lettre de Joseph Rischard et Joseph Würth-Weiller à la Banque de l'union universelle, 16 décembre 1919.

104 ANLux, Arbed, Pr-30, lettre de la Banque de Bruxelles à Emile Mayrisch, 30 septembre 1925.

105 *Ibid.*, Arbed-01-1608, « Note au sujet de la lettre D.L. du 22 août 1921 », 30 août 1921.

capital de l'Arbed en 1927, Emile Mayrisch entendait que l'opération se fît « *sous le patronage non seulement de la banque hollandaise* [Internationale Bank te Amsterdam], *mais de la Banque de Bruxelles et de la Société Générale* »[106]. Mais l'institut de crédit belge lié depuis 1914 à l'Arbed se prêta de mauvaise grâce à intégrer sa concurrente dans le syndicat, au grand dam de la direction de l'entreprise sidérurgique[107]. Trois ans plus tard, la banque Lazard, qui souhaitait participer à l'emprunt Arbed[108], contacta le Crédit lyonnais pour y être intégrée. Cette dernière banque demanda conseil auprès de la Banque de Paris et des Pays-Bas, qui fit « *seulement savoir* (…) *qu*['elle] *n'a*[vait] *plus actuellement d'objection à formuler* » et renvoya le Lyonnais à ses responsabilités. Finalement, Lazard ne fut pas incorporée[109]. D'autres fois, les informations dont jouissaient les partenaires pressentis les amenèrent à renoncer à participer à une opération, soit « *que le bénéfice* [ne fut] *pas proportionné aux risques causés, non certes pas par le fond de l'affaire, mais par l'incertitude qui règne aux points de vue politique et financier dans tous les marchés* »[110], soit « *que l'émission envisagée ne* [fut] *pas un succès et que le nombre de titres à conserver par le syndicat dépass*[ât] (…) *les possibilités financières* » de l'établissement financier[111].

En outre, l'information financière sur la sidérurgie luxembourgeoise fut limitée, non pas par une quelconque technostructure entrepreneuriale[112], mais par le groupe des actionnaires dirigeants, qui allièrent à l'information privilégiée le pouvoir de décision sur le capital de l'entreprise. Cela fut particulièrement vrai à l'Arbed, au moins jusque dans ses dix premières années (1911–1924), avec l'existence d'un Comité de direction, véritable conseil d'administration au sein du véritable conseil. Ces actionnaires ne furent pas toujours les dirigeants de sociétés, comme les décisionnaires de Rumelange et Differdange, d'Hugo Stinnes à Théodore Laurent : ils se limitèrent parfois aux grandes décisions financières ou stratégiques, prises au cours des séances hebdomadaires

---

106 *Ibid.*, Ac-Pr-6/9, Compte-rendu du conseil d'administration de l'Arbed, 11 février 1927.

107 *Ibid.*, P-3/A, lettre d'Emile Mayrisch et de Gaston Barbanson à la Banque de Bruxelles, 23 février 1927.

108 AHSG, 3766, comptes-rendus des conversations téléphoniques Louis de Meeus et André Meyer des 10 et 11 septembre 1930.

109 AHBP, 416 Lux 2B, note de B.O., 17 septembre 1930.

110 AACA, P-3/A, lettre de Fritz Philippson à William Thys, 7 mai 1924.

111 *Ibid.*, lettre de William Thys à Emile Mayrisch, 23 mai 1924.

112 Adolph A. Berle, Gardiner C. Means, *The Modern Corporation and Private Property*, New-York, Macmillan, 1933.

du Conseil d'administration, sans jamais être soumis aux gestionnaires. En face de ce groupe, les petits porteurs, bourgeois dont la fortune était suffisante pour prendre le risque d'y inclure des actions, mais dont les revenus avaient une origine différente (professions libérales, hauts fonctionnaires, propriétaires terriens…), accumulèrent une épargne sans participer en rien à la direction de l'entreprise. Ils n'eurent ni les contacts professionnels avec les affaires, ni le temps nécessaire pour surveiller réellement la gestion des entreprises. Que pesèrent ces 35 % d'actionnaires de la Société anonyme des Hauts-Fourneaux et Forges de Dudelange, ayant chacun moins de quatre-vingt titres, dans la décision de fusionner ses activités avec la Société en commandite Le Gallais, Metz & Cie et la Société anonyme des Mines du Luxembourg et des Forges de Sarrebruck, représentée par 36 % (douze personnes morales ou physiques) ayant plus de trois mille titres ?

Pourtant, craignant que l'élargissement de l'actionnariat des entreprises le rendît ingouvernable, l'« Etat Arbed » tendit alors à renforcer les pouvoirs des actionnaires majoritaires, ce qui conduisit à dénier tout droit aux minoritaires, voire à restreindre ceux des créanciers. Il était de notoriété commune que « *la fiscalité luxembourgeoise fut antisociétaire* »[113]. Afin de mieux contrôler l'information boursière, il chercha également à s'assurer une meilleure inscription des titres luxembourgeois. La question de protéger la société contre les risques en capital fut récurrente pendant les années 1920. Elle sembla la solution contre tous les maux imaginables. En 1921[114] et 1923[115], elle permit de faire face à la raréfaction du crédit. Au printemps 1922, elle visa à se protéger des prédations fiscales de l'Etat luxembourgeois. De Bruxelles, elle sembla en voie de résolution.

> « *Certains grands industriels (…) laissent déjà entendre qu'ils envisagent la possibilité de transférer, dans un avenir plus ou moins rapproché, les sièges sociaux de leurs entreprises en Belgique (…). Le comte Laubespin croit pouvoir affirmer de source sûre que l'Arbed étudie, en ce moment, une combinaison pour établir, en Belgique, toutes ses réserves, titres, comptes de trésorerie, etc. pour en soustraire les revenus aux impôts considérables envisagés par le gouvernement*[116]. »

De France, certainement induit en erreur par l'existence de l'Union économique belgo-luxembourgeoise, elle semblait déjà résolue. Au printemps 1927, les Aciéries

113 ANLux, Arbed-01-2157, « Note pour Monsieur Forveille », 20 avril 1927.

114 Sur le « trust métallurgique belgo-luxembourgeois », cf. AACA, AC-7501 ; Charles Barthel, *op. cit.*, p. 559–564.

115 AACA, P-XLIV (44), Gaston Barbanson, « Note sur la constitution d'une société financière », s.d. [1923–1924]

116 ASPFAE, B17, Note pour le Premier Ministre, 8 mai 1922.

de Rombas songèrent en vain à gérer leur portefeuille d'action Hadir depuis le Grand-Duché afin de fuir la double fiscalité française (impôt général sur le revenu et impôts cédulaires)[117]. En août 1928, la question ressurgit à l'occasion de l'entrée de la Société générale de Belgique au capital de l'Arbed[118]. A chaque fois, l'opération buta sur l'inexistence au Grand-Duché d'une loi similaire à celles, suisse ou belge, sur les sociétés holdings.

Qu'à cela ne tint ! L'« Etat Arbed » disposait des moyens de rendre cette *« arme de défense »*[119] réelle. Là résidait la réalité de la puissance de cette entreprise depuis les lendemains de la Première Guerre mondiale. Alors que sa présence à la Chambre des Députés semblait réduite à la portion congrue et que le parti libéral se délitât, Emile Mayrisch sut s'assurer des *« excellentes intentions »*[120] du gouvernement à l'égard de son entreprise, et par là à l'égard de toute la sidérurgie nationale. Concernant les holdings, Gaston Barbanson pensa pouvoir passer en force en transformant la Société métallurgique des Terres Rouges avec la complicité du directeur de l'Enregistrement et des Domaines, le conseiller d'Etat Pierre Braun. Le modèle qu'il avait en tête fut l'évolution de la Société financière de transports et d'entreprises industrielles (Sofina), dont il fut membre du conseil d'administration[121], ou l'Union européenne industrielle & financière que son associé Schneider avait lancée en avril 1920 et qui y avait déposé sa participation acquise en 1926[122]. Puis, se ravisant sur le conseil de ses directeurs financiers et du contentieux, Léopold Harté et Léon Metzler, il pensa plus utile d'orienter un changement de la loi de 1915 sur les sociétés commerciales. Dans l'esprit du président du

117 ANLux, Arbed-01-2157, lettres de Léon Forveille à Gabriel Maugas, 5 avril et de Lucien Delahaye à Léon Forveille, 7 avril 1927.

118 AACA, FinArbed, Etude Holding , « Création d'une Holding Company », 2 août 1928 et « Résumé des entretiens des 2 et 3 août 1928 », 3 août 1928 ; Charles Barthel, *op. cit.*, p. 603–605.

119 *Ibid.*, « Création d'une Holding Company », *op. cit.* ; Léon Metzler, « Modification de la loi sur les sociétés commerciales », 11 août 1928.

120 *Ibid.*, EIA, Forme juridique, Cartel de l'Acier (Impôts), 3e note [de Léon Metzler relative à un entretien avec le directeur de l'Administration des Contributions], 15 octobre 1926.

121 AMAE, Europe 1918–1940, Luxembourg, 27, note circulaire de la sous-direction des Relations commerciales des Affaires étrangères à la direction des Fonds du ministère des Finances et à l'ambassade de France à Bruxelles, 23 novembre 1928 ; AACA, FinArbed, Etude Holding, « Holding Co Arbed. Sofina Luxembourgeoise », 21 octobre 1929 et « Holding Sofinarbed », 30 octobre 1929.

122 *Journal des finances*, 29 novembre 1929 ; Hubert Bonin, *op. cit.*, p. 267.

conseil d'administration de la première entreprise luxembourgeoise, une holding permettrait de

> *« 1) grouper les actionnaires importants de l'Arbed ; connaître les opposants qui se buteraient ainsi à l'action massive de la Holding Co. ; 2) recueillir par l'émission de titres de la Holding Co. tous les moyens financiers nécessaires au groupe*[123]. »

Enfin, elle permettrait d'échapper, comme l'eurent déjà pointé les Aciéries de Rombas un an plus tôt, à la double imposition, cette fois luxembourgeoise, sur le revenu et complémentaire, instaurée par la loi du 26 novembre 1927[124].

Deux autres propositions furent avancées au cours de l'été 1928 par les services de l'Arbed, avec le concours de Me Maurice Hermans, avocat à la Cour de cassation de Belgique. La première visait véritablement à empêcher la formation d'une opposition au sein des conseils d'administration. Elle s'inspira localement d'une mesure adoptée par le groupe belge Ougrée-Marihaye, qui créa de nouvelles actions à vote plural[125] (5 voix) et les plaça « *en mains sûres* » auprès de sa filiale commerciale, la Socobelge[126]. Cette solution fut largement employée dans « *les pays à monnaie dépréciée* »[127] et où les « *mouvements de fonds de l'extérieur vers l'intérieur* [amenaient] *dans les banques une affluence considérable de capitaux* »[128]. Mais cette possibilité ne sembla pas avoir l'aval des autorités boursières, la presse française évoquant leur refus de les accepter à la cotation[129]. La seconde solution fut le « *vote par omission* », qui revint à déposséder les actionnaires absents de leur capacité à décider. Mais cette alternative risquait de braquer le Conseil d'Etat qui « *ne se rallierait certainement pas à un*

---

123 AACA, FinArbed, Etude Holding, Notes pour le Directeur de l'Enregistrement, s.d. [août 1928] et 9 août 1928.

124 *Mémoire du Grand-Duché de Luxembourg*, 66, 3 décembre 1927, p. 875–909.

125 Sur cette notion, cf. Urbain J. Vaes, La *technique du financement des entreprises et spécialement des sociétés anonymes* (Louvain, Fontegu, s.d. [1929], p. 324-329, André Bouton, *La fin des rentiers. Histoire des fortunes privées en France depuis 1914* (Paris, Trémois, 1932, p. 286, André Neuburger, *Le détournement de pouvoir dans les sociétés anonymes*, Paris, Sirey, 1937, p. 64–66, Maurice Rebotier, *Les participations bancaires à l'industrie*, Paris, Sirey, 1935, p. 226.

126 FinArbed, Etude Holding, « Création d'actions Arbed à voix multiples », 2 août 1928.

127 *Mémorial du Grand-Duché de Luxembourg*, Annexe 5, 23 juillet 1923, p. 116.

128 *Ibid.*, Annexe 5, 3 juin 1927, p. 110 ; *Ibid.*, Annexe 1, 30 avril 1928, p. 1 et 57 ; *Ibid.*, Annexe 2, 29 mai 1929, p. 84.

129 AACA, Contentieux, lettre de Léopold Harté à Léon Metzler, 15 août 1928.

pareil système »[130]. Aussi valut-il mieux attendre que l'action législative arrivât à son terme.

Les transactions de la Bourse de Luxembourg (1929–1940)[131]

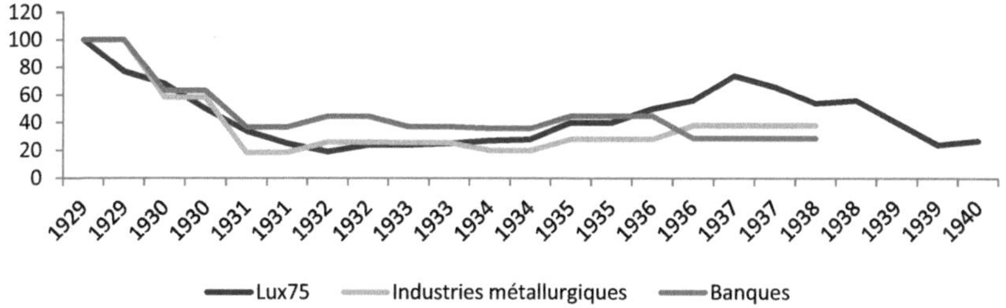

Le vote de la loi du 31 juillet 1929 sur le régime fiscal des sociétés de participations financières (*Holding companies*)[132] ne fit qu'entériner une situation qui existait déjà ailleurs, dans le monde anglo-saxon, mais également en Belgique et en Suisse depuis le milieu du XIXe siècle et en France depuis la veille de la Première Guerre mondiale. Toutefois, la particularité favorable du paysage financier luxembourgeois amena une rapide croissance du nombre de holdings luxembourgeoises (+ 95 %, 1929–1938)[133]. Cette vitalité intrigua le Secret Intelligence Service (SIS) britannique qui, au printemps 1931, se décidât de placer un agent à Luxembourg. Le poste d'Anvers rechercha des informateurs sur « la question financière (…) ; lesquels purent être surveillés par les agents se rendant occasionnellement dans ce pays. » Il s'adressa « à un de ses anciens en Belgique

130 *Ibid.*, FinArbed, Etude Holding, « Modification de la loi sur les sociétés commerciales », 11 août 1928.

131 Sources : Indice Lux75 (Indice 100 en 1929), *Bourse Information*, 36, 22 juin 2004, p. 10 ; indices valeurs (Indice 100 en 1929), Rapport annuel de la chambre de Commerce de Luxembourg (1929–1938), *Mémorial du Grand-Duché de Luxembourg*, *passim*.

132 *Mémorial du Grand-Duché de Luxembourg*, 39, 3 août 1929, p. 685–687. Cf. Delvaux Bernard, Reiffers Edmond, *Les sociétés holding au Grand-Duché de Luxembourg. Etude théorique et pratique de la loi du 31 juillet 1929*, Paris/Luxembourg, Sirey/Impr. de la Cour, 1969.

133 En tout, 1 215 sociétés holdings furent crées en 1929 et 1938 ; 11 % disparurent, dont 92 pour le seul second semestre de l'année 1935 [Rapport annuel de la chambre de Commerce de Luxembourg (1929–1938), *Mémorial du Grand-Duché de Luxembourg*, *passim*.].

et actuellement à Luxembourg, spécialiste des questions bancaires ». Il s'agissait d'un employé d'un agent de change de la nouvelle bourse, Joseph Lacampe, « opérant pour le compte » de Robert Farin, propriétaire de la charge d'agent de change Farin et Cie à Bruxelles, depuis 1929. Les Britanniques souhaitèrent connaître les « importations de capitaux étrangers (...), [leurs] détails (...), leur placement, leur rayon d'action, etc. », et plus particulièrement « concernant l'évasion de capitaux (fraude sur l'impôt) »[134]. A la lecture de ces besoins d'information, il ne fut pas difficile de voir se profiler derrière le SIS la main de His Majesty's Treasury, le ministère des Finances britanniques qui participait de la communauté britannique du renseignement. La défense de la City, principale place financière européenne expliqua cette mission de renseignement.

D'autant que « *Malgré la dépression* » internationale, l'information relative aux « *faveurs toutes spéciales, et sans équivalent en Europe, qui (...) étaient offertes* »[135] se répandit en France et en Belgique, mais également en Allemagne et, surtout, en Grande-Bretagne. Les banques internationales à Luxembourg et Alfred Lévy & Cie s'arrogèrent l'essentiel de ce marché. Le 9 décembre 1936, la Banque générale de Luxembourg accueillit celles de la Société générale de Belgique, la Compagnie luxembourgeoise de participations industrielles (Copalux)[136], créée pour gérer ses « *participations (...) dans toutes entreprises luxembourgeoises et étrangères* », dont 90 % étaient représentées par des titres Arbed et Hadir ; l'institut d'émission belge fonda sa décision sur la nécessité « *de rétablir progressivement l'équilibre entre* [ses] *investissements et* [ses] *fonds propres* »[137]. *A contrario* l'amélioration de la situation financière de l'Arbed — Gaston Barbanson déclamait à qui mieux mieux « *que la Société n'avait pas besoin d'argent* »[138] — fit qu'elle s'abstînt finalement de créer sa propre holding. Il est vrai que son président du conseil d'administration y songeait encore au moment de placer les actions Arbed sur le marché parisien, en avril 1930[139].

134 SHD/DAT, 7 N[2] 2394, notes de Sevenec, 11 mai 1931 et 10 avril 1933, et du Bureau régional d'études militaires (Metz), 15 mai 1933.

135 *Annuaire des sociétés par actions en Alsace et Lorraine, Luxembourg, Sarre*, Strasbourg, Sogenal, 1931, p. 730.

136 *Ibid.*, 1937, p. 808 ; *Mémorial du Grand-Duché de Luxembourg*, 9, 6 février 1937, p. 84.

137 AGR/SG, Secrétariat général, Portefeuille, 30, Copalux.

138 AHBP, 416 Lux 2B, compte-rendu de la conversation téléphonique entre Henri Jahan et Charles Van Aalst, 10 septembre 1930.

139 AHSG, 14417, Société anonyme des Aciéries réunies de Burbach-Eich-Dudelange, 28 avril 1930.

Début juillet, Barbanson donna une interview à la presse belge, où il parla de ses « *projets de constitution d'une holding* », dont un milliard de francs belges serait offert à la souscription, entraînant une chute des cours[140]. Il ne fut cependant pas exclu qu'il fît référence à la transformation en cours de la Société des Ciments de Buda, dont l'Arbed contrôlait 19,20 % du capital[141].

Une autre raison à l'abstention de l'entreprise à se lancer dans la constitution d'une holding tint peut-être à l'ouverture, le 6 mai 1929, de la Bourse de Luxembourg. Cette autre réalisation de l'« Etat Arbed » se fit par l'entremise de la Chambre de commerce de la ville. Fort de ses entrées auprès du ministre d'Etat Joseph Bech, il réussit à rappeler au gouvernement son vieux souhait d'en créer une[142]. Il mobilisa aussi depuis 1911 la présidence de la chambre[143] (Léon Metz, puis à partir du 4 juin 1925 Aloyse Meyer). De ce fait, il ne fallut pas s'étonner de la présence de Meyer comme président de son conseil d'administration. L'implication de l'« Etat Arbed » se manifesta par la seconde place faite à Gaston Barbanson, seul industriel avec le député Marcel Cahen, beau-frère de Meyer, à siéger au milieu d'un parterre de huit banquiers et juristes[144] de la place financière qu'était devenue Luxembourg. Là encore, la décision prise montra les liens étroits entre les centres politiques et financiers de la place. Mais en l'ouvrant au grand large, la Chambre de commerce espéra voir éclore

> « *un marché qui permettra des opérations d'arbitrage avec les Bourses principales de l'Europe occidentale. Les opérations d'arbitrage seront facilitées par des communications téléphoniques que l'on est occupé à rendre aussi sûres et aussi rapides que possible. Sous peu, Luxembourg sera relié par câble souterrain à Bruxelles, ce qui permettra des communications faciles avec les Bourses de Bruxelles, Anvers, Amsterdam et Londres. Le câble souterrain Nancy-Metz-Luxembourg est posé actuellement ; à Nancy se fera la jonction au câble Strasbourg-Paris, ce qui permettra de traiter sans difficulté avec*

140 AHBP, 416 Lux 1B, « Arbed », 31 juillet 1930. C'est l'auteur anonyme de cette note qui souligne.

141 Félix Chomé, *op. cit.*, p. 47.

142 ANLux, CI 3, Bourse de commerce à Luxembourg 1882–1934. Cf. aussi « Rapport général sur la situation de l'industrie et du commerce » de 1909 et de 1927, *Mémorial du Grand-Duché de Luxembourg*, annexe 27, 14 mai 1910, p. 14–15 et annexe 1, 30 avril 1928, p. 48 et 57.

143 En fait, la famille Metz trustait ce poste depuis plus longtemps encore, puisqu'Edouard, fils d'Adolphe, l'occupa de 1884 à 1895, auquel succéda jusqu'en 1904 son cousin Emile, fils de Norbert. Leur cousin, Léon, fils d'Auguste, fut le dernier de la famille à occuper ce siège, jusqu'à son retrait de 1925, permettant à Aloyse Meyer d'y être élu.

144 *Mémorial du Grand-Duché de Luxembourg*, 22, 28 avril 1928, p. 519.

> *Paris, Nancy, Strasbourg et Lyon. Les relations téléphoniques avec l'Allemagne, quoique établies par circuits aériens, permettent dès à présent de s'entendre sans difficultés avec Berlin, Francfort, Dusseldorf et Essen*[145]. »

Derrière cet objectif générique, se cachait aussi l'espoir de faire circuler vers Luxembourg un flux d'informations économiques qui profiterait à tous les opérateurs économiques, à commencer par la sidérurgie et, en premier lieu l'Arbed qui compta parmi les premières valeurs de référence cotées. La cotation des titres de la sidérurgie luxembourgeoise permit d'accéder aux marchés de Bruxelles et de Paris plus librement qu'auparavant. Surtout, elle leur offrit une meilleure visibilité. Dans ce secteur, comme dans d'autres, la dépendance envers le marché financier, liée à ses besoins réguliers et importants, imposa aux entreprises de maintenir leur réputation à long terme. De même, les actionnaires extérieurs, tenus inévitablement dans une infériorité informationnelle, purent ainsi obtenir une indication de la valeur de la sidérurgique luxembourgeoise. Pour les opérateurs, agents de change et banquiers de la place, elle fut aisément mesurable : les mises à feu des hauts-fourneaux et leur nombre constituèrent une information d'importance que la presse économique des années d'entre-deux-guerres exploitât avec un délai inévitable. Ainsi, l'objectif ne fut pas tant la valeur des actifs, mais la détention d'informations spécifiques variées.

145 *Ibid.*, Annexe 2, 29 mai 1929, p. 86–88.

Chapitre 4 De l'information sidérurgique

L'information naquit de la rencontre d'une « donnée » et de l'intentionnalité d'un acteur. La sidérurgie luxembourgeoise, en tant que donnée informationnelle, généra trois séries d'intervenants différents. Les premiers, de nature médiatique, eurent pour objet de rapporter des « informations brutes », agrémentées parfois d'un commentaire. Les seconds furent plus protéiformes, dans le sens qu'ils allièrent dans la même sphère des acteurs étatiques et privés, des acteurs publics et officieux. Les derniers appartenaient au monde de la finance qui, agissant parfois par l'intermédiaire d'agents particuliers pour se prévenir de tout risque, n'en furent pas moins client et consommateur de l'information sidérurgique. De fait, la même « information brute » concernant les acteurs économiques luxembourgeois prit un sens différent selon le système des intentions prioritaires qui animèrent ces différents acteurs.

Directeur technique en charge du dossier cinématographique en 1921–1922 avec Aloyse Meyer, Arthur Kipgen le montra bien dans ses instructions de visionnage. Toute liberté fut donnée à chacune des succursales internationales de la Columeta de

> *« reproduire le film là où elle le jugerait efficace pour la bonne réclame (...). Comme nous n'avons pas l'intention de faire un film aux qualités purement techniques, mais plutôt un film de propagande (...), il intéressera en premier lieu le grand public et en second lieu seulement les techniciens ».*

Une proposition de découpage en séances d'une quinzaine de minutes accompagnait cette explication de l'information à diffuser selon les publics que le film entendit atteindre[1]. Le même distinguo put être également fait selon la nature des données recherchées. De tout temps, il exista en effet une gradation des modes de collectes selon le degré de « difficulté » d'accès à l'information.

Classiquement, il a été distingué trois groupes :

- L'information est dite blanche si elle est totalement « ouverte » (publique et accessible), ne bénéficie d'aucune protection particulière et peut faire l'objet

1 Archives de l'administration centrale de l'Arbed, Luxembourg (AACA), AC-617, projet de lettre d'Arthur Kipgen, 12 novembre 1921. Cf. aussi Charles Barthel, « "Columeta" ("Vu Feier an Eisen". L'aventure du premier film publicitaire de l'ARBED », *Hémecht*, 1998/2, p. 198.

de recherches avec des outils grand public : chacun peut y accéder, la recueillir, la traiter et la diffuser.

- L'information est dite grise si, au contraire, elle ne fait l'objet d'aucune publicité et n'est pas aisément accessible : elle est le produit d'un travail intellectuel ou d'une expertise, nécessitant l'utilisation de techniques avancées de recherche et de traitement (réseaux relationnels, groupes de discussion d'experts…).
- L'information est dite noire si elle est protégée par la loi, le secret professionnel ou des règles de protection contractuelles (clause de confidentialité) et, de fait, réservée aux seules personnes autorisées, qui auraient le « besoin d'en connaître » : pour capter ces informations, il est nécessaire d'enfreindre les règles du droit (espionnage industriel)[2].

Plus conceptuelle que réellement opérationnelle dans le domaine du renseignement et de l'intelligence économique, tant les informations à valeur ajoutée se situent toujours aux marges, cette typologie présente l'avantage de permettre l'analyse des comportements des différents acteurs face à leur besoin d'information. Appliqué à la sidérurgie luxembourgeoise perçue entre 1911 et 1940 par les observateurs français et belges, elle permit de faire surgir trois types d'information différente, statistique, financière et technologique.

Une information statistique

Toute activité économique produit naturellement de l'information. L'industrie sidérurgique et minière n'y échappa pas, bien au contraire. Les cheminées, les hauts-fourneaux, les chevalets des mines en furent même les premiers indices de médiation. S'ajoutèrent ensuite une urbanisation qui témoigna autant de l'activité de ces entreprises que d'une certaines conceptions de l'homme. Certes, les emprises industrielles commencèrent aussi à s'entourer de hauts murs dès la fin du XIXe siècle. Loin de vouloir noircir une information qui restait par nature blanche, il s'agissait de marquer une limite entre le monde de la ville et celui du travail. Des règlements et des surveillants veillèrent aux mesures d'ordre et de police ainsi prescrites pour la sûreté des ouvriers. Ils rappelèrent néanmoins, par cette médiation, le besoin de protéger l'outil de travail face aux tentatives

2 Cf. Jean Pichot-Duclos, *Les guerres secrètes de la mondialisation. Guerre économique, guerre de l'information, guerre terroriste*, Panazol, Lavauzelle, 2002, p. 112–113 et 308–309.

de déprédation ou d'intrusion, comme le demandèrent d'ailleurs les autorités administratives[3].

Etat de la sidérurgie luxembourgeoise au 31 décembre 1921[4]

Hauts-fourneaux	Nombre total	En marche	
Arbed			
Dommeldange	3	0	0
Eich	6	5	83 %
Dudelange	6	3	50 %
Burbach	8	4	50 %
	23	12	52 %
SMTR			
Esch	5	0	0
Belval	6	5	83 %
	11	5	45 %
Arbed + SMTR	34	17	50 %
Hadir			
Differdange	10	4	40 %
Ottange	3	0	0
Rumelange	3	0	0
	16	4	25 %
Rodange	5	2	40 %
Steinfort	3	2	67 %

Cette fermeture de l'information ne fut qu'apparente. Les fumées des hauts-fourneaux, le passage des ouvriers au portail, les stocks de matières révélèrent journellement l'état de l'entreprise à l'observateur intéressé tout autant que s'il déambulait dans l'usine ou sur le carreau de la mine. Cette observation fut à la base du travail des journalistes, des diplomates, des banquiers et des industriels eux-mêmes. Elle fut en effet révélatrice des processus de création et d'intégration économique en cours. Par ce moyen empirique d'information, des partenariats financiers et entrepreneuriaux furent noués, comme le démontra l'entrée de la finance liégeoise dans la sidérurgie luxembourgeoise au XIXe siècle. La fusion de la société anonyme des hauts-fourneaux de Rodange avec le groupe

3 Gérald Arboit, *Terres Rouges. Le fer et le feu à Audun-le-Tiche*, Knutange, Fensch Vallée, 1997, p. 65.

4 *Revue de l'industrie minérale*, 34, 15 mai 1922, p. 159.

Ougrée-Marihaye, le 27 avril 1905, s'expliqua aussi par une simple observation des possibilités du site luxembourgeois, voisin de l'usine de la Chiers, à Longwy, que la société liégeoise contrôlait depuis deux ans déjà. En 1920, la présence de cette dernière dans le capital d'Hadir, puis quatorze ans plus tard les ouvertures faites à Arbed répondirent de cette logique industrielle fondée sur une information de proximité.

Une autre dimension de ces données de voisinage put être la réputation. Nourrissant les info-agressions, comme sur la prétendue collaboration de l'Arbed pendant la Première Guerre mondiale[5], elle fut au centre des problématiques publicitaires, c'est-à-dire des ventes. Ainsi la mise en avant de la marque « Grey » ou « Din » par l'Hadir fut une stratégie de distinction dans un marché sidérurgique en crise pendant les années 1920–1930. L'affirmation de l'Arbed comme la principale industrie du Südwestlische Gruppe (groupe du sud-ouest, Sarrebruck : Sarre, Lorraine, Luxembourg) du Verein Deutscher Eisen - und Stahlindustrieller (association des industriels allemands du fer et de l'acier, Berlin) avant la Première Guerre mondiale ou la politique de communication de son président de la direction générale ensuite favorisèrent plus la visibilité de l'entreprise à l'étranger, grâce à une bonne réputation implicite, que toutes les couvertures journalistiques. Ce fut donc vers le Luxembourg que se dirigea par deux fois, en avril 1910, puis à nouveau en août 1913, Lionel Beaumont Thomas. Pendant deux ans la première fois et un an la seconde, interrompue par l'invasion allemande d'août 1914, le fils aîné du magnat de l'acier gallois, Richard Thomas & Co, passa à chaque fois le plus clair de son temps auprès des principaux sidérurgistes luxembourgeois[6]. Lors de son premier séjour, qui fut réellement dédié à sa formation pratique, après son passage à l'université de Rugby, il séjourna vraisemblablement chez le consul de Grande-Bretagne, Norbert Le Gallais. Ainsi assista-t-il à la formation de l'Arbed. « *Il passa tout son temps* » dans la nouvelle entreprise deux ans plus tard, sur injonction maternelle suite à des amours désapprouvées[7]. Du 21 août au 30 septembre 1922, un jeune étudiant en fin de deuxième année de l'Ecole municipale

5 Cf. Archives générales du Royaume, Bruxelles (AGR), Fonds Broqueville, Correspondance, 43, lettre de Gaston Barbanson à Charles de Broqueville, 2 novembre 1917 ; AACA, « Syndicat de l'Alzette », Rapport de Joseph Petitjean à Achille Fournier, Jules Aubrun et Léon Lévy, 26 juin 1919 ; *Ibid.*, P-XXIX (39), Notes et rapports, 1, 1914–1940, Déclaration, sans lieu ni date [certainement novembre 1919]. A noter que l'on retrouve les mêmes accusations plus ou infondées.

6 David Wainwright, *Men of Steel, The History of Richard Thomas and his Family*, Londres, Quiller Press, 1986, p. 68.

7 *Ibid.*, p. 74.

de physique et de chimie industrielle de la ville de Paris, Frédéric Joliot, dut faire un stage. Il se tourna naturellement vers l'Arbed, qui l'affecta au service thermique de l'usine d'Esch-sur-Alzette, comme commis-ingénieur[8]. Mais il était plus marqué par les « problèmes sociaux ». Ingénieur diplômé l'année suivante, il songea un temps à faire carrière dans la sidérurgie, envisagea de s'engager aux... Aciéries de la Marine... Mais sur le conseil de Paul Langevin, il se tourna vers la recherche et devint l'assistant de Marie Curie[9].

Le développement des techniques d'information des entreprises à partir des années 1890, grâce à la révolution administrative[10] — invention de nouveaux supports de l'écrit et de l'information, normalisation et standardisation, circulation des procédés par capillarité des domaines de l'administration publique à ceux des affaires —, ouvrit les capacités de l'information économique publique. L'entre-deux-guerres européen vit les industries devenir des complexes considérables, ainsi que les marchés de la banque et de l'assurance qui commencèrent à se décliner comme de nouvelles industries à large échelle. Cette première « société de l'information », comme la définit Paul Otlet[11], se manifesta par la généralisation de la statistique. L'augmentation des activités économiques et de leur scriptualisation posa la question de la conservation et du stockage de ces écrits, mais aussi de leur tri et de leur indexation. Le classement des faits qui découla de ces soucis ouvrit inévitablement au monde de la donnée, dont la statistique fut la technologie de traitement[12]. Cette dernière apparut dans le fonctionnement des Etats dès le début du XIXe siècle. Créé en 1833 au ministère de l'Intérieur, le Bureau de la statistique générale de la France fut attaché au ministère de l'Agriculture et du Commerce sept ans plus tard. A la même époque, en 1841, la Belgique se dota d'une Commission centrale de statistique. En 1855, le Luxembourg

8 *Archives. Institut grand-ducal de Luxembourg, Section des sciences naturelles, physiques et mathématiques*, 16–19, Luxembourg, Victor Buck, 1946, p. 4–5 et 24–26, 1957, p. 9.

9 Michel Pinault, *Frédéric Joliot-Curie*, Paris, Odile Jacob, 2000, p. 31–32.

10 L'idée de « révolution » a été avancée par Graham S. Lowe, *Women in the Administrative Revolution. The Feminization of Clerical Work*, Cambridge, Polity Press, 1987, et reprise par les tenants des *gender studies* ; Delphine Gardey, *Le dactylographe et l'expéditionnaire. Histoire des employés de bureau 1890–1930*, Paris, Belin, 2001.

11 Cf. Françoise Levie, *L'homme qui voulait classer le monde. Paul Otlet et le Mundaneum*, Bruxelles, Les Impressions Nouvelles, 2006.

12 Sur cette évolution, cf. Delphine Gardey, *Ecrire, calculer, classer. Comment une révolution de papier a transformé les sociétés contemporaines (1800–1940)*, Paris, La Découverte, 2008, p. 159–178 notamment.

fonda à son tour une Commission permanente de statistique[13], mais l'initiative ne connut guère de lendemains et il fallut la recréer par la loi quarante-cinq ans plus tard[14]. Promue Office de statistique en 1923, elle délivra régulièrement, à compter de 1900, une information véritablement « blanche », tant elle travailla sans obligation, ni secret, ni centralisation statistique[15].

Ses travaux se concentrèrent, comme partout en fait, sur la population, les recensements modernes ayant succédé aux dénombrements d'Ancien Régime. Mais, rapidement, les enquêtes portèrent sur la richesse du pays. Cette information fut nécessaire au gouvernement pour évaluer ses rentrées fiscales, mais également pour les investisseurs potentiels dans l'industrie luxembourgeoise. La chambre de Commerce, instituée en 1841[16], s'en chargeait depuis 1845, sur un mode biennal *« lequel paraissait souvent très longtemps après l'expiration de la période à laquelle il s'appliquait »*[17]. En 1893, un « Rapport général sur la situation de l'industrie et du commerce », prit un rythme annuel dans le *Mémorial du Grand-Duché de Luxembourg* jusqu'en 1938, se substituant à l'aléatoire et initial « Exposé de la situation du Grand-Duché sous le rapport administratif, industriel et commercial » commencé en 1886.

De 1901 à 1926, le principal rédacteur fut un enseignant en sciences économiques de l'Ecole industrielle et commerciale de Luxembourg, Jean-Pierre Sevenig[18]. Cet ancien instituteur (1881–1892) prit la succession de Charles Gemen, secrétaire-greffier de la Ville de Luxembourg (1880–1894), entré en fonction en

---

13 *Mémorial du Grand-Duché de Luxembourg*, 10, 20 mars 1855, p. 84.

14 *Ibid.*, 43, 27 août 1900, p. 525.

15 Cf. Georges Als, *Statistique et études économiques au Luxembourg. Histoire et problèmes*, *Cahiers économiques*, 80, Luxembourg, Service central de la statistique et des études économiques, 1990.

16 *Mémorial du Grand-Duché de Luxembourg*, 42, 7 octobre 1841, p. 323–325.

17 Archives du service public fédéral des Affaires étrangères, Bruxelles (ASPFAE), B12, Maurice Michotte de Welle, « Grand-Duché de Luxembourg. Industrie minière et métallurgique en 1901. Bassin minier lorrain-luxembourgeois ; gisement de la Lorraine française ; canaux de la Moselle et de la Chiers », 4 août 1900.

18 *Mémorial du Grand-Duché de Luxembourg*, 61, 6 septembre 1902, p. 863. Il prit sa retraite d'enseignant *« avec le titre honorifique de ses fonctions »* le 30 mars 1927, après quarante-six ans de service [*Ibid.*, 17, 2 avril 1927, p. 267].

1872[19]. D'abord faisant fonction de son office, Sevenig fut titularisé par arrêté grand-ducal le 4 septembre 1902 et renouvelé tous les six ans jusqu'au 17 août 1926[20]. Les conditions de son éloignement de la rédaction du rapport, puisqu'il conserva le titre de ses fonctions à la Chambre de commerce au moins jusqu'en 1932[21], furent doubles. D'abord, il fut choisi pour ce poste à un moment où Emile Metz, son président, souffrait d'*« un mal impitoyable lui imposant des ménagements »*[22]. Ses compétences en sciences commerciales[23] lui permirent de suppléer à la défaillance du maître de forges.

Le successeur de ce dernier, son cousin Léon Metz, occupé par ailleurs à des fonctions électives, s'accommoda fort bien des qualités d'écriture et des compétences scientifiques de Sevenig. Ce désintérêt présidentiel expliqua peut-être la détérioration de la qualité de l'information consulaire après la Première Guerre mondiale, avec le retrait des données bancaires de la Banque internationale

19 « Rapport général sur la situation de l'industrie et du commerce pendant les années 1874, 1875 et 1876 », *Ibid.*, annexe 1, 16 juillet 1878, p. 2. Gemen avait été nommé la première fois, pour une durée de six ans, par l'arrêté royal grand-ducal, 30 décembre 1872. Il décéda en fonction, le 14 décembre 1898, signant son dernier rapport pour les années 1896–1897 [*Ibid.*, 25, 3 juin 1899, p. 60]. Cf. aussi Jules Mersch, « Charles Gemen », », Jules Mersch, *Biographie nationale du Pays de Luxembourg depuis ses origines jusqu'à nos jours*, 11, Luxembourg, Victor Buck, 1962, p. 9–10.

20 *Ibid.*, 54, 19 septembre 1908, p. 755 ; *Ibid.*, 64, 5 septembre 1914, p. 1000 ; *Ibid.*, 68, 18 septembre 1920, p. 1093.

21 Il fut nommé sous ce titre à la commission des licences d'exportation vers la France et la Sarre le 8 janvier 1932 [*Ibid.*, 2, 9 janvier 1932, p. 10].

22 Jules Mersch, « Emile Metz », Jules Mersch, *op. cit.*, 12, 1963, p. 381.

23 Il n'a pas été possible de trouver le diplôme dont était titulaire Jean-Pierre Sevenig. Les différentes étapes de sa carrière, depuis l'époque où il s'appelait Pierre et exerçait la profession d'instituteur à Wiltz (1881–1884), puis de répétiteur à l'école d'agriculture d'Ettelbruck (1884–1892), enfin professeur à l'école industrielle et commerciale de Luxembourg (1892–1927) peuvent être rapprochées de celles de Nicolas Sevenig, lui-aussi originaire de Wiltz (les deux hommes devaient être frères, Pierre, né le 2 août 1863, étant le cadet d'un an de Nicolas, né le 3 septembre 1862, fils de Michel Sevenig et Cathérine Miller [http://www.deltgen.com/pb2010/ff_9e2.html#8]. Titulaire d'un docteur en philosophie et lettres [*Ibid.*, 49, 5 octobre 1883, p. 526–527 et 49, 29 septembre 1884, p. 526–527], il avait été nommé répétiteur de 2e classe au progymnase de Diekirch [*Ibid.*, 56, 15 novembre 1884, p. 586], avant de gravir tous les échelons jusqu'à celui de professeur de 1er classe au gymnase de Diekirch [*Ibid.*, 42, 20 juillet 1908, p. 560] et d'être nommé directeur du gymnase d'Echternach [*Ibid.*, 61, 19 septembre 1911, p. 1106] où il termina sa carrière à la veille de la Première Guerre mondiale.

à Luxembourg, douanières et ferroviaires. Ne restèrent plus que de rares statistiques agricoles et sociales, mais surtout les informations sidérurgiques. Le maintien de ces dernières expliqua peut-être le mieux l'écartement de Sevenig après l'accession d'Aloyse Meyer à la présidence de la chambre de Commerce, le 4 juin 1925. Désormais, les données relatives aux minières, mines et usines, et des sujets y associés, qui figurèrent dans le « Rapport général… », sortirent des bureaux de l'« Etat Arbed », notamment de son service commercial, la Columeta. Il n'y eut donc plus besoin de Sevenig, qui fut remplacé par le juriste Paul Weber[24].

A compter de 1927, le Groupement des industries sidérurgiques luxembourgeoises publia également des données sur la sidérurgie et les mines. Il s'agissait là d'une poursuite de la mutualisation des travaux réalisés en interne par le bureau statistique de l'Arbed, créé spécialement pour André Widung, l'ancien secrétaire de la Commission permanente (1908–1914)[25] mis à la disposition, le 15 octobre 1918, de la Commission d'étude des problèmes économiques posés par la guerre et ses conséquences éventuelles[26]. Ces chiffres furent repris soit dans les rapports annuels de la chambre de Commerce, soit dans les *Bulletins trimestriels* que l'Office de statistique publia de 1933 à 1940. Les principes de calcul luxembourgeois furent empruntés, pour la partie générale, aux recommandations du Kaiserliche Statistische Amt (1872) qui parut le plus approprié compte tenu de l'appartenance du Grand-Duché au *Zollverein* jusqu'en 1918, tandis que la partie industrielle reposa sur le procédé suivi en Belgique lors du recensement de 1896.

---

24 Il avait soutenu ses deux doctorats en 1923 et 1924 [*Mémorial du Grand-Duché de Luxembourg*, 19, 29 mars 1922, p. 278 ; 10, 10 mars 1923, p. 94 ; 27, 14 juin 1924, p. 358].

25 Georges Als, *op. cit.*, p. 38.

26 Archives nationales, Luxembourg (ANLux), AE 466/2, lettre de Joseph Steichen à Emile Reuter, 8 novembre 1918.

Evolution des divers marchés d'exportations industrielles (en millions de francs)[27]

Pays	**1929**	**1932**	**1933**	**1934**	**1935**	**1936**	**1937**
Belgique	575,0	233,7	221,4	236,0	279,5	328,1	457,7
Allemagne (et Sarre)	419,3	131,3	159,6	214,5	225,7	271,2	341,5
Grande-Bretagne	204,5	106,1	81,5	84,8	68,0	78,6	117,4
France	91,7	46,2	51,9	46,1	46,2	46,0	49,3
Hollande	70,3	37,7	41,3	43,7	28,8	42,9	89,8
Suisse	48,1	36,9	28,7	29,6	27,5	30,3	30,4
Italie	150,4	27,1	41,8	29,7	21,2	2,3	14,5
Espagne-Portugal	28,4	11,0	11,0	12,0	14,6	10,2	21,5
Pays Scandinaves	136,0	57,6	56,2	83,4	77,8	94,4	138,4
Autres pays d'Europe	178,8	70,2	87,0	44,0	37,4	51,6	152,6
Afrique	93,2	31,5	26,3	23,2	26,9	35,6	63,1
Asie et Océanie	326,8	115,2	135,9	97,9	71,6	87,4	179,0
Amérique du Nord	130,2	34,7	20,1	16,2	22,5	35,0	43,6
Amérique du Sud	140,2	34,5	38,7	58,4	52,8	57,6	166,9
Destination inconnue	9,7	6,9	8,9	0,1	0,3		0,1
Total	2.604,9	981,2	1.010,1	1.020,9	1.011,0	1.171,3	1.876,0

Les données statistiques ainsi produites dressèrent un état presque complet de l'économie luxembourgeoise. L'*Annuaire des sociétés par actions en Alsace et Lorraine, Luxembourg, Sarre*, publié par la Sogenal, puisa directement ses chiffres dans les rapports de la Chambre de commerce de Luxembourg, en obtenant même communication alors qu'ils furent « *en cours d'impression* », ainsi en 1922[28]. Aussi, diplomates, mais aussi journalistes, « *hommes d'affaires et (...) industriels li*[saient] *avec profit les intéressantes informations* » ainsi produites. Ce fut d'ailleurs par la voix de la *Deustch-Bergwerks Zeitung* du 8 juillet 1920 que Théodore Laurent apprit deux semaines plus tard la fusion de la Gelsenkirchener et de la Deutsche-Luxemburgische ; le 23 juillet, il en fit copie à Gabriel Maugas[29]. Diplomates, journalistes et industriels retravaillaient les informations qu'ils recevaient, les recoupèrent avec des données provenant d'autres publications, d'origine ouverte ou non — dans le cas des informations en provenance d'autres

27 *Mémorial du Grand-Duché de Luxembourg*, annexe 5, 31 mai 1938, Rapport sur la situation de l'industrie et du commerce en 1937, p. 156.

28 *Annuaire des sociétés par actions en Alsace et Lorraine, Luxembourg, Sarre*, Strasbourg, Sogenal, 1922, p. 510.

29 ANLux, Arbed-01-2160.

postes diplomatiques ou, comme en France, des services de l'expansion économique — en fonction de leurs intentions prioritaires. Les trois pages que rédigea Jean Zénon Bernard, secrétaire du parti communiste luxembourgeois, à l'intention de Moscou, ne furent pas composées autrement[30]. De ce point de vue, ce travail pour les services de renseignement soviétiques ne se différenciait guère de l'annuaire que la Sogenal publiait chaque année et adressait « *gracieusement à toute personne qui en* [ferait] *la demande* »[31].

Avant la Première Guerre mondiale, ce travail ne fut pas possible et certains regrettèrent « *que les documents nécessaires pour déterminer la direction des courants d'affaires f*[i]*ssent défaut, tant du point de vue du commerce général, qu'à celui des échanges* » particuliers avec la France et la Belgique[32]. Pour autant que ces questions les intéressassent ! En effet, ni la diplomatie ni la presse françaises ne témoignèrent véritablement d'intérêt pour cette question avant 1915. Il était vrai que le poids des échanges avec le Grand-Duché ne les y incita guère : 0,48 % avant-guerre, alors que le petit pays comptait pour 18,57 % des échanges de la Belgique... Une telle asymétrie commerciale, qui perdura pour la période 1919–1940, suffit à expliquer les pressions belges pour l'annexion du Grand-Duché et l'apparent flottement de la position française du printemps 1915 à l'automne 1922.

En fait, l'insuffisance de l'information française sur le Luxembourg — l'essentiel des données dataient de 1913 — et la dissémination de leurs sources entre le réseau diplomatique, les groupes de pression menés par la presse et les contradictions internes au sein du Comité des forges expliquèrent pour partie la tempérance française. En fait, les positions ne furent pas véritablement fixées. Le 30 juin 1915, Antony Klobukowski, ministre de France près le gouvernement belge à Sainte-Adresse, crut pouvoir assurer le ministre belge des Affaires Etrangères, Julien Davignon, de « *l'accueil le plus sympathique* » de la France aux prétentions belges. Sur une note sans date, vraisemblablement, du lendemain, Philippe Berthelot, directeur des Affaires politiques du Quai d'Orsay, critiqua l'« *imprudence* » du diplomate. Son adjoint, Pierre de Margerie indiqua par une annotation « *A réserver pour plus tard* » que l'affaire était prématurée[33].

---

30 Archives nationales, Paris, F^7 14985, rapport de Robert Gassiot, 11 février et 20 mars 1928.

31 Hors-texte de l'*Annuaire des sociétés par actions en Alsace et Lorraine, Luxembourg, Sarre*, Strasbourg, Sogenal, 1921.

32 ASPFAE, *op. cit.*, lettre de Paul de Favereau à Maurice Michotte de Welle, 10 août 1900.

33 Archives du ministère des Affaires étrangères, Paris (AMAE), A. Paix, 1230–1.

Mais les Belges furent décidés à atteindre leur but de guerre[34], au point de lancer une campagne d'information dès le 17 avril 1915 par la voix du *Temps*. Alors que le Royaume voulut recouvrer une terre irrédente depuis 1839, la République entendit placer cette Belgique suspecte de germanophilie dans son « *orbite financière, militaire, douanière* »[35]. Ce but de guerre[36], comme « *le plus complet désintéressement* » sur la question luxembourgeoise de la France[37], dut être aussi tenace que son parallèle belge. L'immédiat après-guerre fut porteur de ce malentendu belge[38]. Il fut dû à une mauvaise interprétation de l'information française dans l'évaluation des intérêts belges au Grand-Duché, pour partie due à l'obstination des sidérurgistes liégeois et carolos à refuser toute coordination nationale de leur marché, comme proposé par la Société générale de Belgique[39], et pour partie générée par un refus des politiciens flamands. La France se servit donc de la question luxembourgeoise pour manœuvrer la Belgique afin d'y obtenir « *la substitution, aussi étendue que possible (...) des intérêts et du commerce français*

34 Cf. Gilbert Trausch, « Les buts de la guerre de la Belgique au cours de la première guerre mondiale : l'ouverture du débat (janvier-juin 1915) », *Enjeux et puissances : pour une histoire des relations internationales au XXe siècle : mélanges en l'honneur de Jean-Baptiste Duroselle*, Paris, Pub. de la Sorbonne, 1986, p. 115–128.

35 AMAE, A. Paix, 1230-1, note s. d. de Philippe Berthelot [1er juillet 1915].

36 Cf. Georges-Henri Soutou, *L'or et le sang. Les buts de guerre économiques de la Première guerre mondiale*, Paris, Fayard, 1989, p. 177–179.

37 AMAE, Z, Europe, 1918–1940, Luxembourg, 27, copie d'une note anonyme, 14 octobre 1919 relative au mémorandum belge, 5 octobre 1919.

38 Cf. Gilbert Trausch, « Les relations franco-belges à propos de la question luxembourgeoise (1914–1922) », John Bartier, François Roth, Gilbert Trausch (éd.), *Les relations franco-belges de 1830 à 1934*, Metz, Centre de recherche relations internationales, 1975, p. 275–293 [rééd. « Le Luxembourg entre la France et la Belgique (1914–1922) », *Hémecht*, 27, 1975/1, p. 7–32], « Les relations franco-luxembourgeoises au lendemain de la Première guerre mondiale », Raymond Poitevin, Gilbert Trausch (éd.), *Les relations franco-luxembourgeoises de Louis XIV à Robert Schuman*, Metz, Centre de recherche relations internationales, 1978, p. 199–214 et « Naissance d'une question luxembourgeoise (1912–1914), presse, opinion publique et politique extérieure », *Opinion publique et politique extérieure, I, 1870–1915. Colloque organisé par l'Ecole française de Rome et le* Centro per gli studi di politica estera e opinione publica *de l'Université de Milan. Rome, 13–16 février 1980*, Rome, 1981, p. 645–659.

39 Archives générales du Royaume/Société générale, Anderlecht, Portefeuille, 478, Consortium des aciéries de 1919, notes d'Eugène Witmeur, 16 octobre 1917 et 21 janvier 1918, et sa lettre à Jean Jadot, 21 février 1918.

aux intérêts et commerce allemands »[40]. La paranoïa belge fit le reste. L'erreur que commit le gouvernement luxembourgeois fut de croire à cette erreur de jugement de quelques politiciens belges.

La conclusion du traité d'Union économique belgo-luxembourgeoise, le 25 juillet 1921, alla surtout à l'encontre des vœux des industriels belges. De la même façon que le Comité des forges français craignit les conséquences de la désannexion de la Moselle accompagnée ou non d'une annexion du Grand-Duché[41], le Groupement des hauts-fourneaux et aciéries belges redouta le retour de l'ancienne province dans l'espace national. Cette crainte fut visible dans son attitude au cours de ses négociations avec son homologue luxembourgeois jusqu'en 1925. La récession économique fit de ce dernier, et particulièrement de l'Arbed, un redoutable concurrent. Comme leur unanimité « *à déclarer que l'union économique avec le Luxembourg n'offrait aucun intérêt pour eux* », les sidérurgistes belges accueillirent la convention belgo-luxembourgeoise par une campagne de presse visant à sensibiliser la représentation parlementaire en charge de la ratifier[42]. Leur audience fut assurée par quelque dix-sept journaux économiques, là où leurs collègues français ne purent compter que sur la *Côte Desfossée*... On comprend facilement que le Comité de forges français s'attacha les services du *Temps* pour défendre ses intérêts.

Dans cette entreprise d'adapter l'information aux intentions prioritaires du Groupement des hauts-fourneaux et aciéries belges, l'interprétation des statistiques luxembourgeoises fut au centre des débats. Cette question fut d'autant plus délicate que « *la statistique officielle* [était] *extrêmement critiquable en Belgique ; aucune coordination n'exist*[ait] *entre les différents départements* » chargés de la recueillir et de la diffuser[43]. Les premiers à le regretter furent les autorités

40 AMAE, Relations commerciales, C, Belgique, 1, note de Fernand Pyla, 25 novembre 1918 ; *Ibid.*, 26 mai 1919 [*Ibid.*, Z, Europe, 1918–1940, Belgique, 114].

41 Cf. les débats préparatoires de la commission du traité de Paix du Comité des forges français à l'automne 1915 [Archives François Bourdon, Le Creusot (AFB), SS 0110-02, 1. Notes préliminaires, Commission du traité de paix du Comité des forges, lettre du Comité des forges à ses adhérents des 18 septembre et 4 novembre 1915, réponses d'Humbert de Wendel (21 octobre), d'Alexandre Dreux (septembre et décembre 1915). Cf. aussi Georges-Henri Soutou, *op. cit.*, p. 180–188.]

42 Cf. Eric Bussière, *La France, la Belgique et l'organisation économique de l'Europe. 1918–1935,* Paris, Comité pour l'histoire économique et financière de la France, 1992, p. 76–77 et Charles Barthel, *Bras de fer. 1918–1929*, Luxembourg, Saint-Paul, 2006, p. 106, 215–267.

43 *Le Moniteur des intérêts matériels*, 14 septembre 1927.

productrices. Le 8 janvier 1920, Pierre Braun, directeur grand-ducal de l'Enregistrement, le fit remarquer à son directeur-général des Finances, Antoine Pescatore :

> « *Depuis plusieurs années, les périodiques allemands n'ont plus publié de données statistiques et les périodiques français récents n'ont pas encore les renseignements dont il s'agit*[44]. »

Comme il s'agissait autant d'endiguer la propagande belge que de stigmatiser l'indolence française, les Affaires étrangères luxembourgeoises furent saisies[45]. Sans conséquence semble-t-il ! Mais de tout cela, les journaux français n'en eurent que faire.

Le Quai d'Orsay ne fut pas de cet avis. Fin juin 1921, des « *bruits persistants qui s'*[étaient] *répandus à Luxembourg* (…) *quelques jours* » plus tôt poussèrent le ministre de France à vérifier auprès de Gabriel Maugas la situation de l'Hadir. En proie à de violentes grèves, on la dit à la veille de faire faillite. Le directeur général rassura le diplomate, lui indiquant simplement qu'il allait licencier une partie de son personnel[46]. Deux ans plus tard, Armand Mollard se limita toujours à envoyer à Paris le rapport trimestriel du Service commercial français, destiné au ministère du Commerce[47] ; à noter que ce dernier en adressa également une copie aux Affaires étrangères. Quant à l'ambassade de France à Bruxelles, elle adressa une fois l'an une « *note relative à la statistique extérieure de l'Union Economique Belgo-Luxembourgeoise* »[48]. Le tout au plus grand profit des lettres particulières du Comité des forges, de l'Office national du commerce extérieur ou de l'Association nationale d'expansion économique… et de la presse étrangère, comme le *Moniteur des intérêts matériels*, les *Gazette*(s) *de Cologne* et de *Francfort* ou la revue *Stahl u. Eisen*. Ces synthèses et d'autres informations encore revinrent ensuite aux Affaires étrangères françaises, dépouillées par la Section d'études de la presse étrangère de l'Etat-major de l'Armée[49]…

---

44 ANLux, AE 3584, lettre d'Alphonse Neyens à Antoine Pescatore, 14 janvier 1920.

45 *Ibid.*, lettre d'Alphonse Neyens à Emile Reuter, 17 janvier 1920.

46 AMAE, Z, Europe, 1918–1940, Luxembourg, 27, lettre d'Armand Mollard à Aristide Briand, 27 juin 1921.

47 *Ibid.*, Relations commerciales, C, Luxembourg, 34, lettre d'Armand Mollard à Raymond Poincaré, 15 mai 1923.

48 *Ibid.*, 37, lettre du chargé d'affaires de France en Belgique à Aristide Briand, 9 janvier 1930.

49 *Ibid.*, Travail et industrie, 5, note, 5 novembre 1926.

Une information financière

L'importance des systèmes d'information belge et allemand tournés vers les questions luxembourgeoises tint à l'importance des intérêts de leurs pays respectifs dans les affaires grand-ducales. Les investissements des banquiers belges et des *Konzern* rhéno-westphaliens justifièrent cet éclairage régulier, comme en France les interpénétrations de capitaux franco-allemands animèrent de l'automne 1911 à l'été 1913 de régulières campagnes de presse[50]. Une différence de taille exista cependant entre ces deux situations. Côté franco-allemand, l'information fut souvent d'ordre fantaisiste ou pamphlétaire, généré par la période d'exaltation nationaliste dans les deux pays, alors que l'information belgo-allemande se voulut essentiellement financière. Plus complète que la *Revue de la métallurgie française*, le mensuel de Düsseldorf *Stahl u. Eisen* devint même une référence incontournable dès sa création en 1881. Tous les observateurs des questions sidérurgiques, qu'ils fussent industriels, journalistes et diplomates, mais également militaires, en firent une utilisation, traduisant au besoin les articles les plus intéressants. Des mentions se retrouvèrent aussi bien dans les dossiers concernant la sidérurgie luxembourgeoise de la direction de Schneider & Cie, de Pont-à-Mousson ou d'Ougrée-Marihaye, de la Banque de l'union parisienne, de celle des Pays du Nord ou de la Société générale de Belgique, que dans les dépêches des diplomates français et belges, en poste au Grand-Duché ou dans le *Reich*, des journalistes et des officiers de renseignement français et belge. L'intérêt particulier qui fut fait au « *panorama économique* » de l'activité minière et sidérurgique mondiale, soutenue par force statistiques et informations légales représenta d'évidence une source primordiale d'information « blanche » ; pour le cas du Luxembourg, il reposa sur les données de la Chambre de commerce et du *Mémorial du Grand-Duché de Luxembourg*.

Comme leurs collègues français et belges, les journalistes de Düsseldorf qui assurèrent la publication éditoriale — à la différence des auteurs des articles de fond qui étaient presque exclusivement des professionnels du sujet qu'il présentait[51] — profitèrent surtout des avantages que la législation luxembourgeoise offrît en matière de publicité financière. La loi sur les sociétés commerciales

50 Cf. Raymond Poidevin, *Les relations économiques et financières entre la France et l'Allemagne de 1898 à 1914*, Paris, Comité pour l'histoire économique et financière de la France, 1998, p. 727–743 et 767–769.

51 Le 6 août 1914, la revue présentait ainsi en une un long article anonyme (13 pages) sur « les haut-fourneaux de la Gelsenkirchener Bergwerks-A.-G. à Esch et Deutschoth » (Audun-le-Tiche), p. 1325–1379.

du 10 août 1915 imposa notamment que les émissions d'actions et d'obligations, les liquidations et les mutations d'entreprises soient publiées « *aux annexes du* Mémorial »[52]. Il en alla de même pour les convocations et les résumés des assemblées générales qui se retrouvèrent « *dans le* Mémorial *et dans un journal de Luxembourg* »[53], obligation à laquelle les maisons internationales comme l'Arbed et la Deutsche-Luxemburgische, comme l'Hadir qui lui succéda, ajoutèrent une publication dans un quotidien du pays où ils avaient des actionnaires. Ces dernières publications furent particulièrement appréciés parce qu'elles laissèrent apparaître les principales données financières qu'attendaient leurs publics : chiffres d'affaires, bénéfices et dividendes. Les journaux financiers poussèrent cette logique « *commerciale* » jusqu'à ne publier que cette dernière information, souvent en lieu et place de la traditionnelle cote des valeurs qui commença aussi à se répandre, au milieu de commentaires généraux sur la vie des sociétés et orientés pour l'achat de valeurs. Cette tendance journalistique ne tarda pas à se développer après la Première Guerre mondiale, au point de gagner la dernière page des quotidiens d'informations générales comme *Le Figaro* en France ou la *Nation Belge.*

Là encore, il convient de noter une asymétrie informationnelle entre la France et la Belgique. En effet, de longue date, les valeurs industrielles luxembourgeoises furent cotées à la Bourse de Bruxelles. Hadir fut la première à vouloir déroger à cette règle, contrainte par sa convention avec la Deutsche-Luxemburgische à introduire ses obligations conjointement à Bruxelles et à Paris[54]. Dans cette dernière place, il lui fallut également faire inscrire ses actions. Une première tentative eut lieu à la fin de l'été 1921, mais « *l'affaire ne* [parut] *pas présenter (...) un intérêt suffisant* » à la Compagnie des agents de change parisienne[55], le marché étant baissier (–12 %) alors que la récession réajustant les déséquilibre de la guerre battait son plein[56]. Au printemps 1929, la société fut contactée par la Compagnie de Nancy pour une cotation dans cette place secondaire française[57] ;

52 Articles 80 et 161 notamment [*Mémorial du Grand-Duché de Luxembourg*, 90, 30 octobre 1915, p. 952–953 et 975–976].

53 Article 70 [*Ibid.*, p. 948].

54 ANLux, Arbed-01-1608, Note au sujet de la lettre du 23 août des aciéries de la Marine relative à la cotation de nos titres à la Bourse de Paris, 26 août 1921.

55 *Ibid.*, lettre du syndic de la Compagnie des agents de change de Paris à Gabriel Maugas, 15 septembre 1921.

56 Hubert Bonin, « Les banques françaises dans la seconde industrialisation », *Revue historique*, 243, juillet-septembre 1982, p. 207.

57 ANLux, Arbed-01-1608, lettre du syndic de la Compagnie des agents de change de Paris à Hadir, 17 mai 1929.

Arbed fut pareillement sollicitée[58]. Cette fois, les deux sociétés opposèrent à cette offre une fin de non-recevoir.

Toutefois, après le vote de la loi luxembourgeoise sur les holdings, Gaston Barbanson évoqua la question avec Eugène Schneider, qui en fit une « *initiative personnelle* »[59] dont devait profiter la Banque des pays du nord qu'il venait d'investir[60]. Comme les Nancéens évoquèrent dans leur courrier l'intérêt de la direction du Mouvement général des fonds du ministère des Finances, le point de départ de l'opération fut trouvé comme finit par s'en apercevoir Charles Sergent, président de la Banque de l'union parisienne[61]. La veille du *Black Thursday*, qui annonça l'explosion de la bulle spéculative new-yorkaise et entraîna le monde dans une nouvelle récession, le 23 octobre 1929, Barbanson rendit visite à Jean Jadot, gouverneur de la société générale de Belgique. Deux jours plus tard, Schneider fit de même auprès de Sergent. Les deux hommes s'assurèrent préalablement du soutien de trois banques : la Banque transatlantique, où Barbanson venait d'être nommé administrateur[62] à la suite de Schneider ; le Crédit lyonnais, l'autre banque de Schneider ; et la maison de courtage Raymond Buurmans, qui offrit l'avantage d'être présente sur les marchés financiers de Paris, Bruxelles et Luxembourg.

La situation économique mondiale amena l'Arbed, au fond « *nullement intéressée par la cotation de ses titres à Paris* »[63] !, à abandonner ce projet le 2 décembre suivant. Trois mois plus tard, une nouvelle tentative prit corps. Dubitatif, Barbanson se demanda si le moment était bien favorable. Mais le syndicat bancaire fut bien décidé à mener l'opération à bien, quoi qu'il arrivât. Par l'entremise de Buurmans, la Banque transatlantique s'était déjà portée acquéreuse de titres Arbed et la presse parisienne s'en fit l'écho, au grand dam de Marcel Bloch, administrateur-délégué de la banque[64]. La quotité proposée (cinq cents titres) se montrant trop faible, il fut suggéré de la doubler[65]. Et Arbed qui, cinq mois plus

58 Archives historiques de la Société générale (AHSG), 14417, procès-verbal de la réunion, 15 novembre 1929 chez Schneider.

59 *Ibid.*, lettre de Charles Sergent à Jean Jadot, 26 octobre 1929.

60 Trois administrateurs de Schneider et Cie entrèrent au conseil de la banque le 5 juin 1929 [Hubert Bonin, *La Banque de l'union parisienne (1874/1904–1974). Histoire de la deuxième grande banque d'affaires française,* Paris, Plage, 2001, p. 162]

61 AHSG, *op. cit.*, lettre de Charles Sergent à Jean Jadot, 28 octobre 1929.

62 *Le Journal des finances*, 5 octobre 1929.

63 Propos liminaire de Léopold Harté à la réunion chez Schneider et Cie, 15 novembre 1929. Cf. aussi les propos de Gaston Barbanson lors de la réunion, 10 juin 1930 [AHSG, *op. cit.*].

64 Cf. ses propos lors de la réunion, 22 mars 1930 [*Ibid.*].

65 *Ibid.*, Note s.n. de la Banque de l'union parisienne, 15 avril 1930.

tôt, opposait que l'introduction de ses titres sur le marché hollandais en 1926 se fut faite sans son « *aide* », accepta en avril 1930 de fournir 43 % des titres présentés à l'inscription, en plus des deux tranches d'obligations américaines provenant du portefeuille de la Société métallurgique des Terres Rouges[66]. Le 16 juin, l'opération fut publiée au Bulletin des annonces légales obligatoires et, trois jours plus tard, le titre Arbed fut enfin coté à Paris.

Ce premier essai dut en principe être suivi par la cotation de deux cent quarante-neuf autres. Mais comme les frais de publicité, payés par l'Arbed, ne furent dépensés qu'à 17 %, alors qu'il fallut d'évidence « *faire connaître le titre* »[67], et que la conjoncture fut défavorable, le cours ne décolla pas. Le *Journal des finances* se fit pourtant largement, dans son édition du 30 août 1929, l'écho des mérites de l'Arbed,

> « *un des noyaux métallurgiques les plus puissants d'Europe, tant par l'importance de son actif industriel et de sa production, que par ses affinités avec d'autres grandes sociétés françaises, belges ou allemandes. C'est une affaire internationale.* »

Preuve du manque d'information du marché français, l'hebdomadaire financier présenta la société sous toutes ses formes, industrielles, économiques, budgétaires et détailla les résultats de la « *dernière assemblée générale* », tenue pourtant le 25 avril précédent. La base informative fut fournie par la Banque de l'union parisienne[68]. Rien n'y fit pourtant : en septembre, aucun titre n'avait encore été vendu[69]. Le 15 janvier 1931, le syndicat bancaire fut dissous[70].

Certes, l'époque ne fut peut-être pas la meilleure pour introduire des titres nouveaux sur un marché atone. Mais le mauvais sort fait aux titres Arbed sur les marchés parisiens et bruxellois tint aussi à la faiblesse de ces marchés pour des titres sidérurgiques luxembourgeois apparemment sains[71]. De même, le nombre

---

66 Propos de Léopold Harté, *op. cit.*, et Note s.n. de la Banque de l'union parisienne, *op. cit.* [*Ibid.*].

67 Le 15 novembre 1929, Gabriel Brizon, vice-président et directeur général de la Banque des pays du nord, avait proposé soit une inscription « *sans bruit* » de quelques titres, soit « *un placement dans la clientèle* », moyennant force publicité [*Ibid.*]. Il semble que les deux solutions aient été tentées.

68 *Ibid.*, Note « Arbed », 28 avril 1930. Les informations qu'elle contenait ne provenaient pas de l'Arbed, mais probablement de la presse luxembourgeoise.

69 *Ibid.*, 3766, Renseignements fournis par Marcel Bloch à Louis de Meeus le 23 septembre 1930.

70 *Ibid.*, 14417, Note générale de juin 1930 [vraisemblablement 1931 en fait, car les informations qu'elle contient portent jusqu'en janvier 1931].

71 *Le Journal des finances*, 29 novembre 1929.

réduit d'opérateurs sur ce marché, et particulièrement « *ces actionnaires vraiment sédentaires* »[72] qui verrouillèrent le capital des différentes sociétés sidérurgiques luxembourgeoises, expliqua aussi la discrétion que connurent ces titres « *dans la clientèle* »[73] des banques françaises et belges. Tout l'intérêt de l'ouverture d'une bourse à Luxembourg apparut ici clairement. Outre une clientèle locale, donc connaissant ces « *valeurs luxembourgeoises* », elle offrit la possibilité de procéder à des « *arbitrages professionnels entre Luxembourg et Bruxelles* »[74]. Ces derniers profitèrent inévitablement des sièges sociaux des entreprises cotées. En confrontant le cours de leurs actions à leurs bénéfices, il était possible de connaître leur coefficient de capitalisation des bénéfices (Price Earning Ratio — PER). Cet indice sommaire permit de déterminer la cherté d'un titre et son inverse révéla le taux de rendement implicite, comparable avec d'autres placements.

Le coefficient de capitalisation des bénéfices (Price Earning Ratio) des valeurs sidérurgiques luxembourgeoises (1929–1938)[75]

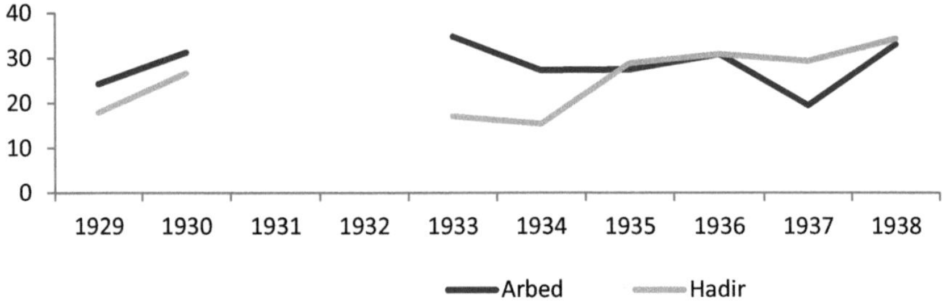

72 AACA, P-3/A, lettre d'Emile Mayrisch à William Thys, 28 mai 1924. C'est Mayrisch qui souligne. Cf. aussi les propos de Gaston Barbanson à l'automne 1929 et au printemps 1930 [AHSG, 14417, lettre de Jean Jadot à Charles Sergent, 25 octobre 1929, et procès-verbal de la réunion chez Schneider, 22 mars 1930].

73 Propos de Gabriel Brizon à la réunion chez Schneider & Cie, 15 novembre 1929 [AHSG, *op. cit.*].

74 *Annuaire des sociétés par actions en Alsace et Lorraine, Luxembourg, Sarre*, Strasbourg, Sogenal, 1931, p. 729.

75 Sources : *Annuaire des sociétés par actions en Alsace et Lorraine, Luxembourg, Sarre*, Strasbourg, Sogenal, 1929–1938, Rapport général sur la situation de l'industrie et du commerce (1929–1938), *Mémorial du Grand-Duché de Luxembourg*, *passim*, Félix Chomé, *Un demi-siècle d'histoire industrielle 1911–1964*, Luxembourg, Arbed, 1964, p. 266–267.

Toutes les valeurs sidérurgiques luxembourgeoises entre 1911 et 1940 ne furent pas cotées à Bruxelles, ni ne firent systématiquement des bénéfices. Ainsi, les Hauts-fourneaux et aciéries de Steinfort furent-ils systématiquement déficitaires pendant tout l'entre-deux-guerres. Hadir ne commença à distribuer un dividende de 5 % qu'en 1926, après avoir réussi à établir un certain équilibre financier. La moyenne des PER (1929–1938) de cette entreprise s'établit néanmoins à 20,5 avec un rendement implicite de 3,46 %, tandis que ceux de l'Arbed, pour un dividende similaire, fut de 22,77 (1911–1939 : 24,26) et 3,2 % (1911–1939 : 2,85 %). A titre de comparaison, la Deutsche-Luxemburgische et les Hauts-Fourneaux et Aciéries de Rumelange- St. Ingbert, avant de conclure une *Interessengemeinschaft* (communauté d'intérêt) en 1911, affichèrent en moyenne un PER de 17,08 et un rendement de 5,81 %. Le passage de l'« ancienne » à la nouvelle Hadir se traduisit par un passage d'un PER moyen (10–17) à un PER peu spéculatif (17–25) et le repli sur le seul Grand-Duché des activités de l'entreprise se solda par une hausse de 83 % du PER, mais une perte de rendement de 170 % en raison des pertes de ses débouchés traditionnels... Au contraire, l'Arbed connut un effondrement du PER, qui recula de 158 %, tandis que son rendement ne chuta que de 101 %. L'impact de l'intégration des Forges de Dudelange, en mauvais état financier, l'expliqua pour partie. Si l'on compare le PER de l'Arbed 1929–1936 avec celui de la Société des Mines du Luxembourg et des Forges de Sarrebruck (PER 34,58 ; rendement 2,89 %), dont elle était aussi l'héritière, le recul ne fut plus que de 111 %, alors que le rendement baissait de 128 %. Le poids des efforts de coordination hiérarchique (concentration verticale et horizontale) se ressentit. Contrairement à Hadir, la valeur passa d'un PER de forts dividendes (+ de 25) à un PER peu spéculatif.

L'analyse historique de ces PER révéla la sidérurgie luxembourgeoise comme un secteur à fort potentiel de développement, mais faiblement rentable. Ces valeurs furent plutôt considérées comme « de fond de portefeuille ». Schneider & Cie plaça les titres issus de son alliance avec l'Arbed en garantie de son emprunt Framerican de 1922[76]. Etonnement, Hadir présenta un profil boursier plus intéressant, alors que sa situation réelle pendant la période 1929–1938 fut plus défavorable. Peut-être Jacques van Hoegaerden fit plutôt allusion à cette réalité, plutôt qu'à ses nouvelles prétentions productives et commerciales, lorsqu'il évoquât

76 AFB, 187 AQ 061, « Exercice 1925–1926 ». En 1922, Schneider avait ainsi placé 19 000 titres Société métallurgique des Terres Rouges (SMTR) et 12 800 Arbed. Après l'échange de février 1926, la quotité SMTR devint 4 750 titres Arbed, qui s'ajoutèrent à la quotité initiale (17 550). Sur l'emprunt Framerican, cf. Agnès d'Angio, *op. cit.*, p. 219.

ironiquement « *la "Super Société" Hadir* »[77] ? Aussi, convint-il d'interpréter son PER élevé comme le révélateur de mauvais résultats et d'un titre surévalué. A *contrario*, celui d'Arbed laissa apparaître une société faiblement risquée et offrant une perspective de croissance de ses bénéfices. Si l'on porta la comparaison avec un secteur d'avenir pour le Grand-Duché, celui de la finance, apparut alors comme un secteur aux perspectives attrayantes en termes de rentabilité. Sur la même période, la Banque internationale à Luxembourg présenta ainsi un PER de 7,27 pour un taux de rendement de 5,9 %.

Ces informations furent connues du monde de la finance français et belge, d'autant plus que les liens entre ces deux partenaires furent nombreux et dépassèrent largement les frontières de ces deux seuls Etats. Les combinaisons usitées par l'Arbed pour placer ses obligations aux Pays-Bas ou aux Etats-Unis le montrèrent suffisamment. Bien entendu, comme le laissèrent apparaître les dossiers de la Banque de l'union parisienne, ces données furent mises à jour régulièrement, de même que les historiques actualisés et approfondis. Pour cela, chaque analyste revint sur l'évolution passée (capital circulant, capital fixe, capitaux propres, trésorerie, résultats, réserves, bilans comptables complets…) et procéda au calcul d'autres ratios, comme l'indice du fonds de roulement[78] ou l'indice de situation financière[79].

Pourtant, ces données relatives au marché sidérurgique luxembourgeois expliquèrent l'absence de spéculation en regard de ses valeurs, les plus prestigieuses comme les plus obscures. Les diplomates français s'en alarmèrent pendant l'entre-deux-guerres, mais toujours vainement. A l'été 1926, ils virent d'importants mouvements de titres cacher l'« *arrière pensée* [d'] *un seul groupe ou une seule personne* »[80]. Las, deux ans plus tard, alors que Paris suspectait un nouveau raid, les achats furent mis prudemment sur le compte d'une « *spéculation boursière* » luxembourgeoise :

> « *Même dans les milieux les plus tranquilles, on entend*[ait] (…) *surtout parler de transactions financières, de valeurs bancaires belges, de valeurs coloniales et françaises. Ce*[fut] *une véritable fièvre*[81]. »

---

77 ANLux, Arbed-01-2404, procès-verbal du conseil d'administration d'Hadir (Bruxelles), 24 septembre 1932.

78 disponibilités + réalisable (avec stocks)/capitaux extérieurs.

79 disponibilités + réalisable (moins le stock)/capitaux extérieurs à court terme.

80 Propos d'Emile Mayrisch à François de Carbonnel [AMAE, Relation commerciale, 35, lettre à Aristide Briand, 5 août 1926].

81 AMAE, B, Travail et industrie, 4, lettre de François Carbonnel à Aristide Briand, 19 mai 1928.

A l'origine de ces craintes françaises se trouva une désinformation, vraisemblablement belge, apparue à la fin de la Première Guerre mondiale. Elle attribua à August Thyssen d'avoir voulu accaparer des titres Arbed au moment de la fusion de 1911, à en croire *« les bruits circulant à Luxembourg vers cette époque »*[82]. Aussi séduisante que soit l'hypothèse, cette information arrivée aux oreilles de Schneider & Cie en décembre 1918 fut fausse. Elle prit naissance dans la rencontre, le 15 janvier 1912, de l'industriel allemand avec le député catholique de Clervaux, Emile Prüm, pour surenchérir sur l'offre Arbed, mais il s'agissait seulement de concessions minières[83]... La réalité fut toute autre. Thyssen s'intéressa bien à Le Gallais, Metz & Cie, mais l'établissement des Stahlwerk Thyssen A.-G., à Hagondange, l'avait placé dans une position financière délicate. Il dut donc se séparer, avant que la fusion ne fût évoquée, de ses titres, comme de ceux qu'il possédait au capital des Petits fils de François de Wendel[84].

Une information technologique

Avec l'information financière, l'on navigua sans cesse entre informations « blanche » et « grise », ouverte et améliorée. Comme le fit remarquer le baron Paul de Launoit, administrateur-délégué d'Ougrée-Marihaye, à Gaston Barbanson, il n'y eut pas *« de renseignement d'une nature aussi confidentielle que* [le] *prix de revient et* [la] *comptabilité »*[85] ; on comprit dès lors les précautions qu'il convenait de prendre à la lecture des résultats des entreprises et de leur bilans. La relative discrétion des sujets sidérurgiques luxembourgeois dans les médias imposa à l'observateur de multiplier les sources d'information pour ensuite les recouper. Les banques tissèrent des réseaux de correspondants à l'échelle de leur monde, et le Grand-Duché de l'entre-deux-guerres en fit nécessairement partie. Elles purent mobiliser des liaisons personnelles au sein des administrations, des banques alliées ou concurrentes, des chambres de Commerce. Certaines bénéficièrent d'un avantage compétitif quand elles purent

---

82 AFB, 01 G0005-B-01, « Société anonyme des Aciéries de Burbach-Eich-Dudelange », décembre 1918.

83 *Compte-rendu de la Chambre des Députés 1911–1912*, 1, Luxembourg, Victor Buck, 1913, p. 378–380 et Jacques Maas, « August Thyssen und die luxemburgische Minenkonzessionsaffäre von 1912 », *Hémecht*, 1994/2, p. 353–387. Cf. chapitre 1 n9.

84 Manfred Rasch, « August Thyssen. Der katholische Großindustrielle der Wilhelminischen Epoche », Manfred Rasch, Gerald D. Feldman, *August Thyssen und Hugo Stinnes : Ein Briefwechsel, 1898–1912*, Munich, Ch. Beck, 2003, p. 55.

85 ANLux, Arbed, Pr22, lettre, 10 mars 1934.

mobiliser des maisons sœurs, comme Lazard (Bruxelles, Paris, Londres, New York) ou familiales, comme la Haute Banque parisienne pouvant écrire ou téléphoner aux *merchant bankers* londoniens, aux *Privatbanken* allemandes ou aux *investment bankers* new yorkais[86]. La parisienne Société générale, comme le montra son association au syndicat d'introduction des titres Arbed alors que les « *participations des contractants se trouva*[ient] *définitivement arrêtées* »[87], fut dans la confidence. L'information ainsi recueillie passa du « blanc » au « gris ».

Avec l'information technologique, le passage put pousser directement au « noir »... Entrèrent dans cette dimension les inventions et les marques de fabriques, protégés par dépôts dans des registres nationaux. Entrèrent aussi les stratégies commerciales, ce qui ne fut pas sans poser des problèmes lors de négociations comme celles devant mener à l'Entente internationale de l'acier[88]. Il était pourtant essentiel de faire apparaître une périodisation entre l'avant 1914 et l'après 1919. La revue *Stahl u. Eisen*, créée en 1881, fut révélatrice de cette évolution. Dans la première époque, il ne fut pas rare de trouver des articles monographiques sur les nouvelles usines, des informations sur les mises à feu de nouveaux hauts-fourneaux d'une précision inouïes en regard du « *secret des affaires* »[89]. La mise à feu de la nouvelle usine de la Gelsenkirchener sur le site de Belval bénéficia le 1er mai 1913 de ce traitement. L'article se présenta comme une succession de vingt-sept plans techniques renseignés — même le tonnage des grues et la puissance des moteurs furent indiqués ! —, la plupart du temps cotés (81,5 %), illustrés de quinze photographies des différentes installations, souvent en regard de leur plan, de cette immense et ultramoderne usine ; un plan de masse, avec force détails, l'ouvrait naturellement. Il ne fut pas signé, ce qui laissa penser à une publication éditoriale de ce média de Düsseldorf, réalisée à la demande du service commercial de la Gelsenkirchener. Il parut aussi destiné à flatter le pangermanisme d'Emil Kirdorf, concepteur de l'Adolf-Emil Hütte, en montrant la puissance de son *Konzern* au monde certes, mais surtout à son concurrent August Thyssen ; ce dernier rompit leur association justement à cause de la décision de lancer Belval six ans plus tôt, au moment où Thyssen

86 Cf. Arthur Godley, Duncan Ross (dir), *Banks, networks, and small firm finance*, Londres, Frank Cass, 1996.

87 AHSG, 14417, compte-rendu d'une communication téléphonique de Gabriel Brizon, 11 avril 1930.

88 AACA, 1-k-0, compte-rendu d'une réunion tenue à Düsseldorf entre métallurgistes allemands, lorrains et sarrois, 23 février 1926.

89 ANLux, AC-J-4, brouillon de lettre d'Aloyse Meyer à Albert Clemang, s.d. [1926].

bâtissait sa Stahlwerk Thyssen Aktiengesellschaft. Loin de n'être qu'une bouffée d'orgueil, cet excès de précision fut courant dans ces revues spécialisées à forte audience, comme son concurrent minier, créé à Essen en 1864, *Glückauf. Zeitschrift für Technik und Wirtschaft des Bergbaus.* Toutefois, il révélait une information sensible d'un point de vue technologique. Il ne fut pas étonnant de retrouver cet article dans les dossiers documentaires des industriels intéressés par la sidérurgie luxembourgeoise, comme Schneider & Cie, Pont-à-Mousson ou Ougrée-Marihaye, mais également hors d'Europe[90]. Pendant la Première Guerre mondiale, *Stahl u. Eisen* se révéla une des sources d'information « blanche » les plus prisées par les services de renseignement français, en charge de documenter le commandement allié sur les installations usinières du Grand-Duché. Une des premières notices réalisées par le Deuxième bureau, le 19 février 1916, sur les usines de la Gelsenkirchener à Esch-sur-Alzette se fonda ainsi sur un autre article de la revue du 6 août 1914[91].

L'interpénétration des conseils d'administration de Dudelange, Eich et Burbach en 1911

Dudelange	**Eich**	**Burbach**
Charles Simons	Adolphe Schmit	Charles Simons
Tony Dutreux	Adolphe Ziane	Tony Dutreux
Hubert Muller	Hubert Muller	Hubert Muller
Norbert Le Gallais	Norbert Le Gallais	Norbert Le Gallais
Auguste Laval	Edouard François	Numa Ensch

Inévitablement, cette source « ouverte » de documentation interrogeait sur les mesures de confidentialité prises par Emile Mayrisch lors de la préparation de la « *fusion des Sociétés de Burbach-Eich-Dudelange* » de 1911. La majorité de ses rapports, comme celui sur *L'aciérie d'Esch* — il en alla de même pour la *Consultation sur une fusion de société*, rédigée par les quatre juristes devant préparer la forme

90 Ainsi fut-il notamment signalé dans *Factory and industrial management*, 45, mars-octobre 1913, New York, McGraw-Hill Pub. Co., 1913, p. 625.

91 Service historique de la Défense/Département de l'armée de l'Air, 1 A 173. Cf. aussi Gérald Arboit, « Dans les soubresauts de la Grande Guerre. Bombardements, renseignement et affairisme au Luxembourg », Charles Barthel/Josée Kirps, *Terres rouges. Histoire de la sidérurgie luxembourgeoise*, 1, Luxembourg, Centre d'études et de recherches européennes Robert Schuman/Archives nationales de Luxembourg, 2009, p. 110–114.

légale — à l'attention des conseils de direction des trois sociétés[92], c'est-à-dire des actionnaires les plus importants et les plus impliqués dans leur gestion, furent précédés de la mention « *confidentiel* ». Une première explication put être liée au fait que ces documents furent imprimés chez Théodore Schroell, à Luxembourg ; la brochure juridique plaida même en ce sens, la page de faux-titre révélant la particularité de la *Consultation...* alors que la couverture restât évasive. Pourtant, il sembla plus juste de rapprocher ce comportement avec celui de l'ingénieur Fritz Sellge, directeur des usines Deustche-Luxemburgische de Differdange. Au printemps 1919, il remit à Théodore Laurent, sur demande de son directeur général, Hugo Stinnes, des rapports sur les installations de la société sur la rive gauche du Rhin, à Differdange, Rumelange et Saint-Ingbert. Là encore, les documents furent présentés dans une enveloppe siglée « *confidentiel* »[93]. Plus sûrement, il fallut rechercher une explication du côté d'une culture allemande du secret, dont la prompte rentabilité de l'Auskunftei W. Schimmelpfeng et les détails de *Stahl u. Eisen* ou du *Glückauf* ne furent que les révélations évidentes.

L'utilisation militaire des informations technologiques pendant la Première Guerre mondiale comme l'exacerbation de la concurrence, dans le secteur sidérurgique notamment, de l'immédiat après-guerre contribua à généraliser cette pratique du secret dans le monde des affaires. Les articles détaillés des publications sidérurgiques spécialisées disparurent. En outre, les effets de la nouvelle loi allemande contre la trahison de secrets militaires (*Gesetz gegen den Verrat militärischer Geheimnisse*) du 3 juin 1914[94], du rationnement du papier et de la prise de conscience de la nécessaire confidentialité des plans et des données statistiques des journalistes entrainèrent la réduction des volumes de publications économiques. Les études les plus sensibles de l'Arbed, comme la « note sur l'absorption de la Société des Terres Rouges et de l'Eschweiler Bergwerks-Verein par l'Arbed » du 18 septembre 1924, ou, un mois plus tard, l'étude de Félix Chomé, jeune directeur à Aix-la-Chapelle, « *sur l'évaluation de* [son] *usine de Rothe Erde* » en vue de décider de son avenir après la crise de la Ruhr, continuèrent à porter la mention « *confidentiel* » ou « *très confidentiel* »[95]. Le 25 janvier 1933,

---

92 ANLux, Arbed, Pr32, rapport, 22 novembre 1910 ; Pr36, « Notes sur le projet de fusion des Sociétés de Burbach-Eich-Dudelange » et *Consultation...* de mars 1911.

93 *Ibid.*, Arbed-01-2160, rapports sur Differdange, 30 mars et Rumelange, 2 avril 1919 et anonyme et non-daté [2 avril 1919] sur St-Ingbert.

94 *Verhandlungen des Reichstag, XIII. Legislaturperiode, I. Session, Anlagen zu dem Stenographischen Berichtes*, Berlin, Julius Siltensfeld, 1913-1914, Bd 291, p. 5974-6003 ; Bd 295, p. 8999-9004, 9076 ; Bd. 305, p. 3612-3674, 3769.

95 ANLux, Arbed, Pr023. Une copie de l'étude de 1924 se trouve dans *Ibid.*, AC-Pr-21/1.

Paul Lancrenon, de Schneider & Cie, demanda à Henri Coqueugnot, de la Société métallurgique des Terres Rouges,

> « *de considérer comme confidentiel les indications contenues dans* [le procès-verbal de la réunion du 16 janvier], *en particulier celles relatives au synclinal silurien de Tiznit*[96]. »

Ce type de mention demeura néanmoins rare. Tout juste pouvait-on remarquer qu'elle fut pratiquement absente à l'Hadir, confirmant bien l'approche culturelle du secret. Dans cette entreprise « française », comme dans les autres entreprises françaises, l'usage fut plutôt de signifier à son correspondant le caractère « *assez important et délicat* » des données transmises[97]. Les informations « grises » qu'elle reçut, notamment au moment des tractations de reprises de la Deutsche-Luxemburgische, furent transmises sans autre précaution. La mention la plus confidentielle sembla avoir été le « personnel » qui dut orner les courriers à venir, et encore ne cacha-t-elle pas une donnée technologique, seulement une combinaison financière de Schneider aux limites de la légalité[98]. Quant aux abréviations aisément identifiables derrières lesquelles Perrin, chef du service des mines de Marine-Homécourt, semblait camoufler ses interlocuteurs allemands, elles ne reflétèrent qu'une volonté d'aller vite et de ne pas écorcher des noms avec lesquels il n'était pas familier. Même la Gelsenkirchener fut réduite à sa lettre initiale[99]...

Il en alla de même pour les codes qui purent fleurir dans les entreprises. S'il s'agissait bien de « *dictionnaires composés spécialement et conservés secrets* », ils servirent, de fait, à « *conserver le secret des tableaux de correspondances* »[100] dans une simple adaptation aux systèmes télégraphiques. En 1931, la Columeta en fit concevoir un

> « *tout spécialement en vue de composer plus facilement et plus efficacement aussi bien en français qu'en anglais et sans le secours* ***d'aucun autre Code***[101]. »

Chaque exemplaire fut numéroté et remis nominalement au titulaire qui eut « besoin d'en connaître ».

L'acte de classifier les informations, tout comme de les « coloriser », ne fut jamais neutre. Et il ne fut jamais évident d'en estimer les justifications, dans un

---

96 Archives Arcelor Real Estate France (Florange), AMF 24/15.

97 ANLux, Arbed-01-2157, lettres de Léon Forveille à Gabriel Maugas, 5 avril 1927.

98 AFB, 187 AQ 530/10.

99 Notes à Théodore Laurent des 28 juin, 10 septembre [ANLux, Arbed-01-2160], 16 décembre 1919 [*Ibid.*, Arbed-01-2162].

100 Marcel Givierge, *Cours de cryptographie*, Paris, Berger-Levrault, 1936.

101 *Code télégraphique "Columeta" Telegraphic Code*, Luxembourg, Columeta, 1931, p. II et III. Le gras est d'origine.

sens comme dans l'autre. Selon la pratique de l'Arbed, à en croire un document relatif à la Columeta,

> « *seuls les documents destinés à sortir de la maison étaient revêtus de la mention "confidentiel" (…). Appelés à un personnel étranger, il convenait de souligner le caractère confidentiel de ces documents*[102]. »

Il convint donc de comprendre cette classification comme une « diffusion restreinte », plutôt que comme un « *secret des affaires* ». Il s'agissait donc, tout au plus, d'une information « grise ». Les conditions de leur conservation le confirmèrent bien. Les services de documentation dans les entreprises en furent à leur début[103]. Aussi fut-il à craindre que ces documents fussent archivés dans les services qui les avaient produits ou reçus. Cette solution fut la pire du point de vue de la sécurité des informations. En effet, les risques de perte, de vol furent amplifiés par l'ouverture de ces espaces de travail. De plus, toute gestion de la circulation de ces informations fut difficile à mettre en place sur plusieurs services, souvent répartis sur plusieurs étages, au contraire d'une centralisation. Depuis novembre 1925, la Columeta avait pourtant adopté ce mode de fonctionnement, après avoir disposé jusque-là d'archives centrales. Mais elles furent démantelées suite à deux événements totalement distincts : d'une part, leur gestionnaire, le secrétaire général Paul Palgen[104], quitta la société au 1er mai pour Ougrée-Marihaye[105] ; ensuite, des fuites furent constatées sur le marché des scories Thomas, donnant naissance à l'affaire d'espionnage commercial Dismer[106]. Ce marché fut particulièrement rémunérateur. Le passage de la fonte par les convertisseurs des aciéries pour la déphosphoriser produisait des scories. Après mouture, leur valeur fertilisante en fit un engrais très recherché dans l'agriculture[107]. C'est dire combien leur prix de vente fut une donnée stratégique, donc

---

102 ANLux, AC-J-4, Note de Fernand Turk pour Robert Brasseur sur l'affaire Dismer, 13 avril 1926. Turk souligne.

103 Cf. Bruno Delmas, « Les débuts de l'information scientifique et technique dans les entreprises », Françoise Merger, Dominique Barjot, *Les entreprises et leurs réseaux : hommes, capitaux, techniques et pouvoirs XIXe–XXe siècles. Mélanges en l'honneur de François Caron*, Paris, Presses universitaires de Paris-Sorbonne, 1998, p. 809–818.

104 *Mémorial du Grand-Duché de Luxembourg*, 83, 8 novembre 1922, p. 1230.

105 Georges Thinès, « Paul Palgen et la modernité », Bruxelles, Académie royale de langue et de littérature françaises de Belgique, 1992, http://www.arllfb.be/ebibliotheque/communications/thines110492.pdf.

106 Cf. chapitre 3.

107 *Annales agronomiques*, 1895, 21, p. 237, 491 et 539.

protégée. Mais, contrairement à la règle pourtant édictée, ces données ne furent pas stockées dans les coffres de la comptabilité…

Les organigrammes des services centraux et du personnel supérieur de l'Arbed ne laissèrent pas apparaître de service archivistique. En soi, là encore, le fait ne fut pas étonnant, vu son côté extrêmement nouveau pour la période 1911–1940. Par contre, il exista un « service scientifique », confié à l'ingénieur Jean-Pierre Arend, à partir de l'été 1921. Chimiste titulaire d'un doctorat en sciences physiques, l'homme était rompu au renseignement économique. Directeur de l'usine de Dudelange à la fin de la guerre, il conduisit une mission de reconnaissance, en octobre 1920, à laquelle participa aussi Palgen. Pendant dix huit mois, ils participèrent à la détermination du site de la future usine que l'Arbed souhaitât installer au Brésil. Alors que Palgen rentra à Luxembourg, le 19 septembre 1921, pour s'occuper du secrétariat général de la Columeta[108], Arend prolongea son séjour, à la demande de Bernard Clasen, qui réalisa « *une ample moisson de données utiles et des relations pleines d'intérêt* » pour le compte du comptoir de vente. Il rentra ensuite à Luxembourg par la Chine, le Japon et l'Inde[109]. Sa nomination à la direction générale fut plus qu'une récompense pour les services accomplis qu'une reconnaissance de compétences plus larges et plus complexes que le titre ne le laissât apparaître.

Sa tâche première confina à une mission de coordination de la veille au sein de l'entreprise. Il ne lui incomba pas de réaliser la veille documentaire technologique. Celle-ci fut laissée à l'échelon de la production, dans les usines où des services de recherche et de documentation furent ouverts, à charge pour les ingénieurs de la réaliser. Quant à la veille concurrentielle et commerciale, elle fut réalisée au travers de la Columeta, créée le 30 juin 1920, et de son réseau de représentation à l'étranger ; la puissance de l'Arbed permit de systématiser ce qu'avait ébauché la Société générale pour le commerce de produits industriels (Sogeco), fondée le 15 juillet 1919[110]. Pour être complet, précisons que l'analyse se fit au niveau du service économique animé par le Pr Albert Calmes. Les lendemains de la Première Guerre mondiale permirent à la documentation d'être reconnue comme un besoin général, non seulement par l'Arbed, mais bien par tous les opérateurs de son secteur, au Grand-Duché, mais aussi dans toute l'Europe, pour toucher toutes les organisations sociales. La documentation devint une « *fonction*

108 ANLux, AC-J-4, Note de Fernand Turk pour Robert Brasseur sur l'affaire Dismer, 4 décembre 1926.

109 Charles Barthel, *op. cit.*, p. 134 n.6 et 578 n. 132.

110 *Mémorial du Grand-Duché de Luxembourg*, 51, 19 juillet 1920, p. 751–752.

collective permanente »[111]. Chez Schneider & Cie, la documentation ne fut pas gérée par un service dédié, mais la coordination de la recherche se fit au niveau de la direction générale, qui disposait des informations en provenance des directions opérationnelles et des organes professionnels (Comité des forges, Union des industries métallurgiques et minières, qui disposèrent de services de documentation). Cette allocation optimale de l'information permit à Schneider & Cie de mettre en place, depuis 1912, cette politique d'ingénierie qui fit, dans l'entre-deux-guerres, sa force[112].

La mission de Jean-Pierre Arend s'y rattacha et consista à surveiller en permanence l'apparition de nouvelles applications que pût offrir la science. Plus explicitement, il dut préserver l'avantage compétitif et garantir l'innovation de l'Arbed. Il parut peu probable qu'il disposât des budgets pour mener une veille technologique proprement dite. Plus certainement, il dut passer par l'entremise de l'Office des brevets d'invention, créé suite à la loi du 30 juin 1880[113] par un fonctionnaire de l'Enregistrement, Charles Dumont[114] ; ce dernier avait pris la retraite de son administration en septembre 1917[115] pour ne plus se consacrer qu'à cette activité. La personnalité de cet ardent francophile, élu président du Souvenir français le 6 juin 1919, et défenseur jusqu'au plus haut niveau international de la protection intellectuelle ne dut pas échapper à Emile Mayrisch. En septembre 1925, il fut repris par l'ingénieur Raymond de Muyser, petit actionnaire de l'Arbed et continué par son jeune frère Alfred onze ans plus tard. Quelle meilleure « couverture » pour l'Arbed que de contrôler l'évolution des brevets à l'internationale tandis qu'elle incitât en interne « *toute invention susceptible d'être brevetée* » à être

---

111 Bruno Delmas, *op. cit.*, p. 810.

112 Agnès d'Angio, *Schneider et Cie et la naissance de l'ingénierie. Des pratiques internes à l'aventure internationale 1836- 1949*, Paris, CNRS Editions, 2000, p. 217.

113 *Mémorial du Grand-Duché de Luxembourg*, 41, 3 juillet 1880, p. 405–415. Deux autres lois furent prises dans l'entre-deux-guerres, le 7 août 1920, pour fixer les taxes afférentes aux brevets [*Ibid.*, 57, 14 août 1920, p. 923–949], et le 24 avril 1922, après entrée du Grand-Duché à l'Union internationale de la Propriété industrielle [*Ibid.*, 28, 27 avril 1922, p. 381–382].

114 Jules Mersch, « Charles Dumont », Jules Mersch, *Biographie nationale du Pays de Luxembourg depuis ses origines jusqu'à nos jours*, 11, Luxembourg, Victor Buck, 1962, p. 121–126.

115 *Mémorial du Grand-Duché de Luxembourg*, 77, 18 septembre 1917, p. 1066. Un mois plus tard, il était nommé juge suppléant de paix à Capellen, où il résidait encore [*Ibid.*, 82, 13 octobre 1917, p. 1065–1066].

« *communiquée, avec le nom de l'inventeur, à la direction générale, par le directeur de division, qui dev*[ait] *y joindre son avis* »[116] ?

Les organes de renseignement économique de l'Arbed

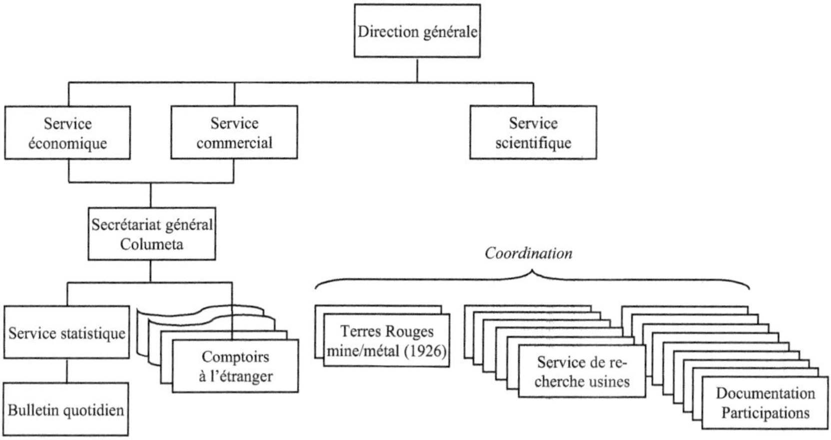

En plus de suivre les publications scientifiques et techniques, où parfois il écrivait, Jean-Paul Arend rédigea des notes pour la présidence de l'Arbed, comme celle du 23 juin 1930 sur les « avantages à retirer de la concentration de société métallurgique ayant un programme de fabrication analogue »[117]. Cette réflexion du « service scientifique » s'inscrivit dans le contexte de négociations avec Ougrée-Marihaye en vue d'une fusion[118]. Les informations recueillies lors des voyages, notamment aux Etats-Unis, mais aussi en les visites d'usines de Lorraine et d'Allemagne[119] aboutirent également dans le service d'Arend. Furent

116 ANLux, Arbed-04-0051, note de service, 24 mars 1930.

117 *Ibid.*, Arbed, Pr25.

118 Lettre de Paul de Launoit à Gaston Barbanson, 6 mars 1934 [*Ibid.*, Pr22]. La mort de Gustave Trasenster avait interrompu cette transaction que reprit, vainement, son successeur. Le 1er mars 1934, le président du conseil d'administration de l'Arbed opposait une fin de non-recevoir [*Ibid.*].

119 La voix avait été ouverte par Schneider & Cie dès le début du XXe siècle [Françoise Berger, « Le regard sur l'Amérique dans la sidérurgie française. Des voyages d'études de la fin du XIXe siècle aux missions de productivité du Plan Marshall », Hélène Harter, Antoine Marès, Pierre Melandri, et Catherine Nicault (dir.), *Terres promises. Mélanges offert à André Kaspi*, Paris, Publications de la Sorbonne, 2008, p. 193–210]. Cf. les rapports de mission de Léopold Bouvier, Arthur Kipgen et Heinrich Vehling d'avril 1923 et d'août 1924 [ANLux, AC-CI-78/1et 2] ; *Ibid.*, AC-CI-79.

affectés à ces missions, qui s'inspirèrent des pratiques en cours chez Schneider et, donc, constituèrent une nouveauté pour l'Arbed, des directeurs-généraux adjoints pour les études généralistes ou directement des ingénieurs des usines concernées par l'objet de la visite. Il arriva à Arend d'accomplir des missions de renseignement plus ciblées, comme en janvier 1923, pour le compte de Schneider & Cie ; les Français voulurent acquérir le brevet d'hydrogénisation de la houille, développé par Friederich Bergius[120]. Après une rencontre d'Emile Mayrisch avec le chimiste allemand à son domicile d'Heidelberg, Arend se rendit à Rheinau, dans la banlieue de Mannheim, pour estimer l'état d'avancement des travaux, qu'il jugeât encore dans une phase préparatoire[121]. Cette mission fut néanmoins le point de départ de la constitution de la Société internationale des combustibles liquides (Sicol)[122].

Toutes ces structures travaillèrent avec une information toujours « blanche ». Par contre, leur production la fit devenir « grise », parfois « noire », bien que cette information, qui ne participa pas du « *secret de la Défense nationale* », ne fut pas protégée par la loi. L'affaire Dismer fut de ce point de vue édifiante. Cet employé de la Columeta fut condamné pour « *vol domestique* (...) *le délit ayant été perpétré dans la maison du maître chez lequel il travaillait habituellement* ». L'arrêt de la cour luxembourgeoise de première instance ne retint que la « *soustraction frauduleuse* » de lettres parce que Dismer en eût la « *détention matérielle et non la possession juridique* »[123]. A aucun moment, la nature de l'information soustraite ne fut appréciée. Le vol domestique fut un artifice permettant de caractériser l'élément matériel de l'infraction et donc de sanctionner sa nature délictueuse. Cela tint au fait que l'information fut « *une notion aux contours imprécis dont la nature est incertaine* » et bien informationnelle. Ce décalage avec l'évolution de l'économie n'en était qu'à ses débuts. Il n'existait pas en droit luxembourgeois de moyen d'empêcher la divulgation d'information. Et combien même l'article 4 du *Contrat de louage de service* de la Columeta prohiba à ses employés « *de se constituer des dossiers personnels avec des documents* » de service et « *de les emporter chez* » eux[124], toute violation se sanctionna invariablement, selon les prescriptions du Code civil luxembourgeois, par une résolution immédiate du contrat sans indemnité et avec dommages-intérêts. Il fallut donc se diriger vers un fondement législatif spécifique, adapté à la réalité

120 AFB, 187 AQ 71, lettre de Jules Aubrun à Eugène Schneider, 1er juin 1923.

121 *Ibid.* et AACA, AC-08004, note s.n., 4 novembre 1926.

122 Cf. Charles Barthel, *op. cit.*, p. 575–580, et Agnès d'Angio, *op. cit.*, p. 160–162.

123 ANLux, AC-J-4, lettre de Robert Brasseur à Léon Metzler, 11 février 1926.

124 *Ibid.*

de l'information confidentielle de l'entreprise. En introduisant en droit luxembourgeois les notions de « *secrets d'affaires ou de fabrication* », l'article 4 de la loi du 5 juillet 1929 assura la « réservation » juridique des informations secrètes. Resta encore à élargir l'assiette du secret des affaires à des éléments d'ordre plus subjectifs (le danger pour l'entreprise qui résulta de la perte de telle ou telle information), de sanctionner l'appréhension de l'information par toute personne en situation de « tiers » par rapport à l'entreprise espionnée[125].

Au lendemain de la Première Guerre mondiale, l'information sur la sidérurgie luxembourgeoise devint un besoin pour les différents acteurs économiques européens. Mais elle fut moins le fait des puissances publiques françaises et belges que des partenaires financiers et industriels de ces pays. Entre ces derniers se construisirent des liens en réseaux, aussi bien de communication que de connaissances. Leur développement répondit aux besoins d'échange de savoirs, de technologies et d'informations relatives aux marchés et de leur environnement dans un après-guerre qui se mua lentement en un avant-guerre. La coordination des jeux d'acteurs déboucha sur des stratégies d'action concertées, sur des stratégies d'influence et sur la mutualisation des démarches de veille. Cependant, elle ne s'exerça pas depuis l'étranger sur des opérateurs luxembourgeois, mais fut bel et bien mise en œuvre depuis le siège de l'Arbed. Cette démarche réellement d'intelligence économique fut impulsée par une volonté farouche de modifier l'environnement et de changer les règles du jeu. Comme le démontrèrent les débats de la Commission d'étude des problèmes économiques posés par la guerre et ses conséquences éventuelles, durant l'année 1918[126], puis des réunions préparatoires à l'Union économique belgo-luxembourgeoise avec le Groupement des hauts-fourneaux et aciéries belges, en 1920–1921[127], il fallut à tout prix sortir d'une logique de domination imposée par l'environnement, qu'il s'agît du *Zollverein* ou de la concurrence.

---

125 Au début du XXIe siècle, la question est toujours — encore plus — d'actualité. Cf. Jérôme Dupré, *Espionnage économique et droit : l'inutile création d'un bien informationnel*, juin 2001, www.lex-electronica.org/docs/articles_150.pdf.

126 ANLux, AE 466/7 et 8.

127 Cf. Charles Barthel, *op. cit.*, p. 201–356.

Chapitre 5 Influence pendant la Première Guerre mondiale

La guerre fut toujours une aventure sans retour. Les opérateurs sidérurgiques luxembourgeois, aussi bien d'origine allemande que locale, en furent persuadés. Aussi préparèrent-ils dès l'été 1914 l'inévitable après-guerre. Qu'ils fussent partie prenante à la définition des buts de guerre d'un des protagonistes, ou bien que les circonstances du conflit les missent en position de connaître des informations utiles pour la poursuite et le développement de leur activité, ils créèrent toutes les conditions informatives nécessaires pour agir une fois la paix revenue.

Le 14 décembre 1911, réagissant à la fusion ayant créé l'Arbed, le député socialiste Michel Welter estima que, sous couvert de la fiction de sièges sociaux en Allemagne, les sociétés métallurgiques implantées dans le pays furent de *« véritables industries nationales »*[1]. Le parlementaire pensa naturellement à la Gelsenkirchener, qui exploita les usines d'Esch et de Belval, et à la Deutsche-Luxemburgische, à Differdange et à Rumelange. Peut-être fut-il également au courant des tractations de Felten & Guilleaume pour s'implanter également dans le pays ? Mais sa réaction intervint aussi au lendemain de la fusion des Hauts-fourneaux et forges de Dudelange, de Le Gallais, Metz & Cie et des mines du Luxembourg et des Forges de Sarrebruck pour donner naissance à l'Arbed. Cette dernière, comme les groupes rhéno-westphaliens, eut la particularité de posséder des emprises dans le Grand-Duché et dans le *Reich* wilhelminien. Toutes ces sociétés se retrouvèrent aussi dans le Südwestlische Gruppe (groupe du sud-ouest, Sarrebruck), avec les usines de Lorraine et de Sarre, du Vereins deutscher Eisen- und Stahlindustrieller (association des industriels allemands du fer et de l'acier, Berlin) ; le directeur de Burbach, devenu à la fusion directeur général commercial de l'Arbed, Edmund Weisdorff en fut le deuxième vice-président en 1914. Elles se retrouvèrent encore dans d'autres organisations patronales régionales, souvent créées au tournant du siècle par Edmond Metz ou Norbert Le Gallais, en liaison avec les Wendell de Hayange, et nationales, comme le Stahlwerksverband (syndicat de l'acier, Düsseldorf). Ajoutons que le destin du Grand-Duché se jouât encore au sein du *Zollverein*, cette alliance commerciale rejointe en 1842, et la patriotique tirade du député luxembourgeois se trouva totalement infirmée.

---

1 *Compte-rendu de la Chambre des Députés 1911–1912*, 1, Luxembourg, Victor Buck, 1912, p. 205–206.

Au début de la Première Guerre mondiale, les choix du Südwestlische Gruppe, et plus largement d'une large part de la sidérurgie allemande, ouvrirent la question du Luxembourg, bien avant que Belges et Français ne s'y intéressassent. Un homme symbolisa le mieux cette réalité, Emil Kirdorf. Ce pangermaniste allemand fut aussi l'homme qui, en octobre 1911, inaugura la plus moderne des aciéries du Luxembourg, l'Adolf-Emil Hütte. La même année, deux hommes s'érigèrent en concurrents directs du projet de Kirdorf, Gaston Barbanson et son directeur général technique Emile Mayrisch. Le conflit plaça le premier en position de nouer des alliances prometteuses pour le futur, tandis que le second permit une synthèse des positions allemandes et de l'Entente.

Le pari allemand d'Emil Kirdorf et la réaction franco-belge

Conseiller privé du commerce depuis le début du siècle, Emil Kirdorf compta parmi les personnalités les plus importantes du *Reich*. Maître des charbonnages de Rhénanie et de Westphalie, le puissant patron de la Gelsenkirchener disposa d'une large écoute auprès des milieux dirigeants allemands. Intéressé par l'action politique, qu'il vît comme le prolongement de son activité économique, il fonda en 1891, avec son collègue de chez Krupp, Alfred Hugenberg, la ligue pangermaniste Alldeutscher Verband. Le 6 mars 1914, il apporta à ce dernier son concours, avec Hugo Stinnes, lors de la fondation de l'Ausland GmbH, une société destinée à promouvoir les « *relations et la position de l'industrie nationale aux domaines économiques et culturels étrangers les plus importants par l'amélioration du renseignement et par des mesures appropriées* »[2], autrement dit par la propagande. Kirdorf était aussi lié avec August Thyssen, mais leurs plans gigantesques d'aciéries modernes de chaque côté de la frontière lotharo-luxembourgeoise acheva de séparer les deux hommes. Pourtant, ils ne tardèrent pas à se retrouver dans le son des canons qui bruissaient déjà aux portes de Paris. Un texte rédigé par le député du Reichstag Matthias Erzberger, membre du conseil d'administration de Thyssen & Co, fut envoyé au magnat de Mülheim (Ruhr) le 9 septembre 1914. Se voulant une contribution aux buts de guerre du *Reich*, il proposa tout bonnement d'annexer la Belgique et le nord-est de la France (Nord, Pas-de-Calais, Meurthe-et-Moselle, Vosges, Belfort) à l'ouest, ainsi que la Pologne et la Russie occidentale (Don, Crimée, Caucase). Avant le 13 septembre, il fut présenté au

2 Gerald D. Feldman, *Hugo Stinnes : Biographie eines Industriellen, 1870–1924*, Munich, C.H. Beck, 1998, p. 324.

chancelier Theobald von Bethmann-Hollweg, au grand quartier-général allemand, installé à Luxembourg. Kirdorf fut présent[3].

Il le fut encore lors de la présentation du programme de l'Alldeutscher Verband à Berlin, cinq jours plus tard. Jusqu'en octobre, il discuta avec Stinnes, Thyssen et Hugenberg des buts de guerre économique qu'ils souhaitaient voir adoptés par le *Reich*. Ils élargirent leur cercle au professeur d'économie politique Hermann Schumacher, de l'université de Bonn, afin d'affiner leurs propositions. Un nouveau mémoire fut rédigé et remis par Stinnes au chancelier le 17 novembre. Parallèlement à cette activité d'influence au sein du monde industriel allemand, Kirdorf n'hésita pas à la défendre aussi bien dans des réunions particulières pangermanistes, aux côtés du propagandiste Heinrich Claß, que lors des assemblées du Kriegsausschuss der Deutschen Industrie (comité de guerre de l'industrie allemande) consacrées aux buts de guerre. Fin novembre, la feuille de la ligue pangermaniste Alldeutsche Blätter assura auprès de quelque deux mille destinataires choisis la publicité du mémoire de Claß. Toute cette agitation déplaisant au chancelier, pas plus qu'elle ne trouvât l'assentiment de la majorité des industriels allemands, une censure préventive fut appliquée à la publication. Le 21 février 1915, un article de l'officieuse *Norddeutsche Allgemeine Zeitung*, directement inspiré, sinon rédigé, par Bethmann-Hollweg, justifia le refus gouvernemental d'autoriser la discussion publique des buts de guerre. Mais, début mars, le chancelier fut contraint de lever son arbitraire censure par la justice allemande[4]. Le 10 mars, Hugenberg, Kirdorf[5], Stinnes et leurs amis adressèrent au *Reichstag* une pétition demandant l'ouverture d'une discussion publique et, comme base de départ, transmirent au chancelier un nouveau mémoire décrivant les revendications du monde industriel, agricole et des classes moyennes du *Reich*. Mais l'autorité politique continua à ne pas prendre en compte ces opinions, considérées comme marginales.

Aussi Kirdorf, toujours dans l'ombre de Stinnes et Thyssen, avec qui il ne s'entendait pourtant pas beaucoup, se rendit-il à Münster, le 12 mai, pour rencontrer le général de division Egon Baron von Gayl, commandant en second du septième corps d'armée. Il s'agissait moins de sensibiliser ce militaire aux conséquences économiques de la guerre que d'obtenir son avis sur le mémorandum du 10 mars.

3 Lettre de Theobald von Bethmann-Hollweg à Mathias Erzberge, 13 septembre 1914, *in* Georges-Henri Soutou, *L'or et le sang. Les buts de guerre économiques de la Première guerre mondiale*, Paris, Fayard, 1989, p. 52 ; Fritz Fischer, *Les buts de guerre de l'Allemagne impériale 1914–1918*, Paris, Trévise, 1970, p. 118.

4 Georges-Henri Soutou, *op. cit.*, p. 54.

5 Fritz Fischer, *op. cit.*, p. 177.

Etudiés par son état-major, les projets d'annexion et les exigences de réparations furent légèrement amendés. Ils permirent aux pangermanistes de présenter à Bethmann-Hollweg, huit jours plus tard, un nouveau mémoire[6], peu différent du premier, mais associant un nouveau syndicat paysan. Mais le chancelier resta toujours aussi dubitatif. Kirdorf n'en passa pas moins son été à travailler le monde industriel à ses idées[7]. Pour autant, ce dernier n'adhéra pas totalement au programme annexionniste qu'il fût chargé de défendre. Il vit le rapprochement économique avec la Belgique, puissance sidérurgique conséquente en 1913 comme « *un coup très rude* » porté aux charbonnages et aciéries allemandes, y compris au Luxembourg[8]. Surtout, les projets en Europe centrale, bien que non-mentionnés dans les deux mémoires présentés aux autorités politiques, ne semblèrent correspondre à rien du point de vue de l'industrie, même si elles se justifiaient aux yeux du monde agrarien. Au-delà de ces simples visées irrédentes, les deux groupes se séparèrent sur l'essentiel. Pour les premiers, il s'agissait avant tout de diminuer les droits étrangers, alors que les seconds entendirent protéger le marché intérieur allemand. Si leur nationalisme les poussa à une alliance avec les *Junkers* pour promouvoir un programme annexionniste, les industriels n'entendirent pas rompre avec le libre-échange d'avant-guerre, surtout pas pour s'enfermer dans une optique autarcique. Leur regard se porta sur la Grande-Bretagne et les Etats-Unis, même s'il s'accommoda fort bien d'un affaiblissement de la France et de la Russie[9].

La méfiance du Kriegsausschuss (comité de guerre), créé dès le 18 août 1914, à s'emparer de la question des buts de guerre avant le 9 janvier 1915 témoigna de cette différence de vue essentielle avec le monde agrarien. Après que ses organes fondateurs aient apporté leur soutien au mémoire du 10 mars, cette assemblée se saisit à cette époque du programme annexionniste. Son ralliement alla néanmoins à Schumacher plutôt qu'à Claß. Cette décision fut une décision d'appareil, prise au plus haut niveau des syndicats patronaux industriels. La consultation de la base intervint plus tard, au printemps. Il est vrai qu'à cette époque, la réflexion sur les buts de guerre fut dans l'impasse : le gouvernement jugeant la position des industriels trop libérale, et ces derniers ne pouvant s'accorder avec les agrariens. Le 14 mai 1915, le Südwestlische Gruppe, parmi lesquelles siégèrent les entreprises sidérurgiques luxembourgeoises, se réunit enfin à Sarrebruck pour débattre des

6 *Ibid.*, p. 178 et Gerald D. Feldman, *op. cit.*, p. 389.
7 Fritz Fischer, *op. cit.*, p. 181.
8 Lettre d'Emil Kirdorf à Gustav Stresemann, 17 février 1925, *in* Georges-Henri Soutou, *op. cit.*, p. 63.
9 Cf. Georges-Henri Soutou, *op. cit.*, p. 64–65.

propositions du Kriegsausschuss. Mais il n'en ressortit que « *de très considérables objections sur le fond* »[10]. Le 2 juillet, le Verein deutscher Eisen- und Stahlindustrieller se réunit à son tour, et essuya les mêmes critiques. L'annexion de la Belgique fut évoquée uniquement à travers les obstacles économiques que cette solution politique présentât. Pour contrer la concurrence de l'industrie belge, une solution consista dans le maintien de la barrière douanière entre le *Zollverein* et elle ; une autre résida dans le succès de l'annexion du bassin de Briey qui, plaçant la Belgique sous une totale dépendance allemande, permit alors son intégration économique. Au final, l'idée pangermaniste se trouva largement battue en brèche.

Elle ne ressurgit qu'à l'été 1917, à la faveur de la chute de Bethmann-Hollweg. Certes, les pangermanistes ne désarmèrent pas dans l'intervalle. Mais, ainsi que le chancelier le rappela à Kirdorf le 25 novembre 1916, le gouvernement du *Reich* ne se considéra pas comme tenu par leur programme annexionniste[11]. Il le répéta en avril suivant après que le *Kaiser* Wilhelm II l'eût accepté à la demande des militaires à Bad-Kreuznach. Bethmann-Hollweg repoussa la résolution impériale, provoquant sa chute. La nomination de Georg Michaelis, en juillet, ouvrit la route aux annexions. Les conseils de modération autrichiens l'en dissuadèrent cependant. Concernant la Belgique aussi bien que le bassin de Briey, la négociation prévalut, à condition que l'Allemagne eût la garantie juridique de pouvoir en exploiter les ressources[12]. Dans le monde de l'industrie, Gustav Krupp von Bohlen und Halbach soutint cette orientation[13]. Elle s'affirma encore avec l'arrivée au pouvoir, le 1er novembre, de Georg von Hertling. Pourtant, le 8 décembre, le Verein deutscher Eisen- und Stahlindustrieller publia un mémoire en vingt mille exemplaires réclamant l'annexion de Briey, bien qu'il ne fût plus un but de guerre unanime des milieux économiques et encore moins du gouvernement depuis l'été. Dans le même temps, et la documentation réunie par l'Auswärtiges Amt (Affaires étrangères) en provenance de Berne le confirma, l'Association fut persuadée que les Alliés ne permettraient pas un retour au libéralisme des échanges économiques qui prévalait avant-guerre. Seuls Thyssen et Kirdorf se maintenirent sur une position extrême, mais minoritaire, de repli sur l'Europe orientale[14]. Cette solution trouva une actualité nouvelle dans l'écroulement de la Russie.

---

10 Lettre de Heinze à Max Roetger, 15 mai 1915, *Ibid.*, p. 77.

11 Lettre de Theobald von Bethmann-Hollweg à Kurt von Grünau, 25 novembre 1916, *in* Fritz Fischer, *op. cit.*, p. 269.

12 Georges-Henri Soutou, *op. cit.*, p. 578–579.

13 Cf. son rapport sur Briey, 24 novembre 1917 à Richard von Kühlmann, *Ibid.*, p. 580.

14 *Ibid.*, p. 573 et Fritz Fischer, *op. cit.*, p. 537 et 562.

L'ironie de l'histoire voulut que, face au risque de voir l'Autriche conclure une paix séparée, le gouvernement du *Reich* en vint à la position prônée par la majorité du patronat industriel, et notamment de celui du Südwestlische Gruppe, de 1915. Michaelis et son successeur Hertling entendirent restaurer les conditions économiques libérales prévalant avant-guerre. Elles seules purent permettre le libre accès de l'Allemagne au marché belge, qui ouvrait sur la Grande-Bretagne, au minerai de Briey et à l'économie mondiale. Les buts de guerre retenus les 2 et 3 juillet 1918, à Spa, le proclamèrent officiellement. La conférence se fondit pour partie sur les résultats partiels de l'enquête réalisée auprès des industriels au printemps. Depuis le 29 juin, le Reichswirtschaftsamt (ministère de l'Economie) avait réuni les réponses au questionnaire (situations des approvisionnements avant la guerre ; modifications entraînées par le conflit et mesures souhaitées pour l'après-guerre) et en fit la base de sa stratégie de ravitaillement pour l'après-guerre[15].

Les industriels se retrouvèrent pour en débattre le 17 juillet, puis les 2 et 3 septembre, avec les représentants de l'administration. Les premiers, parmi lesquels se trouvèrent Stinnes et Schumacher, critiquèrent unanimement la position officielle, mais réclamèrent soit un retour immédiat à l'ordre libéral prévalant avant le conflit, soit sur une cartellisation de l'économie[16]. Alors que durant l'hiver 1917–1918, les industriels se divisèrent sur l'opportunité d'une économie dirigée, l'été venu, ils approuvèrent l'idée d'un renforcement de leur organisation par branches et d'une concertation avec l'Etat, à l'intérieur comme à l'extérieur[17]. En septembre, l'examen de la question de l'approvisionnement en minerai rappela la réelle dépendance de l'industrie allemande à l'égard de la Lorraine française et les projets d'annexion ou de non-discrimination des entreprises allemandes. La question des débouchés et de la reprise des exportations laissa entendre qu'une pénurie mondiale d'acier succèderait à la guerre et permettrait le retour de l'industrie sidérurgique allemande.

Aussi, à défaut de demande particulière, un retour à la clause de la nation la plus favorisée fut attendu, accompagnée d'une plus grande cartellisation pour affronter dans de bonnes conditions la politique économique et la concurrence

15 Georges-Henri Soutou, *op. cit.*, p. 727.

16 *Ibid.*, p. 732–733.

17 Gerald D. Feldman, *Iron and Steel in the German Inflation 1916–1923*, Princeton, Princeton University Press, 1977, p. 81–82.

de l'Entente[18]. Le résultat de ce débat fut de faire comprendre aux instances gouvernementales la nécessité de préserver cette puissance économique du *Reich*. Les bases des négociations de paix reflétèrent cette évolution, plutôt qu'elles n'établirent une rupture. Face à la Belgique, ne préconisèrent-elles pas tout simplement la remise en vigueur du traité de commerce d'avant-guerre jusqu'en 1930. La logique commerciale de la politique de Weimar se trouva contenue dans cette réflexion de l'automne 1918. Concernant l'industrie, la stratégie de cartellisation, à l'intérieur comme à l'extérieur, était déjà en place.

Les visées annexionnistes allemandes, belges et françaises (© Gérald Arboit)

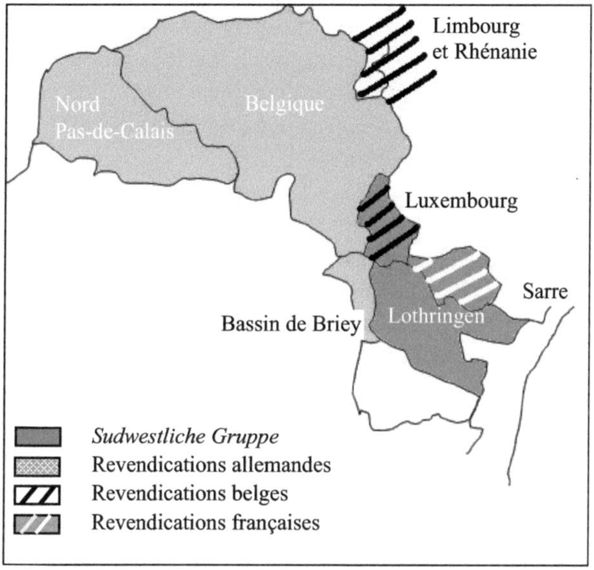

18 En août 1920, la Deutsche-Luxemburgische Bergwerks- und Hütten-A.-G., Bochumer Verein et Gelsenkirchener Bergwerks A.-G. fusionnèrent leurs actifs pour former Rheinelbe Union. En janvier 1926, autour de cette nouvelle entreprise s'agglomérèrent Thyssen A.-G., Phoenix A.-G. für Bergbau und Hüttenbetrieb, Rheinische Stahlwerke et Rhein-Elbe-Union GmbH pour constituer les Vereinigte Stahlwerke A.-G. Ce projet acheva de réaliser la réflexion développée à la fin de la Première Guerre mondiale. A noter que son initiateur lors de la conférence de septembre 1918, Albert Vögler, était le même que celui qui en prit la direction, huit ans plus tard. Hoesch A.-G., Krupp A.-G., Klöckner-Werke, Gutehoffnungshütte et Mannesmann ne rejoignirent pas le cartel [Alfred Reckendrees, *Das „Stahltrust"-Projekt. Die Gründung der Vereinigte Stahlwerke A.G. und ihre Unternehmensentwicklung 1926–1933/34*, Schriftenreihe zur Zeitschrift für Unternehmensgeschichte, 5, Munich, C. H. Beck, 2000].

Naturellement, Français et Belges ne purent en imaginer l'état. « *Des documents importants nous font défaut* », écrivit le député du Calvados, Fernand Enguerand, dans son troisième article sur « L'Allemagne et le fer », à l'été 1915[19]. Bien qu'il en convînt, Maurice Desombiaux, le chef de cabinet du président du Conseil et ministre de la Guerre belge Charles de Broqueville, n'en rendit pas moins Kirdorf responsable des projets annexionnistes allemands[20]. Le rapport du 20 mai 1915 n'avait pas encore été publié dans la presse française — il ne le fut que le 11 août suivant dans le quotidien officieux *Le Temps* — et la gestion économique du conflit se limita pour les pays de l'Entente à gérer les affaires courantes. Tout juste fut-il admis que la France ne se tenait plus engagée par le traité de Francfort du 10 mai 1871, notamment quant à l'application de la clause de la nation la plus favorisée à l'Allemagne[21]. Côté belge, l'idée fut de se tourner vers la Grande-Bretagne[22]. S'il était inimaginable pour les Alliés d'en revenir à la situation d'avant-guerre, la découverte du mémoire des associations de l'industrie et de l'agriculture allemandes marqua un tournant décisif. Puisque la Belgique et Briey constituèrent pour le *Reich* la continuité territoriale directe et logique du domaine sidérurgique du Südwestlische Gruppe, les territoires le constituant — l'Alsace-Moselle, le Luxembourg et la Sarre — devinrent un objectif évident de la politique de l'Entente[23]. Dès lors, de la même façon qu'en Allemagne, toute une propagande fut mise en œuvre pour le justifier. Comme dans le *Reich*, politiques et industriels ne se trouvèrent pas à l'unisson. La seule véritable différence tint en ce que les premiers furent les promoteurs de cette idéologie annexionniste. En outre, le Luxembourg devint pour la France un moyen de chantage à destination de la Belgique[24].

Si le seul objectif des négociations diplomatiques franco-belges fut de faire accepter par les premiers les revendications sur le Grand-Duché des seconds, les

---

19 *Le Correspondant*, 25 juillet 1915, p. 193.

20 Maurice des Ombiaux, *France & Belgique. Ce que les Allemands voulaient faire des pays envahis. Ce que nous ferons d'eux*, Paris, Bloud et Gay, 1916, p. 52.

21 Cf. Fernand Pyla, « Notre politique commerciale après la guerre », 2 juin 1915 [Archives du ministère des Affaires étrangères, Paris (AMAE), Guerre, 1495].

22 Cf. Gaston Barbanson, « Possibilité de restauration économique de la Belgique après la guerre », 8 avril 1915 [Archives du service public fédéral des Affaires étrangères, Bruxelles (ASPFAE), B1, 1916–1918].

23 Cf. Gustave Trasenster, « Etude de certaines clauses économiques du traité de paix. Mesures défensives à prendre vis-à-vis de l'Allemagne par la Belgique et les Alliés » de septembre 1916 [Archives générales du Royaume, Bruxelles (AGR), Fonds Renkin, dossier 15].

24 Cf. Georges-Henri Soutou, *op. cit.*, p. 177–179.

réflexions du monde économique français, limitées depuis le printemps 1915 à la seule Alsace-Moselle, se montrèrent plus pragmatiques. Le Comité des forges de France sollicita l'avis de ses membres et constitua une commission dite « du traité de Paix », qui se réunit à compter du 19 août 1915[25], pour en discuter. Concernant le Luxembourg, l'avis unanime fut que « *détaché du Zollverein,* [il] *formerait une union douanière avec la Belgique plutôt qu'avec la France* »[26]. Même l'adhésion de la Sarre apparut, aux yeux de Robert Pinot, secrétaire général du Comité, comme une perspective « *peu séduisante, peu conforme à l'intérêt général de la métallurgie* »[27]. Inutile de dire que le retour de l'Alsace-Moselle apparut aussi comme une « *charge extrêmement lourde* »[28] et qu'il convint de maintenir les relations sidérurgiques franco-allemandes à leur niveau d'avant-guerre[29]... Au printemps 1916, suite à des fuites[30], cette position peu patriotique du Comité des forges donna corps à la campagne de presse de Fernand Engue-rand[31] et de Gustave Téry[32].

Les diplomates français ne furent pas loin de partager le même avis que les industriels[33]. Mais, l'issue de la guerre n'étant pas certain, il ne convint pas de le laisser apparaître à leurs homologues belges. De plus, la question belge dut trouver sa solution dans les « *relations politiques, économiques et militaires* [de ce pays] *avec la France et l'Angleterre* » tel un « *anneau qui liera ces deux pays et qui les fera*

25 Cf. les rapports des réunions des 19 août et 21 octobre 1915 dans Archives François Bourdon, Le Creusot (AFB), SS0 110-02.

26 *Ibid.*, rapport, 19 août 1915, p. 9.

27 Note, 19 août 1915, *in* Georges-Henri Soutou, *op. cit.*, p. 184.

28 Note de Camille Cavallier, 20 août 1915, *Ibid.*, p. 185.

29 AFB, *op. cit.*, rapport, 19 août 1915, p. 82.

30 Le principal rédacteur du rapport du Comité des forges était Humbert de Wendel. Ce dernier avait été désigné à la direction du bureau d'achat des aciers à Londres. Or, après que des indiscrétions furent annoncées par Léopold Alexandre Pralon le 17 février 1916 [Georges-Henri Soutou, *op. cit.*, p. 185n], une fuite se produisit depuis Londres... [AMAE, A. Paix, 1230-1, lettre de Pierre Comert à Philippe Berthelot, 10 mai 1916].

31 « Un chapitre de l'histoire de la métallurgie lorraine: 1° les Forges de Moyeuvre » et « 2° les Wendel et le Creusot », *Le Correspondant* des 25 mai et 10 juin 1916, « La proclamation du Comité des forges », *L'Echo de Paris,* 26 juillet 1916 et « L'Allemagne et les mines de Briey », *L'Œuvre*, 29 décembre 1916.

32 Cette partie de la campagne, destinée à *L'Œuvre*, fut bloquée par la censure, mais redémarra en août [Jean-Noël Jeanneney, *François de Wendel en République. L'argent et le pouvoir, 1914–1940*, 1, Paris, Seuil, 1976, p. 35 et 71].

33 Cf. la note historique « Question du Luxembourg », 30 juin 1917 [AMAE, A. Paix, 1230-1].

toujours s'appuyer l'un comme l'autre contre les retours de l'Allemagne »[34]. Plus prudents, ou moins conscients des réalités, les gouvernants français qui se succédèrent jusqu'en 1921 préférèrent se limiter à une union douanière illusoire, parce qu'« *il n'en* [avait] *jamais été sérieusement question tout au moins dans l'esprit du gouvernement belge* »[35], tout en éludant les velléités de ce dernier d'annexer le Luxembourg. S'ajoutèrent aussi des conditions stratégiques d'ordre ferroviaire, faisant du réseau Guillaume-Luxembourg une voie essentielle entre la France et la Ruhr, inacceptables pour la Belgique. Reconnues par le Traité de Versailles (article 67), les prétentions françaises devinrent un moyen de pression sur la Belgique pour qu'elle acceptât une simple union douanière avec le Grand-Duché[36].

Cet ensemble de critères fixés dès 1916 obéra les relations franco-belges de l'immédiat après-guerre. Face au Luxembourg, mais aussi aux relations économiques entre les trois pays, ni Paris, ni Bruxelles ne parlèrent le même langage, ni même n'analysèrent la situation de la même façon. Mais, à ce jeu, la France eut le plus à perdre. Certes, elle obtint le 29 juillet 1920 cet « accord militaire défensif franco-belge » dans lequel la « grande Nation » voulut enfermer le petit Etat et que les revendications nationalistes flamandes conjuguées aux craintes royales du Front populaire amenèrent à rompre en mars 1936 pour la neutralité[37]. Mais elle n'obtint pas l'alliance économique qu'elle souhaitait pourtant depuis 1915 ; tout juste obtint-elle un accord commercial sans clause préférentielle le 12 mai 1923[38]. Pourtant, l'essentiel ne fut pas là : il fallut continuer le combat économique contre l'Allemagne, bien que le conseiller économique de Georges Clemenceau à Versailles, Louis Loucheur, proposa, le 1er août, aux

---

34 *Ibid.*, note de Jules Cambon, 22 janvier 1917.

35 AFB, *op. cit.*, « Note de M. Barbanson sur le Rapport (2e Rédaction) présenté à la Commission de Direction du Comité des Forges par la Commission dite du Traité de Paix nommé par l'Assemblée des Maîtres de forges le 19 août 1915 », 17 septembre 1916, p. 7.

36 Cf. les lettres Paul Hymans à Georges Clemenceau, 28 août, de Georges Clemenceau à Paul Hymans, 3 septembre, de Philippe Berthelot et de Stephen Pichon à Edmond Gaiffier d'Hestroy des 15 et 19 septembre, 5 novembre et 31 décembre 1919 [AMAE, Z, Europe, 1918–1940, Belgique, 56].

37 Fernand Vanlangenhove, « L'accord militaire franco-belge de 1920 à la lumière des Documents Diplomatiques belges », *Mededelingen van de Klasse der Letteren en der Morele en Staatkundige Wetenschappen*, LIII, 1967, p. 520–535.

38 Cf. Eric Bussière, *La France, la Belgique et l'organisation économique de l'Europe. 1918–1935*, Paris, Comité pour l'histoire économique et financière de la France, 1992, p. 145–153.

délégués allemands d'élargir le cartel franco-belge[39], discuté depuis le 5 juin avec les Belges[40], à l'acier du *Reich.*

Au service de la Belgique ou de l'entreprise ? Gaston Barbanson à Paris[41]

Gaston Barbanson put assister aux différentes étapes de l'élaboration de la position française. Il arriva à Paris le 1er mars 1915, après avoir quitté le front, le 7 janvier, pour Sainte-Adresse (Le Havre) et le cabinet du président du Conseil et ministre de la Guerre de Belgique, Charles de Broqueville. Il s'engagea pour la durée de la guerre, le 2 août 1914, alors qu'il ne tombait « *sous l'implication d'aucune loi militaire ni ancienne, ni nouvelle* »[42]. Au Havre, il y retrouva Evence Coppée et le baron Edouard Empain. Ce dernier, promu colonel dès le début du conflit, fut chargé, avec le major Georges Theunis, de l'animation du réseau à Paris, Londres et New York de la Commission d'achats et du service technique de l'Armée Belge, pour le compte de l'Intendance[43].

Affecté comme simple soldat au corps de Transport de la 6e division d'armée belge, cet avocat, administrateur de la Banque de Bruxelles et grand actionnaire de l'Arbed obtint deux mois plus tard une commission d'officier d'administration auxiliaire. Il fut versé dans l'Intendance, qui l'envoya comme conseiller technique au service de l'habillement de Paris (25 juin 1915). Entre-temps, par un rapport d'avril, il éclaira « *le gouvernement sur la politique à suivre pour renouveler les traités de commerce* ». Son enquête l'amena à se rendre en Italie, puis à Londres

---

39 Georges-Henri Soutou, « Der Einfluss der Schwerindustrie auf die Gestaltung der Frankreichpolitik Deutschlands 1919–1921 », Hans Mommsen, Ditmar Petzina, Bernd Weisbrod (dir.), *Industrielles System und Politische Entwicklung in der Weimarer Republik*, Königsberg, Droste Verlag, 1974, p. 543–551 et Stephen Douglas Carls, *Louis Loucheur, 1872–1931. Ingénieur, homme d'état, modernisateur de la France*, Lille, Presses universitaire du Septentrion, 2000, p. 168 et 180.

40 Eric Bussière, *op. cit.*, p. 50–53.

41 Les deux points suivants ont aussi été développés dans Gérald Arboit, « Petits arrangements entre ennemis ou comment ARBED utilisa la Première guerre mondiale pour devenir le premier groupe sidérurgique européen », *Entreprise & Histoire*, 63, 2013, p. 66–78.

42 Musée royal de l'armée et d'histoire militaire, Bruxelles (MRAHM), Dossier personnel de Gaston Emile Jean Marie Victor Barbanson, 13736, lettre de Gaston Barbanson au lieutenant-général baron de Ceuninck, ministre de la Guerre, 22 janvier 1918.

43 Albert Duchesne, « Un général pas comme les autres. Le baron Edouard Empain durant la guerre 1914–1918 », *Revue belge d'histoire militaire*, 1985, 26, n° 2, p. 101–112.

voir des « *hommes d'affaires de* [s]*es amis* »[44]. Sans préjuger de l'importance de sa mission, Barbanson fut avant tout un « embusqué »[45]. Il n'hésita pas à actionner les relais nécessaires pour se mettre à l'abri — son beau-frère fut le colonel baron Victor Buffin de Chosal, commandant le 1er régiment de Guides[46] —, tout en donnant l'impression de servir son pays.

Sa nomination militaire dans la capitale française s'accompagna bientôt d'une nouvelle sinécure, le secrétariat du Comité d'enquête économique du gouvernement belge. Cette enquête fut lancée fin juin 1915 à destination du monde économique belge réfugié en Grande-Bretagne, en France et aux Pays-Bas par Emile Waxweiler, directeur de l'Institut de sociologie Solvay. Trois comités furent constitués à partir des « *principaux hommes d'affaires belges résidant momentanément dans ces trois capitales* »[47] ; Barbanson en fit d'évidence partie, et le ministère belge de la Guerre en agréa volontiers en le mettant à disposition du comité parisien[48]. La mission de ces hommes d'affaires fut de dénombrer les réfugiés exerçant une profession définie par l'enquête, d'en choisir les plus représentatifs, de leur distribuer les questionnaires et d'en exploiter les réponses[49].

En tant que secrétaire, Barbanson expédia, récupéra, classa et résuma quelque mille cinq cents formulaires. Il clarifia les échanges de vues en réunion du comité et des sous-comités. Naturellement, il suivit particulièrement les travaux du sous-comité de la métallurgie du fer[50]. Puis, au début de l'été 1917, il n'eut

44 AGR, Fonds Broqueville, 43, lettres de Gaston Barbanson à Charles de Broqueville, 1er mars, 4 et 30 avril, 8 mai 1915. Il tenait en fait cette mission du ministre des Affaires étrangères, Julien Davignon, totalement sous l'influence de Broqueville.

45 Sur ces hommes qui se dérobèrent aux devoirs des armes en conservant des places de tout repos à l'arrière, dont le ministre socialiste belge Louis de Brouckère notait, en décembre 1916, que, « *si la forme républicaine* [du gouvernement] *est placée au-dessus de toute contestation* », ils froissaient « *l'esprit républicain* » par le favoritisme, la censure et la puissance nouvelle du pouvoir exécutif, cf. Charles Ridel, *Les Embusqués*, Paris, Armand Colin, 2007, et, plus polémique et moins convaincant, François Bouloc, *Les Profiteurs de guerre 1914–1918*, Bruxelles, Complexe, 2008.

46 Le 3 mai 1917, Barbanson était tout fier d'annoncer à son cousin Broqueville que « *Totor* » était passé général [AGR, *op. cit.*]…

47 Fernand van Langenhove, *L'action du gouvernement belge en matière économique pendant la guerre*, Paris/New Haven, Presses universitaires de France/Yale University Press, 1927, p. 97.

48 MRAHM, *op. cit.*, lettre de Gaston Barbanson au colonel Lefevre, 10 octobre 1917.

49 Fernand van Langenhove, *op. cit.*, p. 98.

50 *Ibid.*, copie de la lettre de Gaston Barbanson à Emile Waxweiler, 6 février 1916.

« *littéralement plus rien à faire* »[51]. Il rédigea des rapports, notamment sur les Lieux Saints de Palestine[52]. « *Les conseils* [que ce] *grand industriel hardi et expérimenté* » sut prodiguer dans cette fonction, comme la protection de son cousin Broqueville, l'amenèrent à participer à la réflexion qui mena à la création, le 13 octobre 1917, du ministère des Affaires économiques. Il collabora ainsi avec son chef, l'intendant militaire Thys, mais aussi avec Max-Léo Gérard, Fernand Van Langenhove ou Maurice Frère[53]. Il proposa notamment de fusionner les anciens comités de Londres, Paris et La Haye afin d'en faire « *un instrument d'information* », mais le ministre des Finances, le vicomte Aloïs Van de Vyvere, s'y opposa[54]. Tenant à son idée, il s'en ouvrit à Broqueville, proposant cette fois que seul le comité de Hollande se chargeât de l'étude de la situation de la Belgique, se demandant même

> « *s'il n'y avait pas intérêt à mettre ce bureau en relation étroite avec* [le] *service d'espionnage* [de l'armée belge] *de façon à lui permettre de se tenir au courant de la situation au fur et à mesure et pour ainsi dire jour par jour*[55]. »

A nouveau, il ne sembla pas que sa proposition trouva l'assentiment ministériel[56]. Mais Barbanson sut s'en souvenir plus tard...

Ses connaissances particulières, acquises par son action au sein de l'Arbed depuis 1911, mais également des conseils d'administration dans lesquels il siégea avant la guerre[57], en fit la personne la plus au fait des questions métallurgiques

---

51 AGR, *op. cit.*, lettre de Gaston Barbanson à Charles de Broqueville, 5 juillet 1917.

52 Maria De Waele, « Een verwaarloosd aspekt van de Belgische buitenlandse politiek : De Belgische interesse voor de voogdij over Palestina (1914–1918) », *Revue Belge d'histoire contemporaine*, 1976, 1–2, p. 95–101. Cf. aussi AGR, *op. cit.*, lettre de Gaston Barbanson à Charles de Broqueville, 26 juin 1917 [programme de propagande] et, 423, rapport d'Alfred Eid et Gaston Barbanson « La Palestine et le protectorat de la Belgique sur les Lieux Saints », 1er juillet 1917.

53 Paul Hymans, *Mémoires*, publiés par Frans van Kalken avec la collaboration de John Bartier, Bruxelles, Institut de sociologie Solvay, 1958, p. 164.

54 AGR, *op. cit.*, lettre de Gaston Barbanson à Charles de Broqueville, 28 février 1917.

55 *Ibid.*, lettre de Gaston Barbanson à Charles de Broqueville, 26 avril 1917.

56 Dans sa lettre suivante, Barbanson signala être en contact avec Camille « *Petit, neveu et bras droit du baron Coppée* ». Il ne semble pas que le directeur général de la société Evence Coppée et Cie eût un quelconque rapport avec les services de renseignement militaires belge [*Ibid.*, lettre de Gaston Barbanson à Charles de Broqueville, 3 mai 1917].

57 Avant guerre, il siégeait notamment à l'Arbed, à la Banque de Bruxelles, à la Société des ciments artificiels de Buda (Haren), au Eschweiler Bergwerks-Verein A.-G. (Eschweiler)...

dans le *Südwestlische Gruppe*. Il eut ainsi à remplir le questionnaire « Grosse métallurgie » de l'Enquête économique[58] et commença à donner des conférences sur ce sujet, comme au Comité franco-belge le 17 janvier 1916, où

> « *les vérités qu'il* [dît parurent] *surprendre des personnes peu averties et perdues dans un programme tellement vaste qu'il* [paraissait] *sans limite*[59]. »

Le réseau Barbanson à Paris (1916–1917)

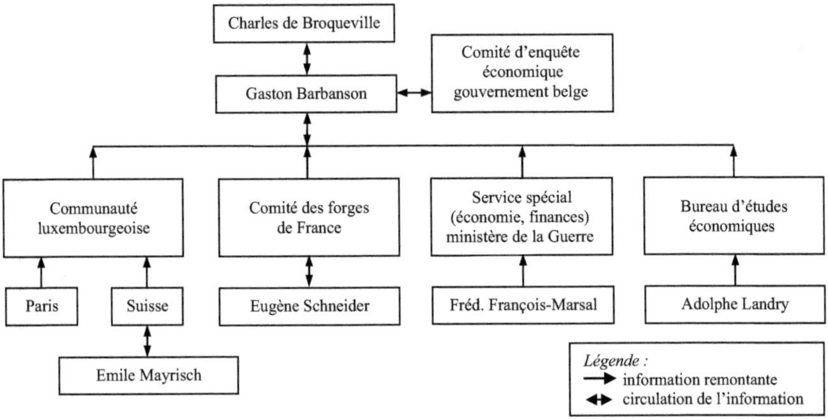

Son audience déborda rapidement le simple cercle belge de Paris, dont la rapide puissance fut visible dans la suspicion « *de germanophilie* »[60] qui s'abattit aussitôt sur lui. L'origine de ces accusations se trouva dans l'entourage d'Armand Mollard[61], le ministre français à Luxembourg avant-guerre réfugié au Quai d'Orsay ; il y anima, secondé par un autre Français du Grand-Duché, le sergent (1915), puis officier interprète (1917) Charles-Julien Jubert, de la Section de centralisation des renseignements (SCR), un Service de renseignements sur les réfugiés et les rapatriés[62]. Les deux hommes lui reprochèrent son engagement au

58 AGR, *op. cit.*, lettre de Gaston Barbanson à Charles de Broqueville, 29 février 1916.

59 Note d'Humbert de Laubespin, 17 janvier 1916, *in* Jacques Willequet, « Gaston Barbanson promoteur d'une "Grand-Belgique" en 1914–1918 », *Revue belge de philologie et d'histoire*, 1970, 2, p. 357.

60 AGR, *op. cit.*

61 ASPFAE, B1, 1916–1918, note de Pierre Nothomb, 5 février 1916.

62 Cf. Gérald Arboit, « Dans les soubresauts de la Grande Guerre. Bombardements, renseignement et affairisme au Luxembourg », Charles Barthel, Josée Kirps, *Terres Rouges. Histoire de la sidérurgie luxembourgeoise*, 1, Luxembourg, Centre d'études et de recherches européennes Robert Schuman/Archives nationales de Luxembourg, 2009, p. 111.

service de l'idée nationaliste « grand belge »[63]. Mais l'activisme de Barbanson insupporta également la communauté belge, tant parmi ses amis journalistes[64] que parmi les milieux liégeois. Ces derniers n'hésitèrent pas à utiliser leurs relations dans l'armée belge pour discréditer leur compatriote[65]. A chaque fois, il sembla que l'Arbed fût la raison de cette vindicte[66].

L'Arbed fut cependant la clé d'entrée de Barbanson dans les cercles du Comité des forges de France. A la fin du printemps 1916, l'administrateur du groupe sidérurgique luxembourgeois y eut ses entrées régulières. Au moins pour un membre du patronat sidérurgique français, il ne fut pas un étranger : Eugène Schneider. Au printemps 1914, il vit passer une note de ses services financiers présentant la société comme une « *affaire extrêmement importante* »[67]. Deux ans plus tard, il envoya son directeur délégué financier, Achille Fournier, le rédacteur de cette note, sonder Barbanson[68]. Dès le 25 mai 1916, ce dernier fut en mesure d'informer Broqueville « *que la consigne donnée par le Gouvernement français au Comité des Forges de France* [fut] *de préparer une entente économique franco-belge* »[69]. Jusque-là, il donna de temps à autre des informations sur la France qui ne semblèrent pas sorties d'un journal[70], mais qui ne permirent pas d'attester une réelle liaison[71]. Il convint de dire que l'entente entre les deux hommes fut immédiate. Elle fut même rapide, puisque les travaux du Belge, un

63 Sur cette question, cf. Jacques Willequet, *op. cit.*, p. 335–376 et 1177–1206.

64 Archives de l'Université catholique de Louvain, Louvain-la-Neuve (AUCL), Fonds Pierre Nothomb, Correspondance, lettre de Gaston Barbanson à Pierre Nothomb, 13 mai 1918.

65 AGR, *op. cit.*, lettre de Gaston Barbanson à Charles de Broqueville, 2 novembre 1917.

66 Sur cette question, cf. Gérald Arboit, *op. cit.*, p. 117–122. Ainsi se trouvait confirmée la version racontée par Barbanson sur le brouillon du discours de bienvenue pour Eugène Schneider, 29 janvier 1920 [Archives de l'administration centrale de l'Arbed, Luxembourg (AACA, p1].

67 AFB, 187 AQ 72, note d'Achille Fournier, 6 avril 1914.

68 AACA, AC-407, Schneider & Cie, Note de Gaston Barbanson « pour M. Eugène Schneider » d'avril 1929.

69 AGR, *op. cit.* C'est Barbanson qui souligne.

70 *Ibid.*, lettres de Gaston Barbanson à Charles de Broqueville, 11 juillet et 13 août 1915.

71 Exposant les divergences au sein de la sous-commission de la métallurgie du fer, il évoqua une division similaire au sein du Comité des forges de France [*Ibid.*, lettre de Gaston Barbanson à Charles de Broqueville, 6 février 1916].

« projet d'entente économique entre les Alliés »[72] et des « considérations sur les rectifications de frontières à apporter après la guerre à la Belgique et à la Hollande »[73], furent reprises par le Français à peine un mois plus tard.

Le 24 juin 1916, le maître de forges du Creusot diffusa auprès de ses collègues une longue note prenant le contrepied exact des positions que le Comité des forges affichait jusque-là. Non seulement il se rallia à l'hypothèse défendue par Barbanson de l'annexion par la Belgique du bassin d'Aix-la-Chapelle, mais il proposa « *un marché fermé à l'exportation allemande* » comme le prôna l'administrateur de la Banque de Bruxelles. D'aucuns y virent une parfaite correspondance avec les orientations gouvernementales françaises, notamment les orientations volontaristes d'Etienne Clémentel, ministre du Commerce, de l'Industrie et des Postes et Télégraphes[74]. L'unanimité du refus du Comité des forges, le 29 juin, et la rapidité avec laquelle Schneider parut se rendre aux arguments de ses collègues empêchèrent de voir dans cette note un ballon d'essai gouvernemental. D'autant que la conférence économique interalliée s'était tenue dix jours plus tôt… En fait, la correspondance fonctionna plus précisément encore avec les idées de Barbanson, puisqu'elles en furent à l'origine.

Par ses entrées au Comité des forges, mais également en raison de son statut militaire et de ses fonctions au Comité d'enquête économique du gouvernement belge, il fut mis en contact avec le responsable des questions économiques et financières de l'état-major général français. Le capitaine de réserve Frédéric François-Marsal, directeur-général de la Banque privée (Lyon) dans le civil, fut un autre « embusqué » arrivé à Paris le 16 décembre 1915[75]. La communauté de destin, à moins que ce ne fussent simplement celles de la banque et de l'âge, favorisa son rapprochement au printemps suivant avec le sous-lieutenant

---

72 AFB, SS0 110-02. Etrangement, une mention manuscrite la date de « Sept. 1916 », la mettant en relation avec la « Note de M. Barbanson sur le Rapport (2e Rédaction) présenté à la Commission de Direction du Comité des Forges par la Commission dite du Traité de Paix nommé par l'Assemblée des Maîtres de forges le 19 août 1915 », 17 septembre 1916. Or, les idées défendues par Schneider le 24 juin 1916 puisent indubitablement leur origine dans la note de Barbanson.

73 ASPFAE, B280, note s.d. Sur cette question, cf. Jacques Willequet, *op. cit.*, p. 1177–1206.

74 Georges-Henri Soutou, *op. cit.*, p. 288–290.

75 Service historique de la Défense, Département de l'armée de Terre (SHD/DAT), 6 Ye 45329.

auxiliaire Barbanson[76], qui trouva ainsi l'occasion d'élargir un peu plus son « capital-relation »[77] en direction des milieux politique et diplomatique français. A l'été 1916, il rencontra un nouveau personnage-clé de l'organisation française de réflexion économique sur l'après-guerre, l'économiste Adolphe Landry[78]. Député radical socialiste de Corse, il siégea dans les commissions de la marine militaire et des finances. Surtout, il fut l'un des vice-présidents du Bureau d'études économiques.

Encore informel au moment de la rencontre des deux hommes, bien qu'il en fût à sa quelque quarante-cinquième réunion hebdomadaire depuis décembre 1915, il ne fut véritablement créé que le 12 novembre 1917[79]. Loin d'être anecdotique, même si le gouvernement français, à l'exclusion de Clémentel[80], l'ignora largement[81], ce bureau discutait les notes relatives aux grandes questions de la politique économique d'après-guerre, au gré des demandes des différents ministères — en fait essentiellement celui du Commerce. Il put aussi recevoir des experts, dont Robert Pinot les 3 et 10 décembre 1915. En janvier 1917, enfin, surgit le capitaine André Vicaire, affecté au sous-secrétariat d'Etat aux fabrications de guerre, officier-adjoint au service des produits métallurgiques. Ses compétences le firent immédiatement remarquer par son chef politique, Louis Loucheur. Dans la mouvance de Schneider & Cie, l'officier assuma le secrétariat général de

76 Aussi chercha-t-il à se faire promouvoir directement capitaine, afin de renforcer la liaison d'intérêt par une communauté de grade ; dans sa proposition de promotion, son chef nota ainsi que son rang actuel n'était « *nullement en rapport avec les fonctions qu'il occupe* » [MRAHM, *op. cit.*, note du sous-intendant Thys à Emile Vandervelde, 11 février 1916]. La réponse du cabinet militaire ne se fit pas attendre. Deux jours plus tard, notant que Barbanson naviguait dans des « *organes où ces grades n'ont aucune utilité* », l'avancement exceptionnel lui était refusé. Tout juste serait-il promu lieutenant de réserve, « *mais ce n'est pas à titre de récompense* » [*Ibid.*, note de Chabeau, chef de cabinet du ministre de la Guerre]…

77 Selon le modèle de capital social développé par Sophie Boutillier, Dimitri Uzunidis, dans *La légende de l'entrepreneur*, Paris, Economica, 1995, p. 133.

78 AGR, *op. cit.*, lettre de Gaston Barbanson à Charles de Broqueville, 18 juin 1916.

79 Archives nationales, Paris (AN), F^{12} 8105, note historique, 15 novembre 1918.

80 Cf. Marc Trachtenberg, « "A New Economic Order": Etienne Clementel and French Economic Diplomacy during the First World War », *French Historical Studies*, 10, 2, automne 1977, p. 315–341.

81 Cf. la déclaration d'Adolphe Landry à la Chambre en mars 1918 [*Journal officiel de la République française. Débats parlementaires. Chambre des Députés*, 15 mars 1918, p. 945].

la Société des forges et aciéries de Huta-Bankowa avant-guerre[82]. La rencontre des deux hommes dut être fructueuse puisque Barbanson le fit embaucher au printemps 1919…

Couvrant à la fois le Comité des forges, l'état-major général (puis le cabinet du ministre de la Guerre à compter d'avril 1916[83]), le sous-secrétariat d'Etat aux Fabrications de guerre et le Bureau d'études économiques, Barbanson se construisit un solide réseau de renseignement économique. Par l'entremise de François-Marsal, il eut même accès à certaines informations de la SCR. Il trouva encore « *le moyen de pénétrer dans un milieu qui touch*[ait] *de fort près* » aux plus hautes autorités de l'Etat français grâce à Schneider[84]. Grâce au beau-frère de ce dernier, Armand de Saint-Sauveur, même le ministère des Affaires étrangères lui fut ouvert[85]. Ces liaisons lui permirent de mener à bien son emploi au profit du gouvernement belge. En juillet 1917, le baron Eugène Beyens, ministre des Affaires étrangères, lui commanda ainsi une note sur les relations économiques avec la France concernant le charbon et la métallurgie[86]. Mais ce réseau lui permit également de ménager le futur, par deux moyens principaux.

Le premier concerna ses liens avec Schneider. Au moment de leur rencontre, le maître de forges du Creusot fut impliqué dans la reprise des établissements de la Société des hauts-fourneaux et aciéries de Caen, en situation de cessation de paiement[87]. L'affaire lui fut signalée fin décembre 1915 par Alfred Bonzon, administrateur de la Banque de l'union parisienne[88]. Il actionna alors ses relais dans l'entourage de Louis Loucheur pour en obtenir l'amodiation au détriment de François de Wendel. Il se montra aussi plus habile à manœuvrer Louis Le Châtelier, président du conseil d'administration caennais. Pour cela, il évoqua l'intérêt de la Défense nationale, que lui déniât la partie adverse, et fonda une entreprise fermière, la Société normande de métallurgie. Le 21 juillet 1916, le bail était signé[89].

---

82 SHD/DAT, 6 Ye 17404.

83 *Ibid.*, 6 Ye 45329, notations « pour l'année 1916 ».

84 AGR, *op. cit.*, lettre de Gaston Barbanson à Charles de Broqueville, 18 octobre 1917.

85 *Ibid.*, lettre de Gaston Barbanson à Charles de Broqueville, 8 janvier 1918.

86 *Ibid.*, lettre de Gaston Barbanson à Charles de Broqueville, 7 juillet 1917.

87 L'entreprise manquait à ce point de liquidités que son directeur, Louis Le Châtelier, songea à faire appel à des fonds américains [Jean-Noël Jeanneney, *op. cit.*, p. 53 n. 42].

88 Hubert Bonin, *La Banque de l'union parisienne (1874/1904–1974). Histoire de la deuxième grande banque d'affaires française,* Paris, Plage, 2001, p. 152.

89 Cf. AFB, 187 AQ 072, dos. 03 pour la partie Schneider et Jean-Noël Jeanneney, *op. cit.*, p. 52–118 pour la version Schneider.

Toutefois, l'affaire ne fut pas aussi saine que l'on pût, ou voulût, croire. Les résultats pour l'année 1917 furent loin des attentes et Wendel regarda avec un malin plaisir son rival se débattre. Barbanson fut alors sollicité pour s'entremettre en faveur de l'entreprise caennaise auprès de Broqueville, mais également pour dédouaner Le Châtelier, qui agissait de même auprès de Georges Clemenceau, des *« bruits sur ses rapports avec Thyssen »*[90] auprès de François-Marsal[91].

Le second moyen de prévoir l'avenir fut de mettre l'Arbed à l'abri des bombardements aériens. Les deux premières attaques datèrent des nuits des 22 août 1914 et 3 octobre 1915, et ne touchèrent que la capitale[92]. A compter de cette date, et jusqu'au 11 novembre 1918, le Grand-Duché fit l'objet de cent trente six attaques aériennes en direction des installations sidérurgiques du sud du pays[93]. L'Arbed devint une cible et les rapports de renseignement, avec leur imprécision toute relative, en firent volontiers des *« forges germano-luxembourgeoises »*[94]. Barbanson disposa désormais des moyens de faire changer cette perception[95]. Alors qu'il ne protestât que mollement auprès de son protecteur devant le manque de précision des bombardements[96] et la qualité insuffisante du matériel employé, il se montra plus combattif au printemps suivant, lorsque les premières

---

90 Cf. le *Bulletin d'information* du Grand quartier général, 27 janvier 1918 et la lettre de Georges Clemenceau à Louis Nail, 24 mars 1918 [SHD/DAT, 5 N 274]. August Thyssen était intéressé à la Société des hauts-fourneaux et aciéries de Caen pour 25 % du capital, qui avait été placé sous séquestre au commencement de la guerre [Raymond Poidevin, *Les relations économiques et financières entre la France et l'Allemagne de 1898 à 1914*, Paris, Comité pour l'histoire économique et financière de la France, 1998, p. 734–735].

91 SHD/DAT, *Ibid.*, note, 10 mars 1918.

92 ANLux, AE 603. Cf. aussi Jean-Pierre Robert, *Die Fliegerangriffe auf Luxemburg während des Weltkrieges 1914–1918 in historisch-chronologischer Darstellung*, Luxemburg, Th. Schroell, 1922, et Emile-Théodore Melchers, *Bombenangriffe auf Luxemburg in zwei Weltkriegen*, Luxemburg, Saint-Paul, 1984.

93 ANLux, AE 434, note, 11 mars 1922.

94 SHD/DAT, 6 N 20, « Les forges de Lorraine, de Luxembourg et de la Saar. Doit-on les bombarder ? », septembre 1915, p. 7. Cf. aussi SHD, Département de l'armée de l'Air (DA), 1 A 134, note de Charles-Jules Jubert, 3 août 1916.

95 Après le bombardement de Luxembourg, 3 octobre 1915, le lieutenant Auguste Dutreux, ancien élève de l'Ecole centrale des arts et manufacture de Paris et fils de l'actionnaire de l'ARBED Tony Dutreux, avait lui aussi tenté de le faire. Cf. ses « Notes sur les principales usines métallurgiques de la frontière de l'Est » [SHD/DA, 1 A 169 dos. 2].

96 AGR, *op. cit.*, lettres de Gaston Barbanson à Charles de Broqueville des 13 août et 25 septembre 1915.

bombes tombèrent sur Esch-sur-Alzette[97]. Broqueville lui suggéra alors de lui adresser une lettre exposant ses récriminations. Elle fut ensuite transmise, par les bons soins du gouvernement belge, au ministre français accrédité au Havre, Antony Klobukowski, et au commandant en chef des opérations, le général Joseph Joffre[98]. Autant soucieux de dédouaner la société de ses accusations de germanophilie que de « *permettre aux aviateurs français de choisir* [les cibles] *qu'il convient de bombarder* », Barbanson entreprit de construire l'illusion d'une entreprise belge et patriote[99], et fournit « *une liste complète des usines métallurgique de Lorraine annexée, de Sarre et du Grand-Duché de Luxembourg* ».

Il y distingua celles à ne pas bombarder, soit parce qu'elles appartenaient à l'Arbed (l'usine nord-ouest d'Esch, Dudelange, Dommeldange, Eich), soit parce qu'elles furent la propriété d'un groupe allié (Rodange), de celles qui devaient être considérées comme ennemies. Pour assurer le plus de succès à son entreprise, Barbanson adressa une copie de sa lettre à son ami François-Marsal[100], qui transmit à l'état-major général le 12 juin[101]. Par son intermédiaire, il entra finalement « *en relation avec les services compétents pour lesquels* [il] *fi*[t] *un travail très détaillé avec cartes et plans à l'appui. (...) Cette fois,* [s]*on intervention produisit de l'effet et les usines alliées qu*['il] *avai*[t] *indiquées ne reçurent plus que très rarement des bombes, sans doute par accident, tandis que les usines boches se virent arroser copieusement.* »[102] Au printemps 1918, Barbanson estima que ses indications influençaient encore les plans de bombardement[103]. En tout cas, il n'eut plus besoin d'aborder ce sujet avec Broqueville.

Les petits arrangements entre amis d'Emile Mayrisch

Pour renseigner les services français, Barbanson se fonda particulièrement sur les informations qui lui parvenaient du Grand-Duché. La Suisse fut pour lui, comme pour les services de renseignement de l'Entente[104], « *une chambre*

97 Cf. sa lettre à Charles de Broqueville, 11 mai 1916 [*Ibid.*].
98 *Ibid.*, lettre de Charles de Broqueville à Gaston Barbanson, 16 mai 1916.
99 Cette fiction était reprise dans une note du commandant François-Marsal, 15 décembre 1918 [SHD/DAT, 4 N 72].
100 SHD/DA, 1 A 168, dos. 3.
101 *Ibid.*
102 *Ibid.*, note de François-Marsal, 29 juillet 1916 ; AUCL, *op. cit.*, lettre de Gaston Barbanson à Pierre Nothomb, 13 mai 1918.
103 AUCL, *op. cit.*
104 Cf. Gérald Arboit, « Itinéraire d'un agent luxembourgeois pendant la première guerre mondiale », *Hémecht*, 2009/2, p. 219–228.

d'échange d'information »[105]. Pour mener à bien l'opération de déstabilisation de la Grande-Duchesse Marie-Adélaïde que lui confiât Broqueville[106], il se ménagea des liaisons avec le pays qu'il avait quitté en août 1914. Certaines lui furent dictées par l'occasion, comme cet ancien combattant de 1870 réfugié à Berne, François Martin ; ce tenancier d'un café à Hollerich avant-guerre[107] fut le correspondant de Marcel Noppeney, directeur de la très francophile *Indépendance luxembourgeoise*, avant son arrestation, le 7 juin 1915.

Son nom apparaissant dans cette affaire, Auguste Michaëlis fut-il également un correspondant de Barbanson ? Cet ancien directeur du Lothringisch-Luxemburgisches Kontor für den Verkauf von Roheisen (Comptoir de vente de fonte brute de Lorraine-Luxembourg), dissout en 1909, arriva en Suisse pour affaires en septembre 1915. Il agissait aussi au nom de Paul Eyschen, ministre d'Etat, qui souhaita nouer des relations avec Londres, via Norbert Le Gallais, consul de Grande-Bretagne à Luxembourg réfugié à Lausanne-Ouchy depuis février 1915[108]. Il était aussi le beau-frère de Paul Schroell, publiciste francophile qui navigua, après son court séjour en Suisse, dans l'orbite de Mollard. Michaëlis lui-même finit par trouver — sur la recommandation de Barbanson ? — un emploi chez Schneider & Cie, en attendant d'être *« réclamé par un des Comptoirs, pour une situation importante à l'étranger »*[109].

---

105 Lettre d'Horace Rumbold, 12 février 1917, *in* Martin Gilbert, *Sir Horace Rumbold. Portrait of a Diplomat 1869–1941,* Londres, Heinemann, 1973, p. 137.

106 AGR, *op. cit.*, lettre de Charles de Broqueville à Gaston Barbanson, 20 juin 1920.

107 *Mémorial du Grand-Duché de Luxembourg*, 60, 5 novembre 1910, p. 880. Cf. Henri Wehenkel, « Le Tour de France d'un typographe luxembourgeois », Henri Wehenkel (dir.), *Luxembourg-Paris-Luxembourg, Luxembourg, 1871, migrations au temps de la commune. Etudes d'histoire économique et sociale*, 1, Luxembourg, Musée d'histoire de la ville, 2001, p. 71–96 ; *Ibid.*, « Monsieur François Martin, compagnon du Tour de France », Antoinette Reuter, Jean Philippe Ruiz (dir.), *Retour de Babel*, 3, *Rester, être*, Gasperich, Ed. Retour de Babel, 2007, p. 34–36.

108 Lettre d'Auguste Michaëlis à « [s]*on cher ami* » Philippe Berthelot, 20 septembre 1915, *in* Jean-Claude Montant, *Documents diplomatiques français. 1914–1919*, 3/2, Bruxelles, PIE-P. Lang, 2003, p. 281–282 ; Gilbert Trausch, « La stratégie du faible : le Luxembourg pendant la Première Guerre mondiale », *Le rôle et la place des petits états en Europe au XX*e *siècle*, Baden-Baden/Bruxelles, Nomos/Bruylant, 2005, p. 85.

109 AFB, 01G005-B-01, Note du département de la métallurgie pour la direction générale, 16 décembre 1918, f. 1.

Les séjours d'Emile Mayrisch en Suisse (d'après Gaston Barbanson)[110]

Date de la rencontre	Durée de la rencontre	Moyen de rendez-vous
10 juillet 1915	24 heures	?
Avant le 25 septembre 1915	?	?
9 décembre 1915	?	Télégramme
23 février 1916	?	?
4 au 9 mars 1916	6 jours	?
Septembre 1916	?	?
10 au 15 juillet 1917	5 jours	Télégramme
15 décembre 1917	?	?

Le plus important des contacts avec le Grand-Duché fut néanmoins Emile Mayrisch lui-même. Entre le 10 juillet 1915 et le 15 décembre 1917, les deux hommes se retrouvèrent en Suisse, notamment à Berne[111], à Lucerne[112] ou à Neuchâtel, chez le musicien Willy Schmid[113], au moins huit fois. A cela s'ajoutèrent des échanges de messages télégraphiques, toujours à travers la Suisse, la liaison jusqu'au Grand-Duché devant se faire par des messagers amis, hommes d'affaires en transit ou autres particuliers[114]. Les conditions de communication entre les deux zones ennemies au travers du petit pays neutre ne furent certainement pas des plus aisées, loin s'en fallait. Venant de France, Barbanson eut de moins de problème pour circuler, le train de nuit suffit pour relier Paris à une de ses destinations suisses. Quant aux autres moyens, il ne sembla pas plus avoir rencontré quelque

110 *Ibid., passim.*

111 ASPFAE, B1, 1916–1918, « Renseignements recueillis au cours de mon voyage en Suisse (15/7/17 », p. 6.

112 Descendue à l'hôtel Schweizerhof, Aline Mayrisch fit parvenir à André Gide « *ce mot* », qu'il reçut le 17 septembre 1916 « *surtout pour* [lui] *dire combien profondément* [elle] *sen*[tait] *avec* [lui] *le bonheur de voir renaître la France* ». [André Gide, *Journal 1889–1939*, Paris, Gallimard, 1948, p. 559].

113 Jean Schlumberger, *Notes sur la vie littéraire. 1902–1968*, Paris, Gallimard, 1999, p. 72.

114 Le comte Giulio della Torre di Lavagna, ancien ministre d'Italie à Luxembourg, officiellement en résidence à La Haye [*Almanacco Italiano. Piccola enciclopedia popolare della vita pratica e Annuario diplomatico amministrativo e statistico*, XXII *per Anno di Guerra 1917*, Florence, R. Bemporad & Figl., 1917, p. 199], mais réfugié depuis l'entrée en guerre de l'Italie (24 mai 1915) à Rorsbach (Suisse) correspondait avec la Grande-Duchesse Adelaïde par l'entremise du ministre hollandais à Berne, Jonkheer von Panhuys [ASPFAE, B1, 1916–1918, Pierre Nothomb, *op. cit.*, p. 6].

inconvénient. S'il ne fut pas possible de déterminer par quel média il apprit le bombardement de Sarrebruck le 13 août 1916[115], il reçut par télégramme, le 5 décembre suivant ou le 5 juillet 1917, la « *demande de* [s]*e rendre d'urgence en Suisse pour y rencontrer* » le directeur général technique de l'Arbed[116]. De même, il est probable que les deux hommes continuèrent à se rencontrer après décembre 1917.

Pour Mayrisch, il en alla autrement. Les premières rencontres semblèrent avoir été le fruit du hasard. Barbanson venait d'être placé sur un poste à l'arrière au printemps 1915 et Aline, victime d'une fausse couche, fut hospitalisée dans les premiers jours de juillet à Zurich. Elle resta dans la cité alémanique trois semaines[117], puis son époux la conduisit en voiture dans leur nouvelle propriété de La Malbuisson, sur les hauteurs de Bormes-les-Mimosas. La seconde, avant le 25 septembre[118], eut lieu au retour du couple au Grand-Duché. Entre temps, Emile Mayrisch fut informé du bombardement infructueux de l'usine de Burbach — il transmit l'information à Gaston Barbanson —, puis des derniers développements en Allemagne, suite vraisemblablement à une conversation avec l'une de ses relations. Les rencontres suivantes, parfois commandées en urgence depuis Luxembourg par télégramme (5 décembre 1915), résultèrent des séjours d'informations accomplis à Berlin. Dès leur troisième rencontre, le colonel Richard Karl von Tessmar « *savait déjà que se fut pour venir* [...] *retrouver* » son actionnaire et ami[119]. Il attendit néanmoins le printemps 1916 pour mettre fin à ce manège. Le 7 et le 10 mai, Barbanson annonça bien qu'il devait rencontrer « [s]*on directeur général* » sous dix jours, mais il ne fit aucunement mention de leur rencontre. Tout juste adressa-t-il un message laconique, le 11 mai, suite à un nouveau bombardement sur les usines luxembourgeoises par l'aviation française. Pendant un an, Mayrisch sembla être interdit de sortie vers la Suisse. La législation luxembourgeoise imposait, depuis le 11 décembre 1914, que chaque voyageur se fît établir un

> « *certificat du bourgmestre de sa résidence indiquant nom, prénom, profession, domicile, âge et nationalité de l'impétrant et le pays et les localités dans lesquels il entend*[ait] *se rendre*[120]. »

---

115 AGR, *op. cit.*, lettre de Gaston Barbanson à Charles de Broqueville, 13 août 1916.

116 *Ibid.*, lettre de Gaston Barbanson à Charles de Broqueville, 5 décembre 1916.

117 André Gide, Aline Mayrisch, *Correspondance (1903–1946)*, Paris, Gallimard, 2003, p. 126 n1, et André Gide, Jean Schlumberger, *Correspondance 1901–1950*, Paris, NRF, 1993, lettre d'André Gide à Jean Schlumberger, 1er août 1915, p. 591.

118 AGR, *op. cit.*, lettre de Gaston Barbanson à Charles de Broqueville, 25 septembre 1915.

119 *Ibid.*, lettre de Gaston Barbanson à Charles de Broqueville, 10 décembre 1915.

120 *Mémorial du Grand-Duché de Luxembourg*, 84, 12 décembre 1914, p. 1159.

Malgré sa longueur, la circulaire du 19 novembre 1915 ne fit finalement qu'ajouter « *la durée probable du voyage ou des séjours à l'étranger* »[121]. Pourtant, prenant la suite de la loi du 18 mars précédent modifiant l'article 199 du Code pénal, relatif aux faux passeports[122], les conditions de sortie du Grand-Duché pour la Suisse, porte d'entrée vers la France et les pays de l'Entente, se durcirent pour tous les Luxembourgeois[123]. L'année 1916 correspondit à une période de durcissement des mesures de contre-espionnage dans le *Reich*. Le contrôle des communications postales et télégraphiques fut plus systématique incombant aux Zentralpolizeistellen, celle du Grand-Duché dépendant de Cassel (West)[124].

Pareillement, le 22 mai 1917, Barbanson put annoncer à Broqueville que son « *directeur général* [avait] *enfin reçu des Boches la permission de sortir de la prison* »[125]. Etrangement, il convia non seulement son actionnaire, mais également deux autres agents de l'Entente de ses relations, le Belge Pierre Nothomb, qui s'occupait d'ordinaire de la propagande belge, mais œuvrait également avec Barbanson dans la mouvance « grand belge » en direction du Limbourg et du Luxembourg[126], et le Français Jean Schlumberger, un officier-interprète attaché au Service de renseignement de Belfort[127]. Le premier était un cousin de Barbanson et le second un « homme de lettres » appartenant à l'entourage d'Aline Mayrisch avant-guerre. Par son action, Emile Mayrisch participa donc au processus de renseignement de documentation de l'Entente. Par la sélection de ses interlocuteurs, il orienta le type d'information qu'il allait délivrer. Avec les Belges, il appuya

121 *Ibid.*, 96, 20 novembre 1915, p. 1045–1046.

122 *Ibid.*, 24, 20 mars 1915, p. 241–242.

123 SHD/DAT, 16 N 1241, *Bulletin de renseignement*, Belfort, 27 juin 1916, notait à ce sujet qu'« *un Luxembourgeois autorisé à aller en Suisse n'est jamais certain qu'on le laissera rentrer* » (p. 4).

124 Florian Altenhöner, « Total War-Total Control? German Military Intelligence on the Home Front, 1914–1919 », *The Journal of Intelligence History*, 5, 2, hiver 2005, p. 64–69. La section de Luxembourg fut successivement sous les ordres des lieutenants R. Amelung (1915–1916), Ernst Rüter (1916–1918) et Sachs (1918), puis du capitaine Friedrich Wilhelm Ludwig Kersandt [Gérald Arboit, « Espionner le Grand duché de Luxembourg. Une guerre secrète méconnue pendant la Première Guerre mondiale », *Hémecht*, 2015/1, p. 74].

125 AGR, *op. cit.*

126 Cf. Jacques Willequet, « Pierre Nothomb en 1914–1918 » et Gilbert Trausch, « Pierre Nothomb et la question du Luxembourg à l'époque de la première guerre mondiale », *Pierre Nothomb et le nationalisme belge de 1914 à 1930*, Arlon, Ed. de l'Académie Luxembourgeoise, 1980, p. 9–13 et 22–37.

127 SHD/DAT, 6 Ye 1462.

volontiers sur la situation politique au Grand-Duché et la politique néfaste de la Grande-Duchesse[128].

Avec le Français, qu'il ne rencontra qu'une fois pendant le conflit et une seconde fois à Dudelange, la chronologie influa sur les rapports que le Luxembourgeois pût faire. En juillet 1917, il se limita à la situation industrielle de l'Allemagne, insistant sur l'état de ses matières premières (acier, cuivre, nickel, caoutchouc, nitrate, sucre et textile), de sa main d'œuvre et de son matériel roulant ; toutefois, il se livra également à une analyse de la situation intérieure du *Reich* laissant entrevoir un « *avenir économique (...) sous les couleurs les plus noires* »[129]. En décembre 1918, il reprit naturellement cette analyse, insistant sur les conséquences économiques de la chute du *Reich* et de la situation révolutionnaire régnant en Allemagne ; il s'étendit sur « *la déchéance des "Schlotbarons"* » (barons des cheminées d'usines), qu'il connaissait si bien, et le changement de l'équilibre économique de la nouvelle Allemagne, contrainte de remplacer « *l'exportation de produits demi-ouvrés, qui étaient sa spécialité, par une exportation de produits finis* », amenant ce pays à abandonner son agrarisme pour le libre-échange. De fait, il laissa miroiter au Français la possible et facile annexion de la Sarre, tout en demandant à la France de ne pas humilier l'Allemagne sous d'excessives réparations au risque de tuer « *la poule aux œufs d'or* » ; il estima cent milliards de Mark le maximum de ce que les Alliés pouvaient demander[130], contrairement aux négociateurs de Versailles qui en demandèrent cent trente-deux milliards. Dans un second rapport, il poursuivit dans ce sens en présentant « le mouvement luxembourgeois en faveur du rattachement du Grand-Duché à la France »[131].

Au fond, Mayrisch n'agît pas diversement avec ses interlocuteurs alliés qu'avec ses contacts allemands : début novembre 1918 encore, alors qu'au sein de la Commission d'étude des problèmes économiques posés par la guerre et

128 AGR, *op. cit.*, lettre de Gaston Barbanson à Charles de Broqueville, 10 décembre 1915 ; ASPFAE, B1, 1916–1918, Pierre Nothomb, *op. cit.*, p. 4–7.

129 SHD/DAT, 16 N 241, *Bulletin de renseignement*, Belfort, 16 et 17 juillet 1917, p. 5–8 et 3–5.

130 Bibliothèque de la Fondation des Treilles, Les Treilles (BFT), Jean Schlumberger, « Opinions d'un grand industriel luxembourgeois sur l'état actuel de l'Allemagne et l'avenir de son industrie », 28 décembre 1918. Daté de décembre 1919, ce document comporte une annotation de Schlumberger, postérieure aux événements, qui précise que la mission eut lieu « *après l'armistice* », soit 1918. Le 2 décembre, il était encore à Paris avec André Gide [Jean Schlumberger, *Madeleine et André Gide*, Paris, Gallimard, 1956, p. 183].

131 SHD/DAT, 6 N 198, 8 janvier 1919.

ses conséquences éventuelles il plaidât pour une entente économique avec la Belgique[132], il laissa entendre à Albert Vögler que « *que le Luxembourg devrait rester uni à l'Allemagne* »[133], à tout le moins économiquement. Le 12 janvier suivant, deux jours après sa prise de fonction à Trêves, il confirma ses propos tenus deux semaines auparavant devant Schlumberger. Cette fois, il exprima clairement devant Paul Tirard, contrôleur général des territoires occupés, son désir de voir le Grand-Duché rattaché à la France[134]…

Mayrisch put se permettre de jouer à l'agent de renseignement de l'Entente parce qu'il disposa d'une suprématie informationnelle sur les besoins des alliés. Ses « *points d'attaches* »[135], ainsi qu'il lui arrivât de nommer « *les hommes avec lesquels* [il avait] *pu causer au cours* »[136] des semaines précédents ses rendez-vous en Suisse, appartenaient tous au monde de l'industrie allemande[137]. Il les rencontrait lors de réunions des organes patronaux[138], comme le 14 mai 1915 lorsque le Südwestlische Gruppe débattit des propositions du Kriegsausschuss, ou le 18 septembre 1918 lorsqu'il accueillit l'*Oberstleutnant* Joseph Koeth, directeur du Kriegsrohstoffabteilung[139]. Cette structure de coordination de l'approvisionnement en matières premières au Preußisches Kriegsministerium n'était plus qu'un instrument pensé pour briser le blocus des Alliés. Créé dès le 13 août 1914, par Walther Rathenau, il était dirigé depuis le 1er avril 1915 par Koeth. Il avait été pensé comme une agence statistique chargée d'estimer les besoins en matières premières, à partir des données économiques provenant des entreprises allemandes réparties sur les territoires sous souveraineté allemande.

Mayrisch les croisa à l'Industrie-Club de Düsseldorf, où se retrouva le petit et moyen patronat régional comme les représentants des grands groupes

132 ANLux, procès-verbal de la séance, 6 juillet 1918, f. 158.

133 Lettre d'Albert Vögler à Hugo Stinnes, 4 novembre 1918, *in* Charles Barthel, *Bras de fer 1918–1929*, Luxembourg, Saint-Paul, 2004, p. 192.

134 AMAE, Z, Luxembourg, 27 et AN, AJ[30] 213, Paul Tirard, « Note pour Monsieur le ministre des Affaires étrangères », 14 janvier 1919.

135 BFT, *op. cit.*, p. 1.

136 SHD/DAT, 16 N 241, *Bulletin de renseignement*, Belfort, 17 juillet 1917, p. 5.

137 *Ibid.*, 16 juillet 1917, p. 6.

138 On consultera avec intérêt les comptes-rendus des assemblées générales du Stahlwerksverband de 1915 à 1917 [AACA, AC-TA-2] et du Stabeisenverband, syndicat spécial réglant la production, la vente et le prix des barres, des fers feuillards et des produits similaires pour la durée du conflit, créé après des négociations assez longues [*Ibid.*, AC-TA-7].

139 BFT, *op. cit.*, p. 7.

de l'industrie lourde, à l'instar d'Emil Kirdorf et de Walther Rathenau[140], qu'il rencontra en décembre 1915[141]. Il les rencontra encore lors de contacts professionnels, comme Heinrich Vehling[142] (Gelsenkirchener) ou Albert Vögler (Deustche-Luxemburgische), deux dirigeants des sociétés « *luxembourgeoises* » concurrentes de l'Arbed, et « *deux éminents financiers de la Province Rhénane* »[143], à savoir Louis Hagen[144] et Hjalmar Schacht[145]. Il les retrouva également dans des moments plus informels, comme cette « *personne* (...) *qu'*[il avait] *rencontré*[e] *en Suisse à maintes reprises depuis le commencement de la guerre* »[146]. Il y eut aussi Georg Zapf, directeur général de Felten & Guilleaume et bras droit de Walther Rathenau, fondateur de l'AEG. Mayrisch connut le premier lorsque le second voulut sécuriser les approvisionnements de fonte de leurs aciéries de Carlswerk (1911)[147].

---

140 Cf. Volker Ackermann, *Treffpunkt der Eliten. Die Geschichte des Industrie-Clubs Düsseldorf. Herausgeber: Industrie-Club Düsseldorf*, Düsseldorf, Industrie-Club, 2006.

141 SHD/DAT, 16 N 241, *Bulletin de renseignement*, Belfort, 17 juillet 1917, p. 4.

142 Generaldirektor de la Gelsenkirchener jusqu'à la fusion d'août 1920, il fut repris comme consultant par la Société métallurgique des Terres Rouges.

143 ANLux, AE 466/8, procès-verbal de la réunion de la Commission d'étude des problèmes économiques posés par la guerre et ses conséquences éventuelles, 19 juillet 1919, f. 271–272.

144 Commissaire de l'Arbed depuis la communauté d'intérêt avec le charbonnage de l'Eschweiler Bergwerks-Verein, il était un banquier influent de Cologne, président de la chambre de Commerce et d'Industrie. Il était proche de l'avocat Konrad Adenauer, maire de Cologne, et devint l'interlocuteur privilégié du haut-commissaire français dans les territoires rhénans, Paul Tirard [Werner E. Mosse, « Zwei Präsidenten der Kölner Industrie- und Handelskammer : Louis Hagen und Paul Silverberg », Jutta Bohnke-Kollwitz, Willehad Paul Eckert, Frank Golczewski (dir.), *Köln und das rheinische Judentum. Festschrift Germania Judaica 1959–1984*, Bachem, Köln 1984, p. 308–340].

145 Il faisait partie des deux financiers qui se penchèrent sur l'opportunité de créer une monnaie luxembourgeoise au printemps 1926. Emile Mayrisch cite leurs « *compétences indiscutables* » dans une conversation avec Emile Vandervelde, mais le nom du second financier échappa au ministre belge des Affaires étrangères [ASPFAE, B1, 1925–1934, A, 1925–1928, Emile Vandervelde, « Visite de Mr. Mayrisch, le 14 juin », 16 juin 1926].

146 ASPFAE, B1, 1916–1918, Gaston Barbanson, *op. cit.*, p. 2.

147 Cf. Jacques Maas, « Walther Rathenau et les hauts-fourneaux de Steinfort (1911–1919) », *Hémecht*, 1991/2, p. 141–145.

Il retrouva Rathenau après sa sortie de charge de coordonnateur de l'approvisionnement en matières premières (Kriegsrohstoffabteilung) au Preußisches Kriegsministerium, devant la Deutsche Gesellschaft 1914[148], le 20 décembre 1915. Un lien particulier sembla unir les deux hommes dont on ne sut s'ils se rencontrèrent avant cette date. Toujours fut-il que le directeur général technique de l'Arbed apprécia autant la « *grande clarté de vues* » de Rathenau qu'il en était un lecteur assidu de ses écrits ; ne communiqua-t-il pas les notes de lecture de ses deux dernières publications, relatives à l'économie nouvelle[149], à la Commission d'étude des problèmes économiques posés par la guerre et ses conséquences éventuelles[150]. A l'automne 1917, les deux hommes négocièrent la cession de la Brohltal A.-G. für Stein- und Tonindustrie par la Berliner Handels-Gesellschaft[151]. Au printemps 1918, les deux hommes se virent longuement[152]. Les 22 et 23 septembre 1920, l'Allemand se rendit à la nouvelle résidence des Mayrisch, à Colpach, pour y rencontrer André Gide[153]. Indubitablement, Rathenau devait être la « *très bonne source* » dont Barbanson parla dans son compte-rendu du 10 décembre 1915[154]. Sans remonter jusqu'aux plus hautes sphères dirigeantes du *Reich*, Emile Mayrisch fut donc en mesure d'apporter un renseignement politique, économique et social sur la situation au-delà des lignes. Les seules informations de type militaire qu'il s'autorisât à donner concernèrent le passage de la fabrication des obus en fonte à ceux en acier[155] et l'« *effet moral* » des bombardements[156].

---

148 Sur ce club libéral, cf. Jeffery Verhey, *The spirit of 1914. Militarism, Myth and Mobilization in Germany*, Cambridge, Cambridge University Press, 2000, p. 163–166.

149 Ces notes (28 mars, 18 avril 1918) furent rédigées par Léopold Mousel, docteur en Droit de l'université de Zurich (1914) et employé à Dudelange comme secrétaire de Mayrisch. Elles portaient sur les deux succès de librairie de Rathenau, *Von Kommenden Digen,* Berlin, Fisher, 1917, vendu à soixante-cinq mille exemplaires, et *Die Neue Wirtschaft*, Berlin, Fisher, janvier 1918, vendu à trente mille exemplaires. Sur une analyse de la pensée économique de Rathenau, Cf. Maurice Baumont, « Walther Rathenau et son système », *Annales d'histoire économique et sociale*, 13, 1932. p. 50–58.

150 ANLux, 466/2.

151 Félix Chomé, *Un demi-siècle d'histoire industrielle 1911–1964,* Luxembourg, Arbed, 1964, p. 65.

152 BFT, *op. cit.*, p. 4.

153 André Gide, Aline Mayrisch, *op. cit.*, p. 194.

154 AGR, *op. cit.*, lettre à Charles de Broqueville.

155 *Ibid.*, lettres de Gaston Barbanson à Charles de Broqueville, 11 juillet et 25 septembre 1915.

156 *Ibid.*, lettres, 25 septembre et 10 décembre 1915.

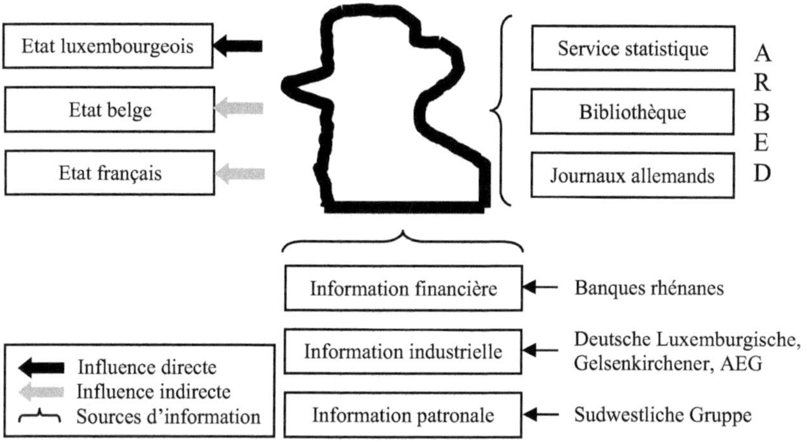

Les raisons de son action restèrent pourtant obscures. Certes, il disposa de l'opportunité, mais cela ne fut guère probant. D'autres que lui l'eurent également, sans qu'ils ne se lançassent dans une activité pouvant leur récolter une condamnation d'intelligence avec l'ennemi. De même, treize Luxembourgeois furent condamnés, entre 1914 et 1918, en vertu de la loi allemande contre la trahison de secrets militaires (*Gesetz gegen den Verrat militärischer Geheimnisse*)[157]. Même s'il convint de relativiser la réalité de ce chiffre, tant l'accusation englobait aussi bien des cas avérés d'espionnage que diverses infractions sans lien avec cette activité, le risque exista. Du reste, Mayrisch n'en fut pas dupe. Le 20 octobre 1917, lors de la seconde réunion de la Commission d'étude des problèmes économiques posés par la guerre et ses conséquences éventuelles, il appela l'attention de ses collègues sur « *l'usage absolument discret qui s'impos*[ait] *à l'égard de ses communications* » relatives aux informations venant de « *ses relations à l'étranger* »[158].

Pourtant, à aucun moment, le chef d'entreprise n'eut le sentiment de trahir. Ce ne fut pas par idéalisme, comme son homologue de chez Krupp, Wilhelm

157 Walter Nicolai, *Geheime Mächte: Internationale Spionage und ihre Bekämpfung im Weltkrieg und heute*, Leipzig, Köhler, 1923, p. 149.

158 ANLux, AE 466/8, procès-verbal de la réunion de la Commission d'étude des problèmes économiques posés par la guerre et ses conséquences éventuelles, 20 octobre 1917, f. 139.

Mühlon, qui choisit délibérément de contacter les services britanniques à Berne[159]. Ce ne fut pas non plus par les révélations d'un intime, comme ce « *gros industriel de Dortmund tout récemment arrivé en Suisse* » dont les propos furent rapportés aux services français d'Annemasse[160]. Au contraire, ce fut non seulement consciemment qu'il livrât des informations, mais il ne le fit, de son point de vue, qu'en pensant au bien de l'Arbed. Le fait qu'il fît ses confidences uniquement à Gaston Barbanson, dans les premiers temps, tendait même à le confirmer. Mayrisch appartint à ce monde d'entrepreneur salarié, comme Kirdorf et Rathenau d'ailleurs, qui se caractérisa par une direction plus agressive et plus dynamique, moins freinée par des motivations non-économiques, soucieux d'une meilleure rationalisation des structures et des stratégies mises en œuvre pour atteindre les buts que se fixât l'entreprise[161]. En premier lieu, les informations qu'il délivrât à son actionnaire devenu Parisien purent être assimilées au rapport que le directeur général technique de l'Arbed fit annuellement lors de l'assemblée générale. Ainsi le mit-il au courant, lors d'une de leur cinq premières rencontres, des résultats de la mission espagnole de l'ingénieur Hector Dieudonné, directeur de l'agence maritime d'Anvers de la Compagnie des minerais, filiale de la Metallgesellschaft établie à Liège, afin d'acquérir des minerais de manganèse[162] pour l'industrie du Luxembourg et de Belgique occupée. Dans son rapport du 17 septembre 1916 au Comité des forges de France, Barbanson évoqua le plus naturellement du monde cette question. Devant la Commission d'étude des problèmes économiques posés par la guerre et ses conséquences éventuelles, le 10 novembre 1917, Mayrisch fit part de l'échec de

159 Michael L. Dockrill, « The Foreign Office Political Intelligence Department in Germany in 1918 », Michael L. Dockrill, David French (dir.), *Strategy and intelligence: British policy during the First World War*, Londres, Continuum International Publishing Group, 1996, p. 169–174.

160 SHD/DAT, 16 N 1002, compte-rendu du commandant Louis Gourguen, 22 mars 1917.

161 Cf. Jürgen Kocka, « les entrepreneurs salariés dans l'entreprise allemande à la fin du XIXe siècle et au début du XXe siècle », Maurice Levy-Leboyer (dir.), *Cahier du Mouvement Social*, 4, « Le patronat de la seconde industrialisation », Paris, Ed.ouvrière, 1979, p. 100.

162 Charles Barthel, « Entre la Belgique, la France et l'Allemagne. Emile Mayrisch et la question du contingent lorrain-luxembourgeois (1925) », *Galerie. Revue culturelle et pédagogique*, 21 (2003), 2, p. 213.

l'Arbed à négocier un traité de transport de ce minerai espagnol[163]. Naturellement, il ne dit pas qu'il découvrît ainsi un futur collaborateur précieux…

Ensuite, il ne pensa pas contredire ce « *devoir le plus sacré de ne prendre parti pour aucune* [des puissances en état de guerre], *et d'observer vis-à-vis d'elles la plus stricte neutralité* ». Evitant « *soigneusement tout ce qui pourrait* (…) *donner l'air de prendre parti dans l'un ou dans l'autre sens* »[164], attitude qu'il conservât jusqu'au dernier moment[165], les intérêts de l'entreprise, et notamment au travers des considérations sociales, semblèrent toujours l'emporter sur la recherche du profit à court terme ou les proclamations de patriotisme comme Charles Libotte, représentant la liégeoise Ougrée-Marihaye à Rodange. Enfin, les restrictions imposées à ses déplacements en Suisse, entre mai 1916 et mai 1917, puis après juillet 1917, n'interrompirent ni ses déplacements en Allemagne et ses liaisons avec ses « *points d'attaches* » de l'ouest et du sud de l'Allemagne, ni ses comptes-rendus de renseignement. Seulement, il les réserva dorénavant à la Commission d'étude des problèmes économiques posés par la guerre et ses conséquences éventuelles[166]. Preuve qu'il raisonnât en chef d'entreprise et non au service d'un camp, il regretta son « *ignorance de ce qu'il se prépar*[ait] *du côté de l'Entente* »… mais ironisa sur les « *divergences sérieuses* » entre les représentants de l'industrie allemande et le gouvernement impérial. D'autant que les plans de Kartell-Amt mûris par son « *point d'attache* » Albert Vögler s'avérèrent

163 ANLux, AE 466/8, procès-verbal de la réunion, f. 102. Cf. les propos de Barbanson sur les minerais espagnols, qui semblaient directement inspirés par ces démarches [AFB, SS0110-02, « Note de M. Barbanson sur le Rapport (2e Rédaction) présentée à la Commission de Direction du Comité des Forges par la Commission dite du Traité de Paix nommé par l'Assemblée des Maîtres de forges le 19 août 1915 », 17 septembre 1916, p. 9].

164 Texte des affiches qu'il avait fait afficher dans ses usines, en échos aux déclarations de Paul Eyschen, ministre d'Etat, dès août 1914.

165 Cf. ses propos au sein de la « *commission spéciale chargée d'étudier les mesures à prendre en vue de sauvegarder les intérêts économiques du pays durant la guerre et après la conclusion de la paix jusqu'à la reprise du jeu normal des forces actives du pays* », constituée par arrêté ministériel, 1er décembre 1917 [*Mémorial*…, 93, 1er décembre 1917, p. 1328], et où il ne cessa de prendre de l'ascendant à mesure que la fin du conflit approchait, et en devenant le principal animateur après le 11 novembre 1918 [ANLux, AE 466/2 et 8].

166 Cf. son rapport « sur l'état de l'industrie au Grand-Duché de Luxembourg et la situation internationale », 20 mars 1918 [*Ibid.*, AE 466/3] et son compte-rendu de l'état de l'Allemagne lors de la séance, 12 octobre 1918 [*Ibid.*, AE 466/8].

un risque pour l'autonomie de l'industrie luxembourgeoise, si le pays restait dans le *Zollverein*[167].

Imperceptiblement, Emile Mayrisch fit donc apparaître cet « Etat Arbed » qui se révéla dans l'entre-deux-guerres. Ce libéral en politique ne se fit guère d'illusion quant au poids des gouvernements luxembourgeois qui se succédèrent depuis la mort du Ministre d'Etat Paul Eyschen, le 15 octobre 1915. Exprimé dans une note rédigée conjointement, le 3 septembre 1921, avec Gaston Barbanson, son sentiment fut très clair : « *A défaut d'un appui gouvernemental efficace, il fallait en tout premier lieu s'assurer directement auprès des gouvernements étrangers une appréciation bienveillante de notre situation et une compréhension équitable de nos revendications légitimes* »[168]. Il serait innocent de croire que ce jugement ne s'adressât qu'au seul après-guerre ou n'appartint pas à un plan ourdi pendant la guerre. Principal industriel du Grand-Duché aux relations bien établies dans le *Reich*, il fut sollicité par toutes les structures de l'Etat luxembourgeois pour son information. Ses interventions durant les travaux de la Commission d'étude des problèmes économiques posés par la guerre et ses conséquences éventuelles montrèrent sa maîtrise de la question et les capacités de documentation de l'Arbed. Poser les questions de la pérennité du *Zollverein*[169] et de la nécessité de se doter « *d'un système monétaire complet* »[170] — avec Banque centrale et monnaie fiduciaire — ou s'adresser à la France et à la Belgique participa d'une même volonté de préparer l'environnement à l'action de l'entreprise. Les milieux d'affaires des deux camps furent pénétrés, les centres de décision politiques français et belges furent mis en condition. Se mirent en place des réseaux pour appuyer, par l'information et par l'influence, les opérations industrielles de l'après-guerre.

167 *Ibid.*, AE 466/8, procès-verbal de la réunion de la Commission d'étude des problèmes économiques posés par la guerre et ses conséquences éventuelles, 6 juillet 1918, f. 160 et 157–158.

168 AACA, P-XXXVI (36), Note sur une proposition d'augmentation de capital des sociétés Terres Rouges et ARBED.

169 ANLux, AE 466/8, procès-verbal de la réunion de la Commission d'étude des problèmes économiques posés par la guerre et ses conséquences éventuelles des 16 février et 13 avril 1918.

170 *Ibid.*, 9 mars 1918.

Chapitre 6 Un comptoir de vente particulier : Columeta[1]

L'approche particulière de l'information par Emile Mayrisch et Gaston Barbanson pendant la Première guerre mondiale reposa sur une réelle vision entrepreneuriale du renseignement, et non sur des présupposés politiques. Elle aborda pragmatiquement l'environnement de l'entreprise. Pareillement, elle se déclina similairement face aux deux principaux problèmes des entreprises sidérurgiques de l'après-guerre, celui des approvisionnements et des débouchés. A Paris, le lieutenant Barbanson prit connaissance, dans une édition du *Bulletin de la Société de l'Industrie minérale* de 1916, des théories de l'organisation formelle du travail d'Henri Fayol. Parmi ses principes d'*Administration industrielle et générale*, le directeur de la société de Commentry, Fourchambault et Decazeville n'avait-il pas problématisé le mieux les enjeux des entreprises européennes de l'après-guerre, et particulièrement luxembourgeoises ? Ainsi avait-il écrit :

> « *La prospérité d'une entreprise industrielle dépend souvent de la fonction commerciale autant que de la fonction technique ; si le produit ne s'écoule pas, c'est la ruine. Savoir acheter et vendre est aussi important que de savoir bien fabriquer*[2]. »

Les buts de guerre allemands, français et belges, et notamment les contributions que les industriels purent y apporter le montrèrent bien, tous plaidèrent pour un retour aux pratiques libérales — au travers de la clause de la nation la plus favorisée — qui prévalaient avant 1914. Au Grand-Duché, qui quitta non seulement le *Zollverein* dès décembre 1918, mais aussi les syndicats professionnels du *Reich*, plus qu'ailleurs peut-être, on sut qu'il ne s'agissait que d'une illusion. L'avenir serait à ceux qui voudraient « *aller à travers le monde, à la périphérie de la consommation*[3] », jusqu'aux Etats-Unis et au Japon, même si, depuis l'été

1 Cf. Gérald Arboit, « Un comptoir de vente particulier : Columeta », *in* Charles Barthel, Ivan Kharaba, Philippe Mioche (dir.), *Les mutations de la sidérurgie mondiale du XX*e *siècle à nos jours*, Bruxelles, Peter Lang, 2014, p. 199–222.

2 « Administration industrielle et générale », *Bulletin de la Société de l'Industrie Minérale*, 10, 1916, p. 5–164. Rééd. Paris, Dunod, 1918.

3 Archives de l'administration centrale de l'Arbed, Luxembourg (AACA), p-XXXVI (36), lettre de Gaston Barbanson à Maurice Despret, 4 octobre 1921.

1915, figurèrent « *en première ligne la Hollande, suivie des pays scandinaves et de la Suisse* »[4].

La situation du monde au lendemain du 11 novembre 1918 imposa de nouvelles approches commerciales. Le renseignement économique, auxquels seuls quelques-uns pensèrent réellement, devint une arme adaptée à la conquête de ces nouveaux marchés. Toutefois, alors que Français et Belges liquidèrent les services constitués pendant le conflit au profit d'une hypothétique « *mobilisation économique* », l'approche luxembourgeoise renouvela la pratique des agences privées de renseignement en constituant la première structure de veille permanente au sein d'une entreprise. L'autre intérêt de la chose fut qu'elle s'insérait sous couvert d'un comptoir de vente, la Columeta, et sous la forme d'une société externalisée par rapport à l'Arbed.

Le service de documentation de la sidérurgie luxembourgeoise

Le 20 novembre 1918, le retour de Gaston Barbanson, lieutenant auxiliaire d'administration pour la durée de la guerre[5], dans une Belgique libérée, signifia également la reprise des relations avec Emile Mayrisch, après onze mois d'interruption. Peut-être recommencèrent-elles même quelques semaines plus tôt par un moyen inconnu ? En effet, une proposition du directeur général technique de l'Arbed à la séance de la Commission d'étude des problèmes économiques posés par la guerre et ses conséquences éventuelles du 12 octobre précédent le laissa entendre. Ce jour-là, Mayrisch suggéra que le gouvernement grand-ducal créât « *un bureau central de renseignement commercial et industriel* » pour « *se renseigner d'une manière aussi rapide et sûre que possible des affaires quelconques, concernant l'industrie et le commerce allemand*[6]. » Ainsi précisa-t-il un peu plus ses pensées sur l'organisation de l'expansion commerciale que le pays devait adopter pour l'après-guerre, notamment en développant son réseau diplomatique et en lui associant systématiquement une Chambre de commerce

4 Archives nationales, Luxembourg (ANLux), AE 466/3, Rapport d'Emile Mayrisch sur l'état de l'industrie du Grand-Duché de Luxembourg et sa situation internationale, 20 mars 1918.

5 Par arrêté royal, 5 mars 1918 [Musée royal de l'armée et d'histoire militaire, Bruxelles (MRAHM), Dossier personnel de Gaston Emile Jean Marie Victor Barbanson, 13736, lettre de Gaston Barbanson à Charles de Broqueville, 20 mars 1918].

6 ANLux, AE 466/8, procès-verbal de la réunion de la Commission d'étude des problèmes économiques posés par la guerre et ses conséquences éventuelles, 12 octobre 1918, f. 130.

évoqué dans son rapport du printemps[7]. Six semaines plus tard, l'agent 45-A du service des renseignements du Deuxième bureau français, à Annemasse, fut en mesure de présenter une « *société pour l'extension commerciale du Grand-Duché dont le but inavoué serait de travailler comme intermédiaire entre la France et l'Allemagne* ». L'emploi du terme « extension » en lieu et place d'« expansion », concept encore peu usité en France[8] montra que l'informateur fut d'évidence Luxembourgeois.

Ainsi put-il attribuer la paternité de cette idée à « *la grosse industrie ferroviaire qui ne désir*[ait] *pas rompre avec l'Allemagne* » et en confia-t-il la mise en œuvre au « *Directeur Général de l'"Arbed" (...) qui joui*[ssait] *d'une grande influence dans les milieux gouvernementaux luxembourgeois* »[9]. Malgré son évidente teneur antiallemande et hostile à la seule entreprise sidérurgique réellement luxembourgeoise, mais également son sentiment antibelge, cet informateur sembla néanmoins bien introduit dans le milieu qu'il décrivait. Peut-être compta-t-il même parmi la quinzaine de membres de la Commission d'étude ? Pour autant, il ne fut pas un familier de Mayrisch, bien qu'il semblât être au fait des affaires de l'Arbed ; en effet il ne l'accusa pas de fabriquer du matériel de guerre ! Sinon aurait-il impliqué Gaston Barbanson dans la paternité de cette agence d'information. En effet, la succincte présentation du directeur général de l'automne 1918 fut semblable, bien qu'adaptée à la situation luxembourgeoise, à celle que son actionnaire fit au Premier ministre belge Broqueville au printemps 1917[10].

De même, il est peu probable que cette « *société pour l'extension commerciale* » vît le jour, à tout le moins sous la forme qu'évoquât l'agent 45-A. Entre la succincte proposition de Mayrisch et son rapport au service des renseignements d'Annemasse, il ne se passa pas un temps nécessaire à la mise en œuvre d'un « *bureau central de renseignement* » de l'ampleur présentée. L'idée de Mayrisch

7 *Ibid.*, AE 466/3, Rapport d'Emile Mayrisch sur l'état de l'industrie du Grand-Duché de Luxembourg et sa situation internationale, 20 mars 1918.

8 Il n'apparaît en effet qu'avec la loi du 25 août 1919, bien que depuis décembre 1915 il existât une Association nationale d'expansion économique [cf. Guillaume Kérouredan, *Un aspect de l'organisation patronale au XX*e *siècle : l'Association nationale d'expansion économique (décembre 1915-mars 1951)*, Doctorat, Histoire, Paris I-Panthéon-Sorbonne, 1986].

9 Archives du ministère des Affaires étrangères, Paris (AMAE), Europe, Z, Luxembourg, 27, f. 3–4.

10 Archives générales du Royaume, Bruxelles (AGR), Fonds Broqueville, 43, lettre de Gaston Barbanson à Charles de Broqueville, 26 avril 1917.

ne fut d'ailleurs pas aussi précise que le laissât entendre l'informateur clandestin. Dans l'immédiat, il ne s'attendait pas à autre chose qu'une structure légère au sein de la Commission d'étude ; elle serait chargée d'assurer une veille documentaire sur les évolutions intéressant le commerce et l'industrie luxembourgeoise, c'est-à-dire l'objet de la mission de la Commission, tandis que lui et Lefort, chargé d'affaires luxembourgeois à Berne, apporteraient des informations de première main, provenant de leurs réseaux en Rhénanie et en Sarre, ainsi que de la presse libre, comme la *Neue Züricher Zeitung*.

Même dans une configuration aussi simple, le premier problème resta l'accès aux informations ouvertes. Une vingtaine d'année plus tard, le *SD-Hauptsturmführer* Friedrich Giess achoppa, au sein de la SD-Oberabschnitt Fulda-Werra, aux mêmes contraintes pour former sa section luxembourgeoise. Dans les deux cas, la première ressource fut la presse. En 1917, l'Arbed reçut bien certains journaux allemands, comme la *Frankfurter Zeitung* et la *Kölnische Zeitung*, qui rapportait aussi, parfois, les propos de quotidiens français ou britanniques. Mais cela ne suffit d'évidence pas pour une bonne information, fût-elle limitée au *Reich*. Le président de la Commission d'étude, le conseiller d'Etat Joseph Steichen, regretta ainsi, le 27 juillet 1918, de ne pas avoir accès au *Journal officiel de la République française* en plus de *L'Economiste* pour « *faire connaître les mesures prises ou à prendre dans le domaine économique, tout en les commentant et en les discutant dans leur portée* »[11]. La situation changea du tout au tout après le 11 novembre. Dès le lendemain de l'Armistice, même la *Luxemburger Zeitung* put publier un compte-rendu d'une étude de Robert Pinot, secrétaire général du Comité des forges de France[12].

L'activité de renseignement de cette structure imaginée par Mayrisch se limita à une simple revue de presse, de parution aléatoire. Ces feuilles ronéotypées recopièrent des articles et des extraits d'articles de la presse internationale. Les seuls numéros existants couvrirent la période de novembre 1919 à février 1921, soit celle des négociations de l'Union économique belgo-luxembourgeoise[13].

11 ANLux, *op. cit.*, procès-verbal de la réunion de la Commission d'étude des problèmes économiques posés par la guerre et ses conséquences éventuelles, 27 juillet 1918, f. 162.

12 « Zukunftspläne der Französische Schwerindustrie », *Luxemburger Zeitung*, 12 novembre 1918.

13 ANLux, AE 466/1. Les factures administratives de la Commission d'études des problèmes économiques posés par la guerre et ses conséquences éventuelles couvraient uniquement une partie de cette période, 26 février 1918-3 avril 1920 [*Ibid.*, 466/2]. Quant à la Commission elle-même, elle se dispersa le 5 juin 1920.

Ils traitèrent des questions belges, luxembourgeoises et allemandes, suisses et même austro-bulgares, dans leurs aspects économiques et légaux uniquement. Les sources journalistiques furent de deux types, officielles (44 %) et grand public (66 %). Elles provinrent de trois pays et se limitèrent à neuf supports.

Les sources du bureau central de renseignement de la Commission d'étude (novembre 1919-février 1921)

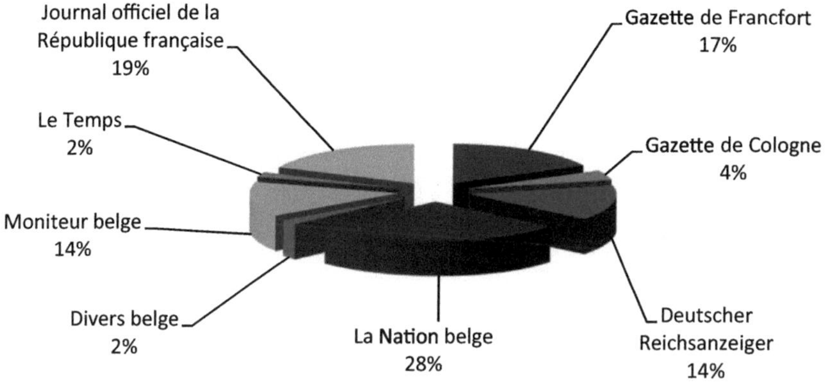

Cette veille organisée empiriquement à Luxembourg au lendemain de la Première Guerre mondiale trouva son origine autant dans la diffusion de la machine à écrire que dans l'élaboration de nouveaux processus cognitifs amplifiés par le conflit. Comme la dactylographie de ces articles ne se comprenait « *que sous la forme d'un feuillet individuel* »[14], l'action de renseigner résulta de son analyse et de son traitement. Les services de renseignements de l'Entente comme de la Triplice ne procédèrent pas différemment pendant quatre ans. Les Bulletins de renseignement édités par les services de Belfort ou la Section de contrôle des renseignements, comme ceux du renseignement aérien, publiés à compter du 31 août 1917 seulement, procédèrent tous des mêmes principes : classement thématique et présentation raisonnée des informations, avec identification de leurs sources. Diffusés à plusieurs centaines de correspondants, dans les états-majors de ligne ou d'arrière, et même aux services alliés, ces publications finirent bien par arriver entre les mains de Barbanson, très certainement par François-Marsal, son contact à l'état-major-général, puis du cabinet du ministre de la Guerre. Rien d'étonnant que cette façon de traiter l'information passât la guerre finie dans le

14 Delphine Gardey, *Ecrire, calculer, classer. Comment une révolution de papier a transformé les sociétés contemporaines (1800–1940)*, Paris, La Découverte, 2008, p. 152.

monde de l'économie, non seulement grand-ducale, mais aussi française, belge et allemande.

La seule différence tint dans les structures informationnelles préexistantes. L'existence de syndicats professionnels comme le Comité des forges de France et le Groupement des hauts-fourneaux et aciéries belges, ayant développé de longue date leurs propres bureaux d'information et leurs propres supports de publication, put expliquer à elle-seule la disparition des services de renseignement économique mis en place pendant la guerre. La problématique fut toute différente au Grand-Duché. Non seulement il n'existait pas d'organisme professionnel de la taille de ses confrères français et belges. Mais les sidérurgistes luxembourgeois se retrouvèrent, du fait de la défaite allemande autant que d'une décision gouvernementale qu'ils avaient impulsée, en dehors des syndicats du *Reich* auxquels ils appartenaient depuis leur création. En effet, l'Association des ingénieurs luxembourgeois et son bulletin mensuel, même rebaptisés Association Luxembourgeoise des Ingénieurs et Industriels (1922) et *Revue technique luxembourgeoise*, ressemblèrent plutôt à une corporation médiévale qu'à un groupe de pression. Et même si le gouvernement pouvait lui demander son avis, comme en 1906, sur la modernisation des usines, les besoins d'industrialisation ou les assurances sociales, l'Association n'intervenait qu'en tant qu'experte et aucunement comme une source d'information.

De la même façon que Paul Wurth entreprit d'organiser la Fédération des industriels luxembourgeois (Fedil)[15] en groupe de pression dès l'armistice, Emile Mayrisch songea à organiser ce « *bureau central de renseignement* » qu'il avait évoqué devant la Commission d'étude des problèmes économiques posés par la guerre et ses conséquences éventuelles. Dans son esprit, les opérations d'information ne purent être dissociées de celles de vente de la société. A cette époque, il se trouva à Luxembourg l'ancien directeur de la représentation du Stahlwerksverband à Londres, avant guerre, Bernard Clasen. Cet avocat originaire de Grevenmacher, propriétaire de vignes, s'occupait depuis l'été 1918 de viticulture[16]…

15 Sur cette histoire, cf. Paul Margue, Georges Als, Gilbert Trausch, *FEDIL: 1918–1993 : plaquette éditée à l'occasion du 75e anniversaire de la Fédération des industriels luxembourgeois*, Luxembourg, Fédération des industriels luxembourgeois, [1993].

16 Le 30 juillet 1918, il avait remplacé son père à la Commission de viticulture [*Mémorial du Grand-Duché de Luxembourg*, 46, 4 août 1918, p. 944]. Il conserva cette position jusqu'à sa démission le 3 octobre 1919 [*Ibid.*, 66, 4 octobre 1919, p. 1125]. Quatre mois plus tôt, il avait également démissionné de sa fonction de juge-suppléant du tribunal d'arrondissement de Luxembourg [*Ibid.*, 39, 6 juin 1919, p. 616], après dix ans de services [*Ibid.*, 75, 16 décembre 1909, p. 1093].

Le 28 février 1919, sa nomination comme directeur commercial de l'Arbed le ramena à son domaine de compétences. Il fallut tout construire puisque l'appartenance des Hauts-fourneaux et forges de Dudelange, des Mines du Luxembourg et des forges de Sarrebruck, puis de leur successeur, au Stahlwerksverband, les dispensa de s'occuper des questions de vente de leurs produits.

Dans un rapport du 18 février 1913, l'administrateur Gaston Barbanson ne s'étonna-t-il pas que « *la seule chose qu'on puisse dire de l'organisation commerciale, c'est que nous ne la connaissons pas* »[17]. Retenu au ministère des Affaires économiques jusqu'au 1er septembre 1919[18] et déterminé à y remédier au plus tôt, il retrouva entretemps Hector Dieudonné, encore ingénieur à Bruxelles. Sur instruction d'Emile Mayrisch, les deux hommes formèrent la société Belgo-luxembourgeoise pour le commerce des minerais et métaux en juin[19]. Dans le même temps, le 15 juillet, preuve que Mayrisch et Barbanson avaient agi dans la discrétion vis-à-vis de leur direction, le commissaire et secrétaire général de l'Arbed, Léon Laval, cousin germain et protégé du premier, fit enregistrer chez Me Paul Kuborn, notaire de Luxembourg, les statuts de la Société générale pour le commerce de produits industriels (Sogeco). Son objet fut similaire, mais précisait, laissant entendre que Laval ignorait ce qui se tramait à la direction général de l'Arbed, qu'

> *« elle peut faire tous traités d'exploitation, de location, d'administration, d'achats ou de ventes fermes, de commissions ou d'alliances avec d'autres entreprises similaires, elle peut acquérir tous brevets ou toutes licences d'exploitations, s'intéresser par voie d'apport, de fusion, d'achat d'actions ou d'obligations, par prêts ou autrement, dans toutes entreprises ou opérations qui présenteraient un avantage quelconque pour la société*[20]. »

L'idée de constituer un comptoir de vente séparé de la maison-mère finit par s'imposer à mesure qu'avançât la reprise des actifs de la Gelsenkirchener au Grand-Duché. Elle différa des vues de Clasen qui pensa avoir été nommé à la tête d'un vaste ensemble doté d'un secrétariat central, de bureaux des ventes, des achats, de la comptabilité des commandes, des transports et affrètements, des archives et télégraphique. Elle ne prit pas plus la direction de la construction

---

17 AACA, P-XXXIV (34).

18 Musée royal de l'armée et d'histoire militaire, Bruxelles (MRAHM), dossier personnel de Gaston Emile Jean Marie Victor Barbanson, 13736, Extrait de matricule, 1er avril 1924.

19 AACA, AC-6712, lettre d'Emile Mayrisch à Hector Dieudonné, 28 mars 1919 et avis de Me Paul van der Eycken, avocat à la Cour d'Appel, 7 avril 1919.

20 *Mémorial du Grand-Duché de Luxembourg*, 51, 19 juillet 1920, p. 751–752.

de Laval, qui s'arrangea pour faire connaître sa manœuvre à ses partenaires allemands de l'Industrie-Club de Düsseldorf. Le 16 août 1919, Hugo Stinnes fut mis au courant

> « *que le Dr. Lavalle* [sic], *l'ancien secrétaire général de l'administration de Dudelange a quitté celle-ci* [sic] *et qu'il vient de fonder avec le concours d'une série de messieurs bien connus une nouvelle société. Cette société monopolise la totalité des ventes de minettes françaises destinées aux marchés allemand et luxembourgeois*[21]. »

L'informateur alla un peu vite en besogne, puisque Laval ne quitta officiellement l'Arbed que le 20 juin 1920, après avoir puisé au plus près les informations sur les conditions de la vente Gelsenkirchener et les avoir transmises à Théodore Laurent[22]. Par contre, pour ces « *messieurs bien connus* », il parlait bien entendu de Nicolas Hoffmann-Bettendorf, dont le nom apparut dans la conversation du 18 avril entre le président du conseil d'administration de la Compagnie des forges et aciéries de la Marine et d'Homécourt et le représentant de la Deutsche-Luxemburgische, Heinrich Vehling[23]. Mais il y eut aussi Edmond Muller-Tesch, actionnaire « *sédentaire* » de l'Arbed[24], laissant entendre que Laval n'entendait pas vraiment couper avec cette société.

La manœuvre de Barbanson, qui était entretemps rentré à Luxembourg, poussa pourtant Laval à franchir le Rubicon. Le 2 février 1920, le nouveau président du conseil d'administration de l'Arbed officialisa la constitution d'une entité commerciale commune aux diverses entités composant l'entreprise, sur le modèle proposé par Clasen mais externalisée de la direction générale. Cette société autonome prendrait la forme d'un Comptoir métallurgique luxembourgeois (Columeta), telle une réminiscence du Stahlwerksverband perdu. Son objet sembla le confirmer :

> « *Commerce de minerais, de métaux ouvrés ou non, de toutes marchandises provenant de, destinées à, ou pouvant être utiles à toutes industries métallurgiques*[25]. »

---

21 Archiv für Christlich Demokratische Politik, I-723, Mappe 27, Nachlass Else Stinnes, compte-rendu de la réunion de l'*Industrieclub*, 16 août 1919, *in* Charles Barthel, *Bras de fer 1918–1929*, Luxembourg, Saint-Paul, 2004, p. 46.

22 ANLux, Arbed-01-2157, lettres de Léon Laval à Théodore Laurent des 14 novembre et 8 décembre 1919. Laval alla jusqu'à demander au ministre des Finances, Alphonse Neyens, « *de dresser pour* [Laurent] *un relevé exact de ces conditions* » [*Ibid.*, lettre, 15 novembre 1919].

23 *Ibid.*, Arbed-01-2160, lettre d'Heinrich Vehling à Perrin, 19 avril 1919.

24 AACA, P-3/A, lettre d'Emile Mayrisch à William Thys, 28 mai 1924.

25 *Mémorial du Grand-Duché de Luxembourg*, 14, 4 mars 1921, p. 202.

Surtout, il abrita un véritable « *bureau central de renseignement* », ainsi que l'imaginât Gaston Barbanson, dans son « exil » parisien, et Emile Mayrisch. Aussi ne fut-il pas totalement étonnant qu'il se camouflât derrière une marque à la gerbe de blé…

Un service d'information économique

La nouvelle société fut constituée le 30 juin 1920 par l'Arbed et la Société métallurgique des Terres Rouges. Les deux sociétés lui concédèrent la vente de leurs produits métallurgiques, soit un tonnage de fer et d'acier évalué à deux millions et demi[26]. Le 1er août, la direction et la gérance du comptoir furent confiées à Hector Dieudonné, au grand dam de Bernard Clasen. En fait, les deux hommes avaient des profils trop différents et l'expérience plaida évidemment pour le premier, ingénieur de formation et gérant de centre de profit de métier depuis 1903. En revanche, le second, avocat-avoué à Luxembourg depuis qu'il avait quitté la délégation britannique du Stahlwerksverband, disposa d'un entregent évident dans la communauté sidérurgique internationale. N'avait-il pas été élu membre en 1912 de l'Iron and Steel Institute de Londres grâce au parrainage d'industriels de Manchester, Joseph P. Bedson, de Middlesbrough, J. H. Harrison, et de Leeds, J. Rider Junior[27] ? Lorsque Gaston Barbanson chercha à faire jeu égal avec les sidérurgistes belges comme Adolphe Greiner et Gustave Trasenster, en 1921, il sollicita une présentation purement franco-luxembourgeoise, de Paul Wurth, admis en 1911[28], d'Henri Coqueugnot, élu en 1915 et administrateur des Sociétés minières et métallurgiques des Terres Rouges, et, surtout, de Charles Eugène Schneider, président de l'Institut depuis 1918[29] ; Emile Mayrisch et Aloyse Meyer furent élus membres à la même occasion, alors que l'Iron and Steel Institute fut à Luxembourg[30]. Treize ans plus tard, Meyer l'accueillit à son tour, vice-président honoraire de l'association internationale basée à Londres[31], mais occupant la place de Mayrisch dans cette « *Gibraltar du Nord* ».

---

26 *Annuaire des sociétés par actions en Alsace et Lorraine, Luxembourg, Sarre*, Strasbourg, Sogenal, 1922, p. 524.

27 *Journal of the Iron and Steel Institute*, 85, 1912, p. 2.

28 « Description of the Appliances Constructed by Paul Wurth & Co, Luxembourg, for the Operation of the Process [desiccation of air] at the Differdange Works », *Ibid.*, 83, 1911, p. 38–40.

29 Jean-Louis Beaucarnot, *Les Schneider. Une dynastie* Paris, Hachette, 1986, p. 196–197.

30 *Journal of the Iron and Steel Institute*, 104/2, 1921, p. 10.

31 *Ibid.*, 130/2, 1934, p. 7.

Bernard Clasen fut donc affecté, dans un premier temps, au développement du réseau de succursales et de filiales à l'étranger. Sa première étape fut évidemment Londres[32], où il était connu. En octobre 1920, il participa à la mission de reconnaissance organisée par Gaston Barbanson au Brésil. Il installa un bureau de la Columeta à Rio, poussa en mars 1921 jusqu'à Buenos-Aires avant de retourner en Grande-Bretagne à l'été par Shanghai, Tokyo[33], où il ouvrit de nouveaux bureaux, et les Indes anglaises et néerlandaises, où aucun partenaire sérieux ne fut retenu. De retour à Londres, il assura la direction de la Columeta Export Company Limited jusqu'à la Seconde Guerre mondiale[34], alternant des allers et retours vers le Luxembourg. Le 15 juillet 1929, le gouvernement grand-ducal prit acte de la situation en lui assignant la charge de consul général honoraire près la cour de Saint-James, qui lui conféra l'*exequatur* le 30 août suivant[35]. Avec Norbert Le Gallais remplissant les mêmes fonctions près le gouvernement royal à Luxembourg, les relations diplomatiques entre les deux pays furent gérées par l'« Etat Arbed »[36]…

La société britannique de la Columeta, finalement constituée en 1929, s'ajouta à un réseau de huit filiales principales créées dans la foulée de la maison-mère. En parallèle de celle de Bruxelles, au printemps 1919, le directeur-général de l'Arbed enjoignit André Vicaire à prendre

> « *soin de* [ses] *intérêts en France, dans le sens le plus étendu ; vous aurez plus spécialement à soutenir ces intérêts vis-à-vis de l'administration française, ainsi que dans les groupements, syndicats et organisations avec lesquelles nous aurons à traiter.* (…) *Le placement de nos produits ainsi que l'organisation de la vente, év*[entuellement] *de l'achat, rentrent dans vos attributions*[37]. »

Comme à Londres, le bureau initial fut transformé en société indépendante le 1er juillet 1926[38], sur le modèle bruxellois. A cette nouvelle entité s'en ajoutèrent

32 Cf. ANLux, Arbed-02-382.

33 Cf. *Ibid.*, Arbed-02-402.

34 Le 23 juin 1941, la société fut mise sous séquestre pendant la durée du conflit comme bien ennemi et gérée par le liquidateur Horace Evelyn Sier, expert-comptable de Viney, Price & Goodyear [*The London Gazette,* 4 juillet 1941, p. 3848].

35 *Mémorial du Grand-Duché de Luxembourg*, 52, 12 octobre 1929, p. 921 et *The London Gazette*, 25 octobre 1925, p. 6764.

36 Il gérait également une autre relation, moins intéressante toutefois pour ses affaires industrielles, avec l'Albanie, dont Albert Calmes était le consul général *ad honoram* [*Mémorial du Grand-Duché de Luxembourg*, 55, 26 octobre 1923, p. 617].

37 *In* Charles Barthel, *op. cit.*, p. 135 n. 10.

38 Archives Arcelor Real Estate France (Florange), AMF 24/14, lettre de la Société française Columeta à la Société minière des Terres Rouges, 24 novembre 1926 et Archives

cinq autres, à Bâle[39], à Rotterdam, à Cologne, à Buenos Aires et New York. Si les deux premières s'inscrivirent dans la stratégie de déploiement vers les pays neutres exposée au printemps 1918 par Mayrisch[40], le choix du port néerlandais s'inscrivit résolument dans une stratégie d'ouverture sur le monde. La même logique présida à la création de la Société de transports et d'affrètements (Transaf), cette fois dans le port belge voisin et concurrent d'Anvers[41], le 16 juin 1922[42]. La dernière société prit appui sur une structure existante, l'Artewek Handelsgesellschaft für Berg- und Hüttenerzeugnisse GmbH du Kommerzienrat Carl Ludwig Schneider, réorganisée en octobre 1920 par Karl Heimann-Kreuser, un autre transfuge de la Gelsenkirchener après Heinrich Vehling[43].

Le 1er mars 1923, l'ancien directeur de la compagnie belge des Altos Hornos de Andalucia de Malaga, Antoine Bergeron-Bethenod, constitua, d'abord à Rio de Janeiro, puis à compter du 1er juillet 1925 à Buenos-Aires, la filiale brésilienne de Columeta[44]. Enfin, le 17 juin 1925, fut constituée l'Amerlux Steel Products Corporation, la filiale new yorkaise de la Columeta. Cette fois, il s'agissait pour la société luxembourgeoise de suivre l'exemple de Schneider & Cie, présent dans la place financière du Nouveau Monde depuis 1917. Comme à Anvers, le numéro deux de la Framerican Industrial Development Corporation, l'ingénieur François Trémaud, fut chargé de monter la filiale américaine de la Columeta[45]. Il sembla toutefois qu'il ne s'agît que d'un détachement de la firme du Creusot, et non d'un véritable recrutement comme avec Vicaire. En effet, présent aux Etats-Unis depuis 1915, Trémaud quitta Amerlux, disparaissant du coup de la

---

privées, Société minière des Terres Rouges, *Registre des délibérations du conseil d'administration, 1919–1943*, délibération, 18 février 1927, f. 165. La Société minière avait souscrit 31 % du capital de cinq cent mille francs [*Ibid.*, délibération, 17 juin 1926, f. 159].

39 Cf. ANLux, Arbed-02-379.

40 *Ibid.*, AE 466/3, Rapport d'Emile Mayrisch sur l'état de l'industrie du Grand-Duché de Luxembourg et sa situation internationale, 20 mars 1918.

41 Cf. Reginal Loyen, Erik Buyst, Greta Devos (dir.), *Struggling for leadership: Antwerp-Rotterdam port competition between 1870 and 2000*, Heidelberg/New York, Physica Verlag/Springer-Verlag Company, 2002.

42 AACA, P-XXXVI (36), procès-verbal de la réunion du conseil d'administration, 23 juin 1922.

43 Charles Barthel, *op. cit.*, p. 136.

44 Philippe Bethenod, *La Famille Bethenod. Six siècles de vie en Forez*, Lyon, Audin et Cie, 1966, p. 175 ; *Cámara de Comercio Argentino-Brasileña, Revista mensual*, 30, avril 1945, p. 26–27.

45 *The Iron Trade Review*, 77, 2 juillet 1925, p. 58.

Columeta après 1928. Il fut remplacé le 1er juillet 1932, au moins jusqu'à la mise sous séquestre de la société américaine le 7 novembre 1942, par un agent venu de Londres, Em. Leon[46].

La Sogeco ne procéda pas différemment, empruntant à la Deutsche-Luxemburgische un de ses fondés de pouvoir, le directeur commercial Emile Feldes. Mais les conditions de son emploi montrèrent combien ce comptoir fut différent de la Columeta. Ce Luxembourgeois supporta semble-t-il mal son « exil » à Dortmund et désira rentrer. Mais, surtout, Feldes fut contraint de démissionner au 1er octobre 1919, suite à son comportement troublant lors des assemblées générales des Hauts-fourneaux de Rumelange-St. Ingbert les 31 mars et 28 avril précédent. Soupçonné d'avoir opéré un double-jeu par Albert Vögler, il quitta l'empire Stinnes. Grâce à l'entremise de Paul Wurth, il se vit offrir la position de directeur du comptoir des frères Laval[47]. Le 8 mars 1922, il reçut du Gouvernement grand-ducal l'*exequatur* de consul de Danemark à Luxembourg[48]. A l'été 1923, il quitta définitivement la Sogeco[49] pour une situation d'ingénieur-conseil et d'agent consulaire.

Le réseau mondial de la Columeta (1919–1939) (© Gérald Arboit)

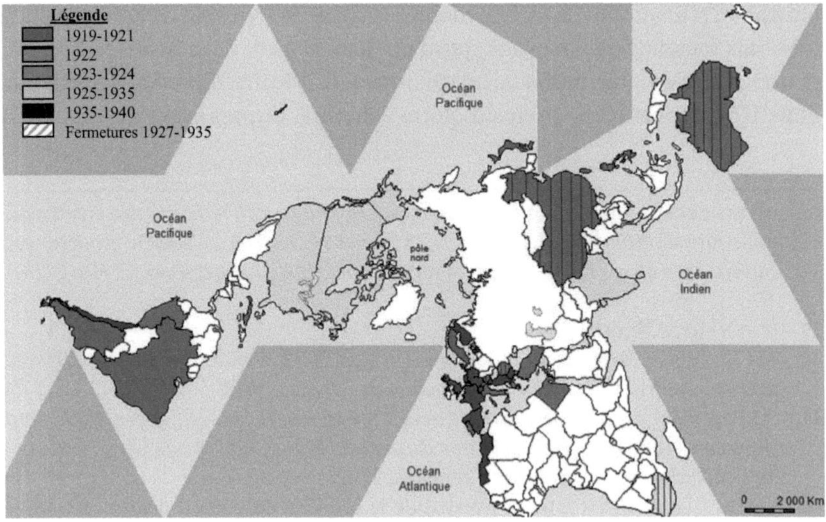

46 *The Iron Age*, 130, 1932, p. 716.

47 Sur cette histoire, cf. *Ibid.*, p. 86–93.

48 *Mémorial du Grand-Duché de Luxembourg*, 15, 11 mars 1922, p. 230.

49 *Ibid.*, annexe 11, 5 novembre 1923, p. 317.

Ces huit filiales donnèrent naissance à un vaste réseau de cinquante-sept succursales en Europe (49 %), en Amérique du nord (5 %) et du sud (11 %), en Afrique (3 %), au Proche-Orient (14 %), en Asie (16 %) et Océanie (2 %) entre 1919 et 1939. Ce déploiement planétaire de la Columeta supputa l'existence d'un marché mondial des produits sidérurgiques, aussi bien à l'exportation qu'à l'importation. Ainsi en alla-t-il du développement économique argentin[50] et japonais, où le comptoir luxembourgeois ouvrit ses premiers bureaux ultramarins, qui reposa sur une analyse optimiste de l'ouverture de leurs économies, alors que le Brésil n'apparut que comme un fournisseur de matières premières[51]. Rapporté aux ventes des usines luxembourgeoises du groupe Arbed-Terres Rouges entre 1919 et 1939, l'importance de ce réseau ne se retrouva pas véritablement : l'Europe compta pour 74,3 %, l'Amérique du nord (2,4 %), l'Amérique du sud (7,8 %), le Proche-Orient (2,6 %), l'Asie (9,9 %) et l'Océanie (3 %). L'apparente légèreté de ces choix apparut clairement dès les premiers ralentissements de l'économie mondiale qui se manifestèrent, dès 1927, par une stagnation dans certaines zones, par des tensions protectionnistes dans d'autres. Dans les huit années qui suivirent, dix-huit (24 %) représentations furent néanmoins abandonnées en Europe centrale (22 %), en Amérique latine (6 %), en Afrique (6 %), au Proche-Orient (17 %), en Asie (44 %) et en Océanie (6 %). Seule la succursale de Madrid fut liquidée en 1929 et remplacée par un représentant local, la S.A. Vers[52], une importante société madrilène de construction et de réparation de matériel ferroviaire.

Ces replis tactiques s'en ressentirent sur le chiffre d'affaires du comptoir. La comparaison avec la Sogeco fut édifiante. Ce concurrent avait adopté la même stratégie de développement que la Columeta ; depuis janvier 1921, elle fut mise au service du concurrent d'Arbed au Grand-Duché, Hadir, ainsi que des aciéries lorraine (Rombas) et sarroise (Dillingen) de Théodore Laurent. Toutefois, elle présenta moitié moins de filiales et d'agences ; en 1924, année de son développement maximum, elle n'en compta que vingt-six. L'Europe fut son cœur d'activité (73 %), avec une surreprésentation évidente de l'Allemagne (26 %), et le même pari fut fait à propos de l'Amérique du sud (15 %). L'Amérique du nord, l'Asie et

---

50 Il absorbe 3,38 % des productions des usines luxembourgeoises du groupe Arbed-Terres Rouges entre 1920 et 1939 [Félix Chomé, *Un demi-siècle d'histoire industrielle 1911–1964,* Luxembourg, Arbed, 1964, p. 174 et 196].

51 Ainsi ne comptait-il que pour 1,08 % des exportations des usines luxembourgeoises du groupe Arbed-Terres Rouges entre 1920 et 1939. Même les autres pays d'Amérique du sud étaient plus rémunérateurs (1,19 %) [*Ibid.*].

52 Cf. ANLux, Arbed-02-444 et 445.

l'Océanie ne figurèrent que pour 4 % chacun[53]. Ces marchés ne furent pas jugés prioritaires pour le développement ni du comptoir de vente, ni des sociétés sidérurgiques qu'il représentât. A telle enseigne que cinq ans plus tard, alors que le groupe sidérurgique s'était retiré de son capital depuis deux années au profit d'un structure plus intégrée, filiale du Comité des forges de France[54], rebaptisée Dépôts et agences de vente d'usines métallurgiques (Davum-Exportation)[55], elle échangea ces trois agences contre deux nouvelles, l'une dans les Indes anglaises, l'autre dans l'Union sud-africaine[56]. Nonobstant le non-renouvellement de la convention qui la lia aux entreprises de Théodore Laurent en décembre 1927, mais qui fut prévisible depuis le début de l'année, la Sogeco présenta une rentabilité financière de 79 % supérieure à celle de la Columeta. Dans le même temps, elle présenta une faible résistance aux crises économiques, la récession de 1921 ayant amené Hadir à entrer dans son capital à l'occasion d'une augmentation de capital de un à trois millions, lors de son assemblée générale extraordinaire de janvier, celle de 1929 obligeant ses premiers actionnaires, comme l'affairiste Nicolas Hoffmann-Bettendorf ou le banquier luxembourgeois Max Lambert, à intervenir pour six millions supplémentaire en avril 1930[57].

53 *Annuaire des sociétés par actions en Alsace et Lorraine, Luxembourg, Sarre*, Strasbourg, Sogenal, 1924, p. 630. Cf. aussi Camille Wagner, *La sidérurgie luxembourgeoise sous les régimes du Zollverein et de l'Union économique belgo-luxembourgeoise*, Luxembourg, Impr. artistique luxembourgeoise, 1930, p. 131.

54 « Le Comité des forges et ses filiales », *Les documents politiques, économiques et financiers*, janvier 1933, p. 31.

55 *Annuaire des sociétés par actions en Alsace et Lorraine, Luxembourg, Sarre*, Strasbourg, Sogenal, 1931, p. 171. Cf. aussi ANLux, Arbed-02-0020 et Centre des archives du monde du travail (Roubaix), 65 AQ K 514.

56 *Ibid.*, 1929, p. 855.

57 *Ibid.*, 1937, p. 698.

Les chiffres d'affaires de la Columeta et de la Sogeco (1920–1937)[58]

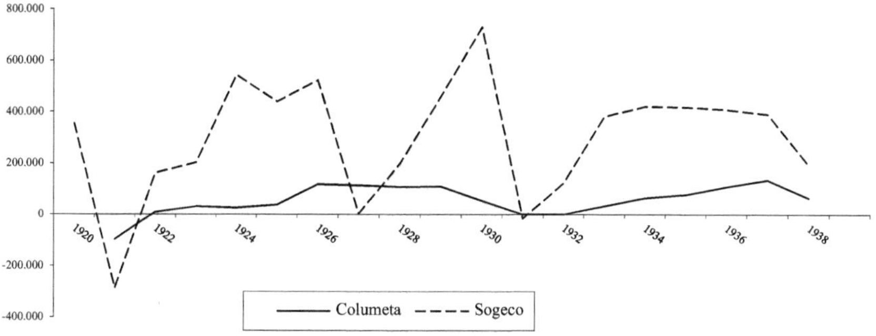

Une autre explication put être avancée pour expliquer la différence de chiffre d'affaires entre les deux comptoirs. La Sogeco fut réellement un comptoir de vente au seul profit des usines qui lui furent affiliées. De son côté, la Columeta fut aussi un « *bureau central de renseignement* » ; spécialement organisée pour assurer la vente des produits de l'Arbed et des Terres Rouges, elle recueillit également une documentation abondante par le biais de ses correspondants répartis dans le monde entier. Son organisation fut confidentielle, ses dix services s'identifiant simplement par des initiales obscures, que seuls les effectifs permirent de tenter d'identifier. La base de toute réflexion dut être le plan d'organisation de Clasen présenté au printemps 1919. Par diverses indiscrétions transparaissant de la documentation, il est possible d'affirmer que les services N et W ne furent agrégés qu'en 1933, le premier en lien avec la reformation de l'Entente internationale de l'acier, le second suite à la prise en charge par Columeta du service commercial de Dommeldange ; cette année-là, le personnel passa de cent à cent-dix personnes, pour se maintenir peu ou prou à ce niveau jusqu'en 1939 (cent-huit). Le service F fut assurément celui des transports, de même que le E, dirigé depuis le 15 janvier 1923 par Jean-Pierre Zanen, ingénieur agronome et docteur en sciences naturelles, fut chargé des scories Thomas. Pareillement, suite au départ du secrétaire général Paul Palgen, fin avril 1925, et à la découverte de fuites relatives à la vente des scories, sept mois plus tard, le service central des archives, logiquement rattaché au secrétariat général et occupant deux employés, fut supprimé[59].

58 *Ibid.*, 1921–1939, *passim.*

59 ANLux, Arbed-02-0467, *passim*, et AC-J-4, Note de Fernand Turk pour Robert Brasseur sur l'affaire Dismer, 4 décembre 1926 ; *Mémorial du Grand-Duché de Luxembourg*, 15, 10 mars 1921, p. 216.

Essai d'identification des services de la Columeta (© Gérald Arboit)

Initiale	Effectif (1939)	Dénomination du service	Chef de service (1939)
A	14	Ventes ?	Mathias Faber
B	16	Achats ?	Michel Roller
C	14	Comptabilité des commandes ?	Michel Goedert
D	4	*Exportation des rails*	Hugues Le Gallais[906]
E	4	*Scories Thomas*	Jean-Pierre Zanen
F	12	*Transports et affrètement*	Arthur Daubenfeld
H	15	Comptabilité ?	Pierre Conradt
N	4	*Centralisation des comptoirs (1933)*	Nicolas Schmit/Marc Goedert
W	7	*Commercial de Dommeldange (1933)*	Albert Weirich
S.G.	5	*Secrétariat général*	Fernand Turk/Raymond Blanpain
S.G./Exp	3	*Secrétariat général, Expédition*	
S.G./P	4	*Secrétariat général, Bulletin quotidien*	
S.G./Ch	4	Secrétariat général, statistique	

Relativement au « *bureau central de renseignement* », il se composa de deux entités rattachées au secrétariat général : le bureau statistique et celui du *Bulletin quotidien*. Emile Mayrisch sembla avoir toujours considéré l'information statistique comme un élément important de compétitivité. Encore à Dudelange, il fit suivre de cette façon l'environnement de son entreprise, qu'il s'agît de la métallurgie belge en 1913[61] ou des mouvements du commerce, de l'industrie et de l'agriculture avant 1914[62] et pendant le conflit[63]. Ce souci s'amplifia pendant la Première Guerre mondiale, au point qu'il n'hésitât pas à embaucher André Widung, l'ancien

60 *Who's Who in the United Nations*, Yonkers-on-Hudson, Burckel, 1951, p. 257 ; *Mémorial du Grand-Duché de Luxembourg*, 12, 2 mars 1940, p. 31.

61 ANLux, AE 466/1, lettre d'Emile Mayrisch à Félix Schefchen, 27 septembre 1919.

62 *Ibid.*, AE 466/8, procès-verbal de la réunion de la Commission d'étude des problèmes économiques posés par la guerre et ses conséquences éventuelles, 20 octobre 1917, f. 144.

63 *Ibid.*, AE 466/7, *Statistik des Außenhandels und Handelsbilanz des Großherzogtums Luxemburg*, Dudelange, 21 décembre 1916, *Die Landwirtschaft in Großherzogtums Luxemburg*, Dudelange, 18 janvier 1917, *Die Luxemburgische Landwirtschaft unter veränderten Verhältnissen und ihre Intensivierung*, Dudelange, 25 janvier 1917, *Luxemburg in Wirtschaftlichen Abhängigkeit von Auslande*, Dudelange, 23 octobre 1917.

secrétaire de la Commission permanente de statistique luxembourgeoise (1908–1914), après son expulsion par les autorités italiennes fin 1917-début 1918. L'étoile de l'homme sembla pâtir de l'incident parlementaire provoqué au moment de la publication de son rapport favorable à la France[64]. A moins que son importance ne fut éclipsée, à compter du 1er février 1922, par l'arrivée du Pr Albert Calmes, docteur en sciences économiques comme lui, à la tête des services économiques. Toujours est-il qu'il ne fît pas carrière ni à l'Arbed, ni à la Columeta dans l'entre-deux-guerres ; le 24 mai 1934, un arrêté grand-ducal l'agréa comme mandataire général de la compagnie bruxelloise d'assurances « Union et Prévoyance » pour le Grand-Duché[65]. A la Columeta, le poste de chef du service de statistique fut occupé jusqu'au 1er juin 1926 par Henri Dismer ; les raisons de sa rapide accession à ce poste — il entra à la direction commerciale de l'Arbed le 15 janvier 1919 et passa à la Columeta dans les mois suivants comme « commis[66] » — furent aussi obscures que la disgrâce de Widung, apparemment sans relation aucune.

La statistique de la Columeta consistait à traiter des données commerciales : noms des clients, tonnages vendus, prix réalisés dans les pays destinataires, « *filiales qui avaient réalisées ces ventes et reflétaient dès lors fidèlement et au jour le jour toute* [son] *activité commerciale* »[67]. Ces données servirent à établir des rapports quotidiens d'information pour la direction. Ces rapports furent établis uniquement en trois exemplaires, par copie carbone ; deux furent adressés au directeur et au secrétaire général, le dernier fut archivé au bureau de statistique, avec les documents ayant servis à le confectionner. Les deux premiers furent ensuite retournés, dûment paraphés, au bureau émetteur ; ce dernier en adressa un à la comptabilité, pour être classé avec les documents confidentiels, et conserva le second entre quinze jours et un mois avant de le détruire[68]. Cette fonction d'information en fit un organe central, dans le sens où « *tous les documents permettant d'établir les statistiques qui lui étaient demandés*[69] » lui furent ouverts. Pour

64 ANLux, AE 466/2, lettre d'André Widung à Joseph Steichen, 22 février 1919, *Ibid.*, 466/8 ; AACA, AC-208, Incident Widung, procès-verbal de la réunion de la Commission d'étude des problèmes économiques posés par la guerre et ses conséquences éventuelles, 1er mars 1919 ; Charles Barthel, *op. cit.*, p. 177–178.

65 *Mémorial du Grand-Duché de Luxembourg*, 30, 2 juin 1936, p. 624.

66 *Ibid.*, annexe 12, 7 décembre 1923, p. 347.

67 ANLux, AC-J-4, Note de Fernand Turk pour Robert Brasseur sur l'affaire Dismer, 4 décembre 1926, f. 3.

68 *Ibid.* On trouve cependant des exemples de ces documents dans AACA, AC-TA-17, période 1923–1940.

69 ANLux, AC-J-4, *op. cit.*, f. 2.

cela, il utilisa les « doubles » des courriers des différents bureaux qui étaient centralisés par le service expéditions, plutôt que les copies déposées dans les dossiers clients[70]. Ce type d'organisation plaida pour une position du bureau de statistique au sein du secrétariat général, où se trouvèrent le service expédition et, jusqu'en novembre 1925, les archives centrales.

De même, le second service composant le « *bureau central de renseignement* » lui fut adjacent au sein du secrétariat général, plus par proximité d'objectif que par nécessité de collaboration. En effet, le service du *Bulletin quotidien* s'occupa uniquement de renseigner

> « *les nouvelles économiques et financières du jour puisées dans les journaux, périodiques et revues importantes* (sic) *des principaux pays continentaux. L'avant-dernière page de ce bulletin* [était] *constitué par un tableau des changes distribués par feuille volante le jour-même de son impression et annexé au bulletin quotidien du lendemain*[71]. »

La palette de sources fut en fait plus large que les seules informations ouvertes revendiquées par la Columeta dans le cadre de la procédure ouverte pour espionnage contre Dismer. En effet, des données provinrent évidemment de ses propres services, filiales et succursales à travers le monde. La *Belgo-Lux* lui transmit ainsi journellement, par téléphone, la situation du marché boursier de la place de Bruxelles et les prix, officiels ou de *gentleman agreement*, des transports à Anvers. Mais le réseau possédait une palette de contacts et un accès à des ressources journalistiques qui ne furent, d'évidence, pas disponibles à Luxembourg. Gaston Barbanson dut ainsi être en mesure de fournir les informations du service d'études économiques de la Banque nationale de Belgique[72]. Il fut à même d'informer la direction de Columeta des événements qui se produisirent, comme la rébellion brésilienne du 6 novembre 1924[73]. Deux jours plus tard, le *Bulletin quotidien Columeta-Luxembourg* nota : « *Aux termes d'un télégramme que nous avons reçu ce matin de Rio de Janeiro, la situation est redevenue normale* ». Des informations arrivèrent encore de la direction générale de l'Arbed. Il s'agissait notamment du tableau des changes, établis par FinArbed[74],

70 *Ibid.*, f. 3.

71 *Ibid.*, f. 9.

72 En 1929, il y était entré comme censeur et devint, six ans plus tard régent de la banque nationale belge [Banque nationale de Belgique, *Assemblée générale de la Banque nationale de Belgique* 1929–1939, Bruxelles, Banque nationale de Belgique, *passim*].

73 David Marley, *Wars of the Americas: a chronology of armed conflict in the New World, 1492 to the present*, Santa-Barbara, ABC-CLIO, 1998, p. 637.

74 Cf. ANLux, Arbed-02-00195, *Bulletin quotidien*, 238, 24 octobre 1939, non folioté.

de données financières relatives à l'entreprise, à ses participations[75] ou à son personnel[76]. Mais le « *service spécial de Columeta* » se procura encore des « *informations particulières* »[77] auprès des autorités portuaires, douanières[78], bancaires et même consulaires[79]. S'ajoutèrent enfin les « informations grises » que les banques diffusaient auprès de leurs clients[80], les entreprises auprès de leurs actionnaires et, comme le *Bulletin de la Société d'étude et d'information économique*, les syndicats patronaux auprès de ses adhérents. Cette dernière publication fut assurément le modèle du *Bulletin quotidien Columeta-Luxembourg.*

Le monde vu de Luxembourg

La trajectoire de la publication luxembourgeoise fut même calquée sur celle du bulletin parisien. Barbanson en ramena un exemplaire polycopié de qualité moyenne de ses années de guerre. En avril 1919, André François-Poncet fut chargé par Robert Pinot, secrétaire général du Comité des forges de France, de le rendre plus vivant, plus rapide et, surtout, moins spécialisé que ne le fut jusque-là le *Bulletin quotidien*. Son fonctionnement reposa toujours sur un « *dépouillement de la presse auquel s'ajoutaient des correspondants sérieux et sûrs dans les grandes capitales mondiales* ». La fondation en mai 1920 de la Société d'étude et d'information économique changea en fait l'aspect formel de la publication, moins confidentielle et destinée à un public plus large que la première version. Un rédacteur en chef, Emile Rivaud, en prit la direction, une quinzaine de collaborateurs y tinrent un poste fixe, tandis qu'autant de correspondants apportèrent leur contribution régulière. Afin d'assurer à ce média une indépendance financière, une procédure d'abonnement fut mise en place. Le nouveau *Bulletin du Comité des forges* se fit donc sans lui — d'ailleurs, il ne s'y abonna pas, laissa l'opportunité à ses adhérents de le faire — et trouva un large public en France, mais également au-delà de ses frontières, tant auprès d'industriels,

---

75 Cf. *Ibid.*, Arbed-02-0025, *op. cit.*, 281, 2 février 1924, f. 8.

76 Cf. *Ibid.*, Arbed-02-0085, *op. cit.*, 261, 12 novembre 1929, f. 1 ou Arbed-02-0137, *op. cit.*, 277, 29 novembre 1934.

77 Cf. *Ibid.*, Arbed-02-0025, *op. cit.*, 255, 31 octobre 1924, f. 2.

78 Cf. *Ibid.*, *op. cit.*, 300 et 303 des 24 et 30 décembre 1924, f. 2 et 3.

79 Cf. *Ibid.*, *op. cit.* 275, 25 novembre 1924, f. 2 ou 279, 29 novembre 1924, f. 2.

80 Le 14 mars 1931, Gaston Barbanson demandait pour sa « *Société de ventes à Paris* » à bénéficier des informations de la Banque de Paris et des Pays-Bas. Neuf jours plus tard, cette dernière donnait son accord [Archives historiques de BNP-Paribas, Paris, 416 Luxembourg II. 2 B].

que de syndicats patronaux, d'agences télégraphiques, de journaux, de bibliothèques, d'administrations, d'ambassades, de gouvernements[81].

Le premier numéro de *Bulletin quotidien Columeta-Luxembourg* fut publié le 16 octobre 1919 par le secrétariat. D'un format d'une feuille de machine à écrire et d'une pagination aléatoire de deux à six pages, ses exemplaires étaient ronéotypés et distribués du lundi au samedi « *au personnel supérieur de Columeta et ses filiales, d'Arbed et Terres Rouges*[82]. » Au fil du temps, il prit une apparence plus policée, avec un rubriquage qui se précisa, séparant formellement à l'automne 1921[83] informations et cours des changes relevés dans les différents journaux, auxquelles s'ajouta la cote des valeurs à Bruxelles. Deux ans plus tard, chaque numéro se déroula autour d'informations économiques et financières égales. Début 1930, une troisième rubrique sépara les sociétés de la partie financière. En 1935, FinArbed prit l'habitude de fournir les cours des changes. La pagination devenue régulière dès 1920, se fixa à dix pages de revue de presse et d'informations particulières, les cotes étant reléguées sur deux pages annexées. Dans le second semestre de 1939, conséquence de la déclaration de guerre, le format fut réduit à quatre/six pages. Du fait de l'établissement de l'Arbed au Grand-Duché et en Sarre, deux éditions en langues française et allemande furent proposées.

Les informations publiées se bornèrent dans un premier temps à ne reprendre que des extraits ou des résumés d'articles, toujours suivis de leurs références précises. Elles provinrent de soixante-huit médias différents de quatre grands pays (Grande-Bretagne, Allemagne, Belgique, France). Les supports furent de trois principaux types (économique, information, financier). A cette diversité générale s'ajouta naturellement leurs tendances générales, généralement industrielles ou libérales. L'importance des sources et l'amplitude de leur nature permirent au « *service spécial de Columeta* » de réaliser une veille environnementale, concurrentielle et stratégique suivant les mouvements sociaux, l'évolution des législations nationales, les concentrations industrielles comme la vie des sociétés, au travers du déroulement de leurs assemblées générales. Les dissolutions des différents Comptoirs belges et français entre décembre 1919 et décembre 1922, furent

81 André François-Poncet, *La vie et l'œuvre de Robert Pinot*, Paris, Armand Colin, 1927, p. 268–271.

82 ANLux, AC-J-4, Note de Fernand Turk pour Robert Brasseur sur l'affaire Dismer, 4 décembre 1926, f. 9.

83 La séparation se déroula entre le 215, 21 septembre et le 245, 24 octobre 1921 [ANLux, Arbed-02-0004].

suivies avec intérêt[84]. De même, les créations de l'Office français des houillères sinistrées, le 16 octobre 1919, ou du « Trust de la Ruhr », les Vereinigte Stahlwerke, du printemps 1924 à la fin de l'été 1925, concrétisant les tendances cartellistes européennes déjà signalées, ou de la Société commerciale belge (Socobelge), le 1er décembre 1924, furent rapportés[85].

Mais cette publication fut d'abord un instrument de communication interne. Aussi ne publia-t-elle, dans un premier temps, que les cours des actions et des obligations Arbed et Terres Rouges. Les grands événements du groupe, et les plus tristes aussi, trouvèrent aussi leur place dans le *Bulletin quotidien Columeta Luxembourg*, en première page, centré et avec un double interligne afin de bien les distinguer des autres informations, sous le titre « *Interna* ». Ainsi put-on suivre la promotion d'Henri Coqueugnot dans l'ordre de la Légion d'honneur française, puis dans l'ordre pontifical de Saint-Grégoire-le-Grand[86]. Le remplacement d'André Vicaire, devenu directeur-général de Schneider & Cie, à la tête de la Société française Columeta par le directeur du siège luxembourgeois, Charles Lestras, le 31 octobre 1929, fut annoncé par cette publication au groupe Arbed-Terres Rouges[87]. Les décès d'administrateurs du groupe, comme Guillaume Dumont de Chassart ou René Muller-Laval, y trouvèrent également leur place[88].

La géographie que réalisa le *Bulletin quotidien Columeta-Luxembourg* entre 1919 et 1939 montra une nouvelle réalité des besoins d'information de l'entreprise et, au-delà, des centres d'intérêt des dirigeants de l'Arbed. A l'exclusion du Machrek dans sa grande totalité (0,73 %), de l'Afrique (0,23 %) et de l'Asie du sud-est (0,23 %), le monde entier fut couvert. Naturellement, compte tenu des orientations naturelles de la sidérurgie luxembourgeoise — 60 % de ses exportations en 1911–1914, 23 % 1919–1939 —, et particulièrement de l'Arbed, l'Allemagne fut particulièrement surveillée (22 %). Sans préjuger de quoi que

84 *Bulletin quotidien*, 56, 20 décembre 1919 [*Ibid.*, Arbed-02-0001] et 2, 2 janvier 1920 [*Ibid.*, Arbed-02-0002] ; *Ibid.*, 20, 24 janvier 1921 [*Ibid.*, Arbed-02-0003] ; *Ibid.*, 283, 7 décembre, 291, 16 décembre et 298, 25 décembre 1922 [*Ibid.*, Arbed-02-0006].

85 *Bulletin quotidien*, 52, 16 décembre 1919 [Arbed-02-0001] ; *Ibid.*, 99, 25 avril 1924 ; Arbed-02-0020 à 0036, *passim* ; *Bulletin quotidien*, 175, 23 juillet [Arbed-02-0022] et 289, 10 décembre 1924 [Arbed-02-0027].

86 *Bulletin quotidien*, 241, 15 octobre 1923 [*Ibid.*, Arbed-02-0014] et 269, 15 novembre 1924 [*Ibid.*, Arbed-02-0025].

87 *Ibid.*, Arbed-002-0085, *Bulletin quotidien*, 261, 12 novembre 1929.

88 *Bulletin quotidien*, 35, 13 février [*Ibid.*, Arbed-002-0187] et 212, 15 septembre 1939 [*Ibid.*, Arbed-002-0194].

ce fût, cette veille se prolongea vers l'Europe centrale (9 %) et orientale (4 %), cette *Mitteleuropa* vers laquelle les sidérurgistes allemands, Emil Kirdorf en tête, regardèrent pendant la Première Guerre mondiale, avant de s'y rallier au printemps 1918. Le 16 mai de cette année, Bruno Bruhn, directeur chez Krupp, convia même les principales autorités du *Reich* (Secrétaire d'Etat à l'Economie, Auswärtiges Amt, Oberste Heeresleitung — commandement supérieur de l'armée —, Reichsbank) et quelques industriels triés sur le volet à discuter de « *l'organisation du commerce avec la Russie, l'Ukraine, les Balkans* ». Accompagnant son directeur Hugo Stinnes, un informateur de Mayrisch, Albert Vögler, était présent[89]. Il n'est pas dit que « *le sinistre marguillier* », ainsi que le surnomma Aline Mayrisch[90], ait informé le directeur général de l'Arbed. Mais ce dernier resta en contact avec « *l'homme "le plus riche d'Europe"* » après-guerre, le recevant à déjeuner le 30 janvier 1920[91], négociant avec lui au printemps 1922. Stinnes revint de Russie et souhaita être mis en relation avec Paris… Nul doute que Mayrisch suivît intentionnellement, par l'entremise du *Bulletin*, mais également des rapports quotidiens du bureau de statistique, les tentatives allemandes d'investissement dans la Russie de la « Nouvelle politique économique ». Ce fut donc informé qu'il en parlât « *de la reprise des relations économiques avec la Russie* », début juin 1926 à la direction générale politique du ministère des Affaires étrangères belges, avec Arthur Bemelmans, de la Banque d'Outremer, et Pol LeTellier[92], jusque-là conseiller d'ambassade à Londres et nouvellement nommé ministre plénipotentiaire à Paris pour poursuivre ses conversations avec l'ambassadeur soviétique, Khristian Rakowsky, entamées deux ans plus tôt[93]. En juin 1931, Gaston Barbanson s'intéressa à son tour à l'Union soviétique (2,3 % des informations recueillies et 6,27 % des ventes, 1919–1939), proposant de conclure une entente internationale avec elle. Mais l'affaire resta semble-t-il

89 Fritz Fischer, *Les buts de guerre de l'Allemagne impériale 1914–1918,* Paris, Trévise, 1970, p. 562 et Peter Borowsky, *Deutsche Ukrainepolitik 1918: Unter besonderer Berücks. d. Wirtschaftsfragen*, Lübeck, Matthiesen, 1970, p. 226.

90 Cf. sa lettre à André Gide, 30 janvier 1920 *in* André Gide, Aline Mayrisch, *Correspondance 1903–1946,* Paris, Gallimard, 2003, p. 181.

91 *Ibid.* La note 2 a tenté d'identifier ce convive par Gustav Krupp von Bohlen, mais sans certitude. Stinnes correspond mieux à la description, surtout accompagnée de la mention relative à Vögler. De plus, ces hommes étaient en relation d'affaires avec Mayrisch à cette époque.

92 Archives du service public fédéral des Affaires étrangères, Bruxelles (ASPFAE), B1, 1925–1934, A, 1925–1928, lettre d'Arthur Bemelmans à Henri Rolin, 12 juin 1926.

93 Archives générales du Royaume, Bruxelles, Z8, procès-verbal 44 du conseil de cabinet, 22 mars 1926, p. 5.

sans suite[94]. Le président du conseil d'administration de l'Arbed laissa aller sa bile dans une conférence, éditée ensuite, *La crise économique et le dumping soviétique*[95]. Tout fut dit dans le titre.

La géographie du Bulletin quotidien Columeta Luxembourg (© Gérald Arboit)

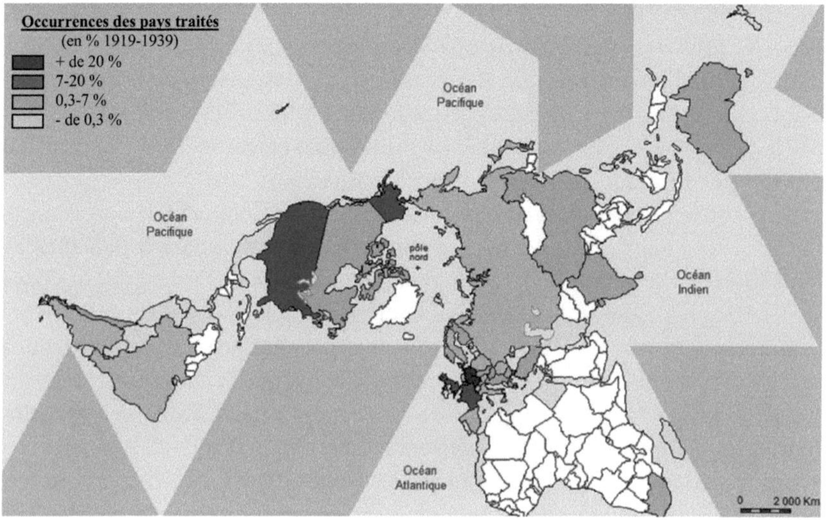

L'Amérique du nord, et plus particulièrement les Etats-Unis (7,05 %), fut également une destination suivie par le *Bulletin quotidien Columeta-Luxembourg*. Ce traitement fut le résultat de l'importance croissante que prit ce pays dans l'actualité internationale. Il témoigna également de l'exemplarité de ce pays pour les industriels européens. La Première Guerre mondiale consista d'ailleurs en un inversement de tendance. Désormais, le modèle américain devint attractif dans tous les aspects de la production. Ses méthodes de gestion, son contrôle de la sécurité ou de l'hygiène furent des éléments pris en grande considération du côté européen. Le dynamisme de l'industrie sembla désormais si écrasant que l'on n'évoquât plus de compétition et peu de critiques. Ce modèle à imiter

94 Procès-verbal d'une réunion de la Gérance de Solvay, 30 juin 1931, *in* Michel Accarin, *La Société Lubinoff, Solvay et Cie*, Louvain, Presses universitaires de l'Université catholique de Louvain, 2002, p. 30–31.

95 Bruxelles, Impr. industrielle et financière, 1931.

imposa de le placer sous surveillance[96]. A Luxembourg, Henri Coqueugnot fut le seul ingénieur à avoir eu une expérience américaine. Mobilisé comme lieutenant du Génie en août 1914, il avait été mis à disposition de Schneider & Cie en juin suivant pour s'occuper de l'intensification de la production de métal dans les usines du Creusot. En septembre, il fut intégré au voyage d'étude que l'entreprise organisa aux Etats-Unis. Pendant cinq mois, il sillonna le *Manufacture Belt* avec pour mission de s'instruire sur la résistance au tir de cuirasses commandées par l'armée française et de s'assurer des moyens de production d'une usine pouvant fournir quatre cent mille obus[97]. S'il n'en revint pas emballé par la technologie américaine, toujours fut-il qu'il en gardât l'idée de transfert d'idées, de techniques et de méthodes d'organisation.

Rapporté à son importance dans le dispositif de la Columeta, le Brésil constitua une exception (1,51 %). Pour comprendre cette présence dans le *Bulletin quotidien*, il fallait en revenir aux conditions de la présence de l'Arbed dans ce pays. La Companhia Siderúrgica Belgo-Mineira ne résulta pas d'un choix interne à l'entreprise luxembourgeoise, mais d'une stratégie reposant sur une information analysée par Emile Mayrisch comme pour l'Allemagne. Au contraire, il s'agissait d'un « *coup de tête* » de Gaston Barbanson, à l'instar de la Russie. A cette différence près qu'il ne s'agissait plus de vendre, mais de produire et, si possible, de s'approvisionner en minerais plus riches. Le Belge ne suivit pas les traces de Schneider & Cie, qui ne vit l'Amérique latine que comme « *de faibles débouchés* », tant au Brésil, où elle était présente depuis depuis 1902 sur le marché de matériels militaire et ferroviaire, qu'en Argentine, où elle s'implanta en 1907[98]. Au contraire, il vit dans cette implantation brésilienne une destination pour cet « *exode des capitaux luxembourgeois (...) pour en soustraire les revenus aux impôts considérables envisagés par le gouvernement* »[99]. Il était surtout motivé par son idéologie

96 Cf. Françoise Berger, « Le regard sur l'Amérique dans la sidérurgie française. Des voyages d'études de la fin du XIXe siècle aux missions de productivité du Plan Marshall », Hélène Harter, Antoine Marès, Pierre Melandri, et Catherine Nicault (dir.), *Terres promises. Mélanges offert à André Kaspi*, Paris, Publications de la Sorbonne, 2008, p. 193–210.

97 Archives François Bourdon, Le Creusot (AFB), 01G0110, Voyages de Potin aux Etats-Unis (1er septembre 1915–4 février 1916), Service historique de la Défense, département de l'armée de Terre, 6 Ye 15773 et Archives nationales, LH/587/4, Note d'Henri Coqueugnot, s.d. [août 1923], annexée à sa lettre au grand chancelier de la légion d'Honneur, 23 août 1923.

98 AFB, 187 AQ 072, dos. 08.

99 Charles Barthel, *op. cit.*, p. 211–212.

« grand belge ». Si ses vélléités s'essouflèrent d'elles-mêmes en Europe, elles restèrent présentes à son esprit, d'autant qu'en octobre 1920, il répondit à l'invitation du Roi Albert Ier. Ce dernier revenait d'un voyage au Brésil (19 septembre–16 octobre 1920) qui le mena, le 28 septembre 1920, dans le Minas Gerais. Il fut accueilli par le gouverneur Arturo Bernades, qui soignait son aura présidentielle, fonction suprême à laquelle il accéda deux ans plus tard, évoqua la nécessité de développer une industrie sidérurgique nationale et l'aide que pouvait apporter les milieux économiques belges à cette entreprise[100].

Barbanson en parla à Mayrisch, qui se souvint de ses lectures de *Stein u. Eisen* de la fin du siècle précédent[101] et de l'éphémère aventure brésilienne du luxembourgeois Charles Bettendorf. Ce drôle de personnage ne fit pas partie des « points d'appuis » du capitaine d'industrie de Dudelange. Originaire d'Esch-sur-Alzette, où il fut négociant et agent d'assurance jusqu'au début de 1891[102], il disparut un jour pour ne réapparaître que cinq ans plus tard en représentant de la finance belge, actionnaire tour à tour de la *Société anonyme des Hauts-Fourneaux de Differdange* (1896) et de celle de *Moselle* (Maizières-lès-Metz, 1898)[103]. A chaque fois, il apporta terrains et « frais d'études pour l'acquisition des terrains et la constitution de la société ». Il n'agit pas différemment un an plus tard, pour constituer la Société anonyme des mines de manganèse d'Ouro Preto (1899)[104]. Administrateur de sociétés pour le compte d'autrui, il investit sa soudaine et fulgurante fortune dans l'immobilier à Mondorf-les-Bains, y constituant même en 1912 la Société anonyme des eaux minérales[105]. Mais jusqu'en 1904, il partagea encore son temps entre Belo Horizonte, New York[106] et Bruxelles à des affaires industrielles, se faisant même élire membre de l'American Institute of Mining Engineers le 13 octobre 1903[107]. Mais la réussite ne fut pas au rendez-vous et il rentra au Grand-Duché, vivre de ses rentes et du négoce

100 Theodore M. Berson, « "Dependencia do Imperialismo" : Foreign Investment in Brazil, 1935 », *The Business History Review*, 43/2, été 1969, p. 192–203.

101 Fr. Greven, « Manganerze in Brasilien », *Stahl u. Eisen*, 1er mai 1899, p. 439–441.

102 *Luxemburger Wort*, 28 juillet 1890 ; *Mémorial du Grand-Duché de Luxembourg*, 5, 19 janvier 1891, p. 110.

103 *Mémorial du Grand-Duché de Luxembourg*, 29, 19 mai 1896, p. 298–301 ; *Echo des mines et de la métallurgie*, 13 janvier 1898.

104 *Moniteur belge*, 23 octobre 1899 ; *Coleção das leis do Brasil*, 1899, 2/II, p. 1301.

105 *Luxemburger Bürger-Zeitung*, 4 avril 1912.

106 *Bürger- und Beamten-Zeitung*, 26 mars 1903.

107 *Transactions of the American Institute of Mining Engineers*, 34, 1904, p. lxviii.

des villas bâties avenue des bains à Mondorf[108]. A sa mort, le 30 janvier 1929, il était à la tête d'un patrimoine immobilier d'un million trois cent vingt-et-un mille francs luxembembourgeois[109]. D'évidence, sa fortune ne put provenir de son brevet canadien de tuyère pour haut-fourneau (déposé le 19 avril 1900) et de ses placements en actions, d'autant qu'il ne fît jamais partie des sociétés qui prirent le relais de ses premiers placements, l'Aktiengesellschaft für Eisen- und Kohlenindustrie Differdingen-Dannenbaum (1899) ou la Moselhütte A.-G. (1903). Il semblerait que Bettendorf agît comme prête-nom de différentes entreprises étrangères, la Société coloniale anversoise dans le cas brésilien, qui le remercia en le faisant participer à la constitution de la Compagnie internationale d'Orient (1900), une banque belge ou, plus sûrement, un maître de forge allemand qui n'arrivait pas à acquérir concessions minières et places à bâtir des usines, comme Oskar Kraemer[110] ou Carl Spaeter. Sa proximité avec la finance allemande sembla avérée, si l'on en juge sur l'attitude de son beau-frère Nicolas Hoffmann-Bettendorf.

D'une façon ou d'une autre, au moment où Barbanson se lança dans son aventure brésilienne, Bettendorf fut trop éloigné de Mayrisch pour qu'il pût en être de quelque conseil. Son information fut trop ancienne pour être opérationnelle. Mais il ne fut nullement impossible que le souvenir de son passage éphémère dans le commerce du ferromanganèse fût encore dans tous les esprits. Mais celui-ci compta peu face aux relations belges, notamment Dannie Heinemann, directeur de la Société financière de transports et d'entreprises (Sofina). Devenu administrateur de ce holding aux lendemains de la Première Guerre mondiale, Barbanson découvrit les capacités d'information du Syndicat d'études au Brésil, établi en 1914 à propos de projet de développement des chemins de fer dans ce pays d'Amérique latine[111]. Cette structure fut mise à profit pour l'exploration des conditions d'établissement d'une structure d'approvisionnement et de traitement du minerai considérable et de très haute teneur du Minas Gerais. Son financement fut assuré, au travers des banques de Bruxelles et internationale de Luxembourg, par deux sociétés dont Barbanson maîtrisa les destinées, la Société métallurgique des

108 Claude Conter, Nicole Sahl, *Aufbrüche und Vermittlungen: Beiträge zur Luxemburger und europäischen Literatur- und Kulturgeschichte*, Bielefeld, Aisthesis Verlag, 2010, p. 277.

109 *Luxemburger Wort*, 13 juillet 1929.

110 Klaus Wilsberg, *"Terrible ami-aimable ennemi": Kooperation und Konflikt in den deutsch-französischen Beziehungen, 1911–1914*, Bonn, Bouvier Verlag, 1998, p. 237.

111 AGR-SOFINA, 32.

Terres Rouges et les Ciments de Buda[112]. Trois agents de l'Arbed vinrent soutenir l'équipe de la Sofina en leur apportant une connaissance qui lui manquait : un chimiste, Jean-Pierre Arend, un commercial, Paul Palgen, un négociateur, Bernard Clasen.

Envoyé au Brésil peu après le retour en Belgique du Roi Albert Ier, l'équipe de la Sofina fut bientôt rejointe par Barbanson. Cette présence du président du conseil d'administration de l'Arbed ne devait pas faire penser que l'opération brésilienne participait de la stratégie de l'entreprise. La création de la Companhia Siderúrgica Belgo-Mineira, le 11 décembre 1921, ne fut jamais autre chose que le choix « grand belge » de Barbanson. D'ailleurs, passée l'exaltation nationaliste, ce dernier songea à se séparer de ce gouffre financier dans une situation politique brésilienne instable. Lorsque, le 10 novembre 1927, l'ingénieur Louis Jacques Ensch fut envoyé au Brésil, ce fut avec pour instruction de liquider la société. Toutefois, il nota les possibilités réelles de l'entreprise, en constata les défaillances du directeur général installé en 1921, le Belge Pierre Delville, dont il obtint le renvoi en 1936[113]. Ce fut à ce moment que la Companhia Siderúrgica Belgo-Mineira devint un élément de la stratégie mondiale de l'Arbed. Nantie d'une incidence commerciale modeste, elle s'avéra un investissement superfétatoire dont la rentabilité fut longue à démontrer.

L'importance d'un suivi par le *Bulletin quotidien Columeta Luxembourg* et les rapports du bureau de statistique apparut de façon évidente. L'Arbed ne pouvait plus se contenter d'apparaître au Grand-Duché comme un substitut aux défaillances de l'Etat. La société dut se doter d'un système d'information qui apporta des données sur les différents endroits du monde où elle désirait intervenir. L'investissement brésilien n'aurait pas été réalisé si le « *bureau central de renseignement* » n'en avait pas été à ses débuts et, surtout, s'il avait bénéficié dès octobre 1920 des informations, non seulement commerciales et économiques, mais aussi politiques concernant le Brésil. Des données qui furent impossible à obtenir dans le contexte du paysage médiatique et informationnel, non seulement luxembourgeois, mais surtout européen de l'entre-deux-guerres. Dès cette époque, l'internationalisation des affaires fut patente. Mais elle resta limitée géographiquement, hors des espaces coloniaux, à l'actualité des grandes nations. Le développement européen de firmes comme Schneider & Cie fut aussi permis parce qu'elles purent tirer parti des ressources de la diplomatie de

112 Felix Chomé, *op. cit.*, p. 83.

113 João Dornas Filho, *O ouro das Gerais e a civilização da capitania*, São Paulo, Companhia Editora Nacional, 1957, p. 186.

leurs gouvernements. Chose dont l'Arbed ne put bénéficier, l'« Etat Arbed » se nourrissant justement de ces missions au service du gouvernement grand-ducal pour faire avancer ses affaires, mais cela se limita à la Grande-Bretagne et, peut-être, à l'Albanie. L'envoi d'Ensch montra aussi combien les situations perçues de Luxembourg purent être différentes sur le terrain. Or, si Schneider & Cie put s'exercer à ces missions au long cours dès 1917, Arbed ne s'y essaya pour la première fois qu'à l'occasion de l'affaire brésilienne.

Cette fois, il s'agissait de se renseigner sur les possibilités d'intervenir sur le marché financier de ce pays, ce qui fut fait à partir de 1926. Incidemment, il fallut aussi préparer une mission que l'Arbed décidât d'envoyer aux Etats-Unis. En mars et avril 1923, puis en juillet et août 1924, l'ingénieur Léopold Bouvier, le directeur de l'usine de Dudelange, Arthur Kipgen, et Heinrich Vehling, directeur technique de la Gelsenkirchener reconverti en ingénieur-conseil du groupe Arbed-Terres Rouges, se rendirent étudier les fours à coke, les hauts-fourneaux, les fonderies et les aciéries américaines. Ils en ramenèrent force plans, croquis, photographies et statistiques[114] qui servirent à décider de la modernisation des vieux hauts-fourneaux de Dudelange. Comme leurs confrères de Schneider & Cie depuis 1892, leurs rapports reflétèrent les transferts de technologie à envisager, mais sous un angle bien plus large que les seules évolutions des machines et des procédés de production. « *Nous avons l'impression que de tous les services d'une usine américaine, celui des hauts fourneaux est conduit avec le plus de méthode et dans l'esprit le plus scientifique* », notèrent-ils à l'issue de leur second voyage. Eux-aussi participèrent au travail de renseignement dont la Columeta et le bureau scientifique de Jean-Pierre Arend furent chargés.

Il convint de corréler ces constatations aux capacités d'information offertes par la presse européenne de l'époque. En effet, les employés du « *service spécial de Columeta* » furent tributaires des données qu'ils recueillirent dans les journaux qu'ils dépouillaient journellement. L'actualité internationale ne fut pas un thème prisé, autrement que par des échos servant à équilibrer les colonnes. Nombre de raisons purent être avancées : faible ouverture mondiale à une époque où les domaines coloniaux représentèrent encore 34 % des espaces, relecture de l'actualité étrangère en fonction d'impératifs intérieurs, préférence à l'impondérable pour fonder l'événement… A ces « *géo-caricatures* »[115], il convint d'ajouter le relatif recours aux correspondances, les facilités

114 ANLux, AC-CI-78/1et 2 et 79.

115 Concept fondé par Laurent Gervereau, *Inventer l'actualité. La construction imaginaire du monde par les médias internationaux*, Paris, La Découverte, 2004, p. 113–120.

du télégraphe et du téléphone apparaissant se limitant aux envoyés spéciaux, dont Albert Londres resta l'archétype pour la période d'entre-deux-guerres. Quant à l'information économique et financière, ces conditions de formation la rendirent inévitablement suspecte aux yeux de ceux qui furent amenés à la manipuler[116]. Ces raisons expliquèrent que les créateurs du *Bulletin quotidien* recoururent à des sources complémentaires, grâce aux ressources des technologies de communication de l'époque, et aux contacts personnels. A Paris, André Vicaire eut ses entrées au Quai d'Orsay, auprès de Jacques Seydoux, au ministère du Commerce, auprès de Daniel Serruys, et jusque dans l'entourage du ministre Louis Loucheur. Grâce à quoi parut, cinq jours sur cinq, une revue de presse améliorée et équilibrée. De 1919 à 1939, la rubrique économique représenta 50 % des sujets, tandis que la financière en couvrît à 43 %, puisque l'actualité des sociétés (7 %) lui fut retirée courant 1930. Il en résulta également une spécialisation de l'information traitée, de moins en moins politique et générale, de plus en plus économique et centrée sur le cœur de métier de l'Arbed. Cette évolution fut si bien observée par les informateurs de l'*Inspektor der Sicherheitspolizein* de Wiesbaden, de l'Abwehr et de la Gestapo, à partir de 1938, qu'aucun membre de Columeta ne comptât parmi les deux cents Luxembourgeois ou résidents au Grand-Duché figurant sur la Sonderfahndungsliste West, qui listait les personnes à s'emparer d'urgence dès l'invasion du pays[117].

Le travail du « *service spécial de Columeta* » fut le fruit de quatre employés et d'un chef[118] rattachés au secrétariat général. En 1939, deux services purent être concernés, le SG/P et le SG/Ch, en admettant que Raymond Blanpain, qui intégra la Columeta le 1er mai 1921, en provenance de la société Belgo-luxembourgeoise rejointe le 1er juillet précédent, en fût le responsable. Les conditions de confection du *Bulletin*, notamment la gestion des contacts et l'analyse de l'information, plaidèrent pour une stabilité du personnel, autant que pour son éducation. L'analyse de la « statistique du personnel » corrigée au 31 décembre 1939 plaida pour affecter le *Bulletin* au SG/P, l'autre étant nécessairement le bureau de statistique.

116 Cf. les conseils de la Banque de Bruxelles, dans la lettre adressée à Emile Mayrisch, le 30 septembre 1925 [ANLux, Arbed, Pr-30].

117 Centre d'Etudes et de Documentation Guerre et Sociétés contemporaines, Bruxelles, AA 1835, copie (incomplète) de la *Sonderfahndungsliste West* ; Archives privées Etienne Verhoeyen, *Sonderfahndungsliste Luxemburg*, 19 juin 2003. Cf. Albert Schaack, Etienne Verhoeyen, « L'espionnage allemand au Luxembourg, *op. cit.*, p. 109–110.

118 ANLux, AC-J-4, Note de Fernand Turk pour Robert Brasseur sur l'affaire Dismer, 4 décembre 1926, f. 9.

En effet, le SG/P resta stable sur toute la période, avec trois employés entrés entre 1922 et 1927, nantis de l'examen d'admission à l'Arbed, souvent passé un à trois ans avant l'embauche, le dernier étant diplômé des Hautes études commerciales et titulaire d'une licence en droit de l'université de Paris. Par contre, le SG/Ch présenta la même stabilité, mais fut frappé de deux départs féminins en octobre et novembre 1939, tandis que deux personnels le rejoignirent en 1935 et 1937. Ce turn-over ne plaida pas pour la continuité exigée pour confectionner le *Bulletin quotidien*, alors qu'il ne désorganisât en rien le travail de statistique[119]. Enfin, une note accompagnant une coupure de presse relative au Comité franco-allemand d'information et de documentation, précisa qu'elle fût fournie par « *Columeta P* »[120].

Il était admis que l'« information grise » créée par le SG/P servît l'activité de vente des produits du groupe Arbed-Terres Rouges. Pourtant, la confrontation des agences et des occurrences nationales dans le *Bulletin* avec les ventes pour la période 1919–1939 tendit à remettre en question cette croyance. D'évidents déséquilibres apparurent au niveau de l'information. Ainsi, exista-t-il une indéniable corrélation en Europe entre les visées du comptoir commercial, les renseignements produits et les écoulements de produits sidérurgiques. En dehors du Proche-Orient, pour lequel les données relatives aux ventes manquèrent, vraisemblablement incorporées en Afrique, cette correspondance ne se retrouva pas ailleurs. Mieux, un véritable déséquilibre informationnel apparut clairement pour les zones régionales sur lesquelles la presse de masse et spécialisée resta largement silencieuse. Cette absence de corrélation entre l'action de vente de la Columeta et l'information recueillie laissa entendre que cette dernière servait à autre chose.

Cette tendance sembla claire après que le comptoir eût réduit de 24 % sa couverture mondiale d'agences, privilégiant les accords de représentation, sans modifier le mode de fonctionnement du SG/P. La distribution du *Bulletin quotidien Columeta Luxembourg* confirma cette orientation. Fernand Turk déclara le 4 décembre 1926, dans le cadre de l'affaire Dismer, trois choses[121]. D'abord, que seul le « *personnel supérieur* » des deux entités en était destinataire et qu'il devait le retourner au secrétariat général une fois lu. De fait, seules quelques vingt-deux personnes furent concernées à la direction générale de l'Arbed, neuf dans ses divisions, dix à la direction de la Columeta et douze dans ses filiales, soit

119 *Ibid.*, Arbed-02-0467.

120 *Ibid.*, Arbed, Pr46.

121 *Ibid.*, AC-J-4, Note de Fernand Turk pour Robert Brasseur sur l'affaire Dismer, 4 décembre 1926, f. 9.

cinquante-trois personnes[122]. Ensuite, le secrétaire général du comptoir commercial notait que la publication n'était pas distribuée à l'extérieur du groupe. Un « *établissement indigène étroitement lié au groupe Arbed* », vraisemblablement la Société anonyme des anciens établissements Paul Wurth, dont l'Arbed prit définitivement le contrôle après que son fondateur lui eût cédé toutes ses actions, ne put être compris dans les destinataires. Cela, conclut Turk, parce que le *Bulletin* contenait « *des renseignements sinon confidentiels, du moins précieux pour tout homme d'affaires* ». De fait, l'action du « *bureau central de renseignement* » passa entièrement inaperçue du corps diplomatique en poste à Luxembourg. Ni les ministres français, ni les ministres belges n'en firent mention dans leurs rapports. Après 1935, le Sicherheitsdienst (Service de sécurité, SD) ne vit pas plus dans la Columeta qu'un « *nachrichtenbüro* », c'est-à-dire un bureau d'information[123].

Comparaison des implantations des agences, des occurrences du Bulletin quotidien Columeta-Luxembourg *et des ventes des usines du groupe Arbed-Terres Rouges (1919–1939)*

Régions	**Agences**	**Informations**	**Ventes**
Europe	49 %	87,56 %	74,3 %
Amérique du nord	5 %	7,05 %	2,4 %
Amérique du sud	11 %	2,19 %	7,8 %
Afrique	3 %	0,23 %	2,6 %
Proche-Orient (Machrek)	14 %	0,73 %	
Asie	16 %	2,01 %	9,9 %
Océanie	2 %	0,23 %	3 %

Le 26 juillet 1926, une note de la direction politique du ministère belge des Affaires étrangères analysa

> « *un article de M. Mayrisch, dont l'influence politique* [fut] *incontestable et qui, paraissant à ce moment,* [prenait] *un caractère quelque peu officieux* »,

en raison de la reprise des relations belgo-luxembourgeoises, suite à l'élection de Joseph Bech[124]. Le rédacteur s'étonna que le président de la direction de l'Arbed fît « *mention, sans l'exposer* », de la question de la représentation consulaire,

122 Félix Chomé, *op. cit.*, p. 235–240, 242–246 ; ANLux, Arbed-02-0467, statistique du personnel de Columeta, 1939.

123 ANLux, Jt 211, note, 14 mars 1941.

124 ASPFAE, B1, 1925–1934, A, 1925–1928.

alors qu'il passât longuement en revue la clause financière, les problèmes des chemins de fer et viticoles. Aussi se hasarda-t-il à une explication, qui démontra l'état d'ignorance des capacités informationnelles du groupe luxembourgeois :

> *« peut-être s'agit-il simplement de l'admission des firmes luxembourgeoises à bénéficier des renseignements commerciaux fournis par nos Consuls. Cette question est depuis longtemps tranchée dans un sens favorable au Luxembourg, mais à plusieurs reprises il est apparu que la mesure prise par M. Hymans, en 1924, n'avait pas reçu au Luxembourg la publicité nécessaire pour le faire connaître du public intéressé ».*

Et de préciser qu'Albert Calmes, qui remplaça Emile Mayrisch au Conseil supérieur de l'Union économique belgo-luxembourgeoise[125], l'ignorait. Et pour cause, secrétaire général du groupe Arbed-Terres Rouges depuis 1922, il fut destinataire du *Bulletin quotidien Columeta Luxembourg*...

125 *Mémorial du Grand-Duché de Luxembourg*, 59, 29 novembre 1924, p. 832. Depuis le 7 avril 1922, Calmes était le suppléant de Mayrisch à cette fonction [*Ibid.*, 23, 14 avril 1922, p. 344].

Chapitre 7 Le grand réseautage de 1919

Le caractère infocentré que l'Arbed se conférât dès la Première Guerre mondiale, sinon dès 1911, fut sans commune mesure au Grand-Duché. Lorsque l'Hadir voulut des données, elle ne s'adressa pas à la Sogeco, ni même à Davum Exportation après 1927 ; il ne s'agissait que de simples comptoirs de vente, et aucunement d'un « *bureau central de renseignement* » comme la Columeta. En décembre 1924, Gabriel Maugas fut ainsi réduit à demander à Gustave Trasenster, l'un de ses administrateurs et ponte de l'industrie liégeoise, l'autorisation de s'entretenir avec des agents d'Ougrée-Marihaye à Anvers :

> « *Nous éprouvons en effet des difficultés de diverses natures et je serais désireux de savoir si vous éprouvez les mêmes, ou bien s'il y a dans ces difficultés quelque chose qui tient à notre organisation propre*[1]. »

Il fut tout autant dépendant des informations que lui livrait, ou non, son actionnaire principal côté français, la Compagnie des aciéries de la Marine et d'Homécourt. Le Grand-Duché fut terrible pour qui n'en était pas originaire, ni ne disposait de relais dans les élites économiques familiales. Il n'y eut qu'à regarder les conseils d'administration des entreprises luxembourgeoises d'avant 1914 pour comprendre à quel point le pays représentait, sur fond de renforcement du sentiment identitaire[2], à lui seul un réseau[3].

Ce déficit informationnel fut en fait une constante du groupe franco-belge par rapport à l'Arbed. Dans une certaine mesure, il s'apparentait à celui que rencontrèrent toutes les entreprises étrangères qui vinrent chercher fortune dans le pays[4]. Pourtant, cette asymétrie ne fut qu'une partie du problème. La véritable

---

1 Archives nationales, Luxembourg (ANLux), Arbed-01-1644.

2 Cf. Daniel Spizzo, Pierre Giovanella, *La nation luxembourgeoise. Genèse et structure d'une identité,* Paris, L'Harmattan, 1995, p. 44–53 et 293–300.

3 On retrouve cette problématique en Suisse, où un projet de recherche (2007–2010) de l'Université de Lausanne, financé par le Fonds national de la recherche scientifique, a cherché à approfondir l'analyse des élites du pays au XXe siècle. Cf. Gerhard Schnyder, Martin Lüpold, André Mach, Thomas David, *The Rise and Decline of the Swiss Company Network during the 20th Century,* Université de Lausanne, Travaux de science politique, Nouvelle série, 22, 2005, http://www.unil.ch/webdav/site/iepi/shared/ElitesCHXX/PaperNo22IEPIFinal.pdf [consult. 18 juin 2014].

4 Selon un relevé de la structure de veille documentaire de la Commission d'étude des problèmes économiques posés par la guerre et ses conséquences éventuelles, du 12 mai au mois de septembre ou octobre [entre le 2 septembre et le 21 octobre] 1920,

raison toucha à la coordination économique des marchés, notamment sidérurgique, de moins en moins luxembourgeois, mais bien européen, sinon mondial, pour laquelle le pays fut improprement préparé. Certes, la proximité familiale des entrepreneurs, leur double culture — francophone et germanophone — et leur pratique plurilinguistique généralisée dans les couches supérieures préparèrent ces derniers à la coopétition, association de comportements stratégiques de coopération et de compétition économique simultanés[5]. De ce point de vue, l'Arbed jouit d'une réelle rente de situation. La seule à pouvoir rivaliser durablement fut la Société générale de Belgique, parce qu'elle y fût associée et que sa conception du réseau fût différente. Mais il manquait à Luxembourg des lieux de socialisation modernes. Au point de vue culturel, Emile Mayrisch développa, grâce à son épouse, un cercle cosmopolite empiriquement à Dudelange, puis dans une optique de réseau à Colpach[6]. La création de la Bourse (1929) et du golf (1936)[7] contribuèrent à ouvrir le pays aux réseaux étrangers.

La maîtrise des réseaux d'Emile Mayrisch

A la veille du conflit mondial, les Vereinigte Stahlhütten Burbach-Eich-Düdelingen devinrent la première entreprise sidérurgique luxembourgeoise. La reconduction du Stahlwerksverband du 1er juillet 1912 lui offrit 15,4 % du contingent quinquennal au sein du Sudwestliche Gruppe, surclassant les sociétés rhéno-westphaliennes (16,9 %), allemandes (43 %), sarroises (59,8 %) et lorraines (33,6 %)[8]. Cinq ans plus tard, son renouvellement renforça cette position face à ses concurrents rhéno-westphaliens (17,2 %) au Grand-Duché[9]. Cette rapide consécration

---

il se créa trente-quatre sociétés françaises contre trente-et-une luxembourgeoises [ANLux, AE 466/1]. D'une manière générale, huit cent vingt-neuf nouvelles sociétés furent fondées entre 1919 et 1928.

5 Ce phénomène a été théorisé par Barry Nalebuff, Adam Brandenburger, *La Co-opétition, une révolution dans la manière de jouer concurrence et coopération*, Paris, Village Mondial, 1996.

6 Cf. Frank Wilhelm, « Colpach et ses hôtes de 1918 à 1947 : un laboratoire d'idées culturelles et politiques, un atelier de création littéraire comme objet de recherches scientifiques », *Galerie. Revue culturelle et pédagogique*, 25, 2007, 2, p. 253–288.

7 La société immobilière à l'origine du projet avait été constituée deux ans auparavant [*Mémorial du Grand-Duché de Luxembourg*, 79, 17 décembre 1934, p. 1697–1712].

8 Paul Berkenkopf, *Die Entwicklung und die Lage der lothringisch-luxemburgischen Grosseisenindustrie seit dem Weltkrieg*, Iéna, G. Fischer, 1925, p. 19.

9 « Rapport général sur la situation de l'industrie et du commerce pour l'année 1917 », *Mémorial du Grand-Duché de Luxembourg*, 26, 26 mai 1918, p. 21. Cf. aussi Alfred

des aciéries réunies un an plus tôt s'accompagna d'une évidente notoriété au sein de la communauté sidérurgique lorraine, belge et allemande. Naturellement, la presse et les dépêches diplomatiques ne le décelèrent pas. Mais « *l'ascendant que lui donnait un sens ample et tranquille des réalités* »[10] caractérisant Emile Mayrisch opéra auprès des industriels et des responsables politiques qu'il fût amenés, inévitablement, à côtoyer. La rupture avec les pays de l'Entente entre 1914 et 1918, ainsi que les sous-entendus défavorables et les calomnies entendues à partir du dernier printemps de la guerre jusqu'à la fin du premier hiver de la paix[11], n'entamèrent pas le « *capital-relation* »[12] du premier sidérurgiste luxembourgeois. La guerre l'amena même à cultiver ses relations en Allemagne. Heinrich Vehling (Gelsenkirchener), Albert Vögler (Deutsche-Luxemburgische), Walther Rathenau, Georg Zapf (AEG, Felten & Guilleaume), Louis Hagen (Arbed) en vinrent à former un cercle d'information privilégié. Ils permirent également à Mayrisch de fréquenter les dirigeants des puissants *konzerns* allemands, comme Emil Kirdorf, (Gelsenkirchener), Hugo Stinnes (Deutsche-Luxemburgische) et Fritz Thyssen.

Par ce circuit privilégié, il put transmettre des informations économiques aux Alliés. Il était aussi à la meilleure place pour profiter des opportunités sidérurgiques lorsqu'elles se présentèrent. A l'automne 1917, son contact avec Rathenau[13] lui permit ainsi d'acquérir la Brohltal A.-G. für Stein- und Tonindustrie de la

---

de Muyser, *L'industrie sidérurgique luxembourgeoise. Histoire de sa concentration*, Bruxelles, F. Van Buggenhoudt, 1926, p. 43.

10 Jean Schlumberger, *Œuvres*, V *(1934–1940)*, Paris, Gallimard, 1960, p. 335.

11 Cf. Archives générales du Royaume, Bruxelles (AGR), Fonds Broqueville, 43, lettres de Gaston Barbanson à Charles de Broqueville, 7 mai 1915 et 2 novembre 1917 ; Archives François-Bourdon, Le Creusot (AFB), 01 G0005-B-01, « Société anonyme des Aciéries réunies de Burbach-Eich- Dudelange », décembre 1918 ; Archives du service public fédéral des Affaires étrangères, Bruxelles (ASPFAE), B1, 1916–1918, lettre d'Albert de Ligne à Pierre Orts, 7 décembre 1918 ; Archives de l'administration centrale de l'Arbed, Luxembourg (AACA), « Syndicat de l'Alzette », rapport de Joseph-Emile Petitjean à Achille Fournier, Jules Aubrun et Léon Lévy, 26 juin 1919.

12 Selon le modèle de capital social développé dans Sophie Boutillier, Dimitri Uzunidis, *La légende de l'entrepreneur. Le capital social, ou comment vient l'esprit d'entreprise*, Paris, Economica, 1995, p. 133.

13 Ils se virent jusqu'au printemps 1918 [Bibliothèque de la Fondation des Treilles, Les Treilles, Jean Schlumberger, « Opinions d'un grand industriel luxembourgeois sur l'état actuel de l'Allemagne et l'avenir de son industrie », 28 décembre 1918].

Berliner Handels-Gesellschaft, la banque de l'AEG[14]. Un an plus tard, alors que le Reich s'effondra sous les coups de boutoir alliés et la révolte intérieure, il reçut une offre de cession des emprises luxembourgeoises de la Deutsche-Luxemburgische, puis de la Gelsenkirchener. La première démarche fut connue, puisque l'un de ses protagonistes, Albert Vögler, en laissa une relation écrite, destinée à Hugo Stinnes, le 4 novembre 1918[15]. Elle eut lieu à Düsseldorf, en marge des discussions au sein du Stahlwerksverband préparant la réunion qui devait se tenir quatre jours plus tard au sein du Reichswirtschaftsamt (ministère de l'Economie) à Berlin. Peut-être Heinrich Vehling eût-il également une conversation avec Mayrisch dans ce cadre ? Le maître de forge luxembourgeois accepta l'idée que ses confrères et certainement amis envisageassent de céder leur patrimoine au Grand-Duché. Comme eux, « *il estim*[ait] (...) *que la poursuite des activités dans les forges allemandes* [fut] *illusoire parce que l'Entente occupera*[it] *sans nul doute le Luxembourg*[16]. » Pourtant, eu égard à l'incertitude des événements, Mayrisch préféra renoncer, au moins temporairement, à ces ouvertures. Deux mois plus tard, fort du soutien de Schneider & Cie, que lui apportât Barbanson, il les reprit avec Vehling uniquement.

Le conflit changea également sa position auprès du gouvernement grand-ducal. Parce qu'il se nourrissait d'une information devenue essentielle à une époque où elle se fit désespérément rare — le corps diplomatique luxembourgeois fut à cette époque indigent[17] —, son entregent fut le plus sûr moyen de se

14 Félix Chomé, *Un demi-siècle d'histoire industrielle 1911–1964,* Luxembourg, Arbed, 1964, p. 65.

15 Lettre d'Albert Vögler à Hugo Stinnes, 4 novembre 1918, *in* Charles Barthel, *op. cit.*, p. 192.

16 *Ibid.*

17 Son chargé d'affaires à Paris, accrédité depuis 1886, Henri Vannérus, avait quatre-vingt deux ans et était malade lorsque le ministre d'Etat Victor Thorn décida de le remplacer par Ernest Leclère en septembre 1917 ; ils ne firent que quatre séjours dans la capitale française (décembre 1914, juillet et novembre-décembre 1917 et février-mars 1918) pendant la durée du conflit [Archives nationales, Luxembourg (ANLux), AE 518, lettre d'Henri Vannerus à Hubert Loutsch, 2 février 1916 ; *Luxemburger Zeitung*, « Kammer-Sitzung », 11 mai 1917]. A Bruxelles, où il avait été nommé en 1892, le comte Amaury de Marchand d'Ansembourg n'avait pas jugé bon « *de se déplacer dans les circonstances* » de la guerre jusqu'au Havre, où se trouvait pourtant le gouvernement auprès duquel il avait été accrédité [ASPFAE, *op. cit.*, lettre d'Ernest Leclère à Edmond Gaiffier d'Hestroy, 18 mars 1918]. Quant à Berlin, le poste passa des mains du comte Hyppolyte de Villers, y affecté depuis 1886, à celles d'Ernest Arendt le 6 décembre 1916, puis à de Jean-Pierre Kirsch, le 14 septembre 1918. Si le

renseigner sur les affaires du monde. Le ministre d'Etat Victor Thorn (24 février 1916–17 juin 1917) cultiva ainsi assidûment le directeur-général de l'Arbed[18], sans qu'il fût possible de dire pour combien compta l'adhésion des deux hommes à l'idéologie libérale. Les événements de la « *république luxembourgeoise* » permirent à trois autres personnalités luxembourgeoises, n'appartenant pas au monde libéral, de consulter Mayrisch : le ministre d'Etat Emile Reuter (28 septembre 1918–20 mars 1925), le jeune député Joseph Bech et la jeune Grande-Duchesse Charlotte. A n'en pas douter, le futur ministre et la nouvelle souveraine cherchèrent l'appui de la France à travers le maître de forges luxembourgeois, tandis que le deuxième successeur de Thorn dépendait de son réseau international. Pour sa part, Mayrisch trouva aussi de sûrs appuis pour l'avenir. Avec Bech, Mayrisch trouva un homme conciliant et accommodant qui permit au Luxembourg de renouer, douze ans plus tard, des relations apaisées avec la Belgique, encourageant cette dernière à lui « *accorder le plus tôt possible* (...) *l'une ou l'autre concession dont l'octroi apparaîtrait comme étant l'indice du rétablissement de relations cordiales* ». En échange, le ministre d'Etat (16 juillet 1926–5 novembre 1937) offrit à l'« Etat Arbed » la place financière qu'il attendait[19]. Auprès de la souveraine, il trouva assurément une oreille prête à l'écouter « *pour toutes choses* »[20].

---

second avait démissionné suite aux vexations que lui avait imposées le personnel de l'Auswärtiges Amt, le troisième n'eut pas l'occasion de rejoindre son poste [ANLux, AE 428 ; ASPFAE, *op. cit.*, lettre de Pierre Nothomb à Paul Hymans, 3 août 1918]. Il fallut attendre le 3 novembre 1917 pour que le gouvernement de Léon Kauffman nommât enfin un chargé d'affaires à Berne, porte ouverte de l'information vers les pays de l'Entente [ANLux, AE 403 ; ASPFAE, *op. cit.*, lettres de Fernand Peltzer à Charles de Broqueville des 3 et 9 novembre 1917].

18 Cf. AGR, *op. cit.*, lettre de Gaston Barbanson à Charles de Broqueville, 7 mai 1916.

19 ASPFAE, B1, 1925–1934, A, 1925–1928, lettres d'Adrien de Nieuwenhuys à Emile Vandervelde des 17 juillet, 22 et 30 octobre 1926; Archives du ministère des Affaires étrangères, Paris (AMAE), Z, Luxembourg, 15, lettre de François de Carbonnel à Aristide Briand, 30 décembre 1926. Cf. aussi Gilbert Trausch, *Joseph Bech, un homme dans son siècle. Cinquante années d'histoire luxembourgeoise (1914–1964)*, Luxembourg, Saint-Paul, 1978 et Charles Barthel, « Un aspect particulier de la culture politique luxembourgeoise : Joseph Bech et l'art de concilier les Affaires étrangères avec la diplomatie du grand capital sydérurgique », *in* Sylvain Schirmann (dir.), *Robert Schuman et les Pères de l'Europe : Cultures politiques et années de formation*, Publications de la Maison Robert Schuman, Bruxelles, P.I.E Peter Lang, 2008, p. 240.

20 *Ibid.*, 1918–1925, lettres d'Humbert de Mouchet de Laubespin à Henri Jaspar des 2 mars et 12 juin 1922.

Sa relation avec Reuter apparut comme plus intéressante. D'abord, elle ne fut certes pas des plus faciles, tant les options politiques des deux hommes professées avant-guerre comme les options de l'après-guerre, notamment les chemins de fer, ne purent que les séparer. Même si l'issue du ministère Reuter était due à cette dernière question, les différents entre les deux hommes ne débordèrent pas sur le plan politique intérieur. Le directeur général de l'Arbed trouva le Ministre d'Etat « universellement estimé mais (...) manqua[nt] de l'expérience diplomatique et des connaissances en politique étrangère »[21] nécessaires. Mais, jamais Mayrisch ne souhaita que la direction du gouvernement passât à Hubert Loutsch ou à Pierre Prüm, voire à une alliance des deux[22]. En effet, la relation avec Reuter fut trop précieuse. Le directeur-général de la première entreprise du pays put imposer les fondements de l'« Etat Arbed », tant au niveau social à l'intérieur du pays que d'un point de vue international. Emile Mayrisch fut ainsi nommé le 20 octobre 1921 comme représentant des employeurs luxembourgeois au bureau international du travail[23] et participa à ce titre à la troisième session de la Conférence internationale du travail, à Genève (novembre 1921)[24]. La hauteur de ses vues, notamment relative à la journée de huit heures et aux cartels, trouva une enceinte d'échange à sa mesure. Elle lui permit encore d'être invité aux conférences économiques de Gênes (avril-mai 1922)[25] et de Genève (mai 1927)[26], organisées par la Société des Nations. Lors de la première, il n'eut le loisir d'aucune initiative sinon de rencontrer Rathenau — qui l'informa sans doute de ses négociations avec les Soviétiques et de la prochaine signature d'un traité entre les deux puissances et Jacques Seydoux, le directeur-adjoint des affaires politiques et commerciales du ministère français des Affaires étrangères.

21 Service historique de la Défense, département de l'armée de Terre, Vincennes (SHD/DAT), 6 N 198, « Le mouvement luxembourgeois en faveur du rattachement du Grand-Duché à la France », note adressée par le colonel Alphonse Georges à Georges Clemenceau, 8 janvier 1919.

22 ASPFAE, B1, *op. cit.*, lettres de Gaston Barbanson à Jacques Davignon, chef de cabinet de Paul Hymans, 25 janvier 1925 et s.d. [après le 25 janvier 1925 et avant le départ d'Antoine Lefort pour sonder les diplomates belges le 26 janvier].

23 Bureau international du travail, *Bulletin officiel*, 4, Genève, 1921, p. 399 et 544.

24 *Ibid.*, *Conférence internationale du travail. Comptes-rendus*, 2, Genève, 1921, p. 744.

25 Sur cette réunion qui manqua ces objectifs du fait de la surprise de Rapallo, cf. Carole Fink, *The Genoa Conference: European Diplomacy, 1921–1922*, Syracuse University Press, 1993.

26 League of Nations, Economic and Financial Section, *Report and proceedings of the world economic conference held at Geneva, May 4th to 23rd, 1927*, 1, Genève, Imp. de la T. de G., 1927, p. 188.

Le 14 avril, six jours après l'ouverture de la réunion internationale, la veille de la signature à Rapallo des renonciations financières réciproques germano-soviétiques, la délégation grand-ducale rentra à Luxembourg, faute d'avoir été invitée à participer à quelque sous-commission. Et de laisser à la délégation belge le soin « *de défendre les intérêts du Grand-Duché, qui sont les mêmes que les intérêts* » du royaume[27].

Cinq ans plus tard, sa seconde apparition à une Conférence économique mondiale fut mieux préparée. Il est vrai, sa position internationale avait elle-même évoluée du fait de ses réalisations dans le domaine du rapprochement franco-allemand[28]. Il profita aussi à plein de l'effet-réseau qu'il générât depuis dix ans. Par l'intermédiaire d'un collaborateur détecté par Gaston Barbanson pendant la guerre, André Vicaire, affecté au ministère de la Reconstitution nationale après avoir été celui de l'Armement, rencontra Louis Loucheur. Les deux hommes partagèrent rapidement les mêmes préoccupations sociales[29] et européennes[30]. Le 11 septembre 1925, le Français demanda qu'une nouvelle réunion économique fût organisée par la Société des Nations. Cette dernière le chargea des travaux préparatoires dans deux directions, l'avènement d'un marché commun et de cartels. Il s'agissait de la « *première tentative d'organiser les relations économiques internationales à l'échelle de l'Europe* »[31]. Naturellement, le ministre du Travail et de

27 *Le Temps*, 15 avril 1922.

28 Cf. *infra*.

29 Ainsi les deux hommes s'intéressaient aux habitations à bon marché. Il se pourrait même que Mayrisch initia le ministre français à cette problématique. Dès le printemps 1918, le maître de forges avait présenté son point de vue devant la Commission d'étude des problèmes économiques posés par la guerre et ses conséquences éventuelles, aussi bien pour les maisons ouvrières (13 avril 1918) que pour aménager la loi du 29 mai 1906 sur les habitations à bon marché (22 juin) [ANLux, AE 466/8]. Il fallut pourtant attendre l'arrivée de Joseph Bech au ministère d'Etat pour que fût créé le Service des logements populaires, rattaché à la Société nationale des habitations à bon marché par la loi du 26 avril 1929. Le 13 juillet précédent, Loucheur avait obtenu le vote d'une loi élargissant pareillement le domaine des lois françaises de 1894 (Siegfried) et 1912 (Bonnevay).

30 Véronique Pradier, « L'Europe de Louis Loucheur : le projet d'un homme d'affaires en politique », *Etudes et documents*, V, Paris, Comité pour l'histoire économique et financière de la France, 1993, p. 293–306 et Stephen D. Carls, *Louis Loucheur, ingénieur, homme d'Etat, modernisateur de la France, 1872–1931*, Villeneuve-d'Ascq, Septentrion, 2000, p. 261–273.

31 Eric Bussière, *La France, la Belgique et l'organisation économique de l'Europe. 1918–1935*, Paris, Comité pour l'histoire économique et financière de la France, 1992, p. 257.

la Prévoyance sociale invita le Luxembourgeois à rejoindre le comité d'initiative, aux côtés de trois autres européistes, le comte autrichien Richard von Coudenhove-Kalergi, un ancien dirigeant du Reichsverband der Deutschen Industrie, Hermann Bücher, et l'ingénieur germano-américain, intime de la famille royale belge, Dannie Heinemann[32] ; seuls les deux premiers collaborèrent réellement avec Loucheur et Mayrisch. Son implication dans l'organisation de la conférence[33] permit à ce dernier de présenter une contribution sur les problèmes économiques suscités par la situation nouvelle que connaissait le Grand-Duché depuis la fin de la guerre[34].

L'adroit lobbying de Mayrisch lui offrit donc de participer au plus près à l'avènement d'un après-guerre au Grand-Duché comme dans l'ordre international en Europe. Ainsi fut-il encore tour à tour membre de la Commission d'étude des problèmes économiques posés par la guerre et ses conséquences éventuelles et du Conseil suprême de l'Union économique belgo-luxembourgeoise. Dans la première, il emmena ses collègues métallurgistes luxembourgeois vers une alliance économique avec la France. Même vaine, cette initiative lui permit de se rapprocher d'un pays de l'Entente qu'il ne connaissait pas. Agé de cinquante-sept ans en 1919, il n'avait qu'une expérience professionnelle tournée vers l'Allemagne, réalisée au sein du *Zollverein*. Par ailleurs, il participait d'un effet-réseau initié par les liens de parenté entre les dirigeants des trois sociétés des Hauts-fourneaux et forges de Dudelange, Le Gallais, Metz & Cie et des Mines du Luxembourg et des forges de Sarrebruck, et les liaisons économiques qui en découlèrent. Le nouvel ordre européen lui imposa toutefois de se rapprocher de Paris et de Bruxelles, où devait se décider dorénavant le sort du Grand-Duché et, ce faisant, de l'Arbed. Pour cette raison, il lui fallut trouver des relais de son influence dans ces deux capitales.

De ce point de vue, son association avec Gaston Barbanson fut décisive. Non seulement, il avait combattu dans les rangs des armées victorieuses, fut-il affecté à un poste confortable à l'arrière et, justement, à Paris, mais ses alliances familiales et son origine belge vinrent compléter le réseau de Mayrisch. En effet, celui qui devint président du conseil d'administration de l'Arbed le 17 janvier

---

32 Louis Loucheur, *Carnets secrets 1908–1932*, prés., an. Jacques de Launay, Paris, Brepols, 1962, p. 166.

33 Elle peut être suivie dans les comptes-rendus des conférences préparatoires des 1er mai, 8 juin, 17 et 25 septembre 1926 [AMAE, Société des Nations, 1196–1197].

34 *Luxemburger Zeitung*, 23 mai 1927, League of Nations, Secretariat, *International Economic Conference (Geneva, May 1927) Documentation. Economic and Financial Section*, Genève, 1927, p. 27–28 ; AMAE, B, Négociation commerciale, 9.

1919 apporta à « [s]*on directeur* » les réseaux qui lui manquaient. De son séjour parisien au sein du Comité d'enquête économique du gouvernement belge, il ramena un solide lien avec Schneider & Cie, noué par l'entremise de son directeur-général, Achille Fournier, et avec la Banque de l'union parisienne, où son comparse Frédéric François-Marsal avait été nommé administrateur dès sa démobilisation. A cela s'ajouta des contacts dans la sphère politique, comme le député Adolphe Landry, à l'aube d'entamer une carrière ministérielle (1920–1932), ou André Vicaire[35]. Issu de la haute bourgeoisie belge, Barbanson compta dans ce milieu des relations utiles, notamment autour de la Banque de Bruxelles et dans le monde politique, autour de Charles de Broqueville, et quelques solides inimitiés, moins avec Jean Jadot, gouverneur de la Société générale de Belgique, qu'avec Gustave Trasenster, président-directeur d'Ougrée-Marihaye. Que ces brouilles fussent antérieures à la guerre ou qu'elles s'envenimassent durant, elles perdurèrent pour la plupart jusqu'au décès du maître de forges liégeois début 1931.

Barbanson ne fut pourtant pas un homme de réseau. Il ne parvint pas à amener son ami Arthur Bemelmans à rejoindre l'Arbed, après sa mission de renseignement économique au Grand-Duché au début de l'année 1919, ni Pierre Orts, qui s'éloigna de la diplomatie belge, dépité par une politique étrangère qui se replongeait avec délectation dans les querelles partisanes, au lendemain de la conclusion du traité de Versailles. Si ce dernier sembla ne pas avoir été approché officiellement par la firme sidérurgique en raison de la grave maladie qui l'immobilisa une longue année, le premier préféra clairement repousser ses avances[36] pour intégrer, dès février 1919, les sections des matières premières et de statistique du Conseil suprême économique de la conférence de Paix de Paris[37], puis

---

35 AFB, 01 G0005-B-01, Gaston Barbanson, « Aciéries réunies de Burbach-Eich-Dudelange », note reçue au Creusot le 27 décembre 1918. Une copie fut envoyée à Barbanson « pour Ct Vicaire ». Depuis le 11 juillet 1917 jusqu'au 1er mai 1919, le chef d'escadron (commandant dans l'armée Cavalerie) Vicaire était affecté au sous-secrétariat des Fabrications de guerre, devenu à la paix ministère de la Reconstitution nationale [SHD/DAT, 6 Ye 17404].

36 AACA, P-XXXVI (36), Conseil d'administration, procès-verbaux, 27 novembre 1919 et 27 février 1920. Bemelmans se vit proposer la direction générale de la Société métallurgique des Terres Rouges, en prévision du départ de Joseph Emile Petitjean. Le 23 mai 1920, Henri Coqueugnot obtint finalement la place.

37 United States Department of State, *Papers relating to the foreign relations of the United States, The Paris Peace Conference, 1919*, III, Washington, Government Printing Office, 1943, p. 148, 150, 152, X, 1947, p. 442, 453, 470, 484, 489, 613 et XIII, 1947, p. 488 et 502.

de la Commission des réparations des obligations de l'Allemagne[38]. A sa sortie de charge, au printemps 1922, son action lui ouvrit les portes de la Banque d'Outremer, qui l'accueillit comme administrateur[39]. Seul Georges Theunis accepta, le 13 février 1926, de rejoindre le groupe sidérurgique luxembourgeois, comme administrateur. Mais peut-être l'ancien chef du gouvernement belge agissait-il moins par amitié pour Barbanson, avec qui il finit par se fâcher au lendemain de la Seconde Guerre mondiale, que par solidarité européenne avec Mayrisch ; les deux hommes se retrouvèrent dans la commission préparatoire à la réunion de Genève, que Theunis devait présider… D'une façon générale, tous ceux qui connurent peu ou prou Barbanson surent « *sa violence et son insolence habituelle*[s] »[40] et le suspectèrent constamment d'être « *le principal instigateur* »[41] de quelque « *marchandage en tentant de créer une concession* »[42]. Même André Vicaire finit par s'en aller, quittant sa sinécure parisienne pour prendre la direction générale de Schneider & Cie le 8 novembre 1929 !

D'évidence, Emile Mayrisch, avec sa bonne barbe et sa légère surdité, était plus rassurant. Aussi ne le soupçonna-t-on pas d'œuvrer, dans l'enceinte du Conseil suprême de l'Union économique belgo-luxembourgeoise, où il fut nommé le 30 mars 1922[43], pour défendre les intérêts de l'Arbed autant que ceux du Grand-Duché ! Gaston Barbanson le laissa pourtant entendre au moins une fois à ses amis belges, à propos du litige sur les tarifs de chemin de fer[44]. Il sembla

38 United States Department of State *Papers relating to the foreign relations of the United States, 1920*, II, Washington, Government Printing Office, 1936, p. 347, *Ibid., 1923*, II, 1938, p. 135, 158, 164, 182, 186 et *Ibid., 1924*, II, 1939, p. 140, 142–145. Avec Albert Cuntze, conseiller intime (*Vortragender Rat*) du *Reichswirtschaftministerium*, le 27 février 1922, il fut notamment l'auteur d'un arrangement visant, pour les producteurs allemands, à simplifier les livraisons de marchandises et le payement en monnaie-papier [Etienne Weill-Raynal, *Les réparations allemandes et la France*, Paris, Nouvelles éditions latines, 1947, p. 135–146].

39 Ginette Kurgan-Van Hentenryk, *Gouverner la Générale de Belgique. Essai de biographie collective*, Bruxelles, De Boek, 1996, p. 175.

40 Archives historiques de la Société générale (AHSG), 14411, Interprétation du contrat Felten & Guilleaume, s.d. [janvier 1922].

41 ASPFAE, *op. cit.*, lettre d'Humbert de Mouchet de Laubespin à Henri Jaspar, 28 février 1922.

42 Archives historiques de BNP-Paribas, Paris (AHBP), 416 Lux 2B, note, 31 juillet 1930, f. 2.

43 *Mémorial du Grand-Duché de Luxembourg*, 21, 6 avril 1922, p. 306.

44 ASPFAE, B12, 1922–1925, Post-scriptum manuscrit rajouté à la lettre d'Humbert de Mouchet de Laubespin à Henri Jaspar, 9 août 1922.

même que le président de la direction de l'Arbed restât dans ces fonctions toutes diplomatiques le temps de régler la question de la fusion des lignes de chemin de fer Guillaume-Luxembourg et Prince-Henri. Les dernières signatures furent à peine apposées sur trois années de négociations le 14 octobre 1924 que Mayrisch décidât de se retirer. Peut-être voulut-il laisser le processus de ratification à la Chambre des députés se dérouler paisiblement ou pour marquer sa défiance vis-à-vis de l'accord conclu[45]. Un arrêté grand-ducal du 12 novembre 1924 accorda

> « *démission honorable (...) sur sa demande à M. Emile Mayrisch, industriel à Niedercolpach, de ses fonctions de membre du Conseil supérieur de l'Union économique belgo-luxembourgeoise, avec remerciements pour ses bons et loyaux services*[46]. »

Le départ de Mayrisch ne signifia pas un désintérêt de l'« Etat Arbed » pour le Conseil et encore moins pour la pérennité de l'Union économique belgo-luxembourgeoise ; le remplaça le secrétaire général de l'administration centrale de l'entreprise sidérurgique, Albert Calmes, qui le suppléait déjà au Conseil depuis deux ans[47]. Cet ancien professeur des Handelsakademien (académies commerciales — établissement d'enseignement supérieur spécialisé) de Saint-Gall, Berlin, Mannheim et Francfort fut déjà préparé à prendre la suite de président de la direction générale de l'Arbed à la Commission économique et financière provisoire de la Société des Nations en juin 1922. Apparemment échaudé par le déroulement de son court séjour à Gênes, Mayrisch se défaussa sur Calmes pour une mission d'enquête sur la situation économique et financière de l'Albanie. Il est peu probable que les conditions posées par le Comité financier, à savoir « *une personne expérimentée en matière d'organisation fiscale, financière et économique* »[48], furent à même de récuser la candidature de l'ancien élève non-diplômé de l'Institut Rachez (Anvers) et de la Rheinisch-Westfälische

45 AACA, AC-4801, Albert Calmes, « De la question des chemins de fer luxembourgeois », 13 novembre 1937. Cf. aussi Ginette Kurgan-Van Henterik, « Le réseau des chemins de fer Prince Henri et les intérêts français dans le Grand-Duché de Luxembourg (1868–1877) », Raymond Poidevin, Gilbert Trausch, *Les relations franco-luxembourgeoises de Louis XIV à Robert Schuman, Actes du colloque de Luxembourg, 17–19 novembre 1977*, Metz, 1978, p. 119–136 et Charles Barthel, *Bras de fer 1918–1929*, Luxembourg, Saint-Paul, 2004, p. 315–324.

46 *Mémorial du Grand-Duché de Luxembourg*, 59, 29 novembre 1924, p. 832.

47 *Ibid*. Cf. aussi *Ibid*., 23, 14 avril 1922, p. 344.

48 Albert Calmes, *The Economic and Financial Situation of Albania. Annex to the Report presented to the Council by the Financial Commission of the Provisional Economic and Financial Committee on its Eight Session*, Genève, Impr. A. Kundig, 1922, p. 4.

Technische Hochschule (Aix-la-Chapelle). Il fallut plutôt y voir une préférence du « *Grand Chef* »[49] pour l'influence plutôt que pour la négociation diplomatique. Cette attitude fut déjà perceptible au printemps 1919 lorsqu'il préféra laisser Paul Wurth représenter le Grand-Duché à la Commission économique interalliée[50], bien que dans ce cas l'on fût en droit de se demander s'il ne s'agissait pas d'un cadeau empoisonné : en éloignant Paul Wurth de Luxembourg, Mayrisch ne l'éloigna-t-il pas aussi de son entreprise de constructions métalliques ? S'ajouta certainement, dans l'un comme l'autre des cas, l'absence réelle de raison pour Mayrisch d'intégrer ces réseaux.

Le président de la direction-générale préféra privilégier les réseaux utiles et stratégiques. Aussi favorisa-t-il ceux directement en liaison avec les projets du moment. Il serait erroné de croire que le(s) réseau(x) de 1919 furent encore ceux de 1929. D'abord, la constitution des réseaux reposa sur des impératifs stratégiques qui, nécessairement, évoluèrent dans le temps. L'incertitude générée par le retour de la paix et l'impossibilité de revenir au *statu quo ante* imposa une entrée de l'Arbed sur la scène politique, non plus exclusivement luxembourgeoise, mais résolument européenne. Cela correspondit aux choix des dirigeants de l'entreprise d'« *aller à travers le monde, à la périphérie de la consommation*[51] » et de s'emparer des ressources luxembourgeoises des groupes allemands. Vingt ans plus tard, ils y arrivèrent. Pour cela, ils mobilisèrent des hommes politiques (14 %) en France (15,5 %), en Belgique (12 %) et en Allemagne (15 %), autant que des banquiers (10 %) français (4 %), belges (16 %) et allemands (10 %). Les stratégies de l'Arbed furent claires à la lueur des réseaux mobilisés. Les orientations nouvelles également, comme le montra l'intégration d'un nombre important d'ingénieurs (31 %), tous français (35 %) ou belges (28 %). Ainsi qu'il apparût, les réseaux furent nécessairement fondés sur le seul élément humain. Le réseau de 1919 compta quelque soixante-dix personnes, dont deux femmes, l'écrivain Aline Mayrisch et la journaliste Louise Weiss. Nonobstant l'extrême jeunesse de cette dernière (26 ans), la moyenne d'âge fut de 46 ans, seuls 10 % de l'effectif étant âgés de plus cinquante ans mais 50 % avait la quarantaine. Cette tendance résulta aussi bien de liens noués avant 1914 que de l'âge des deux animateurs principaux —Mayrisch ayant 57 ans et Barbanson, 43 en 1919 —, s'entourant

49 Ainsi que le nomme André Gide dans sa lettre Aline Mayrisch, 7 novembre 1919, *in* André Gide, Aline Mayrisch, *Correspondance 1903–1946*, Paris, Gallimard, 2003) p. 163.

50 ANLux, AE 466/2, lettre de Joseph Steichen à Emile Reuter, 11 mars 1919.

51 AACA, P-XXXVI (36), lettre de Gaston Barbanson à Maurice Despret, 4 octobre 1921.

plus facilement de gens de leur âge. S'expliquait de ce fait que 25 % de l'effectif décédât avant 1940, dont le principal animateur dans un accident de voiture le 5 mars 1928.

Enfin, la caractéristique informationnelle des réseaux reposa sur « *des ressources encastrées dans une structure sociale, dont l'accès est obtenu et/ou qui sont mobilisées lors d'actions intentionnelles* »[52] des acteurs. Le réseau constitué par Mayrisch et Barbanson s'inséra de ce fait dans d'autres, où il ne fut pas étonnant de retrouver celui de Jean Jadot. Mais il était mû par une inertie impulsée par les recherches de centralité de chacun des acteurs en fonction de leurs intérêts stratégiques. L'exemple de François-Marsal fut édifiant. Le Luxembourg fut pour lui un objectif de carrière, aussitôt délaissé lorsqu'une carrière ministérielle (20 janvier 1920–10 juin 1924) s'ouvrit à lui et que ses mauvaises affaires[53] l'amenèrent à

52 Nan Lin, « Les ressources sociales : une théorie du capital social », *Revue française de sociologie*, 36/4, octobre-décembre 1995, p. 685–704.

53 Sa carrière civile aussi bien que militaire fut emportée par la faillite, le 27 novembre 1931, de la société Electrocâble qu'il présidait et dont l'objet était la fabrication et la vente de fils et câbles électriques et de tous accessoires répondant aux besoins de l'industrie électrique [Centre des archives du monde du travail, Roubaix (CAMT), 120 AQ 609, dos. 1]. Enjoint de quitter la Banque de l'union parisienne [*La Vie française*, 9 mai 1932], il fut condamné pour cette affaire le 5 février 1937 pour abus de confiance. Dans le même temps, deux autres affaires s'ajoutèrent à ce dossier, celle de la Société commerciale de l'Ouest africain [Centre d'archives d'outre-mer, Union coloniale française, 306, dos. Personnalités ; cf. aussi le pamphlet *Le Procès et la condamnation de M. François-Marsal. Affaire de la société commerciale de l'Ouest africain, S.C.O.A.*, Paris, Impr. Moderne, 1935)] et de la Société d'équipement des voies ferrées et grands réseaux électriques [CAMT, 120 AQ 655 ; 162 AQ 3] et donnèrent à condamnation pour les mêmes motifs le 16 mai 1936 et le 5 février 1937. Les trois peines furent confirmées en appel, mais il n'est pas certain que François-Marsal accomplit les trois années et deux mois de prison prévues, ni qu'il se pourvût en cassation, certainement au bénéfice de la Seconde Guerre mondiale. En tout cas, l'annonce des fiançailles, puis du mariage de son fils Claude, avec Odile, fille de l'industriel Jules Desurmont-Prouvost, en juin et octobre 1938, dans *Le Figaro*, ressemblait à une réhabilitation. De même, malgré que les Cours ne retinrent pas cette possibilité, iln'est pas exclu que cette cabale ne cachât pas une opération offensive de reprise d'actif soutenue par la banque Daniel-Dreyfus, qui avait repris les créances de la Banque nationale de crédit, emportée par les conséquences de la crise en février 1932. Toujours est-il qu'elle mît fin à toute carrière de François-Marsal, pressenti pour l'ambassade de Berlin, qui échut finalement à André François-Poncet, et signifia son exclusion de l'ordre de la Légion d'honneur, le 20 juin, et de l'honorariat du grade de lieutenant-colonel de réserve, le 28 septembre 1939 [SHD, 6 Ye 45329].

délaisser la Banque de l'union parisienne (4 décembre 1931). De la même façon, les liens tissés par Mayrisch ne profitèrent pas tous à Barbanson, même si ce dernier fut à l'origine de la liaison.

Il en alla ainsi des hommes appartenant à l'entourage d'Aline Mayrisch à la *Nouvelle revue française* avant-guerre, comme André Gide qui conseilla au « *Grand Chef* », via une lettre à son épouse du 5 mai 1919, de

> *« se munir de tous les renseignements financiers capables d'éclairer la question franco-belgo-luxembourgeoise. "Ce sont les seuls qui importent aujourd'hui",* [lui] *dit-on de toutes parts »*[54].

Le renseignement vint-il de son oncle, l'économiste Charles Gide, ou déjà de Jacques Seydoux ? Ce dernier, directeur-adjoint des affaires politiques et commerciales du Quai d'Orsay, était le cousin de Jean Schlumberger, qui se rendit à Dudelange début décembre 1918 dans le cadre de ses fonctions du service de renseignement de Belfort. Mayrisch lui rendit maintes fois visites jusqu'au départ en retraite du diplomate, en décembre 1926[55]. Mais cette liaison appartenait au seul président de la direction-générale, ainsi qu'en témoignât l'interrogation sur l'identité d'« *un certain Mr. Seydoux* » du président du conseil d'administration[56]… De la même manière, Barbanson entretint des rapports directs avec Armand de Saint-Sauveur, beau-frère d'Eugène Schneider et lié à Maurice Paléologue, secrétaire générale du ministère français des Affaires étrangères.

Cette tendance fut révélatrice des premiers temps des réseaux de l'Arbed. Avant 1926, les liens furent avant tout personnels. A l'inverse, la création du Comité franco-allemand d'information et de documentation, le 30 mai 1926, et la conclusion de l'Entente internationale de l'acier, le 30 septembre suivant, laissèrent apparaître deux réseaux structurés, l'un de dirigeants politiques, économiques et culturels, l'autre de diagnostic de l'environnement économique. Si le premier servit la stratégie générale, sinon du groupe sidérurgique au moins de Mayrisch, le second eut une évidente utilité tactique. Malgré leur apparente organisation, ces réseaux restèrent composés de « liens faibles »[57] pour profiter

---

54 André Gide, Aline Mayrisch, *op. cit.*, p. 145.

55 Leur dernière rencontre « officielle » devait avoir eu lieu le 24 novembre 1926 [cf. AMAE, CPC Europe, Z, Luxembourg, 28, note, directeur-adjoint de la direction politique].

56 ASPFAE, B17, 1918–1925, lettre de Gaston Barbanson à Albert Bassompierre, 2 juillet 1920.

57 Mark Granovetter, « The Strength of Weak Ties », *American Journal of Sociology*, 78/6, mai 1973, p. 1360–1380, et « The Strength of Weak Ties: A Network Theory Revisited », *Sociological Theory*, 1, 1983, p. 201–233.

au mieux de l'ouverture cognitive et professionnelle de cette intelligence multinationale et collective étendue. Cette orientation des réseaux de l'Arbed fut permise par l'évolution de Mayrisch, immergé dans un environnement politico-économique international, et par la structure interne qu'il insufflât, profitant des compétences de Barbanson, au réseau d'expertise bâti au sein du groupe. Ainsi, la veille et l'analyse commerciale et politique incomba-t-elle à la Columeta, la veille technologique et l'analyse économique au service de recherche et documentation, l'une à Jean-Pierre Arend, l'autre à Albert Calmes.

Un déséquilibre informationnel

La mort d'Emile Mayrisch, le 5 mars 1928, marqua un tournant dans l'évolution des réseaux de l'Arbed. Ni Aloyse Meyer, que le président de la direction-générale avait associé à toute leur mise en place via le réseau des chambres de commerce, nationale à Luxembourg et internationale à Paris, ni Albert Calmes qui fut son suppléant dans cette dernière, et encore moins Gaston Barbanson n'eurent les compétences d'animation, et encore moins les liaisons personnelles, du défunt. Le premier reprit bien les fonctions de Mayrisch à l'Entente internationale de l'acier et à la section économique et financière de la Société des Nations. D'un point de vue sociométrique, il était l'éminence grise du leader puissant et populaire[58]. Encore fallut-il assurer sa légitimité ! Alors que le journaliste de l'Agence Radio, agence d'information à peine rachetée par Havas, fit part à Joseph Bech tout le bien qu'il pensa de « *la politique de rapprochement tant politique qu'économique même de ses industriels, notamment du regretté Emile Mayrisch* » au Grand-Duché, le ministre d'Etat tint à signifier que ce douloureux événement ne changeait rien à la donne. Et de présenter Meyer à l'opinion publique française comme son successeur à l'Entente internationale de l'acier comme à la Société des Nations[59]. Barbanson n'en fit pas autrement, deux jours après le décès accidentel du président de la direction-générale. A quelques jours de l'assemblée générale de l'Arbed, le président du conseil d'administration insista pour que Schneider & Cie, l'Omnium à Bâle et l'Union Européenne à Paris déposassent

> « *le plus possible de titres (…) : d'abord en vue de parfaire le quorum (…), et ensuite parce que, pour des raisons que (…) qu'il* [fut] *indispensable (…) de montrer que le*

58 Sur l'apport de la sociométrie, cf. Jacob Lévy Moréno, *Fondements de la sociométrie*, Paris, Presses universitaires de France, 1934 ; Alain Degenne, Michel Forsé, *Les réseaux sociaux. Une approche structurale en sociologie*, Paris, Armand Colin, 1994.

59 *Le Figaro*, 14 septembre 1931.

Conseil de l'Arbed dispose d'un aussi grand nombre de titres possible à l'assemblée en question »[60].

De la même manière qu'il fallût montrer que la vie de l'entreprise continuait, il fallut informer que Meyer prenait sa suite comme animateur des réseaux de Mayrisch. Il était en effet un inconnu en France, hormis auprès des quelques sidérurgistes de Schneider & Cie et de Wendel liés au groupe Arbed-Terres Rouges, alors que son tempérament sembla l'emmener vers les membres allemands de réseaux hérités, et plus généralement vers l'Allemagne. Son meilleur ami, décédé en 1927, ne fut-il pas Paul Oberhoffer, ingénieur luxembourgeois, mais surtout professeur et directeur du Neumann-Institut fur Eisenhüttenkunde du Technische Hochschule (Aix-la-Chapelle) ? Ce double patronage, avec celui du réseau de Mayrisch, dont fut Hjalmar Schacht, ne lui ouvrit pas que les portes de la Société des Nations. Elle lui ouvrit également celles de l'Industrie-Club de Düsseldorf. L'endroit fut propice aux rencontres et aux échanges discrets d'information.

Néanmoins, sa fréquentation des réseaux allemands de Mayrisch et son travail à Genève, dans la sous-section travaillant les cartels, lui permirent d'animer son propre réseau. Il l'emprunta aussi bien au Comité franco-allemand d'information et de documentation, comme le Français Wladimir d'Ormesson ou l'Allemand Camille Lammers, que parmi les experts de la Société des Nations, comme Louis Marlio ; avec les deux derniers, il cosigna une série d'études sur les cartels[61]. Avec ces trois, auxquels furent conviés quelques autres, dont Gaston Barbanson, il tenta une initiative de rapprochement franco-allemand, dans l'environnement difficile d'échéances électorales délicates pour l'avenir, moins en France (mai 1932) qu'en Allemagne (novembre 1932)[62]. Cinq ans plus tard, on le retrouva encore au sein du Comité germano-belgo-luxembourgeois pour le développement des relations économiques, aux côtés de John-Ernest Solvay, magnat belge de la soude proche du Premier ministre Paul Van Zeeland[63].

---

60 AAAC, AC-0407, lettre de Gaston Barbanson à Jules Aubrun, 30 mars 1928.

61 Antonio Stefano Benni, Clemens Lammers, Louis Marlio, Aloyse Meyer, *Etude sur les aspects économiques de différentes ententes industrielles internationales*, Genève, Société des Nations, octobre 1930, et *Rapport général sur les aspects économiques des ententes industrielles internationales*, Genève, Société des Nations, octobre 1931.

62 Cf. Jacques Bariéty, Charles Bloch, « Une tentative de réconciliation franco-allemande et son échec (1932–1933) », *Revue d'histoire moderne et contemporaine*, t. XV, juillet-septembre 1968, p. 439–451 et 456–460.

63 Dirk Martin, « De Duitse "vijfde kolonne" in België 1936–1940 », *Revue belge d'histoire contemporaine*, XI, 1–2, 1980, p. 98.

Meyer fut également l'ami d'Ernst Poensgen et d'Albert Vögler, d'anciens « points d'appui » de son mentor Emile Mayrisch. Cette relation s'avéra décisive à mesure que les milieux d'affaire allemands se rapprochèrent d'Hitler et que l'Europe marchait à nouveau vers la guerre. Elle fut peut-être même primordiale pour comprendre les raisons du retour de Meyer à Luxembourg le 25 juin 1940. Quarante-sept jours plus tôt, il était avec Barbanson à Paris pour négocier les conditions d'approvisionnement de la sidérurgie française par la société Arbed. Comment voir dans ce retour, malgré l'occupation du pays par l'armée allemande, autre chose qu'une volonté de rééditer la manœuvre de Mayrisch entre 1915 et 1918 ? Un autre indice confirma ce projet. Il apparut même clairement aux Allemands lorsque Jean-Baptiste Henckes fut arrêté sur dénonciation d'un des fondés de pouvoir de la Columeta, devenu membre du Volksdeutsche Bewegung, le mouvement pro-allemand unifié[64] ; peut-être ce dernier fut-il le VM (*Vertrauensman*, homme de confiance) W infiltré par le Sicherheitsdienst. Le directeur du comptoir de vente, « *créature de Barbanson* »[65], disposa également de « *références* » dans différents secteurs stratégiques de l'économie du *Reich*, comme Paul Maulick (Stahlwerksverband), Paul Link (Deutsche Zementverband), Carl Preßmar (Beiselen), Robert Bergmann (Office des changes), entre autres « *relations d'affaires* ». Mais son importance fut toute autre. Il fut la voie de communication devant atteindre Barbanson, dans son « Mas de la Source » à Mougins, à travers deux bureaux de la Columeta, tant à Cologne, grâce à Karl Heimann-Kreuser, qu'à Bâle, avec Otto Hengatner-Piota. Par ce moyen circulèrent, jusqu'au début d'octobre 1940, au moins cinq courriers, deux de Barbanson à destination de Meyer et d'Edmond Muller-Tesch, qui reçurent une réponse, ainsi qu'une lettre de Henckes pour ce « *Président* » dont ses correspondants « *regrett*[aient] *tous l'absence* »[66].

Barbanson resta libre de ses mouvements en zone occupée et la société disposa de nouveaux « points d'appuis », notamment Hugues Le Gallais, qui, après avoir fait ses classes au sein de la Columeta (1919–1926), à Luxembourg, en Europe et en Asie, la représentant même à Tokyo (1937–1939), fut nommé premier chargé d'affaires du Grand-Duché à Washington, le 26 février 1940[67]. Il s'ajouta à Georges Theunis, envoyé extraordinaire à New York depuis septembre 1939 pour

64 ANLux, Jt 211, note, 17 janvier, et déposition, 14 mars 1941 ; *Escher tageblatt*, 2 juillet 1946.

65 *Ibid.*, déposition I, 26 février 1941.

66 *Ibid.*, Henckes, 27 février ; déposition II, 26 février 1941.

67 *Who's Who in the United Nations*, Yonkers-on-Hudson, Burckel, 1951, p. 257 ; *Mémorial du Grand-Duché de Luxembourg*, 12, 2 mars 1940, p. 31.

établir une mission économique chargée d'acheminer l'aide américaine vers la Belgique, s'inspirant de la structure établie pendant la Première Guerre mondiale[68]. Enfin, même si le Luxembourg fut à nouveau occupé par la soldatesque allemande, Barbanson conserva la haute main sur sa marotte sud-américaine. Si les circonstances le permettaient, peut-être pourra-t-il à nouveau se « *rendre d'urgence en Suisse pour y rencontrer* »[69] son directeur général resté au Grand-Duché ? Les conditions furent réunies, pour parler comme Léon Laval, pour « *tromper les Allemands, les circonvenir, les duper toujours !* »[70]

Les hypothèses de gestion de l'information par les dirigeants de l'Arbed dans la guerre à venir

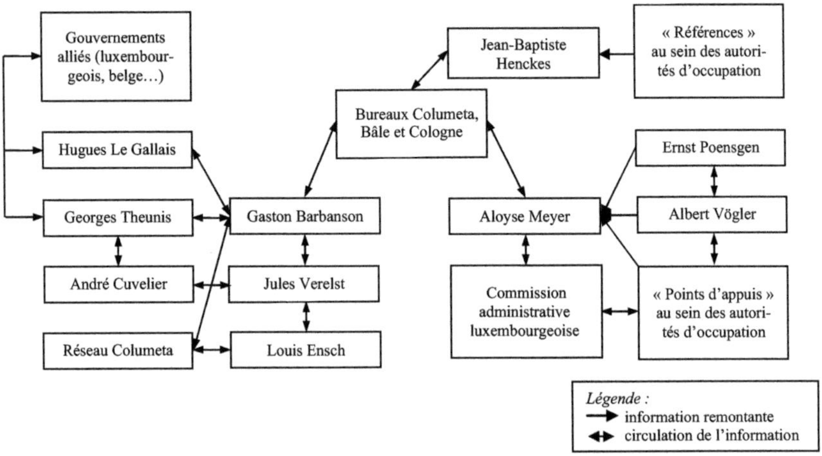

Barbanson ne bénéficia pas d'un tel effet-réseau, mais il ne succédait à personne… Un des principes sur lequel se fondent les réseaux tient à la recherche de centralité de chacun des acteurs. L'absence de Barbanson dans le Comité franco-allemand d'information et de documentation et dans l'Entente internationale de l'acier, avant ou après le 28 mars 1928, le plaça inévitablement dans une position sociométriquement isolée. Il était ainsi inconnu en Allemagne :

68 Raoul Delcorde, *Les diplomates belges*, Ixelles, Mardago, 2010, p. 64.

69 *Ibid.*, lettre de Gaston Barbanson à Charles de Broqueville, 5 décembre 1916.

70 *In* Jacques Maas, « Le groupe sidérurgique ARBED face à l'hégémonie nazie. Collaboration ou résistance ? », Serge Hoffmann (dir.), *Collaboration. Nazification ? Le cas du Luxembourg à la lumière des situations française, belge et néerlandaise*, Luxembourg, Archives nationales du Luxembourg, 2008, p. 393.

en témoignait cette note du secrétaire d'Etat Hermann von Pünder, du 23 avril 1932, évoquant « *un certain M. Barbançon (ou quelque chose de similaire)* »[71]. Toutefois, comme ses deux collègues de l'Arbed, il forgea ses propres réseaux, puisé dans ses ressources familiales, amicales, sportives[72], institutionnelles[73] et professionnelles, sans toutefois réussir véritablement à les mettre en interaction afin d'en tirer la meilleure information, comme Mayrisch et, dans une moindre mesure, Meyer parvinrent à le faire. Une première raison tint spécifiquement à l'individu : il fut de ceux qui se laissèrent dominer par leurs émotions[74], notamment la rancœur. Cette constatation induisit une seconde raison : une annihilation de ses capacités d'analyse et d'expertise, pourtant réelles. Sinon pourquoi utilisa-t-il la filière des Affaires étrangères belges, où il ne compta que des amis, plutôt que celle des Affaires économiques, qu'il avait contribué à monter et où il était encore affecté, pour introduire le rachat des emprises de la Gelsenkirchener au printemps 1919 ? Peut-être parce qu'Henri Jaspar, lié à la Société générale de Belgique, vint remplacer son ami Henri Hymans ? De même, comment put-il croire que les ouvertures d'Ougrée-Marihaye[75], à compter de juillet 1933, motivées par des difficultés financières depuis 1932, purent aboutir à une fusion avec Arbed ? Peut-être parce qu'il y vît un moyen de triompher posthumément de Gustave Trasenster ?

Certes, il participa à d'importants réseaux, ceux d'Eugène Schneider, dont il n'anima qu'une branche dans le Grand-Duché, et, aussi étrange que cela pût paraître, de Jean Jadot. Mais sa position ne fut pas centrale. L'appartenance au premier fut autant le fruit du hasard de la Première Guerre mondiale[76] que de choix tactiques. Mais l'initiative de la liaison appartint à l'industriel français. Dans sa note du 6 avril 1914 consacrée à la rupture d'Evence III Coppée, Raoul

---

71 Koops Tilman, *Die Kabinette Brüning I und II (1930–1932)*, 3, *10.10.1931–30.5.1932*, *Akten der Reichskanzlei. Weimarer Republik*, Boppard am Rhein, Hans Booms Verlag, 1990, p. 125.

72 De 1936 à 1946, il fut ainsi le capitaine du Golf-club de Luxembourg. Cf. *Le Figaro*, 16 août 1939.

73 Le prince Félix de Luxembourg était le président d'honneur du Golf-club de Luxembourg.

74 Sur l'émotivité de cet homme de taille moyenne, au visage coloré parce que sanguin de caractère, comme le révélait sa parole catégorique, cf. Arbed, *A la mémoire de Gaston Barbanson*, Luxembourg, Impr. de la Cour, 1946.

75 ANLux, « Note relative à l'offre de principe d'achat de la participation d'Ougrée dans la Société des hauts-fourneaux de la Chiers et l'usine de Rodange » [n.d., 1933].

76 Cf. chapitre 5.

Warocqué et Gaston Barbanson avec la banque de Jadot, Achille Fournier, sous-directeur des établissements du Creusot, suggéra de

> *« surveiller de près l'activité financière du groupe Coppée et à rechercher les moyens d'utiliser pour le développement de nos propres affaires l'intervention de ce nouvel élément d'activité sur le marché belge*[77]. »

Quelle ne fût pas sa surprise de voir débarquer le troisième protagoniste à Paris en janvier 1915 ! A mesure que la guerre s'achevait, Schneider commença à se renseigner sur les opportunités lorraines et luxembourgeoises. Les derniers actes de Barbanson avant de regagner Bruxelles furent de donner une description exhaustive des trois firmes intervenant dans la sidérurgie luxembourgeoise[78]. Cette documentation fut confrontée aux données déjà entre les mains du secrétariat-général de l'entreprise du Creusot, qui remontait à 1912. Le 10 septembre de cette année, le concepteur des Hauts-fourneaux et aciéries de Caen, Elisée de Loisy se rendit à Esch-sur-Alzette visiter les usines de Rothe Erde et Adolf-Emil[79].

Pendant son séjour parisien, Schneider & Cie réussit à placer Barbanson dans une dépendance informationnelle — une *« dette de reconnaissance »* comme l'appela ce dernier[80] — qui perdura pendant tout l'entre-deux-guerres. Le président du conseil d'administration rendit ainsi compte régulièrement à son actionnaire majoritaire. Non seulement il amena l'Arbed à la Banque de l'union parisienne (1919), qui servait l'expansion internationale de Schneider & Cie depuis 1910[81], et se rapprocha de celle de Paris et des Pays-Bas (septembre 1923) parce qu'Eugène

---

77 Archives François Bourdon, Le Creusot (AFB), 187 AQ 072, dos. 9, Note du service des affaires financières [Achille Fournier] à Monsieur Schneider, 6 avril 1914 ; Monique Kieffer, « La reprise du potentiel industriel de la société Gelsenkirchener et la constitution du groupe ARBED-Terres Rouges (1919–1926) », Michel Polfer (dir.), *Les Années Trente. Base de l'évolution économique, politique et sociale du Luxembourg d'après-guerre ?*, Luxembourg, Saint-Paul, 1996, p. 80–81.

78 *Ibid.*, 01-G-005-B1, trois notes sur les Aciéries réunies de Burbach-Eich-Dudelange (la dernière a été reçu le 27 décembre et copie en a été faite notamment pour Barbanson, qui la destinait au commandant Vicaire), une sur la Deutsche-Luxemburgische et une sur la Gelsenkirchener, décembre 1918.

79 *Ibid.*, 01-G-005-B2.

80 AACA, P-1, brouillon du discours de bienvenue de Gaston Barbanson à l'occasion de l'entrée d'Eugène Schneider au conseil d'administration de l'Arbed, 29 janvier 1920.

81 Hubert Bonin, *La Banque de l'union parisienne (1874/1904–1974). Histoire de la deuxième grande banque d'affaires française,* Paris, Plage, 2001, p. 158–161.

Schneider cherchait à s'assurer son concours dans ses projets pétroliers[82], mais il le suivit encore à celle des pays du Nord (novembre 1929), où le maître du Creusot alla déloger son concurrent Théodore Laurent en juin 1929[83]. Mieux, il rendit compte régulièrement à Eugène Schneider et à Jules Aubrun, qui succéda à Achille Fournier au 1er janvier 1921, des choix faits par les dirigeants de l'Arbed, depuis le rachat des emprises luxembourgeoises de la Gelsenkirchener — que Schneider finança presqu'entièrement en échange de titres de propriété Arbed — jusqu'aux moindres projets d'expansion. Certes, la firme bourguignonne figura au rang des principaux actionnaires de l'entreprise luxembourgeoise (10,6 % en 1919), mais Barbanson ne prit pas cette peine avec Adolphe Ziane, qui pesa autant au conseil d'administration. Mieux, les réunions financières se tenaient chez Schneider & Cie, comme lors de la préparation des emprunts américains de 1926 et hollandais de 1930[84].

Avec Jean Jadot, le choix se révéla stratégique. L'historiographie a laissé l'image de deux hommes brouillés[85] depuis le printemps 1914 à propos des « *conditions absolument exorbitantes* » que la Société générale de Belgique exigeât pour le placement de l'emprunt 5 % de 1914, conduisant l'Arbed à se tourner vers la Banque de Bruxelles[86]. Pourtant, cinq ans plus tard, de retour à Bruxelles au lendemain de la libération du territoire de l'ennemi allemand, il se rendit bien chez Jean Jadot, qu'il fréquentât assidûment jusqu'à son congé de démobilisation le 30 septembre 1919[87] et qui lui prodigua moult conseils et avantages. Le gouverneur de la principale banque du Royaume le proposa ainsi pour devenir administrateur de la Banque internationale de Luxembourg[88]. Le mit-il également en contact avec Dannie Heinemann[89], cet ingénieur germano-américain directeur du holding belge, la Société financière de transports et d'entreprises (Sofina), dont Barbanson

82 Eric Bussière, *Paribas. 1872–1992. L'Europe et le monde*, Anvers, Fonds Mercator, 1992, p. 106–119.

83 Hubert Bonin, *op. cit.*, p. 161–163.

84 Sur ce dernier, cf. AHSG, 14417, comptes-rendus des réunions « *chez MM. Schneider et Cie* » des 15 novembre 1929, 22 mars et 10 juin 1930.

85 Cf. Charles Barthel, *op. cit.*, p. 572, 599, 601–602.

86 AFB, 187 AQ 072, *Ibid.*

87 Musée royal de l'armée et d'histoire militaire, Bruxelles (MRAHM), dossier personnel de Gaston Emile Jean Marie Victor Barbanson, 13736, Extrait de matricule, 1er avril 1924.

88 Archives historiques de la Société générale (AHSG), 14416, dos. 28, procès-verbal du comité de direction de la Banque de l'union parisienne, 19 août 1919.

89 Liane Ranieri, *Dannie Heinemann, patron de la Sofina : un destin singulier, 1872–1962*, Paris, Racine, 2005.

devint administrateur ? Dans le contexte du rachat des biens luxembourgeois de la Gelsenkirchener, il ne put toutefois

> « *lui cacher* [s]*on opinion (conforme d'ailleurs à celle de nombreuses personnalités politiques, financières et industrielles belges et notamment de plusieurs conseillers de gouvernement), opinion nettement défavorable à la combinaison projetée, consistant à mettre en mains d'une société à forte majorité française, une importante affaire industrielle du Grand-Duché, alors que tous les efforts belges doivent tendre à amener une union économique du Grand-Duché et de la Belgique. Comme je l'ai fait remarquer à Mr. Barbanson, ce fut une occasion unique de faire un grand pas*[90]... »

Certes, il faisait vibrer chez l'actionnaire de l'Arbed la fibre « grand belge », mais fut-ce un comportement normal pour deux hommes censés avoir coupé les ponts ? Après avoir quitté la Banque de Bruxelles en mai 1928, Gaston Barbanson n'en continua pas moins à inviter William Thys à la chasse[91]... Et pourtant cet un ami de Barbanson eut le tort de présupposer cette inimitié entre les deux hommes pour adopter une « *façon cavalière* » de traiter l'Arbed à partir de 1923[92] qui rappela fort celle de Jadot dix ans plus tôt.

Entre le directeur de la Banque de Bruxelles et le gouverneur de la Société générale de Belgique, le président du conseil d'administration de l'Arbed se trouva placé dans une centralité particulière. Son enjeu stratégique du moment l'amena à privilégier le meilleur réseau bancaire pour son entreprise. Inévitablement, le choix comporta une dimension affective. Connaissant le caractère tranché de l'individu, il était improbable que chacun des acteurs se déterminât pour quelqu'un d'incompatible humainement avec lui. A la Banque de Bruxelles, qui assistait depuis 1919 aux sautes de caractère de Barbanson, le choix fut vite fait. Mais l'asymétrie informationnelle dans laquelle vivaient son président, Maurice Despret, et ses directeurs William Thys et Léon Massaux, amplifiée par la rancœur que chacun d'eux put nourrir à l'encontre de la Société générale de Belgique ou de son gouverneur, les conduisit à faire fausse route. Dès l'hiver 1923, ils auraient dû ouvrir les yeux.

Plusieurs indices indiquèrent que non seulement que l'Arbed fût agacée des libertés que prenait la Banque de Bruxelles, mais qu'un rapprochement avec la Société générale de Belgique fut en cours. Le 13 décembre 1923, Barbanson avertit

---

90 AGR, Société Générale de Belgique, Anderlecht (AGR/SGB), papiers Jadot, Correspondance, 5, lettre de Jean Jadot à Henri Jaspar, 25 avril 1919.

91 AGR, Fonds Broqueville, *op. cit.*, lettre de Gaston Barbanson à Charles de Broqueville, 20 septembre 1934.

92 AACA, FinArbed, Banque de Bruxelles, lettre de Léopold Harté à Léon Massaux, 29 octobre 1923.

Max-Léo Gérard, un ancien collègue de l'« *état-major dévoué et compétent* » de Paul Hymans lorsqu'il établit le ministère des Affaires économiques[93] devenu secrétaire du Roi casqué Albert Ier[94]. Au printemps 1924, Emile Mayrisch en avertit même directement William Thys[95]. Barbanson venait à ce moment d'être contacté par Gaston Blaise, avec qui il entretenait « *les meilleures relations* » depuis leur passage au cabinet de Broqueville pendant la Première Guerre mondiale[96]. Ce dernier venait d'intégrer la Société générale de Belgique, après avoir dirigé, une fois démobilisé, la reconstruction des usines de la Compagnie des métaux d'Overpelt-Lommel[97]. La réorganisation financière de l'Arbed put commencer. Elle correspondit à une réorientation des objectifs de Jean Jadot, au lendemain de la mort du vice-gouverneur Léon Jansen en février 1923. Cet événement ouvrit la voie à un profond remaniement de la stratégie de la banque. Non seulement il permit un rajeunissement de la direction, avec l'arrivée notamment d'Alexandre Galopin, mais il ramena le gouverneur à ses tentations luxembourgeoises. En septembre, il offrit son aide intéressée à l'Hadir ; las, les intérêts du groupe réuni par Théodore Laurent allant à l'encontre de ceux de Jean Jadot, l'affaire ne se fit pas[98]. L'Arbed offrit une opportunité intéressante et sembla attendre une offre de service de la Société générale de Belgique. Ce fut d'abord l'entrée dans le capital de la Société internationale des combustibles liquides (Sicol)[99], de haute lutte contre la Banque de Bruxelles. Cette dernière réussit toutefois à l'empêcher de participer au syndicat d'introduction du titre Arbed sur le marché hollandais d'avril 1927[100].

Pour Jean Jadot, l'heure vint d'actionner son réseau, à tout le moins Gaston Barbanson. La fusion déguisée d'Arbed et de la Société métallurgique des Terres Rouges agitait les marchés depuis un certain temps déjà et offrait une possibilité de coiffer au poteau la Banque de Bruxelles par une judicieuse prise de participation

93 Paul Hymans, *Mémoires*, publiés par Frans van Kalken avec la collaboration de John Bartier, Bruxelles, Institut de sociologie Solvay, 1958, p. 164.

94 Charles Barthel, *op. cit.*, p. 576.

95 AACA, P-3/A, lettre d'Emile Mayrisch à William Thys, 28 mai 1924.

96 Lettre de Gaston Barbanson à William Thys, 1er septembre 1924, *in* Charles Barthel, *op. cit.*, p. 578 n135.

97 Ginette Kurgan-Van Hentenryk, *op. cit.*, p. 133.

98 Cf. Charles Barthel, *op. cit.*, p. 599.

99 Cf. *Ibid.*, p. 575–580 ; Agnès d'Angio, *op. cit.*, p. 160–162.

100 AACA, P-XXXVI (36), procès-verbal du conseil d'administration, 11 février 1927 ; P-3/A, lettre d'Emile Mayrisch et de Gaston Barbanson à Maurice Desprets, 23 février 1927.

dans le consortium luxembourgeois en cours de constitution. Le marché hollandais offrit le double avantage d'être éloigné de celui de Bruxelles tout en étant réputé faire l'affaire des entreprises du *Reich*. D'ailleurs, à partir du printemps 1924, on parla d'achats de titres Arbed par des Allemands dans la presse aussi bien que dans les rapports diplomatiques[101]. Au printemps 1924, l'opération ne fut pas pour plaire à Emile Mayrisch[102], mais comme la Banque de Bruxelles ne voulut rien entendre, il s'en serait bien accommodé si la mort ne fut pas venue le faucher prématurément. Encore qu'il ne pût ignorer les ouvertures faites par Blaise, puis à partir d'avril 1926 par Bemelmans[103], encore à la Banque d'Outremer, en passe d'être rachetée par la Société générale de Belgique, et de Theunis, actionnaire de l'Arbed promu cinquième directeur de la banque (février 1928).

Si deux amis purent amener Barbanson à quitter cette institution financière, trois autres purent l'y ramener. D'autant que cette dernière avait entrepris de rassembler dans ses portefeuilles un certain nombre de titres Arbed depuis l'été 1926. Par petites étapes successives, certainement à partir d'une première quotité en portefeuille et le reste via la Banque d'Outremer en liquidation, un premier paquet de trente quatre mille actions Arbed fut acquis par l'entremise de la Banque Mendelssohn et Cie d'Amsterdam[104], qui fut aussi… le propre intermédiaire financier de l'Arbed. Début mai 1928, Jean Jadot put lancer l'opération d'information destinée à officialiser l'entrée de la Société générale de Belgique au capital de l'Arbed, presque à la hauteur du groupe Schneider & Cie.

101 Lettres d'Emile Mayrich à Jules Aubrun, 12 mars 1924 et de Jean Delori à Gaston Barbanson, 15 mars 1926, *in* Charles Barthel, *op. cit.*, p. 594–595 ; AMAE, Relations commerciales, 35, lettre de François de Carbonnel à Jacques Seydoux et de Jacques Seydoux à Aristide Briand des 5 et 14 août 1926 ; ASPFAE, B20, lettre d'Adrien de Nieuwenhuys à Emile Vandervelde, 14 janvier 1927, d'après des informations venant de François de Carbonnel ; AACA, AC-0407, Gaston Barbanson, « Note pour Mr. Eugène Schneider » d'avril 1929. Sur cette question, cf. la démonstration de Charles Barthel, *op. cit.*, p. 594–595.

102 *Ibid.*, P-3/A, lettre d'Emile Mayrisch à William Thys, 28 mai 1924.

103 Charles Barthel, *op. cit.*, p. 496.

104 AGR/SG, Secrétariat général, Portefeuille, 508, Arbed, ordres de la Société générale de Belgique à MM. Mendelssohn, 18 et 24 mai 1928.

L'évolution du cours de l'action Arbed à Bruxelles (1912–1939) et à Luxembourg (1929–1938)[105]

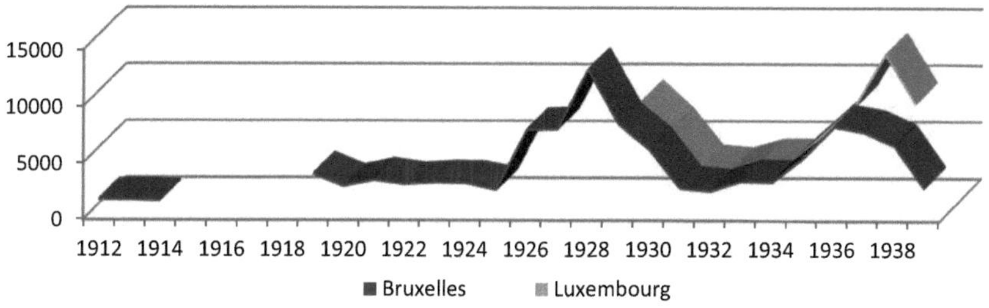

Il lui suffit d'adresser un télégramme à Gaston Barbanson, voguant vers Rio de Janeiro sur le vapeur italien *Giulio Cesare*. Il le savait embarqué depuis la veille, démontrant la nature conspiratrice de l'opération et offrant une occasion unique de manipuler l'information à l'intention de la direction générale de l'Arbed, mais également de ses alliés du Creusot et de la Banque de Bruxelles. Les mots étaient choisis avec suffisamment d'ambigüités :

> « *Profitant occasion favorable nous avons acheté aujourd'hui trente quatre mille Arbed – stop – Heureux pouvoir nous intéresser dans magnifique affaire si bien dirigée – stop – Vous assure notre collaboration amicale*[106]. »

Suivit une comédie savamment opérée par le président du conseil d'administration de la firme luxembourgeoise et par quelque agent de change à la solde de la Société générale de Belgique. Le second répandit dans Bruxelles que les achats provenaient de l'héritage Mayrisch, achetés à un cours inférieur au marché[107], et complétaient la quotité de la banque pour la porter à hauteur de quarante mille titres. De son côté, Barbanson adressa à Eugène Schneider, puis à Aloyse Meyer et William Thys une série de câbles interrogatifs quant à l'attitude à adopter[108]. Les conseils de modérations fusèrent de Luxembourg et de Paris, démontrant que le pari de Jadot fut gagné :

---

105 D'après Félix Chomé, *Un demi-siècle d'histoire industrielle 1911–1964*, Luxembourg, Arbed, 1964, p. 296–297 ; *Annuaire des sociétés par actions en Alsace et Lorraine, Luxembourg, Sarre*, Strasbourg, Sogenal, 1930–1939, passim.

106 *Ibid.*, télégrammes de Jean Jadot et de Georges Theunis à Gaston Barbanson, 4 mai et réponse de Gaston Barbanson, 5 mai 1928

107 AMAE, B, Travail et industrie, 4, lettre de Georges Degrand à Aristide Briand, 14 mai 1928.

108 AACA, AC-0407, télégramme d'Aloyse Meyer et Jules Aubrun, 4 mai 1928 ; télégrammes d'Eugène Schneider confirmant le message, 7 et 9 mai 1928.

« Avons examiné avec Schneider votre suggestion relative réponse – stop – sommes avis abstention complète car primo préjudiciable manifester inquiétude secundo réponse simplement aimable ou courtoise sortirait destinataire position inférieure et embarrassante – stop – estimons utile garder toute notre liberté action égard nouveau groupe et pour cela rien faire ou écrire engageant attitude ou donnant lieu interprétation quelconque[109]. »

Seule la Banque de Bruxelles, véritable perdante de l'opération avec seulement dix mille titres Arbed en portefeuille, resta résolument silencieuse, comme sonnée par la nouvelle. Après l'agitation de la fin d'après-midi et du début de soirée, Barbanson put adresser le lendemain matin, en toute discrétion, un ultime câble, à Jadot et Theunis cette fois : « *Félicite excellent placement*[110]. »

La réussite de l'opération montra bien la dépendance informationnelle, non seulement du président du conseil d'administration de l'entreprise-cible, mais bien de l'Arbed en entier. Barbanson ne fit qu'avaliser les projets de Jadot, même si le fait de se détacher de la Banque de Bruxelles lui permit d'inscrire la première entreprise sidérurgique du Grand-Duché dans le premier des réseaux de l'Union économique belgo-luxembourgeoise. Son « *bureau central de renseignement commercial et industriel* » n'avait rien vu venir. Après l'affaire brésilienne, entre 1920 et 1927, il s'agissait de la seconde myopie d'importance du « *service spécial de la Columeta* ». Il ne semblait pas que Schneider & Cie ait compris la manœuvre…

La troisième myopie concernait la marche vers la seconde « guerre civile européenne » du XXe siècle. Jamais le *Bulletin quotidien* ne fit remonter vers la direction générale une quelconque alarme. Il est vrai que Barbanson avait réduit la Columeta à son simple rôle de comptoir commercial. Mais lui-même ne disposait pas de la capacité à se renseigner, ou à tout le moins d'interpréter le présent pour anticiper le futur, comme sut si bien le faire Mayrisch. Cette situation fut lourde de conséquence au moment de la « Drôle de guerre » (*Sitzkrieg*, 3 septembre 1939–10 mai 1940). Autant le « *Grand Chef* » avait su se servir du conflit précédent pour faire avancer les affaires de la société et asseoir l'« Etat-Arbed » pour peser sur l'après-guerre, autant Barbanson fut incapable de le faire à son tour, avec Meyer, alors que la firme devenait un acteur incontournable de l'acier en Europe continentale.

Surtout il ne trouva pas les ressorts qui lui permirent en 1915 de se rendre indispensable à Eugène Schneider. Il quitta pourtant le Grand-Duché le 26 avril 1940, après la fin de l'assemblée générale ordinaire. Mais ce fut pour gagner le

109 *Ibid.*, télégrammes d'Aloyse Meyer et de Jules Aubrun, 4 mai 1928.

110 AGR/SG, 508, télégramme de Gaston Barbanson à Jean Jadot et Georges Theunis, 5 mai 1928.

« Mas de la Source » à Mougins et ne remonter à Paris que dans la deuxième semaine de mai, pour y retrouver Meyer et y négocier avec les autorités françaises. Ce fut là que l'attaque allemande du Luxembourg les surpris. Certes, il sut réagir lorsque le gouvernement fédéral américain décida, le 10 mai 1940, de bloquer « les transactions en devises, les transferts de crédit et l'exportation de pièces de monnaie et billets » vers les pays envahis par l'Allemagne à compter du 10 juin suivant ; se trouva ainsi élargi au Grand-Duché, à la Belgique et aux Pays-Bas l'ordre du pouvoir exécutif (*Executive Order*) du 15 janvier 1934 réglementant la circulation monétaire internationale des Etats-Unis, dans les mêmes mesures que celles existant à l'égard du Danemark et de la Norvège depuis le 8 avril 1940. Les autorités américaines laissèrent un délai pour retirer les fonds encore sur leur territoire et demandèrent « également le dépôt de rapports par les personnes et les institutions aux Etats-Unis en relation avec la Belgique, le Luxembourg et les Pays-Bas, ou n'importe quel de leurs nationaux, situés aux Etats-Unis (...) au plus tard le 10 juin 1940 aux banques de Federal Reserve »[111]. De New York, Em. Leon, agent de l'Amerlux Steel Products Corporation, demanda des instructions. Dans ses livres de compte se trouvaient une partie des réserves en or et en devises que l'Arbed fît déposer trois mois plus tôt à la Guaranty Trust Company de New York ; l'autre partie se trouvait dans une banque britannique. Barbanson y répondit fin mai de Montpellier, où il se trouvait avec Meyer, pour organiser l'aide de l'Arbed aux cadres et employés de la société emportés dans l'exode. Indubitablement, la décision fut prise à deux et Leon se vit intimer de conserver aux Etats-Unis tous les fonds appartenant à l'Arbed.[112].

Pour la Grande-Bretagne, le problème ne se posa pas, dans la mesure où les *Regulations respecting Trading with the Enemy*, furent prises par un Ordre en Conseil du 5 septembre 1939, soit antérieurement aux dépôts d'or de février 1940, spécifiés par Meyer dans sa déposition volontaire du printemps 1945. Resta encore à mettre à l'abri les emprises sidérurgiques non-envahies par la soldatesque nazie. Début juillet 1940, alors que Meyer fût rentré à Luxembourg le 25 juin, Barbanson y appliqua une des mesures expéditives dont il était coutumier. Il adressa à l'administrateur-délégué à Rio de Janeiro, Jules Verelstun, un document signalant

111 « Executive Order and Regulations on Transfers of Property of Belgium, Luxembourg, and the Netherlands », 10 mai 1940, *Federal Reserve Bulletin*, juin 1940, p. 509–513.

112 ANLux, EPU 192, mémoire d'Aloyse Meyer, 15 mai 1945 ; Georges Heisbourg, *Le gouvernement luxembourgeois en exil 1940*, Luxembourg, Saint-Paul, 1986, p. 227 ; Félix Chomé, *op. cit.*, p. 326 ; Jacques Dollar, *L'Exode des Luxembourgeois sur les routes de France en mai 40*, Bascharage, J. Dollar, 1990, p. 150.

faussement la perte d'une quantité d'actions au porteur de la Belgo-Mineira, équivalentes à celles qui avaient été remises à Luxembourg à Krupp ; assurément, Meyer trouva le moyen d'en informer Barbanson. Le 9 juillet, cette perte fut enregistrée par la justice brésilienne, qui l'assortit d'un délai de quatre-vingt-dix jours avant d'entrer en vigueur. L'ambassade allemande profita de ce délai pour obtenir tout aussi faussement que Meyer signât, le 10 septembre, un document qui s'avéra, en arrivant au Brésil, être une demande de main levée, niant la perte des actions. Mais la justice brésilienne n'en tint pas compte, ordonnant simplement le remplacement des titres perdus à remettre à Verelstun[113].

Puis Barbanson se retira à Mougins, où il apprit le décès de son fils unique, Jean, ingénieur commercial formé à l'Université libre de Bruxelles (1938), mobilisé dans l'aviation belge. Il avait été tué lors du bombardement de l'aérodrome de Tirlemont, dans la nuit du 9 au 10 mai. « *Le mal fut irréparable et son père ne s'en est jamais remis (...), directement atteint par la bombe allemande qui avait tué son fils* », estima Eugène Schneider le 7 mai 1946, à l'occasion des funérailles de Barbanson[114]. Six mois plus tard, il fit dire une messe à Mougins pour l'âme de son enfant[115]. Bien qu'abattu par la douleur, Barbanson ne disposa plus des mêmes atouts qu'en 1915 pour rééditer ces « petits arrangements entre ennemis »[116] de la Première Guerre mondiale. Quand bien même disposa-t-il de « points d'attache » pouvant intercéder pour la société auprès des Alliés, il n'était plus en mesure de les actionner comme naguère. Il le constata amèrement lorsqu'il se rendit inutilement à Montréal en novembre 1940, dans l'espoir de rencontrer le ministre d'Etat, Pierre Dupong. Dépourvu de commission militaire, son autorité se limita rapidement aux seules emprises de l'Arbed du Brésil.

Le jeu de Jean Jadot

L'incapacité de Gaston Barbanson à s'insérer dans le grand jeu de la Seconde Guerre mondiale tint aussi à l'asymétrie informationnelle dans laquelle il se trouvait depuis qu'il dirigeait seul l'Arbed. Elle joua à plein lorsqu'il se trouva face à une grande banque comme la Société générale de Belgique. L'emprise informationnelle de cette dernière avait été pleinement démontrée pendant la

113 ANLux, EPU 192, *op. cit.* ; Georges Heisbourg, *op. cit.*, p. 228–229.

114 Arbed, *A la mémoire de Gaston Barbanson*, Luxembourg, Impr. de la Cour, 1946.

115 ANLux, AE-GtEx-467, lettre d'Antoine Funck à Joseph Bech, 12 novembre 1940.

116 Gérald Arboit, « Petits arrangements entre ennemis ou comment ARBED utilisa la Première guerre mondiale pour devenir le premier groupe sidérurgique européen », *Entreprise & Histoire*, 63, 2013, p. 66–78.

Première Guerre mondiale. La comédie de 1928 l'avait puissamment révélée. A partir des années 1930, elle sembla sans limite. Entreprise de réseau fondée sur le principe de banques dites « patronnées »[117], sociétés indépendantes agissant cependant sous son contrôle, cette banque avait

> *« organisé un service de contrôle très complet couvrant la Belgique d'un réseau serré de moyens de surveillance qui lui permett[aient] plus que tout autre de donner au Gouvernement et au Grand Quartier-Général les explications les plus précises et les renseignements les plus complets sur l'œuvre de ravitaillement*[118]. »

Cette organisation prit place au sein du Comité national de secours d'alimentation, fondé dès l'invasion allemande par le chimiste Ernest Solvay, secondé par Jean Jadot, un ingénieur des chemins de fer — autre entreprise de réseau s'il en est — devenu gouverneur de la Société générale. Mais l'homme à l'origine de cette organisation, son « *âme* » aux dires de l'ingénieur des mines français Louis Chevrillon, représentant en France de la Commission for Relief in Belgium, fut le directeur Emile Francqui. Cet autre ingénieur des chemins de fer avait été autrefois opposé, commercialement parlant, au commanditaire et financeur de la Commission, l'ingénieur des mines et homme d'affaires Herbert Hoover[119] au sujet de concessions sur le trajet de la ligne Hankov (Wuhan)-Canton. Un des principaux soutiens de Francqui fut Dannie Heinemann !

Comme dans une parfaite symétrie avec les gens de l'Arbed, la Société générale de Belgique présentait deux profils de dirigeants autant différents que complémentaires. Comme Mayrisch, Jadot fut sérieux et pondéré ; pendant la

---

117 Elles étaient dix-huit à la veille de la Première Guerre mondiale : Banques d'Anvers, du Hainaut, de Verviers, de Courtrai, et Centrale de la Sambre, du Limbourg, de Namur, de la Dyle (1872–1874), de Flandre Occidentale, de Gand, Centrale Tournaisienne et Générale de Liège (1881–1882), de Roulers-Thielt, de Huy, Générale du Centre, d'Ostende, et Centrale de la Meuse, de la Dendre (1901–1914) [Cf. Jean-François Crombois, « Les activités bancaires de la Société générale de Belgique. 1870–1914. Facteurs de développement d'une grande banque mixte belge », *Revue belge d'histoire contemporaine*, XXV, 1994–1995, 1–2, p. 1–29].

118 SHD/DAT, 5 N 279, lettre de Louis Chevrillon à Frédéric François-Marsal, 7 avril 1916.

119 La personne du futur trente-et-unième président des Etats-Unis était également intéressante. Ingénieur en chef d'une compagnie privée, il avait été surpris avec sa famille par la révolte des Boxers (juin 1900) et bloqué dans Tianjin. Lorsque les Marines américains débarquèrent pour mettre fin à la situation insurrectionnelle, sa connaissance du terrain l'amena à guider la troupe pour contourner la cité portuaire chinoise [*The Memoirs of Herbert Hoover Years of Adventure 1874–1920*, Londres, Hollis & Carter, 1952, p. 53].

Première Guerre mondiale, il fut également l'interlocuteur d'officiels allemands et en avait transmis la teneur de leurs échanges à la Sûreté belge. Comme Barbanson, Francqui fut hardi, aventureux, moins difficile sur les moyens à employer[120] ; redevenu Premier ministre (1932 et 1934–1935) après avoir été l'un des directeurs de la banque (1928–1931), Georges Theunis en vint à considérer ce dernier comme un « *bandit* »[121]. Dans leur approche des réseaux, les deux hommes eurent la même approche différente, plutôt industrielle pour le premier, plutôt mondaine et politique pour le second. De même, leur action conjuguée depuis 1913, l'un comme gouverneur, l'autre comme directeur, permit de hisser la Société Générale de Belgique au rang d'Etat dans l'Etat. Comme pour l'Arbed, la Première Guerre mondiale fut déterminante[122], même si le monopole de la banque fut inscrit dans la réalité économique belge depuis la deuxième moitié du XIXe siècle[123]. Comme elle, elle forma un véritable « Etat dans l'Etat », Francqui passant même dans l'entre-deux-guerres comme un véritable « *homme le plus puissant du Royaume* »[124].

Là s'arrêtait cependant les analogies. En effet, l'approche des deux Belges fut différente de celle des deux « Arbeders[125] ». D'abord, les échelles spatiales les distinguèrent, les premiers pensant au niveau d'une Union économique belgo-luxembourgeoise en devenir alors que les seconds se projetaient déjà à l'échelle mondiale. Ensuite, dans l'approche des réseaux à tisser, Jadot, plus que Francqui il est vrai, raisonna en termes de structures et non d'hommes. Le premier fut un homme venant de l'industrie, entré dans le monde bancaire comme directeur du département industriel de la Société générale de Belgique en 1906, et devenu gouverneur de tout l'établissement financier sept ans plus tard. Comme l'entrée au capital le montra, son objectif fut de créer un réseau d'entreprises sidérurgiques « patronnées » par sa banque. Pour réaliser ce projet, Jadot avait bien entendu besoin de se reposer sur des individus. Il ne sollicita pas Francqui, dont l'entregent politique fut certain et ses compétences

120 AMAE, CPC Europe, Z, Belgique, 136-1, lettres de Maurice Herbette à Aristide Briand, 19 janvier et 30 juin 1928.

121 D'après une note du baron Capelle, secrétaire du Roi, 19 juin 1935, *in* Ginette Kurgan-Van Hentenryk, *op. cit.*, p. 151 n8.

122 Ginette Kurgan-Van Hentenryk, *op. cit.*, p. 164.

123 Jean-François Crombois, *op. cit.*, p. 4.

124 Robert Capelle, *Dix-huit ans auprès du roi Léopold*, Paris, Fayard, 1970, p. 13. Ginette Kurgan-Van Hentenryk en fait « le vice-roi de Belgique » [*op. cit.*, p. 156].

125 La formule fut usitée par le service de communication de l'Arbed, au début du mandat de Jean-Paul Raus, pour présenter ses vœux de nouvelle année.

pour animer des réseaux plus à faire. L'objectif resta résolument industriel et ne pouvait mobiliser que des réseaux économiques.

Pourtant, on peut se demander si cette décision ne fut pas aussi en liaison avec la rupture entre Evence III Coppée, Raoul Warocqué, actifs dans les charbonnages, d'une part, Gaston Barbanson, fils de Léon, d'autre part, et la Société générale de Belgique au printemps 1914. Les deux premiers furent administrateurs de la Banque générale du Centre, à La Louvière, dans un conseil présidé par Léon Barbanson[126] jusqu'à son décès le 23 septembre 1912. Vice-gouverneur de la Société générale de Belgique, ce dernier s'opposa à la nomination d'Emile Francqui comme directeur, préférant y voir Maurice Despret, fils aîné d'un directeur décédé quelques années plus tôt. Las, la mort et le choix de Jadot de privilégier la promotion de professionnels de la banque écarta le jeune héritier juriste au profit de l'administrateur-délégué de la Banque d'Outremer ; ce dernier fit jouer le réseau chinois auprès de Jadot, qu'il connût sur la ligne Hankov (Wuhan)-Pékin, et triompha[127]. Agacés par les méthodes du nouveau directeur, Coppée et Warocqué passèrent à la Banque de Bruxelles, emmenant dans leurs bagages les héritiers Barbanson et Despret, certains de ne pas trouver de situation à la Société générale de Belgique, où ils retrouvèrent, en octobre 1919, William Thys. Ce dernier, directeur de la Banque d'Outremer, était le fils du colonel Albert Thys, ancien officier d'ordonnance du roi Léopold II et président du conseil d'administration, décédé quatre ans plus tôt ; il fuyait les manœuvres de Francqui, nouveau président, pour rapprocher la banque de la Société générale de Belgique. Les protagonistes des péripéties financières de l'Arbed dans l'entre-deux-guerres se trouvèrent réunis dans leurs camps respectifs. A noter que seul Gaston Barbanson n'agit pas par dépit, mais bien par choix. Jadot fut bien décidé à exploiter cette nuance, de la même façon qu'il tînt à laisser Francqui en marge de son projet.

Si d'apparence le plan de patronage industriel put laisser croire qu'il participait de l'esprit « grand belge », bâti pendant la Première Guerre mondiale, il se rattacha avant tout à une politique intérieure belge. Il visa uniquement à la restauration de la capacité économique principale du Royaume, quand bien même l'idéologie dominante du moment impliqua que les emprises grand-ducales fussent incluses. Ce projet fut donc bien lié à la reconstruction du pays et n'entra qu'indirectement dans les projets de Gustave Trasenster, président du Comptoir des aciéries belges,

126 *Ibid.*, p. 10–11.

127 Ginette Kurgan-Van Hentenryk, *op. cit.*, p. 106.

exposés devant le Comité national de secours d'alimentation[128]. Sans vraiment le savoir, les sidérurgistes belges adoptèrent une position similaire à celle d'Eugène Schneider au sein du Comité des forges de France[129]. A l'été 1917, les conditions de la reconstruction de la sidérurgie belge furent étudiées dans le cadre du Comptoir des aciéries belges. Ce cartel national fondé le 21 janvier 1905 et renouvelé sept ans plus tard[130], regroupa les treize entreprises sidérurgiques des bassins de Charleroi (La Providence, Sambre & Moselle, Athus-Grivegnée, Métallurgique du Hainaut, Thy-le-Château, Boël, Halanzy et Musson) et de Liège (Ougrée-Marihaye, Cockerill, Angleur, Espérance-Longdoz). Toutes subirent des dégradations énormes : vingt-six des cinquante-sept hauts-fourneaux de 1913 furent détruits totalement et seuls onze furent encore opérationnels. Les aciéries avaient été démolies et les laminoirs enlevés en grande partie ; la production industrielle en son entier s'effondra de 70 % par rapport à la dernière année d'avant-guerre[131]. Seules les usines luxembourgeoises de Rodange, division d'Ourgée-Marihaye, et d'Athus, filiale d'Athus-Grivegnée restèrent intactes. Dans ces conditions, il était compréhensible que la remarque d'Antoine Lefort, chargé d'affaire luxembourgeois à Berne, fût prise pour une provocation par son homologue belge, Fernand Peltzer, et par le secrétaire du comité belge d'études économiques en Suisse, Octave Collet. Il leur rapporta froidement : « *Notre industrie, en effet,* (…) *est intacte* » ![132] Toutefois, les treize sociétés possédant en 1913 une organisation complète, des hauts-fourneaux aux laminoirs, ne parvinrent pas à trouver d'accord sur la marche à suivre pour l'après-guerre. Proposée par Trasenster, l'idée d'un consortium chargé d'organiser la remise en marche simultanée et parallèle des usines en répartissant équitablement entre elles matières premières et machines disponibles et en rendant la production à atteindre pour chaque usine proportionnelle à sa part dans la production d'acier d'avant-guerre fit long feu. Une telle entente aurait néanmoins permis d'éviter la concurrence entre usines

128 AGR, Fonds Renkin, dos. 15, « Etude de certaines clauses économiques du traité de paix. Mesures défensives à prendre vis-à-vis de l'Allemagne par la Belgique et les Alliés » de septembre 1916.

129 Cf. chapitre 4.

130 *Stahl u. Eisen*, 25 avril 1912, p. 716.

131 Charles Kerchove de Denterghem, *Histoire économique & sociale de la guerre mondiale*, 5, *L'industrie belge pendant l'occupation allemande, 1914–1918*. Publication de la Carnegie Endowment for International Peace Division of Economics and History, Paris/New Haven, Presses universitaires de France/Yale University Press, 1927, p. 180–187 et 267.

132 ASPFAE, B1, 1916–1918, lettres de Fernand Peltzer à Paul Hymans, 31 juillet et d'Octave Collet à Gérard Cooreman, 5 août 1918.

pour les approvisionnements et les transports, tout en facilitant la reconstruction[133]. Le seul point d'accord sembla être l'hostilité aux sidérurgistes luxembourgeois.

A la Société générale de Belgique, Jean Jadot souhaita cependant aller plus loin. La reconstruction offrit l'occasion unique de rationaliser la sidérurgie belge dans son ensemble et de la mettre en adéquation avec sa voisine luxembourgeoise. L'idéologie « grand belge » fut à l'œuvre, mais il ne faudrait pas négliger que nombre de Luxembourgeois y furent favorables. Lefort y fit allusion lorsqu'il revint voir Collet. Evoquant une possible union économique belgo-luxembourgeoise, il aborda

> « *l'importance considérable des capitaux allemands dans l'industrie luxembourgeoise. Il sembl*[ait] *évident au Chargé d'affaires que les Alliés n'admettr*[aient] *pas le déguisement luxembourgeois des industries germaniques qui exist*[aient] *actuellement et en conséquence il* [av]*ait été désireux de savoir si l'industrie et la finance belges seraient à même de pouvoir racheter les intérêts allemands dans les usines allemandes*[134]. »

Ces propos élargirent les réflexions sur le patronage industriel du gouverneur de la banque belge. Une note du 16 octobre 1917, établie par son bras-droit, Eugène Witmeur, l'évoqua pour la première fois, en marge d'un vaste plan de reconstruction :

> « *Un point extrêmement important, dont les statuts ne parlent pas mais que les banques pourraient contribuer à éclaircir, consiste dans la liberté laissée à tous les affiliés de reconstruire les installations capables de réaliser les productions de 1913–1914. Il serait stupide pour plusieurs usines de reconstruire leurs installations d'après leurs anciens plans* (…). *Qui mettra un frein, si ce n'est la haute banque, à la tendance qu'auront tous les industriels de faire mieux et plus grand, d'augmenter leur production* (…) *? Surtout en présence des modifications profondes que la guerre aura amenées, non seulement dans les moyens de production, mais dans la situation des marchés internationaux* (…). *La centralisation de certaines productions avec une spécialisation relative qui en résulterait, constituerait une grande œuvre à réaliser qui serait des plus fécondes quant à ses résultats immédiats et permettrait d'éviter le chaos si la bride fut laissée sur le cou des industriels*[135]. »

Le projet achoppa sur un point cependant. La banque ne possédait pas de mandats majoritaires aux conseils d'administration des entreprises sidérurgiques belges autrement que dans la Société anonyme des aciéries d'Angleur et des

---

133 AGR/SG, Portefeuille, 478, Consortium des aciéries de 1919, notes d'Eugène Witmeur, 16 octobre 1917 et 21 janvier 1918, et sa lettre à Jean Jadot, 21 février 1918.

134 *Ibid.*, 1918–1920, lettres d'Octave Collet à Gérard Cooreman, 31 octobre et de Fernand Peltzer à Paul Hymans, 1er novembre 1918.

135 AGR/SG, *op. cit.*

charbonnages belges. L'influence de Trasenster fut dès lors nécessaire[136], mais sa liberté de manœuvre fut limitée. Lié à la banque liégeoise Nagelmackers par mariage, habitué au lobbying auprès de décideurs belges, comme Jean Jadot, Max-Léo Gérard ou Léon Nemry, et étrangers — avant 1914 déjà, il était élu au comité d'administration de l'Iron and Steel Institute de Londres, successeur de son père Louis —, il réussit à se faire intégrer à la délégation belge pour la conférence de la Paix, sans y paraître nullement[137], renforçant ainsi la nécessité de sa présence dans les locaux des Affaires étrangères belges au moins jusqu'en juin 1919. Mais sa tentative d'imposer son leadership sur ses collègues fut vouée à l'échec en raison de son tempérament heurté. Les 20 et 21 novembre 1918, il prit à parti Barbanson devant le Comité central industriel de Belgique. Il reprocha violemment à l'Arbed le « *travail intensif accompli par cette société dans ses usines luxembourgeoises* » depuis le début du conflit[138].

Il ne devait pas être étranger aux accusations formulées contre Barbanson, un an plus tôt, à l'automne 1917, par un colonel belge à Paris. Le 2 novembre, le lieutenant d'administration d'intendance belge fut appelé par son contact au cabinet du ministre français de la Guerre, le commandant Frédéric François-Marsal. Il venait de recevoir un courrier, signé de l'officier supérieur belge, accusant l'usine de Dudelange de l'Arbed de produire

> « *de l'acier au nickel qui sert dans la construction des Zeppelins. Aussi avait-on commencé à bombarder les usines de Dudelange et celles-ci ont été sur le point de devoir arrêter leur fabrication. Mais la S*[ocié]*té a des gens à elle à Paris qui ont réussi à arrêter ces bombardements. Il conviendrait de les reprendre*[139]. »

Ainsi s'expliqua facilement que Barbanson demandât expressément à ses amis des Affaires étrangères, dont le chef de la division politique Albert de Bassompierre,

---

136 *Ibid.*, Note d'Eugène Witmeur, 28 septembre 1918.

137 United States Department of State, *Papers relating to the foreign relations of the United States, The Paris Peace Conference, 1919*, III, Washington, Government Printing Office, 1943, p. 30.

138 AACA, P-XXIX (29), Notes et rapports, 1, 1914–1940, Note de Barbanson, 5 décembre 1918.

139 AGR, Fonds Broqueville, *op. cit.*, lettre de Gaston Barbanson à Charles de Broqueville, 2 novembre 1917. L'officier belge incriminé n'a pas pu être identifié, ni sa missive retrouvée dans les papiers du Deuxième bureau de l'état-major français, ni dans ceux de François-Marsal conservés au SHD. On retrouve cependant les mêmes accusations relatives au « Nickelstahl », mais à Dommeldange cette fois, dans le « Rapport d'un Lorrain ayant quitté le Luxembourg le 3 octobre [1916], où il séjournait depuis deux ans » et étant « *absolument sûre* » aux yeux de la section allemande de l'état-major français [SHD, département de l'armée de l'air (DA), 1 A 168, p. 1].

de ne pas utiliser les services de l'administrateur-général d'Ougrée-Marihaye pour des missions au Grand-Duché[140]. Mais il ne fut pas entendu, au point qu'il finît par exprimer son exaspération au secrétaire général du ministère belge, Pierre Orts :

Rapports directs et indirects au sein du réseau de l'Arbed en 1919

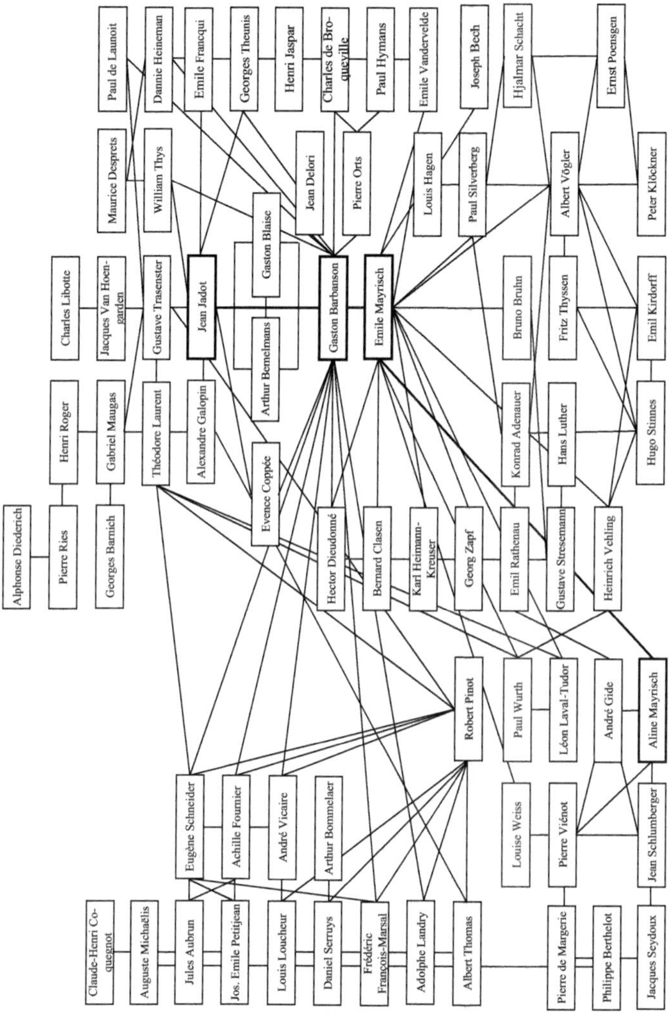

140 ASPFAE, B1, 1918–1920, note manuscrite à sa lettre à Jules Brunet, 25 décembre 1918.

« Comprendra-t-on enfin au Gouvernement belge pourquoi j'ai essayé (et d'ailleurs réussi) à intéresser les plus puissants métallurgistes français aux affaires métallurgiques luxembourgeoises ? Verra-t-on enfin clair et cessera-t-on de suivre aveuglément la politique d'un Trasenster, uniquement préoccupé de faire ses petites affaires à lui, sans se soucier plus de l'intérêt général qu'un poisson d'une pomme[141]. »

Ce sentiment fut partagé par ses collègues belges. Les négociations entamées avec les aciéries d'Angleur et d'Espérance-Longdoz pour fusionner avec Ougrée-Marihaye firent long feu malgré le soutien de la Société générale de Belgique[142].

Le réseau d'entreprise de la Société générale de Belgique (1911–1940)

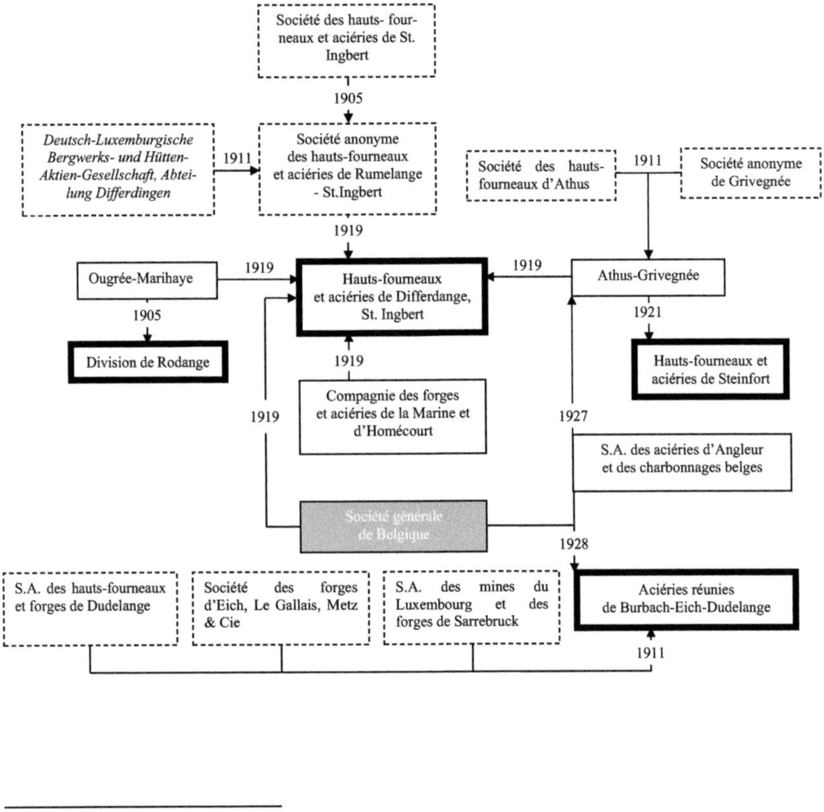

141 *Ibid.*, B12, 1840–1921, Note de Barbanson, 17 avril 1919 et lettre à Pierre Orts, 22 juin 1919.

142 AGR/SG, *op. cit.*, Compte-rendu de la séance du Comptoir des Aciéries belges, 29 janvier 1919, Note de Gustave Trasenster, février 1919 et compte-rendu de la 3e séance préparatoire à la création d'un trust des aciéries belges, 18 mars 1919.

Jamais il ne parvint à imposer durablement l'idée que le trust fût donc indispensable. Dès le 8 février 1919, Cockerill s'y opposa[143]. En outre, un administrateur des Forges de la Providence et, depuis le 27 octobre 1917, de l'Arbed — où il remplaçait Auguste Laval, décédé —, Félix Lacanne s'opposa à Trasenster. Il n'avait pas accepté les attaques contre Barbanson lors du Comité central industriel de Belgique de novembre 1918 et fut depuis l'objet des insultes du président du Comptoir des Aciéries belges. Lors de la réunion du 18 mars 1919, il l'accusa de « *bochofilie* »[144]. Autant dire que, concernant les affaires luxembourgeoises, les choses s'annoncèrent plutôt mal. Reflétant l'opinion de Jean Jadot, Eugène Witmeur souhaita pourtant « *trouver des combinaisons pour concilier les intérêts belges et grand-ducaux, puisque ces intérêts se complètent encore très souvent*[145]. » Mais, déjà, Athus-Grivegnée, la Providence et Cockerill avançaient en solitaire, s'abouchant avec Arbed dans la reprise des emprises de la Gelsenkirchener[146]. Et même de la Deutsche-Luxemburgische s'il fallait croire *L'Echo de la bourse* du 22 février 1919.

La même information sembla être arrivée aux oreilles du consul Léon Nemry au début du même mois. Représentant d'une autorité alliée dont les troupes exerçaient « *le contrôle de l'administration et le droit de réquisition* »[147] et espéraient relever les hommes du général Pershing sur le départ, le principal agent d'influence de la diplomatie belge à Luxembourg eut connaissance d'un télégramme échangé par Emile Mayrisch, directeur-général de l'Arbed, et Heinrich Vehling, directeur de la Gelsenkirchener, avant celui du 22 janvier 1919[148], qui repoussait le rendez-vous du 30 en raison d'un voyage du Luxembourgeois. Désireux d'opérer rapidement, il semblerait que Nemry ait omis de rendre compte à ses autorités à Bruxelles ; tout au plus a-t-il averti oralement le prince Albert

143 Eric Bussière, « La sidérurgie belge durant l'entre-deux guerres : le cas d'Ougrée-Marihaye (1919–1939) », *Revue belge d'histoire contemporaine*, 1984, XV, 3–4, p. 308.

144 Charles Barthel, *op. cit.*, p. 55 n. 97.

145 AGR/SG, *op. cit.*, « Note sur l'industrie métallurgique en Belgique », 1er février 1919.

146 AACA, AC-01722, lettre de Félix Lacanne à Emile Mayrisch, 12 mars 1919 ; AC-01723, Note 3 « Mission relative aux usines et propriétés de la société de Gelsenkirchener », 14 mars 1919 et télégrammes de Léon Greiner à Félix Lacanne, 28 mars et 1er avril, de Félix Lacanne à Emile Mayrisch, 10 avril 1919.

147 MRAHM, 55, Occupation du Luxembourg, Ferdinand Foch, « Note sur l'administration du Grand-duché de Luxembourg », 20 novembre 1918.

148 AACA, AC-01723.

de Ligne, ministre belge à Luxembourg[149]. Toujours est-il qu'il se tournât vers Trasenster pour se dresser en travers de la route de l'Arbed. Dans l'urgence, l'administrateur-général d'Ougrée-Marihaye estima préférable de ne pas se présenter seul, mais de jouer l'alliance avec la France. En 1913, il fit accueillir, au sein du conseil d'administration de la Société des hauts-fourneaux de la Chiers, à Longwy, René Robard[150]. Cet administrateur-délégué des Tréfileries et laminoirs du Havre, qui figurait comme le troisième producteur d'électricité avant guerre, disposa des relations nécessaires pour mener à bien la contre-offensive belge d'un point de vue politique. Un de ses administrateurs depuis 1911, Louis Loucheur, devint ministre français de l'Armement, puis après le 11 novembre 1918, de la Reconstitution industrielle. Grâce à ce patronage, Robard eut aussi ses entrées auprès de Robert Pinot, secrétaire-général du Comité des forges de France. Au niveau financier, il sollicita le concours de la Société parisienne de banque, présidée par Jules Bernard, très liée à la Banque de Paris et des Pays-Bas. Les deux hommes se retrouvèrent depuis l'été 1917 au sein du Groupement charbonnier des industries d'armement de la quatrième région économique, que gérèrent les Tréfileries et laminoirs du Havre ; Bernard y représenta les Usines métallurgiques de la Basse Loire. Ces dernières furent liées depuis l'avant-guerre avec la Société métallurgique du Hainaut.

Pour l'approche des deux entreprises allemandes, Gustave Trasenster préféra utiliser les services de Nicolas Zimmer-Maroldt, représentant à Luxembourg de la firme berlinoise Rawak & Grünfeld Erzhandelsgesellschaft. Plus de quinze jours après que Nemry eut intercepté le télégramme de l'Arbed et onze jours avant que Mayrisch ne rencontrât Vehling, ce dernier fut à l'œuvre. Conscient que l'Arbed négociait principalement avec la Gelsenkirchener, il décida de commencer par la Deutsche-Luxemburgische. Aussi se présenta-t-il le 6 février à Dortmund, où il rencontra le directeur commercial du groupe, l'ingénieur luxembourgeois Emile Feldes[151]. Entre le 30 mars et le 2 avril, l'information sur les emprises luxembourgeoises (Differdange et Rumelange), sarroises (St. Ingbert) et lorraines (Ottange) fut préparée du côté allemand[152]. Puis,

149 Ce dernier n'avertit Paul Hymans que le 6 juin 1919 [Eric Bussière, *La France…*, *op. cit.*, p. 117 n. 3].

150 Eric Bussière, « La siédrurgie, *op. cit.…* », p. 311.

151 Charles Barthel, *op. cit.*, p. 50–51 et 85–86.

152 ANLux, Arbed-01-2160, pochette « confidentielle » de rapports de Fritz Sellge sur Differdange (30 mars), Rumelange-Ottange (2 avril 1919) et St-Ingbert (2 avril 1919).

« le jour et l'heure où le Conseil d'administration de Gelsenkirchener fut réuni à Essen pour délibérer sur les conditions de reprise de son domaine luxembourgeois par le groupe de Terres Rouges, [...] le représentant qualifié de Monsieur Trasenster s'est présenté devant la salle de séance pour demander par le directeur général Mr. Vehling de la façon la plus pressante que le Conseil ne prenne pas de décision ce jour afin de permettre à Mr. Trasenster de présenter ses offres[153]. »

A aucun de ses interlocuteurs, Zimmer ne donna de détail sur l'identité de ses commanditaires[154].Toutefois Jean Jadot put percevoir la menace de l'entrée dans l'affaire de la Banque de Bruxelles. Cette dernière fut en effet liée à la Banque de Paris et des Pays-Bas.

Le réseau mobilisé par la Société générale de Belgique pour s'emparer de la Deutsche-Luxemburgische (février-octobre 1919)

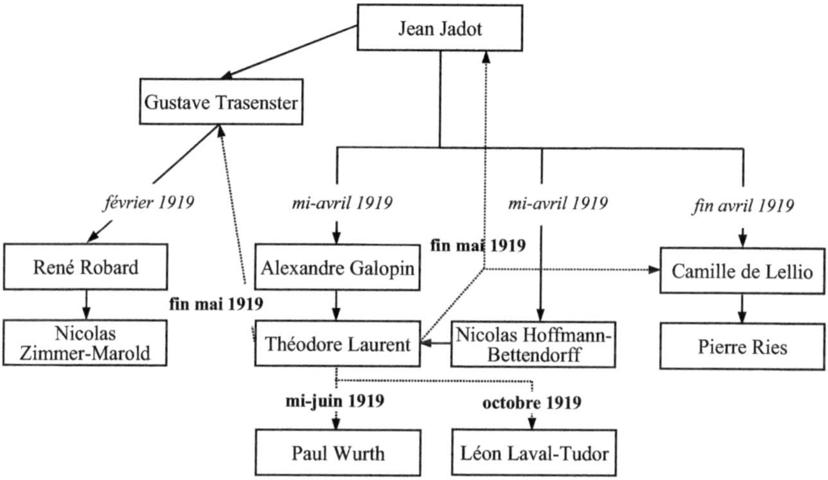

Aussi, le gouverneur de la Société générale de Belgique décida de reprendre la main. S'il fut d'accord pour envisager une association des groupes sidérurgiques français et belges au Grand-Duché, il ne fallut pas que l'initiative lui échappât. La reprise de la Banque internationale de Luxembourg fut pour cela un exemple : il accepta que la Banque de Bruxelles y participât dans la mesure où il put continuer à contrôler son évolution via la Banque de l'union parisienne, qui fut une des banques étrangères patronnées par la Société générale de Belgique. L'objectif

153 AACA, P-XXIX (29), Déclaration d'Emile Mayrisch, s.l.n.d.
154 Charles Barthel, *op. cit.*, p. 85.

de Jadot fut de parvenir à bâtir un réseau d'entreprises sidérurgiques fondé sur le même modèle afin d'en spécialiser la production et lui donner une dimension lui permettant de résister à la concurrence internationale. La haute direction de ce trust des aciéries belgo-luxembourgeoises devait être assurée par la Société générale de Belgique, comme elle l'avait fait avant-guerre pour les chemins de fer de Chine et de Russie ou pour la colonisation du Congo. Il convint donc de chercher une autre solution, d'autant que Zimmer semblât marquer le pas avec la Deutsche-Luxemburgische et manqua totalement sa cible avec la Gelsenkirchener, doublé par Mayrisch. A trop étreindre, on finit par mal embrasser !

Jadot commença par intimer à Trasenster d'adopter un profil bas, tandis qu'il recherchait un groupe français plus présentable pour la Deutsche-Luxemburgische. La lecture du réseau mobilisé se retrouva dans le capital de l'Hadir, tel qu'il fût souscrit en février 1920[155]. Il actionna d'abord le directeur d'une des entreprises rachetées au séquestre par la Société générale de Belgique, la Fabrique nationale d'armes de guerre d'Herstal[156]. A sa tête depuis 1913, Alexandre Galopin disposait d'une relation sans pareil avec la France. Sa réputation le précéda dans ce pays alors que la Première Guerre mondiale le poussait vers Le Havre, où résidait le gouvernement belge en exil. Au printemps 1915, Albert Thomas, secrétaire d'Etat de l'Artillerie et des Munitions, obtint que Galopin fût mis à disposition de la France. Envoyé à la manufacture d'armes de Saint-Etienne, il devait y standardiser la fabrication d'un million de fusils, puis développer des mitrailleuses et autres moteurs d'avion[157]. Il ne tarda pas à faire connaissance de Théodore Laurent, directeur des Forges et aciéries de la Marine et d'Homécourt, replié à Saint-Chamont. De cet heureux concours de circonstances naquit une estime mutuelle, qui n'échappa pas au gouverneur de la Société générale de Belgique. Ni à l'administrateur-général d'Ougrée-Marihaye, qui le côtoya aux

155 AGR/SG, *op. cit.*, 492, Hauts-fourneaux et aciéries de Differdange-St. Ingbert-Rumelange ; ANLux, Arbed-01-2162, capital souscrit, février 1920.

156 Sur le rachat au séquestre en 1919 par l'Union financière et industrielle liégeoise, holding fondée par la Société générale de Belgique deux ans auparavant, cf. Charles Kerchove de Denterghem, *op. cit.*, p. 89 ; Jo Cottenier, Patrick de Boosere, Thomas Gounet, *La Société générale, 1822–1992*, Bruxelles, Ed. Aden, 1989, p. 83. Cf. aussi l'historique de l'entreprise, *Fabrique nationale d'armes de guerre. 1889–1964, Herstal*, Liège, Fabrique nationale, 1965.

157 Dominique Pestre, *Deux siècles d'histoire de l'armement en France. De Gribeauval à la force de frappe*, Paris, CNRS éditions, 2005, p. 248–249 ; Mark van den Wijngaert, *L'économie belge sous l'occupation. La politique d'Alexandre Galopin, gouverneur de la Société Générale*, Bruxelles, Duculot, 1990, p. 5.

réunions des experts belges pour les questions économiques et industrielles à la Conférence pour la paix de 1919[158].

Le contact entre Jadot et Galopin établi, il ne resta plus qu'à faire passer le message à Théodore Laurent, sans lui révéler que l'information vînt de la Société générale de Belgique. Ce dernier se montra immédiatement intéressé par cette possibilité de consolider à l'est ses futures participations lorraines — la question du séquestre des biens allemands dans l'ancien *Reichland*, ouverte en novembre précédent, fut réglée en janvier 1919. Dès le 18 avril, soit un peu plus de deux mois après que Zimmer eût commencé ses pérégrinations en Allemagne, Laurent vit Fritz Sellge, directeur des usines de Differdange. La rencontre fut organisée par Heinrich Vehling, directeur général de la Gelsenkirchener. Le 5 avril, il fut mandaté par Hugo Stinnes de préparer cette réunion, en raison de sa double connaissance du français et des Français. En effet, pendant huit années (1900–1908), Vehling fut ingénieur à l'usine Vézin-Aulnoye d'Homécourt et parlait de ce fait la langue de Molière. Une sympathie réciproque naquit entre les négociateurs français et lui[159]. Tous les ingrédients d'une parfaite coopétition furent réunis.

Pourtant, une asymétrie informationnelle exista entre les deux parties. D'abord, Jadot ne fut pas sûr du succès de l'opération, d'autant qu'il n'était pas certain que les sidérurgistes wallons le suivraient dans cette voie, alors qu'ils avaient refusé le trust. Aussi garda-t-il la manœuvre pour lui seul, ne s'en ouvrant que tardivement à Eugène Witmeur[160]. Dans l'immédiat, il importait de suivre le Français pas à pas, quitte à agir sur son flanc, comme il le fit à propos de la Banque internationale à Luxembourg et du mandat de Barbanson. Dès le 26 avril, il mandata Camille de Lellio ouvrir des négociations avec Sellge à Differdange[161]. Parallèlement, il fit acheter en sous-main des titres Rumelange au tiers de leur prix par l'entremise d'une association provinciale rhénane, la Einkauf Niederrhein GmbH, fondée le 10 février 1916 par les villes et les

158 United States Department of State, *Papers relating to the foreign relations of the United States, The Paris Peace Conference, 1919*, III, Washington, Government Printing Office, 1943, p. 30. Galopin participait au contrôle du commerce des armes [*Ibid.*, p. 169].

159 Charles Barthel, *op. cit.*, p. 96.

160 Les premiers signes d'officialisation du rôle de la Société générale de Belgique aux côtés de Théodore Laurent, cf. la lettre de Théodore Laurent à Jean Jadot, 12 juin 1919 [AGR/SG, Papiers Jadot, *op. cit.*, 5 ; ANLux, Arbed-01-2162]. Elle faisait état d'une conversation avec Gustave Trasenster et de sa volonté d'envoyer des ingénieurs dans les emprises de la Deutsche-Luxemburgische.

161 Charles Barthel, *op. cit.*, p. 104–105.

districts de la province de Düsseldorf pour l'achat de denrées alimentaires[162] ; la contrebande de titres dura jusqu'à la mi-juin 1919[163], lorsque Jadot fut certain des chances du syndicat franco-belge monté par Laurent[164]. Ce dernier sembla devoir ignorer l'ampleur de la machination de la Société générale de Belgique.

Ensuite, Laurent fut dépendant de l'information que Trasenster, approché dès la fin avril 1919, et Jadot, contacté dès le début juin au plus tard, purent lui donner sur la Deutsche-Luxembugische et le bassin industriel lotharingo-luxembourgeois y dépendant. Il disposa bien d'un ingénieur, employé sous l'uniforme français, le capitaine David Henri Wolkowitsch, mais celui-ci ne fut au mieux qu'un agent de liaison et d'influence. Cela tint avant tout à la méfiance des Allemands. Jadot tenta ainsi d'utiliser un petit actionnaire luxembourgeois de la Société anonyme des hauts-fourneaux et aciéries de Rumelange-St. Ingbert[165], Nicolas Hoffmann-Bettendorf, avec lequel il collaborait au même moment à la fondation de la Banque générale du Luxembourg[166]. Mais l'homme fut récusé, n'étant pas assez connu de la direction de Differdange[167]. Ce manque d'information imposa Jadot à se dévoiler, peut-être avant l'heure, auprès de Laurent tant Hugo Stinnes sembla vouloir faire monter les prix en agitant le spectre de la concurrence[168]. Pour cette raison, Laurent chercha le contact de Paul Wurth, ancien administrateur de la Deutsche-Luxemburgische qui ne faisait pas mystère de sa rancœur contre elle, et Léon Laval, qui chercha à placer sa Société générale pour le commerce de produits industriels (Sogeco). Mais ces deux hommes apparurent comme appartenant plutôt au passé qu'à l'avenir. L'un et l'autre disparurent au cours

---

162 Horst Romeyk, Max Bär, *Verwaltungs- und Behördengeschichte der Rheinprovinz 1914-1945*, Düssoldorf, Droste, 1985, p. 68.

163 Charles Barthel, *op. cit.*, p. 107.

164 Société Lorraine des Aciéries de Rombas (Forges et aciéries de la Marine et d'Homécourt, Aciéries de Micheville, Société de Pont-à-Mousson —MarMichPont—, Aciéries de Longwy, Fonderies et forges d'Alais, Aciéries de France, Chantiers de France, Fives-Lille, Delattre & Frouard, Bayard, Bussy, Crédit industriel et commercial, Société nancéenne de crédit industriel et de dépôts, Augustin Normand du Havre, Moisant-Laurent-Savey), Ougrée-Marihaye, Aciéries d'Angleur.

165 *Mémorial du Grand-Duché de Luxembourg*, 58, 13 octobre 1905, p. 847.

166 Archives historiques de la Société générale, Paris, 14409 d. 30, lettre de Jean Jadot à Lucien Villars, 27 juin 1919. Cf. aussi Monique Kieffer, « Des origines à l'enracinement national (1919 - 1939) : la Banque générale de Luxembourg », Gilbert Trausch (dir.), *Belgique-Luxembourg : les relations belgo-luxembourgeoises et la Banque Générale du Luxembourg (1919–1994)*, Luxembourg, BGL, 1995, p. 283–291.

167 Charles Barthel, *op. cit.*, p. 97.

168 *Ibid.*, p. 99. Cf. aussi p. 113, 119.

des années 1920, contraint à la faillite comme le premier ou voyant son contrat d'exclusivité brutalement cassé pour le second. Le gouverneur de la Société générale de Belgique se dépêcha peut-être également à apparaître dans la mesure où Laurent fut un autre partenaire que Robard du point de vue financier, puisqu'il fût encore le président de la Banque des pays du nord.

La conclusion favorable du rachat des biens de la Deutsche-Luxemburgische en février 1920, deux mois après celui de la Gelsenkirchener par l'Arbed, poussa Jadot à persévérer en direction de la constitution d'un trust sidérurgique. Puisque les entrepreneurs wallons du secteur n'en voulurent pas, la Société générale de Belgique allait les y contraindre. En dix ans, elle augmenta ses participations, directes et indirectes, par le biais de ses banques patronnées, dans quatre-vingt cinq entreprises industrielles et contribua à cent-vingt-neuf augmentations de capital. Hormis l'automobile, pas un secteur n'échappa à l'emprise de l'institution fiduciaire. Ses participations dans l'industrie métallurgique représentèrent à 25,5 % de son portefeuille à la mort de Jadot ; elles en représentaient 12,2 % en 1911 et plus que 8 % en 1919[169]. En plus d'Ougrée-Marihaye et de l'Arbed, où elle n'eut que des positions minoritaires, et de l'Hadir, elle contrôla directement un réseau de quatre sociétés sidérurgiques. Les entreprises sidérurgiques belges furent intégrées dans une Union commerciale belge de métallurgie (Ucometal), puis, le 31 mai 1933 après le ralliement d'Ougrée-Marihaye, dans le Comptoir de vente de la sidérurgie belge (Cosibel)[170]. Une partie des participations des entreprises luxembourgeoises furent regroupées dans une holding de droit local, la Compagnie luxembourgeoise de participations industrielles (Copalux), créée le 9 décembre 1936[171] ; elle fut déposée jusqu'à sa liquidation le 10 mars 1939, à la Banque générale du Luxembourg. Mais l'intérêt de l'opération n'eut rien à voir avec le réseau d'entreprises ainsi renforcé, seulement avec l'obligation d'assurer l'environnement de l'institution fiduciaire belge, passablement brouillé par les effets de la crise de 1930–1936[172].

---

169 AGR/SG, *op. cit.*, Rapports annuels du conseil d'administration à l'assemblée générale, 11, rapport pour les années 1911, 1919 et 1928. Cf. aussi Hendrikus Marchinus Hyminus Arnoldus Van der Valk, *De betrekkingen tusschen banken en industrie in Belgïe,* Haarlem, De Erven F.Bohn, 1932, p. 123.

170 Daniel Barbezat, « Belgian Domestic Steel Cartels and the Re-Rollers, 1933–38 », *Business and Economic History*, 2/18, 1989, p. 219–220.

171 *Mémorial du Grand-Duché de Luxembourg*, 9, 6 février 1937, p. 84 ; *Annuaire des sociétés par actions en Alsace et Lorraine, Luxembourg, Sarre*, Strasbourg, Sogenal, 1937, p. 808.

172 AGR/SG, *op. cit.*, 30, Copalux, statut, 9 décembre 1936.

Chapitre 8 Au service de l'expansion

L'organisation économique en réseau, qu'il fut social ou d'entreprise, répondait à une stratégie plus globale. L'exemple de la Société générale de Belgique en montra clairement différentes facettes. D'une part, dans une logique externe, cette organisation noua un ensemble d'alliances qui lui permit de couvrir le marché belge, devenu le pilier central de solidarité en cas de crise. Dans les années 1870, les entreprises concernées furent essentiellement bancaires ; un demi-siècle plus tard, elles furent sidérurgiques. Dans les deux cas, il s'agissait pourtant d'assurer la centralité de la banque dans le pays, comme en témoignèrent à diverses époques ses ramifications politiques. D'autre part, d'un point de vue interne, le réseau permit à l'information de circuler afin de mieux préparer le marché à l'action de l'entreprise par des opérations commerciales (banques patronnées), industrielles (Ucometal, Cosibel) ou financières (Copalux). Les réseaux diplomatiques français et belges dans le Grand-Duché ne visèrent pas autre chose quand ils instrumentalisèrent les anciens combattants employés dans l'industrie et le commerce du pays[1] pour le seul profit de leur centralité politico-économique. De même, Emile Mayrisch n'eut d'autre objet que de servir les intérêts de l'« Etat Arbed » en agitant ses réseaux.

Pour déterminante qu'elle fut, l'action de ces hommes, chefs d'entreprise, diplomates ou législateurs, ne fut cependant pas la plus importante dans cette évolution. En effet, comme toujours, elle fut avant tout tributaire des évolutions économiques. Et de 1911 à 1940, le Grand-Duché ne fut pas l'*eldorado* qu'il devait devenir. De 1907 à 1936, le pays connut en fait une longue récession, entrecoupée de reprises avortées (1911–1913, 1922, 1928–1929). Il connut *« toutes les crises (...) qui affectent l'organisme économique, crise de production,*

1 Archives du ministère des Affaires étrangères, Paris (AMAE), lettre de Camille Julliard à Aristide Briand, Z, Luxembourg, 52, 22 mai 1921 ; *Ibid.*, Relations commerciales, C, Luxembourg, 55, 6 et 13 août 1925 ; Archives du service public fédéral des Affaires étrangères, Bruxelles (ASPFAE), B1, 1925–1934, A, 1925–1928, lettres d'Adrien de Nieuwenhuys à Emile Vandervelde, 15 juillet et 7 août 1925 ; B, 1928–1934, lettres d'Adrien de Nieuwenhuys à Paul Hymans, 18 avril 1934 ; Jean de Crécy, « L'attitude de la Colonie belge à Luxembourg. Les effets de la jalousie internationale », *L'Est républicain*, 8 août, repris par *L'Indépendance luxembourgeoise*, 10 août 1925. Cf. aussi *L'Indépendance luxembourgeoise*, 28–29 juin et *La Libre Belgique*, 21 juillet 1925.

crise des transports, crise monétaire, crise morale et sociale »[2], réunies ou indépendamment les unes des autres. Elles furent le résultat à la fois de l'industrialisation du Grand-Duché et de sa forte dépendance de l'étranger. Ainsi, la crise de 1913–1914, comme celle de 1907–1908 d'ailleurs, fut liée à l'appartenance au *Zollverein*. Celle de 1923 fut le résultat de l'occupation de la Ruhr. Les années 1924–1926 et 1935, comme l'immédiat après-guerre, furent quant à elles marquées par une crise monétaire, dont le traitement appartenait dans une large mesure à une puissance étrangère, la Belgique après l'Allemagne[3].

Cet arrière-plan économique échappa à nombre d'acteurs de l'industrie luxembourgeoise, particulièrement durant l'entre-deux-guerres, mais il fut bien compris par Emile Mayrisch. Dès le début du siècle, il avait compris la nécessité d'assurer une coordination économique[4] sur le marché sidérurgique local. Elle passait par une maîtrise de son environnement, aussi bien économique que politique. L'internationalisation de l'économie après la Première Guerre mondiale nécessita d'élargir les perspectives. Cette impulsion insufflée par l'Arbed contribua à développer un climat favorable à l'expansion qui perdura bien au-delà de 1940.

Assurer l'approvisionnement et les débouchés

La coordination économique posa la question de l'organisation du marché et son équilibre. Elle était aussi liée à la maîtrise de la concurrence et de sa pression. Avant 1914, le directeur de la Société anonyme des hauts-fourneaux et forges de Dudelange ne fut pas le seul à s'en préoccuper. Les opérateurs des usines de Rumelange et de Differdange s'en soucièrent tout autant. Ainsi Georges de Lavelaye, administrateur de la Banque de Bruxelles entré au conseil de la première en juin 1888[5], ou Oscar Kraemer, dont la société par action fut absorbée en mai 1905 par la même[6] et qui s'en ouvrit à Hugo Stinnes six ans plus tard. Ces deux hommes

---

2 « Rapport général sur la situation de l'industrie et du commerce pendant l'année 1919 », *Mémorial du Grand-Duché de Luxembourg*, 48, 10 juillet 1920, p. 3.

3 Rapports de la chambre de Commerce de Luxembourg 1911–1938, *Ibid.*

4 Dans son exposé devant le Comité franco-allemand d'information et de documentation, 12 décembre 1927, publié dans *La Nouvelle Europe*, 515, 24 décembre 1927, p. 1702–1704, sur « Les ententes économiques internationales et la paix », Mayrisch parlait de « *rationalisation* ».

5 *Mémorial du Grand-Duché de Luxembourg*, 34 du 23 juin 1888, p. 307.

6 *Ibid.*, 58 du 13 octobre 1905, p. 845–854.

permirent que les deux entreprises partageassent des concessions minières voisines et le gaz des hauts-fourneaux d'Ottange qui alimentait en électricité Differdange[7]. L'*Interessengemeinschaft* (communauté d'intérêt), qu'elles finirent par conclure, le 25 juin 1911[8], correspondait à une volonté d'étendre la division du travail à l'ensemble du groupe ainsi formé et à en spécialiser chaque emprise[9]. Elle fut aussi une intégration horizontale décidée par la Deutsche-Luxemburgische Bergwerks- und Hütten-A.-G., Abteilung Differdingen. Les demandes de concessions minières des 20 janvier 1911[10] et 30 janvier 1913[11], accordées le 24 juin 1913[12], démontrèrent une volonté de s'imposer au Grand-Duché.

L'établissement d'une coordination économique par un *konzern* allemand sembla irrésistible. Le 30 octobre 1911, la mise à feu du premier haut-fourneau de l'ultramoderne usine Adolf-Emil de la Bergwerks A.-G., à Esch-sur-Alzette[13], puis les concessions minières accordées le 4 juin 1913[14], vinrent après la fusion du 1er janvier 1907 des intérêts du charbonnage de l'Aachener Hütten-Actien-Verein zu Rothe Erde[15] et son implantation des deux côtés des frontières lorraines[16]. A terme, l'objectif d'Emil Kirdorf était de relier son vaste domaine par un funiculaire depuis les mines de Saint-Pierremont, Mancieulles et Villerupt, en Meurthe-et-Moselle, en passant par Rédange, en Lothringen. Le minerai ainsi transporté devait alimenter l'aciérie Adolf-Emil[17]. Seule la recrudescence de la

7 Ralf Banken, Die *Industrialisierung der Saarregion 1815–1914*, 2, *Take-Off-Phase und Hochindustrialisierung 1850–1914*, Stuttgart, Franz Steiner Verlag, 2003, p. 327 n. 118.

8 Archives nationales du Luxembourg, Luxembourg (ANLux), Arbed-01-2162, contrat principal signé à Düsseldorf ; *Mémorial du Grand-Duché de Luxembourg*, 34 du 11 mai 1912, p. 24.

9 *Stahl u. Eisen*, 1er et 29 juin 1911, p. 910 et 1074–1075.

10 *Mémorial du Grand-Duché de Luxembourg*, 4, 28 janvier 1911, p. 37–38 et 40–41.

11 *Ibid.*, 19, 20 mars 1913, p. 272–275.

12 *Ibid.*, 77, 29 novembre 1913, p. 1274–1279.

13 *Stahl u. Eisen*, 1er mai 1913, p. 713–745.

14 *Mémorial du Grand-Duché de Luxembourg*, 77, 29 novembre 1913, p. 1258–1263 ; *Ibid.*, 4, 28 janvier 1911 et 20, 26 mars 1913, p. 38, 41 et 288, 290–291.

15 *Handbuch der Deutschen Aktien-Gesellschaften 1910–1911*, Berlin/Leipzig/Hambourg, Verlag für Börsen und Finanzlitteratur A.-G., 1911, p. 755–756.

16 Gérald Arboit, *Terres-Rouges. Le fer et le feu à Audun-le-Tiche*, Knutange, Fensch Vallée, 1997, p. 41–42.

17 Archives départementales de la Moselle, 18 Z 37, lettre de Rudolf Seidel à Ernst Cordemann, Kreisdirector de Diedenhofen-West (Thionville-Ouest), 8 novembre 1910.

tension franco-allemande, après la « grande peur » qui suivit l'entrée de la canonnière *Panther* dans le port d'Agadir, le 1er juillet 1911, empêcha la réalisation de ce projet. De son côté, August Thyssen tenta d'acquérir une position majoritaire dans Le Gallais, Metz & Cie. Suite à sa rupture avec Kirdorf, en relation avec la décision d'établir l'usine Adolf-Emil, le bouillant industriel de la Ruhr avait entrepris d'établir ses Stahlwerk Thyssen A.-G., à Hagondange. Mais l'entreprise le plaça rapidement dans une position financière délicate et il dut se séparer, au cours de l'année 1910, de ses titres[18]. Quant à Felten & Guilleaume A.-G., cette filiale de l'AEG regardait en 1910 vers les hauts-fourneaux et forges de Dudelange ainsi que les mines du Luxembourg et des forges de Sarrebruck. Entre 1904 et 1909, profitant de la mort d'Emile Metz et de l'arrivée de Norbert Le Gallais aux affaires, elle chercha vainement à nouer une *Interessengemeinschaft* avec la forge de Dommeldange par l'entremise de Nicolas Hoffmann-Bettendorf. Trois ans plus tard, elle absorbait Jules Collart & Cie à Steinfort[19].

L'*Interessengemeinschaft* était un processus par lequel deux ou plusieurs sociétés décidaient *« pour une période de plusieurs années (parfois jusqu'à cinquante ans) de mettre en commun l'ensemble de leurs profits et de les répartir entre elles selon des proportions préalablement définies »*[20], chacune *« conservant son autonomie et la propriété de son patrimoine, la gérance de la communauté »*[21] étant confiée contractuellement à une des nouvelles partenaires. L'innocence apparente de cette *« fusion partielle »*, selon le mot de Julius Hirsch, professeur de l'Handelshochschule de Berlin et collègue de Mayrisch au Bureau international du Travail de Genève[22], en fit une combinaison largement appréciée par les entreprises sidérurgiques allemandes pour acquérir à peu de frais des entreprises viables. En effet, cette forme intermédiaire entre la coopération et la fusion permettait de réaliser des économies d'échelle, induisant une tendance naturelle à

18 Manfred Rasch, « August Thyssen. Der katholische Großindustrielle der Wilhelminischen Epoche », Manfred Rasch, Gerald D. Feldman, *August Thyssen und Hugo Stinnes : Ein Briefwechsel, 1898–1912*, Munich, Ch. Beck, 2003, p. 55.

19 Jacques Maas, « Walther Rathenau et les hauts-fourneaux de Steinfort (1911–1919) », *Hémecht*, 1991/2, p. 141–183.

20 Hermann Levy, *Industrial Germany. A study of its monopoly organizations and their control by the state*, Cambridge, Cambridge University Press, 1935, p. 181.

21 *Mémorial du Grand-Duché de Luxembourg*, 34 du 11 mai 1912, p. 24.

22 *Les monopoles nationaux et internationaux au point de vue des intérêts de l'ouvrier, du consommateur et de la rationalisation* ancien ministre du Reich, préparatoire de la Conférence économique internationale, Genève, Bureau International du Travail, 1926, p. 22.

la concentration qui ouvrait la porte, après quelques années, à la fusion. S'ajoutait le fait que l'opération était anonyme — c'est-à-dire non-déclarative jusqu'à la loi luxembourgeoise sur les sociétés de 1915 —, facile à constituer et souple de fonctionnement. Dans des conditions similaires, les Belges préférèrent absorber et filialiser. Ainsi s'opéra la fusion d'Ougrée-Marihaye avec la Société anonyme des hauts-fourneaux de Rodange, le 27 avril 1905.

Emile Mayrisch ne devait pas agir différemment face à cette offensive généralisée rhéno-westphalienne. Il était conscient de la fragilité des seuls hauts-fourneaux et forges de Dudelange. Certes, l'entreprise dont il assumait la direction technique depuis 1896 bénéficia d'un avantage technologique non-négligeable par rapport aux frères Charles et Jules Collart, opérateurs de Steinfort (1856–1912) et de Rodange (1872–1905). Il était le résultat d'une véritable action de veille et d'intelligence économique de la part de son prédécesseur (1882–1897), l'ancien pharmacien d'Eich, Jean Meyer. Encore chef de laboratoire à l'usine Metz & Cie de Dommeldange à cette époque, ce dernier lut dans une édition du *Journal of the Iron and Steel Institute* de début avril 1878 un commentaire de la communication de Lowthian Bell, sur la séparation du phosphore et de la fonte. Ce qui retint son attention était moins le contenu scientifique du propos, mais le commentaire d'un jeune inconnu, Sidney Gilchrist Thomas, qui prétendait avoir réussi à déphosphorer la cornue Bessemer[23]. Un an plus tard, l'annonce de la réussite de l'expérience de Middelsbrough, le 4 avril 1879[24], alarma ce chimiste. Il s'en ouvrit à Edmée Metz-Tesch, afin qu'elle convertît son époux Emile de l'opportunité d'une telle innovation pour le Luxembourg. L'objectif fut d'obtenir par cette voie l'autorisation du gérant de l'entreprise, Norbert Metz. Les deux ingénieurs comprirent aisément les enjeux que représentait pour leurs affaires l'invention de Thomas et de son cousin Percy Gilchrist. Ainsi Jean Meyer et Emile Metz se mirent-ils en route pour le Yorkshire, où ils devaient acquérir le brevet. Leur passage pour le nord de l'Angleterre se fit en concurrence de l'industriel aixois Gustav Leon Pastor, de la Rheinische Stahlwerke, et l'ingénieur westphalien Richard Pinck, de la Hoerder Bergwerks-und Hütten-Verein. La concurrence promettant d'être dure, les deux Luxembourgeois comprirent l'urgence à arriver les premiers auprès de Sidney Gilchrist Thomas[25]. Le 21 avril

23 *Journal of the Iron and Steel Institute*, 14, 5 avril 1878, p. 306–314.

24 *Thomas and Gilchrist, Bolckow and Vaughan 1879–1929*, Middlesbrough, Bolckow, Vaughan and Co., 1929, p. 20.

25 Il semblerait qu'il s'agisse de l'histoire dont se souvient Robert W. Burnie dans les *Memoirs and letters of Sidney Gilchrist Thomas, Inventor*, Londres, John Murray, 1891, p. 128–129.

1879[26], avec cinq jours d'avance sur leurs poursuivants, ils entamèrent leurs négociations. L'Anglais rendit un jugement de Salomon : pour les deux Luxembourgeois, une licence « *indépendante et exceptionnelle* » valable uniquement pour leur entreprise, tandis que les deux Allemands en obtenaient une complète pour l'ensemble du *Zollverein*[27].

De retour sur le continent, ces derniers intentèrent un long procès dont l'issue favorable à Metz & Cie, en juillet 1882[28], permit enfin d'utiliser le droit concédé par Thomas. Sept mois plus tard, la nouvelle société créée à cet effet, la Société anonyme des hauts-fourneaux et forges de Dudelange, reçut la fameuse licence pour son usage exclusif. Avec sept années de retard sur la Hoerder (22 septembre 1879) et Schneider (novembre 1879), mais aussi sur ses concurrents lorrains (22 février 1881 à Hayange et 19 février 1883 à Longwy), la première coulée luxembourgeoise d'acier déphosphoré eut lieu le 15 avril 1886. L'avance informationnelle de Dudelange se traduisit par un retard relatif à la mise en œuvre technologique, le brevet ne tombant dans le domaine public qu'en 1893. Il s'expliqua par le coût induit par l'action judiciaire, conjugué aux effets de la crise du marché de la fonte jusqu'en 1883. Il en résulta pour la jeune société une fragilité financière qui l'empêchait de réaliser son programme d'investissement au rythme qu'elle voulait. Le recours à l'augmentation de capital (1885) et à l'emprunt (1888, 1894 et 1895) finit par coûter sa place à Jean Meyer.

Son remplacement par Emile Mayrisch ne fit pas disparaître l'absence de financement interne. Par deux fois, il dut recourir à l'emprunt (1898). Mais sa

---

26 Alan Birch, *The Economic History of the British Iron and Steel Industry, 1784–1879: Essays in Industrial and Economic History with Special Reference to the Development of Technology*, Londres, Cass, 1967, rééd. Taylor & Francis, 2006, p. 381–382.

27 Lilian Gilchrist Thomas Thompson, *Sidney Gilchrist Thomas: An invention and its consequences*, Londres, Faber and Faber ltd, 1940, p. 148.

28 Sur cette question inconnue jusqu'à présent, il serait bon d'exploiter les ressources disponibles aux ANLux, Arbed-09-1414-1416 (correspondance de Metz & Cie avec Hoerder Bergwerks-und Hütten-Verein, 1879–1882) et Arbed-09-1948-1954 (correspondance avec Rheinische Stahlwerke, 1879–1884) ; à noter que les relations épistolaires de Metz et cette dernière entreprise avaient débuté en 1877, avant la révélation de l'invention de Sidney Gilchrist Thomas. Elles ne reprirent qu'en 1890 — pour neuf années —, et même 1894 pour Hoerder — jusqu'en 1903. Les seules mentions connues sont celles, romancée, de Joseph Tockert, « Captains of industry », *Am Völkerweg, Kulturhist. Erzähl, aus Luxbgs. Vergangenheit*, Luxembourg, Victor Bück, 1945) et, journalistique, de Jules Mersch, « Emile Metz », *Ibid.*, *Biographie nationale du Pays de Luxembourg depuis ses origines jusqu'à nos jours*, 12, Luxembourg, Victor Buck, 1963, p. 377.

vision stratégique était déjà opérante. L'arrivée de la concurrence des *Konzernen* allemands sur le territoire grand-ducal, l'Aachener Hütten-Aktien Verein Rothe Erde en 1892, la Deutsche-Luxemburgische en 1901, la Gelsenkirchener en 1907 et même Felten & Guilleaume Carlswerk à partir de 1904, signifia la fin d'un avantage technologique qui ne se traduisit pas, pour l'heure, en préséance économique significative. Après s'être assuré une base charbonnière contractuelle avec l'Eschweiler Bergwerks-Verein (26 décembre 1904) — une *Interessengemeinschaft* fut conclue le 7 avril 1913[29] —, il proposa à Le Gallais, Metz & Cie de fusionner leurs actifs (11 décembre 1905). Comme devait le noter plus tard Maurice Hermans, avocat à la cour de Cassation de Belgique et ami de Gaston Barbanson[30], cette pratique permit de transférer le patrimoine d'une société à une autre sans être mise en liquidation. A la différence de l'*Interessengemeinschaft*, l'opération était publique, puisqu'elle engendrait la création d'une nouvelle entité juridique. L'opération envisagée par Mayrisch n'eut toutefois de sens que si le partenaire visé modernisât ses installations de Dommeldange au préalable. Mais, ce ne fut pas le cas[31]. Peut-être fallut-il voir aussi une concurrence entre le directeur de cette dernière usine, Emile Bian, et son homologue de Dudelange ?

Pendant quatre années supplémentaires, Mayrisch dut gérer seul la modernisation de l'usine, au prix d'un nouvel emprunt (1906) et la réduction des coûts de revient. Le 2 février 1909, il réussit à établir un fragile équilibre[32]. Mais la situation de la société resta délicate. Lorsque, deux ans plus tard, Georg Zapf, administrateur de Felten & Guilleaume, joua avec Mayrisch les « *vieux amis* »[33], il jouait plutôt les vautours, conscient de l'asphyxie à laquelle Dudelange était soumise. Le compte de fusion « Réserves et fonds de prévision » de 1911, représentant « *la valeur du capital de l'Arbed au moment de sa création* »[34], ne fut

---

29 Sur les relations heurtées des deux partenaires dans un climat international difficile, cf. Jörg Wiesemann, « Die industriellen und finanziellen Beziehungen zwischen ARBED und EBV von 1913 bis 1952 », Paul Thomes (dir), *Rohstoffbasis und Absatzmarkt : die Schwerindustrie des Grossherzogtums Luxemburg und das Aachener Revier*, 2, Aix-la-Chapelle, Shaker, 2005, p. 51–82.

30 ANLux, Arbed, Pr24, lettre du 10 février 1937.

31 Procès-verbal du conseil d'administration du 19 février 1906, *in* Jean-Pierre Conrardy, *Dudelange. L'usine centenaire*, Luxembourg, Arbed, 1982, p. 11.

32 Procès-verbal du conseil d'administration, *Ibid.*

33 Lettre de Georg Zapf à Emile Mayrisch, 3 février 1911, *in* Jacques Maas, *op. cit.*, p. 143.

34 Félix Chomé, *Un demi-siècle d'histoire industrielle 1911–1964*, Luxembourg, Arbed, 1964, p. 285.

alimenté qu'à hauteur de 6 % par Dudelange — contre 71 % pour Burbach et 23 % pour Eich —, montrant que son avenir n'était pas plus assuré que celui de Jules Collart & Cie. Les dernières sociétés luxembourgeoises semblant ne devoir pas connaître un meilleur sort que leurs consœurs mosellanes[35], il envisagea de fusionner les sociétés familiales de Dudelange, Eich et Burbach.

Dès l'automne 1910, Mayrisch entreprit de préparer les esprits. Son intelligence fut à son conseil d'administration, de profiter de quatre cinquième de celui de Burbach et des liens de filiation existant entre Dudelange et Eich. Le 22 novembre 1910, il proposait, à la demande de son conseil, une étude « confidentielle » sur la construction d'une aciérie à l'usine d'Esch-Schifflange, appartenant pourtant à Le Gallais, Metz & Cie[36]. En janvier et février 1911, il multiplia les avis auprès de banquiers et d'avocats, dont Charles Simons, président du conseil de direction de la Banque internationale à Luxembourg et président de deux tiers des conseils d'administration concernés par la fusion, Maurice Despret, administrateur de la Banque de Bruxelles et avocat à la cour de cassation de la capitale belge, Gaston Barbanson, avocat à Bruxelles, Ernest Neukamp, conseiller à la cour impériale de cassation de Leipzig, et Emil Schniewind, avocat de Cologne[37]. Le 14 février, Mayrisch était en mesure de faire devant les trois conseils assemblés en *« conseil général un large exposé sur les avantages d'une fusion des trois sociétés »*. Il se fut chargé *« d'établir un rapport détaillé sur les avantages et inconvénients »*[38] de l'opération, qu'il présentât un mois plus tard[39]. Le principe de la fusion fut admis le 7 avril 1911[40], sa réalisation décidée le 8 juillet suivant, à Bruxelles[41], et les conventions signées le 29 octobre[42]. *« Dudelange a*[vait] *la volonté (pour des raisons juridiques et en considération des lois de la société) d'acheter les deux autres usines »*[43] et la nouvelle entité prit le nom des Vereinigte Hüttenwerken Burbach-Eich-Düdelingen. En 1919, elle le francisa en Aciéries

35 Cf. François Roth, *La Lorraine annexée. Etude sur la Présidence de Lorraine dans l'Empire allemand (1870–1918)*, Doctorat, Histoire, Nancy II, 1973, p. 309–320.

36 ANLux, Arbed, Pr32.

37 *Ibid.*, Arbed, Pr31.

38 Procès-verbal du conseil général, *in Ibid.*, p. 21.

39 ANLux, Arbed, Pr36.

40 Procès-verbal du conseil général, *in Ibid.*, p. 21.

41 *Ibid.*, *in Ibid.*, p. 23. Cf. *Stein u. Eisen*, 13 juillet et 24 août 1911, p. 1163 et 1400.

42 ANLux, Arbed, Pr33, 34 et 35. Cf. *Mémorial du Grand-Duché de Luxembourg*, 75, 15 novembre 1911, p. 1361–1380 ; *Stein u. Eisen*, 26 octobre et 9 novembre 1911, p. 1782 et 1863.

43 *Stein u. Eisen*, 9 novembre 1911, p. 1863.

réunies de Burbach-Eich-Dudelange, mais la presse française la nommait depuis la guerre, Arbed.

Pendant ce temps, Mayrisch négociait aussi avec Zapf, qui ne soupçonnait rien de ce qui se tramait à Dudelange. La confidentialité des affaires fut aisément comprise par les neuf membres qui composaient les trois conseils d'administration luxembourgeois, par ailleurs liés familialement[44]. Le prix de leur discrétion fut une nomination au conseil de la nouvelle structure fusionnée[45], à l'exception notable du receveur général de Luxembourg, Edouard François, nommé commissaire[46]. Par ailleurs, l'information économique ne s'intéressait pas à une structure aussi petite que l'usine luxembourgeoise. Ni les diplomates français et belge en poste à Luxembourg, ni la presse ne pressentit quoi que ce fût. Seul l'hebdomadaire spécialisé de Dortmund *Stein u. Eisen* eut vent de la réunion du Conseil général, le 27 mai[47], alors que la décision de fusionner avait déjà été prise. Cependant, l'article non-signé semblait bien informé et il est à n'en pas douter que Mayrisch en fût la source…

Dans la négociation avec Felten & Guilleaume qui continua, cette publication eut inévitablement pour effet d'inverser la donne. Le 25 juin, Mayrisch tenta d'imposer son point de vue à Zapf. Puisque Dudelange ambitionnait d'assurer la coordination économique du marché sidérurgique luxembourgeois, il lui fallait disposer « *de base au point de vue de son ravitaillement en charbons, d'une part, et d'autre part les produits qui sort*[aient] *de ses usines* [atteignissent], *pour une partie importante, le degré de parachèvement nécessaire* »[48], la distribution à

---

44 Ces quinze hommes, dont deux sont belges, appartiennent à trois familles, en lignes directe, collatérale ou amicale. Laval, Le Gallais et François sont affiliés aux Metz, fondateur des usines d'Eich et de Dommeldange (respectivement gendre, neveu et petit-neveu d'Auguste), tandis que Muller et Ensch l'étaient à la « *Tescherie* », prometteuse de Burbach (respectivement gendre et neveu de Victor). Dutreux appartenait aux Pescatore (petit-neveu de Jean-Pierre) et Schmit était le cousin par alliance de Mayrisch, lui-même petit-neveu de Norbert Metz. Seuls Simons et Ziane étaient des amis de Norbert Metz ou de son cousin Victor Tesch, créateurs de l'usine de Schifflange.

45 *Mémorial du Grand-Duché de Luxembourg*, 75 du 15 novembre 1911, p. 1370.

46 *Ibid.*, p. 1371 ; Jules Mersch, « Edouard François », *Ibid.*, *Biographie nationale du Pays de Luxembourg depuis ses origines jusqu'à nos jours*, 12, Luxembourg, Victor Buck, 1963, p. 371.

47 *Stein u. Eisen*, 1er juin 1911, p. 910–911.

48 Archives de l'administration centrale de l'Arbed, Luxembourg (AACA), AC-3453, Rapport de Mayrisch au Conseil d'administration de la Société métallurgique des Terres Rouges sur une proposition d'augmentation de capital, s.d. [octobre 1921].

prix convenus étant assurée depuis le 1er mars 1904 par le Stahlwerksverband. Aussi Mayrisch demanda-t-il soit un contrat de livraison de fonte au prix de revient luxembourgeois ajouté d'une participation de 25 à 30 % dans Felten & Guillaume, soit la cession de la division de transformation métallurgique du Carlswerk, à Mülheim. De deux choses l'une, ou Mayrisch fit cette proposition avec l'intention qu'elle fût repoussée, ou elle correspondait réellement à ses plans de développement. En tout cas, elle satisfit peu ou prou à son action neuf ans plus tard ; le contrat conclu en mai 1920 stipulait la livraison de demi-produits par le groupe Arbed-Terres Rouges, qui, en revanche, devenait propriétaire de la totalité des actions (60 millions de marks) nouvellement créées, soit la moitié du capital social de Felten & Guilleaume[49].

La capacité d'investissement d'Arbed et de la Société métallurgique des Terres Rouges (SMetTR) 1911–1937 (en milliers de francs)[50]

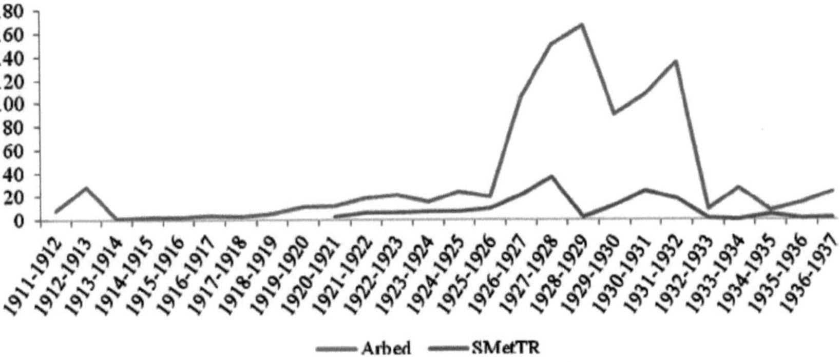

Le changement d'attitude du *Konzern* électrotechnique de Cologne s'expliquait moins par le fait que l'Arbed, par le fait de la fusion et de l'intelligence de Mayrisch, devint la première firme sidérurgique du Grand-Duché que par les relations personnelles de ce dernier avec Walther Rathenau, patron tout puissant de l'AEG. Leurs relations suivies depuis 1911 permirent à celui que la presse ne tarda pas à faire le « *Napoléon de l'Acier* »[51] d'acquérir dès l'automne

49 Sur ces relations, cf. Alexander Faridi, « Von der AEG zur ARBED : das gescheiterte Stahlwerksprojekt der "Felten & Guilleaume Carlswerk AG" 1910–1920 », Paul Thomes (dir), *op. cit.*, p. 143–178.

50 D'après Charles Barthel, *Bras de fer 1918–1929*, Luxembourg, Saint-Paul, 2004, p. 541.

51 François de Witt-Guizot, « Le long de nos frontières. 4. Le Grand-Duché de Luxembourg », *Revue des deux mondes*, 55/1, 1er janvier 1930, p. 97. Dans le même article, il faisait de Luxembourg « *la cité de l'acier* ».

1917 la fabrique rhénane de produits réfractaires Brohltal A.-G. für Stein-und Tonindustrie, en portefeuille à la Berliner Handels-Gesellschaft, banque de l'AEG[52]. Cette acquisition participa de la stratégie de concentration horizontale du groupe Arbed, commencée dès 1912 par l'absorption d'un ancien client des forges d'Eich (1897–1898)[53], Ph. Weber GmbH, en déshérence depuis le décès de leur fondateur quinze ans plus tôt[54]. S'ajoutèrent encore les tentatives d'approvisionnement en minerai espagnol, au printemps 1915, par l'entremise de la Compagnie des minerais de Liège, dont Hector Dieudonné fut le responsable du bureau maritime d'Anvers. Elle se poursuivit pendant les quatre premières années suivant la Première Guerre mondiale dans quatre directions, au moyen de « *participations importantes prises* (…) *dans d'autres sociétés industrielles* »[55] :

- intégration verticale (1) : approvisionnement en charbon (renforcement des positions au Eschweiler Bergwerks-Verein jusqu'à la prise de contrôle en 1924 ; participation aux houillères de Helchteren & Zolder, en Campine et aux Charbonnages réunis de Laura & Vereeniging, au Limbourg hollandais — 1920) et minerais (création de la Companhia Siderúrgica Belgo-Mineira au Brésil — 1921) ;
- intégration horizontale (reprise du patrimoine de la Gelsenkirchener — 1919 ; moitié du capital des usines Felten & Guilleaume à Cologne — 1920 ; Sociedad Anónima Talleres Metalurgicos San Martin à Buenos Aires — 1922 ; Eschweiler Bergwerks-Verein — 1924) ;
- Intégration verticale (2) : absorption de la Clouterie et tréfileries des Flandres — 1921–1925 ; prise de contrôle de la S.A. pour la fabrication d'alésoirs, mèches et tarauds (Alméta) à Vilvoorde ; reprise de la S.A. des Ciments d'Esch et de la Compagnie des Ciments de Dommeldange — 1920 ; consolidation du contrôle exercé sur les ateliers de construction Paul Wurth — 1920) ;

52 Félix Chomé, *op. cit.*, p. 65.

53 ANLux, Arbed-09-1839.

54 Paul Berkenkopf, *Die Entwicklung und die Lage der lothringisch-luxemburgischen Großindustrie seit dem Weltkriege*, Iéna, Fischer, 1925, p. 36.

55 AACA, P-XLIV (44), Note de Gaston Barbanson sur la constitution d'une société financière, s.d. [1923].

- prises de participations directes héritées (Société métallurgique Aubrives-Villerupt — 1920[56]) ou dans des syndicats avec Schneider (Veitscher Magnesitwerke en Styrie — 1919[57], Société internationale des combustibles liquides[58]).

Les participations de l'Arbed en 1925

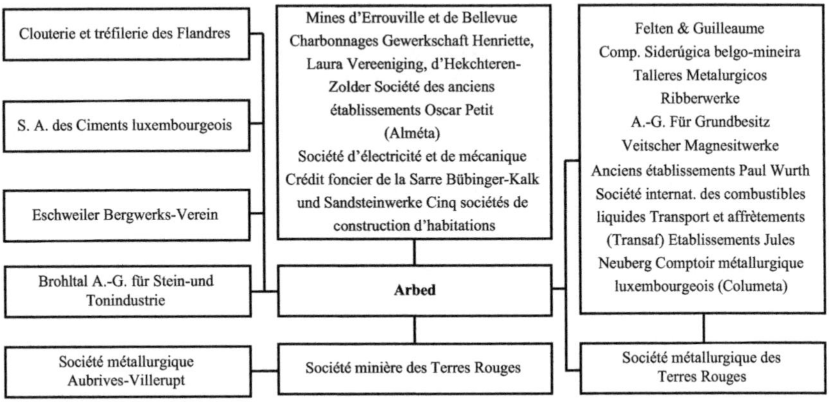

Cette politique de fusion-acquisition s'accompagnait systématiquement d'une analyse préalable des conditions matérielles des emprises acquises et d'une rationalisation consécutive de leur activité. A chaque fois, l'information rapportée par des ingénieurs, de l'Arbed[59], de Terres Rouges comme de Schneider[60] — bien entendu, pour la reprise de Differdange et d'Ottange, Théodore Laurent et Jean

56 Cf. les délibérations du conseil d'administration de la Société minière des Terres Rouges des 22 juin, 16 septembre, 20 novembre, 16 décembre 1920, 17 février, 17 mars et 28 mai 1921. L'affaire fut suivie par Henri Coqueugnot [Archives privées, *Registre des délibérations du conseil d'administration 1919–1943*, ff. 24–25, 32, 34, 39–40, 51, 53, 56].

57 Claude Beaud, « Une multinationale française au lendemain de la Première Guerre mondiale : Schneider et l'Union européenne industrielle et financière », *Histoire, économie et société*, 2, 1983, 2–4, p. 642 ; Alice Teichová, P. L. Cottrell, *International business and Central Europe, 1918–1939*, Leicester University Press, 1983, p. 324.

58 ANLux, Arbed-03-0065, 431/433 et 442/446.

59 Cf. les dossiers de reprise de la Gelsenkirchener de janvier à mai 1919 [Archives François Bourdon, Le Creusot (AFB), 01G002-B-06 à 08 ; *Ibid.*, 01G005-B-13 à 17 ; ANLux, AC-CI-246/I et V].

60 Cf. les dossiers sur les sites luxembourgeois de l'Arbed (Esch, Dommeldange, Dudelange, Hostenbach, Brohltal, Burbach) du 9 au 11 janvier 1919, d'Audun-le-Tiche d'octobre 1919 [AFB, 01G002-B-01].

Jadot ne procédèrent pas différemment[61] —, missionnés pour analyser la presse locale ou visiter les sites. La modernisation des méthodes de travail, au gré des innovations techniques ainsi repérées et avalisées en conférence des directeurs techniques. Il arriva également que des choix géostratégiques interférèrent avec le fonctionnement des usines. Ce fut ainsi le cas, en marge de la « guerre froide franco-allemande »[62] de 1920–1923 et la normalisation douanière du 10 janvier 1925, pour la poursuite de l'activité de l'emprise de Rothe Erde à Aix-la-Chapelle. Héritée des possessions de Gelsenkirchener, la fonte de l'usine d'Esch-sur-Alzette ne pouvait plus rallier les aciéries aixoises en franchise. La résistance passive des ouvriers pendant l'occupation de la Rhénanie avait déjà conduit à éteindre les feux des fours vétustes. « *Comme organe de production Rothe Erde n'*[était] *bien placée pour aucun des grands groupes métallurgiques* » de Westphalie, car trop excentrée, il fut décidé de la détruire, d'en vendre les riblons, ainsi que les friches et les cités ouvrières, afin d'en récupérer la valeur de bilan de 1923[63].

Trois conditions permirent cette politique de coordination oligarchique du marché sidérurgique luxembourgeois. D'abord, comme Schneider et Wendel en France, l'Arbed engrangea des bénéfices pendant la période de guerre, moins dus à une collaboration active, comme les ennemis de l'Arbed tentèrent de le faire valoir à partir de 1916 et jusqu'au milieu des années 1920, qu'à un renchérissement des productions dû à la pénurie engendrée par le conflit — rappelons que jusqu'au 11 novembre 1918 au moins, les prix furent fixés par le Stahlwerksverband ; les entreprises sidérurgiques belges, au moins jusqu'en 1915, bénéficièrent d'un accès similaire au marché allemand par l'entremise de sociétés commerciales comme la liégeoise Société des minerais, filiale de la Minerallgesellschaft de Francfort[64]. Le retrait luxembourgeois du *Zollverein* et la mise sous séquestre des entreprises belgo-allemandes placèrent les entreprises sidérurgiques des deux

61 Cf. Arbed-01-2160.

62 Raymond Poidevin, Jacques Bariéty, *Les relations franco-allemandes, 1815–1975*, Paris, Armand Colin, 1977, p. 240–257.

63 ANLux, Arbed, Pr22, « Projet de reprise de l'usine d'Aix-la-Chapelle appartenant à la Société des Terres Rouges par l'Eschweiler Bergwerks-Verein » du 1er novembre 1924 et la correspondance entre Emile Mayrisch et le Prof. Julius Flechtheim (1925–927), *Ibid.*, Arbed, Pr23, « Note sur l'absorption de la Société des Terres Rouges et de l'Eschweiler Bergwerks-Verein par l'Arbed » du 18 septembre, projet de rapport du conseil d'administration du 19 décembre daté du 10 décembre 1924. Cf. aussi Michael Käding, « Geschichte des Aachener Hütten-Aktien-Vereins Rothe Erde », Paul Thomes (dir), *op. cit.*, p. 83–142.

64 Cf. Susan Becker, « The German Metal Traders before 1914 », Geoffrey Jones (dir.), *The Multinational Traders,* Routledge, 1998, p. 66–85.

pays dans des situations similaires. Mais leurs structures bénéficiaires furent foncièrement différentes, plaçant l'Arbed — au contraire d'Ougrée-Marihaye qui était seule en mesure de la concurrencer, mais fut arrêtée pendant la guerre — dans une situation privilégiée. Ses résultats favorables reposèrent sur l'entreprise de rationalisation de Mayrisch depuis la fusion. Dans un climat de dépression monétaire presque constant à partir de 1919[65], ils permirent à l'Arbed et à sa filiale, la Société métallurgique des Terres Rouges, une capacité d'investissements de 3,7 % jusqu'en 1925, puis de 7,3 % jusqu'à l'entrée du Luxembourg en crise en 1931, enfin de 1,6 % pendant la crise. Rien qu'entre 1919 et 1921, l'Arbed consacra quelque treize millions de francs et quatre-vingt-deux millions de marks à ses prises de participation[66]. De la fusion jusqu'à la Première Guerre mondiale, avec une monnaie stable, l'Arbed seule fournit un effort d'investissement de 14,6 % et, pendant le conflit de 2,4 %[67].

Ensuite, un partenariat économique fut opportunément conclu avec Schneider & Cie en décembre 1918-janvier 1919[68]. L'objectif fut certes d'

> « *examiner avec* [le Creusot] *— après la signature du traité de paix — une entente au sujet de la fabrication et de la vente des aciers spéciaux et, en particulier, à fabriquer des aciers au manganèse pour les changements de voies*[69]. »

L'achat des emprises lotharo-luxembourgeoises de la Gelsenkirchener ne fut qu'un objectif secondaire pour le rapprochement des deux « empires » sidérurgiques[70]. Mais il entrait bien dans les objectifs poursuivis par l'Union européenne, financière et industrielle, holding monté par Schneider & Cie pour profiter, à l'image du Syndicat de l'Alzette chargé d'acheter les biens français de

---

65 Cf. les dossiers de l'Arbed sur la clause du franc-or (1924–1936) et à la dévaluation de 1935 [ANLux, Arbed-03-234 à 237] ; René Link, « L'évolution du concept de banque centrale au Grand-Duché de Luxembourg », *Emergence d'une banque centrale au Luxembourg, 1998–2008,* Luxembourg, Banque centrale du Luxembourg, 2008, p. 27–35.

66 AACA, P-XXXVI (36), proposition d'augmentation du capital de Terres Rouges et Arbed, du 3 septembre 1921.

67 Félix Chomé, *op. cit.*, p. 161.

68 Sur cette association d'intérêts, cf. AFB, 01G0005-B-01, documentation Arbed fournie (trois rapports non-datés) par Gaston Barbanson en décembre 1918, Archives privées, *op. cit.*, délibération du conseil d'administration de la Société minière des Terres Rouges du 22 octobre 1921, f. 61, ; Charles Barthel, *op. cit.*, p. 32–42.

69 AFB, 01G0005-B-16, Arbed-Usine de Dommeldange. Visite de M. Coqueugnot du 6 juin 1919. La question avait été évoquée précédemment, puisque l'ingénieur précise qu'« *Arbed continu*[ait] *à paraître disposée à examiner* » cette question.

70 *Ibid.*, 01G0005-B-17, Note de Louis Bassal sur la Gelsenkirchener du 3 janvier 1919.

la Gelsenkirchener, des opportunités de l'écroulement des Empires allemands et austro-hongrois en Europe centrale ; la Société générale de Belgique n'avait pas agi pas différemment avec l'Union financière et industrielle liégeoise, fondée pour reprendre les entreprises industrielles belges à capitaux ennemis[71]. Il se déclina par des prises de participation, mais également des échanges de personnels. Il s'agissait surtout d'ingénieurs du Creusot, initialement détachés soit à la direction centrale de l'Arbed, comme l'artisan de la reprise des emprises d'Audun-le-Tiche, l'ingénieur Joseph-Emile Petitjean, directeur de la Société métallurgique des Terres Rouges le 19 mars 1920[72], ou Georges Thédrel, envoyé dans les possessions slovaques de Schneider & Cie gérer le Berg und Hüttenwerke G. en 1934[73].

Enfin, cette politique de participations et d'intégration fut permise par l'appartenance de Gaston Barbanson au conseil d'administration de la Banque de Bruxelles et à l'entourage d'Eugène Schneider essentiellement. Ces réseaux d'information placèrent l'Arbed au plus près des opportunités de reconstruction de l'Europe de l'immédiat après-guerre comme ils permirent de poursuivre la politique initiée auparavant. En décembre 1920, dans l'enceinte du premier, l'entreprise était invitée à participer à l'augmentation de capital des charbonnages de Helchteren et Zolder[74] et, ce faisant, à élargir sa base d'approvisionnement. En juillet suivant, il lui fut permis de reprendre le projet du printemps 1914 relatif à la prise de participation dans le charbonnage du Winterslag. L'opération échoua pourtant devant la mésentente des négociateurs, dans un croisement d'intérêts entre le charbonnage et la Société métallurgique des Terres Rouges[75].

Cette politique de l'Arbed soutenue par une veille informative de tous les instants — en novembre 1911, Mayrisch n'était-il pas au courant des négociations de Zapf avec Jules Collart de Steinfort ? — permit de placer l'entreprise dans une position de coordination oligarchique du marché sidérurgique luxembourgeois. Même la reconduction du Stahlwerksverband du 1er juillet 1912 le reconnut. Aussi s'accommodait-elle bien de la présence des *Konzerns* rhéno-westphaliens avant la Première Guerre mondiale, comme des entreprises franco-belges dans l'entre-deux-guerres. La situation était évidemment différente vue des autres

71 Manuel Gernaert, *Le financement des entreprises industrielles et son évolution*, Louvain, Larcier, 1939, p. 151–153, 165.

72 *Mémorial du Grand-Duché de Luxembourg*, 51 du 19 juillet 1920, p. 766.

73 AliceTeichová, *An Economic Background to Munich: International Business and Czechoslovakia 1918–1938*, Cambridge, Cambridge University Press, 1974, p. 109.

74 Charles Barthel, *op. cit.*, p. 542–543.

75 *Ibid.*, p. 543–565.

partenaires oligarchiques. Encore que, pour les allemands, leurs processus d'implantation au Grand-Duché reposaient sur une démarche similaire à celle de l'Arbed, à la différence près qu'ils s'inscrivaient à l'échelle du *Reich* dans son entier et non dans sa seule partie luxembourgeoise. Cela dit, la fusion de la Deutsche-Luxemburgische et de la Gelsenkirchener, le 18 août 1920, pour former la Rheinelbe-Union, à l'initiative de Stinnes, correspondait aussi à une volonté de profiter des complémentarités de chacune des entités au lendemain de la perte d'une partie significative de leurs capacités de production. La première disposait de larges bases charbonnières en plus de bases sidérurgiques intactes, tandis que la seconde eût certes été dépossédée de la majeure part de ses installations dédiées à la fonte et à l'acier, mais conserva la plus grande part de sa base minérale[76].

Il en alla différemment avec les nouveaux arrivants qu'étaient l'Hadir et la Société des mines de la Loire, repreneuse des Hauts-fourneaux et aciéries de Steinfort (1919–1921). Rodange, filiale d'Ougrée-Marihaye, puis Steinfort, absorbée par Athus-Grivegnée en 1921, ne furent pas concernées par ces questions, puisque tournées vers la seule Belgique ; cette particularité expliqua l'absence de rentabilité financière de ces emprises[77]. Sa formation récente et l'ampleur des destructions au sein des emprises de Differdange et d'Ottange la placèrent dans une situation fragile face à l'activité économique[78]. Les grèves du printemps 1921 laissèrent entrevoir à certains observateurs luxembourgeois *« la dissolution d'une société à la tête de laquelle se trouve un (...) ex-ingénieur général de la Marine »*[79] français, Gabriel Maugas. Cette fragilité financière initiale perdurera tout au long de l'entre-deux-guerres[80]. A cela s'ajoutait l'absence des bases charbonnières dont disposait la division de Differdange de la Deutsche-Luxemburgische. Bien qu'éloignées et de mauvaises qualités, la négociation avec Hugo Stinnes tourna court, entre mai 1919 et mars 1920. Non seulement l'Hadir dut s'en remettre à ses alliés français et belges pour participer

76 Gerald D. Feldman, *The Great Disorder: Politics, Economics, and Society in the German Inflation, 1914–1924*, New York, Oxford University Press, 1997, p. 288–289.

77 Cf. les résultats publiés dans l'*Annuaire des sociétés par actions en Alsace et Lorraine, Luxembourg, Sarre*, Strasbourg, Sogenal, 1920–1939, passim.

78 Cf. AMAE, Relations commerciales, C, Luxembourg, 29, lettre de Gabriel Alapetite, haut-commissaire de la République d'Alsace-Lorraine, à Alexandre Millerand du 8 septembre 1920 à propos des problèmes d'approvisionner Differdange depuis Ottange.

79 Cf, *Ibid.*, *op. cit.*, 40, lettre d'Armand Mollard à Aristide Briand du 27 juin 1921.

80 *Ibid.*, *op. cit.*, 43, lettre d'Henri Cambon à Georges Bonnet du 23 mai 1939.

aux charbonnages qu'ils contrôlaient dans le Limbourg ou en Campine et à leurs accords d'importation de charbons anglais[81], mais elle dut également lutter avec les industriels belges avec lesquels elle entrait en concurrence.

La technique de Gabriel Maugas

Cette dépendance vis-à-vis des charbonnages d'outre-Ardennes de la société franco-belge, et dans une moindre mesure de l'Arbed — par l'entremise du gouvernement belge à compter du 1er décembre[82], puis par l'accord de Luxembourg du 25 décembre 1918, elle était assurée de bénéficier d'un contingent de charbon allemand[83] —, fut porteuse de querelles qui ne tardèrent pas à apparaître au niveau politique entre les deux pays. Les négociations autour de la convention d'union économique belgo-luxembourgeoise (1919–1921), puis les relations bilatérales qui en découlèrent (1921–1926) bruirent des querelles entre sidérurgistes des deux pays. Elles tournèrent autour de questions liées, celles de l'accès aux charbonnages belges ou importés par Anvers d'abord, celles des tarifs ferroviaires ensuite[84]. Incidemment, elle touchait de fait aux questions hautement stratégiques d'alliance franco-belge et de transfert de la propriété du réseau Guillaume Luxembourg, après le retrait de la Reichbahn Elsaß-Lothringen, sur lesquels s'affrontaient déjà Belges et Français. De la même manière, cette question entrava toute entente au niveau des services de renseignements des deux armées[85] et toute « *substitution, aussi étendue que possible (…) des intérêts et du commerce français aux intérêts et commerce*

81 Eric Bussière, *La France, la Belgique et l'organisation économique de l'Europe. 1918–1935*, Paris, Comité pour l'histoire économique et financière de la France, 1992, p. 114.

82 ASPFAE, B1, 1918–1921, lettre d'Albert de Ligne à Paul Hymans du 1er décembre 1918. Face à l'attitude francophile de Mayrisch, six jours plus tard, il proposait que les Affaires étrangères belges demandassent le rapport de cette mesure [*Ibid.*, lettre à Pierre Orts du 7 décembre 1918).

83 Archives nationales, Paris (AN), AJ[26] 64 ; Service historique de la Défense/département de l'armée de Terre, Vincennes (SHD/DAT), 16 N 1703, article V du Protocole du 25 décembre 1918.

84 Cf. Charles Barthel, *op. cit.*, p. 201–356.

85 Cf., SHD/DAT, 7 N 2720, Note du chef de bataillon Jean Merson, commandant du centre de liaison français d'Aix-la-Chapelle, au général Augustin Sérot Almeras Latour, attaché militaire français à Bruxelles, du 4 février 1920 et les courriers de ce dernier avec le 2e Bureau à Paris des 15 mars 1920, 16 février, 25 mars, 17 juin et 21 décembre 1922.

allemand »[86] en Belgique, sinon un accord commercial sans clause préférentielle, le 12 mai 1923[87]. Pour compliquer le tout, le Grand-Duché devint pour la France un levier pour agir sur le Royaume. Dans ces conditions, on comprenait aisément que Mayrisch déplorât à la fois l'ambiguïté française à l'égard de son pays et le manque d'« *expérience diplomatique* » du ministre d'Etat Emile Reuter[88]. On comprenait également qu'il se substituât à ce dernier pour mener la politique étrangère de l'« Etat Arbed ».

La pénurie charbonnière industrielle qui frappait l'Europe du fait des destructions de la guerre et des problèmes de transport (1918–1924) ne toucha pas pareillement tous les sidérurgistes luxembourgeois. Là encore, l'antériorité de l'activité de l'Arbed, et notamment sa relation avec les maîtres de forge allemands, joua à son avantage. La moitié de ses hauts-fourneaux était en activité quand l'Hadir ne réussissait à en maintenir à feu qu'un tiers ; Rodange et Steinfort étant concentrés sur un site, la première société tournée vers Ougrée-Marihaye, la seconde devant produire pour rembourser ses traites, leurs taux de fonctionnement ne furent pas vraiment significatifs. La moindre dépendance de l'Arbed à cette question expliqua l'apparente visibilité de Gabriel Maugas, directeur général de l'Hadir. Contre toute attente, il parla au nom de la sidérurgie luxembourgeoise — Arbed comprise — dans les négociations avec le Groupement des hauts-fourneaux et aciéries belges. Son choix n'avait-il pas été fait par Théodore Laurent, au détriment de Paul Wurth, selon ce prétexte ? « *Pour avoir du coke, tout est là, il faut avoir un Français* », avait-il déclaré à ses alliés français[89]. Il fut également l'interlocuteur privilégié du Comité des forges de France[90].

La question charbonnière fut d'une importance capitale pour la société de Differdange, coupée de ses approvisionnements combustibles traditionnels. Les solutions initiées en association en Campine, autour du charbonnage André

86 AMAE, Relations commerciales, C, Belgique, 1, note de Fernand Pyla du 25 novembre 1918. Cf. aussi sa note du 26 mai 1919 [*Ibid.*, Z, Europe, 1918–1940, Belgique, 114].

87 Cf. Eric Bussière, *op. cit.*, p. 145–153.

88 SHD/DAT, 6 N 198, « Le mouvement luxembourgeois en faveur du rattachement du Grand-Duché à la France », note adressée par le colonel Alphonse Georges à Georges Clemenceau du 8 janvier 1919.

89 Note de service de Camille Cavallier, 13 janvier 1920, *in* Charles Barthel, *op. cit.*, p. 127.

90 Cf. les lettres de Léon Daum, 30 août 1922 [AACA, 1-m-0] ou de Robert Pinot, 5 mai 1924, à Gabriel Maugas [*Ibid.*, 1-d-0].

Dupont d'abord (1920)[91], puis d'Houthaelen (1923)[92], n'étant pas en condition de production immédiate, Maugas établit une stratégie personnelle, à laquelle il parvint à rallier les usines de Rodange et de Steinfort, tandis que l'Arbed laissait faire dans la mesure où elle ne conduisait pas à une crise politique. Maugas commença par faire pression sur le gouvernement luxembourgeois. Il s'agissait d'abord d'obtenir un partage plus équitable du contingent accordé par le protocole du 25 décembre 1918, Differdange n'étant plus une entreprise allemande. Sinon, il se verrait obligé de licencier une partie conséquente de son personnel ouvrier[93]. Puis il voulut être traité à égalité par les industriels belges pourtant emmenés par son administrateur Gustave Trasenster en octobre 1920[94]. Bien que bénéficiant de la bienveillance de Mayrisch dans cette affaire, il se montra « *impérieux* »[95] et, au lieu d'obtenir un accord, il dut affronter une violente campagne de presse belge contre l'Union économique belgo-luxembourgeoise en cours de négociations. L'Arbed fut obligée de sortir de son silence et délégua le belge Hector Dieudonné pour mener la riposte grand-ducale dans *L'Echo de la Bourse* du 3 février 1921. Enfin, Maugas complota contre cette nouvelle alliance commerciale du Grand-Duché et développa l'alternative d'une union à trois, sous l'égide de la France, après la chute d'Emile Reuter[96] ; à cette époque, il tenta de s'affranchir de la tutelle de Mayrisch en lui opposant le nouveau ministre d'Etat Pierre Prüm.

Jusqu'en janvier 1927, le « *Grand Chef* » de l'Arbed laissa son homologue de Differdange se dépenser contre ses alliés belges, devenus ses adversaires autour de la question des tarifs ferroviaires[97], tandis qu'il en corrigeait les effets négatifs à son avantage auprès de ses différents contacts luxembourgeois, belges et français. L'horizon de l'« Etat Arbed » ne se limitait pas à un simple face-à-face

91 AGR/SG, troisième versement, 1087, listes des souscripteurs, 14 décembre 1920.

92 *Ibid.*, 1094, Acte constitutif de la société, 27 juillet 1923.

93 AACA, AC-Vicaire, lettres d'André Vicaire à Emile Mayrisch, 2 mars et 1er avril (confidentielles) 1920 et d'Emile Mayrisch à André Vicaire, 7 avril 1920.

94 *Ibid.*, 1-q-0, projet de note de Gabriel Maugas, s.d. (octobre 1920), lettre de Gabriel Maugas à Edmond Carton de Wiart, 12 octobre 1920 et télégrammes entre Gabriel Maugas et Gustave Trasenster, 13 et 19 octobre 1920.

95 Note de service de Camille Cavallier, 13 janvier 1920, *op. cit.*

96 AACA, 1-q-3, lettre de Gabriel Maugas à Armand Mollard, 5 août 1925 et « Note au sujet d'une union douanière franco-belgo-luxembourgeoise » datée du même jour. Il n'a pas été trouvé de copie dans les dossiers généraux de la légation française à Luxembourg, laissant entendre que Mollard ne la transmit pas à Paris.

97 ANLux, AE.491, La question des tarifs de chemins de fer applicables aux produits sidérurgiques sur le réseau belge, 9 avril 1925.

avec la Belgique, du moment que le Grand-Duché fut enfin adossé à une grande puissance, quelle qu'elle fût d'ailleurs[98]. Columeta ouvrit l'entreprise sinon sur le monde, tout au moins sur l'Europe. Par ailleurs, la présence de Mayrisch, puis de Calmes, au Conseil suprême de l'Union économique belgo-luxembourgeoise, comme ses entrées chez le ministre d'Etat luxembourgeois[99] et au ministère français des Affaires étrangères[100], garantit une influence politique plus certaine que dans le jeu des intérêts discordants des industriels des bassins liégeois et carolo, auxquels s'ajoutèrent ceux particuliers de Differdange. En effet, l'ancien ingénieur-général du Génie maritime français fut à la tête d'une entreprise conséquente certes, mais déconnectée de son *hinterland* traditionnel. Après son rachat à la Deutsche-Luxemburgische, Differdange en revint au même point qu'à la glorieuse époque de la Société Anonyme des Hauts-Fourneaux de Differdange (1888–1905), dont Paul Wurth put être le dernier représentant au conseil d'administration d'Hadir. Mais les actionnaires français ne furent pas sensibles à l'argumentation purement luxembourgeoise du transfuge de l'Arbed qu'était Léon Laval[101].

98 Devant la Commission d'étude des problèmes économiques posés par la guerre et ses conséquences éventuelles, Emile Mayrisch avait rappelé que « *la première tâche* » de l'après-guerre était de « *rechercher l'union économique la plus avantageuse* » [*Ibid.*, AE 466/8, procès-verbal de la réunion de la Commission d'étude des problèmes économiques posés par la guerre et ses conséquences éventuelles, 12 octobre 1918, f. 129].

99 CF. AACA, AC-3432, Projet de note pour Monsieur Reuter, octobre 1920 ; AC-4802, Note sur la situation des usines luxembourgeoises et belges, 12 mai 1921, Projet de note pour Monsieur Reuter, 3 mars 1922 ; *Ibid.*, 1-q-0, compte-rendu de la réunion, 17 mars 1923 et lettre de Gabriel Maugas à Emmanuel Servais, 12 avril 1923 ; *Ibid.*, AC-01745 et ANLux, AE 491a, Litige tarifaire entre la métallurgie belge et la métallurgie luxembourgeoise, s.d. [31 mars 1923] ; AC-017452, Projet de note de la FEDIL à l'attention de Reuter, 18 août 1924… AMAE, Z, Luxembourg, 15, lettre de François de Carbonnel à Aristide Briand, 30 décembre 1926 (à propos de Joseph Bech).

100 Cf. son entretien avec Jacques Seydoux, sur le jeu belge dans l'affaire des tarifs de chemins de fer belge, 24 novembre 1926 [AMAE, *op. cit.*].

101 *Ibid.* ; Charles Barthel, *op. cit.*, p. 127.

Le réseau d'information de Gabriel Maugas (1920–1931)

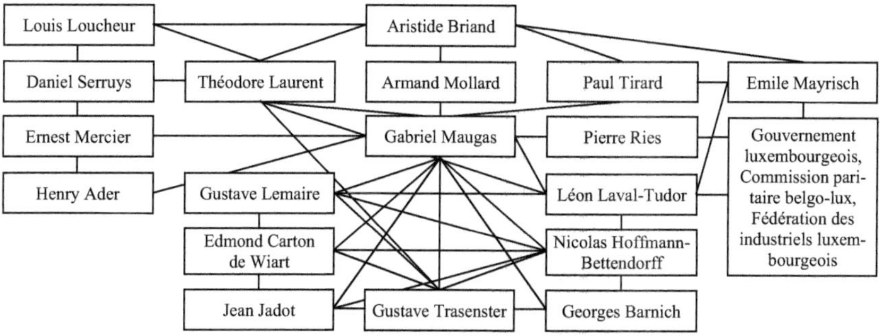

La seule différence avec cette époque héroïque de la sidérurgie belgo-luxembourgeoise fut la présence d'un groupe français aux côté du directeur-général. Elle fut pourtant lourde de conséquences informationnelles. Même si Maugas avait été le chef des Services économiques de l'état-major du maréchal Foch, sous l'autorité de Paul Tirard, il fut largement déconnecté de la réalité locale. Par ailleurs, la présence à son capital de Gustave Trasenster, certes autorité dans le monde de l'industrie belge, n'était pas sans orienter grandement son information vers les capacités de connaissance ultra-ardennaises. De la même façon que l'Hadir dépendait des charbonnages contrôlés par Ougrée-Marihaye[102], Maugas intégra le réseau de Trasenster — mais pas celui de Jadot —, se plaçant dans une dépendance envers la Belgique, faisant de l'ancien officier un allié objectif de Barbanson. Pourtant, peut-être parce qu'il fut un contact de son prédécesseur Léon Nemry, Jules Le Jeune de Munsbach (juin 1920-janvier 1922) ne vit jamais en Maugas autre chose qu'« *un des éléments les plus actifs agissant contre* » la Belgique[103]. Ce parti-pris, plus vraisemblablement lié à la double évolution des rapports franco-belges et belgo-luxembourgeois, n'était pourtant pas fondé. Maugas

102 Cette firme sidérurgique belge s'était constituée autour des charbonnages de Marihaye, d'Ougrée et avait acquis des participations avant-guerre dans ceux de Six Bonniers et de Bray. Le 27 octobre 1920, Ougrée, Rombas et la Société Semet-Solvay constituèrent la S.A. des fours à coke de Zeebrugge dont la production, à partir des charbons anglais, devait être répartie par moitié entre Ougrée et Rombas [Eric Bussière, « La sidérurgie belge durant l'entre-deux guerres : le cas d'Ougrée-Marihaye (1919–1939) », *Revue belge d'histoire contemporaine*, 1984, 15/3–4, p. 304 et 310].

103 ASPFAE, B1, 1918–1921, lettre de Jules Le Jeune de Munsbach à Henri Jaspar, 11 mai 1921. Cf. aussi le télégramme chiffré du même au même, 18 juin 1921 [*Ibid.*, B21].

ne fut semble-t-il animé que du seul souci de son entreprise et il mania en ce seul sens les techniques dont il avait fait usage à la tête du Service économique du Grand quartier-général de l'Armée française (1919–1920). La Belgique fut pour lui un allié précieux, comme l'avait montré à Aix-La-Chapelle le capitaine David Henri Wolkowitsch dans sa liaison entre Théodore Laurent et les vendeurs des biens grand-ducaux de la Deutsche-Luxemburgische Bergwerks-und Hütten A.-G., Hugo Stinnes et Heinrich Vehling[104]. Ce fut donc tout naturellement que Maugas transmettait des documents, en plus des services français, à ses « alliés », qu'il s'agît des Affaires étrangères belges[105] ou des industriels du Groupement des hauts-fourneaux et aciéries belges. En retour, il reçut des informations et nouait des contacts utiles au fonctionnement de l'Hadir. Même si cela risquait de mettre dans une position délicate l'Arbed ou le gouvernement luxembourgeois[106]. Au fond, l'ingénieur-général français se comportait comme un sidérurgiste belge face à la politique hégémonique de la Société générale.

Aux côtés des grands opérateurs financiers et métallurgiques de Belgique (Société générale, Angleur et Ougrée-Marihaye) figurèrent au capital de l'Hadir deux autres groupes de poids, mais avec une position marginale, Empain (Compagnie générale de railways et d'électricité) et Solvay (Mutuelle mobilière et immobilière). Un des administrateurs de la société luxembourgeoise, Nicolas Hoffmann-Bettendorf, amena Maugas à se lier au Dr. Georges Barnich, directeur de l'Institut de sociologie Solvay (1916–1923). Ce socialiste était perçu par Gaston Barbanson comme un « *individu fort peu recommandable* » parce qu'« *anti-Arbed* » de longue date[107]. Dans le jeu de Léon Nemry pour bloquer les démarches de reprises de la Gelsenkirchener par l'entreprise luxembourgeoise, il était une pièce importante pour mobiliser les industriels belges contre elle.

---

104 Cf. le télégramme de David Henri Wolkowitsch à Théodore Laurent, 25 mai 1919 qui transita par les services de l'Armée belge d'occupation [ANLux, Arbed-01-2162].

105 Cf. le projet de « Note au sujet de l'accord économique entre la Belgique & le Grand-Duché de Luxembourg » que Maugas adressa en septembre 1920 aux gouvernements français et, pour information, belge [AACA, 1-q-0]. Cf. aussi ses lettres à Léon Nemry et aux membres du conseil d'administration du 28 septembre et à Edmond Carton de Wiart du 29 septembre 1920.

106 Ainsi livra-t-il le plus naturellement du monde l'avant-projet de la note d'Emile Mayrisch, président de la Commission consultative de la métallurgie, « Desiderata de la sidérurgie luxembourgeoise » à la fin de l'été 1920 [AACA, 1-q-0, lettres d'Edmond Carton de Wiart à Maugas, 6 et 15 octobre 1920 ; Charles Barthel, *op. cit.*, p. 216–217].

107 Archives générales du Royaume (Bruxelles), Fonds Broqueville, 43, lettre de Gaston Barbanson à Charles de Broqueville, 27 mai 1915.

Comme Trasenster, ce politicien devint un relais des intérêts de l'Hadir en Belgique, transmettant des informations dans les deux sens[108].

Le dispositif d'informations qui lui parvenait par ce réseau belge ne fut qu'imparfaitement contrebalancé côté français. Bien entendu, Armand Mollard lui offrit « *de se mettre en relations télégraphiques avec le gouvernement de la République* (...), *si les démarches doivent être faites par les membres français du conseil de l'Hadir auprès du Département des Affaires étrangères à Paris,* [pour que] *la solution ne traîne* [pas] *longtemps* »[109]. Mais il y a tout lieu de croire que le « *machiavélisme au petit pied* » de ce « *Talleyand barbu* »[110], de retour à Luxembourg le 14 février 1920 seulement, ne fût limité par les impératifs d'alliance de la France avec la Belgique : toute action trop ouvertement favorable aux positions grand-ducales mettrait en péril la relation de la République et du Royaume ; à cela s'ajouta le départ en retraite de l'agent diplomatique le 24 novembre 1924[111]. De Paris, Théodore Laurent, put aussi actionner le Quai d'Orsay par le biais « *des relations personnelles* » qu'il entretenait avec les ministres Aristide Briand et Alexandre Millerand, de 1915 à 1932. Mais il se heurta aux mêmes limites que le consul général Mollard. D'évidence, comme le montra les opérations de reprise du patrimoine de la Deutsche-Luxemburgische, la marge de manœuvre des intérêts français au Grand-Duché, et donc de Maugas, fut limitée par l'insuffisante implication des industriels de la « Grande Nation ». Le directeur-général de l'Hadir conserva néanmoins des contacts utiles au ministère du Commerce, où des camarades de Polytechnique, ingénieurs du Génie maritime, comme Ernest Mercier, ou des Ponts et chaussées, comme Henry Ader, furent affectés ; et ce dernier avait été nommé directeur du service des charbons[112]... Grâce à ces liaisons, en novembre 1920, il put obtenir un accord tarifaire considérant les industries

---

108 Cf. la lettre « *confidentielle et très urgente* » de Georges Barnich à Gabriel Maugas, mi-juin 1921, contenant la note du Groupement des hauts-fourneaux et aciéries, « Accord belgo-luxembourgeois », 7 juin, et les échanges croisés, 1er et 2 juillet suivant [AACA, 1-q-0].

109 *Ibid.*, lettre de Gabriel Maugas à Georges Barnich, 12 octobre 1920.

110 ASPFAE, B1, lettres d'Humbert de Laubespin à Henry Jaspar, 5 et 12 avril 1923.

111 AMAE, Personnel, 2e série, 1088, la fin de mission fut signifiée à Mollard le 6 novembre 1924 et l'audience de rappel au 24 novembre suivant, imposant de ce fait de repousser celle du comte de Laubespin, ministre belge également rappelé le 8 novembre, au 10 décembre [ANLux, AE 459]...

112 *Journal officiel de la République française*, 24 janvier 1920, arrêté du ministre des Travaux publics, 23 janvier 1920, créant au ministère des Travaux publics un service des charbons chargé de tout ce qui concerne l'importation, la répartition et le transport des charbons.

luxembourgeoises comme des « *forges françaises* », remplaçant le protocole, très contesté par l'Hadir, du 25 décembre 1918[113].

Ce succès fut toutefois l'exception. Le 22 juillet 1920, le directeur du service des mines d'Alsace-Lorraine, Ernest Langrogne, annonça à Laurent qu'il lui était impossible à la Société d'études et d'entreprises industrielles d'Alsace-Lorraine, en fait les seuls membres français du même syndicat au nom duquel Théodore Laurent négociait en même temps avec Hugo Stinnes, de reprendre les « *biens appartenant aux sociétés "Deutsche-Luxemburgische Bergwerks-und Hütten A.G" "Rumelange Saint-Ingbert" "Guthoffnungshütten"* »[114]. Le bail de location de ces emprises, passé entre cette société et les usines de Differdange, conclu le 9 juin, impliquait, selon la lecture que Langrogne faisait de l'article 3 du contrat des charges type des concessions minières du 21 avril[115], une francisation de 41,66 % du conseil d'administration de la société amodiatrice, c'est-à-dire Differdange. Laurent s'éleva évidemment contre cette appréciation, manifestant l'intention de contacter Millerand[116]. Le directeur du service des mines en référa immédiatement à son supérieur, le Haut commissaire du gouvernement en Alsace-Moselle, Gabriel Alapetite, qui s'adressa au Président du Conseil[117]... Ce dernier se retourna vers le corps diplomatique, sollicitant les avis de Pierre de Margerie, ambassadeur à Bruxelles, et d'Armand Mollard[118]. Le consul général à Luxembourg fit part de l'impossible réaction du gouvernement Reuter à une telle mesure sans s'exercer à une réduction des expéditions françaises de coke[119]. Seulement, la position de Margerie fut d'un autre ton. Il déclara tout bonnement la mesure inopportune[120]. Aussi Aristide Briand, nouveau Président du Conseil et ministre des Affaires étrangères, se rangea-t-il à

113 *Ibid.*, AC-3432, Accord conclu du 8 novembre 1920 entre le gouvernement luxembourgeois et le Bureau national du charbon, 9 novembre 1920.

114 AMAE, Z, Luxembourg, 29, lettre d'Ernest Langrogne à Théodore Laurent ; Archives personnelles, Déclaration de candidature de Théodore Laurent, 8 novembre 1919. La décision a été prise par le conseil d'administration de la Société d'études et d'entreprises industrielles d'Alsace-Lorraine le 31 octobre précédent, soit vingt-sept jours après la convention de vente des biens luxembourgeois avec la Deutsche-Luxemburgische [ANLux, Arbed-01-2162].

115 *Journal officiel de la République française*, 24 avril 1920.

116 AMAE, *op. cit.*, lettre de Théodore Laurent à Ernest Langrogne, 19 août 1920.

117 *Ibid.*, lettre de Gabriel Alapetite à Alexandre Millerand, 8 septembre 1920.

118 *Ibid.*, brouillon des lettres à Pierre de Margerie et Armand Mollard.

119 *Ibid.*, lettre d'Armand Mollard à Georges Leygues, 15 octobre 1920.

120 *Ibid.*, lettre de Pierre de Margerie à Aristide Briand, 18 janvier 1921.

cet avis et demanda une dérogation pour Differdange[121]. Les relations avec la Belgique avaient primé par-dessus tout.

La position de Margerie ne signifia pas que les Affaires étrangères se rangeassent du côté de Laurent. Loin s'en fallait car seule la position de directeur-général de Marine et Homécourt au sein du Comité des forges de France sembla avoir amené les autorités françaises à se montrer conciliantes. Vice-président de cette institution impliquée dans la reconstruction du pays, il méritait quelque considération. Mais d'information, rien dans la correspondance diplomatique ne sembla accréditer qu'il en reçût des Affaires étrangères. Au contraire, il apparaîtrait que ses données sur le Luxembourg et la Belgique vinrent plutôt de *« source officieuse à Paris »*[122], c'est-à-dire du service de documentation de l'Union des industries métallurgiques et minières. Voire de quelque accointance administrative, induites par son appartenance au Comité des forges.

De ce point de vue, Laurent ne fut pas dans une position différente de celle de René Robard, instrumentalisé par Trasenster pour contrer l'Arbed, du jeune professeur retraité de l'Ecole centrale de Paris, Henry Couriot[123], et de l'attaché à la direction de la Compagnie des forges de Châtillon-Commentry-Neuves-Maisons, Jacques Aguillon[124]. Tous eurent leurs entrées au Comité des forges et bénéficièrent d'une information mutualisée qui leur permit d'être au courant des offres allemandes de retrait de la sidérurgie luxembourgeoise. Mais une fois quitté le territoire national, ils se retrouvèrent dépourvus d'information. Cette asymétrie les mit dans l'alternative de recourir aux services de Léon Laval, d'Albert Clemang, de Nicolas Hoffmann-Bettendorf, de Paul Wurth ou de Pierre Ries. Introduits par les deux premiers auprès de Georg Zapf[125], Couriot et Aguillon étaient à ce point livrés à eux-mêmes qu'ils allèrent frapper à la porte de la Banque internationale à Luxembourg, en novembre 1919, c'est-à-dire à l'Arbed[126]. Contrairement à Théodore Laurent et à Emile Mayrisch, les repreneurs des hauts-fourneaux et aciéries de Steinfort, dont on ne peut dire avec certitude s'ils arrivèrent dans les fourgons de Schneider & Cie, d'Anderny-Chevillon, c'est-à-dire de Laurent, ou s'ils réussirent un « coup », réalisèrent une opération purement française. Hormis

121 *Ibid.*, 27, lettre d'Aristide Briand à Gabriel Alapetite, 26 février 1921.

122 AACA, AC-0407, lettre de Jules Aubrun à Emile Mayrisch, 1er octobre 1924.

123 *Le Génie civil*, 2163, 26 janvier 1924, p. 94.

124 *Qui êtes-vous ? Annuaire des contemporains*, Paris, Ruffy, 1924, p. 5.

125 Jacques Maas, *op. cit.*, p. 182.

126 Archives historiques de la Société générale, Paris, 14416 d. 29, lettre de Joseph Rischard et Joseph Würth-Weiller à la Banque de l'union universelle, 16 décembre 1919.

Robert Collart, vice-président du nouveau conseil d'administration[127], les huit autres membres étaient issus du conseil d'administration de la Société des mines de la Loire ; seul l'un d'entre eux, membre en 1912, était passé entre temps à ceux de Marine et Homécourt et d'Anderny-Chevillon[128]. L'aventure tourna rapidement court, tant en raison de la récession économique de 1921 que de l'absence de réseau luxembourgeois. Le 29 avril 1922, Couriot annonçait à l'assemblée générale de la Société des mines de la Loire la conclusion d'une communauté d'intérêt entre les Sociétés de Steinfort, associée à celle de Rochonvillers, et Athus-Grivégnée[129]. Pour le président du conseil d'administration, cette décision permettait de « *rapproch*[er] *deux Sociétés faites pour s'entendre, puisqu'elles possédaient chacune ce qui manquait à l'autre* »[130].

S'ils ne disposèrent pas, au Grand-Duché, des possibilités similaires à celles dont Mayrisch bénéficia, Théodore Laurent et Gabriel Maugas les compensèrent comme leurs compatriotes de Steinfort d'un supplément de suffisance toute française. Les philippiques de ce dernier contre Emile Reuter[131] comme les « *manœuvre*[s] »[132] aux côtés de Pierre Prüm contre l'Union économique belgo-luxembourgeoise[133] n'eurent qu'une seule finalité : assurer un

127 *Mémorial du Grand-Duché de Luxembourg*, 51, 19 juillet 1920, p. 763.

128 *Les Assemblées générales*, 8/27, 4 juillet 1912, p. 1355 et 9/34, 21 août 1913, p. 2349 ; Auguste Pawlowski, *Annuaire des mines et minerais métalliques de France et d'Algérie*, Paris, Heudelot, 1919, p. 83.

129 L'accord se fit au coût de trois actions Steinfort contre une Athus-Grivegnée, et un versement en argent de la contre-valeur de Rochonvillers (9 013 365, 93 Francs français, permettant de solder les traites restant du rachat de Steinfort).

130 *Les Assemblées générales*, 18/17-18, 10–25 septembre 1922, p. 691.

131 Cf. AE 3591, Gabriel Maugas, Note pour Monsieur Reuter, 30 septembre 1920 ; AACA, 5-d-3, Gabriel Maugas, « Note pour Monsieur le Ministre de Belgique à Luxembourg », 10 novembre 1920.

132 ASPFAE, B21, lettre de Jules Le Jeune de Munsbach à Henri Jaspar, 21 septembre 1921.

133 *Compte-rendu de la Chambre des Députés 1921–1922*, I, Luxembourg, Victor Buck, 1922, discours de Pierre Prum, 21 septembre 1921, p. 241–251, *1924–1925*, I, discours 24 décembre 1924 (député) et 27 mars 1925 (ministre d'Etat, p. 186, 572–577) ; ASPFAE, B21, lettres de Jules Le Jeune de Munsbach, 7, 8 et 13 octobre et d'Edmond Gaiffier d'Hestroy, 17 octobre 1921 à Henri Jaspar, d'Emile Prum à Pierre Nothomb, 28 novembre 1921, d'Edmond Gaiffier d'Hestroy à Emile Vandervelde, 26 juin 1926 ; AMAE, Z, Luxembourg, 411-1, note manuscrite, peut-être de Jules Laroche, directeur des Affaires politiques et commerciales, décembre 1925 ; AACA, 1-q-3, lettre de Gabriel Maugas à Armand Mollard, 5 août 1925, accompagnée d'une « Note du même relative à une union douanière franco-belgo-luxembourgeoise » du même jour.

environnement favorable à l'Hadir. Associé à la « *maladresse proverbiale* »[134] qui agitait le Groupement des hauts-fourneaux et aciéries belges, le mauvais climat ainsi instauré assura à Maugas le soutien de Mayrisch ; pour ce dernier se jouait la solidarité entre industriels « luxembourgeois ». En outre, se mélangèrent à cette question du tarif ferroviaire d'autres questions liées à la convention belgo-luxembourgeoise, comme la viticulture, qui élargissait la base de la contestation, relayée par la presse des deux pays presqu'unanime, au point d'en faire une affaire d'Etat. Avec son directeur de nationalité française et son secrétaire général, Gustave Lemaire, belge, l'Hadir ne put participer à la partie officielle des négociations de l'Union économique belgo-luxembourgeoise — une Commission consultative de la métallurgie avait été mise en place de l'automne 1920 au printemps suivant[135] —, aussi se fit-elle représenter par son directeur technique, Pierre Ries.

Assurer un pont sur la Moselle

La coordination léonine qu'Emile Mayrisch mît en place sur le marché sidérurgique luxembourgeois put s'accommoder de l'agitation de Gabriel Maugas... et de Gaston Barbanson. Par la seule puissance économique de l'Arbed, il imposa sa volonté stratégique au gouvernement local et orienta fortement le fonctionnement du marché[136]. Or, à y regarder de plus près, c'est-à-dire à partir des données réunies par le « *bureau central de renseignement* » du groupe sidérurgique luxembourgeois, il apparut que la Belgique ne comptait que pour 9 % de l'information recueillie par la Columeta entre 1919 et 1940. Troisième centre d'intérêt, elle était dépassée par la France (10 %) et, surtout, par l'Allemagne (14 %). Ces flux d'information n'étaient évidemment pas corrélés par les ventes de l'Arbed, qui s'établirent certes à 19 % avec l'Allemagne pour la même période, mais aussi à 18 % avec la Belgique contre seulement 3,7 % en direction de la France.

---

134 AMAE, Z, Luxembourg, 411-1, lettre de Camille Julliard à Edouard Herriot, 16 février 1925 et lettre de Maurice Herbette à Aristide Briand, 19 juin 1925.

135 Elle était chargée de proposer des solutions relatives aux transports, aux conditions d'approvisionnement, à la prévoyance sociale et aux charges fiscales. Elle était naturellement présidée par Emile Mayrisch et la thématique retenue participait de l'édification de l'« Etat Arbed » [AACA, AC-4802, Notes de la Commission consultative de la métallurgie à Monsieur A. Pescatore, 5 octobre 1920, et sur l'Union économique, 23 mai 1921].

136 Cf. Christian Marcon, « Analyse de réseaux en intelligence économique : éléments pour une approche méthodologique », *Market Management*, 7, 4, 2007, p. 119.

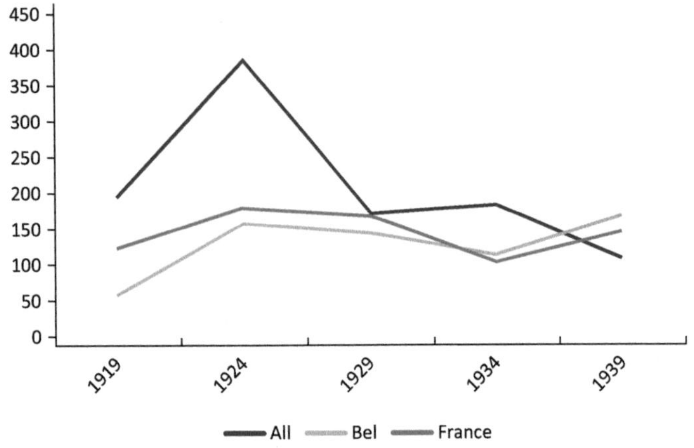

Cette asymétrie était une constante de la part du Comptoir commercial luxembourgeois. Mais dans ce cas précis, elle recélait un choix délibéré des dirigeants de l'Arbed, tant le président du conseil d'administration que le président de la direction générale. Concernant la France, il s'agissait autant de surveiller de l'alliance avec Schneider & Cie que de préparer une solution alternative au chantage tarifaire belge. En effet, l'industrie luxembourgeoise était dépendante des chemins de fer du Royaume dans la mesure où son approvisionnement et ses débouchés dépendirent du port d'Anvers.

La Commission d'étude des problèmes économiques posés par la guerre et ses conséquences éventuelles montrèrent d'ailleurs qu'il s'agissait du

> « *port le plus rapproché des centres industriels du Grand-Duché (...) (264 km Differdange-Anvers, 383 km Differdange-Dunkerque, 432 km Differdange-Dieppe, 359 km Differdange-Rotterdam). (...) C'*[était] *aussi celui qui offr*[ait] *les prix les plus bas* »[137].

Cette croyance fut encouragée par la propagande belge au sortir de la guerre[138]. Mais à l'Arbed, on savait cette situation d'autant plus provisoire que la France disposait d'un « *réseau de cours d'eau canalisés et de canaux* » permettant « *d'amener* [les] *produits sidérurgiques* [luxembourgeois] *partout à l'endroit même de la*

137 ANLux, AE 466/2, Jean-Baptiste Dondelinger, « Avantages qui résulteraient de la réunion du Grand-Duché à la France ou à la Belgique au point de vue des transports », s.d. [1919]. Dondelinger souligne.

138 Cf. la lettre d'Ocatve Collet à Gérard Cooreman, 31 novembre 1918, transmise par Fernand Peltzner à Paul Hymans, 1er décembre [ASPFAE, B1, 1916–1918].

consommation » et qu'il existait des projets viables de canalisation de la Moselle et de la Chiers vers la Meuse ouvrant ses « *grands ports de mer à des prix défiant toute concurrence étrangère* »[139].

Membres de la Commission d'étude…, Emile Mayrisch et Paul Wurth savaient d'autant de quoi il en retournait puisqu'ils contribuèrent indirectement, entre 1904 et 1911, au projet de canalisation des usines luxembourgeoises entre Moselle et Chiers. Le premier avait délégué son directeur commercial, Albert Van Gogh, pour participer à la Commission de défense, formée le 12 décembre 1907 par le second, chargé d'élaborer un projet. Un accord fut bien trouvé avec les industriels longoviciens, mais les autorités prussiennes de Trêves, en raison d'un préjudice que le canal imposerait au chemin de fer et au budget de l'Etat[140], s'y opposèrent. Pendant la guerre, Mayrisch apprit la reprise de la canalisation de la Moselle et conseilla à Barbanson, lors de leur rencontre du 9 décembre 1915, de souligner à Broqueville « *l'opportunité pour la Belgique de reprendre avec la France l'étude du canal de la Chiers et de la Meuse* »[141]. Même si elle n'en tint pas compte dans l'immédiat, la diplomatie belge était au courant de la réalité de cette alternative. Et l'obstination du Groupement des hauts-fourneaux et aciéries dans les premières années de l'après-guerre ne fut pas sans l'inquiéter, d'autant que la France consentait des réductions tarifaires entre Thionville et Dunkerque[142]. Bien qu'il n'eût pas *a priori* parié sur cette voie, comme le montra la création le 16 juin 1922 de la Société de transports et d'affrètement (Transaf) à Anvers, Mayrisch finit, deux ans plus tard, par demander à la Columeta d'entreprendre les démarches nécessaires « *pour diriger nos exportations vers*

139 ANLux, AE 466/3 ; AMAE, Z, Luxembourg, 27, Paul Wurth, *Orientation économique du Grand-Duché de Luxembourg. Rapport Général,* Luxembourg, Victor Bück, 1919, p. 9.

140 Jules Tillier, « La métallurgie luxembourgeoise », *Revue économique internationale*, mai 1913, p. 373–399. Cf. aussi « Rapport général sur la situation de l'industrie et du commerce pour l'année 1906 », *Mémorial du Grand-Duché de Luxembourg*, 42 du 10 août 1907, p. 37 ; Jules Mersch, « Paul Wurth », *Ibid.*, *Biographie nationale du Pays de Luxembourg depuis ses origines jusqu'à nos jours*, 15, Luxembourg, Victor Buck, 1967, p. 355.

141 AGR, Fonds Broqueville, 43, lettre de Gaston Barbanson à Charles de Broqueville, 10 décembre 1915.

142 ASPFAE, B12, lettres de Gaston de Ramaix à Henri Hanrez, 22 novembre, de Gustave Trasenster à Gaston de Ramaix, 9 décembre 1922 et de la Direction pour l'Europe méridionale à Gaston de Changy, 8 janvier 1923 ; Notes de la Direction pour l'Europe méridionale, 13 décembre 1922, 21 et 25 janvier 1923.

Dunkerque »[143]. Dans le même temps, l'« Etat Arbed » fit part de son désarroi au gouvernement luxembourgeois, le 27 janvier 1924[144].

L'autre asymétrie concernait l'Allemagne. Relative, l'information recueillie sembla en relation avec le niveau des ventes. Mais elle cachait aussi une autre orientation stratégique décidée par Mayrisch et à laquelle Maugas ne fut pas invité à s'associer. Bien que de droit luxembourgeois, à capitaux franco-belgo-luxembourgeois depuis 1919, elle restait une entreprise allemande. Non seulement ses approvisionnements en charbon, mais son marché (en 1921 et 1922, 42 % de sa production y fut écoulé) se trouvèrent dans le *Reich*. Le retrait du *Zollverein* ne posa pas de problème sérieux à l'entreprise. En jouant de ses relais dans la diplomatie française, l'« Etat Arbed » parvint à venir à bout de l'offensive de l'Hadir pourrait-on dire. Néanmoins, l'admission du Grand-Duché à l'article 268 du traité de Versailles[145] — l'entrée en franchise des produits naturels ou fabriqués dans le pays en Allemagne — ne semblait pas être de son fait, mais résultait plutôt des analyses de François de Wendel au sein de la commission du « traité de paix » du Comité des forges de France en 1915[146] et de l'activisme de Jules Brunet, directeur des affaires commerciales aux Affaires étrangères belges, quatre ans plus tard[147] ; dans un cas, il s'agissait de diriger la concurrence de la sidérurgie luxembourgeoise dans une autre direction que le marché français, dans le second, d'arrimer le Luxembourg à la Belgique. Mais les contacts diplomatiques de Mayrisch, par l'entremise d'André Vicaire, furent utiles pour battre en brèche un des acteurs français actionné par la diplomatie belge dans l'application de cet article 268 al. c. Ancien secrétaire général de la commission économique de la conférence de la Paix, Daniel Serruys était, depuis le printemps 1920, directeur des Accords commerciaux au ministère du Commerce. Haïssant son homologue des Affaires étrangères, Jacques Seydoux[148], le correspondant

143 AACA, AC, « Conférences des directeurs techniques », Procès-verbal de la réunion, 2 février 1924.

144 « Rapport général sur la situation de l'industrie et du commerce pour l'année 1924 », *Mémorial du Grand-Duché de Luxembourg*, annexe 4, 15 juin 1925, p. 47.

145 Cf. Charles Barthel, *op.cit.*, p. 145–148.

146 AFB, SS0 110-02, Notes préliminaires. Commission du traité de Paix, Note d'Humbert de Wendel de septembre 1915.

147 ASPFAE, B21, Jules Brunet, « Note pour Monsieur le Ministre » Henri Jaspar, 27 septembre 1921.

148 Cf. le témoignage de Louise Weiss, une autre correspondante de Mayrisch [*Mémoires d'une Européenne*, 2, Paris, Payot, 1969, p. 166].

d'Emile Mayrisch, il créa les services de l'Information économique attachés à sa direction[149].

Cet ancien officier interprète anglophone (et -phile), affecté aux questions de blocus pendant la Première Guerre mondiale, était aussi né en Belgique trente cinq ans plus tôt. Secrétaire général de la commission économique de la conférence de Versailles, où il eut pour collègue Arthur Bemelmans, Serruys était proche de Brunet[150] au moment des négociations de paix. Nommé au ministère du Commerce dès la fin des hostilités, il côtoya journellement au cabinet du ministre le colonel Ernest Mercier, ami de Gabriel Maugas. Ces conditions l'amenèrent à prendre à contrepied la position diplomatique française concernant le Luxembourg. Peut-être fallut-il y voir là la raison de l'oubli de l'introduction du Grand-Duché dans la rédaction initiale (décembre 1918) de l'article 268 par les services du ministère du Commerce français ? Dans la mise en application dudit article, Serruys fut bien décidé à permettre à la Belgique d'en faire un élément de chantage dans le cadre des négociations pour l'Union économique belgo-luxembourgeoise qui avaient lieu en parallèle. A moins que, plus simplement, il n'eût été sensibilisé à la nécessité de réussir les négociations militaires franco-belges[151]...

Bien que garantie par le traité de Versailles, dont la portée juridique s'opposait à tous les signataires, le Grand-Duché dut demander que la liberté d'exportation en Allemagne promise par l'alinéa c de l'article 268 lui fut effectivement octroyée. Et l'opposition belge, permise par l'abstention française décidée par Alexandre Millerand[152], dont les accointances avec Théodore Laurent étaient

149 Laurence Badel, *Un milieu libéral et européen. Le grand commerce français 1925–1948*, Paris, Comité pour l'histoire économique et financière de la France, 1999, p. 93.

150 *Ibid.*, lettre de Jules Brunet à Paul Hymans, 9 juin 1920.

151 Fernand Vanlangenhove, « L'accord militaire franco-belge de 1920 à la lumière des Documents Diplomatiques belges », *Mededelingen van de Klasse der Letteren en der Morele en Staatkundige Wetenschappen*, LIII, 1967, p. 520–535 ; Jean Stengers, « L'accord militaire franco-belge de 1920 et le Luxembourg », Raymond Poidevin, Gilbert Trausch, *Les relations franco-luxembourgeoises de Louis XIV à Robert Schuman*, Metz, 1978, p. 227–243.

152 Cf. FO 893/6/9/11, Notes du Gouvernement luxembourgeois, 29 janvier et 15 juin 1920, et de l'ambassade de Belgique, 15 juin 1920 ; FO 893/8/8, lettres de la Délégation luxembourgeoise et d'Antoine Pescatore, 14 et 16 octobre 1920 ; ASPFAE, B21, lettres de Paul Hymans à Amaury de Marchand d'Ansembourg, 9 juin 1920, de Jules Brunet à Paul Hymans, 9 juin, 5 et 6 août 1920, et Gaston de Ramaix à Henri Jaspar, 12 août 1920. Pour la France, cf. Georges-Henri Soutou, « Le Luxembourg et la France en 1919 », *Hémecht*, 1987/4, p. 485–512.

connues, laissa un mauvais goût du côté de l'Arbed. En septembre 1920 seulement, alors que le traité était entré en vigueur au printemps, les exportations luxembourgeoises purent entrer en franchise sur le territoire du *Reich*, dans la limite de « *la moyenne annuelle des quantités envoyées au cours des années 1911 à 1913* ». Seule l'Arbed disposa de la capacité de production lui permettant de profiter immédiatement de cette opportunité. Ses ventes allemandes s'envolèrent les deux années suivantes. La mesure libérale accordée par le traité fut cependant limitée au 10 janvier 1925.

Afin d'éviter de nouvelles surprises venant de Belgique ou de France, l'« Etat Arbed » fut bien décidé à agir préventivement. La situation internationale du Grand-Duché avait changé depuis les négociations de Versailles. L'abdication de la grande-duchesse Marie-Adélaïde, la conclusion de l'Union économique belgo-luxembourgeoise, l'adhésion à la Société des Nations contribuèrent largement à normaliser les relations avec la France et la Belgique. L'aura d'Emile Mayrisch, auprès des services diplomatiques de ces deux pays, y contribua aussi largement. Son entregent fut également intact dans le *Reich*. Toutefois, les possibilités d'agir furent limitées par le fait même de l'Union économique, la Belgique se montrant hégémonique. Et lorsqu'elle décidât d'ouvrir des négociations commerciales avec l'Allemagne, fin mars 1924, elle n'offrit qu'un strapontin à son partenaire luxembourgeois, celui d'expert d'une délégation entièrement belge ; membre-suppléant du Conseil supérieur de l'Union depuis deux ans[153], Albert Calmes fut naturellement désigné[154]. Les positions luxembourgeoises furent adoptées au sein de la Fédération des industriels luxembourgeois et transmises à Emile Reuter début août 1924[155], un mois avant le début des négociations avec l'Allemagne.

La méthode initialement appliquée à cette question ressembla étrangement à celle actionnée dans le cadre des négociations belgo-luxembourgeoises, menées par Gabriel Maugas. L'« Etat Arbed » laissa les industriels du pays s'entendre, sans véritablement imposer ses vues autrement que par l'entremise de la chambre de Commerce, présidée par un autre de ses affidés, Aloyse Meyer[156].

---

153 *Mémorial du Grand-Duché de Luxembourg*, 23 du 14 avril 1922, p. 344.

154 AACA, AC-017452 ; ANLux, AE 3997/37, Circulaire des Affaires étrangères belges aux chambres de Commerce, mars 1924, lettre de Raymond de Waha à Paul Wurth, 31 mars 1924.

155 *Ibid.*, Note de la Fédération des industriels sur le traité de commerce à conclure entre l'UEBL et l'Allemagne-Industrie sidérurgique et projet de lettre de la Fédération des industriels luxembourgeois à Emile Reuter, 2 et 18 août 1924.

156 Cf. *Ibid.*, projet de lettre de la chambre de Commerce à Raymond de Waha, 16 août 1924.

Ce mode de coordination léonine permit à l'Arbed de modérer les positions extrémistes qui n'auraient pas manqué de braquer la partie belge, voire de se laisser le temps de compléter celles moins bien développées. Ce fut le cas entre la première mouture de la Fédération des industriels luxembourgeois du 2 août et la seconde, seize jours plus tard, où « *la prolongation du régime de libre importation pour les produits* » luxembourgeois en Allemagne, c'est-à-dire la prorogation de l'article 268 du traité de Versailles, fut demandée. La position de l'organisation patronale se lut évidemment dans l'actualité de la Conférence de Londres et de l'adoption du plan Dawes[157]. Mais elle fut aussi une proposition luxembourgeoise dans le cadre de la négociation entre l'Union économique… et le *Reich*. L'Arbed pensa pouvoir l'imposer à la diplomatie belge qui déterminait les points à développer à Berlin. Seulement, il semblait que les buts de Bruxelles furent autres. En effet, fin septembre, Théodore Laurent fit part à un cadre de chez Schneider & Cie que

> « *les Belges renonceraient à demander, pour les Luxembourgeois, le bénéfice de la prorogation de l'entrée en franchise de leurs produits en Allemagne*[158]. »

La nouvelle n'étonna guère Mayrisch. De Düsseldorf et de Cologne, ses « *points d'attache* » ne manquèrent pas de lui rapporter la vacuité des négociations belgo-allemandes. Karl Heimann-Kreuser, gérant de la filiale allemande de la Columeta, l'Artewek Handelsgesellschaft für Berg-und Hüttenerzeugnisse GmbH, estima que toute l'attention du gouvernement de Weimar et des industriels de la Ruhr portait sur celles avec la France[159]. Georg Zapf, directeur de Felten & Guilleaume, rapporta la même chose[160]. De Paris, les nouvelles ne furent guère plus encourageantes. D'autant que l'on s'acheminait vers la mise en place de contingentements franco-sarrois et non vers un retour de la clause de la nation la plus favorisée[161]. Or, la position française n'était pas des plus solides, tant du côté des Sarrois, menés par Arthur Bommelaer, secrétaire général

---

157 Cet arrangement portait sur un aménagement du montant des réparations dues par l'Allemagne signé le 24 juillet 1924. Pour permettre de les financer, un système de taxes sur les transports, de droits de douanes et d'accises était privilégié. Il visait à lutter contre l'hyperinflation qui sévissait, mettant à mal la survie de la république de Weimar. L'Arbed demanda immédiatement d'en être exemptée [ANLux, AE 3583].

158 AACA, AC-0407, lettre de Jules Aubrun à Emile Mayrisch, 1er octobre 1924.

159 *Ibid.*, AC-7501, lettres de Karl Heimann-Kreuser à Emile Mayrisch, 11 et 24 décembre 1924.

160 *Ibid.*, lettre de Georg Zapf à Emile Mayrisch, 20 décembre 1924.

161 *Ibid.*, lettres d'André Vicaire à Emile Mayrisch, 3 et 7 janvier 1925.

du Comité des forges de Sarrebruck[162], que de celui des Lorrains. Fidèle à son habitude, Emile Mayrisch tenta d'apporter une information inédite au Comité des forges de France. Il fit rédiger une « note sur les projets de l'industrie allemande » qu'il adressa à André Vicaire, à charge pour lui de la présenter à ses interlocuteurs français. Ce fut fait le 7 janvier 1925, lors d'une réunion d'experts[163]. Face à l'échéance, trois jours plus tard, de la période décennale imposée par le traité de Versailles, toutes les parties avaient intérêt à se montrer dilatoires. Finalement, un *modus vivendi* fut conclu le 27 février 1925[164], dont Emile Mayrisch suggéra qu'il servît de modèle aux discussions belgo-allemandes qui tiraient en longueur[165]. Las, le traité commercial signé le 4 avril suivant fut très en deçà des attentes des sidérurgistes luxembourgeois.

Conscient d'avoir placé trop d'espoirs dans l'action des Etats belge, français et allemand, le président de l'administration de l'Arbed était bien décidé à agir seul. Les négociations belges n'avaient pas pris en compte ses demandes et les françaises menaçaient la position commerciale de l'usine de Burbach, en Sarre. Un temps, il songea à « *couper les relations entre Burbach et la France* » en faisant ainsi dépendre les expéditions de l'usine « *essentiellement du marché intérieur allemand* », comme le lui suggérait finalement Heimann-Kreuser[166]. N'avait-il pas déjà décidé de se séparer, contre toute attente, de son usine d'Aix-la-Chapelle quelques jours auparavant ? Puis il se ravisa et estima qu'il devait arriver à un accord privé. L'idée fut également avancée par le gérant de l'Artewek, fin avril 1925. Heimann-Kreuser se souvint d'un *Sonderabkommen* (accord spécial) que le Stahlwerksverband avait passé avec les usines Krupp en 1904[167]. Séduit, Mayrisch décida de procéder comme dans la question charbonnière et confia la négociation lotharingo-luxembourgo-sarroise à Maugas[168]. Pendant ce temps, il œuvra en coulisse, bien décidé à « *prendre en main* [lui]-*même*(...) *l'évacuation des questions en suspens* »[169].

---

162 *Ibid.*, lettre d'Arthur Bommelaer à Théodore Laurent, 3 janvier 1925.

163 *Ibid.*, lettre d'André Vicaire à Emile Mayrisch, 7 janvier 1925.

164 *Ibid.*, lettre d'André Vicaire à Emile Mayrisch, 2 mars 1925.

165 *Ibid.*, lettre d'Emile Mayrisch à Albert Calmes, 3 mars 1925.

166 *Ibid.*, lettres de Karl Heimann-Kreuser à Emile Mayrisch, 24 décembre 1924.

167 *Ibid.*, 28 avril 1925.

168 Dès le 10 avril, les industriels de Lorraine, de Sarre et du Grand-Duché s'étaient retrouvés à Luxembourg pour évoquer une position commune. Le 15 mai, ils étaient reçus par Robert Pinot au siège du Comité des forges de France. Ils se retrouvèrent à nouveau à Luxembourg le 16 juin, où ils aboutirent à un premier accord [*Ibid.*, 1-n-0 et 1-m-1, *passim*].

169 *Ibid.*, AC-0407, lettres d'Emile Mayrich à Ernst Poensgen, 6 juin 1925.

Le 29 mai 1925, en marge d'une réunion parisienne de l'International Rail-Makers' Association, il évoqua la question avec Fritz Thyssen, Ernst Poensgen et quelques autres[170]. Un avant-projet de *Privatabkommen* (accord privé) détaillé fut négocié à Düsseldorf entre Mayrisch, Thyssen, Vögler, Poensgen et Klöckner[171]. Fin juin, début juillet, un accord fut trouvé entre les deux parties et transmis pour ratification à la Rohstahlgemeinschaft, où il se heurta à une « *forte opposition de certaines grandes usines* » allemandes. La convention fut néanmoins approuvée le 30 juillet « *dans une très large mesure grâce à l'engagement personnel de Monsieur Poensgen* », avec entrée en vigueur rétroactive au 1er juillet 1925 dans l'attente de la confirmation gouvernementale. Les Reichswirtschaftsministerium et Reichsministerium der Finanzen (ministères de l'Economie et des Finances) se montrèrent d'abord réticents, mais finirent par limiter son autorisation pour une période d'un an, espérant arriver d'ici là à un règlement des questions douanières en Europe[172]. Le *Privatabkommen* prit fin le 15 septembre 1928, remplacé par l'*Austauschabkommen* (convention d'échanges), régulièrement prorogé jusqu'en janvier 1940. Les usines Arbed du Grand-Duché exécutèrent dorénavant pour le compte du Stahlwerksverband[173] des commandes d'exportation jusqu'à concurrence de 212 000 tonnes par an, ce dernier livrant un tonnage équivalent de demi-produits aux filiales allemandes du groupe luxembourgeois. La formule

---

170 Il n'a pas été possible de les identifier [Charles Barthel, *op.cit.*, p. 410 n160], mais il est plausible qu'Albert Vögler, vieux complice de Mayrisch et proche de Fritz Thyssen, et Peter Klöckner furent dans la confidence.

171 AACA, AC-7501, avant-projet de *Privatabkommen*, lettre de Fritz Thyssen à Emile Mayrisch, 8 juin 1925 ; *Ibid.*, AC-« Vicaire », lettre d'Emile Mayrisch à André Vicaire, 2 juin 1925.

172 AACA, AC-7501, *Vertrag zwischen der Rohstahlgemeinschaft in Düsseldorf vertreten durch ihre Geschäftsstelle, die SWV-Aktiengesellschaft in Düsseldorf und dem Konsortium 1. Felten & Guilleaume Carlswerk A.G. in Mülheim a*[m] *Rhein, 2. Eschweiler Bergwerks-Verein in Kohlscheid, 3. Abteilung Aachener Hütten-Gesellschaft der Rothen Erden in Luxemburg*, s.d. [juillet/août 1925] ; Diverses correspondances, avril 1925-fin 1926.

173 Dissous en 1920, le *Stahlwerksverband* avait été réactivité après la création de la *Rohstahlgemeinschaft*, par Fritz Thyssen, le 2 novembre 1924. Dans la foulée de cette création, se constituèrent les *Halbzeugverband* (demi-produits, 8 décembre 1924), *Röhrenverband* (tubes, 1er mars), *A-Produkte-Verband* (produits A, 23 avril), *Grobblechverband* (tôles fortes, 18 juillet), *Walzdrahtverband* (fil machine, 31 juillet), *Stabeisenverband* (laminés marchands, 1er août), *Bandeisenvereinigung* (feuillards, 7 août 1925). La cartellisation de l'économie allemande avait été relancée après l'occupation de la Ruhr.

de l'échange rendit superflue le système complexe du remboursement de la moitié des droits de douane[174].

L'opération fut menée dans la plus grande confidentialité. Les diplomates français, belges et même allemands ne soupçonnèrent pas la nature des tractations en cours. Seuls quelques industriels français furent mis dans la confidence par un Mayrisch trop heureux du coup qu'il venait de réaliser en deux mois alors que les délégations officielles avaient piétiné pendant plus de six mois. Pour la troisième fois depuis 1919, l'« Etat Arbed » mettait en échec la diplomatie belge. En six ans, il avait mis en œuvre toutes les ressources de son entreprise pour mettre au point une coordination léonine. Ses approvisionnements comme ses débouchés furent assurés au-delà du seul Grand-Duché de Luxembourg et même de la seule Union économique belgo-luxembourgeoise. Ses voies de communication furent pareillement garanties au-delà des chemins de fer belges et d'Anvers. Enfin, son accès au marché allemand était sauf. Il ne lui restait plus qu'à réduire l'agitation de Gabriel Maugas. Le danger de ses manœuvres avec Pierre Prüm contre l'Union économique belgo-luxembourgeoise, qui avait amené Mayrisch à faire le tour des capitales française et belge pour apaiser les chancelleries, l'amena à revoir la liberté qu'il lui avait laissée jusque-là. Surtout, à l'occasion du *« malentendu inexplicable »*[175] qui conduisit la Rail-Makers'Association britannique à câbler son invitation à participer à la réunion de l'International Rail-Makers'Agreement du 12 juin 1925, pour la seconde année consécutive[176], directement aux services administratifs de l'Hadir, il prit conscience de l'erreur de laisser un tel électron libre agir au niveau international pour le compte de la Fédération des industriels luxembourgeois.

Aucune solution ne fut véritablement arrêtée. Mayrisch ne souhaita pas toucher à l'articulation du Groupement des industries sidérurgiques, la «*fraction* » de l'organisation patronale. Un incident lui fit changer d'avis. En câblant à Sir William B. Peat, fin septembre 1926, Mayrisch s'était abstenu, comme à son habitude, de consulter qui que ce soit. L'inhabituel fut qu'il s'adressât au secrétaire général de la National Federation of Iron and Steel Manufacturers britannique au nom du Groupement. Charles Libotte, directeur de l'usine de Rodange, ne

174 Félix Chomé, *op.cit.*, p. 178 ; Charles Barthel, *op.cit.*, p. 411 n166.

175 AACA, AC-7501, télégramme d'André Vicaire à Emile Mayrisch, 9 juin 1925.

176 *Ibid.*, 21-d-0, lettres de Gustave Trasenster et de Théodore Laurent à Gabriel Maugas, 14 et 15 février 1924 ; *Ibid.*, AC-7501, lettre d'André Vicaire à Emile Mayrisch, 15 février 1924.

manqua pas de le lui faire crûment remarquer[177]. Aussi fit-il mine de se rallier à l'idée de Gabriel Maugas et de Charles Libotte, exposée au printemps précédent[178]. En janvier 1927, il laissa se créer la société coopérative Groupement des industries sidérurgiques. Mais il enferma le directeur-général de l'Hadir dans une structure légale où la visibilité serait assurée par l'industriel Maurice Godchaux, un ancien directeur des usines de Differdange et de Pompey, passé par Ikatérinoslav en Russie (1898), avant de rejoindre en 1916, comme ingénieur en chef, la Société métallurgique de Sambre et Moselle, à Montigny-sur-Sambre en Belgique ; il était aussi administrateur des Draperies de Schleifmuhl, à Schleifmuhl-lez-Luxembourg[179]. Désormais, avec Meyer comme vice-président perpétuel de la Fédération des industriels luxembourgeois, Mayrisch contrôlait totalement le syndicat patronal luxembourgeois. Depuis la mi-juillet 1926, Joseph Bech, le nouveau ministre d'Etat, devait tout au président de la direction générale de la première entreprise sidérurgique du pays. L'« Etat Arbed » assurait une totale coordination du marché sidérurgique luxembourgeois. La prochaine étape était l'Europe.

177 *Ibid.*, 1 « Accords », copie du télégramme d'Emile Mayrisch à Peat, 24 septembre 1926, et lettre de Charles Libotte à Emile Mayrisch, 25 septembre 1926.

178 *Ibid.*, 21-d-0, lettres de Gabriel Maugas à Théodore Laurent et à Jacques van Hoegaerden, 23 mars et 21 août 1926.

179 *Mémorial du Grand-Duché de Luxembourg*, 45, 10 juin 1922, p. 622.

Chapitre 9 Face aux crises économiques de l'entre-deux-guerres

Les années 1925–1926 représentèrent un tournant dans l'histoire de la sidérurgie luxembourgeoise, sinon européenne. La presse le reconnut volontiers puisque, le 23 décembre 1925, pour *L'Echo de la Bourse*, « *il ne*[était] *pas exagéré de dire que l'Arbed représent*[ait] *un des plus puissants trusts européens de valeurs industrielles* ». Emile Mayrisch en était la personnalité tutélaire. En contact avec le politicien français Louis Loucheur et dans les enceintes de la Société des Nations, il participa au développement d'une nouvelle diplomatie, industrielle celle-là, qui échappait largement aux praticiens traditionnels de la représentation étrangère[1]. Elle laissa tout aussi peu de place aux médias, dont l'accès leur était fermé par ces nouvelles élites productrices de nouvelles. De ce point de vue, les conditions de la divulgation du « protocole de Paris » dans *Le Temps* du 27 janvier 1925 furent édifiantes. Conclu le 18 décembre précédent, en marge de négociations franco-allemandes marquant le pas, par les représentants de la Rohsahlgemeinschaft et de l'industrie transformatrice allemande, ce document avalisait la dépendance de la sidérurgie du *Reich* envers les approvisionnements en fonte et en minerais de l'ancien Südwestliche Gruppe[2]. Cette position tranchait avec la position officielle affichée par les mêmes face aux Français. Moins d'une semaine plus tard, Georg Zapf et Karl Heimann-Kreuser en informèrent

---

1 Jean-Baptiste Duroselle, *Tout empire périra : une vision théorique des relations internationales*, Paris, Publications de la Sorbonne, 1981, p. 71. Cf. aussi Elisabeth du Réau, *L'ordre mondial, de Versailles à San Francisco (juin 1919-juin 1945)*, Paris, Presses universitaires de France, 2007), Bruno Ricard, *L'Etat et l'expansion de commerciale de la France. L'information économique extérieure des consuls aux attachés commerciaux* (1681–1939), Doctorat, Ecole des Chartes, 1992 ; Max Suetens, *Histoire de la Politique commerciale de la Belgique depuis 1830 jusqu'à nos jours*, Bruxelles, Librairie Encyclopédique, 1955.

2 Elle fut officialisée à l'été suivant sous forme du cartel allemand des industries transformatrices de l'acier (*Arbeitsgemeinschaft der Eisen Verarbeitenden Industrie*, AVI). Le texte de l'accord AVI (*AVI-Abkommen*) fut publié dans le *Deutsch-Bergwerks Zeitung*, 26 et 28 juillet 1925, et traduit en français par le Comité des forges dans son *Bulletin de la Société d'étude et d'information économique*, 10 août 1925. Cf. Hans Mommsen, *The Rise and Fall of Weimar Democracy*, Chapel Hill, University of North Carolina Press, 1998, p. 221–222.

leur ami luxembourgeois[3]. Ce dernier fit alors passer l'information au Comité des forges de France[4], qui la publia dans son journal.

La puissance de Mayrisch parut sans borne. Ses réseaux lui permirent d'entrer en relation avec les mondes économiques allemands, français et belges, mais aussi politiques et culturels. Le Comité franco-allemand d'information économique et l'Entente internationale de l'acier en furent les exemples les plus évidents. Seule la mort et la faillite économique purent entraver cette marche. La première fut inéluctable, mais les héritiers, plus Aloyse Meyer que Gaston Barbanson, furent prêts. La seconde sembla résistible au moyen d'une bonne information économique et d'une fine coordination économique du marché sidérurgique européen, sinon mondial. Mais le nouvel ordre économique issu de la Première Guerre mondiale fut difficilement lisible. Les crises succédèrent aux crises et les instruments de coordination furent en discussion au niveau de la Société des Nations.

Un après-guerre peu favorable

Le décollage de l'Arbed dans l'entre-deux-guerres ne tint pas au prétendu trésor amassé pendant la guerre, comme le prétendirent Gustave Trasenster et les industriels belges et français qui lui étaient acquis. Il fut le résultat de la rencontre d'un acteur économique avec un lieu, un moment, une collectivité, une visée productrice ; sa vision permit de tracer les contours du développement économique[5] de son entreprise, mais également du Grand-Duché de Luxembourg. Parmi tous les capitaines d'industrie opérant dans le pays entre 1911 et 1940, seul Emile Mayrisch disposa de cette capacité à apprendre du passé pour se projeter vers l'avenir. Mieux qu'un Schneider en France ou un Trasenster en Belgique, mieux qu'un Maugas, un Libotte ou un Barbanson au Grand-Duché, sa capacité à orienter l'information afin de bénéficier de l'innovation lui permit de répondre à une attente collective de développement économique. L'affirmation de l'« Etat Arbed » devint ainsi le meilleur garant du déploiement d'un Etat luxembourgeois moderne.

---

3 Archives de l'administration centrale de l'Arbed, Luxembourg (AACA), AC-7501, lettre de Georg Zapf à Emile Mayrisch, 20 décembre 1924 et Note sur les projets de l'industrie allemande, s.d. [avant le 6 janvier 1925].

4 *Ibid.*, lettre d'André Vicaire à Emile Mayrisch 7 janvier 1925.

5 Cf. Robert Salais, « Préface », Bernard Pecqueur (dir.), *Dynamiques territoriales et mutations économiques,* Paris, L'Harmattan, 1996, p. 9.

Le pari ne fut pas des plus aisés, tant l'environnement général semblait peu favorable. Sur la longue période, la croissance économique du pays dépendit des bouleversements internationaux. Depuis 1913, les conflits militaires semblèrent se succéder : Balkans (1913)[6], Guerre mondiale (1914–1918), occupation de la Ruhr (1923)[7], Espagne (1936–1939), Chine (1937–1939)[8]. A chaque fois, la même « *période extrêmement difficile s'ouvr*[ait] *pour la métallurgie*[9] ». Pourtant, hormis entre octobre 1915 et 11 novembre 1918, où elle fit l'objet de cent trente-six attaques aériennes[10], elle ne fut jamais au centre des combats. Passée l'invasion allemande du 2 août 1914, le front de la seconde guerre civile européenne s'établit rapidement à quelques trente kilomètres à l'ouest pour quatre ans. Pourtant, « *du fait de son voisinage immédiat avec le théâtre de la guerre* », la sidérurgie luxembourgeoise éprouva des difficultés certes « *particulièrement nombreuses* », mais peu différentes des crises qu'elle avait connues et, surtout, qui lui restaient à connaître.

> « *L'accaparement de nos moyens de transport par l'administration militaire allemande empêcha les approvisionnements en cokes. La plupart des hauts-fourneaux furent bouchés. Des 50 appareils 8 seulement restèrent encore en activité pendant la deuxième semaine du mois d'août. Ce nombre s'abaissa en septembre à 7 appareils, exploités à Esch, dont 6 par Gelsenkirchener et un par les Aciéries réunies. La production de fonte, qui fut encore de 233.172 t. en juillet, tomba à 45.167 t. en août, pour reculer, en septembre, à 29.960 t.* »

La seule différence d'avec la pénurie de coke des années 1920–1925 ou des crises de l'après-guerre fut la brièveté de cette situation. Sans penser à la maladresse de ses propos s'ils étaient lus dans le camp de l'Entente, le rédacteur principal du « Rapport général sur la situation de l'industrie et du commerce » en 1914, Jean-Pierre Sevenig, nota :

6 « Rapport général sur la situation de l'industrie et du commerce pendant l'année 1913 », *Mémorial du Grand-Duché de Luxembourg*, annexe, 40, 19 juin 1914, p. 2.

7 *Ibid.* 1923, *op. cit.*, annexe, 5, 23 juillet 1924, p. 68.

8 *Ibid.* 1937, *op. cit.*, annexe, 5, 31 mai 1938, p. 127.

9 *Ibid.* 1914, *op. cit.*, annexe, 48, 2 juin 1915, p. 20.

10 Archives nationales du Luxembourg, Luxembourg (ANLux), AE 434, Note, 11 mars 1922. Cf. Gérald Arboit, « Dans les soubresauts de la Grande Guerre: Bombardements, renseignement et affairisme au Luxembourg », Charles Barthel/Josée Kirps, *Terres Rouges. Histoire de la sidérurgie luxembourgeoise*, 1, Luxembourg, Centre d'études et de recherches européennes Robert Schuman/Archives nationales de Luxembourg, 2009, p. 96–123.

« Mais, déjà dans le courant du mois de septembre, la situation s'améliorait. Comme les usines avaient réussi à compléter leurs approvisionnements en cokes, plusieurs appareils furent remis en marche dans le courant d'octobre, où la production atteignit 67.406 t. Les progrès s'affirmèrent en novembre, qui renseigne une production de 96.928 t., pour atteindre en décembre 111.523 t., soit environ la moitié de la production ordinaire. Depuis lors, le mouvement en avant s'est encore accentué[11]. »

Il fallait néanmoins replacer ce commentaire dans son contexte, celui d'une lente reprise économique interrompue depuis la crise balkanique, deux ans plus tôt, avant la fin de son cycle haussier apparu en 1910. Bien que n'appartenant pas au monde de l'industrie, ce professeur de sciences commerciales à l'Ecole commerciale et industrielle de Luxembourg réagissait finalement dès juin 1915 comme Mayrisch quand il se trouva dans la possibilité de rencontrer Barbanson en Suisse un mois plus tard…

Cette sensibilité aux crises étrangères désorganisant les marchés, qu'elles touchassent les approvisionnements, comme les grèves des mineurs de charbons belges (1925, 1927, 1932, 1936) et anglais (1926–1927)[12], ou les débouchés, comme lors de l'hyperinflation allemande à partir de 1923, s'expliqua par l'insuffisance du marché indigène pour absorber la production sidérurgique ; à cela s'ajoutait le caractère encore largement agro-industriel de sa société :

« Le Luxembourg, par sa dépendance étroite du marché international, et aussi par le volume très restreint de forces économiques dont il dispose, s'est trouvé atteint en première ligne par les répercussions de la nouvelle conjoncture[13]. »

Chaque crise remettait ainsi en question le développement économique luxembourgeois. La pénurie de charbon de l'immédiat après-guerre (1919–1921) constitua ainsi le pire moment de la production des hauts-fourneaux et des aciéries,

---

11 « Rapport général sur la situation de l'industrie et du commerce pendant l'année 1914 », », *Mémorial du Grand-Duché de Luxembourg*, annexe, 48, 2 juin 1915, p. 20.

12 Sur ces questions, cf. Emmanuel Gérard, Paul Wynants, *Histoire du mouvement ouvrier chrétien en Belgique*, 1, Louvain, Leuven University Press, 1994, p. 194–216, Robert Halleux *Cockerill. Deux siècles de technologie*, Liège, Ed. du Perron, 2002, p. 144 [il manque véritablement une histoire des mouvements sociaux dans la Belgique de l'entre-deux-guerres], Alan Clinton, *The trade union rank and file: trades councils in Britain, 1900–40*, Manchester, Manchester University Press ND, 1977, p. 138–183 ; James E. Cronin, *Industrial conflict in modern Britain*, Londres, Taylor & Francis, 1979, p. 126–156.

13 « Rapport général sur la situation de l'industrie et du commerce pendant l'année 1923 », *Mémorial du Grand-Duché de Luxembourg, op. cit.*, annexe, 5, 23 juillet 1924, p. 62.

alors que l'extraction minière n'atteignit son pic minimal qu'en 1921, le temps que les stocks des usines eussent été employés en totalité.

A chaque fois donc, « *la tension politique internationale ne laissait pas que d'inquiéter l'industrie et le commerce et d'entretenir des craintes vagues* »[14] dans le Grand-Duché. A chaque fois, elle impliquait des désordres macro- (crises productive, monétaire, des transports, protectionniste) et micro-économiques (chômage, poussée de nationalisme[15]), bouleversant les circuits d'exportation et entraînant un resserrement néfaste du crédit, sinon une crise de liquidité. L'évolution de la production de minerai, de fonte et d'acier luxembourgeoise entre 1911 et 1940 montra bien les impacts de cette situation économique heurtée. L'*optimum* atteint en 1913, après que la panique bancaire américaine eût affolé la croissance excessive allemande de 1907[16], ne devait pas être dépassé avant 1926 pour les deux premiers, les demandes d'acier induites par la guerre permettant des progrès plus rapides (1916, 1922). Alors que la sidérurgie franchit un nouveau palier en 1929 avant d'absorber le choc de l'arrivée en Europe de la Grande dépression américaine (1932–1936), les activités extractives furent frappées de plein fouet.

> « *Les entreprises minières autres que celles exploitées par les grandes sociétés métallurgiques renseign*[aient], *après une longue période de crise, un redressement d'une ampleur à peine espérée pendant l'année 1937 qui a été exceptionnellement prospère pour l'exploitation minière luxembourgeoise.* »[17]

---

14 *Ibid.* 1914, *op. cit.*, annexe, 48, 2 juin 1915, p. 1.

15 *Ibid.*, 1931, *op. cit.*, annexe, 1, 31 mai 1932, p. 9 ; *Ibid.*, 1933, *op. cit.*, annexe 2, 12 juillet 1934, p. 23.

16 Cf. Raymond Poidevin, *Les relations économiques et financières entre la France et l'Allemagne de 1898 à 1914*, Paris, Comité pour l'histoire économique et financière de la France, 1998, p. 433–435 ; Robert F. Bruner, Sean D. Carr, *The Panic of 1907: Lessons Learned from the Market's Perfect Storm*, New York, Wiley & Sons, 2007.

17 « Rapport général sur la situation de l'industrie et du commerce pendant l'année 1937 », *Mémorial du Grand-Duché de Luxembourg*, annexe, 5, 31 mai 1938, p. 190.

L'évolution de la production de minerai, de fonte et d'acier au Grand-Duché de Luxembourg (1911–1937)[18]

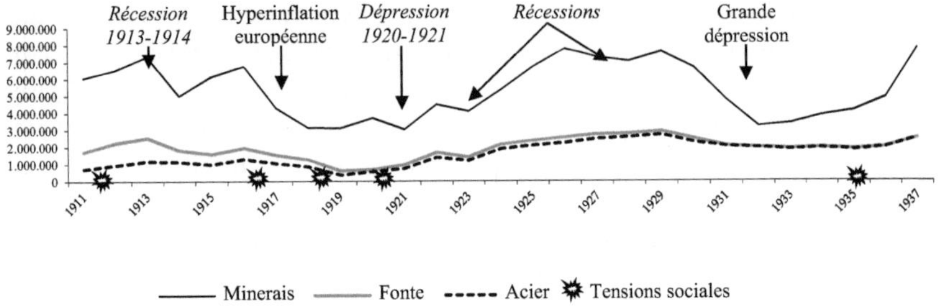

Année après année (jusqu'en 1937 toutefois), le « Rapport général sur la situation de l'industrie et du commerce » de la Chambre de commerce égrainait les soubresauts de l'économie grand-ducale. Il s'essaya à des commentaires. Sevenig se montra certainement le plus lyrique, qualifiant l'hyperinflation d'après-guerre, liée au manque de liquidité au Grand-Duché suite au retrait de toute valeur légale aux émissions fiduciaires entre 1914 et 1918, de réunion de « *toutes les crises (…) qui affectent l'organisme économique, crise de production, crise des transports, crise monétaire, crise morale et sociale* »[19]. Ces deux dernières furent certainement de celles qui touchèrent au plus près à la position de la sidérurgie dans le Grand-Duché. Les premières années d'après-guerre furent réellement fondatrices pour le pays. Derrière le choix de la république ou de la monarchie, témoignage des propagandes belges et françaises durant le conflit[20], derrière les problèmes de ravitaillement et de hausse des prix, se posait la véritable question de « *l'intégration politique* »[21] des diverses tendances qui agitaient la vie politique depuis l'avant-guerre, au-delà du traditionnel affrontement entre libéraux et catholiques. L'introduction du suffrage universel pour tous les citoyens luxembourgeois, hommes et femmes âgés d'au moins vingt-et-un ans, et de la représentation proportionnelle, modifia durablement le paysage politique, mettant définitivement fin au régime des notables permis par le système censitaire.

18 *Ibid.*, p. 195 et 204.

19 *Ibid.*, 1919, *op. cit.*, 48, 10 juillet 1920, p. 3.

20 Cf. l'action de Gaston Barbanson en Suisse, à la demande du gouvernement belge, pour mettre la main sur des informations compromettantes sur la grande-duchesse [Archives générales du Royaume, Bruxelles (AGR), Fonds Broqueville, 43, lettres de Gaston Barbanson à Charles de Broqueville, 25 mai et 31 août 1916].

21 Expression de Gilbert Trausch, *Histoire du Luxembourg*, Paris, Hatier, 1992, p. 139.

En inaugurant une ère dominée par les partis politiques, les socialistes remplaçant seulement les libéraux, elle permit une pacification sociale à laquelle l'« Etat Arbed » ne fut certainement pas étranger. Les conseils d'usine[22], adoptés dès le printemps 1919, ne trouvaient-ils pas leur origine dans une initiative de Mayrisch à Dudelange de 1897 ? Le 18 janvier 1906 avaient ainsi eu lieu les premières élections d'une délégation ouvrière, ouvrant la porte d'un consensus original mis au point à partir de 1911 au sein des emprises de l'Arbed. Même les services de renseignement français reconnaissaient que « *les conditions de travail* [étaient] *notoirement plus mauvaises chez Hadir que chez Arbed et Terres Rouges* »[23]. Ainsi s'expliquait que les plus violentes crises sociales, comme en 1912, en 1917, en 1919 et en 1921, touchassent plutôt Differdange, usine allemande puis franco-belge, Terres Rouges et Rodange, entreprises française et belge[24]. Toutefois l'Arbed en subit inévitablement les contrecoups, la classe

22 Ils connurent une histoire heurtée. Créés par les arrêtés grand-ducal et ministériel du 26 avril 1919 [*Mémorial du Grand-Duché de Luxembourg*, 27, 26 avril 1919, p. 397–400 et 401–403], modifié les 26 juillet [*Ibid.*, 53, 30 juillet 1920, p. 789–795 et 795–798] et 8 octobre 1920 [*Ibid.*, 77, 20 octobre 1920, p. 1207–1214], ils avaient été supprimés par celui du 11 mars 1921 [*Ibid.*, 16, 14 mars 1921, p. 259–257]. Quatre jours plus tôt, les ministres de France et de Belgique avaient demandé à Emile Reuter leur suppression [Archives du ministère des Affaires étrangères (AMAE), Paris, Z, Luxembourg, 29, lettres de Georges Leygues à Armand Mollard du 3 novembre 1920 et d'Armand Mollard à Georges Leygues, 8 janvier et 15 mars 1921]. Ils avaient été recréés par les arrêtés du 8 mai 1925, sous l'appellation de « délégations ouvrières » [*Mémorial du Grand-Duché de Luxembourg*, 21, 9 mai 1925, p. 238–245 et 246–249].

23 Archives nationales, Paris (AN), F^7 14985, note du Deuxième bureau/Sûreté de l'Armée française sur le Rhin, 17 décembre 1929.

24 Cf. Monique Kieffer, « Tensions et conflits sociaux de l'entre-deux-guerres », *Esch-sur-Alzette, du village à la ville industrielle : art et révolution industrielle au pays de la terre rouge*, Esch-sur-Alzette, 1989, p. 89–98. Cf. aussi Stéphanie Kovacs, *Communisme et anticommunisme au Luxembourg 1917–1932*, Bertrange, Rapidpress, 2002 [il s'agit de l'édition d'un mémoire de maîtrise en Histoire contemporaine, soutenue à l'Université Marc Bloch de Strasbourg en 2000] ; Denis Scuto, « Les victimes de la grève des ouvriers italiens de l'usine de Differdange en janvier 1912 », Antoinette Reuter, Jean Philippe Ruiz (dir.), *Retour de Babel. Itinéraires, mémoires et citoyenneté*, Gasperich, Retour de Babel, 2007, p. 38–41 ; « L'évolution du monde syndical luxembourgeois dans l'entre-deux-guerres », Michel Polfer (dir.), *Les Années Trente. Base de l'évolution économique, politique et sociale du Luxembourg d'après-guerre ?*, Luxembourg, Saint-Paul, 1996, p. 149–160 ; Denis Scuto, *Sous le signe de la grande grève de mars 1921. Les années sans pareilles du mouvement ouvrier luxembourgeois. 1918–1923*, Esch-sur-Alzette, 1990.

ouvrière étant plus soudée que le patronat. Mais cette dernière entendit chaque fois rester maître à l'intérieur de ses usines[25], même si elle ne manquait pas de suggérer des mesures légales, comme en décembre 1918 la journée de huit heures[26]. Emile Mayrisch fut un grand propagandiste de cette question. « *La journée de huit heures se généralise et personnellement j'estime que c'est un bien* », déclara-il huit ans plus tard à son contact journalistique préféré, Louise Weiss[27], assuré d'être repris par la presse européenne…

Même si Aloyse Meyer, tout comme Gaston Barbanson d'ailleurs, n'avait pas la même sensibilité sociale que le « *Grand Chef* », il parvint à maintenir l'Arbed à l'abri des conflits sociaux. Ayant accédé à la présidence de la Chambre de commerce le 4 juin 1925, il disposait aussi des moyens de pérenniser l'action de l'« Etat Arbed » et d'aménager ainsi un environnement luxembourgeois favorable. Dans le premier « Rapport général… » qu'il signât, le directeur général de l'Arbed évoqua la question de la stabilité monétaire. Le ton adopté fut celui d'un libéral, faisant de « *la crise du franc* », de l'automne 1923 au printemps 1924, le déterminant du

> « *réveil débordant de la demande, un mouvement d'échanges sans frein, et, par ses répercussions, une production désordonnée. L'essor malsain de cette époque s'attaquait aux bases mêmes de l'édifice économique qui lentement se détraquait*[28]. »

La crise ne fut pas uniquement perçue du seul point de vue luxembourgeois, mais reflétait bien la réalité d'une récession européenne, en liaison avec l'occupation franco-belge de la Ruhr et l'hyperinflation allemande qui en résulta. Mais, en soulignant que « *l'assainissement de la situation monétaire au printemps ramena plus de mesure dans la production et les échanges* », Meyer insistait sur une constante du discours de l'Arbed depuis la fin de la Première Guerre mondiale[29],

---

25 AACA, AC «Conférences des directeurs techniques», procès-verbal des réunions, 10 octobre et 9 décembre 1922.

26 Arrêtés grand-ducal et ministériel, 14 décembre 1918, concernant l'introduction de la journée de huit heures, *Mémorial du Grand-Duché de Luxembourg*, 80, 15 décembre 1918, p. 1405–1407 et 1407.

27 Cf. son interview à Louise Weiss dans *Le Petit Parisien* du 21 novembre 1926.

28 *Ibid.* 1924, *op. cit.*, annexe 4, 15 juin 1925, p. 37.

29 Cf. les propos d'Emile Mayrisch devant la Commission d'étude des problèmes économiques posés par la guerre et ses conséquences éventuelles [ANLux, AE 466/8, procès-verbal de la réunion, 16 mars 1918]. Dans le même ordre d'idée, Gaston Barbanson était également censeur (1929–1935), puis régent de la Banque nationale de Belgique [Banque nationale de Belgique, *Assemblée générale de la Banque nationale de Belgique* 1929–1939, Bruxelles, Banque nationale de Belgique, *passim*].

la nécessité de stabiliser le franc luxembourgeois. La présence à ses côtés d'Albert Calmes, auteur d'études remarquées sur le sujet[30], ne fut peut-être pas étrangère à ce souci de l'entreprise. La demande de faire de Luxembourg une place financière, qui apparut deux ans plus tard dans le discours de la chambre de Commerce, amenant le gouvernement à créer une commission d'étude, participa aussi de cette volonté de s'affranchir d'une crise monétaire qui ne devait prendre réellement fin qu'avec la dévaluation belge du 31 mars 1935. Commentant le 14 août 1929 une autre production de l'« Etat Arbed », la loi sur les holdings, *L'Européen* ne se trompait pas en affirmant que « *ce choix montr*[ait] *combien l'activité du nouveau marché financier* [devait] *être intimement liée à la prospérité industrielle et commerciale du Grand-Duché* ».

C'était avant que la Grande dépression américaine, qui emporta dans sa tourmente toutes les places financières dès octobre 1929, entraînât le pays dans une crise de l'investissement et de l'épargne. Elle se traduisit par l'effondrement durable de la Bourse, résultat du manque de lisibilité de l'avenir. Mais elle ne fut pas affectée par la longueur de la crise. Gaston Barbanson le pressentait bien lorsque, sans véritable besoin de fonds[31], il lança un nouvel emprunt destiné à maintenir son autofinancement. La distribution de dividendes de l'Arbed, imitée en cela par l'Hadir, parce qu'elle représentait une décapitalisation, fut néanmoins suspendue. La priorité alla à l'investissement d'entretien et de provision pour les années 1931 et 1932. Le « Rapport général… » pour l'année 1930 notait ainsi qu'

30 *Das Geldsystem des Grossherzogtums Luxemburg*, Leipzig, Duncker & Humblot, 1907 ; *La question de la valorisation des marks au Grand-Duché de Luxembourg*, Luxembourg, Th. Schroell, 1919. Le premier ouvrage connut une certaine gloire internationale, signalé et commenté dans des revues germanophones [*Jahrbücher für Nationalökonomie und Statistik*, 88, 1907 ; *Zeitschrift für Volkswirtschaft, Sozialpolitik und Verwaltung*, 17, 1908 ; *Zeitschrift für Handelwissenschaftliche Forschung*, 1, 1907], françaises [*Revue d'économie politique*, 22, 1908 ; *Revue économique internationale*, 2, 1908 ; *Journal des économistes*, juillet 1907, p. 457], italiennes [*Rivista italiana di numismatica e scienze affini*, 80, 1908, p. 468], américaines [*The Journal of political economy*, 16, 1908, p. 261 ; *The Quarterly journal of economics*, 21, 1907, p. 666].

31 Cf. Archives historiques de BNP-Paribas, Paris, 416 Lux 2B, compte-rendu de la conversation téléphonique entre Henri Jahan et Charles Van Aalst, 10 septembre 1930.

« un des soucis constants de notre industrie métallurgique est de porter ses installations au niveau des plus récents progrès techniques, et les travaux de modernisation, commencés depuis une série d'années, n'ont pas été interrompus par la crise[32]. »

Deux ans plus tard, il pouvait noter qu'en 1931,

« *Si cette branche principale* [d'] *activité* (...) *a pu, jusqu'à présent, faire preuve d'une tenace résistance aux effets de la désorganisation générale de ses débouchés, c'est certainement grâce aux sacrifices financiers consentis dans les dernières années et aux efforts vers la modernisation, la rationalisation et la mise au point de ses installations de production. Il n'en est pas moins vrai que la prolongation outre mesure de la situation actuelle finirait fatalement par entraîner des conséquences d'une exceptionnelle gravité pour la métallurgie luxembourgeoise et, par contrecoup, pour l'économie de tout le pays*[33]. »

Même Hector Dieudonné se montra pareillement confiant quant aux perspectives de résistance de l'Arbed sur les marchés internationaux « *en raison de la multiplicité de* [ses] *produits et de la qualité de ceux-ci* »[34].

En France et en Belgique, le patronat sidérurgique fit le choix inverse... montrant combien la bonne utilisation de l'information n'était pas aisée. D'autant qu'en période de crise, les données réellement utiles se réduisaient afin de n'offrir aucun indice sur l'état réel des entreprises pour leurs concurrents. Bien que la presse d'information générale française et belge restât largement ignorante des réalités luxembourgeoises, les statistiques de la Chambre de commerce furent reprises par les diplomates en poste à Luxembourg, diffusées par les journaux luxembourgeois, relayées par la presse spécialisée française, belge, allemande et britannique. Aussi les firmes sidérurgiques, les plus grosses, comme Arbed et Hadir, aussi bien que les plus petites, comme Steinfort et Rodange, ne communiquaient-elles pas aisément sur ces questions. Il arriva même que « *la Chambre de commerce* [ne fut] *pas en mesure de donner, comme d'habitude, la statistique de production des hauts-fourneaux, aciéries et laminoirs* »[35]. Pendant l'occupation de la Ruhr (janvier 1923-juin 1924), l'Allemagne en fit autant[36]...

Jusqu'à la mise en lumière du pays pour des raisons politiques à partir de 1915, l'état de la sidérurgie luxembourgeoise n'intéressa guère les médias français

---

32 « Rapport général sur la situation de l'industrie et du commerce pendant l'année 1930 », *Mémorial du Grand-Duché de Luxembourg*, annexe 3, 11 juin 1931, p. 33.

33 *Ibid.*, 1931, *op. cit.*, annexe 1, 31 mai 1932, p. 16.

34 ARBED-02-0325, Conférence des directeurs commerciaux Arbed/TR, 2 juin 1933.

35 *Ibid.*, 1917, *op. cit.*, 26, 26 mai 1918, p. 22.

36 « La production sidérurgique », *Le Figaro, supplément économique illustré*, 24 novembre 1924.

et belge. Sa prise en compte dans les milieux politico-économiques français et belges en fit tout au plus un sujet de controverse, les propagandistes belges déversant leur programme annexionniste à un public français profane[37]. Pourtant, les sidérurgistes de l'Entente, basés en Lorraine ou ayant dû quitter les bassins carolo-liégeois, savait que le Grand-Duché était un objectif à surveiller, tant la perspective de sa concurrence pouvait inquiéter. Président-délégué de la Société des aciéries de Longwy, Alexandre Dreux ne le dit pas autrement devant le Comité des forges de France en décembre 1915. De son avis, la situation valait aussi bien pour son pays que pour la Belgique[38]. La base des réflexions de ces observateurs fut les chiffres publiés de l'*optimum* de 1913, tirés du seul *Stahl u. Eisen*, traduit par les soins du *Bulletin quotidien* du Comité des forges. Dans l'entre-deux-guerres, l'intérêt pour la sidérurgie luxembourgeoise déborda ces cénacles, bien qu'il ne dépassât jamais le stade de simples échos dans des articles spécialisés consacrés à une entreprise française, comme dans le cas de l'Hadir avec les Forges et aciéries de la Marine et d'Homécourt. Parfois, apparaissait un état des haut-fourneaux à feu ou non, sans autre commentaire, histoire d'illustrer l'ampleur européenne de la crise. Entre 1920 et 1925, le dialogue de sourds dans lequel s'engagèrent les sidérurgistes belges et luxembourgeois, autour des prétendus avantages des uns — un tarif ferroviaire avantageux et une proximité des gisements de charbon — et des autres — une installation sur les gisements de minerais et un coup moindre de la main d'œuvre —, participait de cette inquiétude liée au climat latent de crise économique[39], malgré la fin de la reconstruction du Royaume. Etrangement, les rapports diplomatiques français et belges ne prêtèrent pas vraiment attention à cette question, se limitant de rapporter chiffres et commentaires que publiait la Chambre de commerce une fois l'an et à signaler les mouvements sociaux. Les

37 Cf. Pierre Nothomb, « Histoire belge du Grand-Duché de Luxembourg », *Le Correspondant*, 25 juin 1915. Cette tribune s'inscrivait dans une campagne du journal autour de ce pays [10 janvier, 25 février 1915], notamment autour de l'arrestation d'Emile Prüm suite à la publication de sa lettre ouverte au député Zentrum, membre du conseil d'administration de Thyssen & Co, *Die Deutsche Kriegsführung in Belgien und die Mahnungen Benedict XV. offenes Schreiben an Hrn. Math. Ersberger, Reichstagabgeordneter in Berlin*, Diekeirch, *Fortschritt*, 1915 [René Johannet, 25 avril et 10 mai 1915] ; *La Croix* des 21 et 23 avril 1915.

38 Archives François Bourdon, Le Creusot (AFB), SS0 110-02, Alexandre Dreux, « Note préliminaire » décembre 1915, f. 8–9.

39 Cf. Charles Barthel, *Bras de fer 1918–1929*, Luxembourg, Saint-Paul, 2004, p. 201–346.

actions du Parti communiste luxembourgeois, fondé en 1921, furent particulièrement surveillées par la Sûreté française[40].

Une précision difficile

La situation qui s'ouvrit au lendemain de la Première Guerre mondiale se caractérisait donc par une incertitude économique nouvelle. Jean-Pierre Sevenig s'en fit l'écho dès les premiers mois de paix, semblant regretter

> « *l'alternance des périodes de prospérité et de crises* [qui] *offrait une régularité telle qu'on pouvait se hasarder à pronostiquer l'allure générale des affaires plusieurs années à l'avance, Et s'il était possible alors de se tromper quant à l'échéance des phénomènes prévus, il était difficile de se méprendre sur l'ordre de leur succession. Le mécompte le plus grave que pût infliger la succession des événements se bornait à quelques mois de retard ou d'avance. Aujourd'hui, au contraire, nous flottons dans le vague des suppositions, et si les leçons du passé peuvent nous être de quelque secours, ce n'est plus que de façon négative, puisque c'est pour nous prouver* combien *peu de crédit il est prudent d'accorder à des conceptions que les événements ont démontrées fausses en tous point*[41]. »

L'incertitude poussa Aloyse Meyer à passer outre aux conditions de confidentialité entourant le *Bulletin quotidien Columeta Luxembourg*. Jusqu'en 1938, l'« Etat Arbed » démontra pleinement sa puissance informationnelle. D'autant que « *le Luxembourg ne dispos*[ât] *pas de données statistiques qui permett*[assent] *d'embrasser d'un seul coup d'œil l'évolution de la conjoncture* »[42], hormis les indices de prix à la consommation que suivait l'Office de statistique. Tel ne fut pas le cas du président de la Chambre de commerce grand-ducale, par ailleurs directeur général de la première entreprise sidérurgique du pays. Le plus naturellement du monde, il se servit des informations « pays » que lui livrait journellement son comptoir de vente, de même que certains des rapports spécifiques commandés aux bureaux de statistique et économique, afin de présenter un tableau exhaustif

---

40 Cf. les rapports du commissariat spécial de la police des chemins de fer de Longwy et de la Sûreté de l'armée française du Rhin au ministre de l'Intérieur, ainsi que du Bureau de renseignement de Metz au ministre de la Guerre sur le « *coup d'Etat* » de 1919 (soulignant que « *la république n'a pas été proclamée* »), les « *mouvements ouvriers* » de 1921, puis la « *situation ouvrière* » [AN, F7 13467], le mouvement communiste de 1924 à 1932 [AN, F^7 14985].

41 « Rapport général sur la situation de l'industrie et du commerce pendant l'année 1918 », *Mémorial du Grand-Duché de Luxembourg*, annexe 2, 31 décembre 1919, p. 10.

42 *Ibid.*, 1937, *op. cit.*, annexe 5, 31 mai 1938, p. 141.

de la crise internationale de 1929. Seulement, il gratifia de ces « *seules indications (...) la Fédération des Industriels Luxembourgeois, indications qui* [étaient] *suffisamment précises pour (...) donner une idée approximativement exacte de l'importance* [des] *ventes industrielles à l'étranger* » du Grand-Duché[43].

L'objectif de Meyer fut de replacer la crise dans sa perspective internationale. Combien même l'expliqua-t-il, en bon libéral, par un effondrement des indices boursiers, il comprit qu'elle reposait aussi sur un recul des échanges commerciaux. Aussi dut-il en présenter les ressorts dans leur dimension mondiale. Après de discrètes tentatives dans les rapports de la Chambre de commerce de 1932 et 1933, il y revint régulièrement à compter de celui sur l'activité industrielle et commerciale de 1934. Le « Rapport général... » de la Chambre de commerce devint ainsi le complément analytique des données de renseignement économique du *Bulletin quotidien Columeta Luxembourg*, qui n'en livrait naturellement pas puisqu'il ne s'agissait que d'une revue de presse améliorée, et des études statistiques ponctuelles et limitées élaborées selon les besoins spécifiques de l'Arbed. Dans une certaine mesure, l'ensemble du cycle de l'information fut ainsi réalisé, non plus seulement à destination de ceux qui eurent besoin « d'en connaître », mais d'un public plus large. Il n'est pas sûr toutefois que cette opportunité ait été saisie par quiconque à l'époque, et surtout pas par les diplomates français et belges. Pourtant, les informations offertes par la publication de la Chambre de commerce permettaient de montrer la nature de l'effondrement sidérurgique, commercial et social du Grand-Duché entre 1929 et 1937.

Les limites de l'effort d'information de Meyer, mais également de la Columeta, face à cette crise tenait, comme à chaque fois, à en détecter les signes de sorties. « *Comment se résoudra la crise ?* », s'exclama-t-il au printemps 1932, commentant l'activité de l'année précédente. A sa manière, il tenta de répondre aux interrogations de la presse généraliste, d'abord luxembourgeoise. Et comme la majeure partie des observateurs, et en premier lieu des gouvernements européens, il identifia la crise comme résultant de la surproduction, dogme de l'équilibre budgétaire :

> « *La crise est, au fond, le déséquilibre entre la production et la consommation d'où naît le désordre dans la circulation des richesses. L'équilibre une fois rétabli, elle a terminé son cours : l'organisme économique pourra entrer en convalescence. Mais ce serait une erreur de juger la dépression actuelle par celles qui l'ont précédée. Ses aspects sont différents de ceux d'une crise cyclique qui se déroulera suivant le mode classique*[44]. »

43 *Ibid.*, p. 154.

44 « Rapport général sur la situation de l'industrie et du commerce pendant l'année 1931 », *Mémorial du Grand-Duché de Luxembourg*, annexe 1, 31 mai 1932, p. 9.

L'orientation de l'information recueillie par la Columeta et publiée dans son bulletin laissa penser à Meyer que la crise serait longue. Depuis le 6 septembre 1929, quelques six semaines avant le *Black Thursday* new-yorkais, Hector Dieudonné, directeur gérant de la Columeta, ne se montrait-il pas alarmiste :

> « *Il faut donc que, prévoyant le pire, chacun multiplie les efforts pour nous constituer la réserve d'ordres la plus importante. En résumé, nous conservons la politique précédemment indiquée, les offres à la clientèle maintiennent nos prix actuels, mais toutes nos affaires doivent nous être signalées quelles que soient les conditions dans lesquelles elles se présentent* » ?

Sa plus grande crainte fut « *que le marché allemand ne conserverait pas l'ampleur et la vigueur qu'il avait auparavant et que ce fait aurait une répercussion à l'exportation* »[45].

L'effondrement industriel luxembourgeois durant la Grande dépression[46]

	1929	1930	1931	1932	1933	1934	1935	1936	1937
Acier	100	84	75	72	68	72	68	73	93
Prix à la tonne	100	98,40	70,45	48,94	48,22	48,29	49,65	52,19	79,14
Minerais de fer	100	88	63	42	44	51	54	65	102
Prix à la tonne	100	109,99	107,70	94,63	86,18	77,03	80,39	83,52	90,52
Exportations	100	n.c.	n.c.	37,70	38,80	39,20	38,80	45	72
Main d'œuvre métallurgie	*100*	*95,93*	*81,99*	*64,22*	*60,55*	*60,14*	*60,68*	*62,18*	*71,23*
Dont étrangers (%)	*39,9*	*40,20*	*37,40*	*27,50*	*25,10*	*24,50*	*23,30*	*22,70*	*22,20*
Indice boursier	100	71,16	27,12	20,57	25,51	20,49	26,04	30,04	47,93
Indice salarial	100	102,38	95,24	75,40	76,19	79,37	78,57	82,54	99,21
Indice du coût de la vie	100	102,59	95,69	79,31	78,45	76,72	74,57	76,29	78,45

Très certainement par Calmes, Meyer fut mis au courant du phénomène cyclique de l'économie, démontré par le Français Clément Juglar depuis 1862, mais remis au goût du jour, avec une certaine notoriété à l'époque, par le Britannique Arthur Pigou en 1927[47]. En outre, dès le 4 novembre 1929, le *Bulletin quotidien* commença à reproduire les évolutions à la baisse du taux d'escompte américain. Puis, à partir de la seconde moitié de ce mois, s'en suivit la litanie des chutes de

45 ANLux, Arbed-02-0321, Conférences des directeurs commerciaux Arbed/TR, 06.09.1929.

46 *Ibid.*, 1932–1937, *op. cit.*, 1933–1938, p. 141 ; 167 ; 176 ; 180, 184 ; 185.

47 *Industrial Fluctuations*, Londres, Macmillan, 1927. La *Revue des questions scientifiques* (Bruxelles), en avait parlé *in* 97, janvier 1930, p. 186–189.

production et des faillites, avec une réelle surexposition de l'actualité bancaire des Etats-Unis. La place faite aux informations américaines dans la publication du service commercial connaissait une envolée ; sa variation fut spectaculaire, augmentant de 76 % entre les décennies 1919–1928 et 1929–1939[48]. Ces données permirent à Meyer de penser, plus rapidement que les autres entrepreneurs peut-être, qu'il s'agissait d'un phénomène dépressionnaire similaire à neuf années auparavant[49], se traduisant par une baisse importante et durable de la production et de la consommation. Seule l'ampleur fut différente. Une autre influence pesant sur le président de la Chambre de commerce de Luxembourg, pouvait être identifiée dans les travaux de Lionel Robbins. L'évocation de la « *psychose de la baisse* »[50] et « *la mystique de la crise* »[51] faisait écho des travaux de ce jeune professeur du London School of Economics[52]. Très certainement, ils furent aperçus par Calmes dans sa veille documentaire, à moins qu'ils ne circulassent déjà dans les couloirs de la Chambre de commerce internationale[53] ou de la Société des Nations.

Cette information améliorée sur la crise que Meyer développait année après année dans le « Rapport général sur la situation de l'industrie et du commerce » dépassait largement, à l'instar du *Bulletin quotidien Columeta Luxembourg* sur lequel son auteur se fondait, reflétait les sentiments du dirigeant de l'Arbed. Son attention visa, par cette surveillance permanente, à protéger son entreprise dans une période délicate. Elle ne fut pas sans rappeler les comptes-rendus de Mayrisch à Barbanson, pendant la Première Guerre mondiale, ou à Seydoux et Vandervelde entre 1919 et 1928. Il est vrai que Meyer avait été à bonne école ! Aussi ne fut-il pas étonnant qu'il anticipât, dès le printemps 1935, la reprise de l'économie. Même si elle se fondait sur un ordre hétérodoxe :

48 ANLux, Arbed-02, 1919–1939, *passim*.

49 « Rapport général sur la situation de l'industrie et du commerce pendant l'année 1930 », *Mémorial du Grand-Duché de Luxembourg*, annexe 3, 11 juin 1931, p. 17–18.

50 *Ibid*., p. 26.

51 *Ibid*., 1934, *op. cit*., annexe 2, 12 juillet 1934, p. 23.

52 Robbins publia en 1934 chez Macmillan, *The Great Depression*, où il s'attardait sur les éléments psychologiques de la crise.

53 Ils furent la base des travaux du comité conjoint de la Chambre de commerce internationale et du Carnegie Endowment for International Peace, lancé lors d'une réunion parisienne du comité de la première, 16 novembre 1935. Meyer y représentait le Grand-Duché et avait comme adjoint et secrétaire Calmes [cf. George L. Ridgeway, *Merchants of Peace. Twenty Years of Business Diplomacy Through the International Chamber of Commerce 1919–1938*, New York, Columbia University Press, 1938].

« On peut considérer 1934 comme une année de stabilité et de continuité ; stabilité et continuité dans la crise, s'entend. L'incertitude politique, le chômage, le déséquilibre budgétaire conjuguent leurs effets pour pousser les nations toujours plus loin dans la voie de l'autarchie. Le protectionnisme qui cesse d'être honteux, a fini par se créer une mystique et vient d'échafauder la théorie osée du relèvement international grâce à la mise en valorisation dirigée des différents marchés intérieurs[54]. »

A la tête d'une entreprise qui avait fondé son développement sur « *la périphérie de la consommation* »[55], il ne pouvait voir que d'un mauvais œil la levée des barrières douanières un peu partout dans le monde. En effet, le « *réveil inquiétant du nationalisme économique* »[56] mettait à mal la stratégie « coloniale » de l'Arbed ; comme pour les domaines coloniaux du Royaume Uni, de la France et de la Belgique, mais aussi, dans une moindre mesure, de l'Italie, l'entreprise luxembourgeoise avait ses « *marchés exotiques : le Brésil, l'Argentine, les Indes anglaises, le Japon* », qui « *tout en* [les] *travaillant avec perte* »[57] au début, constituèrent pour elle une véritable rente de situation, la mettant à l'abri des tourmentes des crises cycliques de la première décennie de l'après-guerre. Les replis de ces marchés derrière des droits de douanes exorbitants s'avérèrent une catastrophe au moment où la sidérurgie luxembourgeoise s'apprêtait à sortir de la crise.

S'ajouta bientôt la perspective d'une nouvelle guerre en Europe. Contrairement à 1914, il s'écoula un long temps entre la déclaration de guerre franco-britannique du 3 septembre 1939 et l'invasion allemande du 10 mai 1940. Cet espace, passé à la postérité comme la « Drôle de guerre », fut mis à profit par Meyer pour anticiper l'avenir. Le président de la Chambre de commerce mobilisa l'« Etat Arbed » et sa patte se retrouva dans l'arrêté grand-ducal du 28 février 1940 concernant l'administration des sociétés commerciales en temps de guerre. Dans l'esprit d'Emile Mayrisch en 1914, il s'agissait de permettre légalement à l'Arbed de transférer provisoirement son

« siège social (...), sans que la société perde sa nationalité, (...) en tout autre endroit que celui fixé dans l'acte social, même à l'étranger, par simple décision de l'organe

54 « Rapport général sur la situation de l'industrie et du commerce pendant l'année 1934 », *Mémorial du Grand-Duché de Luxembourg*, annexe 2, 27 juin 1935, p. 1.

55 AACA, P-XXXVI (36), lettre de Gaston Barbanson à Maurice Despret, 4 octobre 1921. Cf. aussi « Rapport général sur la situation de l'industrie et du commerce pendant l'année 1921 », *Mémorial du Grand-Duché de Luxembourg*, 43, 3 juin 1922, p. 22.

56 « Rapport général sur la situation de l'industrie et du commerce pendant l'année 1933 », *Mémorial du Grand-Duché de Luxembourg*, annexe 2, 12 juillet 1934, p. 23.

57 *Ibid.*, 1921, *op. cit.*

chargé de l'administration de la société, conseil d'administration, gérant ou conseil de gérants[58]. »

Bien que l'arrêté spécifiât que « toutes sociétés commerciales luxembourgeoises » pouvaient bénéficier de cette disposition, il ne faisait aucun doute que seule l'Arbed put s'en prévaloir. D'ailleurs, le 8 mars suivant, son Conseil d'administration, certes sur une proposition de Gaston Barbanson, prit une disposition qui sembla compléter l'arrêté grand-ducal de la semaine précédente ; d'ailleurs, elle s'appuyait sur cette autorisation gouvernementale. Six administrateurs, deux Luxembourgeois (Léon Laval, Edmond Muller-Tesch), deux Belges (Gaston Barbanson, Jean Delori), deux Français (Eugène Schneider, Armand de Saint-Sauveur), se virent confier une procuration collective les autorisant à engager valablement la société, à condition qu'elle fut revêtue, dans la plus pure tradition Arbed, de la signature de deux administrateurs, ou au moins d'un administrateur et d'un fondé de pouvoir compris à ladite procuration[59].

Pourtant jouissant à la fois de l'information de l'Arbed et du service d'étude économique de la Banque nationale de Belgique, Barbanson ne fut pas le plus clairvoyant dans cette opération du printemps 1940. En effet, il ne parvint pas à développer une vision aussi claire de la situation. Il est vrai qu'il s'exprimait moins comme le représentant d'une entreprise luxembourgeoise qu'en tant qu'administrateur de sociétés belges, et non des moindres : la Société financière de transports et d'entreprises (Sofina), qui lui servait de modèle en matière de holding[60], la Compagnie générale d'entreprises électriques et industrielles (Electrobel) (à

58 *Mémorial du Grand-Duché de Luxembourg*, 12, 2 mars 1940, p. 131.

59 Félix Chomé, *op. cit.*, p. 340.

60 Cf. Chapitre 3. Le 23 novembre 1928, une note de la sous-direction des relations commerciales du ministère français des Affaires étrangères évoquait la participation de l'Arbed au trust financier de transports et d'entreprises industrielles (Trufina). Se fondant sur la lettre circulaire de la société du 7 novembre, transmise deux jours plus tard par Carbonnel, depuis Luxembourg, la présence de la firme sidérurgique s'expliquait simplement parce que sa concurrente Ougrée-Marihaye en était. Mais le rédacteur n'omettait pas de préciser que cette « opération financière » pouvait aussi avoir son origine dans le fait que *« le président de l'Arbed* [était] *d'ailleurs du Conseil de la Sofina »* [AMAE, Paris, Z, Luxembourg, 30]. Deux ans plus tard, Barbanson entrait néanmoins au conseil d'administration d'Electrobel, créée en janvier 1929 par la banque de Bruxelles…

partir de 1930)[61] et la Banque d'Outremer[62]. Aussi ne fut-il pas étonnant de le voir tenir des propos volontiers réactionnaires[63] lors de ses conférences devant la Société royale d'économie politique, à Bruxelles, sans pour autant nouer des relations avec des entrepreneurs fascistes ; lorsque l'austro-fasciste Fritz Mandl rencontra Barbanson, à Luxembourg, en octobre 1938, pour lui acheter une filiale argentine, les Talleres Pedro Vasena e Hijos Lta, ce dernier non seulement refusa, mais il n'entra pas plus dans son orbite, contrairement à ce qu'établirent rapidement les enquêtes sud-américaines des économistes du State Department américain[64] dans le contexte de la traque des avoirs allemands dans les pays neutres et non belligérant (opération Safehaven). A l'automne 1931, il attribuait la crise aux difficultés de pénétration du marché soviétique[65], ce qui priva indirectement l'Arbed de débouchés sur une zone que la Columeta surveillait (2,3 % des informations recueillies et 6,27 % des ventes, 1919–1939). Un an plus tard, il en attribua la responsabilité à *« l'intervention abusive et maladroite des pouvoirs publics dans le domaine économique »*[66] ; reprenant un thème développé sous

61 AGR, Electrobel, 458, dossier personnel.

62 Dans la première moitié des années 1920, Barbanson s'était rendu en Angola afin d'y régler quelques affaires pour cette banque [cf. *Ibid.*, Banque d'Outremer, 103].

63 Il n'en était pas à son coup d'essai. Déjà au printemps 1927, il n'avait pas manqué de proclamer à Luxembourg, devant une délégation officielle italienne de Benito Mussolini, qui s'était emparé du pouvoir trois ans plus tôt : « *Nous assistons au spectacle magnifique d'un peuple intelligent, laborieux et fier, qui a su mettre au-dessus de tout l'amour de la patrie et qui, sous l'impulsion énergique d'un chef génial, consent tous les sacrifices pour retrouver la prospérité* ». Cette déclaration avait été reprise, en français, dans le journal socialiste autrichien *Die Arbeiter-Zeitung* du 17 mai 1927 [*in* Michel Dumoulin, Jacques Willequet, *Aspects des relations de la Belgique, du Grand-Duché de Luxembourg et des Pays-Bas avec l'Italie : 1925–1940*, Bruxelles, Istituto italiano di cultura, 1983, p. 193].

64 Dans un premier article paru dans *The Hispanic American Historical Review*, vol. 66/3, en août 1986, « The Neutralization of Fritz Mandl: Notes on Wartime Journalism, the Arms Trade, and Anglo-American Rivalry in Argentina during World War II », Ronald C. Newton y donna foi, suggérant qu'ainsi « *les connexions se multipli*[aient] *vertigineusement* » (p. 548). Dans son livre *The "Nazi Menace" in Argentina 1937–1947*, Redwood City, Stanford University Press, 1992, Newton revint sur cette assertion en présentant simplement les résultats de la rencontre (p. 325).

65 Gaston Barbanson, *La crise économique et le dumping soviétique*, Bruxelles, Impr. industrielle et financière, 1931.

66 *Ibid.*, *Considérations sur la crise*, Bruxelles, Impr. industrielle et financière, 1932, p. 26.

l'angle du libéralisme par Mayrisch[67], il présenta une thèse plus conservatrice, attaquant pêle-mêle la loi de huit heures, adoptée en Belgique le 16 juin 1921 — alors qu'il s'en accommodait fort bien dans ses usines luxembourgeoises —, le protectionnisme, les mesures sociales… Le 28 novembre 1933, ce fut au tour du « chômage, ses causes, ses conséquences et les remèdes qu'on peut y apporter ». Evidemment, il profita de cette occasion pour reprendre la vieille antienne libérale du Comité central de l'industrie contre les lois sociales belges. Ainsi, si *« la crise n'*[était] *pas la cause initiale du chômage dont l'extension inquiétante n'*[était] *qu'un symptôme »*[68], il en rendit responsable la prétendue oisiveté ouvrière.

L'homme avait l'habitude de tenter de forcer le destin en voulant ployer la réalité à sa seule volonté. Et, à ce jeu, s'il lui arrivait d'avoir raison sur le plan de la direction économique de ses affaires, il ne réussit guère à comprendre les évolutions politiques qui lui étaient contemporaines. En fait, il ne montra jamais un intérêt particulier pour l'information, et, lorsqu'il le fit, ce ne fut pas le plus judicieusement possible. En juin 1916, n'avait-il pas inconsidérément tenté une opération de déstabilisation de la Grande-Duchesse Marie-Adélaïde[69] que la presse luxembourgeoise avait pourtant révélée comme inefficace, à l'occasion du seul procès d'espionnage tenu au Grand-Duché[70], quelques mois auparavant ? Il avait fait rechercher des preuves de la germanophilie de la souveraine, mais n'avait obtenu que des copies de *« télégrammes (…) pas très conclusifs »*[71]. Comme souvent avec Barbanson, il était animé par l'espérance de l'action plutôt que par le goût de l'information. Cela se ressentait bien dans le traitement du *Bulletin quotidien* de la Columeta. Avant même le *Black Thursday* (24 mai 1929) qui plongea le monde dans une récession sans précédent, le « bureau central de renseignement », imaginé par Mayrisch, n'était plus que cette « organisation commerciale » désirée

67 Emile Mayrisch, « Une opinion luxembourgeoise sur un projet d'union douanière européenne », *L'Europe Nouvelle*, 24 avril 1926, p. 555–556.

68 Gaston Barbanson, *Le chômage : ses causes, ses conséquences et les remèdes qu'on peut y apporter*, Bruxelles, Impr. industrielle et financière, 1933, p. 27. Repris dans *La Revue*, publiée par la Société d'études et d'expansion de Liège, 91, décembre 1933, p. 408–478.

69 AGR, lettre de Gaston Barbanson à Charles de Broqueville, 20 juin, 31 août 1916 et 5 octobre 1917.

70 Cf. Gérald Arboit, « Le procès de Heinrich Wetz. Une affaire d'espionnage luxembourgeoise méconnue de la Première Guerre mondiale », *Les Annales de l'Est*, 2014/2, p. 167–188.

71 ASPFAE, B1, 1916–1918, note manuscrite de Bassompierre, s.d. sur le courrier, 1er décembre 1917.

depuis 1913 par Barbanson et imaginée avec la Belgo-luxembourgeoise pour le commerce des minerais et métaux en 1919.

Ce désintérêt expliquait mieux que toute autre explication que passèrent inaperçues les conséquences de l'arrivée au pouvoir des nazis en Allemagne. Ce pays était pourtant sous l'observation constante de la Columeta. Mais l'Arbed se trouva fort dépourvue lorsque sa communauté d'intérêt avec l'Eschweiler Bergwerks-Verein, dont l'entreprise luxembourgeoise détenait depuis 1926 quelque 90 % du capital[72], se trouva de fait vidée de sa substance en 1934. D'abord, la société allemande appartenant à l'Arbed fut contrainte d'adhérer au Rheinisch-Westfälisches Kohlensyndikat (syndicat charbonnier de Rhénanie-Westphalie), privant l'entreprise luxembourgeoise de toute liberté entrepreneuriale. Ensuite, la loi allemande obligea les entreprises capitalistiques allemandes à faire des investissements en fonds publics (*Kapitalanlagegesetz*, 29 mars 1934) limitant pour cela la distribution des bénéfices des sociétés à un plafond de 8 % (*Anleihestockgesetz*, 4 décembre 1934)[73]. Comme son service juridique n'avait pas mené de veille informationnelle, elle ne parvint à lever les obstacles, tant du point de vue du droit que du fisc, lui permettant de résilier son contrat avec l'Eschweiler Bergwerks-Verein-A.-G. Elle ne put pas plus empêcher que l'affaire fût rendue publique le 4 octobre 1935, lorsque le *Nationalsocialistische Rheinfront* mena la charge contre les « *tripotages* » des « *banquiers juifs (Hagen-Lévy et Sal. Oppenheim* (sic) » qui avaient conduits à « *l'arrêt de mort pour Eschweiler* » en ouvrant son capital à la prédation de l'Arbed[74].

Dans la partie d'échec qu'ils engageaient pour conquérir l'Europe, au-delà de la dialectique de l'« espace vital », les nouveaux dirigeants de l'Allemagne établirent une suite de cibles à abattre. Elles furent raciales, idéologiques, militaires, mais aussi économiques et la sidérurgie luxembourgeoise en faisait partie. Dans ce cas, l'objectif ne fut pas l'attrition, mais bien l'accaparement. Et l'Arbed était en première ligne en raison de ses emprises sur le sol allemand. Comme pour les autres, cette ambition nazie reposait à la fois sur des renseignements et des idéologues. Les premiers venaient de la meilleure des sources, un des

72 Félix Chomé, *op. cit.*, p. 49.

73 Walter von Ballmoos, *Les réserves latentes de l'entreprise*, Lausanne, J. Weiss, 1954, p. 43 ; Gert Brüggemeier, *Entwicklung des Rechts im organisierten Kapitalismus. Materialien zum Wirtschaftsrecht*, 2, *Vom Faschismus bis zur Gegenwart*, Francfort/Main, Syndicat, 1979, p. 146–148.

74 AACA, AC-EBV, « Résiliation du contrat Arbed-EBV ».

« points d'appui » de Mayrisch, entre 1915 et 1927[75], le banquier Schacht devenu le second ministre de l'économie d'Adolf Hitler (août 1934-novembre 1937). L'idéologue fut un autre banquier, Schröder, qui était, lui, bien décidé à abattre la puissance de l'Arbed, comme il avait mis à terre les Vereinigte Stahlwerks A.-G. Dans l'ombre de ce dernier, apparaissait déjà le *Kapitänleutnant* Otto Steinbrinck, *Standartenführer des Schutz-Staffel* (escadron de protection, SS) du parti national-socialiste au pouvoir, secrétaire personnel de Friedrich Flick et futur surveillant du secteur stratégique qu'était la sidérurgie du Luxembourg, de Belgique et du nord de la France[76].

Lorsqu'il réussissait à « *résister (...) à la tentation de jouer en coulisse un rôle politique* »[77], ce « *démocrate de mardi-gras* » que fut le « *turbulent Gaston* »[78], Barbanson chercha pourtant à s'inscrire dans les traces laissées par Emile Mayrisch. La disparition du « *Grand Chef* », dans un accident de voiture près de Châlons-en-Champagne, le 5 mars 1928, avait causé chez lui un traumatisme qui l'amena à se chercher une nouvelle figure tutélaire, en la personne de Jean Jadot[79]. Il dut inventer dans l'urgence une communication de crise. Il s'agissait pour lui d'assurer la prochaine assemblée générale, prévue dans les premiers jours d'avril. Au passage, il se garantit la loyauté de ses actionnaires principaux qu'était le groupe Schneider & Cie. Aussi demanda-t-il au directeur-général Jules Aubrun de rassembler le maximum de titres répartis dans ses différents holdings[80]. Il s'agissait autant d'une question de quorum que pour démontrer qu'Arbed continuait à vivre, même si elle avait perdu ce « *travailleur acharné, technicien hors ligne, diplomate habile, excellent homme aussi et adoré de son personnel* »[81] que fut Mayrisch. Au niveau de la politique internationale, la question se posa en France de condoléances officielles. La question vint du Service français de la Société des Nations dès l'annonce du décès du président

---

75 SHD/DAT, 7 N[2] 2429, note de la Section de centralisation du renseignement, 22 mars 1927.

76 Bernhardt R. Kroener, Rolf-Dieter Muller, Hans Umbreit, *Das Deutsch Reich und der Zweite Weltkrieg*, 5/1, *Organisation und Mobilisierung des Deutschen Machtbereichs*, Stuttgart, Deutsche Verlag-Anstalt, 1988, p. 149.

77 Jacques Willequet, « Barbanson (Gaston Emile Jean Marie Victor) », *Biographie nationale pub. par l'Académie royale des Sciences, des Lettres et des Beaux-arts de Belgique*, 38, suppl. X/1, col. 9–11.

78 Supplément au bulletin de presse de la *Columeta*, annoté « prière de détruire après lecture », 12 novembre 1931, *in* Charles Barthel, *op. cit.*, p. 545.

79 Cf. chapitre 7.

80 AAAC, AC-0407, lettre de Gaston Barbanson à Jules Aubrun, 30 mars 1928.

81 *La Gazette*, « La mort du directeur de l'Arbed », 8 mars 1928.

de la direction générale de l'Arbed. Son chef, Charles Corbin, avait appris par le directeur du bureau berlinois du Comité franco-allemand d'information et de documentation, Pierre Viénot[82], que le gouvernement allemand souhaitait en faire[83]. Le directeur des Affaires politiques, Philippe Berthelot répondit à Corbin que « *tout message personnel de sa part* [était] *superflu et* [qu']*une démarche officielle de M. de Carbonnel suffi*[sait] »[84]. Naturellement, l'inquiétude du diplomate français n'eut pas les mêmes raisons que celle de Barbanson.

La disparition d'Emile Mayrisch fut exceptionnelle dans le sens que ses conséquences, médiatiques et politiques[85] plus qu'économiques (au fond, « *les affaires sont les affaires* » ne dit-on pas ?[86]), ne se retrouvèrent pas dans les décès de ses pairs capitaines d'industrie. Même si la vedettisation, c'est-à-dire une tendance des médias à traiter de l'actualité des personnalités, n'avait pas encore fait ses

82 Il avait quitté précipitamment Berlin pour Genève [Pierre Bertaux, *Un normalien à Berlin: lettres franco-allemandes, 1927–1933*, Hans Manfred Bock, Gilbert Krebs, Hansgerd Schulte, Paris, Presses Sorbonne Nouvelle, 2001, p. 217]

83 AMAE, Z, Luxembourg, 53, télégramme de Charles Corbin (p.o.) à Philippe Berthelot, 6 mars 1928.

84 *Ibid.*, télégramme de Bertrand Clauzel à Charles Corbin, 6 mars 1928.

85 Cf. *The Times*, « News in Brief », Le *Figaro*, « Accident d'auto », 6 mars, *Le Journal des Débats*, « M. Mayrisch, tué dans un accident d'automobile », 7 mars, *Le Temps*, *Le Journal des Débats* ; *La Libre Belgique*, « la mort de M. Mayrisch », *La Gazette*, « La mort du directeur de l'Arbed », 8 mars, *La Nation Belge*, « Les funérailles de M. Mayrisch », 9 mars, Wladimir d'Ormesson, « Emile Mayrisch "…Un bon, un grand Européen" », *L'Europe nouvelle*, 10 mars 1928, p. 307–308. Cf. aussi « Obituary notice of E. Mayrisch », *Journal of the Iron and Steel Institute*, 118, 1928, p. 231 ; président Franck William Harbord à Aloyse Meyer, dans *A la mémoire d'Emile Mayrisch, 1862–1928*, Luxembourg, 1928, p. 58.

86 Gaston Barbanson en fit l'amère expérience, par deux fois, lorsqu'il chercha à acquérir « *tout ou partie du patrimoine d'Ougrée* » [ANLux, Arbed, Pr22, lettre de Gaston Barbanson à Paul de Launoit, 28 novembre 1934], d'abord auprès de Trasenster, fin 1930 [*Ibid.*, lettre de Paul de Launoit à Gaston Barbanson, 6 mars 1934], puis de l'administrateur-délégué, le baron Paul de Launoit, à partir de juin 1933. Mais Barbanson n'avait pas vu que Launoit négociait parallèlement avec les banques belges, notamment la Banque nationale de Belgique [Eric Bussière, « La sidérurgie belge durant l'entre-deux guerres : le cas d'Ougrée-Marihaye (1919–1939) », *Revue belge d'histoire contemporaine*, 1984, XV, 3–4, p. 354]… dont le président du conseil d'administration de l'Arbed était aussi le censeur ! Aussi, la solution Arbed ne « *peut (…) être retenue par la société d'Ougrée-Marihaye* » [ANLux, *op. cit.*].

ravages[87], les années 1930 constituèrent une étape décisive de l'élaboration des processus contemporains de communication publique. L'accident mortel d'automobile appartenait à ces informations internationales au sens où elles étaient entendues à l'époque. Naturellement, les journaux français et britanniques se montrèrent les plus laconiques, tandis que les belges rivalisèrent avec leurs homologues luxembourgeois dans le registre de l'émotion. La notoriété des dirigeants, dans le traitement de leur mort, prit dès lors un sens dans l'observation de leur action. Durant l'entre-deux-guerres, contrairement à François de Wendel, qui n'avait qu'une envergure nationale, seuls Hugo Stinnes ou Gustave Trasenster purent s'enorgueillir d'une visibilité similaire à celle de Mayrisch de leur vivant. La mort du premier, le 10 avril 1924, put même servir d'étalon médiatique applicable aux disparitions suivantes ; les médias de masse réagirent alors selon trois temps principaux : l'annonce de la maladie et du décès (du 11 au 13 avril 1924), puis les obsèques et la succession (du 15 au 17 avril 1924), puis virent les commentaires (après le 19 avril), et enfin les biographes (à l'été 1924)[88]. Etrangement, la personnalité de Mayrisch et des autres disparus de la sidérurgie européenne de l'époque ne donna lieu qu'au deux premiers temps[89].

Dans les quatre années qui suivirent le décès du maître de forges luxembourgeois, trois autres figures significatives, deux belges et une française, disparurent : Gustave Trasenster, le 24 janvier 1931, Gabriel Maugas, le 22 octobre suivant, et Jean Jadot le 1er mars 1932. A chaque fois, la presse luxembourgeoise relaya l'événement, du fait de l'intérêt direct de ces trois personnages dans les activités économiques de ce pays. Mais tous n'étaient pas connus pareillement dans les deux autres pays. Le trépas du premier passa ainsi inaperçu dans la presse française, mais pas de son homologue britannique. Une raison simple

87 Sur cette question, qui n'a pas encore été suffisamment traitée dans une perspective historique, cf. Christian Delporte, *La France dans les yeux. Une histoire de la communication politique de 1930 à nos jours*, Paris, Flammarion, 2007 ; Jamil Dakhlia, « Comment peut-on faire du people ? Pratiques et identités professionnelles dans la presse échotière française », *Communication*, 27/1, décembre 2008, p. 170–184.

88 Ces observations ont été réalisées à partir des quotidiens *Le Temps* (France), *La Nation belge* et du *Luxemburger Wort*. A noter que *Le Figaro* confia, dès le 11 avril 1924, à son journaliste Alfred Mallet le soin de retracer « La carrière de M. Hugo Stinnes ».

89 Et il manque toujours une réelle biographie de ce « *Napoléon de l'Acier* », comme le décrivit, dans un commentaire tardif, le gidien François de Witt-Guizot, dans « Le long de nos frontières, 4, Grand-Duché de Luxembourg », *La Revue des Deux-Mondes*, 95/1, 1er janvier 1930, p. 97…

put être avancée : l'opinion publique française ignorait tout du rôle joué par l'ingénieur liégeois aux Hauts-fourneaux de la Chiers où, de l'avis de tous les observateurs, le directeur-général Paul Morard, n'était qu'un « *homme de paille* »[90] ; de l'autre côté de la Manche, Trasenster était connu des auditeurs de l'Iron and Steel Institute de Londres[91], aussi *The Times* lui consacra-t-il quatre lignes[92]. Pour Maugas, seul *Le Figaro* consacra deux lignes à l'ancien ingénieur-général ; heureusement, la presse luxembourgeoise fut plus reconnaissante[93]. Le troisième et ultime décès de la période, concernait directement la seule Belgique, et indirectement la sidérurgie et le Grand-Duché. Comme Trasenster et Maugas, il ne recueillit que peu d'écho en France ; par contre, l'Afrique fut plus reconnaissante pour son rôle au Congo belge[94]...

Même si la presse étrangère s'en fit difficilement l'écho, la disparition d'un entrepreneur de la dimension d'Emile Mayrisch ou de Jean Jadot eut l'amplitude d'une crise sur le fonctionnement de l'entreprise. L'émotion était plus que palpable le 8 mars 1928 à Luxembourg. Semblables à des obsèques nationales, en présence du prince consort Félix, du gouvernement et des corps diplomatiques et constitués, une cérémonie publique avait certes été organisée par l'Arbed ; un exploitant de salle de cinéma de Grevenmacher, Gustave Nickels[95],

90 D'après Camille Cavallier, président de la Société anonyme des Hauts-Fourneaux et Fonderies de Pont-à-Mousson, *in* Jean-Marie Moine, *Les Barons du fer. Les maîtres de forges en Lorraine du milieu du 19e siècle aux années trente*, Metz, Serpenoise, 1989, p. 438 n° 17.

91 Depuis sa conférence au Palais des Académies, de Bruxelles, sur « l'enrichissement artificiel de l'air du haut-fourneau par l'oxygène », le 3 septembre 1913 [« Use of Oxygen in Blast-Furnace Practice », *Journal of the Iron and Steel Institute*, 106/2, 1913, p. 226], il n'avait cessé de prendre de l'influence dans cet organisme, au point d'être élu à son conseil à peine deux ans plus tard [*Ibid.*, 108/1, 1915, p. 14].

92 *The Times*, « M. Trasenster » du 30 janvier 1931. Cf. aussi *Journal of the Iron and Steel Institute*, 124/2, 1931, p. 487.

93 Cf. la notice hagiographique rédigée par Emile Etienne, dans *L'Echo de l'industrie*, 24 octobre 1931. Il était suffisamment édifiant pour qu'Adrien de Nieuwenhuys se dispensât d'adresser un autre article à son ministère [Archives du service public fédéral des Affaires étrangères, Bruxelles (ASPFAE), B1, 1925–1934].

94 L'édition annuelle de la revue sud-africaine *The African World*, salua en 1932 « *le passage d'un grand pionnier de l'Afrique* ».

95 Architecte de profession, il s'était associé avec Thomas Haan, un cabaretier et crieur public de Niedercorn [*Mémorial du Grand-Duché de Luxembourg*, annexe 12, 17 décembre 1923, p. 412 et 388], le 19 juin 1918, pour créer et exploiter le *Cinema Palace* à Grevenmacher [*Ibid.*, 21, 3 avril 1919, p. 334]. Cette entreprise fut mise en faillite le 18 février 1935 [*Ibid.*, 14, 16 mars 1935, p. 228].

avait même contacté la direction générale pour filmer cet hommage de la « *cité de l'acier* »[96] pour son maître de forges décédé. Au passage, l'Arbed réalisa une opération de vedettisation, Gaston Barbanson commandant un gros volume hagiographique[97], permettant d'inscrire dans l'imaginaire collectif le personnage de Mayrisch.

La seule solution ?

Cet « *homme de grand cœur en même temps que de haute intelligence* »[98] n'attendit pas ce moment pour y œuvrer de lui-même. Son engagement supplétif au service de la diplomatie française dans le domaine rhénan lui avait permis de se construire, dès son vivant, une image européiste. Récusant aussi bien le nationalisme que l'internationalisme ou le pacifisme, sa double culture franco-allemande le rendait inévitablement sensible à cette question dans un après-guerre incertain. Mais cet engagement ne fut qu'apparent, tant sa lecture géopolitique du monde restait celle d'un homme du XIXe siècle, de l'avant-guerre. En effet, il garda après le 11 novembre 1918 la nostalgie de l'époque qui s'était achevée près du pont Latin de Sarajevo, quatre ans plus tôt. A cette époque la sidérurgie luxembourgeoise était insérée dans un vaste marché coordonné par le Stahlwerksverband, qui garantissait ses prix, et vivait dans un monde régit par le libre-échange et l'étalon-or. Cette réalité se ressentait dans la lecture de ses articles pour *L'Europe nouvelle*[99] comme de ses propos au ministre de France à Luxembourg, François de Carbonnel[100]. La nécessité de retrouver l'ordre ancien, préférable à l'union douanière européenne du comité éponyme allemand, l'*Europäische Zollverein*, du stresemannien Edgard Stern Rubarth, comme les objections qu'il lui opposait — opposition des Etats-Unis, de la Grande-Bretagne et de la Russie — et les espaces où purent se développer des « *communautés d'intérêt complètes* »

96 François de Witt-Guizot, *op. cit.*

97 *A la mémoire d'Emile Mayrisch. Zum Gedächtnis an Emil Mayrisch : 1862–1928*, Luxembourg, Victor Bück, 1928. Jean-Pierre Arend, *Emile Mayrisch : président d'honneur de la Fédération nationale des éclaireurs du Luxembourg 1916–1928*, Luxembourg, Linden & Hansen, 1928. Participait aussi de cette émotion « luxembourgeoise » l'hommage prononcé à Baden-Baden, le 4 juin 1928, en ouverture des travaux du Comité franco-allemand d'information et de documentation, par l'ami du couple Jean Schlumberger, Emile *Mayrisch*, s.l. [Liège], s.n., s.d. [1929].

98 *La Libre Belgique*, 8 mars 1928.

99 « Une opinion luxembourgeoise…*op. cit.* ; « Les ententes économiques internationales et la paix », 24 décembre 1927, p. 1702–1704.

100 AMAE, B, Industrie et travail, 4, lettre à Aristide Briand, 8 octobre 1927.

rappelaient étrangement les propositions de Bruno Bruhn, directeur de Krupp A.-G. et « *point d'attache* »[101] de Mayrisch, communiquées au vice-chancelier Karl Helfferich le 1er juin 1918[102]. Sa conception de l'Europe reposait en fait sur un idéal de coordination qu'il mit en application au Grand-Duché. L'« *évolution radicale de la conception de l'Etat vis-à-vis de la production, de la consommation, du capital du travail et de l'individu* », qu'il appelait de ses vœux au plan international[103], n'était pas éloignée de l'action modernisatrice de l'« Etat Arbed » en cours au Luxembourg. Au fond, il n'était pas différent de ses collègues français, belges, mais aussi allemands et britanniques : « *la dimension européenne de leur activité est conçue comme une donnée incontournable parmi d'autres, ne relevant pas d'un choix mais d'une nécessité de marché* »[104].

Pour Mayrisch, le marché était rhénan. Les informations qu'il distilla auprès de Jean Schlumberger, en 1917 et en 1918, provinrent de cette région[105]. Dès le printemps 1919, dans la foulée de sa rencontre avec Paul Tirard, contrôleur général des territoires occupés, à Trêves, le 12 janvier[106], il mit ses réseaux allemands au service de la politique française. En juin 1921, il n'était pas certain qu'il eût quelque chose à voir dans le prêt du *Schloss Biebrich* de Wiesbaden, demeure familiale de la grande-duchesse Charlotte, pour la très importante exposition d'art destinée à montrer « *le véritable visage de la France* »[107]. Mais il était de notoriété

101 Bibliothèque de la Fondation des Treilles, Les Treilles (BFT), Jean Schlumberger, « Opinions d'un grand industriel luxembourgeois sur l'état actuel de l'Allemagne et l'avenir de son industrie » du 28 décembre 1918, p. 1.

102 *In* Georges-Henri Soutou, *L'or et le sang. Les buts de guerre économiques de la Première guerre mondiale*, Paris, Fayard, 1989, p. 574.

103 Emile Mayrisch, « Une opinion luxembourgeoise… *op. cit.*, p. 556.

104 Françoise Berger, « Les patrons de l'acier en France et en Allemagne face à l'Europe (1930–1960) », Eric Bussière, Michel Dumoulin, *Milieux économiques et intégration européenne en Europe occidentale au XXe siècle*, Arras, Artois Presses Université, 1998, p. 181.

105 Service historique de la Défense/Département de l'armée de Terre, Vincennes (SHD/DAT), 16 N 241, *Bulletin de renseignement*, Belfort, 16 et 17 juillet 1917, p. 5–8 et 3–5 ; BFT, *op. cit.*

106 AMAE, Z, Luxembourg, 27 ; AN, AJ30 213, Paul Tirard, « Note pour Monsieur le ministre des Affaires étrangères », 14 janvier 1919.

107 Charles Duvent, peintre aux armées et commissaire général des expositions de Wiesbaden et Coblence, *in* Paul Tirard, *L'art français en Rhénanie pendant l'occupation, 1918–1930. Avec les extraits du rapport général de Charles Duvent*, Strasbourg, Impr. des Dernières nouvelles, [1931], p. 80.

qu'il disposa d'entrées auprès de la nouvelle souveraine[108], tout autant que de « *la naïve sensualité des vrais amateurs* »[109] pour être séduit par le projet français. Elle prit naissance au contact de son épouse, Aline de Saint-Hubert, avec qui il était uni depuis le 15 septembre 1894. Cette autodidacte des arts et des lettres disposait d'un solide réseau culturel — la « *zone Mayrisch* »[110] — qui l'avait placée, dès avant la Première Guerre mondiale, en position d'apparaître tel « *un pont entre l'Allemagne et la France* »[111]. Ses contacts avec l'avocat bruxellois Octave Maus, éditeur de la revue de l'avant-garde belge *L'Art nouveau*, et Marie Van Rysselberghe, épouse du peintre Théo et fille de l'imprimeur de la revue, lui avait permis, en 1903, d'entrer en relation avec André Gide. Sa rencontre avec ce dernier fut déterminante pour l'établissement du « cercle de Colpach » en 1920[112], dont les prémisses étaient palpables au *Kräizbierg* de Dudelange[113]. Gide lui permit de rencontrer Jean Schlumberger, vers lequel Mayrisch devait se tourner en 1917, Jacques Rivière, que son mari embaucha en 1922 pour relever la *Luxemburger Zeitung*, et Paul Desjardin, par lequel Pierre Viénot approcha Aline Mayrisch de Saint-Hubert en 1923, dans le cadre de la Décade de Pontigny, avec son idée de Comité franco-allemand d'information et de documentation[114].

Agé de vingt-six ans, le jeune Viénot était, comme Paul Tirard, un ancien membre du cabinet du général Hubert Lyautey à la résidence française de Rabat ; le premier y fut affecté de mars 1920 à décembre 1922, le second d'avril 1912

108 ASPFAE, 1918–1925, lettres d'Humbert de Mouchet de Laubespin à Henri Jaspar, 2 mars et 12 juin 1922.

109 Jean Schlumberger, « Emile Mayrisch », *Adieux. Œuvres de Jean Schlumberger*, 5, Paris, Gallimard, 1960, p. 340.

110 Selon l'expression de Cordel Meder, « Colpach et les Mayrisch : le cadre historique », *Bulletin des amis de Jacques Rivière et d'Alain-Fournier*, 87–88, 1998, p. 62.

111 Gilbert Trausch, *Le maître de forges Emile Mayrisch et son épouse Aline*, Luxembourg, Banque de Luxembourg, 1999, p. 7.

112 Cf. le très beau catalogue rédigé par Germaine Goetzinger, Gast Mannes, Frank Wilhelm, *Hôtes de Colpach. Colpacher Gäste*, Mersch, Centre national de littérature, 1997.

113 Cf. Daniel Durosay, « Paris-Berlin, via Luxembourg. Un relais dans les relations franco-allemandes de la N. R. F. : la maison des Mayrisch », *Bulletin des Amis d'André Gide*, 14/69, 1986, p. 33–56.

114 Guido Müller, « Pierre Viénot : Schöpfer des Deutsch-Französischen Studienkomitees (1926–1938) und Europäer der ersten Nachkriegszeit », *Journal of European Integration History*, 4/1, 1998, p. 5–26 ; *Ibid.*, « Pierre Viénot et le Bureau berlinois du Comité », Hans Manfred Bock, Gilbert Krebs (dir.), *Echanges culturels et relations diplomatiques : présences françaises à Berlin au temps de la république de Weimar*, Paris, Presses Sorbonne Nouvelle, 2005, p. 51–67.

à août 1914. Tous deux appartenaient donc à l'« *usine* » d'intellectuels réunie par l'officier dans laquelle Viénot puisa pour former l'aile française de son Comité franco-allemand. Son but fut de rapprocher les points de vue entre les deux pays, s'affranchissant de « *tout soupçon de propagande nationale* », pour faire œuvre « *avant tout d'information psychologique* »[115]. Le 19 octobre 1924, Aline Mayrisch de Saint-Hubert notait à l'intention du philologue allemand Ernst Robert Curtius que « *l'affaire Viénot n'*[avait] *pas beaucoup avancé* »[116]. La gestation dura encore deux longues années, jusqu'au 30 mai 1926, pendant lesquelles Pierre Viénot fit la navette entre Paris, Berlin et Colpach, négociant avec la France et l'Allemagne, cherchant les personnes qui pourraient le composer et utilisant la médiation de Mayrisch. Elle ne concernait pas uniquement le réseau allemand du président de la direction générale de l'Arbed ; ce dernier le mit aussi en contact avec Jacques Seydoux. Sous-directeur des affaires économiques du ministère français des Affaires étrangères jusqu'au 31 décembre 1926, ce dernier fut particulièrement utile pour rassurer les industriels français méfiants qui demandaient l'avis du Gouvernement[117]. Il permit également d'obtenir l'appui des instances ministérielles françaises, comme le Conseil supérieur de la Guerre[118]. Si le Quai d'Orsay se montra bienveillant envers l'initiative de Viénot, comme put le constater Wladimir d'Ormesson, chroniqueur diplomatique au *Figaro* et membre du comité[119], et quelle que fût son appréhension favorable[120], Seydoux

115 Lettre de Pierre Viénot à Pierre de Margerie, 23 juin 1925, *in* Bernard Auffray, *Pierre de Margerie (1861–1942) et la vie diplomatique de son temps,* Paris, Klincksieck, 1976, p. 482.

116 Gaby Sonnabend, *Pierre Viénot (1897–1944): ein Intellektueller in der Politik,* Munich, Oldenbourg Wissenschaftsverlag, 2005, p. 114.

117 Cf. la lettre de René Debrix, 14 janvier et les notes de Jacques Seydoux pour Philippe Berthelot, 9 janvier et 3 février 1926 (évoquant les réticences d'Eugène Schneider et de Théodore Laurent) [AMAE, PA Seydoux, 261-5].

118 *Ibid.*, Allemagne, 463, Note de Jacques Seydoux, 21 décembre 1925.

119 Le 7 janvier 1926, il était reçu par René Massigli [*Ibid.*, Note de Jacques Seydoux, 9 janvier 1926.

120 En septembre et novembre 1926, Pierre Viénot rencontra les ministres français et allemand des Affaires étrangères, Aristide Briand et Gustav Stresemann, qui l'assurèrent de leur soutien envers le Comité. Ce dernier se montra même « *très bien informé sur le comité et très intéressé par les efforts entrepris par celui-ci* » [Guido Müller, « Pierre Viénot et le bureau… », *op. cit.*, p. 52 n° 3], et ce d'autant mieux que Bruno Bruhn, administrateur de Krupp, le renseignait sur ce sujet depuis septembre 1925 [*Ibid.*, *Europäische Gesellschaftsbeziehungen nach dem Ersten Weltkrieg*, Munich, Oldenbourg Wissenschaftsverlag, 2005, p. 125].

ne put que rappeler combien « *il s'agissait-là d'une initiative purement privée ; le gouvernement n'avait nullement l'intention de la faire sienne et de prendre une responsabilité quelconque à son égard* »[121].

Mayrisch s'y rallia parce qu'il était conscient que « *par le contact personnel et régulier des* [élites], *les esprits* [s'étaient] *rapprochés et les points de vues* (...) *partiellement adaptés* »[122]. S'il pensait naturellement à ses « *points d'attache* », son sentiment n'en fut pas moins partagé par Théodore Laurent. Ce dernier eut certes une expérience unique, à la Dillinger Hüttenwerk, mais il pensait également

> « *que, transportés dans le domaine de la politique générale, les contacts personnels et l'échange des pensées dans une bonne foi réciproque pourraient exercer sur la formation des opinions publiques et le rapprochement des deux peuples une influence salutaire*[123]. »

Viénot fit cependant de Mayrisch son président, parce qu'il « *avait toujours montré dans son attitude la sagesse politique d'un homme avisé* ». Il l'avait aussi choisi parce qu'il ne souhaitait pas de Français ou d'Allemand à ce poste[124]. Surtout, ce poste ne pouvait que lui revenir, tant le Luxembourgeois était le gage du succès de l'opération. On oublie trop souvent que le Comité franco-allemand, institué le 30 mai 1926, avait pour objet de faire de la diplomatie publique[125]. Mayrisch l'avait bien compris. Et combien même Seydoux, cherchant à démentir « *certains articles de journaux* »[126], rappelait que le

---

121 AMAE, *op. cit.*, note, 9 janvier 1926.

122 Emile Mayrisch, « Les ententes économiques..., *op. cit.*, p. 1703.

123 André François-Poncet, Jacques de Saint-Germain (dir.), *Théodore Laurent. L'industriel, l'homme*, Paris, s.n., 1955, « le problème franco-allemand », p. 125.

124 Pierre Viénot, *in* Bernard Auffray, *op. cit.*, p. 497.

125 Sur l'acception de cette conception d'exercice des relations internationales qui s'est développée au lendemain de la Première Guerre mondiale (exigence d'une « *diplomatie franche et transparente* » au premier des Quatorze points du président américain Woodrow Wilson, 8 janvier 1918) et évolua en fonction du développement des moyens médiatiques, cf. les approches historiques de Jacques Freymond, « Diplomatie classique, diplomatie contemporaine », *Mélanges offerts à M. Paul-E. Martin par ses amis, ses collègues, ses élèves, Mémoires et documents publiés par la Société d'histoire et archéologie de Genève*, t. XL, Genève, 1961, p. 116–117, et médiatique de Gérald Arboit, « Affaires militaires, médias et déclenchement des guerres », *in* Gérald Arboit, Michel Mathien, *Les médias de masse et les causes de conflits majeurs. L'information dans le cas de "la guerre en Irak"*, Bruxelles, Bruylant, 2006, p. 29–46.

126 « Pour mieux étudier les question économiques franco-allemandes. Deux comités viennent d'être constitués », *Le Figaro*, 2 juin ; « Les intérêts économiques franco-allemands », *Le Journal des Débats*, 5 juin 1926.

« *Comité d'information ne* [devait] *s'occuper d'aucune négociation économique ou politique de quelque nature que ce soit, et* [que] *ce serait donner une idée tout à fait fausse de sa nature et de ses préoccupations qui l'anime si l'on faisait croire qu'il s'agi*[ssait] *d'une réunion d'industriels ayant pour objet de se mettre d'accord sur le marché de la tôle ou de l'acier* »[127] !

Il n'empêche, tout indiquait que le Comité franco-allemand fut pour le « *Grand Chef* » une couverture pour ses négociations prolongeant tous azimuts la conclusion du *Privatabkommen* du 30 juillet 1925. Loin de d'être un exercice isolé et égoïste, ce premier succès en politique étrangère de l'« Etat Arbed » fut avant tout un constat de l'échec des tractations étatiques françaises et belges, ainsi qu'une tentative « *de mettre, au moins temporairement, un peu d'ordre dans* [ce] *domaine(...) des intérêts économiques internationaux* »[128]. Aussi avait-il été mené en parallèle des pourparlers élargis aux industriels de l'ancien Südwestliche Gruppe et obtenu, entre le 16 juin précédent et le 4 novembre 1926, la reconduction du contingent des aciers lorrains et luxembourgeois expédiés en Allemagne[129]. Cette diplomatie parallèle se fit dans le plus secret, tout au moins en direction de la Belgique[130], car elle était dans la droite ligne de la politique rhénane poursuivie par les Affaires étrangères françaises.

Le maître de forges luxembourgeois y fut mêlé de près, toujours en raison de ses « *points d'attache* ». Ainsi avait-il tenu « *très bien informé* », au début de l'occupation de la Ruhr (janvier 1923-juin 1924), Jacques Seydoux, qui avait inspiré cette opération, et Paul Tirard, qui voyait une bonne occasion de régler la question rhénane[131]. En juin 1923, Mayrisch visita ses liaisons dans cette dernière région, puis rentra à Paris rendre compte au sous-directeur des affaires commerciales du Quai d'Orsay du fort sentiment autonomiste[132]. Quatre mois plus

---

127 AMAE, *op. cit.*, note, 25 juin 1926. Cf. aussi la déclaration de Charles Laurent, ambassadeur de France, à l'Agence-Radio, reprise par *Le Journal des Débats*, 7 février 1927.

128 Emile Mayrisch, « Les ententes économiques..., *op. cit.*, p. 1702.

129 AMAE, B, Industrie et travail, 5, accord de principe, 16 et 23 juin 1925. Pour le détail des négociations de ces dix-sept mois, cf. Charles Barthel, *op. cit.*, p. 419–444 et 475–483 (chronologie détaillée p. 481–483).

130 Cf. les interrogations d'Adrien de Nieuwenhuys à Emile Vandervelde, 3 décembre 1925 [ASPFAE, B12].

131 Stanislas Jeannesson, « Pourquoi la France a-t-elle occupé la Ruhr ? », *Vingtième Siècle. Revue d'histoire*, 51, 1996, p. 56–67.

132 AMAE, Papiers Millerand, 6, Note de Jacques Seydoux à Alexandre Millerand, 20 juin 1923.

tard, il lui annonçait la chute prochaine du chancelier Gustav Stresemann[133], trois jours avant que ce dernier obtint les pleins pouvoirs du Reichstag mais un mois avant qu'il fut réellement renversé. Fin octobre, il s'accorda avec Tirard sur le financement de la Banque rhénane d'émission[134]. Mayrisch fit appel à ses « *points d'attache* », Albert Vögler, Louis Hagen et Paul Silversberg, et à leurs contacts régionaux, comme Konrad Adenauer[135]. Peut-être s'entremit-il également auprès de Frédéric François-Marsal, liaison de Gaston Barbanson et ancien ministre des Finances (20 janvier 1920–16 janvier 1921) ? Toujours est-il que la Banque de l'union parisienne, parce que cet administrateur était un proche du président de la République Alexandre Millerand, finit par se récuser, laissant la place à un syndicat mené par la Banque de Paris et des Pays-Bas et la Banque nationale de Belgique, mais dirigé par le ministre français des Finances, Charles de Lasteyrie de Saillant[136]. Fin novembre, le président de la direction générale de l'Arbed décidait de se joindre à l'affaire[137]. A la même époque, l'éditorialiste de la *Luxemburger Zeitung*, Jacques Rivière, fut suspendu par le directeur de la publication Emile Mayrisch[138]. Ses charges contre la politique de Poincaré depuis le début de la crise risquaient d'entraver « *l'activité obscure, mais si efficace* »[139] du Luxembourgeois. La visite d'une autre liaison de Mayrisch, le président de la Reichsbank, Hjalmar Schacht, à son ami Montagu Norman, gouverneur de Bank of England, le 1er janvier 1924, se chargea de le

133 *Ibid.*, 8, Note de Jacques Seydoux à Alexandre Millerand, 10 octobre 1923.

134 L'émission d'une monnaie-or rhénane était un projet de Tirard exposé le 19 février 1922 au nouveau président du Conseil Raymond Poincaré [AN, AJ9 3774 ; *Ibid.*, *op. cit.* 3776, note « *sur question rhénane* »]. Dès le 2 février, le ministre des Finances, Charles de Lasteyrie du Saillant, pouvait transmettre au chef du gouvernement une proposition de mise en œuvre [*Ibid.*, AJ9 6383].

135 AMAE, Rive Gauche du Rhin, 107, lettre de Paul Tirard à Raymond Poincaré, 30 octobre 1923.

136 *Ibid.*, lettre de Paul Tirard à Raymond Poincaré, 3 novembre 1923.

137 *Ibid.*, 108, lettres de Paul Tirard à Raymond Poincaré et de Raymond Poincaré à Paul Tirard, 1er décembre et 12 décembre 1923. Cf. aussi Stanislas Jeannesson, *Poincaré, la France et la Ruhr, 1922–1924. Histoire d'une occupation*, Strasbourg, Presses universitaires de Strasbourg, 1998, p. 357.

138 Bernard Melet, « Jacques Rivière à Colpach », *Bulletin des amis de Jacques Rivière et d'Alain-Fournier*, 87–88, 1998, p. 78.

139 Jacques Bariéty, « Le sidérurgiste luxembourgeois Emile Mayrisch, promoteur de l'Entente internationale de l'acier après la Première Guerre mondiale », Raymond Poidevin, Gilbert Trausch, *Les relations franco-luxembourgeoises de Louis XIV à Robert Schuman*, Metz, 1978, p. 257.

faire… Mayrisch assura ensuite la liaison entre Jacques Seydoux d'une part et Paul Silversberg et Bruno Bruhn de l'autre[140].

Contrairement à ce que l'historiographie laissait entendre, Mayrisch n'opéra pas un jeu de bascule au profit de l'Allemagne. Il apporta bien son concours à cette « *politique rhénane mégalomane et aventureuse* » de la France qui déroutait tant à Luxembourg, à moins que « *les milieux industriels* » ne cherchassent à endormir les soupçons des agents diplomatiques belges[141], à commencer par Barbanson et Maugas. Aussi insolite fût-elle, son action s'inscrivait aussi dans les buts de la diplomatie économique française depuis la fin de la guerre, définis depuis le ministère du Commerce par Louis Loucheur et poursuivis depuis avec plus ou moins de succès[142]. Même si la convention du 11 juillet 1925[143], conclue un peu rapidement par Daniel Serruys, le directeur des Accords commerciaux au-dit ministère, avait anéanti les premiers efforts de médiation du président de la direction générale de l'Arbed[144], elle n'en ruina pas pour autant sa crédibilité auprès de la partie allemande. Tout juste bloqua-t-elle tout espoir d'avancée pour six mois. Elle ne devait pas être commerciale, mais syndicale. En janvier 1922, afin de mettre fin aux négociations germano-britanniques, mais aussi

140 La documentation manque, sinon une note du 27 juin 1924, signé par le directeur des services économiques de l'*Auswärtiges Amt*, Karl Ritter, signifiant que Mayrisch avait rapporté à Silversberg et Bruhn la fureur de Georges Theunis sur la façon dont la France menait cette affaire [Jacques Bariéty, *Les relations franco-allemandes après la Première-Guerre mondiale : 10 novembre 1918–10 janvier 1925 : de l'exécution à la négociation*, Paris, Pedone, 1977, p. 420].

141 ASPFAE, B1, lettre d'Humbert de Mouchet de Laubespin à Henri Jaspar, 22 janvier 1923.

142 Sur le premier essai de 1919, cf. AACA, P-160-D, Clauses essentielles d'une convention entre les usines françaises et les usines belges et luxembourgeoises, 10 juillet 1919 ; Eric Bussière, *La France, la Belgique et l'organisation économique de l'Europe. 1918–1935,* Paris, Comité pour l'histoire économique et financière de la France, 1992, p. 50–53.

143 AACA, AC-7501, Arrangement conclu entre la France et l'Allemagne au sujet des échanges commerciaux du Bassin de la Sarre avec l'Allemagne, 11 juillet 1925.

144 Le 16 juin précédent, il avait obtenu un premier compromis stipulant la reconduction du contingent des aciers lorrains et luxembourgeois expédiés en Allemagne [AACA, 1-m-0, Accords franco-allemands, 16 juin 1925 ; *Ibid.*, 1-m-1, Gustave Lemaire, « Compte rendu de la réunion du 16 juin 1925 entre les délégués des industries métallurgiques françaises, sarroises, luxembourgeoises et allemandes en vue de se mettre d'accord sur les exportations de produits métallurgiques en Allemagne »].

pour « *ramener la prospérité de l'industrie en Europe* »[145], Raymond Poincaré, président du Conseil et ministre des Affaires étrangères, décida de relancer l'ancien International Rail-makers'Agreement d'avant-guerre (1884–1914). La liaison avec les Britanniques fut affectée au Comité de forges de France. Aussi n'était-il pas étonnant que Mayrisch laissât Maugas, directeur-général de l'Hadir, représenter le Luxembourg dans les négociations qui reprirent à l'orée de 1924[146]. Dès lors, la négociation entre Français, Britanniques et Belges, à laquelle furent invités à se joindre Luxembourgeois et Allemands, se trouva parasitée par les autres dossiers, purement politiques — l'occupation de la Ruhr n'étant pas encore terminée — et commerciaux — le *Reich* retrouvant sa liberté douanière au 10 janvier 1925 et les sidérurgistes allemands entamant un processus de cartellisation généralisé[147] —, mais aussi sidérurgique — les approvisionnements en coke et en minerais ou les ventes d'acier en général.

Dès l'été 1924, les négociations semblèrent s'acheminer vers autre chose « *qu'un accord au sujet des rails* »[148]. La presse allemande n'hésitait pas à parler de la formation d'un « *trust européen de l'acier* »[149], confondant inévitablement les négociations européennes, sinon internationales, avec les tractations en cours autour de la constitution des Vereinigte Stahlwerke A.-G.[150]. Les esprits des sidérurgistes européens n'en étaient pas encore arrivés là, tous ne pensant, Mayrisch y compris, qu'à la question du retour de la souveraineté douanière de l'Allemagne. Les négociations allaient bon train en coulisses et n'évoquèrent pas la question d'un cartel. Il fallut le blocage des négociations, à compter du 29 août 1925, pour que la globalité de la question apparut à certains. Le Luxembourgeois y était sensibilisé depuis qu'Albert Vögler lui en avait parlé à la fin de la guerre. Depuis un an, il suivait les étapes de la formation du « trust de la Ruhr » par le *Bulletin quotidien Columeta Luxembourg*. Il recevait également des informations d'un ancien dirigeant du Reichsverband der Deutschen Industrie,

145 AMAE, B, Industrie et travail, 39, lettre de Jacques Seydoux à Daniel Serruys, 6 février 1922.

146 Cf. Charles Barthel, *op. cit.*, p. 276–277, 360, 367, 370–377, 406–408, 440–441.

147 Sur l'*AVI-Abkommen*, conclu en marge des négociations sur l'accord sur les rails, cf. n. 2.

148 Gustave Trasenster, *in* Maurice Herbette dans son rapport à Edouard Herriot, 12 juillet 1924 [AMAE, B, Industrie et travail, 4].

149 Dépêche Havas, reprenant la *Kölnische Volkszeitung*, 11 juillet 1924, *in* Maurice Herbette, *Ibid*. Cf. aussi l'article de la *Kölnische Volkszeitung*, 21 juillet 1924 reproduit dans le *Bulletin quotidien Columeta Luxembourg*, 23 juillet 1924.

150 Max Hoschwiller, *Le Temps*, 6 juin 1926.

Hermann Bücher, avec qui il collaborait au sein du comité d'initiative pour la prochaine conférence économique de la Société des Nations ; ils y furent invités par Louis Loucheur, un fervent partisan de la cartellisation de l'industrie. Aussi ne fut-il pas étonné lorsque Fritz Thyssen lui adressa une copie de son avant-projet d'assainissement du marché de l'acier[151], qu'il trouvât tout simplement d'une « *simplicité embryonnaire donc d'une application facile, immédiate* »[152].

Même s'il ne s'agît que d'une nouvelle « *convention libre sur les prix, la production et les débouchés* »[153], à l'image de celle qu'avaient conclue un an auparavant la Rohsahlgemeinschaft et l'Arbeitsgemeinschaft der Eisen Verarbeitenden Industrie et l'Arbed, Mayrisch fut emballé. Le 22 janvier 1926, il était à Paris pour annoncer à ses contacts français qu'il disposait d'un moyen de « *reprise des négociations entre Français et Allemands* ». Il était certain qu'il vît « *M. Serruys* (...) *MM. Laurent et De Wendel* » et certainement Jacques Seydoux. Le directeur-général de Schneider & Cie, Jules Aubrun, put s'assurer de la bonne réception de cette nouvelle par les trois premiers. Toutefois, André Vicaire, à qui il s'en ouvrît, se demanda s'il n'avait pas pris cette promesse « *d'une intervention auprès de M. Poensgen pour* (...) *une sorte de traité d'alliance solidarisant les intérêts communs de l'Arbed et ceux des forges lorraines dans une mesure plus grande que* » le président de la direction générale de l'entreprise luxembourgeoise ne l'avait souhaité[154]. Quatre jours plus tard, ce dernier était à Düsseldorf pour discuter des modalités d'une adhésion de l'usine de Burbach à la Rohstahlgemeinschaft. Lors d'un aparté, Thyssen insista catégoriquement sur l'interdépendance des différents dossiers laissés en suspens[155]. Alors que ce dernier pensait trouver un « *accord général sur la production d'acier* (...) *endéans un mois ou même quinze*

151 AACA, AC-7501, copie de la note de Fritz Thyssen à Carl Gerwin, 29 décembre 1925.

152 *Ibid.*, 1 « Accords », Emile Mayrisch, « Projet Thyssen », 3 mars 1926.

153 Emile Mayrisch, « Les ententes économiques..., *op. cit.*, p. 1703. Il s'agissait de la première des cinq types de « *conventions privées* » (a. libre ; b. fixant les prix, la production et les débouchés ; c. avec « *péréquation d'argent, de bénéfices et de production* » ; d. fermées et spécialisées ; e. mettant « *en commun tous les intérêts, dans tous les domaines* ») qui visaient à faciliter les relations commerciales et à écarter les divergences d'intérêt [p. 1702]. Aux yeux de Mayrisch, seule la dernière pouvait « *avoir des répercussions politiques* » pouvant mener à la paix [p. 1703].

154 AACA, AC-«Vicaire», lettre d'André Vicaire à Emile Mayrisch, 23 janvier 1926.

155 *Ibid.*, AC-7501, Sitzung Düsseldorf, 26.01.1926.

jours, si l'on veut », il dut se résoudre, lors de la réunion en « *cercle restreint* »[156] à Luxembourg, le 30 janvier, à devoir attendre huit mois de plus, pour l'acier (30 septembre) ; s'ajoutèrent encore deux mois pour le contingent lorrain-luxembourgeois (4 novembre) et deux autres pour le cartel des rails, rebaptisé European Rail-makers'Agreement (6 décembre 1926). Toute l'opération fut menée dans le plus grand secret, et même dans la plus grande désinformation, tant auprès des actionnaires de l'Arbed[157] que de l'opinion publique[158]. Comme dans le cas du Comité franco-allemand d'information et de documentation, il fut proposé à Mayrisch de prendre la première présidence annuelle de l'Entente internationale de l'Acier et fut renouvelé à l'assemblée générale suivante[159]. Pour le « *Grand Chef* », cette présidence supplémentaire fut la consécration de sa carrière. Le 12 janvier 1928, Gaston Barbanson put annoncer la décision de son président de la direction générale de se retirer en avril suivant[160]...

Si cette dernière dura jusqu'à la déclaration de guerre et permit de rapprocher grandement les points de vue belgo-luxembourgeois, le mode de coordination européenne parrainée par Mayrisch disparut avec la Grande dépression. Son acte de décès fut signé le 1er octobre 1930, chacun des membres reprenant effectivement sa liberté au 1er mars suivant. Aloyse Meyer, qui avait également succédé à son mentor au poste de président de l'Entente internationale de l'acier, ne put se résoudre à cet échec. Il réussit à maintenir la coordination du marché luxembourgeois malgré le décès de Mayrisch. Hormis l'effondrement des productions et des cours, l'année 1931 lui permit de renforcer ses positions puisque les remplaçants de Gustave Trasenster et de Gabriel Maugas se montraient moins vindicatifs à

156 Seuls Fritz Thyssen, Ernst Poensgen (Allemagne), Théodore Laurent, Humbert de Wendel (France), Emile Mayrisch et, Aloyse Meyer (Luxembourg) y assistèrent. Gustave Trasenster et Jacques van Hoegaerden, puis Emile Tonneau (Belgique) ne furent invités à rejoindre les négociations que le 16 février 1926 [*Ibid.*, lettre d'Ernst Poensgen à Gustave Trasenster, 1er février 1926], six jours après que Gabriel Maugas fut mis dans la confidence.

157 Ne se déclara-t-il pas, six jours après qu'il en eût accepté les principes directeurs, de concert avec Gaston Barbanson qu'ils « *ont toujours été les adversaires des syndicats* » d'entrepreneurs aux administrateurs de l'Arbed [*Ibid.*, P-XXXVI (36), compte-rendu de la réunion du conseil d'administration, 12 mars 1926].

158 Cf. son interview à Louise Weiss, pour *Le Petit Parisien*, 21 novembre 1926, où il se prononce contre les cartels.

159 La première assemblée générale le réélit en dérogation des statuts de l'Entente pour une année supplémentaire, qu'un accident de voiture interrompit [*Le Journal des Débats*, 2 octobre 1927].

160 AACA, AC-Pr*4/1, procès-verbal du comité de gérance.

l'endroit de l'Arbed ; le successeur de ce dernier, le directeur de l'usine de St. Ingbert, Henri Roger, ne pesa pas le même poids au sein de la Fédération des industriels luxembourgeois et sa présence au sein du comité directeur du Groupement des industries sidérurgiques luxembourgeoises s'avéra plus constructive. La position de Meyer fut également renforcée par le règlement des questions belgo-luxembourgeoises, tant du point de vue politique que sidérurgique. L'arrivée aux affaires de Joseph Bech avait permis de renforcer la position extérieure du Grand-Duché et l'action conjointe de Gaston Barbanson et de Jean Jadot offrit une égalité de traitement entre sidérurgistes luxembourgeois et belges sur les chemins de fer belges. Du point de vue de l'entreprise, les efforts de centralisation des années 1919–1925 rendirent l'Arbed parfaitement viable. Ce qui ne fut pas vraiment le cas de sa concurrente Hadir, privée de toute possibilité de développement et s'étant épuisée à reconstruire et moderniser ses emprises. S'ajouta très certainement un manque de vision entrepreneuriale. Ne vit-on pas le secrétaire général d'Hadir, Gustave Lemaire, après avoir « *parlé de la chose* » au directeur de l'usine de Differdange « *qui ne par*[u]*t pas très enthousiaste de cette intervention*[161] », refuser la reconstruction des hauts-fourneaux que lui proposât la société américaine Freyn en septembre 1927 ?

Fritz Thyssen, Ernst Poensgen et Albert Vögler ne se détournèrent pas de l'Arbed après le décès de Mayrisch et Aloyse Meyer disposait ainsi de réseaux sûrs dans le monde industriel allemand. Le premier avait-il informé ce dernier des difficultés financières auxquelles faisaient face une des composantes des Vereinigte Stahlwerke A.-G.[162] ? Le 4 mars 1932, le chancelier Heinrich Brüning « nationalisa » la Gelsenkirchener, s'adjugeant du même coup 60 % des Vereinigte Stahlwerke A.-G.[163]. L'opération avait son origine dans

> « *une proposition formulée par un groupe français pour acquérir un "paquet de contrôle" d'actions de la Gelsenkirchener Bergwerks A.-G., M. Flick aurait décliné cette offre, ne voulant pas que les Vereinigte Stahlwerke tombent sous un contrôle étranger.*

---

161 Arbed-01-1613, lettre de Gustave Lemaire à Gabriel Maugas du 29 septembre 1927.

162 Se fondant sur une lettre adressée à Flick et publiée par Thyssen, le conseiller économique de l'ambassade de France à Berlin notait « *que, de toutes façons, avant d'engager définitivement le Reich dans l'affaire de Gelsenkirchener, on avait essayé par tous les moyens, mais sans succès, d'assainir les entreprises sidérurgiques en question sans recourir aux pouvoirs publics* » [AMAE, Z, Allemagne, 762, lettre de Pierre Arnal à Edouard Herriot, 4 août 1932].

163 *Ibid.*, lettres d'André François-Poncet à Edouard Herriot, 22 et 28 juin 1932 ; Jean-Jacques Lederer, « La sidérurgie européenne et les cartels avant le plan Schuman », *Politique étrangère*, 16/4-5, 1951, p. 404.

C'est à la suite de cette négociation que le gouvernement du Reich aurait pris la décision de se porter acquéreur du paquet de titres en question[164]. »

Les informations disponibles à Berlin laissèrent entendre que l'actionnaire principal de l'ancienne firme sidérurgique implantée au Grand-Duché, Friedrich Flick, cherchait à se défaire de son investissement afin de faire face à ses échéances dans son propre groupe Flick-Charlottenhütte. Un syndicat franco-hollandais, composé du Crédit lyonnais et de la banque Mendelsohn d'Amsterdam[165], qui était aussi le propre intermédiaire financier de l'Arbed, se proposa. Or, la perspective de voir les Vereinigte Stahlwerke A.-G. devenir luxembourgeoises n'était en rien pour plaire à Flick, qui se rétracta et se tourna vers le gouvernement du *Reich*[166]. Sept ans plus tard, fallait-il voir derrière ces *« attaques contre les capitalistes étrangers intéressés à l'Hadir »*[167] la main de Friedrich Flick, de nouveau en fonds ?

Le procédé employé dans l'affaire de la Gelsenkirchener, s'il avait réussi, ressemblait à s'y méprendre à celui employé par Barbanson pour faire passer une partie du capital de l'Arbed à la Société générale, quatre ans plus tôt. S'il était aisé de suivre les relations de Meyer en Allemagne, la chose s'avéra plus difficile pour le président du conseil d'administration de l'entreprise luxembourgeoise. Il était à peu près certain qu'il assistât, le 26 janvier 1932, certes parmi six cent-cinquante autres industriels, à l'Industrie-Club de Düsseldorf, au discours du dirigeant du parti national-socialiste, Adolf Hitler. *« Un grand industriel nullement germanophile »* du Grand-Duché assistait également à cette réunion du 26 janvier précédent. Il avait trouvé celui qui se faisait appeler *Führer* (Guide) *« "sous le charme de sa parole" mais...* [décevant] *par l'insuffisance de ses idées constructives »*[168]. Le diplomate français qui relevait cette information se garda bien de citer le nom de cet auditeur, mais la nature du jugement laissa penser qu'il se fût agi de Gaston Barbanson. L'homme était connu pour son goût à chercher à jouer un rôle politique. Ne tenta-t-il pas de reprendre le rôle de

---

164 AMAE, Z, Pays-Bas, 82, lettre de Régis d'Arnauld de Vitrolles à Edouard Herriot, 4 août 1932.

165 *Ibid.*, Allemagne, 762, *op. cit.*

166 *Ibid.*, Pays-Bas, 82, *op. cit.* Flick récupéra cet investissement le 20 mars 1936 [*Ibid.*, Z, Allemagne, 84, lettre du consul à Düsseldorf à Pierre Etienne Flandin, 27 mars 1936 ; Charles Bettelheim, *L'économie allemande sous le nazisme*, Paris, Maspero, 1971, p. 162].

167 *Ibid.*, Relations commerciales, C, Luxembourg, 43, « dep. de Sarrebrück 115/20 du 23 mai 1939 » [pochette vide].

168 *Ibid.*, *op. cit.*, 37, lettre de François de Carbonnel à Pierre Laval, 9 février 1932.

Mayrisch comme médiateur entre la France et l'Allemagne, au cours de deux réunions, l'une à Luxembourg, les 29 et 30 avril 1932, l'autre à Paris, les 29 et 30 janvier 1933 ? Il y avait toutefois des différences cruciales : la première fut qu'il agissait sans aval de la diplomatie officielle française, sur un domaine dépassant le cadre économique, la seconde fut qu'il agissait idéologiquement « *pour faire face au péril qui menace la société capitaliste tout entière* »[169]. Et combien même deux membres du Comité franco-allemand d'information et de documentation, moribond depuis le départ de Pierre Viénot, en décembre 1930[170] pour se faire élire député républicain-socialiste le 8 mai 1932, participaient aux débats, l'opération était sans issue[171].

Plus certainement réussirent les manœuvres d'Aloyse Meyer, secondé ou pressé par l'ami de Mayrisch devenu le sien, Ernst Poensgen, pour relancer l'Entente internationale de l'acier. Après des pourparlers au cours de l'automne 1931, au point que la presse spécialisée subodora quelques négociations[172], une première série de tractations eut lieu, en janvier et février suivant autour de l'équipe sortante ; même le secrétaire général Auguste Michaëlis en était[173]. Français, Allemands, Belges et Luxembourgeois firent toutefois traîner les choses en longueur toute une année durant. Henri Roger chercha à tout prix à obtenir des exemptions pour Hadir et Rodange, qui avaient durement subi les effets de la crise. L'accord-cadre ne put être paraphé que le 25 février 1933. L'Entente internationale de l'acier reprit pourtant expressément le contingentement franco-allemand et les protections territoriales de l'accord de 1926, qui perdurèrent pendant la période de latence du cartel. Et bien qu'il était toujours prévu que le président du Comité directeur changeât tous les ans — s'il n'y avait pas accord au sein du comité directeur qui le nommait —, Aloyse Meyer retrouva ses fonctions de président. L'initiative du Luxembourgeois permit dans l'année en cours « *d'arrêter l'avilissement des prix et même de les relever tout en apportant plus d'ordre et de stabilité*

169 René Duchemin, « Compte-rendu de la réunion du 29 avril 1932, Luxembourg », *in* Jacques Bariéty, Charles Bloch, « Une tentative de réconciliation franco-allemande et son échec (1932–1933) », *Revue d'histoire moderne et contemporaine*, t. XV, juillet-septembre 1968, p. 445.

170 Le comité souhaitait accueillir dans ses rangs Fritz von Papen. Viénot préféra démissionner.

171 Gaby Sonnabend, *op. cit.*, p. 304–306.

172 Cf. *L'Usine*, 5 décembre 1931.

173 AACA, 1-r-1, comptes-rendus des réunions du Comité directeur, 12 janvier, de la commission spéciale, 13 janvier et des délégués titulaires du groupe, 2 février 1932.

sur les marchés étrangers »[174]. Cinq ans plus tard, tout était à recommencer. Les mêmes oppositions qu'au moment de la refondation de l'Entente se firent jour : le groupe français, plus ou moins soutenu par l'allemand, s'opposait au groupe belgo-luxembourgeois, tandis que l'américain et le britannique jouaient leurs propres partitions[175]. Meyer eut fort à faire pour trouver une ligne commune. A cela s'ajouta une concurrence en dehors de l'Entente qui brouillait encore plus les cartes[176]. Les deux dernières séries de réunions, en février-mars et en juillet 1939, s'achevèrent sur un nouveau constat d'échec. Une ultime réunion était prévue en octobre 1939 à Munich : elle n'eut jamais lieu. L'Entente internationale de l'acier arrêta son activité en septembre. Le bureau central expliqua que « *pour des raisons politiques* » un travail en commun devenait impossible à poursuivre.

Meyer, après Mayrisch, utilisa plus souvent la négociation que l'attaque afin de mettre en œuvre une coordination du marché mondial qui fut acceptable aux partenaires américains, concurrents majeurs, ainsi qu'aux Britanniques. L'Arbed et ses partenaires de l'Union économique belgo-luxembourgeoise gagnèrent beaucoup dans ces ententes qui permettaient un développement de la capacité de production et offraient la garantie d'une part de marché conséquente, d'autant plus qu'ils pouvaient parfois reprendre une partie des quotas d'exportation non utilisés par leurs partenaires français et allemand. L'Entente protégea donc les producteurs « historiques » en recherchant des accords de partage de marché pour empêcher la construction de nouvelles capacités de production dans les pays venus plus récemment dans la compétition. De ce point de vue, au Grand-Duché de Luxembourg, l'Arbed bénéficia d'un avantage évident. Seulement, « *la rupture puis la reconstruction des ententes internationales constituèrent un facteur singulièrement aggravant puis régulateur dans la crise* »[177] qui ne dépendait pas totalement de ses dirigeants.

A la veille de la seconde « guerre civile européenne », l'initiative semblait quitter le seul champ économique pour passer à celui de la politique gouvernementale. Mais l'« Etat Arbed » avait cessé de développer des capacités informationnelles dans ce sens. Commercialement, elle put orienter la profession unanime, représentée par le Groupement des industries sidérurgiques luxembourgeoises, à négocier les termes de l'approvisionnement des usines du pays en

174 AMAE, *op. cit.*, 43, lettre de Jacques Labouret à Joseph Paul-Boncour, 29 janvier 1934.

175 AACA, 1-r-1, compte-rendu de la réunion du Cartel international des tubes, 13 janvier 1939.

176 *Ibid.*, compte-rendu de la réunion, 8 mars 1939.

177 Eric Bussière, « La sidérurgie belge..., *op. cit.*, p. 347.

coke allemand en échange de minerai avec le Stahlwerksverband. Cet « accord particulier »[178] fit écho à d'autres arrangements spécifiques conclus pareillement par les comités de forges français et belge. Tous démentirent les propos de Paul Reynaud qui, le 10 avril 1940, déclamant que « *la route du fer* [était] *et restera*[it] *coupée* ». Evidemment, le président du Conseil français pensait à la Norvège, où les troupes françaises et britanniques cherchèrent à contrecarrer l'avancée allemande. L'entendant à la radio, un journaliste communiste français fraîchement mobilisé, le Nancéen Georges Sadoul, s'exclama : « *Et que je sache, la route du fer qui passe par la Belgique et le Luxembourg reste ouverte* ». Lui parlait du « *minerai lorrain* »[179], mais il en alla de même pour la minette luxembourgeoise. Les mêmes trains les acheminèrent « *vers la Ruhr, en échange du coke allemand* » jusqu'au 9 mai 1940, comme en attestèrent des cheminots nancéens au professeur d'histoire et de géographie de l'Ecole primaire supérieure, Charles Hainchelin, communiste lui-aussi[180]. Le 5e Bureau français, c'est-à-dire le service de renseignement en temps de guerre, suivait aussi l'évolution de ces exportations, notant même que l'Arbed multipliait les trains à travers la concession Montrouge, qui reliait la concession de la Société minière des Terres Rouges, à Audun-le-Tiche, en France, au réseau de la Société métallurgique éponyme, à Esch-sur-Alzette, au Grand-Duché[181].

L'homme de la rue en France, en fait des mobilisés lorrains de septembre 1939, s'étonna : « *C'est-il du blocus ?* » Il n'y eut pas qu'en France où ce drôle de blocus, pendant ironique de cette « Drôle de guerre », abasourdit. Le ministre de Belgique à Luxembourg, Ernest Kervyn de Meerendré, considéra cette affaire comme un problème grave. Il le souleva deux fois dans sa correspondance avec Bruxelles. La première fois, le 22 février 1940, il réagissait à un article publié dans le *Luxemburger Volksblatt*, une feuille rexiste, qui évoqua la veille « *le ravitaillement de l'Allemagne en minerai de fer* ». La seconde fois, le 8 mars, il s'étonnait d'une impression d'une personnalité luxembourgeoise du monde de la métallurgie sur cette question. D'autant que cette fois, il était question que « *certains industriels*

178 Félix Chomé, *op. cit.*, p. 365.

179 Georges Sadoul, *Journal de guerre, 2 septembre 1939–20 juillet 1940*, Paris, L'Harmattan, 1994, p. 179.

180 *Ibid.*, p. 134, 62n1 et 55n1 ; Emile Moussat, « Charles Hainchelin », *in* Association des écrivains combattants, *Anthologie des écrivains morts à la guerre 1939–1945*, Paris, Albin Michel, 1960, p. 357–358.

181 SHD/DAT, 7 N2 2429, note, 22 octobre 1939.

allemands [étaient] *venus, ces derniers jours, à Luxembourg* »[182]. Ces visiteurs discrets furent guidés par le conseiller pour les questions économiques de défense (Referent für Wehrwirtschaftsfragen) de la légation. Cette fonction fut créée dans les missions diplomatiques allemandes en juin 1938 ; trois mois plus tard, Luxembourg en fut pourvu, après un ultime arbitrage entre la direction berlinoise du NSDAP et l'Auswärtiges Amt, qui amena l'écartement du Dr. Heinrich Diehl, pourtant attaché commercial, au profit d'un diplomate de carrière. Le poste échut dans un premier temps aux secrétaires de légation Karl Gustav Wollenweber, jusqu'à son rappel à Berlin le 22 juillet 1939, puis au comte Heinrich von Thun und Hohenstein. Si le premier était bien un diplomate accompli, entré dans la carrière en août 1935 et promis à un brillant avenir (nommé près le Saint-Siège en août 1940, il enchaîna après 1945 les postes à l'étranger et à l'administration centrale jusqu'à sa retraite en 1969), le second n'en était qu'à son premier poste, après avoir exercé les fonctions d'avocat à Berlin, puis au service de l'Auswärtiges Amt[183].

En plus de leurs missions politiques, propres à un numéro deux d'une légation, ces diplomates gérèrent ce « service secret », c'est-à-dire une traditionnelle mission diplomatique ignorée du pays où l'agent était officiellement accrédité, qui visait à prendre des dispositions pour maintenir les relations économiques avec l'étranger dans la guerre comme dans la paix[184]. L'Auswärtiges Amt fut la seule des sources d'information économique allemande à pouvoir le mener à bien, même si l'économie n'en était redevenue une priorité que depuis 1935. Cette protection diplomatique permettait avant tout de donner confiance aux industriels allemands sur le sérieux de la mission du Referent, institution nouvelle dans un paysage économique allemand qui n'avait guère l'habitude d'être informé par l'Etat, cette fonction étant internalisée dans les plus grandes entreprises ou prise en charge par les groupes de pression professionnels. Pourtant, cette mission dépendait largement pour son renseignement des capacités de la section luxembourgeoise de l'*Inspektor der Sicherheitspolizein* de Wiesbaden et de l'Auslandsorganisation Luxemburg. S'il était aisé de faire venir à la légation

---

182 ASPFAE, B12.

183 Emile Krier, *Deutsche Kultur-und Volkstumspolitik von 1933–1940 in Luxemburg*, Bonn, Rheinischen Friedrich-Wilhelms-Universität, 1978, p. 657 ; SHD/DAT, 7 N^2 2429, note du Centre de liaison français (Lille), 3 octobre 1939 (renseignement : 29 septembre 1939) ; Robert Joseph Casey, *I Can't Forget. Personal Experiences of a War Correspondent in France, Luxembourg, Germany, Belgium, Spain and England*, New York, The Bobbs-Merrill Company, 1941, p. 74–76.

184 Hans-Erich Volkmann, *Luxemburg im Zeichen des Hakenkreuzes. Eine politische Wirtschaftsgeschichte 1933–1944*, Paderborn, Ferdinand Schöningh, 2010, p. 60–61.

des personnalités en vue, comme le secrétaire général du gouvernement, Albert Weher, pour évoquer des questions économiques générales, la mission des Referenten se contentait mal de ces échanges protocolaires, même suivis de façon constante, au point de laisser croire à une éventuelle collusion[185].

Des contacts plus discrets furent nécessaires pour permettre le maintien, voire accroître les échanges entre le Luxembourg et l'Allemagne. Pour des raisons d'accès aux devises étrangères, le Reich entendait exporter, comme le rappela la Chambre de commerce belgo-allemande, compétente pour l'Union économique belgo-luxembourgeoise[186], mais sa sidérurgie dépendait aussi des approvisionnements en matières premières provenant du reste du monde. Le 8 octobre 1939, une lettre anonyme informa les services de renseignement français que Nicolas Zimmer-Maroldt, vice-consul d'Espagne depuis 1928 et directeur de la Compagnie des mines et métaux, à Luxembourg, exportait du manganèse vers l'Allemagne. Zimmer avait servi d'intermédiaire pour Gustave Trasenster en 1919 afin d'entrer en contact avec la Deutsche-Luxemburgische en vue de reprendre le patrimoine luxembourgeois. Vingt ans plus tard, qu'il agît pour le compte de la Société générale de Belgique ou pour Walter Schwede, directeur des Vereinigte Stahlwerke A.-G., il fut un intermédiaire du Referent de Luxembourg. Ces petites sociétés de vente furent des intermédiaires privilégiés par l'action clandestine de ce « service secret ».

Mais il eut également recours à des agents mis à disposition par le *SS-Oberscharführer* Nosek (1521/0), commandant la section luxembourgeoise du SD depuis le printemps 1938. Concernant la sidérurgie, il disposait de ses entrées à l'Arbed, mais d'autres sources furent employées, comme le représentant de commerce Joseph Heschbourg, un activiste nationaliste luxembourgeois. A partir de mars 1940, Willy Konnertz, le correspondant à Luxembourg du Deutsches Nachrichtenbüro, servit d'intermédiaire entre les différents agents du SD et le comte Thun[187]. Dès lors, l'information n'était plus perçue comme une indication ou un outil de décision, mais bien comme un moyen d'action, l'action des Etats pouvant seuls se jouer des législations nationales.

---

185 SHD/DAT, 7 N^2 2429, *op. cit.*

186 *Ibid.*, note du commissaire spécial de Thionville, 18 octobre 1939.

187 Emil Krier, *op. cit.*, p. 344, 346, 356, 716n42 ; ANLux, CdZ, SD-024, note de Guido Schellenberg (T 205), 17 juillet 1940.

Conclusion Aux sources de l'intelligence économique

L'information, et à tout le moins sa maîtrise, s'avéra donc un moyen de coordination économique dès le premier XXe siècle. Elle reposait certes sur la grande homogénéité du groupe restreint des élites économiques et diplomatiques européennes de l'époque. Elle bénéficia de la prise en compte des progrès des technologies de l'information, depuis le développement du téléphone jusqu'aux conséquences de la révolution administrative[1] sur le travail des employés des entreprises, sidérurgie comprise. L'image la plus flagrante fut la féminisation croissante de ses activités : en 1939, le personnel de la Columeta comptait déjà 8 % de femmes[2]. Surtout, les effectifs de bureaux s'accrurent, à mesure que les tâches des employés se complexifièrent et se spécialisèrent. Les employées du comptoir de commercialisation furent ainsi soigneusement réparties au travers de huit des treize services ; le règne du garçon de bureau s'achevait, celui de la « petite dactylo » s'ouvrait... L'avènement de telles bureaucraties avait commencé avant 1911, mais trouva sa pleine réalisation dans les grandes entreprises des années 1930.

L'exemple de la sidérurgie luxembourgeoise entre 1911 et 1940 montra bien sa pleine intégration dans un mouvement largement européen, déjà importé des Etats-Unis. Pourtant, perçues essentiellement depuis la France et la Belgique — il en aurait été de même si les observations furent réalisées d'Allemagne[3] —, ces évolutions restèrent largement anodines aux observateurs. La presse de masse, qui

1 Sur les répercussions sociales de cette mutation, cf. les travaux de Graham S. Lowe, *Women in the Administrative Revolution*, Toronto, University of Toronto Press, 1987) ; Gregory Anderson, *The White-blouse revolution: female office workers since 1870*, Manchester, Manchester University Press ND, 1988. Sur ses conséquences purement informationelles (sténographie, machine à écrire, stencil, fiche, machine à calculer), cf. Delphine Gardey, *Ecrire, calculer, classer. Comment une révolution de papier a transformé les sociétés contemporaines (1800–1940)*, Paris, La Découverte, 2008.

2 Archives nationales du Luxembourg, Luxembourg (ANLux), Arbed-02-0467, statistique du personnel de Columeta, 1939.

3 Après 1919, les observations de *Stahl u. Eisen* concernant l'industrie luxembourgeoise se firent effectivement moins importantes que pendant la période précédente. Il fallait y voir un effet conjugué de la sortie du Grand-Duché du *Zollverein* et de la crise allemande qui allait croissante, à la fois politique et économique.

connaissait partout ses meilleures heures durant l'entre-deux-guerres, comme la radio, qui commençait à se répandre à travers le monde, ignorèrent ce petit pays et son industrie.

De l'information à la communication

Pourtant, pendant cette période, l'industrie généra une activité informationnelle. Les organisations représentatives, tant patronales que sectorielles (ingénieurs et ouvriers notamment), s'exprimèrent auprès d'opinions publiques de plus en plus segmentées (origines géographiques et sociales, éducation) pour défendre leurs points de vue sur l'évolution du monde. Les mutations de l'environnement international du Grand-Duché générèrent d'importantes campagnes de presse entre les différentes parties impliquées. Entre 1915 et 1919, la question luxembourgeoise impliqua médias français, belges et luxembourgeois comme relais des intérêts particuliers de l'un ou l'autre des acteurs politiques. Inévitablement, l'industrie devint un enjeu et ouvrit le champ à des info-agressions. Ainsi l'Arbed fut-elle accusée d'être composée de capitaux allemands. Le lieutenant de réserve Gaston Barbanson, en novembre 1917, puis le capitaine de corvette de réserve Joseph-Emile Petitjean, en mars 1919, purent s'en rendre compte.

Le premier fut mis en cause par un colonel belge à Paris, qui accusa auprès des services de renseignement français l'usine de Dudelange de produire

> « de l'acier au nickel qui sert dans la construction des Zeppelins. Aussi avait-on commencé à bombarder les usines de Dudelange et celles-ci ont été sur le point de devoir arrêter leur fabrication. Mais la S[ocié]té a des gens à elle à Paris qui ont réussi à arrêter ces bombardements. Il conviendrait de les reprendre »[4].

L'administrateur de l'Arbed utilisa son entregent au cabinet du ministre français de la Guerre, où fut affecté son contact, le commandant de réserve Frédéric François-Marsal pour endiguer cette diatribe. Cela n'empêcha pas toutefois

4 Archives générales du Royaume, Bruxelles (AGR), Fonds Broqueville, Correspondance, 43, lettre de Gaston Barbanson à Charles de Broqueville, 2 novembre 1917. L'officier belge incriminé n'a pas pu être identifié, pas plus que sa missive retrouvée dans les papiers du Deuxième bureau de l'état-major français ou de François-Marsal, conservés au Service historique de la Défense, Vincennes (SHD). On retrouve cependant la même accusation relative au « *Nickelstahl* », mais concernant Dommeldange cette fois, dans le « Rapport d'un Lorrain ayant quitté le Luxembourg le 3 octobre [1916], où il séjournait depuis deux ans », certifiée « *absolument sûre* » par la section allemande de l'état-major français [SHD, département de l'armée de l'air (DA), 1 A 168, p. 1].

que le second, affecté chez Schneider & Cie depuis 1915, se rendît compte que les fonctionnaires français chargés des questions économiques du Commissariat général de Strasbourg regardaient l'entreprise avec « *un vif sentiment de méfiance à l'égard de cette société*[5] ». Durant toute la négociation de l'Union économique belgo-luxembourgeoise, le même antagonisme perdura, depuis les reproches quant au « *travail intensif accompli par cette société dans ses usines luxembourgeoises* » depuis le début du conflit, formulés par Gustave Trasenster, président et directeur-gérant des aciéries d'Ougrée-Marihaye, devant le Comité central industriel de Belgique les 20 et 21 novembre 1918[6], jusqu'aux accusations de germanophilie proférées par Charles de Broqueville à l'endroit d'Emile Mayrisch, lors d'un entretien du 13 janvier 1927 avec l'ambassadeur de France à Bruxelles[7]. Seuls l'enchaînement de crises économiques, la nécessité de coopérer face à une concurrence allemande et ultramarine (américaine et britannique) et la disparition de quelques dirigeants de poids interrompirent ces info-agressions d'origine belge et parfois relayées par les médias ou les diplomates français.

Entre 1911 et 1940, l'information sidérurgique se fit plus importante dans la mesure où ses relais devinrent plus nombreux. La Première Guerre mondiale amplifia un mouvement né dans les années qui la précédèrent, celui de l'apparition d'acteurs privés d'information économique (syndicats patronaux, agences de renseignement internationales), mais également publics (chambres consulaires nationales, services ministériels d'expansion). Les nécessités de la mobilisation industrielle pendant le conflit renforcèrent cette tendance. La paix revenue, afin de soutenir leur reconquête des marchés perdus, les entreprises elles-mêmes intégrèrent la dimension informationnelle. Il s'ensuivit inévitablement un changement de nature pour ces données ainsi devenues stratégiques. La confidentialité des affaires, qui appartenait au domaine des relations interpersonnelles, comme pour les banquiers, et de l'exceptionnel, c'est-à-dire lié à certaines opérations seulement, devint la règle. La disparition des plans détaillés dans la presse spécialisée, comme *Stahl u. Eisen*, en étant un indice. Les tentatives d'espionnage, commercial comme dans le cas de Dismer, technique dans celui du stagiaire de

---

5 Archives de l'administration centrale de l'Arbed, Luxembourg (AACA), « Syndicat de l'Alzette », Rapport de Joseph Petitjean à Achille Fournier, Jules Aubrun et Léon Lévy, 26 juin 1919.

6 AACA, P-XXIX (39), Notes et rapports, 1, 1914–1940, Déclaration, sans lieu ni date [certainement novembre 1919].

7 Archives du ministère des Affaires étrangères, Paris (AMAE), CPC Europe, 2, Luxembourg, lettre de Maurice Herbette à Aristide Briand, 13 janvier 1927.

Dommeldange ou politique dans celui de Bernard, en furent un autre. L'absence de doctrine de renseignement de la part des acteurs publics rendit toutefois la protection du « *secret des affaires* »[8] illusoire, en dehors des mesures élémentaires de protection prises en interne.

Pour autant, il ne fut pas possible de transformer les entreprises en citadelles, fussent-elles assiégées. En effet, la mondialisation des échanges et de la concurrence imposa une maîtrise de la circulation de l'information. Rares furent les entrepreneurs à avoir perçu cette nécessité, au Grand-Duché de Luxembourg comme en France, en Belgique, ou ailleurs. Emile Mayrisch, penseur de la fusion d'actifs industriels qui donna naissance à l'Arbed, resta de ce point de vue une exception notable. Son approche intégrée de tous les métiers de l'entreprise lui permit de réussir leur incorporation dans un ensemble apte à concurrencer les grands *Konzerns* allemands opérant dans le Grand-Duché ou susceptible de le faire. Elle l'amena également à développer ses réseaux d'information, par lesquels circulèrent les données dans un réel climat de coopétition. La coordination des marchés sidérurgiques, sur le plan national aussi bien qu'international, plutôt qu'européen, découla de cette conception de la maîtrise de l'information. Elle évolua entre centralisation, comme le montra le façonnage du comptoir commercial Columeta en véritable « *bureau central de renseignement*[9] », et communication, confidentielle ou par la voie des médias de masse et spécialisés.

Un outil de décision

Il y eut dans le comportement de Mayrisch une réelle part d'opportunisme. Avant les autres, il comprit l'environnement mouvant qui entourait son entreprise, son pays. La Première Guerre mondiale devint ainsi une opportunité vers toutes les possibilités. Anticipant, plutôt qu'accompagnant, les conditions de paix, son analyse de l'information, qui lui parvenait par ses réseaux et qu'il croisait par ses lectures des revues de presse que lui préparaient ses services, en fit un acteur incontournable. La mondialisation induite par cette seconde « guerre civile européenne »[10] imposait non seulement à l'entreprise de se redéployer, faute de marché intérieur, mais également à l'Etat luxembourgeois de

8 ANLux, AC-J-4, brouillon de lettre d'Aloyse Meyer à Albert Clemang, s.d. [1928].

9 ANLux, AE 466/8, procès-verbal de la réunion de la Commission d'étude des problèmes économiques posés par la guerre et ses conséquences éventuelles, 12 octobre 1918, f. 130.

10 Sur cette notion, cf. Enzo Traverso, *A feu et à sang. De la guerre civile européenne 1914–1945*, Paris, Stock, 2007.

se transformer. L'émergence de l'« Etat Arbed » prit naissance au creux de cette alternative. Il reposa sur son caractère proprement luxembourgeois, mais aussi sur la préexistence de l'entreprise dans la période précédant le conflit. Aussi l'Hadir, qui fut sa seule véritable concurrente, ne réussit-elle jamais à la concurrencer durablement parce qu'elle ne disposât pas de cette prééminence.

De ce point de vue, il rejoignit des individualités comme Walther Rathenau, Emil Kirdorf ou Hugo Stinnes, qui comptèrent parmi ses modèles de dirigeants salariés dans le monde de l'industrie allemande, mais aussi Albert Thomas, Louis Loucheur ou Jean Jadot, dans celui de l'internationalisme dans lequel il baignât. Tous eurent en commun d'avoir établi de véritables systèmes d'information, à la pointe des technologies et des modes d'organisation du travail de l'époque. Le caractère des décideurs aux affaires jouèrent dans la sidérurgie comme ailleurs un rôle central. Et dans le Grand-Duché de l'entre-deux-guerres, seul Mayrisch émergea. La relative discrétion de Barbanson dans les années 1930 laissa apparaître le véritable moteur de la construction de l'Arbed. Or, comme le montra l'action d'Aloyse Meyer, elle se fonda sur la maîtrise de l'information, dont seul Mayrisch eut l'intelligence.

Cette dimension apparut pleinement dans le bâtiment dessiné par l'architecte bruxellois René Théry pour abriter les services centraux de l'Arbed : la Columeta, la direction générale et le service financier[11]. La construction fut autorisée par le conseil d'administration des 23 décembre 1919 et 29 janvier 1920[12], puis le terrain acheté à l'Etat, le 24 mars, et le permis de construire délivré, le 6 mai. L'endroit choisi fut le plateau Bourbon, cet espace s'étendant sur le site de l'ancienne forteresse prussienne, entre la *Nei Bréck* (le nouveau pont) enjambant la Petrusse et le nouveau quartier de la gare[13].

Pour l'« Etat Arbed » en cours de formation, cet emplacement fut déjà lourd de sens d'un point de vue communicationnel, entre vieille et nouvelle ville, loin du quartier des ministères et du palais grand-ducal. L'architecture arrêtée refléta cette affirmation de puissance. Si la forme d'hôtel, dans la plus pure forme XVIIIe siècle français, renvoya indubitablement à la volonté de puissance nationale, l'ornementation affirma l'ambition de puissance internationale. S'émancipant des festons, des vases et des fleurs rappelant le classicisme de la bâtisse, surgissaient

---

11 *L'Echo de l'Industrie*, 10 février 1923.

12 AACA, AC-Pr* 6/5.

13 Sur l'histoire et la description du bâtiment, cf. Antoinette Lorang, *Plateau Bourbon und Avenue de la Liberté. Späthistorische Architektur in Luxemburg*, Luxembourg, Section historique de l'Institut Grand-Ducal, 1988 ; Arbed, *Le siège social. Une architecture reflet du dynamisme de l'entreprise*, Luxembourg, Arbed, s.d.

autour des portails côtés rue et jardin des décors plus proprement sidérurgiques (mines[14] et usines[15]) et commerciaux[16]. Toute cette communication fut élaborée en parallèle des opérations de rachat des biens de la Gelsenkirchener. Là encore, les autres entreprises ne purent pas rivaliser.

Là encore, la magnificence de l'Arbed ne souffrit aucune comparaison. Tout juste l'Hadir racheta-t-elle le siège de l'état-major du généralissime Ferdinand Foch (1919), la villa d'Hannoncelles. Ce choix conduisit la presse allemande à croire hâtivement que l'ancien major-général des forces alliées, le Français Maxime Weygand, redevenait à nouveau l'occupant, comme directeur-général cette fois[17]. Même la diplomatie belge, en la personne du prince Albert de Ligne, se laissa intoxiquer, ce qui laissait mal augurer de sa pénétration dans le monde économique luxembourgeois ! Heureusement, le gouverneur de la Société générale de Belgique, Jean Jadot, fut plus au fait de ces questions — et pour cause puisqu'il était dans la confidence — déclara « *que cette information fut inexacte* »[18].

L'information sidérurgique ne fut donc pas destinée au grand public, ni même aux décideurs politiques hors des questions appartenant proprement à l'influence nationale. Hormis la reprise des actifs allemands de 1919, où l'idéologie « grand belge » donnait une coloration politique à toute actualité luxembourgeoise, elle ne put s'apprécier autrement que dans sa dimension internationale. De même, elle fut d'abord le reflet des préoccupations particulières de chaque intervenant. Journalistes, diplomates, officiers de renseignement s'intéressaient déjà assez peu au Grand-Duché, où le poste diplomatique ne fut qu'intérimaire ; il consista en une légation, occupée par un simple ministre, et non un ambassadeur[19]. Il fallut donc une actualité particulière pour susciter l'intérêt de tels

---

14 Pelle, lampe, treuil, tige de fourche, casque.

15 Soufflet, compas, enclume, maillet, engrenages, pic.

16 Etrave de navire, ancre, lanternes.

17 *L'indépendance luxembourgeoise*, 28 avril 1920.

18 Archives du service public fédéral des Affaires étrangères, Bruxelles (ASPFAE), B12, 1840-1921, lettre d'Albert de Ligne à Paul Hymans, 30 avril 1920.

19 Sur cette subtilité diplomatique, cf. le Règlement sur le rang entre les agents diplomatiques, 19 mars 1815, adjoint à l'Acte du Congrès de Vienne, 9 juin 1815, article 118.17 et amendé par le protocole d'Aix-la-Chapelle, 21 novembre 1818 [Georg Friedrich de Martens, *Nouveau recueil de traités d'alliance, de paix, de trêve, de neutralité, de commerce, de limites, d'échange etc. et de plusieurs autres actes servant à la connaissance des relations étrangères des puissances et Etats de l'Europe tant dans leur rapport mutuel que dans celui envers les puissances et Etats dans d'autres parties du globe depuis 1808 jusqu'à présent*, II et IV, Göttingen, Dieterich, 1817 et 1822, p. 449 et 648].

observateurs. Même dans la longue querelle belgo-luxembourgeoise autour des tarifs ferroviaires (1922–1929), un différentiel d'information était manifeste entre sidérurgistes et diplomates belges, au bénéfice des seconds.

Il en alla évidemment tout autrement pour les industriels, les banquiers, les investisseurs et les actionnaires impliqués financièrement dans la sidérurgie grand-ducale, même si leur interprétation en fut différente du fait d'intérêts divergents. Toutefois, ces derniers scrutèrent pour des raisons économiques et de façon permanente toute donnée en rapport avec la sidérurgie luxembourgeoise. Dans son domaine, le banquier Jadot fut ainsi le pendant de Mayrisch. Les deux disposèrent de réseaux d'information, formels et informels, qui leur permirent de décider de leur conduite à tenir. L'information fut donc une donnée stratégique et asymétrique nécessaire pour arrêter les orientations entrepreneuriales.

Un outil d'action

L'information sidérurgique prit donc une valeur économique dans la mesure où elle se mit au service de l'expansion des nations ou des entreprises. Les conséquences de la démobilisation, permettant de concrétiser des liens forgés durant la Première Guerre mondiale mais également pour adapter au service de la paix des techniques d'analyse issues du domaine militaire, jouèrent un rôle important dans l'apprentissage des industriels. De ce point de vue, l'occupation de la Belgique par les troupes du *Reich* sembla empêcher les industriels de ce pays, contrairement à la France, d'opérer une mobilisation industrielle similaire à ce qui se déroula en France en 1916[20]. Il en résulta, dans l'appréhension de ce pays sur la sidérurgie luxembourgeoise, un certain immobilisme par rapport à 1913, dont la portée fut amplifiée par les destructions dues au conflit. A l'inverse, la France disposa de capacités qui furent utilisées pendant l'entre-deux-guerres. Même si les réalisations de la Grande Guerre furent détournées ou oubliées par les instances étatiques — après un échec en 1927, il fallut attendre 1935 pour que se mît en place une Direction générale des fabrications d'armement tandis que la loi sur la mobilisation industrielle en temps de guerre attendit les derniers mois de paix quatre ans plus tard —, les hommes qui y servirent ne purent qu'utiliser cette expérience. André Vicaire en fut un exemple évident, que l'Arbed sut employer en fonction des besoins de son influence en France. A l'inverse, l'Hadir ne réussit qu'à placer l'ingénieur-général Gabriel Maugas à sa tête, sans qu'il ne connût quoi que ce fût du Luxembourg.

20 Cf. Rémy Porte, « Mobilisation industrielle et guerre totale : 1916, année charnière », *Revue historique des armées*, 242, 2006/1, p. 26–35.

Fort de son antériorité sur le marché sidérurgique, Mayrisch disposa d'une information qui lui permit de lire assez clairement dans les évolutions générées par la guerre. Son engagement, aussi bien au service de l'« Etat Arbed » que de l'entreprise, lui imposa une maîtrise de l'information de tous les instants. Lui qui se piquait d'être un homme de journaux, finançant tour à tour deux supports locaux, autant que de réseaux, il s'attela à bâtir un environnement favorable à sa firme. Il imposa d'abord ses règles au Grand-Duché, finissant par mettre en coupe réglée l'industrie locale. Il chercha ensuite à déplacer la compétition internationale sur des terrains où l'entreprise disposait des avantages. En apportant son soutien à l'Entente internationale de l'acier, il contribua à imposer l'Arbed comme puissance normative. L'information devint ainsi une arme qui se manifesta par le développement d'actions d'influence et de manœuvres de neutralisation de la concurrence. La formation de l'Entente comme le ralliement consécutif du Groupement des hauts-fourneaux et aciéries belges aux positions luxembourgeoises en furent de parfaites démonstrations[21].

La lecture de l'environnement du président de la direction générale de l'Arbed convenait aussi bien à la période de l'après-guerre, où tout fut possible, qu'aux années de crise qui suivirent. Cette clairvoyance reposa toutefois sur une méthodologie d'acquisition et de gestion de l'information pour détecter opportunités et menaces. Dans le même temps, il imposa une coordination des jeux d'acteurs, tant dans le Grand-Duché qu'au niveau international. Ses réseaux de connaissance et sa pensée en réseau assurèrent, bien au-delà de la propre existence de son fondateur, la prospérité et le rayonnement de l'entreprise. Ils assurèrent surtout sa protection au cours de la Seconde Guerre mondiale. Ni les Allemands, entre juin 1940 et août 1944, ni les Alliés ensuite ne bouleversèrent l'ordonnancement imposé par l'Arbed depuis 1919 au Grand-Duché de Luxembourg.

Dès octobre 1940, les entreprises sidérurgiques allemandes firent valoir certains droits sur les industries de l'ancien Südwestlische Gruppe. Walter Schwede, directeur des Vereinigte Stahlwerke, se prévalut de droits sur l'Hadir. Evoquant la fondation commune des deux entreprises par *« la vieille Deutsche-Luxemburgischen Bergswerks und Hütten-A.G. "Differdingen" »*, il espéra ainsi compenser l'interdiction qui lui avait été faite d'accroître ses capacités de production dans la Ruhr[22]. S'il s'était bien gardé de revendiquer le même héritage commun

---

21 Cf. Charles Barthel, *Bras de fer 1918–1929*, Luxembourg, Saint-Paul, 2006, p. 494–505 et 606–639.

22 Lettre de Walter Schwede à Ernst Poensgen, 14 octobre 1940, *in* Françoise Berger, *La France, l'Allemagne et l'acier (1932–1952). De la stratégie des cartels à l'élaboration de la CECA*, Doctorat, Histoire, Paris I, 2000, p. 563.

de la Gelsenkirchener sur l'Arbed, ce fut en raison des liens qu'entretenait le directeur général de cette dernière, Aloyse Meyer, et Ernst Poensgen, président du Wirtschaftsgruppe EisenSchaffende Industrie (Association industrielle économique de l'industrie sidérurgique). Il est vrai aussi que, depuis juin 1940, le *Kapitänleutnant* Otto Steinbrinck, ancien directeur-général du groupe Flick-Charlottenhütte devenu administrateur de Thyssen, entreprises membres des Vereinigte Stahlwerke A.-G., et nouveau *Generalbevollmächtigter für die Stahlindustrie in Luxemburg, Belgien und Frankreich* (responsable général pour l'industrie de l'acier au Luxembourg, en Belgique et en France), installa ses services directement dans cinq bureaux contigus de la Direction générale de l'Arbed. En outre, un *Reichskommissar für den Behandlung feindlichen Vermögens* (commissaire du Reich pour la gestion des biens ennemis), Maximilian Bernhuber, de la direction de la Reichsbank, fut nommé *Bauftragter des Reiches für die Arbed* (mandataire du Reich pour l'Arbed) ; chargé des affaires financières, il eut aussi pour mission d'éloigner de la firme des prédateurs comme les Vereinigte Stahlwerke A.-G. et les Reichswerke Hermann-Göring. Il finit par s'attirer les foudres du gauleiter Gustav Simon et fut remplacé, en juillet 1941, par le directeur de l'Hamburg-Amerikanische Packetfahrt Aktien Gesellschaft, l'ancien secrétaire d'Etat aux Transports du Reich, Gustav Koenigs. Trois mois plus tard, Hans Pilder, membre du Vorstand de la Dresdner Bank[23] et responsable de son département France[24], se présenta auprès de l'Union européenne, industrielle et financière pour acquérir la part de Schneider & Cie dans l'Arbed, mais aussi dans la Campine belge et le Limbourg hollandais. Charles-Albert de Boissieu, président de la banque et directeur au Creusot, prétexta des « *excédents de trésorerie* » pour repousser la demande allemande[25]. Poensgen fit encore entrer Meyer au sein du Bezirksgruppe Moselland-Luxemburg (groupe

23 Cette banque était réputée pour être celle des Reichswerke Hermann-Göring [Harald Wixforth, « Die Reichswerke Hermann Göring und die Dresdner Bank », Johannes Bähr (dir.), *Die Dresdner Bank in der Wirtschaft des Dritten Reichs*, 1, Munich, Oldenbourg Wissenschaftsverlag, 2006, p. 345–359].

24 Johannes Bähr, « Les grandes banques allemandes et leurs activités dans l'Europe occidentale occupée, 1940–1944 », *Histoire, économie et société*, 24/4, 2005, p. 501.

25 Archives nationales, Paris (AN), 189 AQ 621, note de Humbert et François de Wendel suit à leur entretien « avec M. de Boissieu », 10 octobre 1941. Cette rencontre avait été demandée par Jacques Barnaud, directeur de la Banque Worms et délégué général aux relations économiques franco-allemandes, suite à l'entretien de Boissieu avec le ministre Johannes Hemmen, chef de la section économique de la commission d'armistice de Wiesbaden.

du district territoire de Moselle-Luxembourg) de Wirtschaftsgruppe Eisen-Schaffende Industrie. Le Luxembourgeois y eut certes rang de vice-président, mais la réalité du pouvoir fut entre les mains des Allemands qui prirent la direction des emprises de Differdange et de Rodange. De même, le Groupement des industries sidérurgiques luxembourgeoises, rebaptisé Vereinigung der Luxemburger Hüttenwerke, fut confié à un cadre du Stahlwerksverband[26].

L'effet réseau fonctionna aussi bien avec les Alliés. Le dimanche 8 avril 1945, une équipe de la Division financière du Supreme Headquarters Allied Expeditionary Force (SHAEF) débarqua à la direction générale de l'Arbed pour consulter les dossiers de l'Entente internationale de l'acier. Depuis trois ans, elle traquait, au sein de l'Economic Warfare Section (section de guerre économique) du ministère américain de la Justice, les contacts des cartels industriels allemands avec les institutions financières et les entreprises américaines et britanniques. Jusque-là, en raison de la guerre, ils se contentèrent d'interroger « *des ingénieurs et des techniciens qui s'étaient rendus en Allemagne ou avaient établi des plans d'usines fabriquant du caoutchouc synthétique, de l'essence synthétique, du plomb tétraéthyle, des roulements à billes de précision* »[27]. Avec la libération du continent européen, ils purent espérer mettre la main sur une documentation originale. En attendant d'entrer en Allemagne, où les troupes alliées venaient de pénétrer depuis quelques semaines, ils se contenteraient du Luxembourg.

La délégation américaine rencontra Eric Conrot, responsable des services administratifs. Hector Dieudonné, secrétaire général de l'Entente, qui avait quitté le Grand-Duché le vendredi, lui demanda de

> « *"donner toute l'assistance" à ces messieurs du SHAEF. De façon inattendue, Conrot prit les instructions à la lettre. Il ouvrit toutes les armoires de classement dans le bureau de l'Entente et invita les messieurs de SHAEF à se sentir chez eux pour le week-end. Ce qu'ils firent.* »

Le lundi matin, les Américains avaient réuni quelque quatre mille documents formant le

> « *panorama des liens internationaux entre toutes les plus importantes entreprises sidérurgiques du monde, y compris les détails de leurs relations de travail avec les Allemands depuis que l'Entente avait été organisée* »[28].

---

26 Félix Chomé, *Un demi-siècle d'histoire industrielle 1911–1964*, Luxembourg, Arbed, 1964, p. 366–367.

27 James Stewart Martin, *All Honorable Men*, Boston, Little Brown, 1950, p. 3–19.

28 *Ibid.*, p. 40.

Cet insigne service rendu à l'épuration politico-économique des Alliés, auquel s'ajouta une digne conduite pendant l'occupation, replaça l'Arbed au centre des réseaux de l'après-guerre. Et comme si cela ne suffisait pas, le colonel Claude Hettier de Boislambert, le nouveau gouverneur militaire de Rhénanie-Hesse-Palatinat, se proclama être un « *vieil ami* » d'Edmond Muller-Tesch, vice-président du conseil d'administration de l'Arbed, qu'il l'invitait à des parties de chasse en Allemagne[29]…

29 Claude Hettier de Boislambert, *Les fers de l'espoir*, Paris, Plon, 1978, p. 484.

Sources et bibliographie

1. Sources manuscrites

A. Belgique

a) Archives du Service fédéral Affaires étrangères, Commerce extérieur et Coopération au développement (ASFAE, Bruxelles)

B. 1	Grand-duché de Luxembourg. Dossier général	1890–1940
B. 12	Grand-duché de Luxembourg. Question des mines, usines, minerais	1840–1940

b) Archives générales du royaume (AGR, Bruxelles)

1510/16	Papiers Charles de Broqueville. Correspondance. Gaston Barbasson	1915–1934

c) Archives générales du royaume (AGR, Anderlecht)

ASGB, 5	Papiers Jadot, Correspondance
ASGB, 30	Secrétariat général, Portefeuille, COPALUX
ASGB, 478	Secrétariat général, Portefeuille, HADIR
ASGB, 492	Secrétariat général, Portefeuille, HADIR
ASGB, 508	Secrétariat général, Portefeuille, Arbed

d) Musée royal de l'Armée et d'histoire militaire. Centre de documentation (MRA, Bruxelles)

A. Fonds Moscou

55	Documents concernant l'occupation de la Belgique	1918
4620	Comité central des industriels de Belgique	1918

B. Dossiers personnels

D0 00096	Barbanson Gaston EJM
D0 00096	Barbanson Adrien
13736	Bemelmans Arthur Henri Dominique Jacques

B. France

a) Ministère des Affaires étrangères (AMAE, Paris)

A. Correspondance politique et commerciale

1. Nouvelle série (NS)

Luxembourg	3	Politique étrangère	1896–1914
Luxembourg	4	Finances, chemins de fer	1896–1914

2. Affaires politiques (Z)

Luxembourg	19 et 20	Union économique belgo-luxembourgeoise	1922–1929
Luxembourg	27 à 30	Industrie	1918–1924
Luxembourg	52	Français au Luxembourg ; résidents ou Français en voyage ou en mission	1919–1929

3. Relations commerciales (B)

Travail et industrie			
	2 et 4	Ententes industrielles alliées, Cartel du rail	1921–1926
	5	Ententes industrielles internationales	1926–1928
Métaux			
	3 et 4	Mines de fer. Mines de Lorraine	1920–1932
Charbons			
	23	Charbons du Luxembourg	1920–1932
Négociations commerciales			
	9 et 10	France-Union belgo-luxembourgeoise	1920–1932

4. Relations commerciales (C)

Belgique			
	28	Conversations entre industriels français et belges	1921
Luxembourg			
	6 à 33	Négociations économiques France, Belgique, Luxembourg	1919–1939
	34 à 37	Statistiques et renseignements commerciaux	1920–1932
	42–43	Mines	1920–1940

B. Dossier personnel

2e série, 681 Geoffray Léon Marcel Isidore

b) Archives nationales (AN, Paris)

A. Police générale

F^{7} 13467	Espionnage allemand et relations économiques avec la Belgique.	1919–1928
F^{7} 14985	Activité communiste, bolchevique, anarchiste, socialiste et mouvement ouvrier. Luxembourg.	1924–1936

B. Commerce et Industrie

F^{12} 7953	Informations prov. de sources diverses. Luxembourg	1915–1920
F^{12} 8029	Préparation de l'après-guerre et réorganisation de l'économie française	1914–1921
F^{12} 9129	Musées commerciaux à l'étranger. Luxembourg	1894–1914
F^{12} 9257	Conseillers du commerce extérieur. Luxembourg	1898–1930
F^{12} 9755	Office national du commerce extérieur. Luxembourg	1911–1922, 1937

C. Haute Commission interalliée des territoires rhénans. Haut-commissariat français (1919–1930)

AJ^{9} 2911	Renseignements sur l'industrie en Territoires occupés (1918–1920)
AJ^{9} 2930	Luxembourg ; Suisse ; Alsace-Lorraine (1915–1920)
AJ^{9} 3866	Grenzfonds (1928–1930)
AJ^{9} 4283/1	Emile Mayrisch, Banque internationale à Luxembourg (1923–1924)
AJ^{9} 5906/22a4	Schneider et Cie, Rothe Erde, SMTR (1919–1924)
AJ^{9} 5909/2	Pays à régime particulier (1919–1925)
AJ^{9} 5973	Situation économique générale

D. Haute Commission interalliée des territoires rhénans. Comité économique interallié à Luxembourg (1918–1919)

AJ⁹ 2889	Comité économique interallié de Luxembourg (décembre 1918–avril 1919)
AJ⁹ 2894	Rapports de l'Etat major de l'Armée, 2ᵉ Bureau (1918)
AJ⁹ 2911	Renseignements sur l'industrie en territoires occupés (1918–1920)
AJ⁹ 2930	Luxembourg (1919–1920)
AJ⁹ 5909/2/23C	Services économiques, Luxembourg (1919–1924)
AJ⁹ 5954/6	Renseignements économiques et commerciaux. Minéraux divers, sources minérales, Luxembourg (1919–1928)
AJ⁹ 5973	Renseignements économiques et commerciaux. Situation économique au Luxembourg (1919–1928)
AJ⁹ 6000	Section économique française de Cologne. Exportation de charbon vers le Luxembourg (1919–1924)

E. Office de reconstitution industrielle des départements victimes de l'invasion (1918–1936)

AJ^{24} 127	Groupement des sinistrés du Nord et de l'Est, Sarre	1920–1924
AJ^{24} 129	Groupement des sinistrés du Nord et de l'Est, corresp.	1920–1923
AJ^{24} 130	Groupement des sinistrés du Nord et de l'Est, sociétés	1919–1922

F. Administration provisoire de l'Alsace-Lorraine après 1914

AJ^{30} 213–214	Groupements industriels	1917–1921

c) Centre des archives du monde du travail (AN, Roubaix)

41 AS	1865–1940	Comité des forges de France

d) Académie François Bourdon (AN, Creusot)

A. Rapports de visites, missions, voyages et conférences concernant la sidérurgie/métallurgie aux usines Schneider

01G0074-A-390	Rapport de voyage aux usines de l'Arbed	1923
01G0075-A-486	Rapport de voyage aux usines de l'Arbed à Esch-sur-Alzette et des Terres-Rouges à Belval	1924

01G0075-B-490	Visite de M. Mercier aux hauts-fourneaux de Dudelange	1924
01G0076-B-587	Visite de MM. Molette et Mercier aux usines à fonte de l'Arbed de Dudelange, Esch, Auboué et Thionville	1926
01G0077-B-627	Voyage de M. Renaud aux usines de Belval, Esch et Dudelange	1926
01G0077-B-627bis	21 Plans	
01G0077-B-642	Visite de MM. Molette et Mercier aux usines d'Esch (Arbed) et d'Audun-le-Tiche (Terres Rouges)	1926
01G0078-B-701bis	Rapport de voyage de M. Dolisie à Esch et Dudelange	1925
01G0082-A-831	Compte rendu de la mission de MM. Walkenaer, Ballereau et Rey à l'Arbed	1928
01G0082-B-846	Rapport de mission de MM. Mercier, Sainsin et Chaze à Audun-le-Tiche, Knutange, Sarrebrück, Senelle-Maubeuge et Dudelange	1929
01G0082-B-846bis	7 plans	
01G0083-B-911	Rapport de missions de M. Mercier à Sarrebrück et de MM. Faucillon et Mercier à Cologne, Dortmund, la Ruhr, Duren, Luxembourg et Liège	1928
01G0087-A-1166	Visites d'information par MM. Sauvageot, Barge et Rousseau	1930–1931
01G0087-A-1171	pendant la visite des H.F. de Dudelange le 21/01/1931.	1931
01G0087-A-1173	Rapport de mission de MM. Mercier et Leydet aux usines de Dudelange, Esch, Arbed et Belval	1931
01G0087-B-1184	Visite de MM. Mercier et Rey aux cokeries de Burbach	1931
01G0090-A-1436	Mission de MM. Mercier, Desvignes et Chel en Allemagne	1933
01G0092-A-1582	Visite de MM. Stroh, Mercier, Potin au Luxembourg	1934

B. Schneider et Compagnie : usine du Creusot

01G0100-A-2175	service constructions mécaniques n° 1	1937
01G0100-A-2174	service constructions mécaniques n° 2	1937

C. Schneider & Cie

187 AQ 21	Fonds Schneider, assemblées générales	1919-1920
187 AQ 530	Direction administrative.	1919–1937
187 AQ 061	Documents servant de tableau de bord pour la Gérance	1925–1930
187 AQ 72	Notes, études et rapports divers pour Eugène II Schneider	1913–1919
SS0110-02	Schneider & Compagnie : secrétariat particulier	1915–1918

D. Documents provenant du bureau de Mr. Bassal :
Etude financière pré-restructuration des Mines et Usines de Lorraine

01G0002-B-04	Promesse de vente de la Sté Gelsenkirchener à Burback-Eich-Dudelange.	1917–1919
01G0002-B-05	Centrale électrique des hauts-fourneaux d'Esch	1919
01G0002-B-06	Domaine minier de la Sté Gelsenkirchener.	1912–1919
01G0002-B-09	Commission des prix de revient	1912–1919
01G0002-B-08	Observations sur l'étude relative à la Gelsenkirchener.	1919
01G0005-B-01	Questions industrielles -Lorraine -Sarre -Luxembourg	1918–1919
01G0005-B-13	Rapport sur l'usine de Rothe-Erde et l'usine d'Eschweiler	1919
01G0005-B-14	Prix de revient comparatifs de Gelsenkirchener et A.R.B.E.D.	1919
01G0005-B-15	Visites à Burbach, Eich, Dudelange	1919
01G0005-B-16	Visites à A.R.B.E.D.- Usine de Dommeldange	1919

E. Documents provenant du bureau de M. Prévost : problèmes divers de direction générale (qualité, production, coûts, travaux, etc)

01G0022-10	Hauts-fourneaux: rapport de MM. Bouvier et Vehling sur leur voyage aux USA en juillet/août 1924	1924–1925

F. Plans

01G0185-07	Hauts-fourneaux allemands et luxembourgeois	1892–1913
01G0826	Usines sidérurgiques allemandes et luxembourgeoises : rapports de missions. Documentation (extraits de revues).	

e) Service historique de la Défense, Département de l'armée de terre (SHD, DAT, Vincennes)

A. Série N 1872–1919

4 N 72	Questions politiques concernant les pays neutres	
5 N 132	Renseignements d'origines diverses	1920-1940
5 N 188	Renseignements classés par fronts et pays	1920-1940
5 N 274 et 279	Section économique : guerre économique, renseignements classés par pays	1920–1940

Fonds Buat

6 N 20	Etats des différentes directions du ministère	1914–1915
6 N 31	Suisse	1915

Fonds Clemenceau

6 N 70	Fonds Clemenceau : Armistice avec l'Allemagne	
6 N 75	Fonds Clemenceau : Question du Luxembourg	1919
6 N 198	Fonds Clemenceau : Luxembourg	1918–1919
6 N 241	Fonds Clemenceau	
6 N 291	Fonds Clemenceau : Renseignements politiques et militaires concernant le Luxembourg	1917–1922

Etat-major de l'Armée. 2e bureau

7 N 653–677	2e bureau avant-guerre	
7 N 1002	Renseignements divers et cartes reçus du service de renseignements d'Annemasse	1917
7 N 1169	Bulletins de la section économique	1918–1919
14 N 24	Notes d'ordre économique, financier et commercial provenant du commandant François Marsal	1916

B. Guerre 1914–1918

16 N 916–917	2e bureau : relevés chronologiques et analyses succinctes des principaux ordres, instructions, directives et études concernant la recherche et l'exploitation des renseignements sur l'ennemi	1914–1918
16 N 1215	2e bureau : section de renseignements aux armées : enregistrement de la correspondance	1916–1919
16 N 1241–1242	2e bureau : section de renseignements aux armées : Belfort	
16 N 1375	2e bureau : section de renseignements aux armées : Belfort	1914–1920
16 N 1641–1644	2e bureau : section des relations avec les administrations civiles : cahiers d'enregistrement et répertoires alphabétiques de la correspondance	1917–1919
16 N 1703	3e bureau : Conférence de Luxembourg.	1918

C. Série N 1920–1940

7 N 2490	Organisation du S.R. Sarre-Luxembourg	1929–1935
7 N 2720	Attachés militaires : Chemins de fer luxembourgeois.	1920–1922
7 N 2732	Télégrammes du ministère des Affaires étrangères et du ministre de France à Bruxelles	1920–1921
7 N 2734	Notices descriptives et statistiques du 2e bureau	1921
7 N 3587	Fonds S.D.N. : travaux du comité d'études	1918–1919

D. Fonds de Moscou

7 N² 2137	Siemens-AEG	1919–1937
7 N² 2175	Agences de renseignements France-expansion, Schimmelpfeng et Bradstreet	1915–1939
7 N² 2276	Espionnage économique français en Allemagne	1913–1937
7 N² 2351/2	Renseignement allemand (…) au Luxembourg	1919–1940
7 N² 2429	Services de renseignement Luxembourg	1918–1939
7 N² 2750	Carnet B en France. Rabcors et Affaire Fantomas	1932
7 N² 2856/7-8	Struhl Erich Ernest	1924–1932

E. Deuxième Guerre mondiale

28 P⁷ 68	Dossier d'interrogatoire de Roland Nosek	1945

F. Dossiers personnels

6 Ye 1413	de Bertier de Sauvigny Marie René Jean
6 Ye 1462	Schlumberger Paul Conrad Nicolas Jean
6 Ye 5811	Weyl Abraham Prosper Ernest
6 Ye 7267	Aubrun Jules André
6 Ye 15773	Coqueugnot Henri Claude
6 Ye 17404	Vicaire Marie Jules André
6 Ye 35665	Wolkowitsch Paul Henri
6 Ye 45329	Marsal Frédéric François
6 Ye 46017	Le Masne Gustave Eugène Marie
6 Ye 47073	Farjon Pierre Marie François Roger
6 Ye 47950	de Cossé Brissac René Marie Timoléon
6 Ye 56008	Saffrey Alfred Xavier

f) Service historique de la Défense, Département des archives définitives, Défense (SHD, Vincennes)

P 204534	Rapport de M. Kremmer qui appartient au Service de la Police Générale et de la Police des Etrangers du Luxembourg, d'où il vient de s'évader, et qui se trouve de passage à Lisbonne en route vers l'Angleterre, Lisbonne, 26 mai 1942, BCRAM, 16 juin 1942

g) *Service historique de la Défense, Département de l'armée de l'air (SHD, DAA, Vincennes)*

Aéronautique militaire de la Première Guerre mondiale

1 A 166	Relevés, résumés, télégrammes opérations aériennes. Activités de l'aviation de bombardement (16 octobre 1917–31 octobre 1918)	
1 A 168	Blocus du bassin ferrifère Lorraine-Luxembourg. Situation de la sidérurgie (19 septembre 1917–31 octobre 1918)	
1 A 169	Objectifs de bombardement	1914–1919
1 A 173	Objectifs de bombardement	1916–1918

h) *Service historique de la Défense, Département de la marine (SHD, DM, Vincennes)*

CC7, 4e Moderne, 1160, d.7	Dossier personnel Bourgouin Adrien Paul

C. Luxembourg

Archives nationales du Grand-Duché de Luxembourg (ANLux, Luxembourg)

A. Fonds des Affaires étrangères

1. Première guerre mondiale

AE 436	1911/1915	Espionnage (rapports ; lois). Menées pangermanistes.
AE 3999(298)	1923	Renseignements sur des étrangers séjournant au Grand-Duché
AE 3999(348)	1914/1922	Demandes de renseignements sur des personnes
AE 647	1918/1919	Le Luxembourg sous l'occupation des Alliés Relations avec les forces d'occupation: Institution d'une administration centrale militaire française à Luxembourg. Etablissement à Luxembourg du Grand Quartier Général des Armées Alliées.

2. Seconde Guerre mondiale, Gouvernement en exil

AE GtEx 547	1940	Consulat luxembourgeois de Vichy

3. Chef der Zivilverwaltung

CdZ	1940	SD-024

4. Commerce, industrie, agriculture

AE 2179	1923–1930	Traité de Versailles. Application du § 5 de l'annexe V de la partie VIII du traité: livraison de charbon allemand au Luxembourg.
AE 2189	1923	Demande du gouvernement luxembourgeois tendant à voir comprise l'industrie métallurgique du Grand-Duché dans l'attribution de la mitraille saisie dans la Ruhr
AE 2215	1913	Fusion Arbed/*Eschweiler Bergwerks-Verein*: appréhensions de la direction relatives à des représailles pouvant être exercées par le gouvernement prussien à l'encontre des entreprises luxembourgeoises établies en Prusse.
AE 3581	1920–1921	«Hadir»-Differdange : Correspondance.
AE 3583	1924–1925	Demande de non-application des dispositions du Plan Dawes à la SMTR/Arbed.
AE 3584	1916–1922	Vente des usines allemandes du Grand-Duché à des sociétés françaises. Vente des établissements métallurgiques allemands en Lorraine
AE 3588	1919–1921	Proposition tendant à voir établi auprès de la Légation de France un agent technique pour analyser les aciers de provenance étrangère.
AE 3591	1920–1921	Industrie métallurgique: Réclamations
AE 3592	1920–1931	«Arbed»: Réclamation.
AE 3599	1923–1924	Industrie métallurgique luxembourgeoise: Intervention en faveur de l'Arbed auprès des gouvernements français et belge.

5. Commerce extérieur

AE 3999(249)	1937/1938	Ressortissants belges exerçant une activité commerciale au Grand-Duché. Questions relatives au commerce belgo-luxembourgeois.
AE 3999(252)	1938/1939	Relations commerciales entre la Belgique et le Grand-Duché.

6. Légations étrangères au Grand-Duché

AE 444	1892/1936	Légation de Belgique à Luxembourg.
AE 447	1890/1936	Légation d'Allemagne à Luxembourg
AE 449	1879/1937	Légation de Grande-Bretagne à la Haye et Bruxelles accréditée à la Cour grand-ducale.
AE 459	1881/1934	Légation de France à Luxembourg.

7. Union économique belgo-luxembourgeoise

AE 466	1911–1921	Commission d'étude des problèmes économiques posés par la guerre.

8. Epuration

EPU 192	1945–1946	Meyer
Jt 211	1941	Henckes

9. Police des étrangers

301014	Kappler Georg Wilhelm
335042	Diehl Heinrich
345239	Kleesattel Josef Otto

B. Fonds des Finances

Fi 554	1919–1924	Garantie de l'Arbed à l'Etat.

C. Fonds Arbed

1. HADIR

Arbed - 01-0020	Administration Ex-HADIR-Davum Exportation, Paris : Contrats de représentation	1929–1958
Arbed - 01-1608	Inscriptions actions et obligations aux bourses	1921–1947
Arbed - 01-1613/1614	Conseil d'administration : Correspondances diverses	1920–1956
Arbed - 01-1637	M. Cavallier	1922–1925
Arbed - 01-1639	M. Dreux	1920–1933
Arbed - 01-1644	M. Trasenster	1922–1932

Arbed - 01-2156	Dossiers historiques (ancien bureau de M. Ed. Neiens) : Liquidation der Güter Hunolstein/Rümelingen und der Deutsch-Luxemb[urgischen] B.H.A.G. welche in Lothringen liegen	1919
Arbed - 01-2157	Vente de Differdange ; Bail Ottange I–III [Rachat des usines de D.L., actes de ventes]	1919–1920
Arbed - 01-2158	Ottange [Notes divers concernant l'acquisition de l'usine d'Ottange par la HADIR]	1919–1920
Arbed - 01-2159	Dossiers historiques (ancien bureau de M. Ed. Neiens) : Bail Rombas/HADIR, acte d'adjudication	1920–1939
Arbed - 01-2160/2161	Constitution de HADIR - études préliminaires	1918–1920
Arbed - 01-2162	Constitution de HADIR - 1920 [rapports des négociations, actes de vente, statuts, plan]	1913–1921
Arbed - 01-2163 contre HADIR	Arbitrage Deutsche-Luxemburgische 1920–1921, 1920–1923	

2. Columeta

Arbed-02-0001/201	Bulletin quotidien *Columeta*	1919–1940
Arbed-02-0315/331	Conférence des Directeurs commerciaux	1920–1940
Arbed-02-0467	Statistique du personnel	1932–1939

3. Arbed. Direction générale

AC-Pr-1	Pierre Ménager, *Histoire de la sidérurgie luxembourgeoise*	1944
AC-Pr-21	Fusions Arbed	1926–1937
AC-Pr-29	Notes et rapports, 1	1914–1940
AC-CI-244/246	Gelsenkirchener. Reprise	1919
AC-J-4	Affaire Dismer	1923–1928
AC-J-10	TR c[ontre] Gelsenkirchener	1919–1926
AC-J-13	Correspondance Laval	1934

D. Fonds privés

F0005	ET Melchers	4-V Documents

D. Grand-Bretagne

National Archives (NA, Kew, Londres)

1. Foreign Office

FO 608/223	Commercial Relations. Attitude of Luxembourg	1919
FO 608/280	British Delegation Archives, Supreme Economic Council	1919

2. Board of Trade

BT 61/14/1	Luxembourg. Inclusion in sphere of Commercial Secretary for Belgium instead of that of Commercial Secretary, The Hague	1920–1922

3. War Office

WO 339/9203	Officers' Services, First World War, Long Number Papers, Urwick L F, Capt	1912–1920

E. Archives privées

Archives de l'administration centrale des Arbed (AACA, Luxembourg)

P.XXIX (29)	Notes et rapports n° 1	1914–1940
P-XLIV (44)	Arbed, Société financière	1911–1940
P-3/A	Arbed, Augmentation de capital	1911–1940
AC-Pr-1/1-6	Smtr, Conseil d'administration, Procès verbaux	1919–1937
AC-Pr-4/1-6	Arbed, Comité de gérance, Procès verbaux	1926–1940
AC-Pr-5/1-3	Arbed, Comité de direction, Procès verbaux	1911–1924
AC-Pr-6/1-12	Arbed, Conseil d'administration, Procès verbaux	1911–1940
AC-01722	Gelsenkirchener	1919–1940
AC-617	Photos, clichés, dessins, maquettes et publications	1921–1929
AC-0407	Schneider et Cie	1917–1940

AC-4802	Union économique, Chemins de fer	1920–1940
AC-6712	Belgolux (SA Belgo-Luxembourgeoise)	1920–1940
AC-7501	Syndicats	1911–1940
FinArbed	Banque de Bruxelles	1914–1940
FinArbed	Etude Holding	1921–1930
Contentieux	Lois dur les Holding *Companies*	1928–1930
EIA	Forme juridique	1926–1940

Archives historiques de la Société générale (AHSG, Paris)

3349	Aciéries réunies de Burbach Eich Dudelange	1930
3766	Aciéries réunies de Burbach Eich Dudelange	1930
6148	Aciéries réunies de Burbach Eich Dudelange	1932
14412	Aciéries réunies de Burbach Eich Dudelange	1930–1931
14416	Banque internationale à Luxembourg	1907–1921
14417	Aciéries réunies de Burbach Eich Dudelange	1929–1953

Archives de l'Association pour l'histoire de BNP Paribas (AAHBP, Paris)

1/DFOM-221/4	Arbed	1930–1936
Cont 416/Lux 1-2 B	Arbed, Emprunt 1930	1930–1931

Archives du groupe Saint-Gobain/Pont-à-Mousson (PAM, Blois)

41661	Visite du haut-fourneau de Dudelange par Marcel Paul	
1929		
41664	Visite de Marcel Paul à l'Arbed	1930–1934

Freedom of Information Act CIA

GERMAN INTELLIGENCE SERVICE (WWII)

VOL. 1_0006	X-2 (OSS), German Section, The Sicherheitsdienst in Luxemburg, 1937–1940, mars 1945

SCHELLENBERG, WALTER

VOL. 2_0003	Schellenberg Autobiography, 20 octobre 1945

2. Sources imprimées

a) Edition d'archives

Heiber Helmut, *Akten der Partei-Kanzlei der NSDAP: Rekonstruktion eines verlorengegangenen Bestandes : Regesten*, I-1, Munich, Oldenbourg Verlag, 1983.

Koops Tilman, *Die Kabinette Brüning I und II (1930–1932), 3, 10.10.1931–30.5.1932, Akten der Reichskanzlei. Weimarer Republik*, Boppard am Rhein, Hans Booms Verlag, 1990.

United States Department of State, *Papers relating to the foreign relations of the United States, The Paris Peace Conference,* 1919, vol. II-XIII, Washington, Government Printing Office, 1919.

b) Journaux et revues

Annuaire des sociétés par actions en Alsace et Lorraine, Luxembourg, Sarre (Strasbourg, Sogenal), 1921–1940.

Annuaire officiel du service central de la statistique et des études économiques, puis *Annuaire officiel administratif et législatif,* Luxembourg, 1911–1940.

Handbuch der Deutschen Aktien-Gesellschaften 1910–1911, Berlin/Leipzig/Hambourg, Verlag für Börsen und Finanzlitteratur A.-G., 1911.

Mémorial du Grand-Duché de Luxembourg, Luxembourg, 1911–1940.

Stahl und Eisen, Düsseldorf, 1910–1940.

Le Journal des Débats, Le Figaro, Le Temps, Paris, 1910–1940.

c) Publications diverses

Anders Jérôme, *Le marché financier luxembourgeois. Etude historique et économique de l'« Echo de l'Industrie »*, Paris, Luxembourg, Bruxelles, Office des éditions internationales, 1932.

Berkenkopf Paul, *Die Entwicklung und die Lage der lothringisch-luxemburgischen Großindustrie seit dem Weltkriege*, Iéna, Fischer, 1925.

Félix Bertyn, *Le service des renseignements commerciaux*, Bruxelles, Impr. Avondstond, 1921.

Brinckmeyer M., *Hugo Stinnes. L'évolution économique de l'Allemagne*, Paris, Plon, 1922.

Calmes Albert, *La Société des nations et l'Albanie. Rapport adressé à la Société des nations sur la situation économique et financière de l'Albanie à la fin de 1922, précédé d'une introduction par M. d'Estournelles de Constant*, Genève, Centre européen de la Dotation Carnegie, 1922.

Calmes Albert, *The Economic and Financial Situation of Albania. Annex to the Report presented to the Council by the Financial Commission of the Provisional Economic and Financial Committee on its Eight Session*, Genève, Impr. A. Kundig, 1922.

Calmes Albert, « Souvenirs de l'origine de l'Union économique belgo-luxembourgeoise », p. 106–109, « L'Union économique belgo-luxembourgeoise a près de quarante ans », p. 110–113, Albert Calmes, *Au fil de l'histoire*, vol. 3, Luxembourg, Impr. Saint-Paul, 1972.

Dictionnaire commercial Larousse, avec une introduction d'Etienne Clémentel, Paris, Larousse, 1930.

Dontenville Jacques, *La France et le Grand-Duché de Luxembourg*, Paris, Sirep, 1917.

Dontenville Jacques, *La vérité sans ambages sur l'union belgo-luxembourgeoise*, Paris, La garde du Rhin, s.d.

Gide André, *Journal 1889–1939*, Paris, Gallimard, 1948.

Gide André, Schlumberger Jean, *Correspondance 1901–1950*, Paris, NRF, 1993.

Gide André, Mayrisch Aline, *Correspondance 1903–1946*, Paris, Gallimard, 2003.

Girault Gabriel, *Le Comité des forges de France. Etude monographique*, Paris, Sagot & Cie, 1922.

Mayrisch Emile, *Das Düdelinger Economat und seine Berechtigung*, Luxemburg, Theodore Schroell, 1906.

Mersch Jules, *Biographie nationale du Pays de Luxembourg depuis ses origines jusqu'à nos jours*, 22 vol., Luxembourg, Victor Buck, 1947–1975.

Muyser Alfred de, *L'industrie sidérurgique luxembourgeoise. Histoire de sa concentration*, Bruxelles, F. Van Buggenhoudt, 1926.

Nemry Léon, *L'avenir économique du Grand-Duché de Luxembourg : critique des travaux de la « Commission d'étude des problèmes économiques posés par la guerre et ses conséquences éventuelles »*, Luxembourg, Saint-Paul, 1919.

Pinot Robert, *Le Comité des forges de France au service de la Nation (août 1914-novembre 1918)*, Paris, Armand Colin, 1919.

Rathenau Walther, *Walther Rathenau, Industrialist, Banker, Intellectual, and Politician: Notes and Diaries, 1907–1922, Hartmut Pogge von Strandmann, Caroline Pinder-Cracraft*, Hilary Pogge von Strandmann, Londres, Clarendon Press, 1985.

Schlumberger Jean, *Rencontres. Feuilles d'agenda. Pierres de Rome*, Paris, Gallimard, 1968.

Van Langenhove Fernand, *L'action du gouvernement belge en matière économique pendant la guerre*, Paris/New Haven, Presses universitaires de France/ Yale University Press, 1927.

Wagner Camille, *La sidérurgie luxembourgeoise sous les régimes du Zollverein et de l'Union économique belgo-luxembourgeoise*, Luxembourg, Impr. Artistique, 1931.

Widung André, *L'orientation économique du Grand-Duché de Luxembourg : réponse à la « critique » de M. L. Nemry*, Luxembourg, Soupert, 1919.

3. Bibliographie

a) Ouvrages généraux

Badel Laurence, Jeannesson Stanislas, Ludlow Piers (dir.), *Les administrations nationales et la construction européenne. Une approche historique (1919–1975)*, Bruxelles, Peter Lang, 2005.

Ballmoos Walter von, *Les réserves latentes de l'entreprise*, Lausanne, J. Weiss, 1954.

Bayne Nicholas, Woolcock Stephen, *The New Economic Diplomacy: Decision-Making and Negotiation in International Economic Relations*, Aldershot, Ashgate, 2003.

Boutillier Sophie, Uzunidis Dimitri, *La légende de l'entrepreneur*, Paris, Economica, 1995.

Brüggemeier Gert, *Entwicklung des Rechts im organisierten Kapitalismus. Materialien zum Wirtschaftsrecht*, 2, *Vom Faschismus bis zur Gegenwart*, Francfort/Main, Syndicat, 1979.

Decorzant Yann, *Private and public initiatives in the Economic and Financial Organization of the League of Nations in the early 1920's*, European Business History Association. Annual Meeting. Geneva University, 2007.

Dollar Jacques, *L'Exode des Luxembourgeois sur les routes de France en mai 40*, Bascharage, J. Dollar, 1990.

Dostert Paul, *Luxemburg zwischen Selbstbehauptung und nationaler Selbstaufgabe: die deutsche Besatzungspolitik und die Volksdeutsche Bewegung 1940–1945*, Luxembourg, Saint-Paul, 1984.

Duroselle Jean-Baptiste, *Tout empire périra : une vision théorique des relations internationales*, Paris, Publications de la Sorbonne, 1981.

Feldman Gerald D., *The Great Disorder: Politics, Economics, and Society in the German Inflation, 1914–1924*, New York, Oxford University Press, 1997.

Feldman Gerald D., *Army, Industry and Labour in Germany, 1914–1918*, Princeton University Press, 1966.

Fischer Fritz, *Les buts de guerre de l'Allemagne impériale 1914–1918*, Paris, Trévise, 1970.

Girault René, Franck Robert, *Turbulente Europe et nouveaux mondes, 1914–1941*, Paris, Masson, 1988.

Guillaume Gilbert, *Mes missions face à l'Abwehr: Contre-espionnage, 1938–1945*, Paris, Plon, 1971.

Heisbourg Georges, *Le gouvernement luxembourgeois en exil 1940*, Luxebourg, Saint-Paul, 1986.

Hinsley Francis Harry, Simkins C. A. G., *British Intelligence in the Second World War. Security and counter-intelligence*, 4, Cambridge, Cambridge University Press, 1990.

Koch-Kent Henri, *Vu et entendu. Souvenirs d'une époque controversée, 1912–1940*, 1, Luxembourg, Hermann, 1983.

Kmec Sonja, Péporté Pit (dir.), *Lieux de mémoire au Luxembourg II. Jeux d'échelles. Erinnerungsorte in Luxemburg II. Perspektivenwechsel*, Luxembourg, Imprimerie Saint-Paul, 2012.

Kroener Bernhardt R., Muller Rolf-Dieter, Umbreit Hans, *Das Deutsch Reich und der Zweite Weltkrieg*, 5/1, *Organisation und Mobilisierung des Deutschen Machtbereichs*, Stuttgart, Deutsche Verlag-Anstalt, 1988.

Lamoreux Naomi R., Raff Daniel (Dirs.), *Coordination and information: Historical Perspectives on the Organization of Enterprise*, Chicago, University of Chicago Press, 1995.

McKale Donald M., *The Swastika outside Germany*, Kent, Kent State University Press, 1977.

Merger Françoise, Barjot Dominique, *Les entreprises et leurs réseaux : hommes, capitaux, techniques et pouvoirs XIXe-XXe siècles. Mélanges en l'honneur de François Caron*, Paris, Presses universitaires de Paris-Sorbonne, 1998.

Mommsen Hans, Petzina Ditmar, Weisbrod Bernd (dir.), *Industrielles System und Politische Entwicklung in der Weimarer Republik*, Königsberg, Droste Verlag, 1974.

Olivier Pigoreau, *Un espion nazi à Paris. Interrogatoire du SS-Hauptsturmführer Roland Nosek*, Paris, Histoire et Collections, 2014.

Sasse Heinz G., Eickhoff Ekkehard, *100 Jahre Auswärtiges Amt. 1870–1970*, Bonn, Auswärtiges Amt, 1970.

Sauer Bernhard, *Schwarze Reichswehr und Fememorde. Eine Milieustudie zum Rechtsradikalismus in der Weimarer Republik*, Berlin, Metropol-Verlag, 2004.

Soutou Georges-Henri, *L'or et le sang. Les buts de guerre économiques de la Première Guerre mondiale*, Paris, Fayard, 1989.

Bernard Thomas, *Le Luxembourg dans la ligne de mire de la Westforschung. 1931–1940*, Luxembourg, d'Lëtzebuerger Land, 2011.

Trausch Gilbert (dir.), *La ville de Luxembourg. Du château des comtes à la métropole européenne*, Anvers, Fonds Mercator, 1994.

b) Histoire entrepreneuriale

Angio Agnès d', *Schneider et Cie et la naissance de l'ingénierie. Des pratiques internes à l'aventure internationale, 1836–1949*, Paris, CNRS Editions, 2000.

Arboit Gérald, *Terres-Rouges. Le fer et le feu à Audun-le-Tiche*, travail commandé par le Comité d'établissement de l'A.R.B.E.D., division des mines françaises, Knutange, Fensch Vallée, 1997.

Badel Laurence, *Un milieu libéral et européen. Le grand commerce français. 1925–1948* (Paris, Comité pour l'histoire économique et financière de la France, 1999.

Baudant Alain, *Pont-à-Mousson (1918–1939). Stratégies industrielles d'une dynastie lorraine* (Paris, Publications de la Sorbonne, 1980.

Bauler André, *Les fruits de la souveraineté nationale. Essai de développement de l'économie luxembourgeoise de 1815 à 1999 : une vue institutionnelle*, Luxembourg, Impr. Saint-Paul, 2001.

Beaucarnot Jean-Louis, *Les Schneider. Une dynastie*, Paris, Hachette, 1986.

Casarotto Jean-Thomas, *La Société des Aciéries de Micheville. De Joseph Ferry et Cie... à la Société des laminoirs de Villerupt*, Knutange, Fensch Vallée, 2004.

Conrardy Jean-Pierre, *Dudelange. L'usine centenaire*, Luxembourg, Arbed, 1982.

Dominguez Muller David, *Radio-Luxembourg. Histoire d'un média privé d'envergure européenne*, Paris, L'Harmattan, 2007.

Gardey Delphine, *Ecrire, calculer, classer. Comment une révolution de papier a transformé les sociétés contemporaines (1800–1940)*, Paris, La Découverte, 2008.

Jeanneney Jean-Noël, *L'argent caché ? Milieux d'affaires et pouvoirs publics dans la France du XXe siècle*, Paris, Fayard, 1981.

Maréchal Denis, *Radio Luxembourg, 1933–1993. Un média au cœur de l'Europe*, Nancy, Presses universitaires de Nancy, 1994.

Poidevin Raymond, *Les relations économiques et financières entre la France et l'Allemagne de 1898 à 1914*, Paris, Comité pour l'histoire économique et financière de la France, 1998.

Sédillot René, *La maison De Wendel de mil sept cent quatre à nos jours. Deux cent cinquante ans d'industrie en Lorraine*, Paris, 1958.

Thomes Paul (dir), *Rohstoffbasis und Absatzmarkt : die Schwerindustrie des Grossherzogtums Luxemburg und das Aachener Revier*, 2, Aix-la-Chapelle, Shaker, 2005.

c) Histoire bancaire

Emergence d'une banque centrale au Luxembourg, 1998–2008, Luxembourg, Banque centrale du Luxembourg, 2008.

Aron Robert, *Une grande banque d'affaires. La Banque de Paris et des Pays-Bas*, Pithiviers, Les Editions de l'Epargne, 1959.

Brion René, Moreau Jean-Louis, *La Société Générale de Belgique. 1822-1997*, Anvers, Fonds Mercator, 1998.

Bonin Hubert, *La Banque de l'Union parisienne : (1874-1904, 1974) : histoire de la deuxième grande banque d'affaires française*, Paris, Plage, 2001.

Bussière Eric, *Paribas, l'Europe et le monde 1872-1992*, Anvers, Fonds Mercator, 1992.

Calmes Christian, *Une banque raconte son histoire. Histoire de la Banque Internationale, 1856-1981*, Luxembourg, Impr. Saint-Paul, 1981.

Cassis Youssef, *Finance and Financiers in European History, 1880-1960*, Paris/Cambridge, Ed. de la Maison des sciences de l'homme/Cambridge University Press, 1992.

Delvaux Bernard, Reiffers Edmond, *Les sociétés holding au grand-duché de Luxembourg. Etude théorique et pratique de la loi du 31 juillet 1929*, Paris/Luxembourg, Sirey/Impr. de la Cour, 1969.

Kurgan-van Hentenryk Ginette, *Gouverner la Générale de Belgique. Essai de biographie collective*, Bruxelles, De Boek, 1996.

Trausch Gilbert (dir.), *Belgique-Luxembourg. Les relations belgo-luxembourgeoises et la Banque générale du Luxembourg. 1919-1994*, Luxembourg, Impr. Centrale, 1995.

d) Histoire du renseignement économique

« Informazioni e scelte economiche », numéro dirigé par Wolfgang Kaiser et Biagio Salvemini, *Quaderni storici*, vol. 124, n° 1, 2007.

Badel Laurence, « Pour une histoire de la diplomatie économique de la France », *XXe siècle*, n° 90, avril-juin 2006, p. 169-185.

Badel Laurence, « Les acteurs de la diplomatie économique de la France au XXe siècle : le corps des attachés commerciaux (1919-1950) », *Relations internationales*, n° 114, 2003, p. 189-211.

Bourlet Michael, « Le secteur économique du 2e Bureau de l'état-major des Armées pendant la Première Guerre mondiale », Frédéric Guelton, Abdel Bicer (dir.), *Naissance et évolution du renseignement dans l'espace européen (1870-1940)*, Vincennes, Service historique de la Défense, 2006), p. 117-135.

Delmas Bruno, « Les débuts de l'information scientifique et technique dans les entreprises », Françoise Merger, Dominique Barjot, *Les entreprises et leurs réseaux : hommes, capitaux, techniques et pouvoirs XIXe-XXe siècles. Mélanges en l'honneur de François Caron*, Paris, Presses universitaires de Paris-Sorbonne, 1998), p. 809-818.

Guelton Frédéric, « La naissance du renseignement économique en France pendant la Première Guerre mondiale », *Revue historique des Armées*, n° 4, 2001, p. 73–88.

Guillermé André (dir.), *De la diffusion des sciences à l'espionnage scientifique et industriel (XVe-XXe siècles)*, Paris, ENS éditions-Société française d'histoire des sciences et des techniques, 1999.

Ricard Bruno, *L'Etat et l'expansion commerciale de la France. L'information économique extérieure des consuls aux attachés commerciaux (1681–1939)*, Doctorat, Ecole des Chartes, 1992.

e) Etudes biographiques

Bacmeister Walter, *Emil Kirdorf. Der Mann. Sein Werk*, Essen, Bacmeisters Nationalverlag, s.d.

Barthel Charles, *Un soir pour l'Histoire. Paul Wurth, un industriel luxembourgeois dans la tourmente de la crise annexionniste de 1918/19*, Luxembourg, Paul Wurth, 2007.

Carls Stephen Douglas, *Louis Loucheur. 1872–1931. Ingénieur, homme d'Etat, modernisateur de la France*, Lille, Presse universitaire du Septentrion, 2000.

Jeanneney Jean-Noël, *François de Wendel en république. L'argent et le pouvoir, 1914–1940*, Paris, Seuil, 1976.

Feldman Gerald D., *Hugo Stinnes : Biographie eines Industriellen, 1870–1924*, Munich, C.H. Beck, 1998.

François-Poncet André, *La vie et l'œuvre de Robert Pinot*, Paris, Armand Colin, 1927.

Henri Haag, *Le comte Charles de Broqueville, Ministre d'Etat, et les luttes de pouvoir (1910–1940)*, 2 vol., Louvain-la-Neuve, UCL-Nauwelaerts, 1990.

Kurgan Ginette, Buyst Erik, *100 grands patrons du XXe siècle en Belgique*, Bruxelles, Alain Renier, 1999.

Moine Jean-Marie, *Les barons du fer. Les maîtres de forges en Lorraine du milieu du XIXe siècle aux années trente : histoire sociale d'un patronat sidérurgique, Metz, Serpenoise*, 1989.

Rasch Manfred, Feldman Gerald D., *August Thyssen und Hugo Stinnes : Ein Briefwechsel, 1898–1912*, Munich, Ch. Beck, 2003.

Trausch Gilbert, *Le maître de forge Emile Mayrisch et son épouse Aline. Puissance et influence au service d'une vision*, Luxembourg, Banque de Luxembourg, 1999.

Who's Who in the United Nations, Yonkers-on-Hudson, C. E. Burckel, 1951.

f) L'industrie luxembourgeoise

Barthel Charles, *Bras de fer 1918–1929*, Luxembourg, Saint-Paul, 2004.

Calmes Christian, « 1913. La loi minière », p. 169–261, Calmes Christian, *Au fil de l'Histoire*, Luxembourg, Impr. Saint Paul, 1977.

Chomé Félix, *Arbed. Un demi-siècle d'histoire industrielle*, Luxembourg, [1972].

Margue Paul, Als Georges, Trausch Gilbert, *FEDIL: 1918–1993 : plaquette éditée à l'occasion du 75e anniversaire de la Fédération des industriels luxembourgeois*, Luxembourg, Fédération des industriels luxembourgeois, [1993].

Hans-Erich Volkmann, *Luxemburg im Zeichen des Hakenkreuzes. Eine politische Wirtschaftsgeschichte 1933–1944*, Paderborn, Ferdinand Schöningh, 2010.

Weber Paul, *Histoire de l'économie luxembourgeoise*, Luxembourg, Imp. Victor Buck, 1950.

Woronoff Denis, *Histoire de l'industrie en France du XVIe siècle à nos jours*, Paris, Seuil, 1994.

g) Le Luxembourg, la France et la Belgique

Artuso Vincent, *La Collaboration Au Luxembourg Durant La Seconde Guerre Mondiale (1940–1945). Accommodation, Adaptation, Assimilation*, Pieterlen, Peter Lang, 2013.

Baudhuin Fernand, *Histoire économique de la Belgique. 1914–1939*, 2 vols, Bruxelles, Bruylant, 1944.

Bitsch Marie-Thérèse, *La Belgique entre la France et l'Allemagne, 1905–1914*, Paris, Publications de la Sorbonne, 1994).

Bousser Daniel, Dostert Paul, Gloden Marc, *La spoliation des biens juifs au Luxembourg 1940-1945. Rapport final*, Commission spéciale pour l'étude des spoliations des biens juifs au Luxembourg pendant les années de guerre 1940-1945, Luxembourg, 2009.

Bussière Eric, *La France, la Belgique et l'organisation économique de l'Europe. 1918–1935*, Paris, Comité pour l'histoire économique et financière de la France, 1992.

Buhlmann Rolf, *Wirtschaftliche Entwicklung und Bedeutung der Gruben- und Eisenindustrie im Grossherzogtum Luxemburg*, Luxemburg, Bourg-Bourger, 1949.

Calmes Christian, *1914–1919. Le Luxembourg au centre de l'annexionnisme belge*, Luxembourg, Impr. Saint-Paul, 1976.

Calmes Christian, *1919. L'étrange référendum du 28 septembre*, Luxembourg, Impr. Saint-Paul, 1979.

Prost Antoine, *Les anciens combattants et la société française. 1914–1939,* 1, *Histoire*, Paris, Fondation nationale de sciences politiques, 1977.

Trausch Gilbert, *L'Arbed dans la société luxembourgeoise,* Luxembourg, Arbed, 2000.

h) Travaux universitaires

Berger Françoise, *La France, l'Allemagne et l'acier (1932–1952). De la stratégie des cartels à l'élaboration de la CECA*, Doctorat, Histoire, Paris I, 2000.

Hauff Germain, *La « grande crise » économique, politique et sociale 1929–1930, 1930–1935 au Grand-Duché de Luxembourg,* Doctorat, Histoire, Besançon, 1986.

Kérouredan Guillaume, *Un aspect de l'organisation patronale au XXe siècle : l'Association nationale d'expansion économique (décembre 1915-mars 1951),* Doctorat, Histoire, Paris I-Panthéon-Sorbonne, 1986.

Kirchhoff Jochen, *Wissenschaftsförderung und forschungspolitische Prioritäten der Notgemeinschaft der deutschen Wissenschaft 1920–1932,* Dissertation, Histoire, Ludwig-Maximilians-Universität, Munich, 2003.

Pinoche André, *Le séquestre et la liquidation des biens ennemis en France et en Allemagne*, Doctorat, Droit, Bar-le-Duc, 1920.

Roth François, *La Lorraine annexée. Etude sur la présidence de Lorraine (1870–1918),* Doctorat, Histoire, Nancy II, 1973.

Zahlen Paul, *La sidérurgie de la région Sarre-Lorraine-Luxembourg dans les années 1920*, Doctorat, Histoire, Florence, European University Institute, 1988.

i) Articles

a. Généralités

Arboit Gérald, « Espionner le Grand duché de Luxembourg. Une guerre secrète méconnue pendant la Première Guerre mondiale », *Hémecht*, 2015, n° 1 et 2, p. 59–78 et 133–153.

Arboit Gérald, « Transition ou asphyxie ? L'économie luxembourgeoise à l'épreuve de la Première Guerre mondiale », Benoît Majerus, Charles Roemer et Gianna Thommes, dir., *Guerre(s) au Luxembourg. Krieg(e) in Luxemburg. 1914–1918*, Luxembourg, Capybarabooks, 2014, p. 81–89.

Arboit Gérald, « Petits arrangements entre ennemis ou comment ARBED utilisa la Première guerre mondiale pour devenir le premier groupe sidérurgique européen », *Entreprise & Histoire*, n° 63, 2013, p. 66–78.

Bonin Hubert, « Les banques françaises de la seconde industrialisation », *Revue historique*, n° 243, juillet-septembre 1982, p. 205–224.

Durosay Daniel, « Diplomatie gidienne : au service du Luxembourg en 1919 et des Mayrisch », *Bulletin des amis d'André Gide*, 1985, vol. 13, n° 66, p. 235–252.

Gille Bertrand, « Finance internationale et trusts », *Revue historique*, n° 462, avril-juin 1962, p. 291–326.

Girault René, « Economie et politique internationale : diplomatie et banque pendant l'entre-deux-guerres », *Relations internationales*, 1980, n° 21, p. 7–22.

Girault René, « Le difficile mariage entre deux histoires. Economie et relations internationales dans le monde contemporain », *Relations internationales*, 1985, n° 41, p. 13–28.

Guillen Pierre, « La politique douanière de la France dans les années vingt », *Relations internationales*, 1978, n° 16, p. 315–331.

Maas Jacques, « Le groupe sidérurgique ARBED face à l'hégémonie nazie. Collaboration ou résistance ? », Serge Hoffmann (dir.), *Collaboration. Nazification ? Le cas du Luxembourg à la lumière des situations française, belge et néerlandaise*, Luxembourg, Archives nationales du Luxembourg, 2008, p. 365–398.

Moine Jean-Marie, « Le Comité des forges pendant l'Entre-Deux-Guerres. Contre-mesures au mythe d'un groupe de pression croque-mitaine », Jean Garrigues (dir.), *Les groupes de pression dans la vie politique contemporaine en France et aux Etats-Unis de 1820 à nos jours*, Rennes, Presses universitaires de Rennes, 2002, p. 169–192.

Moore Bob, « Nazism and German Nationals in the Netherlands, 1933–40 », *Journal of Contemporary History*, 1987, vol. 22, p. 45–70.

Pelaez Carlos Manuel, « Unbalance in Demand and Supply, and Input-Provision Capital Formation: Brazil, 1920–1951 », *The Journal of Economic History*, décembre 1965, vol. 25, n° 4, p. 700–703.

Pietiläinen Jukka, « Foreign News and Foreign Trade. What Kind of Relationship ? », *The International Communication Gazette*, 2006, vol. 68, n° 3, p. 217–228.

Roon Ger van, « Great Britain and the Oslo States », *Journal of Contemporary History* 1989, vol. 24, p. 657–664.

Schaack Albert, Verhoeyen Etienne, « L'espionnage allemand au Luxembourg avant la Deuxième Guerre mondiale (1936–1940) », *Hémecht*, n° 64, 2012, p. 73–116.

Schaack Albert, « La Comtesse du SD ou l'Aventurière de Clervaux », *Hémecht*, 63, 2011, p. 500–501.

Soutou Georges-Henri, « Le Luxembourg et la France en 1919 », *Hémecht*, 1987, n° 4, p. 485–512.

Schröder Hans-Jürgen, « Zur politischen Bedeutung der deutschen Handelspolitik nach dem Ersten Weltkrieg », *in* Gerald D. Feldman (dir), *Die deutsche*

Inflation. Eine Zwischenbilanz/The German Inflation reconsidered. A preliminary balance, Berlin/New York, de Gruyter, 1982, p. 235–251.

Soutou Georges-Henri, « L'impérialisme du pauvre : la politique économique du Gouvernement français en Europe centrale et orientale de 1918 à 1929 », *Relations internationales*, 1976, n° 7, p. 219–239.

Stengers Jean, « L'accord militaire franco-belge de 1920 et le Luxembourg », Raymond Poidevin, Gilbert Trausch, *Les relations franco-luxembourgeoises de Louis XIV à Robert Schuman*, Actes du colloque de Luxembourg, 17–19 novembre 1977, Metz, Centre de recherches Relations internationales de l'Université de Metz, 1978.

Trausch Gilbert, « Naissance d'une question luxembourgeoise (1912–1914), Presse, opinion publique et politique extérieure », *Opinion publique et politique extérieure, I, 1870–1915. Colloque organisé par l'Ecole française de Rome et le Centro per gli studi di politica estera e opinione publica l'Université de Milan. Rome, 13–16 février 1980*, Rome, 1981, p. 645–659.

Trausch Gilbert, « Les relations franco-luxembourgeoises au lendemain de la Première guerre mondiale », Raymond Poitevin, Gilbert Trausch (éd.), *Les relations franco-luxembourgeoises de Louis XIV à Robert Schuman*, Metz, Centre de recherche relations internationales, 1978, p. 199–214.

Trausch Gilbert, « Les relations franco-belges à propos de la question luxembourgeoise (1914–1922) », John Bartier, François Roth, Gilbert Trausch (éd.), *Les relations franco-belges de 1830 à 1934*, Metz, Centre de recherche relations internationales, 1975, p. 275–293 [rééd. « Le Luxembourg entre la France et la Belgique (1914–1922) », *Hémecht*, Vol. 27 (1975), n° 1, p. 7–32].

b. La sidérurgie entre 1911 et 1940

Bariéty Jacques, « Le sidérurgiste luxembourgeois Emile Mayrisch, promoteur de l'Entente internationale de l'acier après la Première Guerre mondiale », Raymond Poidevin, Gilbert Trausch, *Les relations franco-luxembourgeoises de Louis XIV à Robert Schuman*, Actes du colloque de Luxembourg, 17–19 novembre 1977, Metz, Centre de recherches Relations internationales de l'Université de Metz, 1978.

Bariéty Jacques, « Le rôle d'Emile Mayrisch entre les sidérurgie allemande et française après la Première Guerre mondiale », *Relations internationales*, 1974, n° 1, p. 123–134.

Berger Françoise, « Les effets de la grande crise sur les relations franco-allemandes. L'exemple de la sidérurgie », *Relations Internationales*, n° 82, été 1995, p. 175–196

Berger Françoise, « Les milieux économiques et les Etats face aux tentatives d'organisation des marchés européens dans les années trente », Eric Bussière,

Michel Dumoulin, Sylvain Schirmann (dir.), *Europe organisée, Europe du Libre échange, Fin XIXe siècle-années 1960, (Actes du colloque de Metz, 22–23 mai 2003)*, Bruxelles, Peter Lang, 2006, p. 71–105.

Bussière Eric, « La sidérurgie belge durant l'entre-deux guerres : le cas d'Ougrée-Marihaye (1919–1939) », *Revue belge d'histoire contemporaine*, 1984, vol. 15, n° 3–4, p. 303–380.

Bussière Eric, « Iron and Steel Industry in France, Belgium and Luxembourg », François Crouzet, *The Economic development of France since 1870*, 2, Aldershot, Edward Elgar Pub., 1993, p. 155–176.

Feldman Gerald D., « Economic and Social Problems of the German Demobilization, 1918–19 », *The Journal of Modern History*, mars 1975, vol. 47, n° 1, p. 1–47.

Peters Lon L., « Cooperative Competition in German Coal and Steel, 1893–1914 » *The Journal of Economic History*, mars 1982, vol. 42, n° 1, *The Tasks of Economic History*, p. 227–230.

Pesquies-Courbier Simone, « La politique de bombardement des usines sidérurgiques en Lorraine et au Luxembourg pendant la Première Guerre Mondiale », *Revue historique des armées*, 1981, n° 4, p. 127–159.

Pesquies-Courbier Simone, « Les sidérurgistes de l'Est et la politique de bombardements d'usines en 1914–1918 », *Revue d'histoire moderne et contemporaine*, 1984, n° 31, p. 54–73.

Othmar Pickl, « Carl Spaeter und der Veitscher Magnesitbergbau », Ferdinand Tremel, dir., *Steirische Unternehmer des 19. und 20. Jahrhunderts. Eine Sammlung von Lebensbildern*, Graz, Zeitschrift des Historischen Vereines für Steiermark, 1965, p. 100–109.

Porte Rémy, « Mobilisation industrielle et guerre totale : 1916, année charnière », *Revue historique des Armées*, 2006, n° 242, p. 26–35.

Strikwerda Carl, « The Troubled Origins of European Economic Integration: International Iron and Steel and Labor Migration in the Era of World War I », *The American Historical Review*, octobre 1993, vol. 98, n° 4, p. 1106–1129.

Van Langenhove Fernand, « L'accord militaire franco-belge de 1920 à la lumière des Documents Diplomatiques belges », *Mededelingen van de Klasse der Letteren en der Morele en Staatkundige Wetenschappen*, LIII, 1967, p. 520–535.

Van Roon Ger, « Great Britain and the Oslo States », *Journal of Contemporary History*, 1989, vol. 24, p. 657–664.

Young Robert J., « Preparations for Defeat: French war doctrine in the inter-war period », *Journal of European Studies* 1972, vol. 2, p. 155–172.

c. Les questions sidérurgique et luxembourgeoise entre 1911 et 1940

Arboit Gérald, « Le financement de la sidérurgie luxembourgeoise (1911–1940) », *in* Charles Barthel/Josée Kirps, *Terres rouges. Histoire de la sidérurgie luxembourgeoise*, 4, Luxembourg, Centre d'études et de recherches européennes Robert Schuman/Archives nationales de Luxembourg, 2014, p. 168–180.

Arboit Gérald, « Un comptoir de vente particulier : Columeta », *in* Charles Barthel, Ivan Kharaba, Philippe Mioche (dir.), *Les mutations de la sidérurgie mondiale du XX*e *siècle à nos jours*, Bruxelles, Peter Lang, 2014, p. 199–222.

Barthel Charles, « "Columeta" ("*Vu Feier an Eisen*"). L'aventure du premier film publicitaire de l'Arbed », *Hémecht*, 1998, n° 2, p. 177–206.

Barthel Charles, « Entre la Belgique, la France et l'Allemagne. Emile Mayrisch et la question du contingent lorrain-luxembourgeois (1925) », *Galerie. Revue culturelle et pédagogique*, 2003, vol. 21, n° 2, p. 211–256.

Barthel Charles, « Emile Mayrisch and the International Steel Pact of the 1920s (Translation of the article *Emile Mayrisch et le pacte international de l'acier des années 1920*) », *Journal of European Integration history*, 2006, n° 1, p. 43–65.

Barthel Charles, « Un transfert de propriété pas comme les autres : les premiers épisodes de l'aliénation des usines de Differdange-Rumelange au lendemain de la Grande Guerre », *Nos cahiers : Lëtzebuerger Zäitschrëft fir Kultur*, vol. 27, n° 3/4, 2006, p. 309–338.

Barthel Charles, « La fusion des groupes sidérurgiques Arbed-Terres Rouges. Le reflet de la nouvelle diplomatie d'affaires en l'Europe des années vingt », communication présentée dans le cadre de l'atelier « Concentration, espace et efficacité entrepreneuriale dans les industries lourdes aux XIXe et XXe siècles », du projet ANR « Efficacité entrepreneuriale et mutations économiques régionales en Europe du nord-ouest (milieu XVIIIe-fin XXe s.) » IRHiS - UMR 8529 - CNRS - Université de Lille 3, présenté à Liège, le 17 octobre 2008, http://irhis.recherche.univ-lille3.fr/dossierPDF/EMERENO-Textes/Barthel.pdf.

Charles Barthel, « Un aspect particulier de la culture politique luxembourgeoise : Joseph Bech et l'art de concilier les Affaires étrangères avec la diplomatie du grand capital sydérurgique », *in* Sylvain Schirmann (dir.), *Robert Schuman et les Pères de l'Europe : Cultures politiques et années de formation*, Publications de la Maison Robert Schuman, Bruxelles, P.I.E Peter Lang, 2008, p. 235–256.

Käding Michael, « Geschichte des Aachener Hütten-Aktien-Vereins Rothe Erde », Aachener Studien zur Wirtschafts- und Sozialgeschichte, *Rohstoffbasis und Absatzmarkt : die Schwerindustrie des Grossherzogtums Luxemburg und das Aachener Revier*, II, Aachen, Shaker, 2005, p. 83–142.

Kayser Steve, « La société des "Hauts Fourneaux et aciéries de Steinfort" (1910–1962) : regards sur un demi-siècle d'une histoire mouvementée », *Nos cahiers : Lëtzebuerger Zäitschrëft fir Kultur*, vol. 24, n° 3/4, 2003, p. 47–73.

Kieffer Monique, « La reprise du potentiel industriel de la société Gelsenkirchener et la constitution du groupe Arbed-Terres Rouges (1919–1926 », Michel Polfer (dir.), *Les Années Trente. Base de l'évolution économique, politique et sociale du Luxembourg d'après-guerre ?*, Luxembourg, Saint-Paul, 1996, p. 69–97.

Marks Sally, « The Luxemburg Question at the Paris Peace Conference and after », *Revue belge d'histoire contemporaine*, 1970, n° 1, p. 1–20.

Trausch Gilbert, « La stratégie du faible : le Luxembourg pendant la Première Guerre mondiale », *Le rôle et la place des petits états en Europe au XXe siècle*, Baden-Baden/Bruxelles, Nomos/Bruylant, 2005, p. 47–176.

Trausch Gilbert, « Le poids de la Lorraine dans la question du Luxembourg : le référendum du 28 septembre 1919 », p. 275–298, « Les relations franco-luxembourgeoises au lendemain de la Première Guerre mondiale », p. 299–318, Gilbert Trausch, *Du particularisme à la nation. Essais sur l'histoire du Luxembourg de la fin de l'Ancien Régime à la Seconde Guerre mondiale*, Luxembourg, Impr. Saint-Paul, 1988.

Trausch Gilbert, « Du Zollverein à l'Union économique belgo-luxembourgeoise (1914–1922) », *Hémecht*, 1984, n° 3, p. 343–390.

Willequet Jacques, « Gaston Barbanson promoteur d'une "Grand-Belgique" en 1914–1918 », Revue belge de philologie et d'histoire, 1970, n° 2, p. 335–376, et n° 4, p. 1177–1206.

d. *Eléments concourant à l'édification d'un renseignement économique (fin XIXe-milieu XXe siècles)*

Arboit Gérald, « Dans les soubresauts de la Grande Guerre: Bombardements, renseignement et affairisme au Luxembourg », Charles Barthel/Josée Kirps, *Terres Rouges. Histoire de la sidérurgie luxembourgeoise*, 1, Luxembourg, Centre d'études et de recherches européennes Robert Schuman/Archives nationales de Luxembourg, 2009), p. 96–123.

Berger Françoise, « Les patrons de l'acier en France et Allemagne face à l'Europe (1930–1960) », Eric Bussière, Michel Dumoulin (dir.), *Milieux économiques et intégration européenne en Europe occidentale au XXe siècle*, Arras, Presses de l'université d'Artois, 1998, p. 179–195.

Berger Françoise, « Les réseaux de l'industrie sidérurgique pendant les années trente. Deux exemples croisés entre la France et l'Allemagne », Michel Dumoulin (dir.), *Le rôle des réseaux économiques dans le cadre de la construction européenne, (Actes du colloque de Bruxelles, 16–18 octobre 2002)*, Bruxelles, Peter Lang, 2004, p. 145–161.

Berger Françoise, « André François-Poncet, des réseaux intellectuels à l'expérience du journalisme économique au service des entrepreneurs », Olivier Dard et G.

Richard (dir.), *Les permanents patronaux: éléments pour une histoire de l'organisation patronale en France dans la première moitié du XXe siècle, Actes du colloque de Rennes* (11–12 mars 2004), Metz, Presses de l'Université de Metz, 2005, p. 75–92.

Berger Françoise, « Les transferts de technologie américaine dans la sidérurgie française et allemande. Etude comparée pour l'Entre-deux-guerres », *Themenportal Europäische Geschichte* (2007.

Bourlet Michaël, « Jean Tannery (1878–1939) à l'origine de la guerre économique », *Guerres mondiales et conflits contemporains*, 2004/2, n° 214, p. 81–95.

Boutillier Sophie, « L'industriel et le militaire, éléments de réflexion à partir du capital social. Le cas des Schneider », *Innovations*, 2005/1, n° 21, p. 167–196.

Braud Emmanuelle, « Le renseignement économique militaire en France à partir de 1916. Impératifs stratégiques et économie de guerre », *Revue historique des Armées*, 2006, n° 242, p. 84–93.

Bussière Eric, « Des conventions du début du XXe siècle au plan Schuman : les permanences d'une approche contractuelle du processus d'unification économique de l'Europe », *Parlement[s]*, 2007, n° 3, Hors-série, p. 11–23.

Daijiro Fujimura, « Schneider et Cie et son plan d'organisation administrative de 1913 : analyse et interprétation », *Histoire, économie et société*, n° 10/2, 1991, p. 269–276.

Førland Tor Egil, « The History of Economic Warfare: International Law, Effectiveness, Strategies », *Journal of Peace Research*, 1993, vol. 30, n° 2, p. 151–162.

Kreins Jean-Marie, « La première catégorisation socioprofessionnelle officielle au Grand-Duché de Luxembourg. Le contexte du recensement professionnel et industriel de 1907 », communication présentée dans le cadre de l'atelier « Les hommes de l'entreprise (patrons, cadres, employés, ouvriers) », du projet ANR « Efficacité entrepreneuriale et mutations économiques régionales en Europe du nord-ouest (milieu XVIIIe-fin XXe s.) » IRHiS - UMR 8529 - CNRS - Université de Lille 3, présenté à Liège, le 17 octobre 2008, http://irhis.recherche.univ-lille3.fr/dossierPDF/EMERENO-Textes/Kreins.pdf

Laperche Blandine, « Les inventions, la science et la guerre : la place du secret », *Innovations*, 2005/1, n° 21, p. 109–143.

Lawton Tricia, Rennie Janet, Eisenschitz Tamara, « Business information from industrial espionage- a state-of-the-art review », *Business Information Review*, octobre 1988, vol. 5, n° 2, p. 3–13.

Marcon Christian, « Analyse de réseaux en intelligence économique : éléments pour une approche méthodologique », *Market Management*, 2007/4, n° 8, p. 110–134.

Margue Paul, « Les travaux et les jours à l'Enregistrement », Paul Bleser, Jean Lorent, Gaston Vouel (dirs.), *Chronique de l'enregistrement et des domaines. Des origines de l'Administration de l'Enregistrement et des Domaines à aujourd'hui 1795–1995*, Luxembourg, Impr. Pierre Linden, 1995.

Table des graphiques, schémas et tableaux

Index

R

S

Z

Luxemburg-Studien
Études luxembourgeoises

Herausgegebenvon Peter Gilles, Markus Hesse, Michel Pauly und Christian Schulz

Band 1 Christian Wille: Grenzgänger und Räume der Grenze. Raumkonstruktionen in der Großregion SaarLorLux. 2012.

Band 2 Norbert Franz / Jean-Paul Lehners (Hrsg.): Nationenbildung und Demokratie. Europäische Entwicklungen gesellschaftlicher Partizipation. 2013.

Band 3 Monika Sonntag: Grenzen überwinden durch Kultur? Identitätskonstruktionen von Kulturakteuren in europäischen Grenzräumen. 2013.

Band 4 Vincent Artuso: La collaboration au Luxembourg durant la Seconde Guerre mondiale (1940-1945). Accomodation, Adaption, Assimilation. 2013.

Band 5 Tobias Chilla: Punkt, Linie, Fläche – territorialisierte Europäisierung. 2013.

Band 6 Peter Gilles / Cristian Kollmann / Claire Muller (Hrsg.): Familiennamen zwischen Maas und Rhein. 2014.

Band 7 Marc Birchen: Die Firmenbeteiligung der ARBED im Osteuropa der Nachkriegszeit. Luxemburger Wirtschaftsdiplomatie im Kalten Krieg. 2015.

Band 8 Magali Lehners: Bildungseinrichtungen im sozialen und räumlichen Kontext. Zur Integrationsfunktion von schulischen und außerschulischen Institutionen in ausgewählten Vierteln der Stadt Luxemburg. 2015.

Band 9 Gérald Arboit: Les réseaux du fer. Information, renseignement économique et sidérurgie luxembourgeoise entre France, Belgique et Allemagne 1911-1940. 2016.

www.peterlang.com